21 世 纪 本 科 金 融 学 名 家 经 典 教 科 书 系

国家精品课程配套教材
国家精品资源共享课配套教材
普通高等教育"十一五"国家级规划教材

商业银行管理学

（第三版）

Management of Commercial Bank

主 编　李志辉

中国金融出版社

责任编辑：王效端　张　超
责任校对：张志文
责任印制：陈晓川

图书在版编目（CIP）数据

商业银行管理学（Shangye Yinhang Guanlixue）/李志辉主编 . —3 版 . —北京：中国金融出版社，2015.10
（21 世纪本科金融学名家经典教科书系）
ISBN 978 – 7 – 5049 – 8036 – 6

Ⅰ. ①商…　Ⅱ. ①李…　Ⅲ. ①商业银行—经济管理—高等学校—教材
Ⅳ. ①F830. 33

中国版本图书馆 CIP 数据核字（2015）第 155043 号

出版
发行　**中国金融出版社**

社址　北京市丰台区益泽路 2 号
市场开发部　（010）63266347，63805472，63439533（传真）
网 上 书 店　http：//www. chinafph. com
　　　　　　（010）63286832，63365686（传真）
读者服务部　（010）66070833，62568380
邮编　100071
经销　新华书店
印刷　北京市松源印刷有限公司
尺寸　185 毫米 ×260 毫米
印张　25.5
字数　595 千
版次　2015 年 10 月第 3 版
印次　2018 年 3 月第 2 次印刷
印数　5021—8020
定价　48.00 元
ISBN 978 – 7 – 5049 – 8036 – 6/F. 7596
如出现印装错误本社负责调换　联系电话（010）63263947
编辑部邮箱：jiaocaiyibu@126. com

21 世纪高等学校金融学系列教材
编审委员会

作者简介 ....

　　李志辉，男，1959 年 1 月生，汉族，中共党员。现任南开大学金融学院副院长、教授、博士生导师。兼任中国金融学会常务理事，中国国际金融学会理事，中国金融出版社教材编委会委员，天津外国语学院客座教授，天津市南开区政协委员、常委等。研究方向为商业银行管理、金融风险管理。在《金融研究》《国际金融研究》等国内外知名学术刊物上发表论文 60 余篇，出版专著、译著、教材等 13 部，主持完成多个国家社科基金重大项目、重点项目以及教育部哲学社科重大项目，荣获多项省部级科研和教学奖励。

前　　言

金融是现代经济的核心，商业银行是最重要的金融机构之一。银行业已有 300 多年的发展历史，在很多国家的金融体系中占据主导地位。长期以来，我国逐步形成了银行主导型的金融结构，商业银行在资金配置过程中发挥关键性作用。因此，学习和掌握商业银行经营管理知识无疑成为培养金融人才的重要内容。

本教材为"商业银行管理学"课程的配套教材，"商业银行管理学"是教育部规定的金融学专业四大主干课程之一，也是财经类专业核心课程和经济学专业的必修课程。由课程负责人李志辉教授主讲的"商业银行管理学"于 2009 年获教育部"国家级精品课"称号，2013 年又入选教育部"国家级精品资源共享课"。在课程负责人的组织和带领下，课程团队以多年教学经验为基础自编的教材《商业银行业务经营与管理》（即《商业银行管理学》的第一版）于 2004 年由中国金融出版社出版发行。第一版教材附赠光盘（电子课件）将教学脉络及重点用现代化手段生动地展现出来，极大地方便了教学工作，同时还建立了相关学习网站，在国内同类教材中处于领先地位。第一版教材获得了南开大学颁发的"教材改革系列新成果"二等奖，在出版不到一年的时间里售出8 000 册。在此基础上，本教材的第二版《商业银行管理学》被教育部批准为普通高等教育"十一五"国家级规划教材，并于 2006 年由中国金融出版社出版，与第二版教材配套的习题集也在同年出版。

自《商业银行管理学》（第二版）正式出版至今已有 9 年时间，在此期间，国内外经济金融形势发生了重大变化。2007 年美国爆发次贷危机，在 2008 年演变为全球性的金融危机，随后，始于 2009 年底的欧洲主权债务危机给世界经济发展和复苏的前景带来了更多的不确定性。尽管一系列危机事件对我国银行业的直接冲击有限，但新一轮国际金融监管改革对我国银行业的发展和改革产生了深远的影响。国际社会应对国际金融危机的重要举措之一就是重构以《第三版巴塞尔协议》为代表的银行业监管新秩序。作为G20 和巴塞尔委员会的正式成员国，我国全程参与了危机以来的国际金融监管改革进程，高度重视国际新监管标准的实施工作。近年来，中国银监会根据《第三版巴塞尔协议》

的核心要求，结合我国银行业实际，不断完善现行的银行业监管框架。可以说，我国政府稳步推进的银行业监管改革深刻地改变了商业银行的经营管理模式。后危机时代，随着我国利率市场化改革进入攻坚阶段，金融业综合化经营步伐加快，银行业对内对外开放扩大，互联网金融快速兴起，商业银行的传统发展模式面临诸多挑战。为应对外部经营环境的变化，我国银行业作出了积极的改变，新业务、新产品、新服务不断涌现。与此同时，商业银行管理理论和方法也随之得到发展，对经营管理者提出了更高的要求。然而，由于多种原因，教材的修订工作明显滞后，亟须对原有知识体系框架进行调整，对教学内容进行补充、完善和更新。

在此次修订中，新版教材保留了第二版教材的整体框架，并重新编写部分章节。修订后，全书分为基础篇、理论篇、业务管理篇、风险管理篇和发展趋势篇等五个部分，共包括十八章内容。基础篇由第一、二章组成，理论篇由第三、四章组成，业务管理篇由第五、六、七、八、九、十章组成，风险管理篇由第十一、十二、十三、十四、十五章组成，发展趋势篇由第十六、十七、十八章组成，各篇的主要内容如下：

在基础篇中，第一章是商业银行管理导论，介绍了商业银行的产生、发展、性质、功能、经营目标、组织架构、治理结构及政府监管等内容；第二章是商业银行财务报表与绩效评估，介绍了商业银行的资产负债表、利润表、现金流量表以及评估商业银行经营绩效的方法和程序。

在理论篇中，第三章是商业银行资产负债管理理论，梳理了银行资产管理理论、负债管理理论和资产负债管理理论；第四章是商业银行风险管理导论，对商业银行风险进行概述，阐述了风险管理的理论基础，剖析了银行风险管理体系的要素。

在业务管理篇中，第五章是商业银行资本管理，介绍了商业银行资本的定义、构成和管理方法；第六章是商业银行贷款管理，介绍了银行贷款的类型、定价、业务要点和管理方法；第七章是商业银行现金管理，介绍了库存现金管理、存款准备金管理和同业存款管理等内容；第八章是商业银行证券投资管理，介绍了商业银行的证券投资行为和证券投资组合管理；第九章是商业银行负债业务管理，介绍了商业银行的存款负债和非存款负债及其管理方法；第十章是商业银行中间业务管理，介绍了商业银行开展的理财业务、投资银行业务、电子银行业务等中间业务。

在风险管理篇中，第十一章是商业银行信用风险管理，介绍了商业银行贷款和信贷资产组合的信用风险管理、信用风险资本计量方法以及风险管理实务；第十二章是商业银行操作风险管理，介绍了商业银行操作风险的定义、类型、度量方法和管理体系；第十三章是商业银行利率风险管理，介绍了利率风险的定义、类型、度量和管理方法；第十四章是商业银行汇率风险管理，介绍了商业银行汇率风险的定义、类型、管理方法以及汇率预测技术；第十五章是商业银行流动性风险管理，介绍了商业银行流动性风险的定义、管理体系和监管方法。

在发展趋势篇中，第十六章是商业银行兼并与收购，介绍了商业银行并购的动机、方式、定价和政府监管；第十七章是商业银行国际化经营，介绍了商业银行国际化经营的内涵和动因以及开展国际业务的类型和流程；第十八章是中国银行业改革与发展展望，分析了我国银行业发展现状，探讨了未来银行业改革的趋势和方向。

在修订过程中，新版教材不仅充分吸收了原版教材的成功经验，而且融入了编者长期从事商业银行管理领域科研和教学工作的心得体会。与同类教材相比，新版教材的特色主要体现在以下方面：

1. 在结构上，新版教材充分发挥南开大学金融学科在金融风险管理研究领域的优势，坚持以商业银行风险管理为主线，运用风险管理理论和方法理解商业银行经营业务的特点和流程，强调正确看待风险管理与业务发展的关系，提出将风险管理作为商业银行管理的核心。

2. 在内容上，新版教材既覆盖商业银行传统业务管理，又关注商业银行金融创新产生的新兴业务；不仅大量借鉴和引进国际银行业先进的管理理念和方法，收录了国际金融危机以来新一轮国内外金融监管改革的最新成果，而且力求全面反映当前我国银行业发展的新特点、新形势，准确把握银行业发展和改革的趋势。

3. 在编写风格上，新版教材将商业银行管理的基本理论与我国银行业经营管理实践有机结合，汇编了来自我国银行业经营管理的最新典型案例，增加了展示我国银行业发展改革历程的阅读材料，大幅提升了教材的可读性，能够激发学生的学习兴趣。新版教材注重引导学生运用所学理论分析相关问题，提高实际应用的能力，同时鼓励学生积极思考，使之对如何管理商业银行以及怎样把握我国银行业未来的发展趋势形成自己的观点。

4. 在教学理念上，新版教材特别重视信息技术的应用。为适应现代多媒体教学及网络教学的需要，增强课堂教学效果，便于学生自学，新版教材配套有电子课件，其主要特点包括：

一是素材生动，注重交互性。电子课件采用了大量的多媒体资源（包括 Flash 动画、图片、背景音乐等），把相关内容形象、逼真地展示给读者，从而更能吸引学生的注意力，并增强其学习本课程的乐趣。读者在学习的过程中可以进行信息反馈，与编者相互沟通。

二是内容丰富。电子课件涵盖与教材相关的内容、背景资料、案例分析和习题库。在涵盖教材内容的基础上，电子课件中增加了相关的研究背景和案例，并且开发了配套的习题库。题库题型丰富，涵盖了教材的各章节内容，并提供了参考答案，既便于读者巩固所学知识，也便于授课教师从题库中抽取相关题型对学生进行测试。

三是易于操作。课件页面设计简洁，导航明晰，浏览章节内容时读者可通过页面左侧的目录栏，轻松地在各章之间切换，操作更加简便。读者只要掌握基本的电脑应用知识，即可使用课件进行课程内容的学习。

本教材系统地阐述了商业银行管理的基本理论，详细地介绍了商业银行主要经营业务，着重讲解了各类金融风险的管理方法，并对未来我国银行业发展趋势进行了展望。本教材可供高等学校经济管理类相关专业教学使用，也可供金融从业人员培训及自学之用。

编者
2015 年 6 月

目 录 Contents

Master Series

21st

Century

基础篇

第一章
商业银行管理导论

本章知识结构

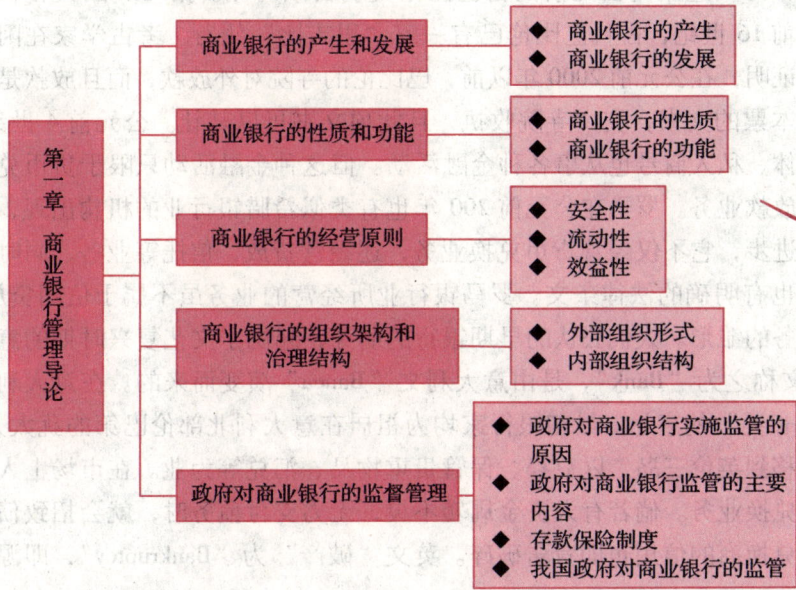

```
                         ┌─────────────────────┐       ┌──────────────────────────┐
                         │ 商业银行的产生和发展 │───────│ ◆ 商业银行的产生          │
                         └─────────────────────┘       │ ◆ 商业银行的发展          │
                                                        └──────────────────────────┘
                         ┌─────────────────────┐       ┌──────────────────────────┐
                         │ 商业银行的性质和功能 │───────│ ◆ 商业银行的性质          │
                         └─────────────────────┘       │ ◆ 商业银行的功能          │
            ┌─────────┐                                 └──────────────────────────┘
            │ 第       │  ┌─────────────────────┐       ┌──────────────────────────┐
            │ 一       │  │ 商业银行的经营原则   │───────│ ◆ 安全性                  │
            │ 章       │  └─────────────────────┘       │ ◆ 流动性                  │
            │          │                                 │ ◆ 效益性                  │
            │ 商       │                                 └──────────────────────────┘
            │ 业       │  ┌─────────────────────┐       ┌──────────────────────────┐
            │ 银       │  │ 商业银行的组织架构和 │───────│ ◆ 外部组织形式            │
            │ 行       │  │ 治理结构             │       │ ◆ 内部组织结构            │
            │ 管       │  └─────────────────────┘       └──────────────────────────┘
            │ 理       │                                 ┌──────────────────────────┐
            │ 导       │                                 │ ◆ 政府对商业银行实施监管的 │
            │ 论       │  ┌─────────────────────┐       │   原因                    │
            └─────────┘  │ 政府对商业银行的监督管理│─────│ ◆ 政府对商业银行监管的主要 │
                         └─────────────────────┘       │   内容                    │
                                                        │ ◆ 存款保险制度            │
                                                        │ ◆ 我国政府对商业银行的监管 │
                                                        └──────────────────────────┘
```

学习目标

● 了解商业银行的产生与发展

● 掌握商业银行的性质与基本功能

● 理解并掌握商业银行经营的"三性"原则

● 了解商业银行的基本组织架构和治理结构

● 掌握政府对商业银行监管的主要内容

　　商业银行是在市场经济中产生和发展起来的，它是适应市场经济发展和社会化大生产的需要而出现的一种金融企业。经过几百年来的发展和演变，现代商业银行已经成为各国经济活动中主要的金融中介，并成为各国金融体系中最重要的组成部分。

第一节　商业银行的产生和发展

商业银行业有着悠久的历史，早期商业银行的产生与国际贸易的发展有着密切的联系。现代商业银行的最初形式是资本主义商业银行，它是资本主义生产方式的产物。商业银行发展到今天，与行业发展初期因发放自偿性贷款而获得"商业银行"的称谓相比，其含义已相去甚远。今天的商业银行已经被赋予更广泛、更深刻的内涵，逐渐成为多功能、综合性的金融服务机构。

一、商业银行的产生

商业银行的雏形，可以追溯到公元前的古巴比伦文明古国时期。据《英国大百科全书》记载，早在公元前16世纪，古代巴比伦已有一家"里吉比"银行。考古学家在阿拉伯大沙漠发现的石碑证明，在公元前2000年以前，巴比伦的寺院对外放款，而且放款是采用由债务人开具类似本票的文书，交由寺院收执，且此项文书可以转让。公元前4世纪，希腊的寺院、公共团体、私人商号也从事各种金融活动。但这种金融活动只限于货币兑换业性质，还没有办理放款业务。罗马在公元前200年也有类似希腊银行业的机构出现，但较希腊银行业又有所进步，它不仅经营货币兑换业务，还经营贷放、信托等业务，同时对银行业的管理和监督也有明确的法律条文。罗马银行业所经营的业务虽不属于信用贷放，但已具有近代银行业务的雏形。人们公认的早期银行的萌芽，起源于文艺复兴时期的意大利。"银行"一词英文称之为"Bank"，是由意大利文"Banca"演变而来的。在意大利文中，"Banca"是指"长凳"的意思。最初银行家均为祖居在意大利北部伦巴第的犹太人，他们为躲避战乱，迁移到英伦三岛，以兑换、保管贵重物品、汇兑等为业。在市场上人各一凳，据以经营货币兑换业务。倘若有人资金周转不灵，无力支付债务时，就会招致债主们群起捣碎其长凳，兑换商的信用也即宣告破碎。英文"破产"为"Bankruptcy"，即源于此。

早期银行业的产生与国际贸易的发展有着密切的联系。中世纪的欧洲地中海沿岸各国，尤其是意大利的威尼斯、热那亚等城市是著名的国际贸易中心，商贾云集，市场繁荣。但是，由于当时社会的封建割据，货币制度混乱，各国商人所携带的铸币形状、成色、重量各不相同，为了适应贸易发展的需要，必须进行货币兑换。于是，单纯从事货币兑换业并从中收取手续费的专业货币商开始出现。随着异地交易和国际贸易的不断发展，来自各地的商人们为了避免长途携带而产生的麻烦和风险，开始把自己的货币交存在专业货币商处，委托其办理汇兑与交付。这时候的专业货币商已反映出银行萌芽的最初功能：货币的兑换与款项的划拨。

随着吸收存款的数量不断增加，商人们发现多个存款人不会同时支取存款，于是他们开始把汇兑业务中暂时闲置的资金贷放给社会上的资金需求者。最初，商人们贷放的款项仅限于自有资金，随着代理支付制度的出现，借款者即把所有借款项存入贷出者处，并通知贷放人代理支付。可见，实质上，贷款不仅仅限于现实的货币，还有一部分变成了账面信用，这标志着现代商业银行的基本特征开始出现。

在当时，意大利的主要商业银行有 1171 年设立的威尼斯银行和 1407 年设立的乔治银行等。16 世纪末至 17 世纪初开始，银行普及到欧洲其他国家。如 1609 年成立的阿姆斯特丹银行，1619 年成立的汉堡银行，1621 年成立的纽伦堡银行等都是欧洲早期著名的银行。在英国，早期的银行业是通过金匠业发展而来的。17 世纪中叶，英国的金匠业极为发达，人们为了防止金银被盗，将金银委托给金匠保存。当时金匠业不仅代人保管金银，签发保管凭条，还可按顾客书面要求，将金银划拨给第三者。金匠业还利用自有资本发放贷款，以获取利息。同时金匠们签发的凭条可以代替现金流通于市场，称之为"金匠券"，开创了近代银行券的先河。可以说，英国早期银行就是从金匠业发展而来的。

这种早期的银行业虽已具备了银行的特征，但它仅仅是现代银行的原始发展阶段。因为这时银行业的生存基础还不是社会化大生产方式，银行业的放款对象主要是政府和封建贵族，银行业的放款带有明显的高利贷性质，其提供的信用还不利于社会化再生产过程。但早期银行业的出现，完善了货币经营业务，孕育了信贷业务的萌芽。它们演变成为现代商业银行则是在 17 世纪末到 18 世纪初的事情，而这种转变还要求经济发展满足特定的条件。

现代商业银行的最初形式是资本主义商业银行，它是资本主义生产方式的产物。随着社会生产力的发展、生产技术的进步、社会劳动分工的扩大，资本主义生产关系开始萌芽。一些手工场主同城市富商、银行家一起形成新的阶级——资产阶级。由于封建主义银行贷款具有高利贷性质，年利率平均在 20% ~ 30%，严重阻碍了社会闲置资本向产业资本的转化。另外，早期银行的贷款对象主要是政府等一批特权阶层而非工商业，新兴的资产阶级工商业无法得到足够的信用支持，而资本主义生产方式产生与发展的重要前提是要有大量的为组织资本主义生产所必需的货币资本。因此，新兴的资产阶级迫切需要建立和发展资本主义银行。

现代商业银行主要是通过两条途径产生。第一条途径是从旧的高利贷银行转变而来。早期银行如意大利的威尼斯银行等建立时资本主义生产方式尚未确立，当时的贷款主要是高利贷。随着资本主义生产关系的确立，高利贷因利息过高而影响了资本家的利润，不利于资本主义经济发展。此时高利贷银行面临着贷款需求锐减的困境，它要么关闭，要么顺应资本主义经济发展的需要，降低贷款利率，并主要为工商企业提供流动性贷款，转变为商业银行，不少高利贷银行选择了后者。这是早期商业银行产生的主要途径。

商业银行产生的第二条途径是根据资本主义经济发展，按照资本主义原则，以股份公司形式组建而成。大多数商业银行是按这一方式建立的。英国是最早设立股份制银行的国家。1694 年英国政府为了同高利贷作斗争，以维护新生的资产阶级发展工业和商业的需要，决定成立一家股份制银行——英格兰银行，并且规定英格兰银行向工商企业发放低利率（5% ~ 6%）贷款，支持工商业发展。由于英格兰银行募集股份资本高达 120 万英镑，实力十分雄厚，很快就动摇了高利贷银行在信用领域内的垄断地位，英格兰银行的组建模式很快被推广到欧洲其他国家。从此，商业银行也开始在世界范围内得到普及。

同西方商业银行相比，中国的银行则产生较晚。中国关于银行业的记载，较早的是南北朝时的寺庙典当业。到了唐代，出现了类似汇票的"飞钱"，这是我国最早出现的汇兑业务。北宋真宗时，由四川富商发行的"交子"，成为我国早期的纸币。到了明清以后，当铺是中国主要的信用机构。明末，一些较大的经营银钱兑换业务的钱铺发展成为银庄。银庄产生初期，除兑换银钱外，还从事放贷，到了清代，才逐渐开办存款、汇兑业务，但最终在清政府的限制和外国银行的压迫下，走向衰落。我国近代银行业，是在19世纪中叶外国资本主义银行入侵之后才兴起的。最早到中国来的外国银行是英商东方银行，其后各主要资本主义国家纷纷来华设立银行。在华外国银行虽给中国国民经济带来巨大破坏，但在客观上也对我国银行业的发展起了一定的刺激作用。为了摆脱外国银行支配，清政府于1897年在上海成立了中国通商银行，标志着中国现代银行的产生。此后，浙江兴业、交通银行相继产生。

二、商业银行的发展

尽管各国商业银行产生的背景不同，其称谓也不尽一致①，但商业银行的发展模式大致可以分为两种。第一种是以融通短期资金为主要功能的英国模式。时至今日，英美国家的商业银行的贷款仍以短期商业性贷款为主。这一模式的形成有其历史渊源。英国是最早建立资本主义制度的国家，也是最早建立股份制的国家，所以英国的资本市场比较发达，企业的资金来源主要依靠资本市场的募集。直到工业革命初期，企业生产设备都比较简单，所需的长期占用资本在总资本中占的比重小，这部分资本主要由企业向资本市场筹集，很少向银行贷款。企业向银行要求的贷款主要是用于商品流转过程中的临时性短期贷款。从银行方面来说，早期的商业银行是在金属货币制度下经营，银行资金来源主要是流动性较高的活期存款，银行本身的信用创造能力有限。为了保证经营的安全，银行不愿意提供长期贷款，这种对银行借贷资本的供求状况决定了英国商业银行形成了以提供短期商业性贷款为主的业务模式。这种模式的优点是能较好地保持银行的清偿能力，银行经营的安全性较好，缺点是银行业务的发展受到限制。第二种是开展金融综合经营的德国模式。采用综合经营模式的商业银行，除了提供短期商业性贷款外，还提供长期贷款，甚至投资于企业的股票和债券，帮助企业承销证券，参与企业的决策和发展，并为企业并购提供

> 金融综合经营也称金融混业经营，是指金融机构或金融集团通过采取全能银行、金融控股公司、跨业投资等方式，综合开展银行、证券、保险、基金、信托、租赁等多种金融服务业务的经营模式。

财务支持和财务咨询的投资银行服务。至今，不仅德国、瑞士、奥地利等少数国家仍一直采用这一模式，而且自20世纪90年代以来，美国、日本等国的商业银行也开始朝着综合银行的方向发展。综合银行传统之所以会在德国形成，也和德国历史发展有关。德国是一个后起的资本主义国家，在它确立资本主义制度时，便面临着英、法等老牌资本主义国家社会化大工业的有力竞争，这就要求德国的企业必须有足够的资本与之竞争。但是德国资本主义制度建立比较晚，其国内资本市场落后，德国企业不仅需要银行提供短期流动资金贷款，还需要

---

① 各国对商业银行的称谓不尽一致，英国称之为"存款银行""清算银行"，美国称之为"国民银行""州银行"；日本称之为"城市银行""地方银行"，等等。

银行提供长期固定资产贷款，甚至要求银行参股。而德国银行为了巩固和客户的关系，也积极参与企业经营决策，与企业保持密切的联系。综合经营模式的优点是有利于银行展开全方位的业务经营活动，充分发挥商业银行在国民经济活动中的作用，但缺点是会加大银行的经营风险，对银行经营管理提出了更高要求。今天的商业银行已经被赋予更丰富的功能。21世纪以来，随着社会经济的发展，银行业竞争的加剧，商业银行的业务范围不断扩大，逐渐成为多功能、综合性的"金融百货公司"。

第二节　商业银行的性质和功能

从商业银行的产生和发展历程看，商业银行的性质可以概括为以追求最大利润为目标，以金融资产和负债为经营对象，向客户提供综合性金融服务的特殊企业。它的基本功能包括信用中介、支付中介、信用创造、金融服务及调节经济等。

一、商业银行的性质

首先，商业银行是一类企业，具有现代企业的基本特征。与一般工商企业相同，商业银行也实行自主经营，自负盈亏，也把追求利润最大化作为经营目标。获取最大化的经营利润是商业银行生存和发展的基本前提，也是商业银行经营的内在动力。就此而言，商业银行与一般的工商企业是相同的。

其次，商业银行与一般工商企业不同，是一种特殊的企业。商业银行的特殊性主要表现在三个方面：（1）商业银行的经营对象具有特殊性。一般工商企业经营实物产品和服务，从事商品生产和流通，而商业银行是以金融资产和负债为经营对象，经营特殊的商品——货币，经营内容包括货币收付、借贷以及各种与货币有关的金融服务。（2）商业银行的经济作用具有特殊性。由于商业银行是完成储蓄向投资转化的重要中介机构，在宏观经济调控中，特别是货币政策和信贷政策的实施过程中发挥核心作用，因此，银行业的经济作用要超过任何实体产业。（3）商业银行的社会责任具有特殊性。由于银行体系固有的脆弱性，商业银行破产的负外部性和破坏性远远高于一般工商企业，可能引发金融风险的传染和扩散。因此，商业银行需要承担更多维护金融稳定的职责。

第三，商业银行与其他金融机构不同，是一种特殊的金融企业。商业银行既有别于国家的中央银行，又有别于专业银行和其他非银行金融机构。中央银行是国家的金融管理部门和金融体系的核心，具有较高的独立性，它不对客户办理具体的银行业务，不以营利为目的。专业银行和各种非银行金融机构只限于办理某一方面或几种特定的金融业务，经营范围有局限性。商业银行的经营

专业银行是指西方国家指定专门经营范围和提供专门性金融服务的银行。

银行的零售业务（Retail Banking）是指以个人客户为服务对象的银行业务，主要包括个人存款业务、个人贷款业务、银行卡业务、信用卡业务、个人理财业务等。

业务具有广泛性和综合性，它既经营零售业务，又经营批发业务，其业务范围已覆盖至社会经济生活的各个角落。随着金融自由化和金融创新的发展，商业银行的服务范围越来越广泛，现代商业银行正朝着"金融百货公司"的方向发展。

> **银行的批发业务（Wholesale Banking）**是指以大型企业、集团、事业单位和社会团体为客户对象，提供综合性金融服务，满足客户多元化融资需求，通常涉及金额较大。不仅包括公司存贷款业务，而且包括债券承销、银团贷款、股权融资、委托贷款等投资银行业务。

二、商业银行的功能

商业银行作为一国经济中最重要的金融中介机构，具有不可替代的作用，商业银行的经济功能最能够说明这一点。

（一）信用中介功能

信用中介功能是商业银行最基本也最能反映其经营活动本质的功能。这一功能的实质是通过商业银行的负债业务，把社会的闲散资金集中到银行，通过商业银行的资产业务，投向社会经济各部门。商业银行作为货币资本的贷出者和借入者实现货币资本的融通。商业银行通过信用中介功能实现资金盈余与短缺之间的调剂，并不改变货币资本的所有权，改变的只是其使用权。这种使用权的改变在经济活动中起到转化调节作用。首先，商业银行通过开办活期存款业务和储蓄存款等业务，把分散在家庭部门的闲置货币资金集中起来，贷给有投资需求的企业部门，投放到生产和流通部门，转化为生产资本，增加了社会资本规模，促进了经济增长。其次，从期限上看，商业银行将短期货币资金转化为长期货币资本，满足社会经济发展对长期资本的需求。最后，在市场机制的支配下，商业银行还可以把货币资金从低效益部门配置到高效益部门，实现对经济结构的调整。

（二）支付中介功能

支付中介功能是指商业银行利用活期存款账户，为客户办理各种货币结算、货币收付、货币兑换和转账存款等货币经营业务的功能。支付中介功能是商业银行的传统功能，凭借这一功能，商业银行作为工商企业、政府、家庭个人的货币保管者、出纳人和支付代理人，成为社会经济活动的支付中心和整个社会信用链条的枢纽。

支付中介功能从逻辑上先于信用中介功能，它最早产生于货币经营时期。货币经营者在货币保管和办理支付中积累了大量货币，为使货币增值而发放贷款，于是产生了信用中介功能。但支付功能的发展，也有赖于信用中介功能，因为只有在客户保留一定存款余额的基础上才能办理支付。当存款余额不足时，客户会要求银行贷款，而贷款又转化为新的客户存款，需要办理新的支付。可见，支付中介功能与信用中介功能是相互联系、相互促进的，两者的互动推动了银行借贷资本的活动。

支付中介功能对于商业银行的意义表现在两个方面：一是使商业银行拥有比较稳定的低成本资金来源。客户要想利用商业银行的支付中介功能，获得转账结算等服务便利，首先必须在商业银行开立活期存款账户，并存入一定的资金。这就使得商业银行能集中大量低息甚至无息资金，有利于降低银行资金成本。二是可以节约社会流通费用，增加生产资本投入。商业银行广泛提供非现金转账结算和支票收付服务，既可加速资金周转，又可大大减少现金的使用量和流通量，进而使现金的保管费、铸造费、运转费等社会流通费用大大减少，从而可以将更多的资金投入生产环节，促进扩大再生产。

（三）信用创造功能

商业银行的信用创造功能是在信用中介与支付中介功能的基础上产生的，它是商业银行的特殊功能。信用创造功能是指商业银行通过吸收各类存款和发放贷款，派生出更多存款，从而扩大社会货币供应量。派生的货币并不是现金形态的货币，而是银行账面上的流通工具和支付手段。

需要说明的是，商业银行不能够无限制地创造信用，更不能凭空创造信用。商业银行的信用创造功能受到以下因素制约：首先，商业银行信用创造是以初始存款为基础的。商业银行需要根据存款规模，确定发放贷款的数量。信用创造能力取决于初始存款的规模。其次，商业银行的信用创造受到中央银行法定存款准备金率及现金漏损率等因素的制约，创造能力与其成反比。最后，创造信用的条件是要有贷款需求，如果没有足够的贷款需求，存款贷不出去，就谈不上信用创造，因为有贷款才有派生存款；相反，如果偿还贷款，就会相应地收缩派生存款，收缩速度与派生速度一致。因此，对商业银行来说，吸收存款的规模具有非常重要的意义。此外，

存款准备金是指金融机构为保证客户提取存款和资金清算需要而准备的资金，金融机构按规定向中央银行缴纳的存款准备金占其存款总额的比例就是存款准备金率。存款准备金制度是在中央银行体制下建立起来的，世界上美国最早以法律形式规定商业银行向中央银行缴存存款准备金。存款准备金制度的初始作用是保证存款的支付和清算，之后才逐渐演变成为货币政策工具，中央银行通过调整存款准备金率，影响金融机构的信贷资金供应能力，从而间接调控货币供应量。

影响商业银行信用创造的因素还有很多，如居民和企业的流动性偏好、市场利率等。

（四）金融服务功能

向家庭、企业及政府部门提供优质的金融服务是商业银行的重要功能之一。商业银行利用其在国民经济中的特殊地位，以及在发挥信用中介和支付中介功能过程中所掌握的信息和资源，为客户提供综合金融服务，包括但不限于资产管理业务、投资银行业务、电子银行业务等。通过提供综合金融服务，商业银行不仅扩大了社会联系面和市场份额，而且也为银行带来可观的业务收入。随着经济社会快速发展，金融服务需求日趋多元化，如何更好地满足客户的需要，如何通过不断创新金融服务和产品，在激烈的市场竞争中保持优势，是各国银行业在新的发展阶段面临的艰巨任务。

（五）调节经济功能

调节经济的功能是指商业银行执行国家经济管理部门制定的货币政策、信贷政策等宏观经济政策，通过其信用中介活动，引导资金流向，调节经济社会各个部门之间的资金余缺，协调投资与消费关系，调整经济结构，优化产业结构。有时，商业银行还可以通过在国际金融市场上的融资活动，调节本国的国际收支情况。

第三节　商业银行的经营原则

目前，各国银行业已经普遍认同：商业银行的经营管理必须遵循安全性、流动性、效益

性的"三性"原则。在我国，《中华人民共和国商业银行法》明确提出，安全性、流动性、效益性是商业银行的经营原则。

一、安全性原则

安全性原则是指商业银行应努力避免各种不确定因素对经营活动的影响，保证稳健经营和发展。商业银行之所以必须坚持安全性原则，是因为其经营活动具有特殊性。首先，以货币为经营对象的特殊性决定了商业银行必然面临各种风险，包括信用风险、市场风险、操作风险、流动性风险、声誉风险等。一旦某类风险事件发生，商业银行将遭受经济损失。其次，作为特殊的金融企业，商业银行吸收大量的公众存款，持有少量的自有资本，高杠杆是银行经营的重要特征。高负债经营导致商业银行吸收损失和抵御风险的能力较弱。最后，商业银行在国民经济中占据特殊地位，银行业的平稳运行是经济增长的基础，银行体系的稳定性对经济发展至关重要。当银行业发生危机时，会影响一国经济体系的正常运转。因此，保障商业银行的安全性是经营管理的首要任务。

二、流动性原则

流动性原则是指商业银行在持续经营过程中，能够以合理成本及时获得充足资金，用于偿付到期债务、履行其他支付义务和满足正常业务开展的其他资金需求。商业银行按照流动性原则开展经营活动的根本原因是防止其清偿能力受到损害。如果流动性风险不能有效控制，将有可能损害商业银行的清偿能力。具体来说，虽然银行持有优质信贷资产，具有清偿能力，但持有的现金等流动性资产数量不足，当储户提存或支付到期债务的需求增加时，如果银行无法及时有效获得融资，或无法以合理的市场价格出售资产以获得资金，将造成其清偿能力下降。

流动性原则要求商业银行做好市场流动性管理和融资流动性管理。一方面，商业银行通过合理安排资产规模和结构，形成多元化的资产配置，持有一定数量的高流动性资产，保持良好的市场流动性，确保即使在市场深度不足或市场动荡时，也能够以合理的市场价格出售资产。另一方面，商业银行通过资产负债匹配管理，根据负债规模和结构以及现金流状况，确定现金等流动性资产的数量。确保当现金数量不足以应对需求时，银行也能够在不影响日常经营或财务状况的情况下，以合理的成本在金融市场上筹集资金。

三、效益性原则

追求经济效益是商业银行经营活动的出发点，效益性原则要求商业银行的经营管理者以银行利润最大化为经营目标。商业银行通过吸收公众存款、发行债券等负债业务，集中社会闲置资金，再通过发放贷款、投资证券等资产业务，将资金运用于企业生产或个人消费活动，完成金融资源的重新配置，使社会资金得到充分利用，促进社会经济发展。在这个过程中，商业银行赚取净利息收入以及手续费，获得经济效益。坚持效益性原则符合现代企业经营发展的基本规律，是商业银行生存和发展的必要条件，有助于提升市场竞争力，增强抵御风险的能力，提高储蓄投资转化率和资金配置效率，促进实体经济健康平稳运行。

四、商业银行经营原则的矛盾性与相互协调

商业银行经营的安全性、流动性和效益性之间是相互矛盾的，这种矛盾主要表现在两个方面：一是效益性与安全性的矛盾。根据金融市场中风险与收益的对称性，投资高收益资产通常意味着承担高风险。商业银行追求效益性的内在动机促使其倾向于投资高收益资产，从而

承担更多的风险。相反，安全性原则要求商业银行稳健经营和配置低风险资产，而低风险资产难以给银行带来高收益，这与效益性原则相矛盾。二是效益性与流动性的矛盾。流动性管理需要商业银行持有一定数量的高流动性资产，商业银行主要投资固定收益类资产，而流动性高的固定收益类资产通常收益较低，会降低投资收益。这表明商业银行的高流动性可能会牺牲经济效益，与效益性原则相矛盾。可见，商业银行的经营决策往往在坚持某项原则的同时，可能不符合另一项原则。某一项原则的遵守，经常是以放弃另一项原则为代价。这种矛盾关系要求商业银行的管理者必须在"三性"原则之间取得平衡，实现不同原则的相互协调。事实上，商业银行经营管理活动就是协调"三性"原则的过程。银行管理者从效益性原则出发，以追求经济效益为目标，兼顾安全性和流动性，在综合考虑"三性"原则的基础上，开展各项经营业务。

第四节 商业银行的组织架构和治理结构

商业银行自产生以来，先后出现了多种组织形式和架构，以满足不同时期经济主体对金融服务的需求。无论采取何种组织形式和架构，商业银行的经营管理活动都是以追求经济效益和管理效率为基本出发点的。同时，政府对银行业的监管要求也对商业银行的组织形式和架构产生一定的影响。商业银行的组织机构设置可以从其外部组织形式和内部组织结构两个方面加以考察。

一、外部组织形式

商业银行的外部组织形式是指商业银行在社会经济活动中的存在形式。从国际银行业的实践来看，商业银行主要有三种类型：

1. 独家银行制。独家银行制又称为单一银行制，其特点是银行业务完全由各自独立的商业银行经营，不设或限设分支机构。这种银行制度在美国非常普遍，是美国最古老的银行形式之一，通过一个网点提供所有的金融服务。美国是一个各州独立性高的联邦制国家，历史上经济发展很不平衡，东西部差距较大。为了适应经济均衡发展的需要，反对金融权力集中，各州都立法禁止或限制银行开设分支机构，特别是跨州设立分支机构。

独家银行制的优点是：（1）限制银行业垄断，有利于自由竞争；（2）有利于银行与地方政府的协调，能适合本地区需要，集中全力为本地区服务；（3）银行独立性和自主性很大，经营较为灵活；（4）管理层次少，有利于中央银行管理和控制。同时，独家银行制度也存在严重的缺陷：（1）银行不设分支机构，与现代经济的横向发展和商品交换范围的不断扩大存在着矛盾；（2）银行业务多集中于某一地区、某一行业，容易受到经济波动的影响，筹资不易，风险集中；（3）银行规模较小，经营成本高，不易取得规模经济效益。

2. 总分行制。总分行制的特点是：除了设立总行以外，法律允许商业银行在国内外各地普遍设立分支机构；通常，总行设在大中心城市，所有分支机构统一由总行领导指挥。总分行制度起源于英国的股份制银行。按总行的职能不同，总分行制又可以进一步划分为总行制和总管理处制。总行制银行是指总行除管理控制各分支行外，本身也对外营业。总管理处制是指总行只负责控制各分支行处，不对外营业，总行所在地另设对外营业的分支行或营业部。

总分行制的优点是：（1）分支机构较多，分布广，易于吸收存款，调剂资金，充分有效地利用资本；由于贷款集中度低，有助于分散信贷风险，提高银行的安全性。（2）银行规模较大，易于采用现代化设备，提供多元化的金融服务，获得规模效益。（3）由于银行的数量少，便于金融监管机构的管理。然而，总分行制的缺点在于容易造成大银行对小银行的吞并，形成垄断；同时，银行规模过大，内部机构、部门较多，造成管理困难。目前，世界上大多数国家都实行总分行制，我国也是如此。

3. 银行控股公司制。银行控股公司制又称集团银行制，即由一个集团成立控股公司，再由控股公司收购或控制若干独立的银行。在法律上，这些银行是独立的，但其业务与经营政策统属于母公司控制。这种商业银行的组织形式在美国最为流行。1933 年至 1975 年期间，美国严格限制银行跨州经营，为规避监管，商业银行尝试设立银行控股公司。20 世纪 90 年代，美国有超过 8 700 家银行采用银行控股公司制，占银行业总资产的 90% 以上。银行控股公司制便于银行从资本市场上筹集资金，并通过关联交易获得税收的好处，也能够规避政府对跨州经营银行业务的限制。然而，银行控股公司的缺点是：容易形成银行业的集中和垄断，不利于银行之间开展公平竞争，并在一定程度上限制了银行经营的自主性，不利于银行的创新活动。

银行控股公司有两种类型，即非银行型控股公司和银行型控股公司。前者是由大型企业通过控股管理某一家银行；后者是由大银行直接设立一个控股公司，控制和管理若干规模小的银行。例如，著名的花旗集团就是银行型控股公司，它已经控制着 300 多家银行。一般把控股一家银行的称为单一银行控股公司，把控股两家以上银行的称为多银行控股公司。

二、内部组织结构

内部组织结构是商业银行开展各项金融业务的载体，合理的组织结构是保障商业银行稳健、高效经营的基础，是银行市场竞争力的重要组成部分。具体来说，商业银行的内部组织结构包括组织架构和治理结构两个方面。

（一）商业银行组织架构

商业银行的组织架构是指银行各个业务部门的设置方式和制度安排。一般来说，商业银行的组织架构由股东大会、董事会、监事会、高级管理层、业务职能部门等共同组成。

1. 股东大会。股东大会由全体股东组成。凡是购买银行发行的优先股的投资者，就是银行的优先股股东，购买银行发行的普通股的投资者，就成为银行的普通股股东。优先股股东可取得固定股息，但无权参与银行的经营管理。普通股股东所取得的股息随着银行盈利的多少而变动，并有权参加股东大会并参与银行的经营管理决策。

2. 董事会。商业银行董事会是由股东大会选举产生的决策机构。各银行董事会的人数依银行规模大小不同而定，根据《公司法》的规定，我国商业银行的董事至少要有 5 人，多则可达 19 人，董事的任期一般为 1—3 年不等，可连选连任。董事包括执行董事和非执行董事，非执行董事包含独立非执行董事。执行董事是指担任行长、副行长等管理职务的董事；非执行董事是指不担任行长、副行长等管理职务的董事；独立非执行董事应与银行及主要股东保持独立性，如不担任除董事外的其他职务，保证其能够进行独立客观的判断。为保护中小股东的利益，独立非执行董事的人数应占一定比例。在股东大会休会期间，银行的决策机构实际上就是董事会。由董事长召集董事会，作出各项决策。商业银行的董事长由董事会决定。

3. 监事会。监事会由监事组成，包括股东代表和适当比例的公司职工代表，监事会成员至少为三人，董事、高级管理人员不得兼任监事。监事会设主席一人，可以设副主席。当选为银行监事的一般都是具有丰富银行管理经验的人员，他们熟悉银行业务的各个环节，能及时发现银行经营活动中存在的问题。

4. 高级管理层。商业银行高级管理层通常由行长、副行长、财务负责人及其他高级管理人员组成。行长的职责是执行董事会的决定，组织银行的业务活动。也有些商业银行实行董事长制，即董事长既是董事会首脑，又是银行内部的首脑，行长只是董事长的助手。

5. 业务职能部门。业务职能部门分为业务部门和职能部门两类。以图1-1为例，个人业务部、公司业务部、国际业务部、金融市场部、投资银行部、资产托管部属于业务部门；风险管理部、办公室、财务会计部、人力资源部、审计部、公共关系部属于职能部门。

由于商业银行的产权结构、监管要求、经营环境存在区别，各类型商业银行内部组织架构的设置并不完全相同。图1-1和图1-2分别为我国某股份制商业银行和国有大型商业银行的内部组织架构。

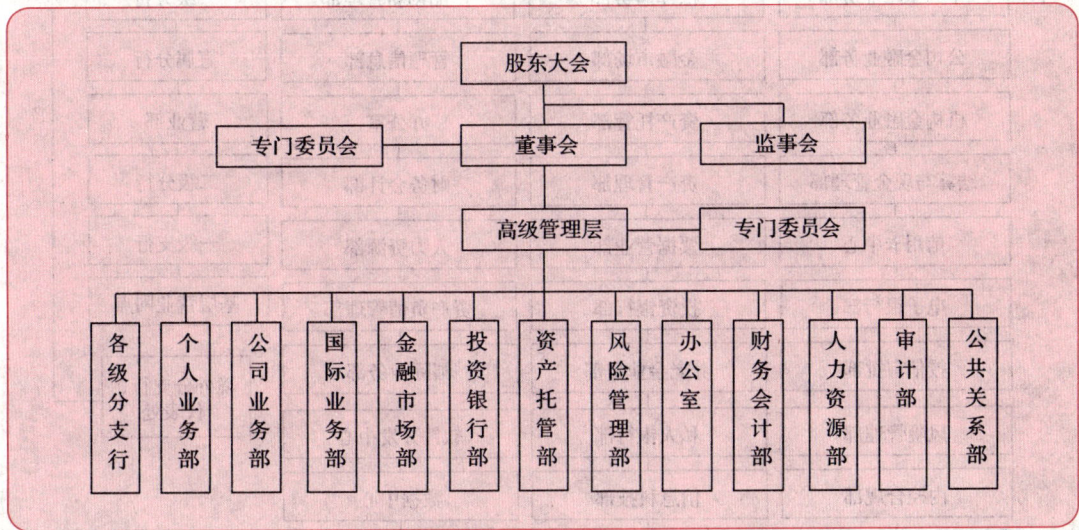

图1-1　我国某股份制商业银行组织架构

近年来，国际上部分商业银行为防范经营活动面临的风险，其内部组织架构开始采用"矩阵型"结构。这种矩阵式的组织架构是按经营产品的不同将银行的部门分为两类：一类是业务部门，如企业金融部、个人金融部、信托部、基金部；另一类是职能部门，包括财务部、风险管理部、市场营销部和审计部等。在每个业务部门中，再设置一些职能类似的部门，如财务、风险管理等部门，并将这些职能部门统一归属于全行的财务部、风险管理部等（如图1-3所示）。

"矩阵型"结构的优点是适应性较强，能够使银行适应各种复杂的环境。由于受到双重领导（例如，每个部门的风险经理既受到各部门经理的管理，同时受到全行所属的风险管理部的管理，属"双重"制约关系），"矩阵型"结构往往要求不同部门间进行信息交流和权力共享，对于部门间合作、协调、制约的要求较高。西方商业银行经营管理的成功经验表

```
                          ┌──────────────┐
                          │   股东大会    │
                          └──────┬───────┘
                  ┌──────────────┼──────────────┐
                  │        ┌──────────┐    ┌──────────────┐
                  │        │  监事会   │────│  监督委员会   │
                  │        └──────────┘    └──────────────┘
      ┌──────────────────┐                 ┌──────────────┐
      │  风险管理委员会   │                │  提名委员会   │
      └──────────────────┘  ┌──────────┐  └──────────────┘
      ┌──────────────────┐  │  董事会   │  ┌──────────────┐
      │   战略委员会      │──│          │──│  薪酬委员会   │
      └──────────────────┘  └──────────┘  └──────────────┘
      ┌──────────────────┐                 ┌──────────────────┐
      │   审计委员会      │                │ 关联交易控制委员会 │
      └──────────────────┘                 └──────────────────┘
                          ┌──────────────┐
                          │  高级管理层   │
                          └──────┬───────┘
```

资产负债管理委员会	信息科技管理委员会		产品创新管理委员会	风险管理委员会

个人金融业务部	法律事务部	产品创新管理部	一级分行
公司金融业务部	金融市场部	管理信息部	直属分行
机构金融业务部	资产托管部	办公室	营业部
结算与现金管理部	资产管理部	财务会计部	二级分行
信用卡中心	票据营业部	人力资源部	一级支行
电子银行部	投资银行部	资产负债管理部	基层营业网点
授信审批部	养老金业务部	国际业务部	境外分支行、代表处
风险管理部	私人银行部	软件开发中心	
内控合规部	信息科技部	数据中心	
信贷与投资管理部	运营管理部	产品研发中心	

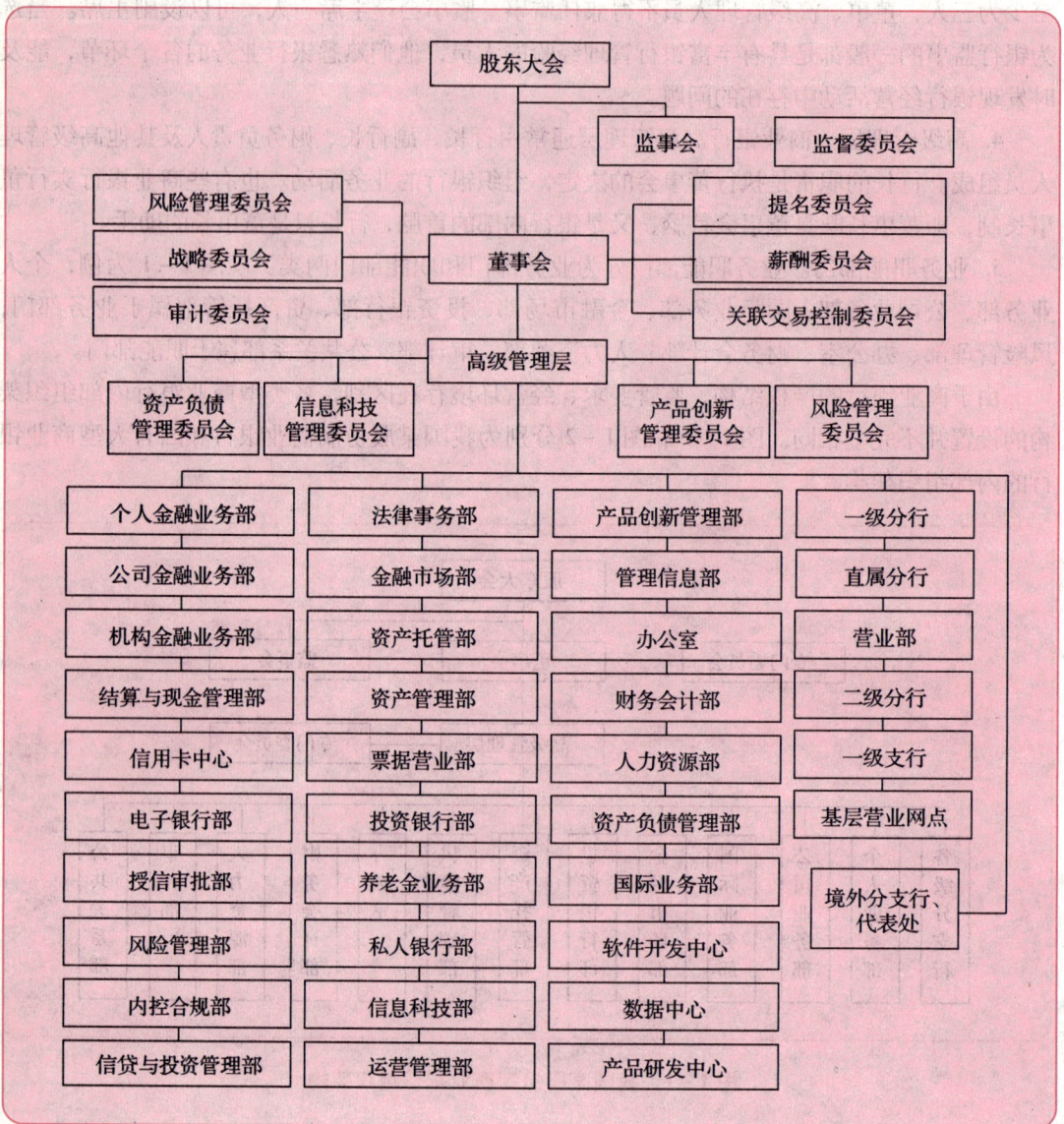

图 1-2 我国某国有大型商业银行组织架构

明，部门之间相互合作与相互制约并举是保证银行有效率、低风险运作的重要诀窍。相互牵制包括横向牵制与纵向控制两方面。横向牵制是指同级的各部门由于业务程序上的连续而产生的相互监督；纵向控制是指不同级别的同一业务部门在业务上的领导与被领导、监督与被监督。相互合作是指横向的职能部门为业务部门提供的支持功能。

基于这一宗旨，西方商业银行的组织设计按横向功能分成三大模块。第一个模块是市场模块，这是对接市场的窗口，由市场营销人员组成。这些市场营销人员被称为客户经理，其职责是向市场中的客户直接推销其银行的各类金融产品和服务，并通过提供优质服务，与客户保持、发展长久稳定的关系；市场模块同时兼有了解和选择客户，反馈客户信息及新产品

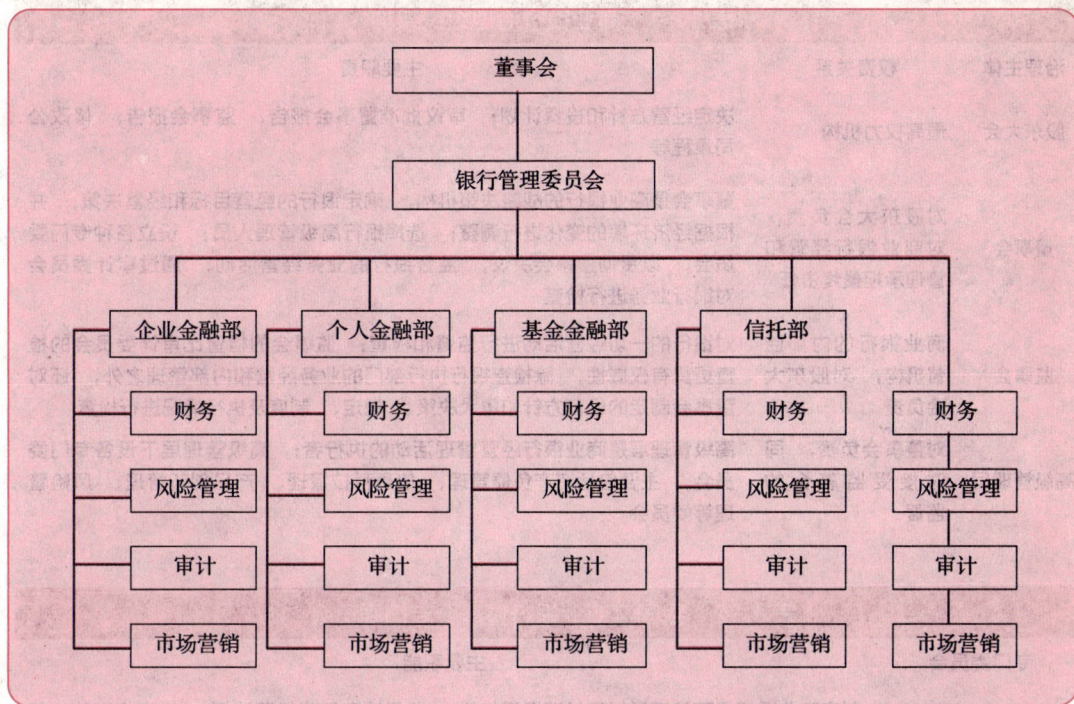

图 1 - 3 商业银行的矩阵型组织架构

设计等市场调研的职责。第二个模块是操作模块，其职责是把市场营销人员从市场中承揽来的业务按照性质分门别类地交到各有关操作部门，进行具体操作。第三个模块是管理模块，其职责主要是进行业务管理和风险控制，并承担总体规划、风险评估与监控、会计核算、监察审计等职能。在按横向功能分工的三大模块中，市场模块为推销产品和服务客户的第一线，操作模块和管理模块的功能都是向市场模块提供支持；同时，管理模块对市场模块的功能进行监督。从纵向看，西方商业银行在各个分支机构都设有操作模块、市场模块、管理模块，上级的功能模块对其对应的下级功能块是直接的业务领导关系与监督关系。

（二）商业银行治理结构

商业银行治理结构是指为了保证银行的有效运行，银行进行一系列的机制设计，以协调治理主体、股东及其他利益相关者之间的关系。商业银行治理结构主要包括五个方面：健全的组织架构及清晰的职责边界，科学的发展战略、良好的价值准则与社会责任，有效的风险管理与内部控制，合理的激励约束机制和完善的信息披露制度[①]。

1. 健全的组织架构及清晰的职责边界。商业银行章程是银行治理的基本文件，对股东大会、董事会、监事会、高级管理层（以下简称"三会一层"）的组成、职责和议事规则均作出了制度安排，从而形成以"三会一层"为主体的公司治理组织架构，各治理主体间实现独立运作、有效制衡。

---

① 中国银监会，《商业银行公司治理指引》，2013 年。

表1-1 商业银行治理组织架构		
治理主体	权责关系	主要职责
股东大会	最高权力机构	决定经营方针和投资计划；审议批准董事会报告、监事会报告；修改公司章程等
董事会	对股东大会负责，对商业银行经营和管理承担最终责任	董事会是商业银行的战略决策机构，确定银行的经营目标和经营决策，并根据经济环境的变化进行调整；选择银行高级管理人员；设立各种专门委员会，以贯彻董事会决议，监督银行的业务经营活动；通过审计委员会对银行业务进行检查
监事会	商业银行的内部监督机构，对股东大会负责	对银行的一切经营活动进行监督和检查；监事会的检查比审计委员会的检查更具有权威性，除检查银行执行部门的业务经营和内部管理之外，还对董事会制定的经营方针和重大决策、规定、制度及执行情况进行检查
高级管理层	对董事会负责，同时接受监事会的监督	高级管理层是商业银行经营管理活动的执行者；高级管理层下设各专门委员会，主要包括资产负债管理、信息科技管理、产品创新管理、风险管理等委员会

表1-2 我国某商业银行董事会专门委员会	
专门委员会	主要职能
战略委员会	制定商业银行经营管理目标和长期发展战略，监督检查年度经营计划、投资方案的执行情况
审计委员会	检查商业银行风险及合规状况、财务报告程序和财务状况等
风险管理委员会	监督高级管理层关于各类风险的控制情况，评估商业银行风险政策、风险承受能力
薪酬委员会	审议全行薪酬管理制度和政策，拟定董事和高级管理层成员的薪酬方案
提名委员会	拟定董事和高级管理层成员的选任程序和标准，对董事和高级管理层成员的任职资格进行初步审核
关联交易控制委员会	审查和批准关联交易，控制关联交易风险

2. 科学的发展战略、良好的价值准则与社会责任。商业银行发展战略包括中长期发展规划、战略目标、经营理念等方面的内容，商业银行应兼顾各利益相关者的合法权益，制定并实施清晰的发展战略。商业银行应树立具有社会责任感的价值准则，并遵守公平、安全、有序的行业竞争秩序，提升专业化经营水平，增强金融服务能力。

3. 有效的风险管理与内部控制。商业银行应建立全面风险管理体系，以有效地识别、计量、监测、控制银行面临的各种风险，并建立独立的风险管理部门和人员，确保其有足够职权、充分的独立性以及与董事会直接沟通的渠道。另一方面，商业银行应建立独立垂直的内部审计体系，由审计官和内部审计部门直接向董事会及其审计委员会、监事会报告审计工作情况，并外聘审计机构进行财务审计，对商业银行的公司治理、内部控制及经营管理状况进行评估。

4. 合理的激励约束机制。商业银行应建立对董事和监事的履职评价体系，根据履职情况作出合理的薪酬安排，并建立科学的高级管理人员薪酬机制和员工绩效考核机制，以有利于银行战略目标的实施和竞争力的提升。

5. 完善的信息披露制度。商业银行在信息披露时，应遵循真实性、准确性、完整性和及时性原则，规范披露信息，不得存在虚假报告、误导和重大遗漏等。披露的信息包括基本信息、财务会计报告、风险管理信息、公司治理信息、年度重大事项等。

商业银行的组织架构与治理结构将整个银行经营运行划分为四个系统，即决策系统、执行系统、监督系统和管理系统。决策系统主要由股东大会和董事会及董事会下设的各专门委员会组成。执行系统由高级管理层以及各业务职能部门组成。监督系统由监事会及银行的审计部门组成。管理系统包括五项内容：（1）全面管理。商业银行的全面管理由该行的董事长、行长负责，主要职责是确定银行目标、业务计划和经营预测，并制定政策、指导、控制及评价分支机构及银行业务、职能部门的工作。（2）财务管理。财务管理通常是由负责财务工作的副行长担当，主要职责是负责银行筹资及成本管理、现金管理等，并制定财务预算，进行财务控制，进行审计、税收和风险管理。（3）人事管理。由人事部门负责，主要职责是招募员工、培训职工、进行工作和工资审评、处理劳资关系。（4）经营管理。由行长负责，主要职责是根据银行确定的计划和目标，安排组织各种银行业务，分析经营过程中出现的各种问题，保证银行经营安全。（5）市场营销管理。由行长、副行长及有关业务、职能部门负责人共同参与，主要职责是分析消费者行为及市场变动状况，确定市场营销战略，开展广告宣传、促销和公共关系，指定银行服务价格，开发产品和服务项目。

📎 阅读材料
中国民生银行事业部制改革 ∎∎∎∎∎∎∎∎∎∎∎∎∎∎∎∎∎∎∎∎∎∎∎∎∎∎∎∎∎∎∎∎

作为企业组织架构的一种形式，事业部制是指按产品、客户、地区、渠道等维度中的一个维度来划分企业层面的部门，各部门设置相对完整的职能体系，拥有相对完整的人权、事权和财权，并作为独立核算的利润中心，分权和独立核算是事业部制的核心特征。

银行事业部制通常从客户或产品维度进行划分。目前，我国国有大型银行和大部分中小银行仍以总分制为主，但部分业务（如票据、信用卡、电子银行、"三农"业务等）采取了事业部制的管理模式。而以民生银行为代表的股份制银行和少数中小银行则采取了全面的事业部制改革。

2006 年，民生银行上收支行的公司业务，完成公司业务集中经营。2007 年，将重点行业的公司业务上收总行，相继成立八大事业部（地产、交通、能源、冶金四大行业事业部，投资银行、金融市场、贸易金融三大产品事业部，以及中小企业事业部）。各事业部作为利润中心，将原来分散在各职能部门的某项业务的研发、生产、营销等职能和决策权集中起来，实行集约经营、独立核算，具有充分的经营管理权。

事业部制改革对于银行的经营发展既有益处，也有挑战。一方面，事业部制的业务条线管理实现了专业化经营，在风险管理能力、金融服务能力等方面得到了提升，提高了经营业绩。另一方面，改革也面临各方面的挑战，在新的组织架构下，分支行大部分公司业务划归事业部所有，分支行的公司业务收入将受到极大影响，如何协调事业部与分支行之间的利益成为改革亟须解决的问题。

第五节　政府对商业银行的监督管理

由于在一国金融体系中，商业银行要向社会公众吸收存款，并给企业或个人发放贷款和提供其他金融服务，银行业与社会经济生活存在着紧密的联系，因此银行业的经营要接受政府全面和广泛的监督管理。各国负责行使银行业监督与管理职能的机构有所差异，有的国家单独设立监管机构，有的国家由财政部门负责对银行业的监管，有的国家则由中央银行负责监管。

一、政府对商业银行实施监管的原因

首先，政府监管商业银行是为维护金融稳定。由于商业银行具有信用中介、支付中介、信用创造等核心金融功能，对一国金融体系的稳定至关重要。纵观世界金融发展的历史，金融危机的根源往往是银行体系无法正常发挥功能，金融风险从银行业蔓延和传染到整个金融体系，形成系统性风险，破坏国家的金融稳定。因此，在某种程度上，维护金融稳定的重点是维护银行业稳定。

其次，政府监管商业银行是为保护银行储户的利益。在部分存款准备金制度下，存款由银行持有现金及在央行开立的准备金账户获得部分保护。如果银行经营不善，储户存款容易遭受损失，由此导致的社会和经济后果是非常严重的，而储户和商业银行之间存在着严重的信息不对称。因此，政府必须承担保护储户利益的责任。政府会定期对商业银行进行检查和审计，收集银行经营信息，评估银行财务状况，在银行经营出现困难时提供必要的资金援助。

最后，政府监管商业银行是出于调控宏观经济的需要。在信用经济的条件下，货币总量与经济发展密切相关，一国经济增长率、失业率和通货膨胀率都受到信用规模的影响。虽然中央银行可以通过调节基础货币来控制货币供应量，但商业银行是中央银行实施货币政策的传导渠道，对货币政策的响应是影响政策效果的关键因素。

二、政府对商业银行监管的主要内容

经过探索和实践，目前各国银行业监管机构已基本形成覆盖事前、事中和事后全过程的监管体系。商业银行的设立需经银行业监管机构审查批准，这是事前准入的监管安排。对银行业准入进行监管是各国政府对银行业进行监管的最初手段，目的是防止银行业的过度集中、限制社会资金过度流入银行业而降低经济运行效率。一般来说，对银行业的准入进行限制主要是规定最低注册资本金、合格的经理人员、合理的业务范围及规模、完备的服务设施和设备等。在我国，银监会对最低资本金、银行法人资格、组织机构和管理制度等进行审查，审查通过后予以批准，未经批准不能从事吸收公众存款等商业银行业务。

事中监管的方式主要为非现场监管和现场检查，非现场监管是监管机构通过银行的统计数据报表，监管其经营的状况。现场检查是指监管机构进入银行进行实地检查，通过查阅报表、账册和文件等资料，分析、检查和评价银行的经营管理质量。在我国，银监会借鉴金融危机后全球金融监管的改进措施以及《第三版巴塞尔协议》的监管理念，制定并在国内大型商业银行推行了"腕骨"（CARPALs）监管指标体系，作为评估银行经营状况、识别危机银行的重要依据。该体系由七大类十三项指标构成，七大类分别是资本充足性（Capital Adequacy）、资产质量（Asset Quality）、大额风险集中度（Risk Concentration）、拨备覆盖状况（Provisioning Coverage）、附属机构（Affiliated Institutions）、流动性（Liquidity）和案件防控（Swindle Prevention & Control），加上有限自由裁量权共八个方面。

事后监管是指当商业银行发生可能影响存款人利益的危机事件时，由监管机构介入处置危机，以最大限度地降低损失。事后处置主要包括两个方面：一是当商业银行已经或可能发生信用危机时，由监管机构对该银行实行接管，并采取必要的措施尽可能恢复银行的正常经

表1-3 "腕骨"（CARPALs）监管指标体系	
"腕骨"评级要素	定量指标
C：资本充足性	资本充足率、 杠杆率
A：资产质量	不良贷款率、 不良贷款偏离度
R：大额风险集中度	单一客户集中度
P：拨备覆盖状况	拨备覆盖率、 贷款拨备率
A：附属机构	附属机构资本回报率、 母行依存度
L：流动性	流动性覆盖率、 净稳定融资比率、 存贷比
S：案件防控	案件风险率

营能力，以保护存款人的利益；二是当商业银行由于分立、合并等原因解散或因不能支付到期债务而宣告破产时，监管机构参与清算过程，保证存款本金和利息得到合理偿还。

📌 **阅读材料**
CAMELS 评级体系 ∙∙∙∙∙∙∙∙∙∙∙∙∙∙∙∙∙∙∙∙∙∙∙∙∙∙∙∙∙∙∙∙∙∙∙∙∙∙

CAMELS 评级体系（"骆驼"原则）是美国监管当局对商业银行经营状况进行全面评估时使用的统一标准，涵盖了反映银行经营流动性、安全性和效益性状况等最关键的考核指标，因其有效性，目前已为大多数国家所采用。在出台"腕骨"监管体系前，我国银监会主要采用 CAMELS 评级体系进行监管。

表1-4 CAMELS 评级体系	
评级要素	主要含义
资本充足性（Capital Adequacy）	资本与银行在各类风险中的暴露保持平衡，以吸收潜在损失。 充足的资本包括数量达到最低资本要求和提高资本质量两方面
资产质量（Asset Quality）	较差的资产质量是很多银行倒闭的主要原因。 资产质量的恶化不仅会影响银行的盈利水平，也会减弱银行扩张信贷的动机
管理（Management）	评价银行管理人员包括董事会成员的品质和业绩。 在相同条件下经营的银行，其成功或失败在很大程度上取决于管理者的管理能力
收益（Earnings）	收益不仅能为债权人和股东提供回报，建立公众对银行的信心，而且也能用于吸收贷款损失，对损失提供充足准备
流动性（Liquidity）	维持一定的流动性水平能够使银行以最小损失快速变现资产，以及时满足金融负债对资金的需求
银行对市场风险的敏感程度（Sensitivity to Market Risk）	反映了利率、 汇率的变化对银行收益或经济资本产生影响的程度

三、存款保险制度

存款保险制度是 20 世纪金融创新的重要成果，起到了维护银行体系稳定的作用。存款保险制度源自于 20 世纪 30 年代大萧条后的美国，大萧条时期有效需求严重不足，企业产能过剩，经营恶化而导致银行贷款违约，从而导致大量中小银行破产，造成金融体系崩溃。当时建立存款保险制度的初衷是：重新唤起社会公众对银行体系的信心，保护存款者的利益，监督银行在保证安全的前提下进行经营活动。一个随之而来的问题是，由于存款保险制度的存在，银行对从事高风险投资的顾虑在减少，甚至在一定程度上激励银行进行高风险投资，加剧了商业银行的道德风险。

存款保险制度要求商业银行按存款额的大小和一定的保险费率缴纳保险费给存款保险机构，当投保银行经营破产或发生支付困难时，存款保险机构在一定限度内代为支付。如美国联邦存款保险公司可以给每个账户的保险金额最高为 10 万美元；而英国的存款保险计划提供给每一个存款人的最高保险金额为 1.5 万英镑①。目前各国存款保险制度的组织形式主要有三种：（1）政府设立的存款保险机构。典型的代表是美国。按照 1933 年的《格拉斯—斯蒂格尔法》，美国联邦政府建立了美国联邦保险公司（FDIC），该公司下属 6 个分公司，负责办理存款保险公司的具体业务，并执行对投保银行的监管。（2）政府与银行联合成立存款保险机构。日本的存款保险机构即属此类。20 世纪 70 年代初，日本公布实施《存款保险法》，设立存款保险机构，强制大部分民间金融机构加入存款保险机构。该存款保险机构最初的资本金为 4.5 亿日元。（3）银行自行出资成立存款保险机构。在 1976 年，前联邦德国银行业协会自行计划出资成立了存款保险机构，制定了存款保险和理赔方案。

存款保险制度是金融安全网的重要组成部分，为此，我国也推动建立了存款保险制度，并于 2015 年发布了《存款保险条例》②。我国存款保险制度的核心要素有两个方面：一是实

> **金融安全网是指一国或经济体为维护金融稳定而设计和作出的一系列制度安排，主要包括存款保险制度、中央银行的最后贷款人制度、金融机构退出制度等。**

行强制保险，即为了保障存款人的合法权益和银行业金融机构的公平竞争，商业银行、农村合作银行、农村信用合作社等凡是吸收存款的银行业金融机构，都要投保存款保险，由保费形成的存款保险基金作为被保险存款的偿付来源。二是限额偿付，最高偿付限额为人民币 50 万元，这意味着若存款人在某银行所有存款账户的本息总额在 50 万元以内，全额赔付；若超过 50 万元，则超过的部分需要从该银行清算财产中受偿。50 万元的限额能够为全国 99.6% 的存款人提供全额保护。需要说明的是，50 万元的限额并非一成不变，会根据国内经济发展、存款结构变化、金融风险状况等因素予以调整。此外，各投保机构每 6 个月交纳一次保费，适用的保险费率由相关管理机构根据投保机构的经营管理状况和风险状况等因素确定。

四、我国政府对商业银行的监管

（一）中国人民银行对商业银行的监管

我国政府对银行业的监管职责最初是由中国人民银行来承担的。1984 年，中国人民银行开始正式行使对商业银行的监督职能，1995 年，第八届全国人民代表大会第三次会议通过了

---

① 俞乔等：《商业银行管理学》，72 页，上海，上海人民出版社，1998。
② 《存款保险条例》于 2015 年 5 月 1 日起正式施行。

《中华人民共和国中国人民银行法》（以下简称《中国人民银行法》），正式确立中国人民银行是国家金融业的主管机关。《中国人民银行法》规定："中国人民银行依法对金融机构及其业务实施监督管理，维护金融业的合法、稳健运行。"

按照 1995 年《中国人民银行法》规定，我国中央银行金融监督管理的主要内容包括：（1）金融机构的设置及业务范围的审批。中国人民银行按规定审批金融机构的设立、变更、终止，

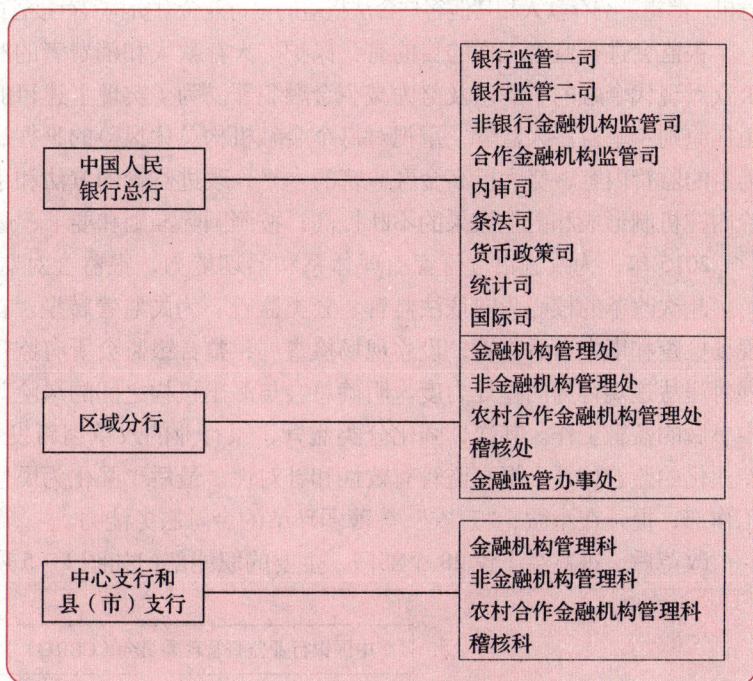

中国人民银行总行 —— 银行监管一司 / 银行监管二司 / 非银行金融机构监管司 / 合作金融机构监管司 / 内审司 / 条法司 / 货币政策司 / 统计司 / 国际司

区域分行 —— 金融机构管理处 / 非金融机构管理处 / 农村合作金融机构管理处 / 稽核处 / 金融监管办事处

中心支行和县（市）支行 —— 金融机构管理科 / 非金融机构管理科 / 农村合作金融机构管理科 / 稽核科

图 1－4　中国人民银行的组织架构

未经中国人民银行批准，任何单位和个人不得从事吸收公众存款等商业银行业务；商业银行实行分业经营、分业管理原则。(2) 稽核检查金融机构的业务经营状况。中国人民银行有权获得金融机构的财务报表，对违法、违规的金融机构，中国人民银行有权视情节轻重，给予撤销、停业整顿、罚款等行政处罚，并对有关责任人员给予相应的行政处分。

（二）中国银行业监督管理委员会对商业银行的监管

中国银行业监督管理委员会（China Banking Regulatory Commission，CBRC）简称银监会，于 2003 年正式挂牌成立。银监会根据授权，统一监督管理银行、金融资产管理公司、信托投资公司以及其他存款类金融机构，维护银行业的合法、稳健运行。银监会成立后，中国人民银行将只负责货币政策调控等一系列非直接监管金融机构的任务，即人民银行将主要负责货币政策和跨行之间的资金往来，具体包括利率的调整、银行之间的现金结算支付和一些新业务等。而银监会的监管职能包括金融机构的市场准入、运行监督和依法查处违法违规行为，比如中外资银行成立的审批、业务经营中的反洗钱等具体业务。随着银监会的成立，我国形成了"一行三会"的金融监管体制，标志着长期以来中国人民银行集货币政策、金融监管、商业银行等职能于一身的"大而全"的时期结束。货币政策和金融监管职能存在目标上的差异，货币政策的职能是保持价格稳定，而金融监管的职能则是防范金融风险。成立银监会可使央行专注于货币政策职能，并避免了央行依靠放松或加强银行监管实现货币政策的目标，加强了中央银行的独立性。

银监会的主要职责包括：制定并发布对银行业金融机构及其业务活动监督管理的规章、规则；审查批准银行业金融机构的设立、变更、终止以及业务范围；制定银行业金融机构的审慎经营规则；对银行业金融机构实行现场和非现场监管，依法对违法违规行为进行查处；对已经或者可能发生信用

危机，严重影响存款人和其他客户合法权益的银行业金融机构实行接管或者促成机构重组等。

银监会进行监管工作的目的有：保护广大存款人和消费者的利益、增进市场信心、增进公众对现代金融的了解以及努力减少金融犯罪。为了实现上述目的，银监会需遵循以下监管工作原则：坚持法人监管，重视对每个金融机构总体风险的把握、防范和化解；坚持以风险为主的监管内容，努力提高金融监管的水平，改进监管的方法和手段；注意促进金融机构风险内控机制形成和内控效果的不断提高；按照国际准则和要求，逐步提高监管的透明度。

2015 年，为改进银行监管治理体系和治理能力，银监会对监管组织架构进行了重大改革。此次改革的核心为向依法监管、分类监管、为民监管转型。首先，强化依法监管，加强现场检查和事中事后监管，设立现场检查局，整合银监会所有监管部门的现场检查力量，增强对违法违规行为的查处力度。明确总会与派出机构之间的风险监管职责和权力，强化对事中事后的监管工作。其次，强化分类监管，银行业的改革创新发展要求银监会建立差异化、专业化的监管体系，提高监管有效性和针对性。最后，强化为民监管，设立银行业普惠金融工作部，提升在小微、"三农"等薄弱环节的金融服务能力。

改革后，银监会下设 28 个部门，主要的职能部门如图 1－5 所示。同时，银监会按照行

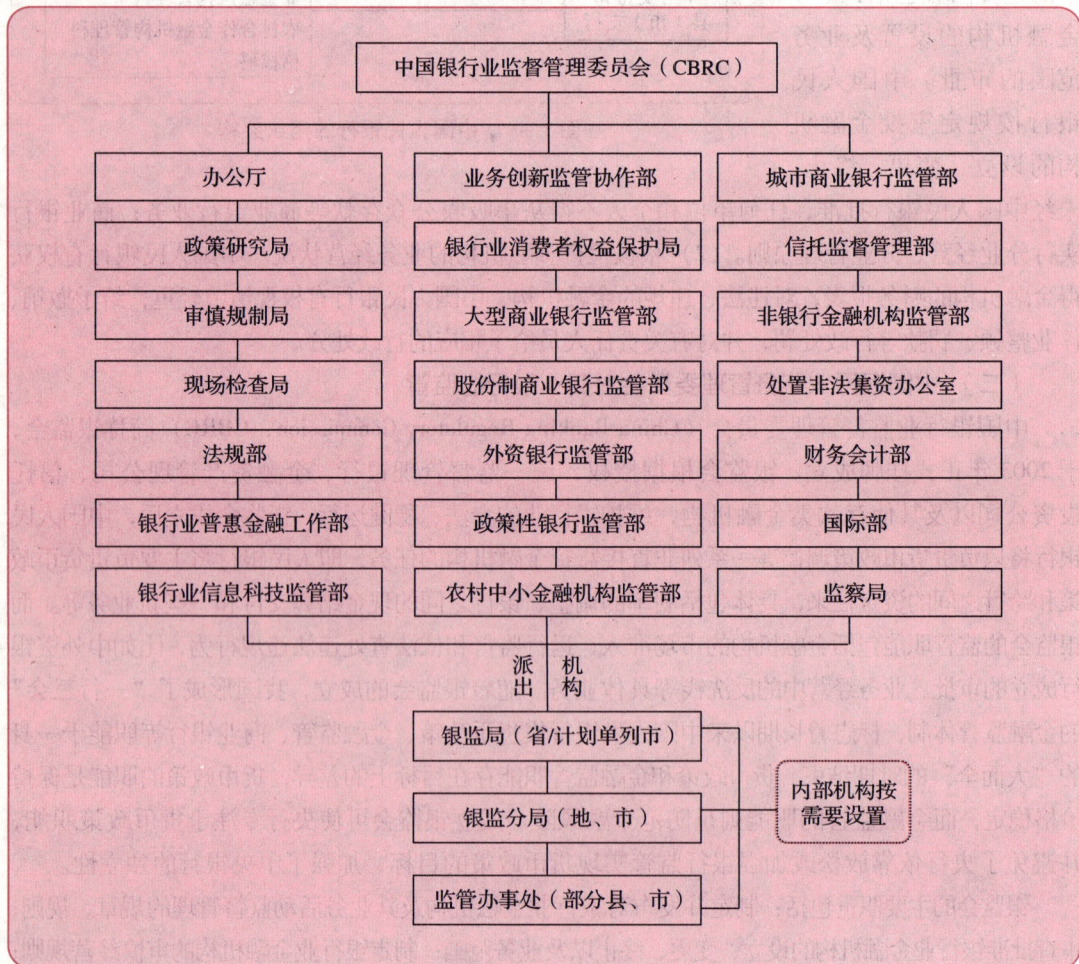

图 1－5　中国银行业监督管理委员会组织架构图

政区划设置派出机构，在全国 31 个省（自治区、直辖市）和大连、青岛、厦门、深圳、宁波 5 个计划单列市设银监局，在地、市设银监分局，在部分县、市设监管办事处。派出机构可以根据各自情况设立内部机构，内设机构不需上下对口。

表 1-5 中国银监会主要职能部门及职责	
职能部门	**主要职责**
办公厅	组织协调银监会机关日常工作；承担有关文件的起草、重要会议的组织、纪要、文秘等
政策研究局	调查研究我国银行业改革开放与发展中的重大问题；研究国际银行监管制度、理论和实践，参与国际银行业监管政策和规则制定工作，对我国银行监管体系建设提出政策建议等
审慎规制局	牵头非现场监管工作，统一负责银行业审慎经营各项规则制定等
现场检查局	负责全国性银行业金融机构现场检查，整合银监会现场检查力量，增强对违规经营行为和违法违规案件的查处力度等
法规部	拟定有关银行业金融机构监管的规章制度和办法；起草有关法律和行政法规草案，提出制定或修改的建议等
银行业普惠金融工作部	牵头推进银行业普惠金融工作
银行业信息科技监管部	制定信息科技监管制度、标准；开展银行业金融机构信息科技风险监管等
业务创新监管协作部	协调银监会内部监管部门在法定职权范围内制定统一的业务创新审慎监管标准；制定业务创新监管的专业化操作规程，为会内监管部门提供专业化监管和协助等
银行业消费者权益保护局	研究制定银行业金融机构消费者权益保护政策法规；协调推动建立并完善银行业金融机构消费者服务、教育和保护机制等
大型商业银行监管部	承办对大型商业银行的监管工作
股份制商业银行监管部	承办对股份制商业银行的监管工作
外资银行监管部	承办对外资银行的监管工作
政策性银行监管部	承办对政策性银行、国家开发银行、邮政储蓄银行和金融资产管理公司的监管工作
农村中小金融机构监管部	承办对农村存款类合作金融机构、新型农村金融机构的监管工作
城市商业银行监管部	承办对城市商业银行、城市信用社和民营银行的监管工作
信托监督管理部	承办对信托业金融机构的监管工作
非银行金融机构监管部	承办对非银行金融机构（证券、期货和保险类除外）的监管工作
处置非法集资办公室	参与制定、修订与处置非法集资相关的政策法规；负责非法集资的认定、查处和取缔及相关的组织协调工作等
财务会计部	研究拟定银行业会计制度实施细则和管理规定，审核金融机构会计制度和业务核算办法，监督、指导、协调金融机构会计工作；管理银监会财务工作等
国际部	承办与国际金融组织、有关国家和地区监管机构等金融组织的官方联系及业务往来的有关工作；负责银监会外事管理工作等

❶ 资料来源：中国银监会。

本章小结

1. 欧洲沿岸各国早期银行业的产生与国际贸易的发展关系密切，英国早期银行业源于"金匠业"的发展，这些银行业虽然具备银行的本质特征，但仍不能满足社会化大生产的要求。现代商业银行主要为资本主义生产提供货币资本，不再具有高利贷性质，主要通过早期高利贷银行转变和以股份公司形式直接组建两种途径产生。

2. 商业银行的发展模式主要分为两种：一种是以融通短期资金为主要功能的英国模式。英国资本市场比较发达，企业融资尤其是长期融资主要通过资本市场完成，加之短期贷款风险程度较小，这些条件最终形成了英国银行的业务模式。另一种是综合经营的德国模式。该模式下的商业银行既提供短期商业性贷款，也提供长期贷款，甚至提供承销证券、财务顾问等服务，该模式源于德国企业为了与英法等老牌资本主义国家的企业竞争，需要充足的资本支持。随着银行业竞争的加剧，商业银行的业务将不断拓展，逐步成为"金融百货公司"。

3. 商业银行作为现代化企业，独立核算，自负盈亏，并以追求利润为经营目标。商业银行作为金融企业，以金融资产和负债为经营对象，向客户提供综合化金融服务。商业银行具有各项经济功能：信用中介、支付中介、信用创造、金融服务、调节经济等。

4. 根据《中华人民共和国商业银行法》，商业银行的经营原则为：安全性、流动性、效益性。安全性原则提出了银行稳健经营和发展的内在要求，流动性原则要求银行足以满足负债的支付以及贷款需求，效益性原则强调银行追求利润实现最大化。"三性"原则之间往往相互矛盾，需要经营管理者对其进行统一协调。

5. 现代商业银行的外部组织形式主要有独家银行制、总分行制和银行控股公司制三种类型，我国商业银行实行总分行制。为了实现有效运行，现代商业银行主要设立包含股东大会、董事会、监事会、高级管理层的"三会一层"的组织架构，并通过明确治理主体职责、有效风险管理、薪酬制度、信息披露制度等机制设计，实现有效的公司治理。

6. 作为商业银行的监管机构，银监会已经形成事前准入、事中监管、事后处置的全过程监管体系。在事中监管层面，通过现场检查和非现场监管对商业银行的经营状况进行判定，"腕骨"监管指标体系作为重要依据已在国内大型商业银行推行。作为金融安全网的要素，存款保险制度已在我国开始推动建立，并在2015年上半年正式推行。

本章主要概念

商业银行　金融综合经营　信用中介　支付中介　安全性　流动性　效益性

独家银行制　总分行制　银行控股公司制　"三会一层"　"腕骨"监管体系
"骆驼"原则　存款保险制度

本章思考题

1. 现代商业银行主要依靠哪些途径产生？有几种主要的发展模式？
2. 商业银行与一般企业的共同之处是什么？其特殊性又是如何体现的？
3. 从商业银行经济功能的角度，应该怎样认识它对一国经济和社会生活的影响？
4. 商业银行的经营原则有哪些？怎样贯彻这些原则以及怎样协调这些原则之间的矛盾？
5. 请简要描述我国现代商业银行的内部组织架构与公司治理结构。
6. 如何认识银监会对我国商业银行实行的监管体系？
7. "腕骨"监管指标体系的主要内容是什么？与"骆驼"原则有哪些差异？

本章参考文献

[1] 戴国强：《商业银行管理学》，北京，高等教育出版社，1999。

[2] 戴相龙：《商业银行经营管理》，北京，中国金融出版社，1998。

[3] 庄毓敏：《商业银行业务与经营》，北京，中国人民大学出版社，1999。

[4] 国务院：《存款保险条例》，2015。

[5] 全国人民代表大会：《中华人民共和国商业银行法》，2003。

[6] 中国银监会：《商业银行公司治理指引》，2013。

[7] Baughn, William H. and Charles E. Walker, eds. The Banker's Handbook. 4th ed. Housewood, Ⅲ. : Business One Irwin, 1990.

[8] Kohn, Ernest and Carmen J. Carlo. The Competitive Impact of New Branches. New York State Banking Depariment, 1969.

[9] Crokett, J. . The Good Bank/Bad Bank Restructuring of Financial Institutions. *The Bankers Magazine*, November/December, 1988.

第二章
商业银行财务报表与绩效评估

本章知识结构

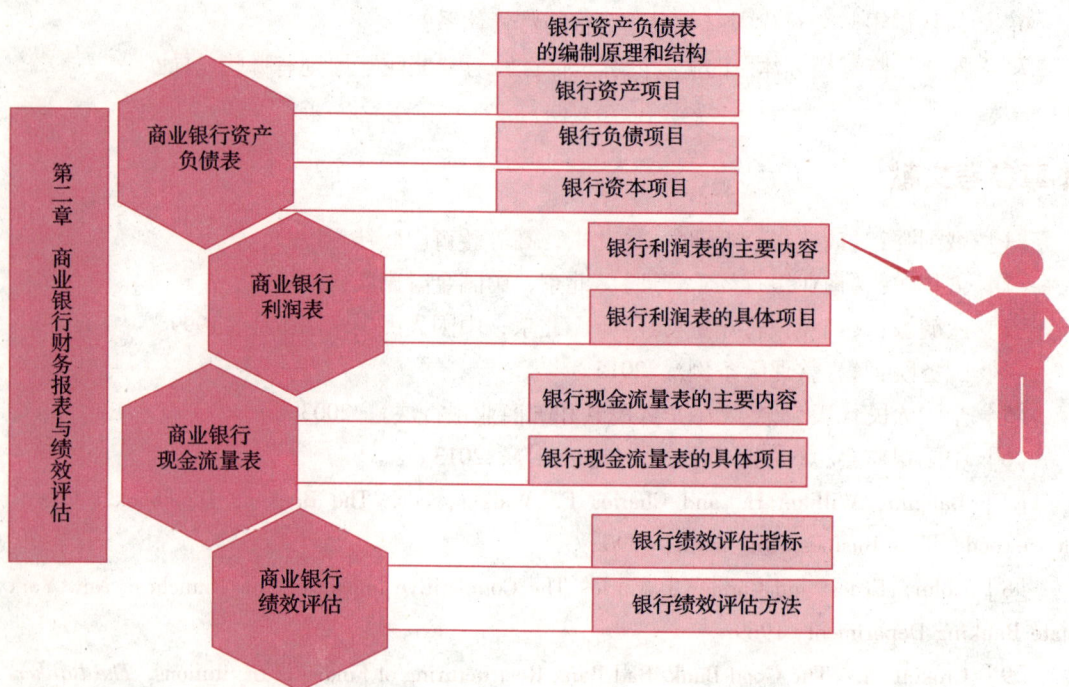

学习目标

- 了解银行资产负债表的编制原理和结构
- 熟悉银行主要的资产项目和负债项目
- 了解银行利润表的编制原理和结构
- 了解银行现金流量表的编制原理和结构
- 熟悉银行绩效评估体系中的各种指标
- 了解银行绩效评估的三种主要方法

商业银行在某一时期经营活动的全部成果反映在其财务报表中，财务报表是会计主体对外披露的会计主体财务状况的书面报告，为银行经营管理和绩效评估提供了必要的信息。与一般工商企业相似，商业银行的财务报表主要有资产负债表、利润表和现金流量表。但不同的是，商业银行作为金融机构，经营对象主要是货币，金融资产是银行最重要的资产类型，而实物资产占比较低，同时还具有高杠杆、高风险等特征。此外，商业银行营业收入的来源和结构与一般工商企业存在明显差异。因此，在具体科目设置、会计处理等方面，商业银行的财务报表与非金融企业不尽相同。

第一节　商业银行资产负债表

银行资产负债表是全面反映商业银行在某一特定日期全部资产、负债和所有权益状况的报表。它是静态的会计报表，通常是以某种货币形式表示银行在一年、半年、一个季度或一个月的最后一天所持有的资产、负债和资本（所有者权益）存量状况。

一、银行资产负债表的编制原理和结构

银行资产负债表的编制原理与一般工商企业基本相同，也是根据"资产＝负债＋所有者权益"这一平衡公式，按设定的分类标准和顺序，将报告日银行的资产、负债和所有者权益的各具体项目予以适当排列编制而成。资产负债表的格式在各国有所不同，我国采用账户式资产负债表。账户式资产负债表分左右两方，左方列示资产项目，右方列示负债和所有者权益项目，左右两方合计数保持平衡。一般来说，在资产负债表中，资产按其流动性程度的高低顺序排列，先流动资产，后非流动资产，而非流动资产又划分为若干大类；负债按其偿还期的长短排列，先流动负债，后长期负债；所有者权益则按其永久性递减的顺序排列，先股本或实收资本，后资本公积、盈余公积，最后是未分配利润。商业银行资产负债表的各项目通常按下列方式分类和排列。

会计核算以权责发生制为基

表 2-1　商业银行资产负债表的结构	
资产	负债
1. 流动资产 2. 长期资产 3. 无形、递延及其他资产	1. 流动负债 2. 长期负债
	所有者权益
	1. 实收资本 2. 资本公积 3. 盈余公积 4. 未分配利润

权责发生制（Accrual Basis）是指以取得收到现金的权利或支付现金的责任权责的发生为标志来确认本期收入和费用及债权和债务。

企业在对会计要素进行计量时，可以采用历史成本、重置成本、可变现净值、现值、公允价值等计量金额的方法。在公允价值计量下，资产和负债按照市场参与者在计量日发生的有序交易中出售资产所能收到或者转移负债所需支付的价格计量。

础，除衍生金融工具、以公允价值计量且其变动计入当期损益的金融资产和负债及可供出售金融资产（除非其公允价值无法可靠计量）以公允价值计量外，其他项目均以历史成本为计价基础。我国商业银行的资产负债表如表2-2所示。

在历史成本计量下，资产按照购置时支付的现金或者现金等价物的金额，或者按照购置资产时所付出的对价的公允价值计量。负债按照因承担现时义务而实际收到的款项或者资产的金额，或者承担现时义务的合同金额，或者按照日常活动中为偿还负债预期需要支付的现金或者现金等价物的金额计量。

表2-2 我国某商业银行的资产负债表 单位：人民币十亿元

资　产	期　初	期　末		期　初	期　末
现金及存放中央银行款项	3 174.94	3 294.01	以公允价值计量且其变动计入当期损益的金融负债	319.74	553.61
存放同业及其他金融机构款项	411.94	306.37	衍生金融负债	13.26	19.17
贵金属	55.36	61.82	卖出回购款项	237.76	299.30
拆出资金	224.51	411.62	存款证	38.01	130.56
以公允价值计量且其变动计入	0	0	客户存款	13 642.91	14 620.83
当期损益的金融资产	221.67	372.56	应付职工薪酬	25.01	24.53
衍生金融资产	14.76	25.02	应交税费	68.16	67.05
买入返售款项	544.58	331.90	已发行债务证券	232.19	253.02
客户贷款及垫款	8 583.29	9 681.42	递延所得税负债	0.55	0.42
可供出售金融资产	920.94	1 000.80	其他负债	348.22	400.83
持有至到期投资	2 576.56	2 624.40	负债合计	16 413.76	17 639.29
应收款项类投资	364.72	324.49	股东权益		
长期股权投资	33.28	28.52	股本	349.62	351.39
固定资产	132.88	160.70	资本公积	128.52	108.02
递延所得税资产	22.79	28.86	盈余公积	98.06	123.87
其他资产	260.00	265.28	一般准备	189.07	202.94
资产合计	17 542.22	18 917.75	未分配利润	372.54	511.95
负　债			外币报表折算差额	(12.82)	(24.04)
向中央银行借款	1.13	0.72	归属于母公司股东的权益	1 125.00	1 274.13
同业及其他金融机构存放款项	1 232.62	867.09	少数股东权益	3.46	4.33
拆入资金	254.18	402.16	股东权益合计	1 128.46	1 278.46
			负债及股东权益总计	17 542.22	18 917.75

↑ 资料来源：我国某银行2013年年报。

二、银行资产项目

由于商业银行的经营对象是货币等金融资产，因此其资产负债表的资产项目与一般工商企业存在较大的区别，表现为资产项目以金融资产为主，实物资产占比低。商业银行资产负债表的资产项目主要有以下几项：

1. 现金资产。现金资产是商业银行持有的现金及与现金等同的可以随时用来应付提现需要的资产，是银行资产中流动性最高的资产，一般包括库存现金、在中央银行存款、存放同业存款和在途资金四类。库存现金是银行金库中的纸币和铸币，作用是银行用来应付客户提取现金和本身的日常开支。在中央银行的存款是指商业银行存放在中央银行的存款准备金，由法定存款准备金和超额存款准备金两部分构成。存放同业存款是指商业银行为了便于在同业之间开展结算收付和代理业务，存放在代理行和其他金融机构的存款，属于活期存款的性质，可以随时支用。在途资金是指已签发支票送交中央银行或其他银行但相关账户尚未贷记的部分，在资金收妥后实际是存放同业存款。现金资产基本上是无收益的，因而银行在经营中总是力图在缴足准备金，确保银行流动性的前提下减少现金资产的持有。

2. 拆出资金。拆出资金是指为灵活调度资金，提高资金运用效率，在商业银行之间经常进行的资金业务，以调剂资金头寸，实质是资金拆出行向拆入行提供的一种短期贷款。同业拆出资金的收益性、流动性方面介于贷款资产和现金资产之间。

3. 证券投资。有价证券投资是银行持有的生息资产，包括债务类工具、权益类工具和存款证等，按持有目的还可划分为可供出售金融资产、持有到期投资、应收款项债券投资、交易性金融资产（以公允价值计量且其变动计入当期损益的资产和衍生金融资产）及长期股权投资等。我国商业银行投资的有价证券主要是债券，约占证券投资总额的95%以上。按发行主体划分主要投资于政府债券、市政债券、中央银行票据、金融债券①和企业债券。一般不允许商业银行投资于股票和投机级企业债券。

4. 客户贷款及垫款。这是商业银行最大的资产项目，一般占银行总资产的一半以上。贷款利息是银行主要的收入来源。银行贷款按业务类型分为公司类贷款、票据贴现和个人贷款三类，一般公司类贷款在商业银行的贷款总额中占比最高，个人贷款占比次之，票据贴现占比最小。我国商业银行贷款中公司类贷款一般占比达到70%以上，个人贷款占比约20%以上。在资产负债表中，银行贷款以总值、净值两种方式加以表述，贷款总值是银行尚未还清的贷款余额的账面价值，贷款总值扣除一些抵减项目后得出贷款净值。第一个抵减项目是贷款损失准备金，该科目反映了银行对未来可能发生的贷款损失的预计值。第二个抵减项目为预收利息，指银行收到的贷款客户预付的利息。设置抵减项目的目的在于反映出核算报表日银行贷款的真实价值。

5. 买入返售款项。买入返售款项包括买入返售证券、票据、贷款和为证券借入业务而支付的保证金。所谓买入返售业务，是两家金融机构之间按照协议约定先买入金融资产，再按约定价格于到期日将该项金融资产返售的资金融通行为。买入返售相关款项在买入返售金融资产会计科目核算。三方或以上交易对手之间的类似交易不得纳入买入返售或卖出回购业务管理和核算。②

---

① 金融债券指金融机构法人在债券市场发行的有价债券，包括政策性银行发行的债券、同业及非银行金融机构发行的债券，但不包括重组债券及央行票据。

② 2014年4月中国人民银行联合五部门发布《关于规范金融机构同业业务的通知》（"127号文"）对买入返售和非标业务作出此明确限制，在此之前商业银行的买入返售业务一般通过三方或以上交易对手之间的交易进行，且该业务的管理和会计核算计入买入返售款项。

6. 其他资产。包括银行在子公司的投资、预付保险费等，这部分资产通常数量很小，不足以单独立户的项目。这些项目达到一定数量也可单独立户反映。

三、银行负债项目

1. 客户存款。客户存款是银行最主要的资金来源，存款即公司、个人对银行的债权，这部分有时占到银行全部资金来源的70%～85%。我国商业银行的客户存款按客户结构划分为个人存款、公司存款和其他存款（如保证金存款、财政存款），按期限结构划分为定期存款和活期存款。

我国四大国有商业银行的个人存款与公司存款的占比基本相当，公司存款的占比稍高于个人存款，公司存款中活期存款的占比稍高于定期存款。表2－3是某国有控股商业银行的客户存款结构。

全国股份制银行的情况却恰恰相反，全国股份制银行客户存款中公司存款的比例远高于个人存款，高达70%以上，定期存款的比例

表2－3　我国某国有商业银行的客户存款结构

单位：百万元人民币，%

项目	2013 年 12 月 31 日		2012 年 12 月 31 日	
	金额	占比	金额	占比
公司存款				
定期	3 464 625	23.7	2 915 072	21.4
活期	4 038 872	27.6	3 993 173	29.3
小计	7 503 497	51.3	6 908 245	50.7
个人存款				
定期	3 901 098	26.7	3 754 118	27.5
活期	2 994 741	20.5	2 800 169	20.5
小计	6 895 839	47.2	6 554 287	48.0
其他存款①	221 489	1.5	180 378	1.3
客户存款合计	13 843 197	100.0	13 642 910	100.0

❶ 注：　①主要包括汇出汇款和应解汇款。

资料来源：某国有商业银行 2013 年年报。

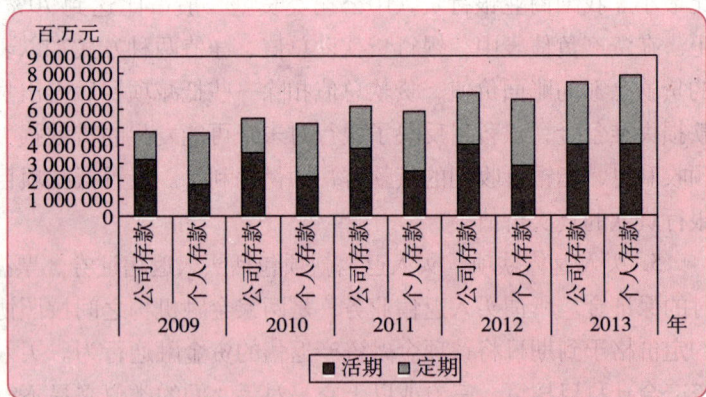

图2－1　我国某国有商业银行客户存款结构变化情况

也高于活期存款。表2－4是某全国股份制商业银行的客户存款结构。

2. 同业及其他金融机构存拆入款项和卖出回购款项。除客户存款外，同业负债是商业银行又一重要资金来源。商业银行同业负债包括同业及其他金融机构存放款项（简称同业存放）、拆入资金和卖出回购款项，其中同业存放一直是我国商业银行同业负债的重要来源。卖出回购款项是指商业银行与其他金融机构之间按照回购协议卖出票据、证券、贷款等金融资产所融入的款项。图2－3为我国上市银行同业负债结构情况，图2－4为我国上市商业银行同业负债规模及占比情况①。

3. 向中央银行借款。向中央银行借款是指商业银行向中央银行借入的临时周转资金、季节性资金、年度性资金以及因特殊需要经批准向中央银行借入的特种款项等，分为再贴现和再贷款两种形式。向中央银行借款按实际借入款项入账。

4. 其他借入资金。包括各种金融负债（以公允价值计量且其变动计入当期损益的负债、衍生金融负债等）

和长期借款。商业银行的长期借款包括从国内外金融市场上借入的长期资金，以及发行的长期资本债券。商业银行还发行债务股本混合性融资工具以获得长期资金。

表2－4 我国某全国股份制商业银行的客户存款结构

单位：百万元人民币，%

项目	2013年12月31日		2012年12月31日	
	金额	占比	金额	占比
公司存款				
活期	919 663	36.4	833 520	38.8
定期	1 143 519	45.2	948 090	44.1
其中：协议存款	98 340	3.9	99 340	4.6
小计	2 063 182	81.6	1 781 610	82.9
个人存款				
活期	113 377	4.4	86 953	4.1
定期	352 929	14	280 019	13.0
小计	466 306	18.4	366 972	17.1
客户存款合计	2 529 488	100.0	2 148 582	100.0

资料来源：某商业银行2013年年报。

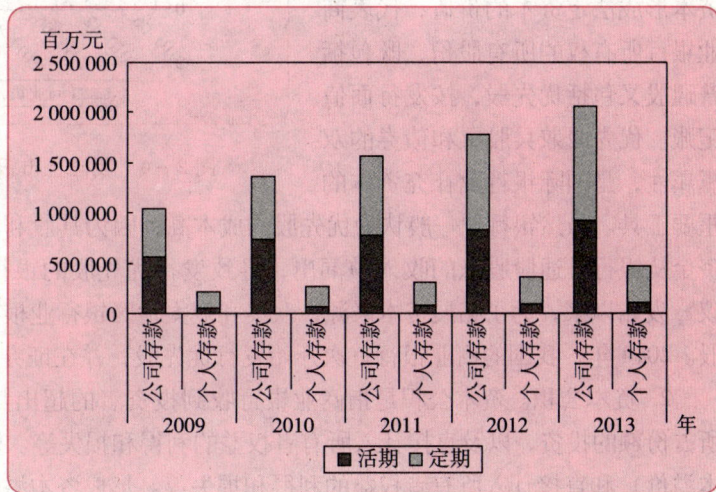

图2－2 我国某商业银行客户存款结构变化情况

① 由于数据可得性和可比性限制，本书选取16家代表性上市银行进行分析，具体包括工商银行、农业银行、中国银行、建设银行、交通银行、招商银行、华夏银行、民生银行、浦发银行、光大银行、兴业银行、中信银行、平安银行（原深圳发展银行）、北京银行、南京银行、宁波银行。

5. 其他负债。其他负债项目主要是银行的各类杂项债务，包括递延税款、应付未付项目以及未结清的银行承兑等。

四、银行资本项目

银行资产负债表中的资本项目反映了银行股东的所有权者权益，代表了股东在银行净资产中享有的经济利益，是银行资产和负债的差额。银行作为高杠杆（债务融资）经营的企业，资本项目通常不到银行总资产的 10%，以表 2 - 2 中的银行为例，2013 年该银行 12 784.6 亿元的股东权益只占总资产的 6.76%。银行的资本项目具体包括以下几个项目：

图 2 - 3　我国上市银行同业负债结构

图 2 - 4　我国上市银行同业负债规模及占比

1. 股本。股本是投资者投入资本形成法定资本的价值，代表商业银行所有权的所有股份，既包括普通股又包括优先股，按发行面值记账。优先股兼具股票和债券的双重属性，是国际银行业补充资本的重要工具。虽然银行业一般认为优先股的成本高，因为其股利不能从税赋中扣除，导致部分资金从银行普通股股东的收入中漏出，导致发行优先股的银行较少。自《第三版巴塞尔协议》发布以来，为了拓展资本来源，欧美和亚太地区银行业根据最新监管标准探索发行优先股。2014 年，我国的商业银行首次开始发行优先股，并在证券交易所挂牌上市。

2. 资本公积。资本公积是指商业银行收到投资者的超出其在银行注册资本（股本）中所占份额的投资，以及直接计入所有者权益的利得和损失等。资本公积包括资本溢价（或股本溢价）和直接计入所有者权益的利得和损失等。形成资本溢价的原因有溢价发行股票、投资者超额缴入资本等。

3. 盈余公积。盈余公积是指商业银行按照规定从净利润中提取的各种累计资金，包括法定盈余公积和任意盈余公积。两者的区别就在于其各自提取的依据不同。前者以国家的法律或行政章为依据提取；后者则由银行自行决定提取。盈余公积的目的主要是弥补银行亏损和转增资本。

4. 一般准备。一般准备又称"一般风险准备"，是指商业银行运用动态拨备原理，采用内部模型法或标准法计算风险资产的潜在风险估计值后，扣减已计提的资产减值准备，从净利润中计提的、用于部分弥补尚未识别的可能性损失的准备金。对于潜在风险估计值高于资产减值准备的差额，计提一般准备。当潜在风险估计值低于资产减值准备时，可不计提一般准备。一般准备余额原则上不得低于风险资产期末余额的 1.5%，难以一次性达到 1.5% 的，可以分年到位，原则上不得超过 5 年。

5. 未分配利润。未分配利润是银行留待以后年度进行分配的结存利润。相对于所有者权益的其他部分，银行对未分配利润的使用分配有较大的自主权。从数量上来讲，未分配利润是期初未分配利润，加上本期实现的净利润，减去提取的各种盈余公积和一般准备后的余额。

第二节　商业银行利润表

利润表又称损益表，是商业银行最重要的财务报表之一，用以反映商业银行在某一会计期间经营成果实现情况的财务报表。利润表与资产负债表存在密切的相互关系，因为资产负债表中的资产产生营业收入，负债产生营业支出。与资产负债表不同，利润表是流量表，是银行在报告期间经营活动的动态体现，反映出银行的金融流量，而资产负债表反映的是银行金融资产和负债的存量。

一、银行利润表的主要内容

银行利润表包括三个主要部分：收入、支出和利润。编制利润表所依据的平衡公式是"收入 – 支出 = 利润"。银行的主要收入来源是生息资产带来的利息收入，生息资产包括贷款、投资、存放中央银行款项以及存放和拆放同业款项，其他收入由收取的特殊服务费（例如手续费和佣金收入）获得。银行的主要支出来自计息负债及其他费用，主要包括存款利息支出、非存款借款的利息支出、股东权益成本、雇员的薪酬和福利支出、有形设备的管理费用（包括固定资产折旧）、贷款损失准备金、应付税金和其他支出。收入和支出的差额为净利润，即：

在企业会计准则中，收入是指企业在日常活动中形成的、会导致所有者权益增加的、与所有者投入资本无关的经济利益的总流入。收入只有在经济利益很可能流入从而导致企业资产增加或者负债减少，且经济利益的流入额能够可靠计量时才能予以确认。符合收入定义和收入确认条件的项目，应当列入利润表。

在企业会计准则中，费用是指企业在日常活动中发生的、会导致所有者权益减少的、与向所有者分配利润无关的经济利益的总流出。费用只有在经济利益很可能流出从而导致企业资产减少或者负债增加，且经济利益的流出额能够可靠计量时才能予以确认。符合费用定义和费用确认条件的项目，应当列入利润表。

净利润 = 总收入 – 总支出

总收入 = 现金资产 × 现金资产平均收益率 + 证券投资 × 证券投资平均收益率 + 贷款余额 × 贷款平均收益率 + 其他资产 × 其他资产平均收益率

在企业会计准则中，利润是指企业在一定会计期间的经营成果。利润包括收入减去费用后的净额、直接计入当期利润的利得和损失等。利润金额取决于收入和费用、直接计入当期利润的利得和损失金额的计量。利润项目应当列入利润表。

总支出 = 存款总额 × 存款平均利息成本 + 非存款借款 × 非存款借款利息成本 + 股东权益 × 股本成本 + 员工薪酬福利 + 有形设备管理费用 + 贷款损失准备金 + 应付税金 + 其他支出

从上式可以看出，银行若想增加利润有以下方式：（1）提高持有的各项资产的平均收益率；（2）重新安排收入资产比例，尽可能增加高收益资产比例；（3）降低存款与非存款借款的利息支出、股东权益成本和非利息支出；（4）重新安排资金来源比例，增加较低成本的存款和其他借款资金来源；（5）控制员工成本、管理费用、贷款损失准备金和其他支出；（6）提高税赋管理水平，减少税务支出等。

二、银行利润表的具体项目

（一）营业收入

对于商业银行，净利息收入与非利息收入之和等于营业收入。具体来说，营业收入包括利息净收入、手续费及佣金净收入、投资收益、公允价值变动净损失、汇兑及汇率产品净收益、其他业务收入等。

1. 净利息收入。银行利息收入和支出的差额为净利息收入。这一重要项目通常还被称为利息边际，即银行贷款和证券利息收入与银行借款利息费用之差。它是决定银行经营业绩的关键因素，是银行进行绩效评价时的考查重点。当净利息收入减少时，利润表中的税后净利润也将减少，股东的每股股利也会减少。

（1）利息收入。利息是银行的主要收入来源，我国银行业的利息收入占到利润总额的 65% ~ 80%，而主要发达国家的利息收入占比通常在 50% 左右。

①客户贷款及垫款利息收入。客户贷款及垫款利息收入是银行利息收入的主要来源。以我国某商业银行为例（如表 2-6 所示），客户贷款及垫款利息收入占银行总利息收入的 72%。近年来，我国商业银行受人民银行不断下调人民币贷款基准利率的影响，客户贷款及垫款利息收入有所下降。商业银行也积极应对利率市场化改革，加强人民币贷款定价管理。

从业务类型看，我国大中型商业银行公司类贷款利息收入占比高于个人贷款利息收入。以我国某商业银行为例

表 2-5 我国某商业银行的利润表

单位：十亿元人民币

项目	金额
净利息收入	
利息收入	767.11
利息支出	（323.78）
手续费及佣金净收入	
手续费及佣金收入	134.55
手续费及佣金支出	（12.22）
投资收益	3.08
其中：对联营及合营企业的投资收益	2.10
公允价值变动净损失	（0.15）
汇兑及汇率产品净收益	6.60
其他业务收入	14.46
营业收入	589.64
营业税金及附加	（37.44）
业务及管理费	（165.28）
资产减值损失	（38.32）
其他业务成本	（11.55）
营业支出	（252.59）
营业利润	337.05
加：营业外收入	2.91
减：营业外支出	（1.42）
税前利润	338.54
减：所得税费用	（75.57）
净利润	262.97
其他综合收益	36.63
综合收益总额	226.34

❶ 资料来源：我国某商业银行 2013 年年报。

（如表2-6所示），公司类贷款利息收入3 954.61亿元，占客户贷款及垫款利息收入的72%。票据贴现利息收入105.54亿元，占客户贷款及垫款利息收入的1.39%。近年来，随着我国利率市场化进程加快，票据市场贴现利率震荡下跌，而票据贴现规模增长缓慢，因此，商业票据贴现利息收入也呈缓慢增长态势。

②投资利息收入。我国商业银行的投资利息收入主要包括非重组类债券和重组类债券利息收入，非重组类债券指可供出售债

表2-6 我国某商业银行利息收入情况
单位：百万元人民币，%

利息收入	利息收入金额	占比
客户贷款及垫款		
公司类贷款及垫款	395 461	52
个人贷款	142 625	19
票据贴现	10 554	1
债券投资	148 514	19
存放中央银行款项	45 487	6
存放和拆放同业及其他金融机构款项	24 470	3
合计	767 111	100

注：利息收入根据生息资产每日余额的平均数为基础计算。
资料来源：我国某商业银行2013年年报。

券、持有到期投资债券、应收款项债券、交易性债券以及制定为公允价值计量且其变动计入当期损益的债券等。投资利息收入是商业银行利息收入的第二大来源。以我国某商业银行为例（如表2-6所示），投资利息收入1 485.14亿元，占总利息收入的19%。

③存放中央银行款项的利息收入。存放中央银行款项的利息收入包括法定存款准备金、超额存款准备金和财政性存款所得利息收入。随着客户存款增长，法定存款准备金规模也会增加，因此存放中央银行存款的利息收入增多。

④存放和拆放同业及其他金融机构款项的利息收入。近年来，商业银行坚持严控风险和审慎发展策略，适度开展同业业务，同业业务规模稳步增长，平均收益率不断上升。以我国某商业银行为例（如表2-6所示），2013年存放和拆放同业及其他金融机构款项的利息收入244.70亿元，同比增长13%，主要是平均余额增加554.31亿元以及平均收益率增加15个基点所致。

（2）利息支出。这是银行最主要的费用支出部分。

①存款利息支出。存款利息支出是银行最大的费用项目。以我国某商业银行为例（如表2-7所示），其存款利息支出占全部利息支出的84.6%。利息支出受存款规模和平均付息率的影响，付息率较高的公司定期存款占比上升会导致存款利息支出的增加。

②同业及其他金融机构存款和拆入款项的利息支出。同业及其他金融机构存款和拆入款项包

表2-7 我国某商业银行利息支出情况
单位：百万元人民币，%

利息支出	利息支出金额	占比
存款	273 797	84.6
同业及其他金融机构存放和拆入款项	38 209	11.8
已发行债务证券	11 770	3.6
合计	323 776	100

注：利息支出根据计息负债每日余额的平均数为基础计算。
资料来源：我国某商业银行2013年年报。

括卖出回购款项。同业业务的平均付息率高于存款的平均付息率。近年来，银行同业业务负债规模的剧增是利息费用增长的一个重要原因。以我国某商业银行为例（如表2-7所示），同业及其他金融机构存放和拆入款项的利息支出占总的利息支出的**11.8%**。金融危机之后，我国商业银行进一步加强流动性管理，优化同业负债结构，降低资金成本。

③向中央银行负债的利息支出。向央行负债的利息支出主要是指商业银行向人民银行借款（再贴现和再贷款）所支付的利息。由于商业银行向中央银行的借款规模较小，因此利息支出较少。

④已发行债务证券利息支出。已发行债务证券利息支出包括商业银行已发行的金融债①、次级债、可转换债券、混合资本债券、存款证、同业存单以及在境外发行的人民币和外币债券等所支付的利息。因债券较高的融资成本，其规模较小，利息支出占比较低。

2. 非利息收入。随着利率市场化改革进程的推进，市场竞争日益激烈，商业银行的存贷利差逐年收窄，商业银行的非利息收入占营业收入的比重逐年增加，且增长速度较快，收益结构不断改善。

（1）手续费及佣金收入。手续费及佣金收入已成为银行业利润的第二大来源，也是最主要的非利息收入来源。其主要包括通过结算、清算及现金管理业务、投资银行业务、银行卡业务、私人银行业务、理财产品业务、贵金属业务、资产托管业务、担保及承诺以及养老金等业务所得的收入。随着我国商业银行手续费及佣金收入的迅速增长，手续费及佣金净收入在营业收入中所占的比重越来越高，且增长速度较快，以我国某商业银行为例（如表2-8所示），手续费及佣金净收入1 223.26亿元，占营业收入的20.73%；但中间业务收入受市场环境、监管要求和客户需求等变化影响较大。图2-5为某银行手续费及佣金净收入变动情况。

表2-8　我国某商业银行非利息收入情况

单位：百万元人民币，%

项目	收入金额	占比
手续费及佣金收入	134 550	
减：　手续费及佣金支出	12 224	
手续费及佣金净收入	122 326	83.6
其他非利息收益	23 976	16.4
合计	146 302	100

↑ 资料来源：我国某商业银行2013年年报。

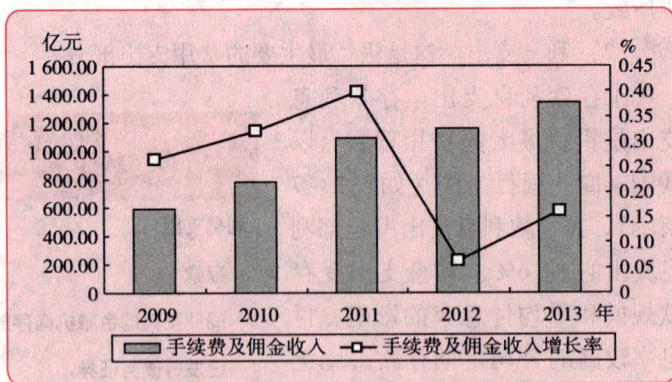

图2-5　我国某银行手续费及佣金变动情况

---

① 目前我国商业银行仅发行定向小企业金融债。

（2）其他非利息收入。其他非利息收入主要包括投资收益、公允价值变动净损失、汇兑及汇率产品收益和其他业务收入。

（二）营业支出

银行的营业税金及附加、业务及管理费用、资产减值损失及其他业务成本之和为营业支出。

1. 营业税金及附加。反映银行经营主要业务应负担的营业税、消费税、城市维护建设税、资源税和教育费附加等。

2. 业务及管理费。与一般工商企业相同，银行的业务及管理费用主要包括职工费用、固定资产折旧、无形资产摊销及其他业务费用①等。其中，职工费用是最大的支出成本。

3. 资产减值损失。与一般工商企业相同，商业银行在财务报告日，经过对资产②（包括表外资产）的测试，判断资产的可回收金额低于其账面价值而计提减值损失准备所确认的相应损失。其中，最主要的是客户贷款及垫款的减值损失。以我国某商业银行（如表 2 - 5 所示）为例，2013 年计提各项资产损失 383.21 亿元，其中计提贷款减值损失 380.98 亿元。为加强贷款风险防控，保持贷款质量总体稳定，商业银行应坚持审慎的拨备计提政策。

4. 其他业务成本。除业务及管理费用和贷款损失准备之外的所有支出，如保险索偿支出、贵金属销售成本等。

（三）营业利润

银行的营业收入扣减营业支出之后即为营业利润。

（四）所得税费用

所得税费用为税前利润（营业利润加上营业外收入扣减营业外支出）乘以经调整后的实际所得税费率。国债的利息收入按税法规定具有免税收益，所以当商业银行的国债利息收入较高时，实际所得税费率将低于法定税率。

（五）净利润

税前利润扣除所得税后的部分即为税后净利润（损失）。对于银行税后利润，股东会或董事会通常将其分成两部分。一部分以现金股利形式分配给各银行的各个股东，另一部分（通常是较大的一部分）是留存收益，记入银行资本项目中，为银行的未来发展提供进一步的资本支持。

第三节 商业银行现金流量表

现金流量表是全面反映银行在一定时期内的现金来源和运用及其增减变化的财务报表，是反映银行经营状况的三种主要报表之一。随着经济环境的变化及银行业的不断发展，现金流量表的重要性不断提升。

---

① 包括经营租赁费用、支付给第三方服务机构的酬金、与房屋设备相关的支出等。
② 指银行的债权、股权等金融资产（包括发放贷款和垫款、可供出售类金融资产、持有至到期投资、长期股权投资、存放同业、拆出资金、抵债资产、其他应收款项等，但不包括以公允价值计量并且其变动计入当期损益的金融资产）。

一、银行现金流量表的主要内容

银行经过一段时间的经营，财务状况发生变化，即资产、负债、权益的规模和内部结构会有一定变动，而银行的资产负债表相关科目期初期末余额，只能反映这种变动的结果，不能反映出财务状况变动的原因。财务状况变动的原因最终归结于银行现金流量的来源、运用及增减变动。现金流量表就是反映银行现金动态变化过程的报表，而资产负债表作为静态存量报表，无法说明财务状况变动的原因。利润表是一种动态报表，用于说明银行的盈亏状况，而不能反映银行资金运动过程，也不能揭示财务状况变化的原因。现金流量表的功能在于弥补了资产负债表和利润表的不足，将银行的利润同资产、负债、所有者权益变动结合起来，全面反映报告期间内银行资金的来源和运用情况，说明银行财务状况变动结果及原因，为银行管理者提供更有用的财务信息。

现金流量表是以收付实现制为编制基础，反映企业在一定时期内现金收入和现金支出情况的报表。现金流量表分为主表和附表（即补充资料）两大部分。主表的各项目金额实际上就是每笔现金流入、流出的归属，而附表的各项目金额则是相应会计账户的当期发生额或期末与期初余额的差额。附表是现金流量表中不可或缺的一部分。一般情况下，附表项目可以直接取相应会计账户的发生额或余额。现金流量表主要是依据资产负债表和利润表的相关数据进行编制。表 2–9 为我国某商业银行的现金流量表。

> 收付实现制（Cash Basis）是以现金收到货支付为标准，记录货币现金流入和流出的情况，不考虑现金收支行为的经济业务是否实质发生。

表 2–9 我国某商业银行的现金流量表 单位：百万元人民币	
经营活动产生的现金流量：	
客户存款和同业存放款项净增加额	1 041 718.00
向中央银行借款净增加额	
向其他金融机构拆入资金净增加额	187 866.00
收取利息和手续费净增加额	891 079.00
收到其他与经营活动有关的现金	32 813.00
经营活动现金流入差额（特殊报表科目）	397 147.00
经营活动现金流入差额（合计平衡项目）	
经营活动现金流入小计	2 550 623.00
客户贷款及垫款净增加额	1 159 539.00
存放央行和同业款项净增加额	680 818.00
支付给职工以及为职工支付的现金	103 936.00
支付的各项税费	114 256.00
支付其他与经营活动有关的现金	65 856.00
支付手续费的现金	277 232.00
经营活动现金流出差额（特殊报表科目）	150 933.00
经营活动现金流出差额（合计平衡项目）	
经营活动现金流出小计	2 552 570.00
经营活动产生的现金流量净额差额（合计平衡项目）	
经营活动产生的现金流量净额	−1 947.00

	续表
投资活动产生的现金流量：	
收回投资收到的现金	1 117 779.00
取得投资收益收到的现金	
处置固定资产、无形资产和其他长期资产收回的现金净额	1 088.00
收到其他与投资活动有关的现金	
投资活动现金流入差额（特殊报表科目）	1 146.00
投资活动现金流入差额（合计平衡项目）	
投资活动现金流入小计	1 120 013.00
投资支付的现金	1 239 747.00
购建固定资产、无形资产和其他长期资产支付的现金	32 485.00
支付其他与投资活动有关的现金	
投资活动现金流出差额（特殊报表科目）	11 942.00
投资活动现金流出差额（合计平衡项目）	
投资活动现金流出小计	1 284 174.00
投资活动产生的现金流量净额差额（合计平衡项目）	
投资活动产生的现金流量净额	−16 416 100.00
筹资活动产生的现金流量：	
吸收投资收到的现金	955.00
取得借款收到的现金	
发行债券收到的现金	3 031.00
收到其他与筹资活动有关的现金	
筹资活动现金流入差额（特殊报表科目）	41 336.00
筹资活动现金流入差额（合计平衡项目）	
筹资活动现金流入小计	45 322.00
偿还债务支付的现金	17 084.00
分配股利、利润或偿付利息支付的现金	83 565.00
支付其他与筹资活动有关的现金	
筹资活动现金流出差额（特殊报表科目）	10 138.00
筹资活动现金流出差额（合计平衡项目）	
筹资活动现金流出小计	110 787.00
筹资活动产生的现金流量净额差额（合计平衡项目）	
筹资活动产生的现金流量净额	−65 465.00
汇率变动对现金的影响	−12 672.00
直接法——现金及现金等价物净增加额差额（特殊报表科目）	
直接法——现金及现金等价物净增加额差额（合计平衡项目）	
现金及现金等价物净增加额	−244 245.00
期初现金及现金等价物余额	1 201 647.00
期末现金及现金等价物余额	957 402.00

❶ 资料来源：我国某商业银行 2013 年年报。

二、银行现金流量表的具体项目

（一）经营活动现金流量

在我国，包括银行在内的企业经营活动产生的现金流量采用直接法填列。直接法是指通过现金收入和现金支出的主要类别列示经营活动的现金流量。商业银行的经营现金流具体包括：

1. 客户存款和同业存放款项净增加额。本项目反映商业银行本期吸收的境内外金融机构以及非同业存放款项以外的各种存款的净增加额。商业银行可以根据需要增加项目，例如，本项目可以分解成"吸收活期存款净增加额""吸收活期存款以外的其他存款""支付活期存款以外的其他存款""同业存放净增加额"等项目。

2. 向中央银行借款净增加额。本项目反映商业银行本期向中央银行借入款项的净增加额。

3. 向其他金融机构拆入资金净增加额。本项目反映商业银行本期从境内外金融机构拆入款项所取得的现金，减去拆借给境内外金融机构款项而支付的现金后的净额。

4. 收取利息、手续费及佣金的净增加额。本项目反映商业银行本期收到的利息、手续费及佣金，减去支付的利息、手续费及佣金的净额。

5. 客户贷款及垫款净增加额。本项目反映商业银行本期发放的各种客户贷款，以及办理商业票据贴现、转贴现融出及融入资金等业务的款项的净增加额。商业银行可以根据需要增加项目，例如，本项目可以分解成"收回中长期贷款""发放中长期贷款""发放短期贷款净增加额""垫款净增加额"等项目。

6. 存放中央银行和同业款项净增加额。本项目反映商业银行本期存放于中央银行以及境内外金融机构的款项的净增加额。

7. 支付手续费及佣金的现金。本项目反映商业银行本期支付的利息、手续费及佣金。

8. 发行债券收到的现金。本项目反映商业银行发行债券收到的现金。

（二）投资活动现金流量

投资活动是指商业银行长期资产的构建和不包括在现金等价物范围内的投资及其处置活动，既包括实物资产投资，也包括金融资产投资。长期资产是指固定资产、无形资产、在建工程、其他资产等持有期限在一年或一个营业周期以上的资产。

（三）筹资活动现金流量

筹资活动是指导致银行资本及债务规模和构成发生变化的活动。这里所说的"资本"既包括实收资本（股本），也包括资本溢价。这里所说的"债务"是指对外举债，包括发行债券等。

（四）汇率变动对现金流量的影响

汇率变动对现金流量的影响，是指银行外币现金流量及境外子公司的现金流量折算成人民币时，所采用的是现金流量发生日的汇率或与现金流量发生日即期汇率相似的汇率，而现金流量表"现金及现金等价物净增加额"项目中的外币现金净增加额是按照资产负债表日的即期汇率折算的。两者的差额即为汇率变动对现金的影响。

（五） 现金流量表补充资料

除现金流量表反映的信息外，银行还应该在附注中披露将净利润调节为经营活动现金流量、不涉及现金收支的重大投资和筹资活动、现金及现金等价物净变动情况等信息。

第四节　商业银行绩效评估

商业银行的绩效评估是从银行的经营目标出发，采用一系列财务指标和一定的评估方法，对银行经营目标的实现程度进行考核和评价，以分析一家商业银行的核心竞争优势以及存在的问题，以便明确未来的发展方向，并制定相应的发展战略。从本质上看，商业银行等金融机构也是工商企业，经营目标是在风险可控的前提下，实现股东权益价值的最大化。但实现这一目标并不容易，要努力实现这一目标，需要银行不断地寻求进一步增加营业收入，提高绩效的新途径。本节将围绕商业银行绩效评估的两个最重要维度，即盈利能力与风险展开讨论。

一、银行绩效评估指标

商业银行的盈利能力和风险水平成为其绩效评估的两个重要方面，下面分别考察银行的盈利性指标和风险指标。

（一） 盈利性指标

盈利性指标衡量商业银行运用资金获得利润的能力。两个核心的盈利性指标是股本收益率和资产收益率，再辅以其他派生的财务比率指标可以较好地分析银行的获利能力。用于分析银行盈利性的重要指标列示在表 2 – 10 中。

表 2 – 10　商业银行的主要盈利性指标

指标名称	英文名称	计算公式
股本收益率	Return on Equity	股本收益率(ROE) $= \dfrac{净利润}{股东权益} \times 100\%$
资产收益率	Return on Asset	资产收益率(ROA) $= \dfrac{净利润}{总资产} \times 100\%$
净营业收益率	Net Bank Operating Margin	净营业收益率(NBOM) $= \dfrac{营业总收入 - 营业总支出}{总资产} \times 100\%$
净利息收益率	Net Interest Martgin	净利息收益率(NIM) $= \dfrac{利息收入 - 利息支出}{总资产} \times 100\%$
净非利息收益率	Net Noninterest Margin	净非利息收益率(NNM) $= \dfrac{非利息收入 - 非利息支出}{总资产} \times 100\%$
净利润边际	Net Profit Margin	净利润边际(NPM) $= \dfrac{净利润}{总收入} \times 100\%$
每股收益率	Earning Per Share	每股收益率(EPS) $= \dfrac{净利润}{普通股股数} \times 100\%$

关于盈利性指标的说明：

（1）上述盈利性指标衡量银行盈利能力的不同方面，其中 ROE 是衡量银行股东的收益率，它反映银行对股东投资的回报，即股东投资于银行的资本所获得的净利润。**ROA** 是管理效率指标，反映银行管理层将银行资产转化为净利润的能力。有两点需要注意：一是计算资产收益率指标时可以选择总资产的期末余额作为分母，这一数据可以从资产负债表直接取得，但银行利润是一个流量指标，用于反映银行在整个报表期间的经营成果，采用总资产的期初和期末余额的平均数做分母效果更好。同样总资本额的计算也应采用期初期末余额的平均数为宜。二是银行的净利润（税后利润）包括一些特殊的营业外项目的税后收入，因而资产收益率、股本收益率指标的变动不能简单地理解为银行正常经营获利能力的改变，还应结合具体情况分析。

（2）净营业收益率、净利息收益率、净非利息收益率既是盈利性指标又是效率指标，它们反映了银行管理层和员工如何使收益（来自贷款、投资及收费服务）增长超过成本（主要是存款与借款的利息和其他经营成本）增长的能力。净营业收益率排除了特殊项目的影响，更准确地体现了银行经营效率。由利润表可以看出，银行经营利润来自经营活动中各项利息收入和非利息收入，不受证券交易、调整会计政策、设备盘盈盘亏等不经常发生的营业外活动影响，是银行经营能力和成果的真实反映。因而净营业收益率指标反映了银行真实、稳定的获利能力。

银行的利息收入是其主要收入来源，利息支出对应的是其主要的成本支出，因而利差收入是影响银行经营业绩的关键因素。生息资产是那些能带来利息收入的资产。除去现金资产、固定资产外的银行资产都可以看做生息资产，在计算时也应采用平均值。一般情况下，银行经营规模扩大，生息资产增多相应会引起利息收入的增加，但银行净利息收入率的提高表明银行利差收入的增长幅度大于生息资产的增长幅度，即银行在扩张资金运用、增加收入的同时，较好地控制了融资成本。因而该指标可以有效反映银行经营存贷款业务的获利能力。

净非利息收益率不只是银行获利能力的标志，还反映出银行经营管理效率。银行的非利息收入来自于手续费、佣金收入，获得这类收入不需要相应增加资产规模，并能明显提高银行资产收益率。非利息支出包括贷款损失准备、员工薪酬、设备维修成本、折旧等间接费用，同银行管理效率直接相关。因而较高的净非利息收益率指标则意味着相对较低的各类间接费用支出和较高的银行管理效率，但净非利息收益率的提高有时也意味着经营中潜在风险的提高，主要因为非利息收入中较大部分通过表外业务取得，伴随着一定的或有负债及其他风险，且没有在财务报表中明确表示，因而应用该指标时应多注意相关信息，了解相应风险水平。尽管近年来银行服务费收入占全部银行收入的比重不断提高，但非利息成本通常高于非利息收入，对多数银行来说，净非利息收益率常为负。

（3）一种传统的度量盈利能力的工具——息差：

$$息差 = \frac{利息收入}{生息资产} - \frac{利息支出}{计息负债}$$

息差度量银行在存贷款方面的效益，也反映银行业竞争的激烈程度。银行业的竞争越激烈，平均资产收益与平均负债成本之间的差额就越小。息差缩小迫使管理层不得不寻求其他非盈利模式，如通过新增的服务项目收取佣金和手续费等，以弥补息差缩小造成净利息收入减少的状况。

（二）风险指标

商业银行的经营环境复杂多变，在经营各项业务的过程中，银行承担的风险有信用风险、流动性风险、利率风险等。针对各类风险，银行经营管理者分别设计了相应的风险评估指标。

1. 信用风险指标。由于银行的自身资本相对于信贷资产规模而言数量很小，即使只有少量信贷资产变为坏账，也可能将一家商业银行推向破产的边缘。为监测银行面临现实和潜在的信用风险及为抵御信用风险所做的准备，银行经营管理者广泛使用的银行信用风险指标包括：

（1）不良贷款/贷款总额。根据贷款分类，不良贷款包括三类贷款：次级类资产、可疑类贷款、损失类贷款。这个比率称为不良贷款率，是度量银行信用风险的核心指标。关于不良贷款率将在贷款管理部分进行系统地说明，本章不作赘述。简单来说，如果不良贷款率上升，表明银行的信贷资产质量恶化；如果不良贷款率下降，表明银行的信用风险状况得到改善。

（2）贷款净冲销额/贷款总额。贷款净冲销额是已经被银行确认为坏账并冲销的贷款损失，扣除后来又收回部分的差额，反映由信用风险带来的贷款真实损失情况。与不良贷款率相同，这个指标也度量了银行贷款资产的质量状况，当指标上升时，银行的信用风险上升，贷款资产质量恶化。

（3）每年提留的贷款损失准备/贷款总额。银行每年从年度费用中提取贷款损失准备，以弥补未来贷款可能发生的损失，是对未来可能出现的贷款损失的估计和预防。

（4）累计贷款损失准备/贷款总额。该指标与上一指标比值越高，表明银行抗风险能力越强。

2. 流动性风险指标。银行由于自身特殊的资产负债结构，更容易遭受流动性风险的威胁。流动性风险对银行经营的影响非常大。例如20世纪80年代，由于我国出现恶性通货膨胀，货币大幅贬值，储户纷纷去银行提取存款，部分地区一度出现支付危机，许多银行营业部的库存现金被取光，无法应付提兑要求而不得不宣布暂停营业。反映流动性风险的指标有：

（1）现金资产＋国库券/总资产。现金资产具有完全的流动性，可随时应付各种流动性需求。国库券是二级储备资产的重要组成部分，对银行流动性有较大帮助。一方面，国库券有很强的变现能力，银行出售国库券可直接获得现金；另一方面，国库券是一种被普遍认可的抵押品，银行可以用其进行质押融资，进而获得资金以应对流动性需求。该指标越高，说明银行流动性状况越好，抵御流动性风险能力越强。然而，现金资产通常没有利息收入，国库券的利息收入较低，如果持有过多的流动性资产，则会影响银行的收益水平。

（2）贷款/总资产。贷款是银行最主要的生息资产，流动性较差。该指标越高，说明在银行资产中，低流动性资产的占比较高，流动性相对不足。同时，不同期限的贷款又具有不同的流动性。其中，一年内到期的贷款在一个经营年度内就能偿还，可以收回相应的现金，获得流动性补充，因而，可以把一年内到期的贷款与总贷款规模的比例作为一个补充指标。这一指标越高，说明银行贷款中流动性较强部分的占比越大，银行流动性状况越好。

（3）证券资产/总资产。商业银行持有的有价证券可以在二级市场上出售，为银行带来一定数量的现金。然而，单纯使用这一指标判断流动性有一定的局限性。因为证券的变现能力与其市场价值密切相关，当市场利率上升时，证券市场价值下跌，在市场价值较低时变现会给银行造成较大损失。特别是期限长的证券一般不按照购入成本和账面价值转让，因此分析银行持有的证券资产所提供的流动性时，应结合市值与面值的比率指标来评判。市值与面值的比率越低，说明证券的变现能力较差，可提供的现金数量较少。

（4）易变负债/负债总额。易变负债易受市场经营环境、资金供求关系、市场利率、银行信用等各种因素影响，银行难以控制其融资的规模成本，是银行最不稳定的资金来源，对流动性风险的影响较大。易变负债主要有银行吸收的经纪人存款、大额存单、欧洲美元商业票据及各类其他借入的短期资金。银行频繁使用易变负债购入资金增加流动性风险，尤其是在提款增加或贷款质量下降时。该指标较好地反映了银行负债方面的流动性风险情况，指标越高说明银行面临着较大的且不稳定的潜在流动性需求。

（5）短期资产/易变负债。易变负债是银行最不稳定的现金需求来源，而短期资产则是银行最可靠的流动性资产，可以较好地应对各类流动性需求。银行短期资产主要有同业拆出、存放同业、回购协议下的证券持有、交易账户证券资产、一年内到期的贷款等。该指标衡量了银行最可靠的流动性资产与最不稳定的现金需求之间的比例关系，该指标越高，说明银行流动性风险越低。

（6）预期现金流量比率。该指标的设计考虑了银行表外业务的影响，可以弥补上述指标的不足。银行预期的现金流入即流动性供给包括预期客户存款流入、客户偿还贷款、证券出售、大额存单发行、同业拆借、银行资产销售及其他各类借款的增加等；预期的现金流出即流动性需求包括预期的客户提存、合格客户贷款需求、到期大额存单的支付、偿还同业拆借等，还包括预计贷款承诺需要实际满足的部分及预计的其他或有负债一旦发生需要支付的部分。预期现金流量比大于1，反映银行未来流动性可能有所增强的程度。

运用上述流动性风险指标分析银行经营状况时，必须关注银行的规模，因为不同规模的银行获取流动性的能力有所不同。大型银行由于自身信誉高，很容易从金融市场上筹集资金，因而更多地采用增加短期负债来获得流动性；而中小型银行受规模、市场地位等因素的制约，从金融市场中融资能力较弱，一般依靠提高资产的流动性来应对流动性需求。因此，对不同规模的银行，即使相同的指标数值反映的流动性状况也可能有较大差异。

3. 利率风险指标。尽管当前商业银行积极从事多种业务，使得收益水平对利率变化的敏感性下降。但是各种生息资产作为银行主要收入来源的地位仍没有发生实质性变化，商业银行仍是以赚取利差为主要经营目标的金融机构。因此，市场利率对银行的收入和成本将产生重大影响，在实践中，度量利率风险的主要指标有：

利率敏感比例＝利率敏感性资产/利率敏感性负债或利率敏感性缺口＝利率敏感性资产－利率敏感性负债。利率敏感性资产指收益率随市场利率波动而重新调整的资产，如浮动利率贷款；利率敏感性负债则指成本支出随市场利率波动重新调整的负债。当利率敏感性资产大于利率敏感性负债，利率下降会导致银行损失，利率上升会导致银行收益上升；当利率敏感性资产小于利率敏感性负债，则情况相反。这两个指标的含义是一致的，当缺口为0或比例为1时，银行无利率风险暴露，利差收益不受利率变动影响，反之，则存在利率风险暴露。

此外，银行账面资产/资产的市场价值、固定利率贷款和证券/浮动利率贷款和证券、固定利率负债/浮动利率负债、股本的账面价值/股本的市场价值等指标也被用于度量银行面临的利率风险。

4. 清偿能力指标。银行运用其全部资产偿还债务的能力称为清偿能力（Solvency），银行的清偿能力反映了债权人所受保障的程度，清偿能力是否充足会极大影响银行信誉。银行清偿能力不足的直接原因是资产损失过大，导致净资产小于零，负债不能得到完全保障，但根本原因在于资本金不足，未能与债务规模相匹配。反映清偿能力的指标包括：

（1）资本/总资产。银行所有者的股本资本具有吸收资产损失、保护债权人的功能。该指标将资本数量与资产规模结合起来，可以简单地反映出银行在不损害债权人利益的前提下，动用自有资本吸收资产损失的能力。该指标越低，清偿能力越弱。该指标是一个传统的指标，优点是计算简单，但是要假设银行资产规模与可能发生的损失之间存在简单的比例关系。随着银行业发展，其资产和负债结构发生很大改变，不同资产所面临的风险有较大差异，资产规模和资产可能遭受的损失之间不再保持简单的比例关系，该指标的有效性有所下降。

（2）资本/风险资产。随着经营环境变化，商业银行资产组合越来越复杂，加之各类资产的风险程度不同，简单地运用资本/总资产无法真实地反映银行清偿能力状况，于是人们把对清偿能力的评估重点转向资本/风险资产。由于这一指标将风险因素纳入评估范围，并体现在风险资产的计算过程中，因而能够更准确地度量银行的清偿能力。这一指标的国际标准是《巴塞尔协议》。

（3）资产增长率与核心资本增长率。该指标反映银行清偿能力变化的情况，当银行资产增长率较高，则往往意味着银行承担了更多风险，资产增长的基础不是很牢固，银行的清偿能力下降。相反地，如果银行资产增长率低，往往意味着银行经营相对稳健。如果银行资产增长率不变而核心资本增长率加快或核心资本的增长大于资产增长速度时，银行的清偿能力提高。通过与同业比较，往往能更好地说明银行清偿能力状况。

（4）留存收益/净利润。留存收益又称为未分配利润，是银行净资产中比例最高的一部分，是决定银行资本充足与否及清偿能力高低的重要因素。未分配利润来自于银行历年累积的留存收益，现金股利是银行利润的净流出，较高的现金股利分配率降低了银行内部资本积累的速度。如果指标越高，则说明银行内部资本积累的速度增加，清偿能力得到加强。

二、银行绩效评估方法

通过综合分析了商业银行的盈利性指标和风险指标，就可以建立一套商业银行的绩效评估体系，结合适当的方法就可以对商业银行的经营绩效进行评估。对银行绩效评估主要有两种：杜邦分析法和风险调整绩效度量方法。

（一）杜邦分析法

杜邦分析法是由美国杜邦公司创造的，故称杜邦体系（Du Pont System）。杜邦分析法是一种经典的评估企业绩效的综合分析法，将银行经营活动视为一个系统，从系统的盈利能力和风险因素的相互制约关系入手进行分析，从而对银行经营绩效作出比较全面的评估。杜邦分析法的核心是净资产收益率（ROE），该指标有很强的综合性，将银行盈利能力与风险水平结合起来对银行的经营业绩作出评估。

1. 两因素的杜邦分析法。两因素模型为

$$净资产收益率(ROE) = \frac{净利润}{总资本} = \frac{净利润}{总资产} \times \frac{总资产}{总资本} = 资产收益率(ROA) \times 权益乘数(EM)$$

$$ROE = ROA \times EM$$

两因素模型显示股本收益率（ROE）受到资产收益率（ROA）、权益乘数（EM）的共同影响。同时，该模型反映出银行的股东回报率对融资方式（是更多地举债存款和举债还是更多地使用股本）极为敏感。实际上，两因素模型很好地揭示了银行收益和风险之间的制约关系。表 2 – 11 为风险—收益权衡表，用以说明银行使用多大的杠杆率（债务与权益比）才能取得股东合意的收益率（ROE）较好地反映了银行的经营绩效。显然，当资产收益率 ROA 下降时，银行则需要提高杠杆率承担更大的风险，以达到股东期望的收益率。

表 2 –11　风险—收益权衡表			
总资产/总资本 （EM）	可能的 ROA 下的 ROE		
	0.5	1.0	1.5	2.0
5 : 1	2.5	5.0	7.5	10.0
10 : 1	5.0	10.0	15.0	20.0
15 : 1	7.5	15.0	22.5	30.0
20 : 1	10.0	20.0	30.0	40.0

2. 三因素或四因素的杜邦分析法。资产收益率取决于多种因素，还可将其进一步分解，将二因素模型扩展为三因素模型。

$$净资产收益率(ROE) = \frac{净利润}{总资产} \times \frac{总资产}{总资本} = \frac{净利润}{总收入} \times \frac{总收入}{总资产} \times \frac{总资产}{总资本}$$

$$= 银行净利润率(NPM) \times 资产利用率(AU) \times 权益乘数(EM)$$

该模型显示，银行净资产收益率指标取决于银行利润率、资产运用率、权益乘数这三个因素，它们分别代表了银行运营情况的不同方面。银行净利润率（NPM）反映银行的成本控制或费用管理效率和服务定价政策。资产利用率（AU）反映银行资产管理效率，即经营质量和利用效率（尤其是资产组合和收益）。权益乘数（EM）反映银行的杠杆率或融资政策。因此，三因素的杜邦分析法可以从三个方面对股本收益率指标的决定及变化原因进行分析，从而更准确地对银行业绩作出评价。此外，银行利润率还可以作进一步分解：

$$银行利润率(PM) = \frac{税后利润}{总收入} = \frac{税后利润}{税前利润} \times \frac{税前利润}{总收入}$$

该分解说明银行利润率不仅同资金运用和管理效率有关，还同银行的税收支出水平有关。银行的税前利润是营业中应税所得，不包括免税收入和特殊的营业外净收入。税后利润与税前利润的比率越高，说明银行税赋支出越少，税赋管理越成功。税前利润与总收入的比率反映银行的经营效率，即体现了银行资金运用能力和费用管理效率。因此，我们得到四因素的杜邦分析模型：

$$净资产收益率(ROE) = \frac{税后利润}{税前利润} \times \frac{税前利润}{总收入} \times 资产运用率 \times 权益乘数$$

进一步，可以将净资产收益率解释为

$$净资产收益率(ROE) = 税赋支出管理水平 \times 资金运用和费用管理效率 \times 资产管理率 \times 风险因素$$

由此可以看出，杜邦分析模型的优点在于采用了综合性很强的股本收益率指标，涵盖了银行经营管理的全面活动，间接反映了银行经营各方面的情况及其相互间的制约关系，从而可以对银行业绩作出全面的分析评估。

（二）风险调整绩效度量方法

风险调整绩效度量方法（Risk Adjusted Performance Measurement，RAPM）是一个风险收益均衡模型，由美国信孚银行于20世纪70年代末首次提出。在对不同投资方案进行比较时，该方法不同于传统的主要以股本收益率（ROE）为中心的绩效度量模式，而是将银行获得的收益与所承担的风险直接挂钩，明确地考虑风险对商业银行绩效的影响。

> 美国信孚银行（Bankers Trust）的前身是成立于1903年的信托公司，到20世纪80年代已经发展成为美国著名的商业银行之一。1999年，德国德意志银行正式完成对美国信孚银行的收购，成为了资产规模高达8 340亿美元的全球性商业银行。

RAPM可以帮助业务管理者进行投资决策，制定不同层次上的长期战略计划。例如，风险量化和管理、交易评估、利润提升、绩效度量和资本分配等。RAPM还能对新引入的交易工具进行有效定价，从而实现具有更高增值潜力的投资。目前，RAPM已经成为金融理论界和实业界公认有效的核心经营管理手段，很多知名银行的风险经理都认为RAPM是风险收益度量的最前沿问题。

1. RAPM度量指标的计算方法——以RARORAC为例。RAPM方法与传统绩效度量方法的最大区别，也即RAPM方法的核心思想就是：在信用风险度量模型中引入风险调整函数，将与特定业务相关的预期损失量化为当期成本，衡量经风险调整后的收益大小；同时计算银行为缓冲非预期损失而保有的资本金，将收益与其所承担的特定风险直接挂钩，衡量资本收益率，从而为银行的业务决策、绩效考核、交易定价等多方面经营管理提供统一的标准依据。

RAPM方法通常有四个度量指标，它们是：ROC（Risk on Capital，资本收益）、RORAC（Return on Risk – adjusted Capital，风险调整资本的收益）、RAROC（Risk – adjusted Return on Capital，资本的风险调整收益）和RARORAC（Risk – adjusted Return on Risk – adjusted Capital，风险调整资本的风险调整收益）。这四个绩效度量指标基本形式类似，都是由风险调整的或未被调整的收益除以必要监管资本或经济资本得来的，只是风险调整的位置各不相同。

下面以RARORAC指标为例详细介绍RAPM度量指标的量化方法。

RARORAC 的计算公式为

$$RARORAC = \frac{风险调整收益}{经济资本} = \frac{收益 - 资金转移价格 - 费用 - 预期损失}{经济资本}$$

RARORAC 的分子是收益项，包含收入信息、广义的费用、业务部门之间的转移价格以及银行从事各种类型业务活动的预期损失。图 2-6 是对分子中各项的详细说明。其中，预期损失是指银行的正常经营过程中能够预期到的损失额，银行通常会为缓冲这部分损失而设置贷款损失准备金。单笔贷款的预期损失可以根据下式计算：

预期损失 EL = 调整的风险暴露（AE）×既定违约损失率（LGD）×违约概率

调整的风险暴露 AE = 未清偿贷款（OS）＋贷款承诺（COM）×既定违约提用比例（UGD）

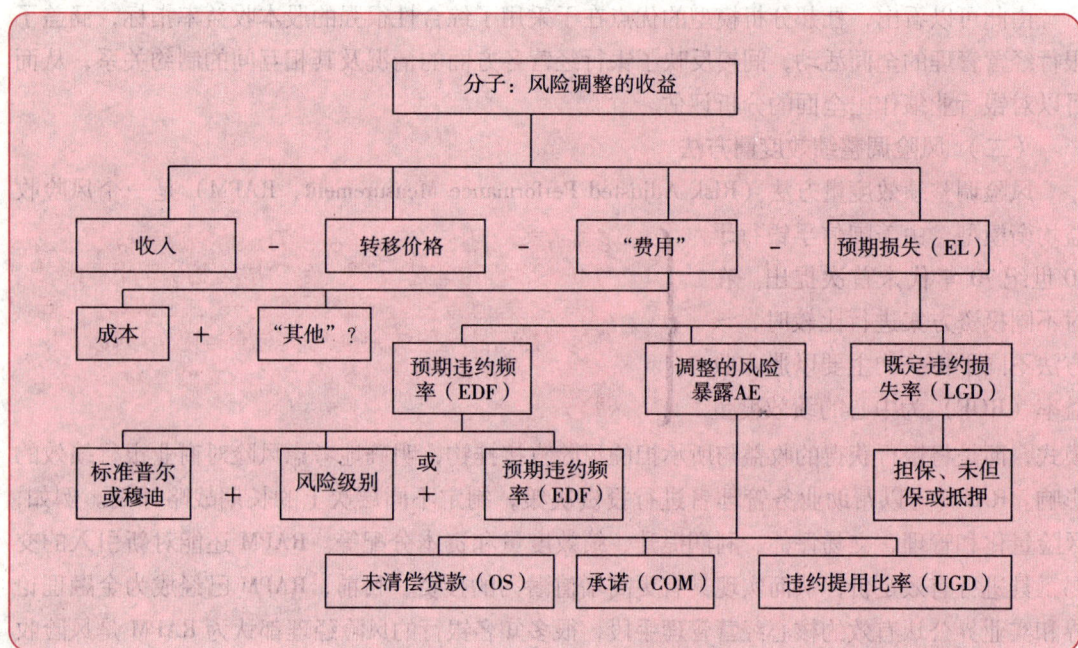

资料来源：Michael K. Ong . Internal Credit Risk Models, Risk Books, 1999, pp. 222.

图 2-6　RARORAC 计算公式的分子

违约概率可以使用信用评级机构以历史数据为基础编制的估计数据，也可直接利用以信用风险度量模型为基础计算得出（如 KMV 公司建立基于企业价值模型的信用监控系统）的预期违约频率 EDF 数据。而既定违约损失率 LGD 是指在违约事件中，银行损失占全部风险暴露的比例。LGD 主要取决于银行资产担保的程度，在数值上等于 1 减去收复率（收复率是指一旦负债人违约，银行有可能从债务人那里获得补救的那部分损失占全部风险暴露的比率）。资产组合的预期损失即为单笔资产预期损失的加权平均和。

RARORAC 的分母是银行为维持其信用等级而必须保有的与其承担的风险相匹配的资本缓冲额，也称为经济资本。图 2-7 是对分母中各项的详细说明。其中，非预期损失是指与预期损失相关联的经估算的资产价值潜在损失的波动性，银行通过保有资本金以缓解非预期损失对日常经营活动的冲击。单笔贷款的非预期损失可以根据下式计算：

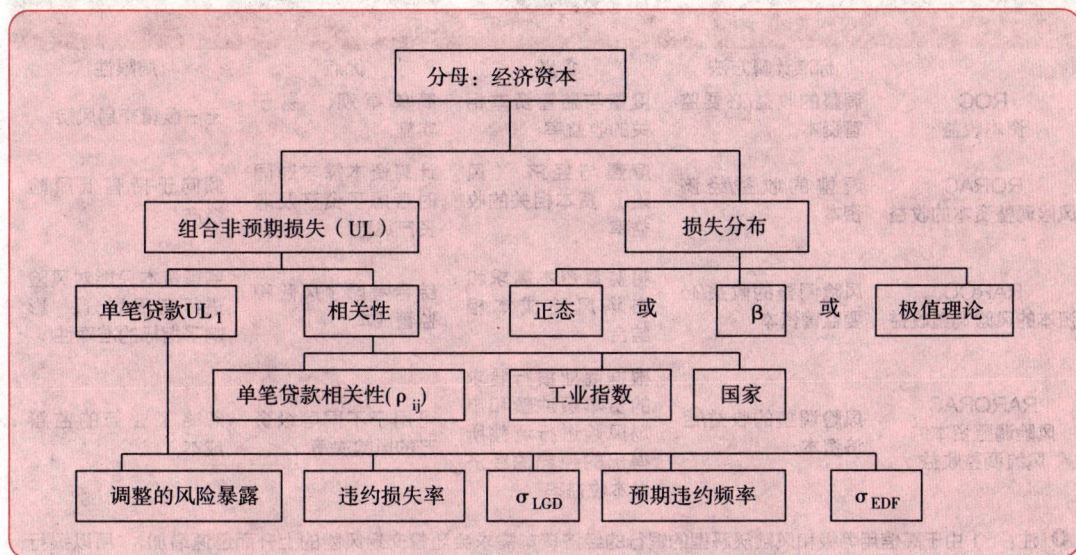

资料来源：Michael K. Ong . Internal Credit Risk Models, Risk Books，1999，pp. 223.

图2-7 RARORAC 计算公式的分母

$$UL = AE \times \sqrt{EDF \times \sigma_{LGD}^2 + LGD^2 \times \sigma_{EDF}^2}$$

若违约是一个两状态事件，则违约概率即 EDF 的方差为

$$\sigma_{EDF}^2 = EDF \times (1 - EDF)$$

若违约是一个多状态过程，则需考虑信用等级转换概率，此时非预期损失的表达式会复杂得多，Carty（1997）和 Ong（1999）详细介绍了多状态违约过程非预期损失的计算方法。资产组合的非预期损失与预期损失不同，它不等于其所包含的各单个风险资产的非预期损失的线形总和，包含 N 个资产的资产组合的非预期损失为

$$UL_P = \left[\sum_i \sum_j \rho_{ij} UL_i UL_j\right]^+$$

其中，

$$\rho_{ij} = \frac{P(D_i \times D_j) - EDF_i \times EDF_j}{\sqrt{EDF_i(1 - EDF_i)} \times \sqrt{EDF_j(1 - EDF_j)}}$$

联合违约概率 $P(D_i \times D_j) = EDF_i + EDF_j - P(D_i + D_j)$，$P(D_i + D_j)$ 表示至少一个债务人违约的概率。由于债务人之间违约相关系数的计算量极大，一般将债务人所属行业的相关系数作为债务人相关系数的近似。选择恰当的损失分布（贝塔分布、正态分布、极值理论等）并将其与蒙特卡罗模拟法相结合即可计算得出银行需要保有的经济资本数量。

2. RAPM 度量指标的比较。尽管 RAPM 方法的四个常用度量指标（ROC、RORAC、RAROC 和 RARORAC）在形式上十分类似，但是在对资本收益进行比较时，采用不同的指标会得出不同甚至相反的结果。银行只有选择恰当的 RAPM 指标才能作出正确的绩效评价，才能在业务部门层次、客户层次以及交易层次等各个层次上都进行有效的资本分配。表2-12 是对四种 RAPM 度量指标的详细比较，这些度量指标的复杂程度从 ROC 到 RARORAC 依次增加。

	标准计算方法	含义	优点	局限性
ROC 资本收益	调整的收益/必要监管资本	度量与监管资本相关的收益率	简单直观，易于实施	无法度量交易风险
RORAC 风险调整资本的收益	调整的收益/经济资本	度量与经济（风险）资本相关的收益率	计算资本需求时同时考虑了资产及非资产风险	倾向于持有低风险资产①
RAROC 资本的风险调整收益	风险调整的收益/必要监管资本	将监管资本需求和市场风险成本相结合	综合考虑了风险和监管成本	监管资本只能对风险进行有限划分，影响了指标的准确性
RARORAC 风险调整资本的风险调整收益	风险调整的收益/经济资本	根据商业银行要求的资本缓冲额和市场风险进行调整所得出的纯粹的经济资本收益率	可用于不同等级资产的风险决策	忽略了业务的监管成本

表2-12 风险调整绩效度量指标比较

❶ 注： ①由于高信用等级和风险厌恶型的银行的经济资本需求会随着交易风险的上升而迅速增加， 所以银行宁愿持有收益较低的低风险资产。 RARORAC 指标同样也会导致银行对低风险交易的偏好。

资料来源： Sanjeev Punjabi, Many Happy Returns, *Risk* , June 1998, pp. 71 -76.

银行在选择 RAPM 指标时，不仅要对这些指标的概念特征有清楚的认识，更要将指标与其所从事的各项业务相结合。以下是对四种 RAPM 度量指标特征的简单总结：

第一，计算 ROC 时未进行任何风险调整，该指标鼓励投资者去承担风险以获取更高的收益。长期来看，这种做法可能会导致较高的信用损失，从而降低股东价值。这种不充分的定价标准会导致高风险资本需求的增大，而高信用质量的资产则因其相对较低的收益而被拒之门外。

第二，RORAC 相对于 ROC 的优势在于其使用了经济资本的概念，一般来说，风险和收益都相对较低的交易会具有较高的 RORAC 值，这也正是该指标得到广泛青睐的原因。风险偏好低的金融机构会据此选择那些吸引力较低的品种，构建信用质量很高但收益较低的资产组合。

第三，RAROC 的计算综合考虑了风险和经济资本，使用该指标的机构会倾向于持有更多的能对市场风险进行弥补的资产，以便优化使用现有的监管资本。该指标具有很高的实用性和有效性，因为它试图实现市场监管限制下的风险调整收益最大化。

第四，RARORAC 技术以风险原理和坚实的经济理论为基础，该指标能够做到以最小的经济资本获得最大的风险调整收益，但是要达到最好的效果，最好结合其他一些目标，如收益和获利目标。RARORAC 计算公式的分子和分母中均考虑了风险因素，因此使用该指标时需要对风险进行精确的判定和调整；同时，要在企业中全面恰当地实施这种方法，还需要精湛的理论基础以及完备的风险度量和跟踪系统。

下面通过一个利率互换的例子对 RAPM 的计算过程以及 RAROC 和 RARORAC 两个指标的区别进行具体说明。

★ 【例】 假设有一笔交易对手为 OCED 银行的五年期融资利率互换，名义金额为 1 亿美元，利率为6%。该互换的年预期损失和非预期损失分别为80个市场基本点和50个名义基本点。

第一步：《巴塞尔协议》要求银行对该互换的保有的监管资本为：利率互换的信用等值额×交易对手的风险权重×最低资本金比率

其中，

利率互换的信用等值额 = 潜在风险暴露 + 当前风险暴露

= 名义金额的0.5% + 市场名义利息

因为OECD银行的监管风险权重为20%，BIS所要求的第2层监管资本（8%）为 \$ 100 000 000 × （0.5% + 6%） × 20% × 8% = \$ 104 000。

第二步：假定我们要求该信用风险暴露的资本储备是其风险贡献的10倍，且该风险暴露与资产组合的其余部分的违约相关系数 ρ 为1%，资产组合其余部分的非预期损失为550个名义基本点，则该信用暴露分配的风险调整的资本为：风险贡献×名义金额×资本乘数

其中，互换资产的风险贡献 = $UL_1 \times (UL_1 + UL_2 \times \rho)/UL_p$ = 0.05%。

组合的非预期损失 $UL_p = \sqrt{(UL_1 \times UL_1 + UL_2 \times UL_2 + 2\rho \times UL_1 \times UL_2}$

结果为0.05% × \$ 100 000 000 × 10 = \$ 500 000

第三步：风险调整收益 = 经济利润 − 预期损失

假定经济利润为 \$ 250 000，计算得出的预期损失为 \$ 80 000，因此风险调整收益为 \$ 170 000。

第四步：利用风险调整收益和估计的监管资本与经济资本，计算得出RAROC和RARORAC分别为163%和34%。这说明尽管该互换与资产组合的违约相关性较低，但由于其带有融资性质且时间较长，因而要求保有的经济资本较多，这使得RARORAC小于RAROC。

RAPM方法内含的风险管理理念和技术体现了业务发展与风险控制的内在统一，代表了国际银行业风险管理的发展趋势。目前，在国际上活跃的大型银行几乎都采用了RAPM方法，并形成了以此为核心的全面风险管理体系。巴塞尔委员会于2003年颁布的第三次征求意见稿对现行资本协议的风险计量方法进行了修改，银行可以使用标准法和内部评级法等更精确地方法度量风险状况和计算需要保有的资本金，这与RAPM方法所倡导的对风险进行更精确度量的思想相一致，不仅代表了新的监管趋势更反映了现代银行管理的主流发展方向。

本章小结

1. 财务报表为银行绩效评估提供必要的信息。商业银行主要的财务报表有资产负债表，它提供存量信息，静态反映银行经营活动；利润表提供流量信息，动态反映银行业绩；现金流量表将两种不同性质的报表信息联系起来。

2. 商业银行绩效评估体系的设计包括盈利性指标和风险指标两方面。盈利性指标衡量商业银行运用资金赚取收益的能力，两个核心的盈利性指标是股本收益率和资产收益率。商业银行经营活动面临的风险主要有信用风险、流动性风险、利率风

险等。

3. 商业银行绩效评估方法主要有比率分析法、杜邦分析法和风险调整绩效度量方法。比率分析法以各类盈利性指标和风险性指标体系为核心，从不同角度对银行经营业绩进行评价。杜邦分析法是将银行的经营业绩看成一个系统，从系统内盈利能力和风险因素的相互制约关系入手进行分析。风险调节绩效度量方法是指在信用风险度量模型中引入风险调整函数，将与特定业务相关的预期损失量化为当期成本，衡量经风险调整后的收益大小；同时计算银行为缓冲非预期损失而保有的资本金，将收益与其所承担的特定风险直接挂钩，衡量资本收益率。

本章主要概念

银行资产负债表　银行利润表　银行现金流量表　贷款损失准备　资产收益率（ROA）
净营业收益率（Net Bank Operating Margin）　净利息收益率（Net Interest Margin）
净非利息收益率（Net Noninterest Margin）　特殊项目前净收益率（NRST）
每股收益率（EPS）　息差　营业收入比率　杜邦分析法　风险调整绩效度量方法（RAPM）
风险调整资本的风险调整收益（RARORAC）

本章思考题

1. 银行资产负债表中主要项目有哪些？其重要程度如何？
2. 商业银行的现金资产包括哪些？
3. 商业银行的同业资产和同业负债分别包括哪些？
4. 一般风险准备是什么？
5. 银行利润表中有哪些项目？其中哪些是最重要的收入和费用项目？
6. 银行现金流量表弥补了银行资产负债表和利润表哪些方面提供的信息的不足？
7. 商业银行绩效评估体系的指标是如何设置的？各自侧重反映银行经营的哪些方面？
8. 杜邦分析法各评价要素是如何分解的？
9. 计算 RARORAC 需要哪些步骤？

本章参考文献

［1］黄亚钧、吴富佳：《商业银行经营管理》，北京，高等教育出版社，2000。

［2］潘英丽：《商业银行管理》，北京，清华大学出版社，2006。

［3］财政部：《企业会计准则》，2007。

［4］Peter S. Rose and Sylvia C. Hudgins. Bank Management & Financial Services 9th Edition，2013，chap. 6.

［5］Shaffer, Sherrill. Making Banks to Market. *Business Review*, Federal Reserve Bank of Philadelphia, July/August 1992, pp. 13 - 22.

［6］Morris, Charles S. and G. H. Sellon, Jr. Market Value Accounting for Banks: Pros and Cons. *Economic Review*, Federal Reserve Bank of Kansas City, 76（March/April 1991）, pp. 5 - 19.

扫描二维码可获取本章更多习题

Master Series

21st Century

理论篇

第三章
商业银行资产负债管理理论

本章知识结构

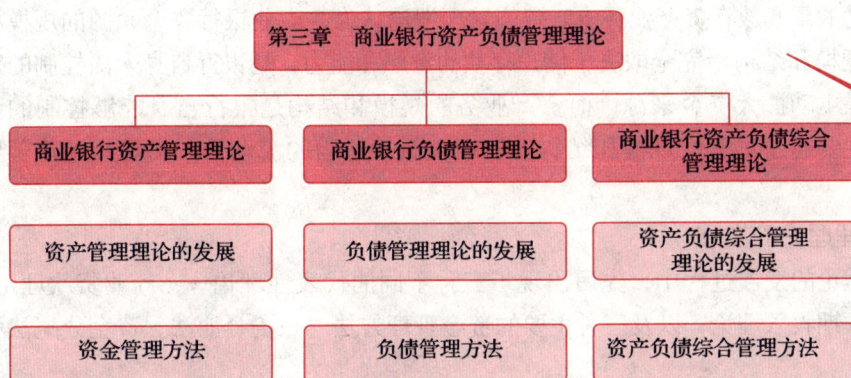

```
第三章  商业银行资产负债管理理论
   ├── 商业银行资产管理理论
   │     ├── 资产管理理论的发展
   │     └── 资金管理方法
   ├── 商业银行负债管理理论
   │     ├── 负债管理理论的发展
   │     └── 负债管理方法
   └── 商业银行资产负债综合管理理论
         ├── 资产负债综合管理理论的发展
         └── 资产负债综合管理方法
```

学习目标

- 了解银行资产管理理论的主要思想
- 掌握资产管理的三种主要方法
- 了解银行负债管理理论的主要思想
- 掌握负债管理的两种主要方法
- 了解银行资产负债综合管理理论的主要思想
- 了解资产负债综合管理的现状和发展
- 掌握资产负债综合管理的三种主要方法

资产负债管理（Asset – Liability Management，ALM）是现代金融机构重要的经营管理实践活动之一，其核心是在进行经营决策时，强调资产和负债的相互协调。资产负债管理的定义为："在给定金融机构的风险容忍度和其他约束条件下，资产负债管理是为实现金融机构的财务目标，对资产和负债相关策略进行制定、实施、监测、改进的持续过程。"资产负债管理的最终目标是使金融机构的投资活动能够满足未来现金流需求和资本要求。理论上，各类金融机构都可以实施资产负债管理，本书主要探讨商业银行资产负债管理的相关内容。从发展历程看，商业银行的资产负债管理先后经历了资产管理理论、负债管理理论和资产负债综合管理理论三个发展阶段。

第一节　商业银行资产管理理论

20世纪60年代以前，商业银行的经营管理活动运用的是资产管理理论（Asset Management Theory），该理论是与当时银行所处的经营环境相适应的。当时，资本市场不发达，融资渠道单一，金融机构以商业银行为主，间接融资是经济活动中最主要的融资方式。一方面，这种金融结构使得有现金盈余的经济主体只能选择将盈余资金存入银行，从而保证了商业银行有稳定的资金来源；另一方面，从商业银行的负债结构看，主要资金来源是存款，简单的负债结构使银行缺乏扩大资金来源的能动性。因此，银行为保持适度的流动性，自然应该将经营管理活动的重心放在资产业务上。资产管理理论认为，商业银行资金来源的规模和结构（即负债的规模和结构）完全取决于储户存款的意愿和能力，是银行自身无法控制的外生变量，银行无法主动扩大资金来源，而资产业务的规模和结构是银行自身能够控制的变量，所以，银行主要通过对资产规模和结构的管理来保持适当的流动性，实现其经营管理目标。

一、资产管理理论的发展

在资产管理理论的发展过程中，先后出现了三种不同的代表性理论——商业贷款理论、资产转移理论和预期收入理论，以及三种主要的资金管理方法——资金池法、资金分配法和线性规划法。

（一）商业贷款理论（The Commercial – loan Theory）

商业贷款理论是最早的资产管理理论，由18世纪英国经济学家亚当·斯密在《国富论》一书中提出。该理论认为，商业银行的资金来源主要是流动性高的活期存款，因此商业银行在配置资金时应着重考虑保持高度的流动性，商业银行的资金运用只能是短期的工商企业流动性贷款，而这种贷款是基于商业行为能自动清偿的贷款。由于该理论强调商业银行贷款的自动清偿，因而又被称为自清偿理论（The Self – liquidation Theory）；同时，由于该理论强调商业银行发放贷款是以商业行为为基础的，期限较短，并以真实商业票据作为贷款的抵押品，因而又被称为真实票据理论（The Real – bill Theory）。

商业贷款理论产生的背景是西方商业银行发展正处于起步阶段。首先，当时英国的产业革命刚刚开始，大机器工业尚未出现，占支配地位的还是工场手工业，并且当时商品经济不够发达，信用关系不够广泛，社会化大生产尚未普遍形成，企业规模普遍较小，扩大再生产主要依赖内部积累，向银行的借款大多用于商业周转。其次，此时商业银行的经营管理水平不高，中央银行还没有出现，没有作为最后贷款人角色的机构能在发生清偿危机时给予援助。银行经营管理者不得不谨慎地保证银行的流动性，并且不惜以牺牲部分盈利为代价。最后，在早期金本位制下，银行的信用创造能力也受到限制，其原因在于除了受货币材料限制外，还受到贷款市场需求限制。当时企业发展多数依靠自有资本，对银行贷款尤其是长期贷款的需求很小，因此派生出的存款较少。再加上当时人们还没有形成举债消费的习惯，对消费贷款的需求也很小。因此，银行家们都将经营管理的重点放在短期流动性贷款，这样既可免去资金来源不足之虞，又可保证资金运用的安全。

商业贷款理论首次提出了现代商业银行经营管理的一些重要原则。一是资金运用受制于资金来源的性质和结构，这一原则已成为商业银行进行资金运用所遵循的基本准则。二是该理论强调银行应保持高度的流动性，以确保商业银行经营的安全性，这为银行降低经营风险提供了依据。这些原则为商业银行稳健经营提供了有益的指导。因此，时至今日，这一理论还具有一定的影响力，特别是在英美等国家，部分商业银行还是坚持将短期商业贷款作为主要的资产业务。

然而，随着商品经济发展，商业贷款理论的局限性逐渐显露。首先，该理论忽视了活期存款的相对稳定性，导致银行资金过多地配置到收益低的短期自偿性贷款。尽管活期存款流动性较高，但根据"续短为长"的原理，在储户存取活期存款的过程中，总会存在一个相对稳定的资金余额，这部分资金可用于发放长期贷款且不会影响银行的流动性。其次，商业贷款理论忽视了贷款需求的多样性。商业贷款理论不主张发放不动产贷款、消费贷款、长期设备贷款和农业贷款，这使得商业银行的业务局限在十分狭窄的范围内，不利于银行自身业务的发展、盈利能力的提高和分散风险。最后，商业贷款理论忽视了贷款清偿的外部条件。以真实票据为抵押的商业贷款的清偿性是相对的，而不是绝对的。在经济衰退时期，票据违约现象相当普遍，从而使真实票据的自偿能力大大降低。商业贷款理论在 18 世纪至 19 世纪末流行了一个多世纪后，终因其存在难以克服的缺陷而被人们怀疑，取而代之的是第二代资产管理理论——资产转移理论。

（二）　资产转移理论（The Shift – ability Theory）

第一次世界大战以后，由于西方资本主义国家迫切需要恢复经济，加之经济危机的爆发和蔓延，使得凯恩斯理论逐渐开始流行，政府干预经济的力度不断加大，这些国家的政府借款需求急剧增加，开始大量发行公债。于是，证券市场得到发展，这为银行获得流动性提供一个新的途径，商业银行尝试把部分资金用于购买政府债券。与此相适应，资金转移理论应运而生，该理论是美国经济学家莫尔顿 1918 年在《政治经济学》杂志上发表的《商业银行及资本形成》一文中提出的。该理论认为，银行流动性的高低取决于资产变现的能力，而保持资产流动性的最好办法是持有可转换的资产。这类资产具有信誉高、期限短、流动性强的特点，保证了银行在需要流动性时能迅速转换为现金。政府发行的债券就是典型的可转换资产。

资产转移理论仍然强调商业银行应该考虑资金的性质而保持高度的流动性，但可以放宽资金运用的范围。资金运用范围的扩大，丰富了银行资产类型，突破了商业贷款理论对银行资产运用的局限，使银行在注重流动性的同时，扩大了资产组合的范围。资产转移理论是银行经营管理理论理念的一大进步。受到资产转移理论的影响，商业银行资产组合中的票据贴现和短期国债的比例迅速增加。

当然，资产转移理论也有其不足之处。资产转移理论过分强调银行通过运用可转换资产来保持流动性，忽略了银行的效益性。同时，可转换资产的变现能力会受市场环境的限制。如果市场需求旺盛，转换变现自然不成问题；如果市场需求疲软，转换变现就比较困难，银行的流动性也就得不到保证。当大多数银行都需要现金时，往往是市场处于危机之时，此时市场流动性紧张，证券价格大幅下跌，短期证券也有市场流动性风险。

（三）预期收入理论（The Anticipated – income Theory）

预期收入理论产生于 20 世纪 40 年代，由美国经济学家普鲁克诺于 1949 年在《定期存款及银行流动性理论》一书中提出。该理论的基本思想是：从根本上说，商业银行的流动性取决于贷款的按期还本付息，这与贷款人未来预期收入和银行对贷款的合理安排密切相关。如果借款人的预期收入有保障，期限较长的贷款也可以安全收回。因此，预期收入理论强调贷款偿还与借款人未来预期收入之间的关系，而不是贷款的期限与贷款流动性之间的关系。贷款期限并非一个绝对的控制因素，只要贷款偿还有保障，银行按照贷款的各种期限合理配置，使资金回收具有可控制的规律性，就可以保证银行的流动性。

预期收入理论产生背景为第二次世界大战后，西方各国经济从战时状态转向恢复和复苏。从政策导向看，当时凯恩斯的国家干预经济理论在西方十分盛行，该理论主张政府应该扩大公共项目开支，进行大型基础建设项目；鼓励消费信用发展，以扩大有效需求，刺激经济发展，导致中长期贷款和消费贷款的需求扩大。从市场竞争看，随着金融机构综合化发展，商业银行与非银行金融机构的竞争日益激烈，这迫使银行不得不扩展业务范围，调整资产组合结构，增加发放收益率高的中长期贷款。

预期收入理论为银行拓展盈利性的新业务提供了理论依据。它深化了人们对贷款清偿问题的认识，明确提出了贷款清偿来自借款人的预期收入，突破了传统资产管理理论依据资产的期限和可转换性来决定资金运用的做法，为促进银行贷款类型多样化起到重要作用。预期收入理论使银行家对保持流动性有了更新、更全面的认识，银行在贷款偿还有保证的前提下，可以主动进行银行资产的期限结构安排。银行可以依据借款人的预期收入，发放收益率高的长期贷款。当银行收回部分贷款后，如果流动性紧张，这些按期归还的本金利息就能及时补充银行流动性需要；当流动性充裕时，这部分资金又可继续用于贷款发放，使银行能兼顾其流动性和效益性。此外，预期收入理论还促使银行增强其参与企业经营活动的意识。由于贷款是按对企业预期收入的评估而发放的，为正确评估企业偿债能力，银行需深入了解企业的生产经营活动；为保证贷款发放后能安全收回，银行还需要关注企业利用资金进行生产经营活动的效率。这样银行就从局外人的角色转变为企业生产经营活动的积极参与者，有利于加强银企合作，提高银行在国民经济中的地位。

预期收入理论并不否认商业贷款理论和资产转移理论的科学性，为理解银行流动性和效益性的关系提出了新的视角，强调借款人的预期收入是商业银行选择资产的主要标准之一。预期收入理论的不足之处在于，对借款人未来收入的估计是基于银行主观判断的经济参数，事实上，随着客观经济条件及经营状况的变化，借款人实际未来收入与银行的主观估计量之间存在偏差，可能使银行面临较大风险。总之，资产管理理论是一种保守的资产负债管理理论，它强调银行经营管理的重点是资产业务，强调流动性为先的管理理念。这种管理思想在 20 世纪 60 年代以前的一百多年里，对银行业发展起到了重要的推动作用。

二、资金管理方法

在资产管理理论的发展过程中，商业银行主要使用过三种资金管理方法，即资金池法、资金分配法和线性规划法。

（一）资金池法（Pool of Fund Approach）

资金池法的思想可以追溯到商业银行发展初期，到 20 世纪 30 年代的经济危机后才得到普遍运用。当时银行管理的主导思想是资产管理理论，以安全性为主、效益性为辅。资金池法的内容是，银行将各种渠道的资金集中在一起，形成一个资金池，资金池中的资金被无差别地视为同质的单一来源，然后再将其分配到各种不同的资产上去，如图 3－1 所示。

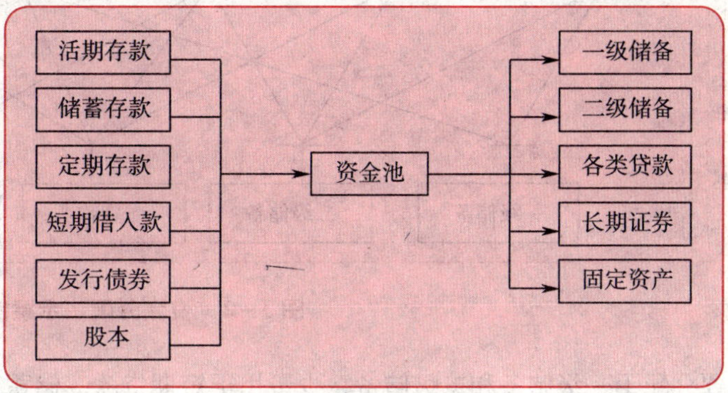

图 3－1　资金池法的示意图

首先，保证充足的一级储备。一级储备主要包括库存现金、在央行的存款、同业存款及托收中的现金等项目。一级储备之所以在银行的资产配置中具有最高的优先级是因为：（1）满足强制性的准备金要求；（2）满足银行日常支付和清算的需要；（3）应对意外的提存和意外信贷需求。一级储备流动性高，但收益率低。其次，保证二级储备，以应付可预见的现金需求以及意外情形。二级储备由公开市场上的短期债券组成，如国库券、地方政府债券、银行承兑票据等。二级储备有一定的收益，同时也具有较强的变现能力。再次，各类贷款。发放贷款是银行最主要的盈利来源。这需要银行深入研究市场，了解客户的经营状况和资金需要，由市场决定信贷资金的投向。但资金池法不把贷款结构看做是影响流动性的因素，因此贷款结构不在管理范围内。最后，长期证券。如果前三项资金完成分配后还有剩余，银行可以在公开市场购入长期证券。一方面，有助于银行提高盈利能力；另一方面，长期有价证券陆续到期，有助于银行补充二级储备，为银行提供流动性支持。

这种方法的优点是简单易懂，管理成本较低。其主要缺陷：一是仅从资产端考察商业银行的流动性，而忽略了负债端对流动性的影响。二是对生息资产的管理侧重于总量管理，而没有考虑贷款结构对流动性的影响。三是忽视了效益性是银行生存与发展的前提，过分追求保持流动性而缺乏对盈利能力的提升。

（二）资金分配法（Asset－allocation Approach）

第二次世界大战以后，随着银行竞争加剧以及新的融资工具的出现，银行负债结构趋于多元化，传统的活期存款作为银行主要资金来源的局面被打破，基于资金池的管理方法已经过时。在这种背景下，资金分配法应运而生。资金分配法的基本思想是：商业银行在把现有的资金分配到各类资产时，使各类资金的期限与对应资产的期限相匹配，即银行资产与负债的期限保持高度的匹配关系，也称为期限匹配法。对于期限短的不稳定性资金，配置到短期的、高流动的资产，而期限长、相对稳定的资金则被配置到长期的、高收益的资产。其分配方式如图 3－2 所示。

由于活期存款有较高的周转率和准备金比例，其偿还期被视为零，根据匹配原则，应主

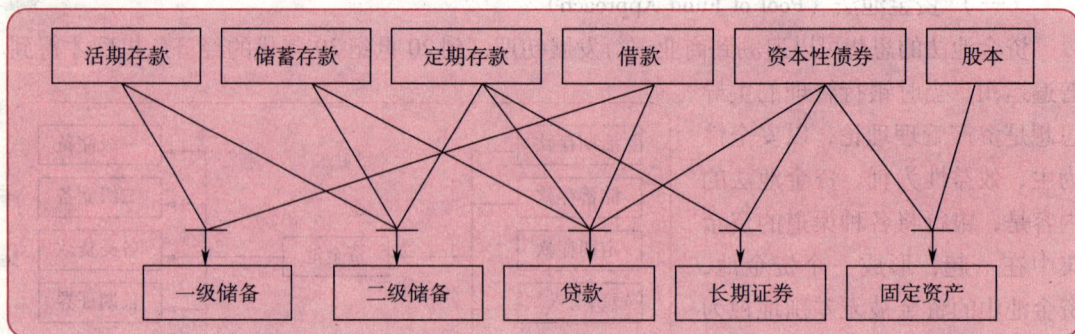

图 3 - 2　资金分配法示意图

要分配于一级储备和二级储备，少量用于短期贷款。储蓄存款和定期存款稳定性较高，主要用于贷款和中长期证券投资等生息资产。短期借款主要包括银行同业拆借、欧洲货币贷款、再贴现及出售 CDs 吸收资金，这类资金主要被银行用于弥补流动性不足，少量用于发放贷款，大部分用于一级储备。资本性债券不需要法定准备金，期限较长，具有良好的稳定性，因此可用于长期贷款、购买长期证券和固定资产。股本的期限最长，不存在偿付要求，这部分资金主要用于购置建筑物和设施。

资金分配法使资产和负债在规模和结构上保持匹配，压缩了银行流动准备金的平均数量，从而扩大了盈利资产的规模，提高了银行的盈利水平，其缺陷在于：一是以期限为标准配置资金有局限性。实际上，在活期存款中也存在长期稳定的部分，可用于配置高收益的长期资产。二是把贷款作为完全不流动的资产处理，高估了银行的流动性需求。三是假设资金来源和资金运用相互独立。实际上，信贷需求增加往往会带来存款的增长，难以做到严格的匹配。四是没有考虑存款规模和贷款需求的季节性波动。

（三）线性规划法（Linear Programming Approach）

为提高资金分配的科学性、准确性，许多商业银行使用复杂的数学模型，其中运用最为广泛的是线性规划法。计算机在银行业务中的广泛应用，使银行有能力计算这些复杂的数学模型。线性规划法就是预先选择目标变量的初始值，在一定的约束条件下，求解目标函数的最大值或最小值的方法。线性规划法在应用于银行资金管理时，通过确定一组资产负债规模，在一定的流动性和管理限制等约束条件下，使利润最大化。具体步骤如下：

1. 建立目标函数。银行通常以财富最大化为目标，但其用于确定目标函数比较困难，银行一般使用更常用的术语定义目标函数。一般常用资产收益率、净收益等作为股东财富最大化的近似表示，建立目标函数。

2. 选择模型中的变量。考虑预测变量和决策变量，预测变量是银行不能控制的、由外部环境决定的因素，比如利率、现金流量、存款贷款种类等。决策变量是银行可以控制的，而且银行试图优化其组合数量的资产和负债项目，如同业拆借、国库券、CDs、贷款、资本债券等。

3. 确定约束条件。在银行经营管理中，存在许多限制性因素，如法律限制、流动性要求、资本要求等。

4. 求解线性模型。当目标函数、变量、约束条件全部确定后，就可以运用数学方法，借助计算机进行求解。求出银行如何分配资金，才能使银行利润最大。

⭐【例】 假设某银行有5 000万美元的资金来源，这些资金可用作贷款（X_1）和二级储备即短期证券（X_2），贷款收益率为12%，短期证券收益率为8%，存款成本忽略不计。假设银行管理短期资产的流动性标准为投资资产的25%，即短期证券与总贷款的比例至少为25%。

表 3 – 1 目标函数及约束条件

目标函数	定义
$Max(Y) = 0.12X_1 + 0.08X_2$	利润目标
约束条件	
$X_1 + X_2 \leq 5\ 000$ 万美元	总资产负债约束
$X_2 \geq 0.25X_1$	流动性约束
$X_1 \geq 0$ 与 $X_2 \geq 0$	非负约束条件

首先确定目标函数及约束条件，如表 3 – 1 所示。

下面以直观的几何图示来表示，如图 3 – 3 所示。

目标函数表示了各类生息资产对银行总盈利的贡献。在图 3 – 3 中，目标函数表现为一条常数利润线，给定 Z 函数上的每一点都代表产生同样收益的贷款和短期证券的不同组合点。

第一个约束条件 $X_1 + X_2 \leq 5\ 000$ 万美元，表明银行的贷款与短期证券的组合受资金来源总量的制约，可行的资产选择必须在 AB 线及其下。第二个约束条件 $X_2 \geq 0.25X_1$ 表明，用来作为二级储备的短期证券必须等于或

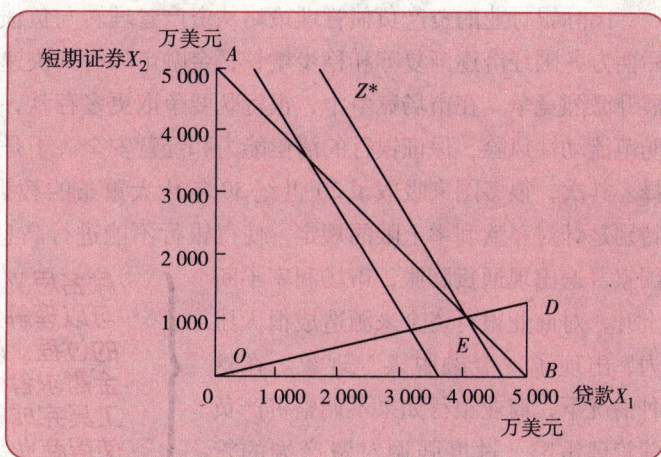

图 3 – 3 线性规划法

大于总贷款的25%，以符合流动性标准，因此可行的资产组合应在 OD 线及其上。第三个约束条件 $X_1 \geq 0$ 与 $X_2 \geq 0$ 表明，贷款和短期证券不可能为负数。三角形 AOE 区域表示满足三个约束条件的所有组合点。为了确定最佳资产组合，通过反复验证，利润函数 Z 向右上方移动代表更高的总利润水平。只有在 E 点，所选择的贷款和二级储备金组合在满足三个约束条件的同时，使银行利润最大化，这个点被称为最佳资产组合点。在这一点上，银行资金管理者在短期证券上投资 1 000 万美元，贷款 4 000 万美元，目标函数 Z^* 代表总的收益 560 万美元。

以上假定银行在一组约束条件下单独使用一个目标函数达到最大值，而现实情况要复杂得多，银行往往要求实现多重目标最优。因此，运用线性规划模型的资产管理方法要求银行拥有一批专业技术人员。该方法只在部分大型银行中获得成功，中小型银行因缺乏专业技术人才，其运用效果并不令人满意。

第二节　商业银行负债管理理论

20世纪60年代以后，全球经济金融环境发生了很大变化，商业银行资产管理理论已经不能完全适应银行业经营发展的需要。在金融创新的推动下，商业银行的资产负债管理理论发生了一次重大变革，负债管理理论取代资产管理理论，成为指导商业银行经营管理的重要理论。

一、负债管理理论的发展

负债管理理论（Liability Management Theory）兴起于20世纪50—60年代。该理论主张商业银行资产应该按照既定的目标增长，同时调整资产负债表的负债项目，通过积极吸收存款或在货币市场上主动负债来支持资产规模扩张。负债管理理论开拓了满足银行流动性需求的新渠道，改变了长期以来商业银行仅依靠资产端来获得流动性的传统做法。

国际银行业的资产负债管理策略从资产管理转向负债管理是有内在原因的。首先，二战后西方各国经济逐渐复苏和稳步增长，金融市场得到快速发展，非银行金融机构与商业银行展开激烈竞争。在市场竞争中，银行既要争取更多存款，占据和保持一定的市场份额，又要防范流动性风险，保证银行的清偿能力和经营安全。于是，负债管理成为商业银行的现实选择。其次，很多国家吸取了20世纪30年代大萧条的教训，加强金融监管，实行利率管制。特别是针对存款利率上限的规定，使得银行不能进行高息揽储。20世纪60年代以后，发达国家普遍出现通货膨胀，市场利率不断上升，对商业银行资金来源造成很大压力，出现了"金融脱媒"现象。在这种情况下，商业银行如果不调整资产负债管理策略，过度强调对资产端的管理，可能使银行的经营发展陷入困境。再次，金融创新为商业银行进行负债管理提供了可能性。随着可转让大额定期存单等创新型金融产品和负债业务不断涌现，商业银行掌握了更多主动筹集资金和管理负债的工具。最后，发达国家普遍建立起存款保险制度。存款保险制度的建立增强了储户的信心，保护储户的利益，同时也提高了商业银行的风险偏好。在多种因素的共同影响下，负债管理理论在20世纪60—70年代盛行起来。

> 顾名思义，金融脱媒(Disintermediation)可以理解为金融活动脱离媒介、去中介化的过程。随着资本市场的发展和成熟，资金需求者倾向发行股票、债券等直接融资工具完成融资，对银行贷款的需求弱化，使得商业银行的经营受到冲击。

负债管理理论问世后，商业银行的资产负债管理焕然一新。负债管理理论的出现标志着商业银行在资金管理方法上迈出一大步。过去，银行一直坚持"负债决定资产"，资产业务受负债业务的约束。现在，银行可以对负债进行主动管理，让负债业务适应或支持资产业务，根据资产业务发展需要来调整或组织负债，变成"资产决定负债"。

需要注意的是，负债管理通过货币市场借入资金来保持流动性，必然会受到货币市场资金供求状况和外部因素的影响，因而加大了银行流动性风险的管理难度。此外，借入资金需要支付较高的利息，增加了银行的融资成本。因此，负债管理对于商业银行经营是一把"双刃剑"。

二、负债管理方法

商业银行运用的主要负债管理方法是储备头寸负债管理方法和全面负债管理方法。

1. 储备头寸负债管理方法。储备头寸负债管理方法是指使用借入资金满足短期流动性需求，也就是说，使用借入资金补充一级准备，以满足存款的提取和增加的贷款需求。如图 3 - 4 所示。

与负债管理方法相比，储备头寸的负债管理方法使银行可以持有较高比例的生息资产。因此，银行的盈利能力提高，但同时也面临两个挑战：一是借入资金的成本不能确定；二是有时可能借不到资金。

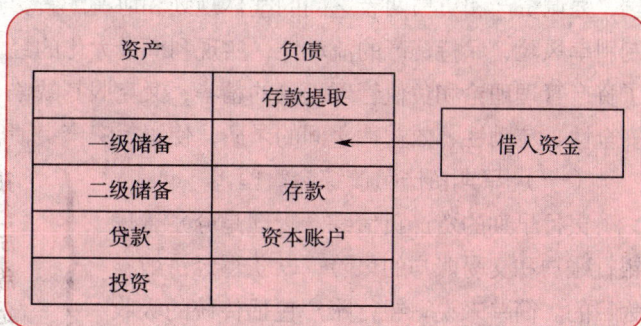

图 3 - 4　储备头寸负债管理方法

2. 全面负债管理方法。全面负债管理方法也叫纯负债管理，即商业银行使用借入的资金持续扩大资产和负债规模。如图 3 - 5 所示。

采用全面负债管理方法的前提是借入资金有较大供给弹性，其条件是市场有足够的资金和参与者，单个银行的活动并不会对整个市场利率水平造成影响。因此，采用全面负债管理的最大风险是无法获得足够的资金来源。一旦中央银行的货币政策紧缩，采用全面负债管理的小型银行可能面临较大的融资流动性风险。

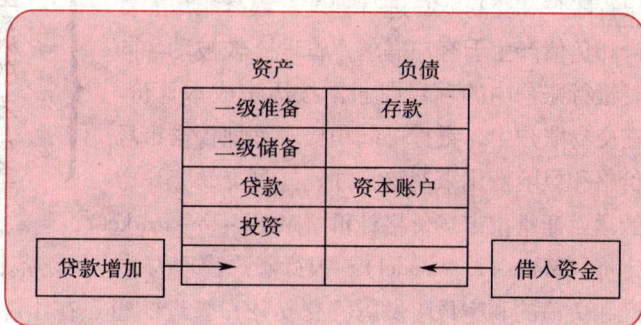

图 3 - 5　全面负债管理方法

第三节　商业银行资产负债综合管理理论

自 20 世纪 70 年代中期开始，金融市场剧烈波动，市场利率大幅上升，负债管理在融资成本和风险管理方面面临的挑战越来越大，国际银行业迫切需要一种更为有效的资产负债管理理论来指导实践。经过理论界和学术界的多年探索，资产负债综合管理理论逐渐走向成熟，成为当今国际银行业资产负债管理的主流理论[①]。

一、资产负债综合管理理论的发展

与资产管理理论和负债管理理论不同，资产负债综合管理理论（Assets and Liabilities

---

① Glavin, William M. Asset/Liability Management: A Handbook for Commercial Banks. Rolling Meadows, Ⅲ: Banks Administrator Institute, 1982.

Management Theory）不只是将管理的重点放在资产端或负债端，而是在吸收这两种理论精髓的基础上，强调对资产端和负债端的综合管理。资产负债综合管理理论认为，只靠资产管理或负债管理都难以达到安全性、流动性、效益性的最优均衡，只有兼顾银行的资产端和负债端，强调资产和负债两者之间的整体规划和协调配置，通过资产和负债的统一管理，才能控制利率风险，保持资产的流动性，实现利润最大化的经营目标。资产负债综合管理理论汲取了资产管理理论和负债管理理论的精华，又克服其缺陷。从资产负债平衡的角度，协调银行安全性、流动性、效益性之间的矛盾，使银行资产负债管理活动更加科学。

（一）早期资产负债综合管理

银行早期的资产负债综合管理是分别管理银行账户和交易账户的风险，以获得经济效益为目的。简单来说，银行账户包括传统的吸收存款、发放贷款等业务；交易账户包括证券投资、外汇交易和金融衍生品交易等业务。商业银行基于账户的风险性质和特点不同，分别对银行账户和交易账户进行管理。银行账户的资产和负债产生于客户需求，管理比较被动。同时银行账户中的项目则通常按历史成本计价。在交易账户中，银行可以积极主动地根据市场价格和风险变化来调整头寸，并且交易账户中的项目通常按市场价格计价（Mark – to – market），当缺乏可参考的市场价格时，可以按模型定价（Mark – to – model）。银行账户管理的重点是防范银行账户的利率风险，即对冲银行资产和负债的利率风险暴露。交易账户管理的重点在于防范利率风险、汇率风险、股票风险、商品价格风险等。

> *根据巴塞尔委员会的要求，商业银行的银行账户（Banking Book）可分为银行账户和交易账户两大类。银行账户是相对于交易账户而言的，记录的是商业银行所有未划入交易账户的表内外业务。*

> *巴塞尔委员会2004年的《新资本协议》对交易账户（Trading Book）的定义为：交易账户记录的是银行为交易目的或规避交易账户其他项目的风险而持有的可以自由交易的金融工具和商品头寸。*

（二）现代资产负债综合管理

随着商业银行经营环境变化，商业银行可以主动管理银行账户的资产和负债，并逐渐认识到分别管理银行账户和交易账户不能充分防范金融风险。正因如此，银行资产负债综合管理由专门针对银行账户的利率风险管理，拓展为覆盖银行账户和交易账户的全面风险管理。银行改进资产负债管理的措施包括：

1. 使用利率互换等金融衍生工具，主动改变资产与负债的条件（如利率和期限），对存款和贷款实行更为灵活的定价，有效控制资产负债头寸错配产生的银行账户利率风险。设立独立部门负责资产负债管理，全面管理银行账户的利率风险。

2. 过去交易账户的风险管理往往是以历史交易数据为基础，确定风险暴露的限额。现在，通过综合计算交易账户的风险，改进风险管理。具体变化有：（1）使用风险计值（Value at Risk，VaR）模型计算风险，在历史交易数据的基础上，估计可能产生的损失；（2）以客观标准为基础确定风险限额和止损规定；（3）运用现实暴露法（Current Expose Method），改进与衍生交易相关的信用风险管理方法；（4）建立独立的部门，专门负责风险管理；（5）改善风险管理系统；（6）加强内部控制和审计机制。

但是仍存在一些问题需要解决：一是目前的风险计算结构并未包括产品价格波动的相关

性；二是风险限额的客观标准未考虑预期收益或资本；三是与衍生产品有关的信用风险管理方法还很不成熟。

3. 综合计算银行账户和交易账户的市场风险，方法是将以往用于交易账户的敏感性分析方法，结合久期分析方法，应用到银行账户，计算某一时期利率风险对收益的影响。

4. 高级管理层主动参与和改进两类账户的风险管理，使资产负债管理更为灵活。许多银行重新审查其组织架构，加强资产负债管理委员会的权力，改变其以往作为顾问的形象，授予其对银行整体综合性资产负债管理政策的决策权。有的银行则建立中介机构，或在董事会下直接成立专家风险管理部，独立于资产负债管理部门，负责改进风险管理方法，计算和控制不同部门各种业务的风险暴露，保证经营活动在规定的范围内进行，向董事会报告风险管理状况。

各家商业银行都有针对银行账户和交易账户的管理策略，具体的资产负债管理内容和技术存在差异，并仍处于探索阶段，难免会有失误，可能要付出代价。但总体来说，银行业在金融自由化进程中，在资产负债综合管理方面已经取得了积极的进展。

（三）资产负债综合管理的发展趋势

近年来，一些商业银行深入研究和探索资产负债综合管理方法，从管理资产和负债的市场风险转变为综合管理银行账户和交易账户的市场风险和信用风险。这一做法的理论基础是，如果综合计算市场风险和信用风险，并按照客观标准计算各个账户的风险调整收益率，即获得足够的收益弥补风险产生的损失，那么就可以根据风险调整收益率分配资本和人力资源。制定风险调整收益率的指标需要以下程序：（1）确定数量化信用风险的方法；（2）计算市场风险和信用风险总量；（3）按资本和预期收益比例确定信用风险限额；（4）计算各个账户的风险调节盈利性。要完成这一程序，需解决下列与银行综合管理有关的问题：（1）如前所述，市场风险量化过程中并未充分评估风险因素之间的相关性；（2）信用风险的数量化仍在研究阶段；（3）在计算各个账户和产品的盈利性过程中，存在诸如支出分配的技术困难；（4）建立风险调节评估系统的难度很大且成本较高；（5）即使可以以共同的指标为基础比较各个账户的盈利性，在银行账户和交易账户之间灵活转移资本和人力资源仍较为困难。在上述条件下，难以很快取得以风险调节盈利性指标为基础的全面资产负债管理。但资产负债管理的基本发展趋势是，客观和全面衡量各种风险，力求收益和风险的规模相一致，并以风险调节盈利性为基础，战略地性分配资本和人力资源。

二、资产负债综合管理方法

商业银行资产负债综合管理有三种主要的管理方法，即利率敏感性缺口管理、久期缺口管理和内部资金转移定价。

（一）利率敏感性缺口管理（Rate – sensitive Gap Management）

利率敏感性缺口管理是资产负债综合管理的基本方法之一。银行采用利率敏感性缺口管理的目的是根据对利率变化趋势的预测，相机调整利率敏感性资金的配置结构，以实现利润最大化或扩大净息差的目标。[1]

---

[1]　Toevs, Alden L. Gap Management: Managing Interest Rate Risk in Banks and Thrifts. *Economic Review*, Federal Reserve Bank of San Francisco, No. 2, pp. 52 – 59.

利率敏感性资金（Rate – sensitive Fund），即是浮动利率或可变利率资金，是指在一定期间内展期或根据协议按市场利率定期重新定价的资产或负债。利率敏感性资金包括利率敏感性资产（Rate – sensitive Assets）和利率敏感性负债（Rate – sensitive Liabilities），其定价基础是可供选择的货币市场基准利率，主要有同业拆借利率、国库券利率等。确定为利率敏感性资产或负债项目重新定价的期间并不是绝对的，可由各银行根据自身条件自行掌握，比如未来 24 小时、未来 7 天、未来 30 天、未来 120 天等。

利率敏感性缺口 Gap 用利率敏感性资产 RSA 和利率敏感性负债 RSL 的差额来表示，即

$$Gap = RSA - RSL$$

只要确保每期利率敏感性资产与利率敏感性负债相等，即

$$RSA = RSL$$

无论利率上升还是下降，银行都可规避利率风险。在这种情况下，生息资产的收益与计息负债的成本同向和同比例变动。如果利率敏感性资产和利率敏感性负债不相等，就会产生缺口。在计划期内，如果利率敏感性资产大于利率敏感性负债，那么银行存在正缺口和资产敏感；反之，如果利率敏感性资产小于利率敏感性负债，那么银行存在负缺口和负债敏感。

敏感性比率（Sensitive Ratio，SR）是缺口的另一种表达方式，它用利率敏感性资产和利率敏感性负债的比率表示，公式为

$$SR = \frac{RSA}{RSL}$$

敏感性比率与缺口的基本关系为：当银行存在正缺口，SR 大于 1；当银行存在负缺口，SR 小于 1；当银行缺口为零，SR 等于 1。

在银行存在正缺口和资产敏感的情况下，如果利率上升，由于资产收入的增加多于借入资金成本的上升，银行的净利息差扩大，其他条件不变，则银行净利息收入增加；如果利率下降，由于银行资产收入的下降多于负债利息支出下降，则净利息差减少，银行净利息收入减少。当银行存在负缺口和负债敏感的情况下，如果利率上升，利率敏感性负债的成本上升会超过利率敏感性资产的收入增加，净息差缩小，银行净利息收入减少；如果利率下降，利率敏感性负债成本的下降多于利率敏感性资产收入的下降，净息差扩大，银行净利息收入增加。

因此，如果银行有能力准确地预测市场利率的变化趋势，银行资产负债管理部门完全可以利用利率敏感性资金配置组合技术，在不同时期配置不同的缺口，获取更高的收益率。例如，如果管理者坚信当前计划期内利率会下降，那么他将使利率敏感型负债超过利率敏感型资产。如果利率如期下降，负债成本会比收入下降更多，银行净利差增加。类似地，预期利率上升会使银行转变为资产敏感型，因为利率上升会使银行利息收入增加大于利息支出增加。这种方法称为积极的缺口管理（Aggressive GAP Management）。当然，这种积极策略也给银行带来更大风险，准确预测利率不可能总是正确的，利率预测错误会扩大银行损失。

如果银行难以准确地预测利率走势，采取零缺口资金配置策略更为安全，因为在利率敏感性资产和利率敏感性负债配平状态下，无论利率上升或下降，浮动利率资产和负债的定价

按同一方向和按等量的金额进行，对银行净息差无影响，银行净利息收入基本保持不变。这种策略对中小银行来讲是比较适合的，但对有着雄厚技术力量和专家队伍的大银行来说，其有能力对利率波动方向进行较为准确的预测，这种零缺口策略就显得过于保守。

事实上，即使缺口为零，即在利率敏感性资产等于利率敏感性负债的情况下，也不能完全降低所有的利率风险。因为现实生活中，银行的资产负债的利率并不完全相关。例如，贷款利率的变化一般滞后于借款利率的变化，因此在经济扩张期，利率上升时，银行利息收入增长慢于利息支出增长，而在经济走向衰退，利率下降时，银行利息支出的减少会快于利息收入的减少。

（二）久期缺口管理

利率敏感性缺口管理只是针对浮动利率资产和负债的利率风险暴露进行控制。当市场利率发生波动时，固定利率资产或负债的价值也可能发生损失。因此，银行经营管理者需要一种更加全面的资产负债管理方法，久期缺口管理方法正是在这种情况下出现的。

久期（Duration）也称持续期，最初由美国经济学家 F·R·麦克莱（Frederick R·Macaulay）于 1936 年提出这个概念。这个概念最初只是作为度量债券期限的一种手段，并未引起广泛重视。进入 20 世纪 80 年代后，久期这一概念被广泛用于财务、金融与投资领域，银行家们又将久期技术运用于资产负债管理中，使得久期技术成为分析利率变动对银行价值产生影响的重要工具。久期实质上是一种把到期日按时间和价值进行加权的度量方法，它考虑了所有生息资产的现金流入和所有负债现金流出的时间。它衡量了银行未来现金流量的平均期限，实际上，久期度量的是用来补偿投资所需资金的平均时间。在实际计算中，某一金融工具的久期等于金融工具各期现金流的发生时间乘以各期现值与金融工具现值的商。

$$D = \sum_{t=1}^{n} \frac{C_t \cdot t}{(1+r)^t} \Big/ \sum_{t=1}^{n} \frac{C_t}{(1+r)^t}$$

其中，D 代表久期；t 代表金融工具现金流量所发生的时间；C_t 代表金融工具第 t 期现金流量；r 为市场利率。可以看出上述公式的分母与这一金融工具的市场价值 P_0 相等，即

$$\sum_{t=1}^{n} \frac{C_t}{(1+r)^t} = P_0$$

因此，久期公式可以简写为

$$D = \sum_{t=1}^{n} \frac{C_t \cdot t}{(1+r)^t} \Big/ P_0$$

久期还有一种近似的表达：

$$D \approx -\frac{\Delta P/P}{\Delta r/(1+r)}$$

其中，P 为金融工具购买时市场价格；ΔP 为金融工具价格变动；r 为金融工具购入时的市场利率；Δr 为市场利率的变动。该公式为金融工具的价格弹性，即市场利率变动的百分比所引起金融工具价格变动的百分比。前面的负号表示金融工具市场价格与利率成反方向变化。经变形，可得出金融工具价格变动的近似表达式：

$$\Delta P \approx - P \cdot D \cdot \frac{\Delta r}{1 + r}$$

银行的价值（NW）等于其资产价值减去负债价值：

$$NW = A - L$$

当利率发生变动，银行的资产及负债的价值同时发生变动，所以价值也相应变化：

$$\Delta NW = \Delta A - \Delta L$$

可见，市场利率波动的环境下，利率风险不仅来自浮动利率资产与浮动利率负债的配置状况，也来自固定利率资产和负债的市场价值波动。市场利率上升时，银行资产和负债的期限越长，其市场价值下降越多。市场利率变动时银行发生价值的变动，依据资产或负债的相对期限不同而不同。当利率上升时，资产久期大于负债久期的银行所遭受的价值损失会大于资产久期相对较短或资产与负债久期相匹配的银行。因此，久期分析能用于稳定银行的市场价值。久期缺口管理就是相机调整资产和负债结构，使银行控制或实现一个正的权益价值。久期缺口（Duration Gap）定义为

$$D_{Gap} = D_A - u \cdot D_L$$

其中，D_{Gap} 为久期缺口；D_A 为总资产久期；D_L 为总负债久期；u 为资产负债率，即 L/A。

银行总资产久期由银行各项资产久期加权和构成，即

$$D_A = \sum_{i=1}^{m} W_i^A \cdot D_{Ai}$$

其中，W_i^A 表示第 i 项资产占总资产权重：

$$W_i^A = A_i / A$$

同理，银行总负债的久期由各项负债久期加权求和构成，即

$$D_L = \sum_{j=1}^{n} W_j^L \cdot D_{Lj}$$

其中，W_j^L 表示第 j 项负债占总负债权重。

因为总资产等于总负债与所有者权益的和，以 D_N 表示净值久期，则有

$$D_A = u \cdot D_L + (1 - u) D_N$$

即

$$(1 - u) D_N = D_A - u \cdot D_L$$

该公式说明市场利率变化引起固定收益金融工具价值的相反变化。因此，当久期缺口为正，银行价值随利率上升而下降，随利率下降而上升；当久期缺口为负，银行价值随市场利率变化而同方向变化。当缺口为零时，银行的市场价值不受利率风险影响。

（三）内部资金转移定价

内部资金转移定价（Funds Transfer Pricing, FTP）是商业银行内部资金中心与业务部门按照一定规则全额有偿转移资金，以达到核算业务资金成本或收益等目的的一种内部经营管理模式。资金中心与业务部门全额转移资金时按照一定价格进行，该价格称为内部资金转移价格（FTP 价格），通常以年利率（%）表示。在该体系下，业务部门每办理一项业务，所对应的资金均按照 FTP 价格转移至资金中心，并由资金中心负责管理。具体来讲，业务部门每笔负债业务所筹集的资金，均以负债的 FTP 价格全额出售给资金中心，并获取 FTP 利息收入；每笔资产业务所需要的资金，均以资产的 FTP 价格全额向资金管理部门购买，并支付

FTP 利息（见图 3 - 6）。

【例】 某银行一笔期限 2 年的定期存款业务，固定利率 3.5%，金额 100 万元。假定 2 年期存款的 FTP 价格为 5%，则该行从资金中心获得 5 万元的 FTP 利息，减去需付给储户的利息 3.5 万元，该笔存款年净利息收入为 1.5 万元。该银行又发放一笔期限 3 年的贷款，固定利率 6%，金额 100 万元。假定 3 年期贷款的 FTP 价格为 5.5%，则该行

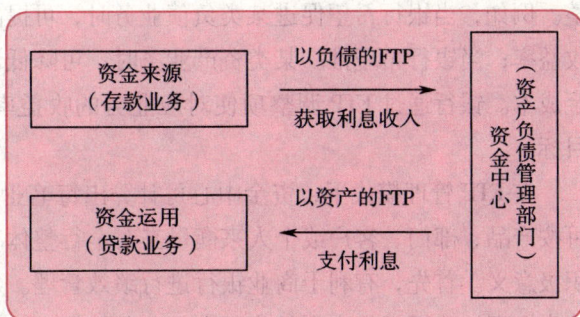

图 3 - 6　商业银行内部资金转移定价原理

每年需付给资金中心 5.5 万元的 FTP 利息，向客户收取贷款利息 6 万元，该笔贷款年净利息收入为 0.5 万元。

FTP 的定价，通常是根据 FTP 定价曲线，按照业务的期限特性、利率类型和支付方式逐笔确定存贷款等相关业务的 FTP 价格。一笔业务的 FTP 价格通常包括基础 FTP 价格和 FTP 调整项两部分，即

$$FTP 价格 = 基础 FTP 价格 + FTP 调整项$$

基础 FTP 价格由 FTP 定价曲线确定。FTP 定价曲线反映了不同期限下资金的价格，是确定 FTP 价格的基础。国外商业银行通常根据银行当前的机会筹资成本和机会投资收益计算各期限的资金价格，并由此确定 FTP 定价曲线，即基于市场收益率曲线确定其 FTP 定价曲线。然后根据各类产品的期限结构和利率结构，不同产品采用不同的方法在基准收益率曲线的基础上确定各自的 FTP。

根据业务或产品现金流结构、期限结构和利率结构的不同，商业银行采用不同的方法来确定各自的 FTP：（1）期限定价法。即通过在 FTP 定价曲线上取相应期限的点，以该点收益率作为其基础 FTP 价格，该方法适用于具有确定期限、本金一次支付、利率类型为固定利率（整个业务期内产品利率固定不变）或定期调整利率（产品利率跟随某个利率按一定周期进行调整）的业务。（2）指定利率法。即根据业务的特性直接指定某个收益率作为其基础 FTP 价格，该方法适用于无确定期限、利率按天浮动、需由业务部门承担利率风险的业务。（3）现金流法。即以每期清偿的本金金额与其期限的乘积作为权重，对 FTP 定价曲线上每期偿还本金时的收益率加权平均，其结果作为基础 FTP 价格，该方法适用于本金按固定期限和确定金额分期支付、利率类型为固定利率或定期调整利率的资产业务，其计算公式如下：

$$基础 FTP 价格 = \frac{\sum_{i=1}^{N} P_i M_i R_i}{\sum_{i=1}^{N} P_i M_i}$$

其中，P_i 表示第 i 期偿还的本金，M_i 表示第 i 期的期限，R_i 表示 FTP 定价曲线上期限 M_i 对应的收益率。

FTP 调整项主要是指银行为实现既定经营策略，通过设置该项的大小对 FTP 价格进行调

整。例如，当银行希望促进某类负债业务时，可提高该类业务对应的 FTP 调整项，即提高其收益率；当银行希望推广某类资产业务时，可降低该类业务对应的 FTP 调整项，即降低其资金成本。银行通过 FTP 调整项使对应业务的收益率得以提升，从而达到促进该业务发展的目标。

在 FTP 管理模式下，资金中心可计算出每笔业务的净利息收入。基于这些信息，银行就可按产品、部门、客户或个人来衡量其对全行整体净利息收入的贡献，并从以下各方面产生积极意义。首先，有利于商业银行进行绩效管理。建立内部资金转移定价机制后，银行可以较为合理地将银行的净利差收益在各业务部门进行划分，从而对各业务部门的经营绩效进行科学有效的评估。其次，有利于商业银行优化资源配置。在该管理模式下，银行可以比较不同产品或业务的盈利性，从而将有限资源运用到最有利可图的产品、客户或地区。再次，有利于提高商业银行的产品定价水平。通过量化业务的资金成本或资金收益，客户经理可以在综合考虑成本、获利因素的基础上制定科学的定价策略。最后，有利于商业银行提高利率风险管理水平。FTP 体系能剥离业务部门的利率风险和部分信用风险，所有业务背后的利率风险通过资金的全额 FTP 计价从业务部门转移到资金中心，将全行利率风险统一集中到资金中心（资产负债管理部门）管理。

阅读材料
交通银行资产负债比例管理体系 ┉┉┉┉┉┉┉┉┉┉┉┉┉┉┉┉┉┉

资产负债比例管理是指通过一系列指标体系约束银行的资金运用，以确保银行资金的安全性、流动性、效益性三者均衡与协调，减少银行经营风险，实现稳健经营。交通银行是我国第一家引进资产负债比例管理的商业银行，以《交通银行资产负债比例管理办法》（1994 年）、《交通银行资产负债比例管理办法》（1999 年）、《交通银行资产负债预警管理办法（试行）》（1999 年）三个管理办法的相继发布与实施为标志，交通银行不断完善资产负债比例监控指标体系。

一、《交通银行资产负债比例管理办法》（1994 年）

1994 年，中国人民银行颁布《关于对商业银行实行资产负债比例管理的通知》，通知所附的《商业银行资产负债比例管理暂行监控指标》规定了 9 大项 15 小项指标。通知要求，各商业银行要根据人民银行制定的监控指标，按照自身资金营运特点，制定符合各行特点的资产负债比例管理的实施办法。

根据央行的通知要求，交通银行对已实施的资产负债比例管理指标体系进行了完善，重新制定了《交通银行资产负债比例管理办法》。在人民银行规定的 9 大项 15 小项指标基础上，交通银行扩展为 13 大项 21 小项指标（见表 3−2），增加的指标主要是反映盈利性、安全性的指标，而且在人民银行规定之外，交通银行增加了部分外汇指标。此外，《交通银行资产负债比例管理办法》所列部分指标体系比人民银行的规定更为严格。这一办法的制定与实施，标志着交通银行的资产负债管理进入了一个新阶段。

	指标	《关于对商业银行实行资产负债比例管理的通知》	《交通银行资产负债比例管理办法》
资本充足性	资本充足率指标	资本充足率≥8% 核心资本充足率≥4%	资本充足率≥8% 核心资本充足率≥4%
流动性	存贷款比例指标	存贷款比例≤75%	人民币存贷款比例≤75% 外汇存贷款比例≤80%
	中长期贷款比例指标	中长期贷款比例≤120%	中长期人民币贷款比例≤120% 中长期外汇贷款比例≤40%
	资产流动性比例指标	流动性比率≥25%	流动性比率≥25%
	备付金比例指标	备付金率≥5%~7%	备付金率≥5%
	拆借资金比例指标	拆入资金比例≤4% 拆出资金比例≤8%	拆入资金比例≤4% 拆出资金比例≤8%
	可购置固定资产指标	—	固定资产比例≤30%
	股东贷款比例指标	对股东贷款比例≤100%	对股东贷款比例≤100%
安全性	贷款质量指标	逾期贷款比例≤8% 呆滞贷款比例≤5% 呆账贷款比例≤2%	逾期贷款比例≤6% 呆滞贷款比例≤3% 呆账贷款比例≤0.5%
	本金回收率指标	—	本金回收率≥90%
	单个贷款比例指标	单个贷款比例≤15%	单个贷款比例≤15%
	投资限额指标	—	投资比例≤30%
盈利性	利息回收率指标		利息回收率≥90%
	经营收益率指标	—	资产收益率≥1% 营运资金收益率≥15%

表 3-2　资产负债比例管理监控指标体系

❶ 资料来源：《关于对商业银行实行资产负债比例管理的通知》《交通银行资产负债比例管理办法》（1994年）。

二、《交通银行资产负债比例管理办法》（1999 年）

1996 年，中国人民银行对已制定的商业银行资产负债比例管理指标及有关规定进行了修订，公布了《关于印发商业银行资产负债比例管理监控、监测指标和考核办法的通知》，规定了新的指标体系和考核办法。新的指标体系包括 16 大项 25 小项，将外币业务、表外项目纳入考核体系。新的指标分为监控性指标和监测性指标，其中监控指标 10 大项，是对商业银行的指令性要求；监测指标 6 大项，作为对商业银行的指导性要求。监测性指标主要为反映盈利性的指标，如利息回收率、经营收益率指标。

根据人民银行的要求，交通银行对《交通银行资产负债比例管理办法》进行了修订，印发了新的《交通银行资产负债比例管理办法》。新的管理办法主要在三个方面有所创新：一是总行对境内分支行监控指标进行考核，建立了分支行监控考核的指标体系（见表 3-3），以加强分支行的自我控制能力；二是在存贷比控制上，根据各分行的经营管理情况和当地经济金融情况，分别核定存贷比；三是对分行的监控考核增加了两项业务发展指标。

表 3 −3　交通银行境内分支行监控考核指标体系

指标			规定值
业务发展指标		存款增长率	≥总行计划数
		盈利资产增长率	≥上年水平
流动性指标		资产流动性比例	≥25%
		备付金比例	≥5%
		存贷款比例	≤总行核定比例
		中长期贷款比例	≤120%（人民币）；≤40%（外汇）
		拆借资金比例	≤4%（拆入）；≤8%（拆出）
风险管理指标	贷款质量指标	逾期贷款比例	≤6%
		呆滞贷款比例	≤3%
		呆账贷款比例	≤0.5%
	风险资产控制比例		≤60%（表内外）；≤8%~10%（表外）
	应收利息率		≤10%
	本金回收率		≥90%
盈利性指标	利息回收率		≥90%
	资产利润率指标		≥1%

资料来源：《交通银行资产负债比例管理办法》（1999 年）。

三、《交通银行资产负债预警管理办法（试行）》

1999 年，交通银行制定了《交通银行资产负债预警管理办法（试行）》，对分行监控指标体系的执行状况进行预警和考核。预警管理办法要求各分（支）行的资产负债比例管理增加预测性、主动性，对潜在的问题和造成风险的可能性进行分析，为稳健经营提供决策依据。

预警管理系统的指标体系由监控指标和自我评价指标组成。监控指标分为流动性指标、业务发展指标、安全性指标和盈利性指标四类，自我评价指标包括经济金融环境、经营管理水平和业务发展速度等不可计量指标。系统根据计分标准对各分行指标体系进行评分，综合得分划分为良好、正常、警戒和不正常四个类别，对评定为警戒和不正常类别的分行，采取措施督促分行限期整改。

此外，交通银行还建立了资产负债管理委员会，由委员会监督全行资金使用及风险防范，采取措施解决资产负债状况所存在的问题。委员会执行定期例会制度，综合分析全行资产负债管理状况，讨论资产负债管理工作中存在的问题和改进措施，例会分析报告定期上报总行资产负债管理处，作为工作考核的重要依据。

本章小结

1. 资产管理理论主张管理银行资产规模和结构，以保持适度的流动性。该理论的发展经过了商业贷款理论、资产转移理论及预期收入理论三个阶段，对流动性目标的认识也相应地不断深刻，从时刻保持高度流动性转变为拥有容易变现的能力即可，再转变为确保借款人未来预期收入能够偿还贷款，资金运用也从短期商业贷款为主，扩展到投资短期证券和长期贷款。资金管理方法主要有资金池、资金分配法和线性规划法三种。

2. 源于银行业竞争的加剧以及金融工具创新，负债管理理论逐步取代资产管理理论，其主张以在货币市场上借入资金等主动负债方式来支持资产规模扩张，以新途径达到流动性与效益性原则的共同实现，从而比资产管理理论实现更好的经营状况。负债管理方法主要有储备头寸负债管理和全面负债管理方法。

3. 资产负债综合管理理论同时考虑银行资产负债表的资产端和负债端，主张通过综合协调资产、负债的规模和结构，遵循"三性"原则。现代资产负债综合管理是对银行账户和交易账户的市场风险管理，未来将以综合管理两账户的市场风险和信用风险为主要发展趋势。资产负债综合管理的主要方法有利率敏感性缺口管理技术、久期缺口管理技术、内部资金转移定价方法。

本章主要概念

资金池法　一级储备　二级储备　资金分配法　线性规划法　储备头寸负债管理
全面负债管理方法　利率敏感性缺口　久期　久期缺口　内部资金转移定价
期限定价法　指定利率法　现金流法　资产负债比例管理

本章思考题

1. 资产管理理论的三个发展阶段分别是在什么背景下产生的？在发展过程中，对流动性目标的认识有什么变化？

2. 商业贷款理论、资产转移理论和预期收入理论，这三种主要的资产管理理论各有何优点和不足？

3. 商业银行采用线性规划法管理资产需要有哪些具体步骤？

4. 简述银行负债管理理论的主要内容及其产生背景。

5. 银行负债管理理论与资产管理理论在实现安全性、流动性和效益性方面有什么差异？

6. 简述资产负债综合管理理论的主要思想。

7. 简述资产负债综合管理的现状和发展趋势。

8. 如果某商业银行存在利率敏感性正缺口，那么在市场利率如何变化时银行的净利息收入会增加？

9. 商业银行应如何选择采用积极的缺口管理还是零缺口资金配置策略？

10. 如何计算商业银行久期缺口？如何通过久期缺口判断利率变动对银行价值的影响？

11. 内部资金转移定价方法的含义是什么？采用该方法进行资产负债管理会对商业银行产生哪些积极影响？

12. 确定基础 FTP 价格的方法有哪些？分别适用于具有何种特征的业务？

本章参考文献

［1］［美］彼得 S. 罗斯著，刘圆等译：《商业银行经营管理》（原文第四版），北京，机械工业出版社，2000。

［2］黄剑、刘甚秋：《商业银行资产负债管理：理论、实务与系统构建》，北京，北京大学出版社，2013。

［3］彭建刚：《现代商业银行资产负债管理研究》，北京，中国金融出版社，2001。

［4］Brick，John R.. Asset – Liability Management Theory，Practice and the Role of Judgment. 2012.

［5］Payant，W. Randall. Funds Transfer Pricing and A/L Modeling. The Journal of Bank Cost & Management Accounting 13. 3（2000）：67.

［6］Zenios，Stavros A. and William T. Ziemba，eds. Handbook of Asset and Liability Management：Applications and Case Studies. Vol. 2. Elsevier，2007.

扫描二维码可获取本章更多习题

第四章
商业银行风险管理导论

本章知识结构

```
          第四章　商业银行风险管理导论
            │
    ┌───────┴────────────────────┐
商业银行风险概述              商业银行风险管理概述
    │                              │
┌───┴────┐              ┌──────────┴──────────┐
信用风险   流动性风险                    商业银行风险
                                        管理的意义
市场风险   声誉风险      商业银行风险管理
                        的产生和发展      商业银行的风险
操作风险   国别风险                      管理体系
```

学习目标

- 掌握商业银行风险的定义、类型和特征
- 了解商业银行风险管理的发展历程
- 了解商业银行风险管理的组织架构和治理结构
- 了解商业银行风险管理的方法
- 掌握商业银行风险管理的流程和策略

　　商业银行作为经营风险的特殊企业，风险管理是银行经营管理的核心内容。2008 年全面爆发的金融危机使得国际银行业深刻地认识到风险管理的重要性，重新审视现行的商业银行风险管理体系，对风险管理理论和方法进行反思。在新一轮国际金融监管改革的推动下，商

国际金融监管改革：2008年国际金融危机爆发后，以巴塞尔委员会为代表的国际金融监管组织和各国监管当局充分吸取了危机带来的教训，深刻地反思了现行金融监管框架的缺陷，共同启动了新一轮的国际金融监管改革，改革的主要成果体现在《第三版巴塞尔协议》中。包括中国在内的主要发达和发展中国家顺应国际趋势，在《第三版巴塞尔协议》的基础上，对本国的银行业监管框架进行了完善。监管改革将对商业银行的从事业务、经营行为产生根本性影响。

业银行风险管理进入了新的发展阶段。在此背景下，熟悉和掌握风险管理的相关理论和方法是对商业银行管理者的基本要求。

第一节　商业银行风险概述

金融活动具有内生的不确定性，这种不确定性的外在表现是不同形式的金融风险。商业银行是经营风险的金融机构，自商业银行产生以来，金融风险就存在于银行经营管理的整个过程。金融风险是银行风险管理的对象，明确地定义风险是风险管理的基础。在金融学研究中，"风险"是一个被广泛使用的术语，具有丰富的内涵，本书中将商业银行的风险理解为银行受到各种不确定因素的影响而发生损失的可能性。从风险的定义不难看出，"风险"与"损失"这两个概念是紧密联系的。事实上，风险是发生损失的可能性，具有统计学意义，不等价于损失本身。损失是一个事后概念，即风险事件发生所造成的实际后果，是风险的直接表现形式，也是可以观测到的事实。与损失不同，风险是一个事前概念，刻画了损失出现前银行的状态，可以使用概率或统计方法作出估计。

在风险管理理论中，通常将损失分为预期损失、非预期损失和极端损失三大类。预期损失是指通过对历史数据的分析，预测未来发生损失的规模，以损失的平均值表示。非预期损失是指在一定置信区间和持有期内，实际损失对预期损失的偏离，数量等于实际损失超过预期损失的部分。极端损失是指超出非预期损失的临界值，可能威胁银行安全性的重大损失。当风险事件发生后，商业银行通常使用损失准备金来应对预期损失，利用资本吸收非预期损失。如果地震、火灾等灾难性事件发生，商业银行自有的资产不足以抵御极端损失，只能采取风险转移的方式化解风险，例如购买商业保险等。

举例来说，一家商业银行向若干个信用评级均为AAA级的美国企业发放贷款，一年共发放50笔金额相同的贷款，对10年（或20年、30年等）的信贷业务数据进行统计，发现每一年50个A级企业平均有一笔贷款发生违约，这就是预期损失。如果今年出现了10笔贷款违约，其中9笔就是

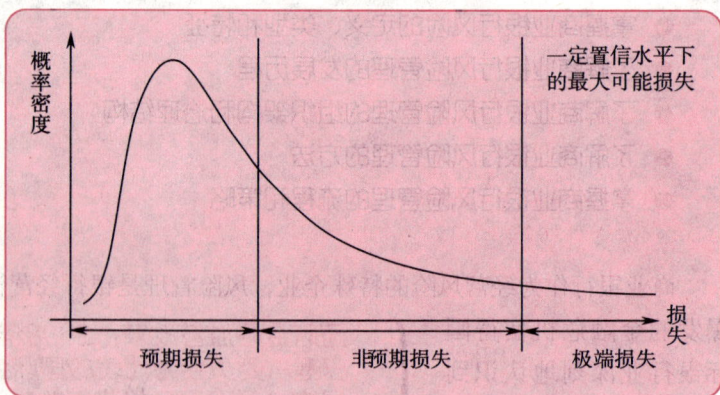

图4-1　不同类型的风险损失

非预期损失。假设今年又发生一次"9·11"事件，这50个企业恰好全部位于美国世贸中心，50笔贷款全部出现违约，则40笔就是极端损失。

本书对商业银行风险管理理论的阐述侧重于风险的角度。在微观金融机构层面上，从风险的来源看，商业银行面临的风险主要包括信用风险、市场风险、操作风险、流动性风险、

声誉风险和国别风险等。

（一）信用风险

由于贷款在商业银行持有的资产中占比最高，所以信用风险是银行面临的主要风险。信用风险是指因借款人或交易对手未按照约定履行义务从而使银行业务发生损失的风险。在广义上，借款人或交易对手的履约能力不足即信用评级下降时，金融市场对相关信用风险资产的定价也会随之降低，导致持有资产的银行发生损失。银行信用风险的来源除贷款之外，还包括资金业务（含同业业务、企业债券和金融债券投资等）、应收款项、表外信用业务（含担保、承诺、金融衍生品交易等）。研究表明，借款人违约的影响因素是多方面的，主要包括道德品质、还款能力、资本实力、担保和经营环境条件等。

（二）市场风险

市场风险是指因市场价格（利率、汇率、股票价格和商品价格）的不利变动而使商业银行表内和表外业务发生损失的风险。根据市场价格的不同，市场风险具体包括利率风险、汇率风险、股票风险和商品风险等。其中，利率风险是指利率水平、期限结构等要素发生不利变动导致银行整体收益和经济价值遭受损失的风险。利率风险来源包括重定价风险、收益率曲线风险、基准风险和期权性风险。在实践中，一家银行的市场风险水平是由自身的风险偏好决定的，相比证券公司、基金管理公司等金融机构，银行以稳健经营为原则，风险承受能力较低，因此在管理交易性资产组合时，往往会更多地配置国债、高等级企业债券和金融债券等低风险资产，债券类资产在存在信用风险的同时，也会由利率波动产生债券价格的变动，给持有债券的银行带来损失。

汇率风险是指外汇资产与外汇负债之间因币种结构不平衡产生的外汇敞口因汇率的不利变动而遭受损失的风险。银行为满足特定业务的需要，会持有一定数量以外币计价的资产，可能因汇率的不利波动造成损失。例如，当美元贬值时，银行持有以美元计价的债券价值下跌，从而资产价值发生损失。除利率风险和汇率风险外，股票价格风险和商品价格风险也是商业银行市场风险管理的重要内容，主要来自商业银行的自营投资业务。在我国，商业银行不能直接投资于股票市场和商品市场，因此，所面临的股票价格风险和商品价格风险相对较小。

（三）操作风险

操作风险是指由不完善或有问题的内部程序、员工、信息科技系统，以及外部事件所造成损失的风险。操作风险一般包括法律风险，不包括策略风险和声誉风险。其中，法律风险是由于银行经营管理行为不符合有关法律规定、行政规章、监管规定及其他相关规则的要求，提供的产品、服务、信息或从事的交易以及签署的合同协议等文件存在不利的法律缺陷，与客户、交易对手及利益相关方发生法律纠纷（诉讼或仲裁），有关法律法规、行政规章、监管规定及其他相关规则发生重要变化，以及由于内部和外部发生其他有关法律事件而可能导致法律制裁、监管处罚、财务损失或声誉损失等不利后果的风险，属于操作风险。根据损失类别划分，操作风险损失可分为：内部欺诈，外部欺诈，就业制度和工作场所安全，客户、产品和业务活动，实物资产损失，IT系统，执行、交割和流程管理等七大类。其中，执行、交割和流程管理，外部欺诈类事件是银行操作风险的主要来源。

操作风险具有普遍性和非营利性，一方面，操作风险普遍存在于商业银行经营管理活动的各个领域；另一方面，操作风险不仅不能给商业银行带来直接的经济利益，反而会因为管理缺陷而造成重大损失。

（四）流动性风险

流动性风险是指商业银行无法以合理成本及时获得充足资金，用于偿付到期债务、履行其他支付义务和满足正常业务开展的其他资金需求的风险。流动性风险又可以分为融资流动性风险和市场流动性风险。引起流动性风险的事件或因素一般包括存款客户支取存款、贷款客户提款、债务人延期支付、资产变现困难等。

（五）声誉风险

声誉风险是指由于商业银行经营管理及其他行为或外部事件导致利益相关方对商业银行负面评价的风险。与一般工商企业相同，声誉对企业的发展至关重要，商业银行作为特殊的企业，面临的声誉风险尤为突出。首先，银行业是金融服务行业，声誉往往成为影响客户判断和选择的关键性因素；其次，由于信息不对称在金融业普遍存在，使得影响银行声誉的不利信息常常被市场不断放大，加之银行体系固有的脆弱性容易造成风险传染，形成系统性风险；最后，声誉风险可能产生于银行经营管理的任何环节，通常与信用风险、市场风险、操作风险和流动性风险等交叉存在，相互作用。

（六）国别风险

国别风险是指由于某一国家或地区经济、政治、社会变化及事件，导致该国家或地区借款人或债务人没有能力或者拒绝偿付商业银行债务，或使商业银行在该国家或地区的商业存在遭受损失，或使商业银行遭受其他损失的风险。国别风险可能由一国或地区经济状况恶化、政治和社会动荡、资产被国有化或被征用、政府拒付对外债务、外汇管制或货币贬值等情况引发。转移风险是国别风险的主要类型之一，是指借款人或债务人由于本国外汇储备不足或外汇管制等原因，无法获得所需外汇偿还其境外债务的风险。国别风险是在宏观层面上银行面临的风险，对国际化经营程度高的大型银行提出了更高的要求，而对区域性银行的影响有限。

表 4−1 商业银行主要风险比较

类型	来源	主要特征	发生范围
信用风险	借款人违约	风险可控，缓释工具较多	贷款、资金业务、应收款项、表外信用业务等
市场风险	市场价格的不利变动	由金融市场的波动性决定，发生频率高，相对易于监测	为交易目的而持有的可以自由交易的金融工具和商品头寸等
操作风险	不完善或有问题的内部程序、员工、信息科技系统以及外部事件	发生频率低、损失金额大	内部程序、员工、信息科技系统等
流动性风险	资产负债的期限错配	由资产负债管理水平决定	现金等流动性资产
声誉风险	对商业银行产生负面评价的事件	与其他风险交叉存在，相互作用	经营管理的任何环节
国别风险	某一国家或地区经济、政治、社会变化	属于宏观金融风险，与银行国际化经营程度高度相关	对外债务、外币资产等

第二节 商业银行风险管理概述

一、商业银行风险管理的产生与发展

商业银行风险管理是金融风险管理理论与商业银行经营管理理论相融合的产物，因此，可以从金融风险的演变和商业银行管理模式的变迁两个层面，梳理和解释商业银行风险管理的发展历程。如果从金融风险演变的视角，有利于把握现行商业银行风险管理框架的形成过程。如果从经营管理模式变迁的角度出发，能够更为深入地分析影响商业银行风险管理发展的制度性因素，帮助我们了解推动风险管理发展的深层次原因。

（一）金融风险演变的视角

由于在不同的历史发展阶段，商业银行面临的风险可能发生根本性变化，需要重点防范的风险类型是不同的，这是由不同时期商业银行的经营业务范围、风险管理水平、监管体制等因素共同决定的。简单来说，在银行业发展的早期，商业银行主要开展存贷款业务，因而信用风险是银行经营面临的最大风险，信用风险管理是这一时期银行风险管理的重点。同时由于银行固有的期限转换功能，在存款保险制度建立以前，挤兑行为造成的流动性风险成为银行生存和发展的直接威胁，流动性风险管理成为风险管理的重要内容。随着各国先后建立和完善存款保险制度，银行挤兑得到了有效的控制，银行在流动性风险管理方面的投入相对减少。20 世纪 70 年代以来，发达国家金融业创新活跃，金融产品和工具大量涌现，特别是金融衍生品市场日益繁荣，金融市场波动性提高，同时商业银行综合化经营步伐加快，参与金融市场的程度不断加深，银行的市场风险暴露大幅增加。金融资产价格的不利变动给银行经营管理带来了挑战，市场风险管理在风险管理中的地位不断上升。与此同时，这一时期由于国际金融环境复杂多变，部分发展中国家的政治、经济、社会的稳定性明显下降，国别风险得到了国际银行业的高度重视，推动了国别风险管理的发展。进入 20 世纪 90 年代后，巴林银行等多家大型银行发生巨额损失事件，给予了国际银行业深刻的教训，引起了各国监管当局和银行管理者对操作风险的关注。随后，巴塞尔委员会在《巴塞尔协议》中明确了信用风险、市场风险和操作风险为商业银行面临的三大风险，并首次将操作风险管理纳入银行业监管框架。20 世纪 90 年代中后期，区域性金融危机时有发生，覆盖信用风险、市场风险、操作风险在内的全面风险管理模式获得了推广和应用。2008 年，国际金融危机全面爆发，在金融危机的演变和蔓延过程中，流程性风险管理缺失的问题凸显，引发了国际银行业的认真反思。在新一轮金融监管改革中，各国监管当局充分意识到银行流动性管理的重要性，所以在《第三版巴塞尔协议》中新增了流动性监管要求，使得流动性风险重新成为银行风险管理的重要内容。目前来看，一个完整的商业银行风险管理体系至少要覆盖信用风险、市场风险、操作风险、流动性风险各主要风险，并兼顾声誉风险、国别风险等其他风险。

（二）经营管理模式变迁的视角

商业银行的发展史也是银行经营管理模式变迁的历史，经营管理模式变迁使得银行面临的风险状况发生变化，从而引发银行改革风险管理的组织架构、流程和方法。银行改变经营管理模式主要有两种情况：一是商业银行主动转型；二是金融体制变革导致经营管理模式转变。在银行业竞争中，商业银行为提高市场竞争力，通常会选择主动的战略性转型，通过进入新的业务，拓展业务发展空间。开展新业务的同时，商业银行会相应承担新业务带来的风险，为有效防范风险，着力于提高风险管理水平，进而银行风险管理得到新的发展。例如，一家商业银行开展综合化经营，大力发展资金业务，将更多的自有资金投资于市场价格频繁波动的金融工具，可能导致其市场风险显著上升。在此情景下，稳健经营的商业银行会加大市场风险管理的力度，努力提升市场风险管理水平。商业银行的主动转型主要是由少数银行家推动的，对银行业风险管理的影响有限，更多地体现在研发管理方法和技术或是优化管理流程等方面。相比之下，金融体制变革对银行风险管理的发展起到了至关重要的作用。例如，20 世纪 70 年代，布雷顿森林体系崩溃，固定汇率制度向浮动汇率制度的转变导致汇率的波动性大幅提高，在此期间，市场风险管理的理论和方法得到了快速发展，开辟了风险管理的全新领域。

> 布雷顿森林体系（Bretton Woods System）是指第二次世界大战后，在美国主导下建立的以美元为中心的国际货币体系。1944年，西方主要国家代表在美国的布雷顿森林举行会议，通过了关于建立新的国际货币体系的决议，这一货币体系故称为布雷顿森林体系。由于这一制度本身具有不可解决的矛盾性，于1973年宣告结束。

以我国为例，近年来，利率市场化改革进程加快，已经进入攻坚阶段，放开利率管制相当于扩大利率的波动区间，意味着商业银行必须更加积极地应对利率风险，迫使商业银行采用先进的利率风险管理方法和技术，提高利率风险管理水平，这一过程必将促进我国银行业利率风险管理的发展。简而言之，金融体制改革可能产生新的金融风险，当新的金融风险对商业银行经营管理活动造成不利影响时，商业银行就会作出必要的响应，推动风险管理理论或方法的创新。

二、商业银行风险管理的意义

商业银行的风险管理和业务管理共同构成了银行管理的核心内容。风险管理与业务管理是相辅相成的，风险管理的目的是为业务发展服务，保障银行各项业务顺利开展，做好风险管理对商业银行的经营发展具有重要意义。

（一）风险管理是现代商业银行生存和发展的基础

商业银行是经营风险的金融机构，大部分收益（如净利息收入）必须通过承担相应的风险才能获得。如果商业银行未能有效地识别、度量和缓释风险，导致风险管理失败，轻则削弱自身的市场竞争力，降低盈利水平；重则直接陷入财务危机，面临破产清算。在我国，《中华人民共和国商业银行法》第四条明确规定了"商业银行以安全性、流动性、效益性为经营原则，实行自主经营，自担风险，自负盈亏，自我约束"。可以看出，安全性是商业银行首要的经营原则，风险管理的重要性不言而喻。

（二）风险管理能够为商业银行创造经济价值

风险管理为商业银行创造的经济价值具体表现在至少四个方面：一是基于风险管理的经济资本管理能够帮助商业银行高效地配置稀缺的资本，支持资本回报率高的业务发展。二是风险管理可以提升商业银行的市场竞争力。市场经济是风险经济，任何投资机会都是风险和收益的结合。根据风险与收益相匹配的原则，只有有能力管理高风险的商业银行，才能可能获得高收益，增强盈利能力，使得商业银行在同业竞争中占据主动。在实践中，商业银行以业务发展需求为导向，通过不断探索适合业务的风险管理方法和手段，积累风险管理的经验，在某些业务领域建立自己的风险管理专业优势，更好地支持业务领域的拓展。三是高水平的风险管理可以降低经营成本，在一定程度上减少非预期损失，从而提高经营利润，增加企业价值。四是监管当局为商业银行提高自身的风险管理水平给予支持。《巴塞尔协议》为商业银行使用高级风险计量方法提供监管资本激励，鼓励银行不断改进风险度量方法和技术，风险管理水平高的商业银行有更多可以自由支配的资本，与风险管理水平低的银行相比，赢得了额外的发展空间。

（三）风险管理是金融监管框架的重要组成部分

商业银行业不同于一般行业的重要特征是单个银行的经营失败会产生巨大的负外部性，通过金融风险的传染效应和金融市场的溢出效应，给一国金融体系带来系统性金融风险，对国家的金融稳定构成威胁。为此，《第二版巴塞尔协议》重构了国际金融监管的新秩序，建立了以"资本监管制度""监管机构的监督检查"和"市场约束"三大支柱为主体的金融监管框架。其中，资本监管制度与商业银行风险管理保持了高度的一致性，而风险管理是资本监管的基础。从银行业发展的角度，一家银行实施高水平的风险管理是为整个行业平稳健康发展作出贡献。对于系统重要性银行来说，风险管理不仅关系到一家银行的生存和发展，甚至会影响到一个国家的经济金融稳定。

三、商业银行的风险管理体系

一个完整的风险管理体系需要由组织架构、治理结构、管理流程和风险管理技术等要素组成。从国内外银行业的实践看，商业银行风险管理体系始终处于不断演进的过程中。在不同的时期，由于外部制度环境和内部管理条件的不同，商业银行风险管理的理念、战略、方法、技术、重点，都表现出明显的阶段性特征。自《巴塞尔协议》发布和实施以来，国际银行业风险管理的框架逐步走向成熟，"全面风险管理"的理念成为当今银行业风险管理的发展趋势，被业界普遍接受并付诸实践。目前，国际国内银行业正在积极构建和完善全面风险管理体系。全面风险管理是指董事会、高级管理层和银行员工各自履行相应职责，有效控制涵盖整个银行各个业务层次的全部风险，为各项目标的实现提供合理保证的过程。全面风险管理通常包括"全范围""全流程"和"全员参与"等三个方面，"全范围"有两层含义，一是风险管理应该面向银行日常经营的所有业务，包括公司金融业务、个人金融业务、金融资产服务业务、资金业务等。二是风险管理应该覆盖银行的全部风险，包括信用风险、市场风险、操作风险、流动性风险、声誉风险、国别风险等。"全流程"是指风险管理应该对各项业务从发起到结束的整个流程实施风险监测并采取必要的控制措施，对一项业务的各个步骤或环节进行风险管理。所谓的"全员参与"是要求一家银行的全体员工应该树立风险管理意识和理念，从董事会到每一名员工都要承担相应的风险管理职责。全面风险管理代表了国际先进银行风险管理的最佳实践，符合《巴塞尔协议》的监管要求，已经成为现代商业银行谋求发展和保持竞争优势的重要基石。

需要强调的是，从管理范围和层级看，商业银行的风险管理活动实际上是在两个层面上同步进行的，一是针对单笔业务或单项交易的风险管理，二是面向全行所有相关风险资产的组合风险管理。传统的银行风险管理侧重于单笔业务和单项交易，进入 21 世纪后，组合风险管理成为现代商业银行风险管理的发展趋势。以贷款的信用风险管理为例，我国的大型商业银行在从事信贷业务时，通常实施全流程的风险管理，覆盖从客户调查、评级授信、贷款评估、贷款审查审批、贷款发放到贷后监控整个过程，在每个环节都采取必要的风险控制措施，最大限度地降低每一笔贷款出现问题的可能性。商业银行一般不可能只发放一笔贷款，而是管理由若干笔贷款组成的信贷资产组合。在信贷资产组合中，贷款的借款人可以是工商企业、个人、金融机构等不同对象，借款人可能来自长江三角洲、珠江三角洲、环渤海地区、中部地区、西部地区、东北地区以及境外等不同地域，借款人可能所属制造业、房地产业、采矿业、餐饮业等不同行业，贷款的担保类型可以是抵押贷款、质押贷款、保证贷款或信用贷款等。站在全行的角度上，贷款的信用风险管理是对信贷资产组合的风险管理。受风险相关性、分散化、对冲、转化等多种因素的影响，信贷资产组合的风险不等于单笔贷款风险的简单加总，因此，针对单笔业务的风险管理流程、方法和策略与面向资产组合的风险管理存在很大的区别。本节注重阐述商业银行风险管理体系的总体框架和共性特征，不对单笔业务或资产组合的风险管理进行分别说明。

（一）商业银行风险管理的组织架构和治理结构

商业银行风险管理的组织架构由董事会及其专门委员会、高级管理层及其专业委员会、风险管理部门和内部审计部门等构成，各个治理主体的职责以及报告要求组成了银行风险管理体系的治理结构。董事会负责制定和审批风险管理的战略、政策和流程，并监督和确保高级管理层做好实施工作，对全行风险管理承担最终责任。董事会设置最高风险管理委员会，负责拟定全行的风险管理战略和政策。监事会对股东大会负责，从事商业银行风险管理的监督检查工作，负责全面了解商业银行的风险管理状况，跟踪监督董事会和高级管理层的相关工作，检查和调研日常经营活动中是否存在违反既定风险管理政策和原则的行为。高级管理层负责执行董事会批准的风险管理战略、总体政策及体系，检查风险管理部门的执行情况，并向董事会报告。高级管理层下设风险管理专业委员会，委员会是风险管理的审议决策机构，负责审议风险管理的重大、重要事项，按照既定的规则开展工作。专业委员会一般按照风险类型进行组织，包括信用风险管理委员会、市场风险管理委员会、操作风险管理委员会等。具体来说，行长负责监督风险管理，直接向董事会汇报风险管理事宜，并担任风险管理委员会主席，首席风险官协助行长对各项风险进行监管和决策。

商业银行设立目标明确、结构清晰、职能完备、功能强大的风险管理部门或单位，已经成为风险管理水平的重要标志。风险管理部门应当是一个相对独立的部门，具有独立的报告路线。银行在设计风险管理组织架构时，根据自身的业务特色、组织结构、运营规模、软硬件系统状况以及风险管理人员的专业素质等，设置合适的风险管理部门。风险管理部门接受高级管理层的领导，负责组织、协调、推进风险管理政策在全行范围内的有效实施。在实践中，风险管理部门可能不是一个单位，而是由多个部门共同承担对金融风险的监控职责。例如，信贷管理部门负责监控信用风险，风险管理部门及资产负债管理部门负责监控市场风险和流动性风险，内控合规部门负责监控操作风险等。此外，各个业务管理部门会按照职能分工，执行本业务领域可能存在的信用风险、市场风险、操作风险、流动性风险等风险管理政策和标准。银行的内部审计部门负责对风险管理体系进行审计和评估，并向董事会报告审计情况。在分行层面，我国部分大型商业银行实行双线汇报制度，即各分行的风险管理部门同时向总行各相应的风险管理部门和相关分行的管理层汇报（如图4-2所示）。

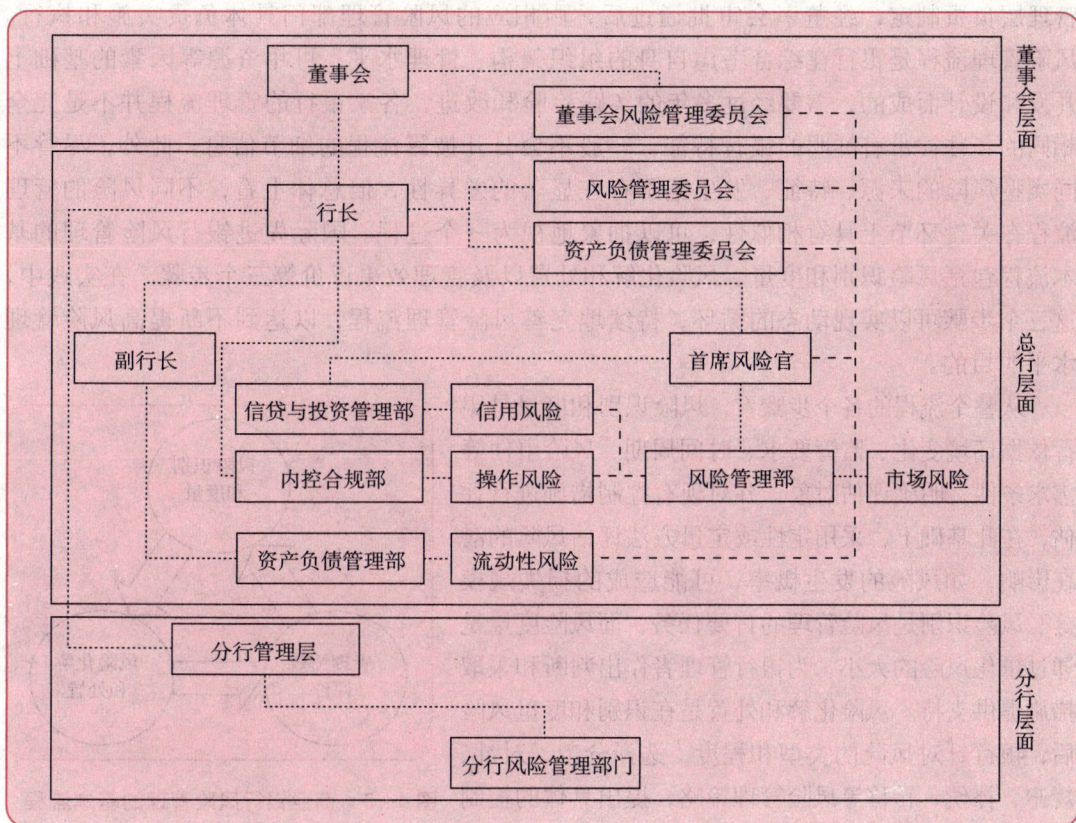

注：图中粗虚线表示职能，细虚线表示汇报路线。

图4-2　我国某商业银行风险管理的组织架构

阅读材料
风险管理的 "三道防线"

近年来，我国大型商业银行加快健全风险管理的组织架构，先后建立了风险管理的"三道防线"。第一道防线是前台业务管理部门。前台业务人员处于业务风险管理的最前沿，能够掌握第一手的风险信息，有利于识别和发现风险点。同时在整个业务流程的操作中，可以采取必要的风险控制措施。第二道防线是中台风险管理相关部门（包括风险管理部门、信贷审批部门、法律合规部门等）。负责风险管理政策的制定、风险监测以及风险缓释。第三道防线是后台内部审计部门。内部审计部门负责对风险管理的有效性进行独立审计，行使再监督职能。目前，前、中、后台相分离的风险管理组织架构已经在我国大型商业银行基本确立，"三道防线"分工协作、相互制衡，保障了风险管理体系发挥应有的作用。

（二）商业银行风险管理的基本流程

商业银行实施风险管理通常严格地遵循一定的流程，科学、合理的风险管理流程是一家银行核心竞争力的重要组成部分。从治理结构看，风险管理的流程是由银行的高级管理层负责制定，经董事会审批通过后，由相应的风险管理部门具体负责实施和执行。风险管理流程是银行在综合考虑自身的组织架构、管理水平、可用资源等因素的基础上开发和设计而成的，需要经过多年的实践检验和改进，各家银行的管理流程并不是完全相同的，往往带有鲜明的银行特征，一般不会公开披露流程的细节信息。此外，尽管不同类型风险的来源、特征、发生范围存在显著的差异性，但总体上看，不同风险的管理流程在关键环节上具有相似性，可以抽象地视为一个过程。国际先进银行风险管理的基本流程包括风险识别和度量、风险化解和处置以及管理效果评价等三个步骤。在实践中，这三个步骤可以实现动态的循环，持续地完善风险管理流程，以达到不断提高风险管理水平的目的。

从整个流程的各个步骤看，风险识别和度量是银行依据环境变化、监管要求、时间周期、风险事件等需求条件，明确评估对象，并对现有控制措施进行评估，在此基础上，采用定性或定量方法评估风险的潜在影响，如风险的发生概率、可能造成的损失规模等。风险识别是风险管理的首要任务，而风险度量是通过量化风险的大小，为银行管理者作出判断和采取措施提供支持。风险化解和处置是在识别和度量风险后，银行针对风险的类型和程度，选择分散、对冲、规避、补偿、转移等风险管理策略，提出具体的控制措施，化解和处置风险。管理绩效评价是对风险管理

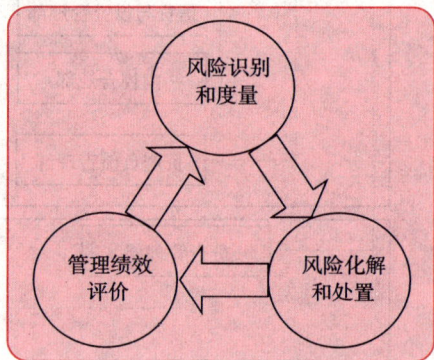

图 4-3　商业银行风险管理的基本流程

的效果进行评估，评估结果将作为优化和改进现有风险管理流程的依据。在绩效评价中，风险管理活动必须坚持成本收益的原则，对风险的管理成本不能高于其可能造成的价值损失。其中，风险管理的成本既包括直接成本，也包括间接成本。直接成本可以用风险管理的占用资源来衡量，间接成本是指风险管理造成的潜在的经营效率损失。

（三）商业银行风险管理的方法和策略

商业银行实施风险管理需要选择合适的方法和策略。由于不同类型风险的特征具有差异性，因而针对不同的风险，运用的管理方法和策略也是不同的。从商业银行管理的角度看，方法和策略是管理者作出的关键性决策，其有效性决定了风险管理的成败。

1. 商业银行风险管理的方法。本书中的风险管理方法是指在风险的识别、度量、监测等步骤中，商业银行的管理者和监管当局所使用的全部方法、技术和模型。纵观商业银行风险管理发展的历史，风险管理方法经历了一个从简单到复杂的过程。在银行业发展初期，风险的识别以定性分析方法为主，简单的风险指标是度量风险水平的主要工具。在相当长的一段时间里，风险管理方法的发展比较缓慢，这一情况一直延续到 20 世纪 80 年代中后期。当时国际经济金融环境日趋复杂，金融风险加速累积，原有风险管理方法无法适应银行业发展的

需要。与此同时，风险管理理论研究取得了实质性突破。风险本质上是一种不确定性，带有随机性特征，适合应用随机数学的理论和方法进行刻画。在技术层面上，商业银行风险管理大量引进概率论、统计学、金融工程学、计量经济学等学科的模型、工具和方法，风险识别和度量的科学性和准确性大幅提高，风险管理技术取得了长足进步，推动着商业银行风险管理进入了一个新的发展阶段。

为清晰、系统地阐述风险管理方法的发展历程，本书以风险管理方法的开发主体为线索，从监管当局、商业银行、学术界等三个层面，分析风险管理方法的演进过程。

自金融监管产生以来，各国监管当局肩负维护一国金融稳定的重任，高度关注本国银行业的风险状况，加之监管当局通常具备强大的研发实力和丰富的资源（如资金、数据、人员等），因而成为开发风险管理方法的最重要力量。《巴塞尔协议》就是在巴塞尔委员会主导下，二十国集团的监管当局共同取得的代表性成果。《巴塞尔协议》构建了国际银行业的监管框架，并提出了针对信用风险、市场风险、操作风险的监管资本计量方法以及一系列风险监管指标，全面地提高了国际银行业的风险管理水平。可以说，从 20 世纪 90 年代至今，风险管理方法的发展在很大程度上是由监管当局推动的，《巴塞尔协议》提出的风险管理方法在全球范围内被广泛使用，已经成为风险管理的国际标准。可以预见，未来《巴塞尔协议》仍将引领银行业风险管理方法的变革，继续探索风险管理的最佳方法。

商业银行作为风险的直接承担者，拥有开发风险管理方法的内在动机。然而，开发风险管理模型和技术需要投入大量的人力和物力，增加银行的经营成本，不是所有银行都能够负担研发的成本。所以，风险管理方法的创新通常是由实力雄厚的大型商业银行完成的。例如，美国信孚银行提出的 RAROC 方法；摩根银行设计的风险矩阵（Risk Metrics）系统；Credit Suisse Financial Products 研发的 Credit Risk + 方法等。先进的风险管理方法能够提升大型商业银行的风险管理能力和市场竞争力，成为了商业银行创新风险管理方法的主要动力。同时，由商业银行提出的风险管理方法也可能得到监管当局的认可，变成行业通用的方法。例如，风险价值法（VaR）为《巴塞尔协议》中市场风险资本计量的内部模型法提供了借鉴。

在学术界，商业银行风险管理也引起了各国研究机构和学者极大的兴趣，金融风险管理已成为金融学研究领域重要的研究方向之一。事实上，现代风险管理方法的研究始于 20 世纪 50 年代，到 20 世纪七八十年代，金融衍生品市场迅速发展，金融工程技术不断完善，市场风险管理方法的研究在当时非常活跃，取得了丰富的研究成果，例如波动率模型等。这一时期出现了以 Z 评分模型为代表的信用风险管理方法。尽管信用风险是银行业最早认识的风险，并投入了大量的研究资源，但直到 20 世纪 90 年代仍未取得实质性的进展。Crouhy 等（2001）指出，对信用风险的管理始终是艺术的成分大于科学性。进入 90 年代后，相继出现了基于期权定价理论的结构化模型、直接对违约概率和违约损失进行估计的简约模型、信用等级的信用转移矩阵、衡量组合信用风险的精算方法等。总体上看，学术界研究的风险管理方法与业界使用的方法之间存在一定的距离，但学术研究具有前瞻性和指导性，为未来风险管理方法的发展提供了方向。

表 4 -2　风险识别和度量方法总结

风险类型	计量资本的方法	实践中的风险管理方法	理论上的风险管理方法
信用风险	权重法、内部评级初级法、内部评级高级法等	信贷资产质量管理、贷款结构和集中度分析等	Z评分模型、ZETA模型等
市场风险	基本法、内部模型法，如风险价值法（VaR）	敏感度分析、敞口分析、压力测试、限额管理、风险对冲等	波动率模型等
操作风险	标准法、基本指标法、高级计量法	自我评估法、风险地图法、关键风险指标法等	损失分布法等
流动性风险	—	期限缺口分析、现金流量分析、情景分析、敏感度分析等	金融网络模拟法等
声誉风险	—	—	—
国别风险	—	国别风险评级、风险限额、压力测试等	—

2008 年国际金融危机爆发后，随着国际金融监管改革不断深入以及《第三版巴塞尔协议》的实施，我国银行业所运用的风险管理方法逐步升级。此前，国内银行的风险管理主要依赖专家经验判断，风险度量基本上是空白。危机后，我国的大型国有商业银行积极借鉴国际领先银行的实践经验，立足于自主研发，基于自身累积的数据，初步建立了一整套风险度量模型体系。目前来看，关于高级风险管理方法在我国的应用，应该做到全面地认识和正确地理解。首先，风险的识别和度量仅仅是风险管理的重要步骤之一，但并不是银行风险管理体系的全部内容，优化管理流程和改进管理技术同样可以提高风险管理水平。因此，管理资源的投入必须考虑成本和收益的关系，如果过多的管理资源向风险识别和度量模型的研发活动倾斜，很可能导致制度建设的缺失，遗留更大的风险隐患。在很多情况下，制度和流程的建设比开发新的风险模型更为重要。其次，要认识到风险识别和度量模型固有的局限性，不论多么复杂的模型，也难以覆盖所有的风险因素，风险管理的前瞻性与模型的时滞性常常发生背离。同时，模型的基础假设如果与现实情景存在较大偏差，就会给模型的结果带来显著的误差，产生模型风险。正如前美联储主席格林斯潘所说："我们永远都不会拥有完美的风险模型。"最后，风险管理归根到底是科学与艺术的平衡，不可度量的风险是不可接受的，但专家的经验与判断也是无法完全通过模型量化的。只有通过制度的健全和流程的优化将二者有机地结合起来，才能最大限度地发挥风险管理的作用。因此，在风险的识别与分析过程中，量化风险的模型与专家判断同等重要，需要综合运用定性方法和定量方法。

2. 商业银行风险管理的策略。风险是客观存在的，商业银行可以基于自身的风险偏好，结合银行的实际情况，选择适当的风险管理策略，制定科学的风险管理战略，提高风险管理水平。风险管理的策略不等同于风险管理的组织架构、治理结构、具体采用的技术模型、流程设置等内容，而是风险管理制度安排的基础，在针对某一类风险确定风险管理的策略后，银行再围绕这一策略，设计风险管理的组织架构、治理结构、流程和技术手段等。商业银行通常运用的风险管理策略主要包括风险分散、风险对冲、风险规避、风险转移和风险补偿。

（1）风险分散。风险分散是指通过多样化的投资来分散和降低风险的策略性选择。风险分散策略的理论基础是 1952 年马科维茨提出的"资产组合理论"，该理论证明"通过配置相关性低的不同资产，能够有效地降低整个资产组合的风险"。简而言之，风险分散的含义是"不要把所有的鸡蛋放在一个篮子里"。风险分散策略已经被商业银行广泛应用于资产组合管理过程中，在信用风险管理中，银行在发放贷款时会强调授信对象的分散化和多元化，尽量使借款人来自不同行业、不同地区或不同国家，也会限制对同一客户的授信集中度。在管理市场风险时，银行也会选择相关性低的、不同类型的资产进行配置，以实现分散风险的目的。

（2）风险对冲。风险对冲是指通过投资或购买与标的资产收益波动负相关的某种资产或衍生产品，来冲销标的资产潜在损失的一种策略性选择。风险对冲的实施通常是以交易活跃的金融衍生工具为载体的，可以作为管理市场风险（利率风险、汇率风险、股票风险和商品风险）的有效策略。根据对冲工具的来源，分为自我对冲和市场对冲两种情况。自我对冲是指在商业银行持有的资产组合或开展的业务中，不同资产或业务之间本身就具有对冲的效果。市场对冲是指为对冲资产负债表中的风险，使用金融衍生工具。这部分风险一般不能够通过银行的自我对冲而抵消。近年来，随着信用衍生品的产生和发展，风险管理策略也被应用于信用风险管理领域。

（3）风险规避。风险规避是指商业银行拒绝或退出某一业务或市场，以避免承担该业务或市场风险的策略性选择。不开展业务，就不承担风险。如果银行认为自身还不具备有效管理某种风险的能力，开展某种业务的条件尚不成熟，或者业务类型与银行的经营发展战略和思路不一致，就会有意识地降低该业务的风险暴露，甚至是完全退出该业务领域，于是可以规避该业务带来的风险。风险规避策略本质上是一种中性的风险管理策略，不等于应对风险的消极态度，应理解为银行坚持稳健经营原则，在风险可控的范围内从事经营管理活动，避免过度地承担风险。

（4）风险转移。风险转移是指通过购买某种金融产品或采取其他合法的经济措施将风险转移给其他经济主体的一种策略性选择，可以分为保险转移和非保险转移。保险转移是指商业银行购买保险，以缴纳保险费为代价，将风险转移给承保人。当商业银行发生风险损失时，承保人按照保险合同的约定责任给予商业银行一定的经济补偿。非保险转移是指银行采取一定的措施把风险转移给第三方，例如，商业银行在发放贷款时，通常会要求借款人提供第三方信用担保作为还款保证，若借款人到期不能如约偿还贷款本息，则由担保人代为清偿。此外，风险转移策略也可以应用到市场风险管理中。

（5）风险补偿。风险补偿是指商业银行在所从事的业务活动造成实质性损失之前，对所承担的风险进行价格补偿的策略性选择。对于无法通过风险分散、风险对冲、风险转移或风险规避等策略缓释的风险，商业银行将使用风险补偿策略，风险补偿一般反映在风险定价的环节，银行要求更高的风险溢价，获得承担风险的价格补偿。例如，在贷款定价中，对信用等级高的优质客户，银行给予适当的优惠利率；对信用等级低的客户，银行会调高发放贷款的利率。当然，不是所有风险都可以通过风险补偿策略来处置。一方面，当业务的风险过高，不符合银行的风险偏好时，风险补偿策略不再适用，银行会选择其他风险策略。另一方面，高风险意味着高风险溢价，过高的定价会降低银行业务的市场竞争力；如果定价过低，银行则难以得到合理的补偿。因此，风险补偿策略具有一定的局限性。

本章小结

1. 商业银行的风险是银行受到各种不确定因素的影响而发生损失的可能性。"风险"与"损失"这两个概念是紧密联系的。风险是发生损失的可能性，具有统计学意义，不等价于损失本身。损失是一个事后概念，即风险事件发生所造成的实际后果，是风险的直接表现形式，也是可以观测到的事实。与损失不同，风险是一个事前概念，刻画了损失出现前银行的状态，可以使用概率或统计方法作出估计。在微观金融机构层面上，从风险的来源看，商业银行面临的风险主要包括信用风险、市场风险、操作风险、流动性风险、声誉风险和国别风险等。

2. 在风险管理理论中，通常将损失分为预期损失、非预期损失和极端损失三大类。预期损失是指通过对历史数据的分析，预测未来发生损失的规模，以损失的平均值表示。非预期损失是指在一定置信区间和持有期内，实际损失对预期损失的偏离，数量等于实际损失超过预期损失的部分。极端损失是指超出非预期损失的临界值，可能威胁银行安全性的重大损失。

3. 商业银行的风险管理和业务管理共同构成了银行管理的核心内容。风险管理与业务管理是相辅相成的，风险管理的目的是为业务发展服务，保障银行各项业务顺利开展，做好风险管理对商业银行的经营发展具有重要意义。具体来说，风险管理是现代商业银行生存和发展的基础；风险管理能够为商业银行创造经济价值；风险管理是金融监管框架的重要组成部分。

4. 全面风险管理通常包括"全范围""全流程"和"全员参与"等三个方面。"全范围"有两层含义，一是风险管理应该面向银行日常经营的所有业务，二是风险管理应该覆盖银行的全部风险。"全流程"是指风险管理应该对各项业务从发起到结束的整个流程实施风险监测并采取必要的控制措施，对一项业务的各个步骤或环节进行风险管理。所谓的"全员参与"是要求一家银行的全体员工应该树立风险管理意识和理念，从董事会到每一名员工都要承担相应的风险管理职责。

5. 一个完整的风险管理体系需要由组织架构、治理结构、管理流程和风险管理技术等要素组成。商业银行风险管理的组织架构由董事会及其专门委员会、高级管理层及其专业委员会、风险管理部门和内部审计部门等构成，各个治理主体的职责以及报告要求组成了银行风险管理体系的治理结构。风险管理的基本流程包括风险识别和度量、风险化解和处置以及管理效果评价等三个步骤。风险管理方法是指在风险的识别、度量、监测等步骤中，商业银行的管理者和监管当局所使用的全部方法、技术和模型。商业银行通常运用的风险管理策略大致包括风险分散、风险对冲、风险转移、风险规避和风险补偿。

本章主要概念

预期损失　非预期损失　极端损失　信用风险　市场风险　操作风险　流动性风险
声誉风险　国别风险　全面风险管理　风险管理体系　风险分散　风险对冲　风险规避
风险转移　风险补偿

本章思考题

1. 商业银行的风险与损失的区别是什么？损失可以分为几种类型？

2. 商业银行面临的主要风险有哪些？

3. 商业银行实施风险管理的意义是什么？

4. 全面风险管理的内涵是什么？

5. 商业银行风险管理体系是由哪些基本要素构成的？风险管理的组织架构、管理流程、管理方法、管理策略分别是指什么？

本章参考文献

［1］中国银行业从业人员资格认证办公室：《风险管理》，北京，中国金融出版社，2013。

［2］中国银监会：《银行业金融机构国别风险管理指引》，2010。

［3］Crouhy，M.，Galai，D. and Mork，R. . Risk Management，McGraw－Hill，2001.

扫描二维码可获取本章更多习题

Master Series

21st

Century

业务管理篇

第五章
商业银行资本管理

本章知识结构

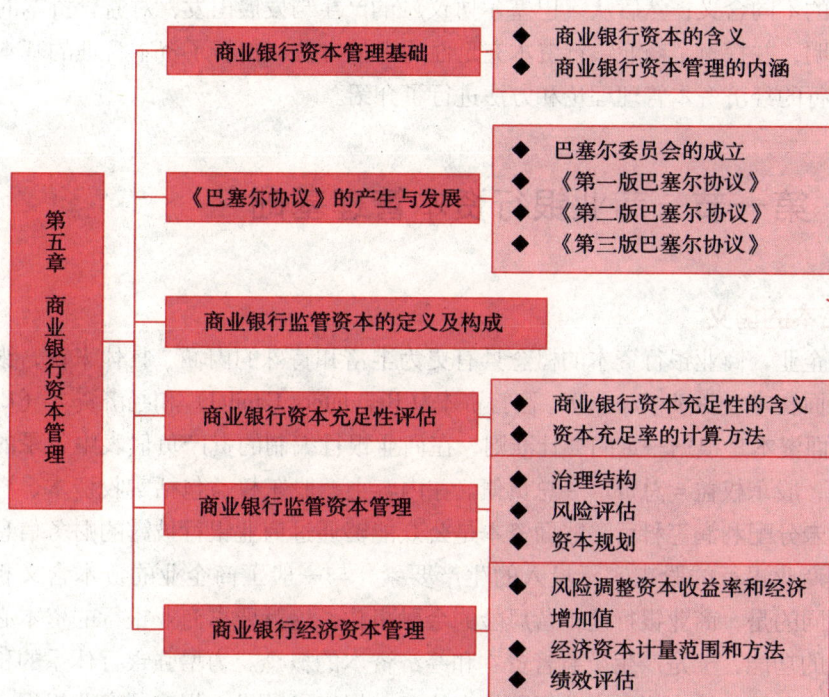

```
                    ┌─ 商业银行资本管理基础 ──────────┬─ ◆ 商业银行资本的含义
                    │                              └─ ◆ 商业银行资本管理的内涵
                    │
                    │                              ┌─ ◆ 巴塞尔委员会的成立
                    │                              ├─ ◆ 《第一版巴塞尔协议》
                    ├─ 《巴塞尔协议》的产生与发展 ──┼─ ◆ 《第二版巴塞尔协议》
                    │                              └─ ◆ 《第三版巴塞尔协议》
第五章              │
商业                ├─ 商业银行监管资本的定义及构成
银行                │
资本                ├─ 商业银行资本充足性评估 ──────┬─ ◆ 商业银行资本充足性的含义
管理                │                              └─ ◆ 资本充足率的计算方法
                    │                              ┌─ ◆ 治理结构
                    ├─ 商业银行监管资本管理 ────────┼─ ◆ 风险评估
                    │                              └─ ◆ 资本规划
                    │                              ┌─ ◆ 风险调整资本收益率和经济
                    │                              │    增加值
                    └─ 商业银行经济资本管理 ────────┼─ ◆ 经济资本计量范围和方法
                                                   └─ ◆ 绩效评估
```

学习目标

- 了解商业银行不同资本的含义和关系
- 了解《巴塞尔协议》的产生与发展
- 掌握商业银行监管资本的构成以及资本充足率的计算方法
- 掌握商业银行监管资本管理的基本要素
- 理解商业银行经济资本的概念
- 掌握商业银行经济资本管理的流程

通常意义上，企业的资本具有两大基本功能：一是所有权让渡；二是为企业发展提供资金。商业银行的特殊性决定了这两项功能不能充分解释银行资本的重要性。研究表明，银行资本的重要性至少表现在三个方面：首先，资本是银行抵御风险的重要工具，用于缓冲非预期损失；其次，资本的数量可以向存款人证明股东承担风险的意愿，提升社会公众对银行的信心；最后，资本是商业银行经营活动的基础，为银行信贷的扩张和业务的发展提供资金来源，资本的规模在一定程度上影响了银行的发展速度。正因如此，资本管理对商业银行的生存和发展至关重要。

在相当长的时间里，人们对商业银行资本的认识停留在股东权益层面，直到 1988 年《第一版巴塞尔协议》正式提出了监管资本的分类和结构，逐步建立和完善了银行资本监管框架，使得各国监管当局和银行业重新审视银行资本的内涵和外延。本章首先系统地阐述和比较了商业银行资本的不同含义；然后从《巴塞尔协议》的产生与发展出发，对监管资本的定义及构成进行了说明，并探讨了商业银行资本充足性的评估方法，剖析了资本管理的基本要素；最后对商业银行的经济资本管理理论和方法进行了介绍。

第一节　商业银行资本管理基础

一、商业银行资本的含义

不同于一般工商企业，商业银行资本的概念具有更为丰富和特殊的内涵。具体来说，银行的资本可以分为账面资本（Book Capital）、监管资本（Regulatory Capital）和经济资本（Economic Capital）。账面资本是根据一定的会计准则，在商业银行编制的资产负债表中记录的股权权益。在数量上，股东权益 = 总资产 − 总负债。在内容上，股东权益包括实收资本、资本公积、盈余公积、未分配利润等科目。账面资本是公众能够通过商业银行披露的财务信息观察到的资本，也是商业银行的股东实际投入的生产要素，与一般工商企业的资本含义相近。与非金融企业不同的是，商业银行是经营风险的金融机构，这就要求商业银行的资本必须具有吸收风险损失的功能，于是产生了监管资本和经济资本的概念。为增强银行体系的稳健性和防范金融风险，各国监管当局对商业银行持有的资本提出了要求，规定了商业银行必须达到的资本标准和数量，具有强制性、普遍性、一致性等特征。监管资本的真正推广和使用应归功于《巴塞尔协议》的产生与发展，《巴塞尔协议》构建了国际银行业的监管框架，为各国监管当局实施资本监管提供了标准和依据。在满足监管当局规定的资本要求的同时，国际大型商业银行逐渐意识到当存在外部监管资本约束时，合理运用稀缺的资本对于一家银行的经营发展具有重要意义。为提高资本的配置效率，一些银行提出了经济资本的概念，探索和建立了一套以经济资本为核心的管理体系，逐步发展成为国际银行业先进的管理方法。在风险管理理论中，经济资本是指在给定的概率或置信度下，能够覆盖银行非预期损失的资本水平。其中非预期损失是在一定时期内、在既定置信区间内可能超过预期损失的部分。一家商业银行所需的经济资本数量等于各项业务或资产的非预期损失总和。

为充分地理解商业银行资本的含义，需要厘清不同资本之间的关系。首先，从资本的性质看，账面资本来自银行资产负债表的股东权益，体现了一段时期一家银行的经营成果，具有真实性。监管资本是一国监管当局向本国的商业银行提出的最低监管要求，最低监管要求对几乎所有的银行都具有适用性。另外，由于监管当局制定的监管资本要求会充分考虑本国银行业的实际情况，监管资本的要求通常是以银行实际持有的账面资本为出发点，基于抵御风险的目的，账面资本的部分科目通常被认定为合格的监管资本工具。经济资本是一家银行的管理者进行内部评估而得到的理论结果，不能够直接观测，具有虚拟性，应视为对银行资

> **监管资本工具是指符合《巴塞尔协议》的监管标准并能够计入监管资本的合格资本工具，包括实收股本或普通股、资本公积等。**

本的一种深层次的理解和认识，是一种新的资本观。其次，从计算方法看，账面资本可以从资产负债表中获得，通过对银行股东权益的分析，计算出账面资本的数量和结构。监管资本的计量是以账面资本为基础的，例如账面资本中的实收资本、资本公积、盈余公积、未分配利润等科目可以计入监管资本，但监管资本还包括账面资本以外的其他合格资本工具，允许计入监管资本的资本工具由各国银行业监管当局确定。与账面资本和监管资本不同，经济资本的计算方法相对复杂，不直接使用银行财务报表的信息，而是由商业银行的管理者运用多种风险度量方法对银行面临的风险水平进行评估，测算出银行可能出现的非预期损失，从而得到经济资本的数量。在理论上，经济资本等于银行可能出现的非预期损失，反映了银行真实的风险水平。尽管经济资本没有反映在财务报表上，但精确计量出的银行非预期损失是有科学依据的，具有客观性。最后，虽然监管资本和经济资本是从不同的角度反映银行的风险水平，但都是用于吸收银行的损失。为了能最大限度地吸收损失，原则上，监管资本应接近经济资本。尽管在理论上监管资本应该与经济资本趋于一致，减少资本套利，但在实践中，由于采用了统一的监管标准，导致了存在资本套利空间。一般来说，风险管理水平高的银行，其经济资本可能低于监管资本，即监管资本足以吸收银行的非预期损失，监管当局制定的标准对银行过于严格。反之，风险管理水平低的银行，其经济资本往往会高于监管资本，即监管当局规定的监管资本要求对银行的约束力不足。

二、商业银行资本管理的内涵

商业银行资本的多重含义决定了资本管理的丰富内涵，不仅包括对监管资本的管理，还涉及对经济资本的管理①。监管资本管理是指商业银行为达到监管当局的资本监管要求，以实现资本充足为目标而进行的资本规划和资本筹集活动。在某种程度上，监管资本管理是商业银行为满足监管的需要而采取一系列被动的调整措施。事实上，纵观各国金融发展的历史，在一定时期内，一国的监管资本要求保持相对稳定，但是金融危机的爆发会推动金融监管体制的改革，银行资本监管制度作为金融监管体制的重要组成部分，常常成为改革的重点。在各国监管当局的主导下，商业银行必须根据改革后的资本监管规则，调整自身的资本结构，最终达到新的监管要求。与监管资本管理不同，经济资本管理是指商业银行在经济资本计量的基础上，通过优化经济资本分配和配置，以资本约束资产增长，并在控制业务风险

---

① 由于账面资本的概念在本书的财务报表分析部分已有介绍，不作为本章的重点，本章主要对监管资本管理和经济资本管理的相关理论和方法进行详细的说明。

的同时提高资本的使用效率，使业务发展的速度、效益与风险承担能力相协调，实现银行价值最大化目标。经济资本管理属于商业银行日常实施的主动管理行为，可以运用到绩效考核、资源配置、风险定价等诸多领域，是影响商业银行竞争力的重要因素。

正确理解监管资本管理与经济资本管理的关系是做好资本管理工作的重要内容。一方面，由于银行必须服从监管当局的规定，监管资本管理是绝大多数银行（即纳入监管范围的银行）日常经营管理的重要内容，但是否实施经济资本管理是由银行自主决策的，而且经济资本管理程序相对复杂，对风险管理技术的要求更高，受到银行管理体制、管理流程和管理手段等因素的制约，不是所有银行都有能力进行经济资本管理。另一方面，伴随《巴塞尔协议》的发展，监管资本管理的理论和方法相对成熟和完善，国际资本监管标准趋于一致。然而，经济资本管理是各家银行在综合考虑自身实际情况的基础上采取的管理措施，往往带有鲜明的银行特色。此外，很多用于计量监管资本要求的先进风险管理方法成为部分银行在实施经济资本管理时所采用的方法。因此，监管资本管理是商业银行资本管理的基本内容，经济资本管理是银行提升资本管理水平的有效途径。在结构上，本章遵循从监管资本管理到经济资本管理的顺序。

第二节 《巴塞尔协议》的产生与发展

一、巴塞尔委员会的成立

瑞士的巴塞尔是一座位于莱茵河畔、只有 16 万常住人口的城市，经过 30 多年的发展，巴塞尔已成为当今绝大多数国际金融监管改革会议的召开地，多项重大的国际金融监管改革方案都是在这里讨论通过后，成为世界性的金融监管新标准，并对全球金融业乃至世界经济政治格局产生深远影响。巴塞尔这座小镇之所以拥有今日的影响力，原因在于国际清算银行（BIS）总部设在巴塞尔。这家老牌的国际金融组织为上世纪 70 年代成立的巴塞尔银行监管委员会（BCBS）和 2008 年金融危机后成立的金融稳定理事会（FSB）提供秘书处服务，所以主要国家和地区的中央银行和监管当局负责人会经常在这里讨论各项重大监管改革方案。

1974 年，德国的赫斯塔特银行（Herstatt Bank）和美国的富兰克林银行（Franklin National Bank）相继倒闭，极大地震惊了国际金融业，各国开始普遍认识到加强银行业监管的重要性。在此背景下，国际清算银行（BIS）的巴塞尔银行条例和监督活动常设委员会（巴塞尔委员会）于 1975 年成立，由美、英、法、联邦德国、意、日、荷兰、比利时、加拿大和瑞典以及卢森堡和瑞士共 12 个国家的中央银行代表组成。国际金融危机爆发后，2009 年巴塞尔委员会的成员国扩充到包括二十国集团在内的 27 个国家和地区。设立巴塞尔委员会的目的是促进银行业的国际合作，为国际银行业的监管问题提供一个正式的讨论场所，改善各成员国银行业的监管工作。巴塞尔委员会并不承担正式的跨国性监管责任，尽管所作出的决议没有法律效力，但由于它代表世界上实力最强的经济集团，其所达成协议的影响深远。

巴塞尔委员会的最重要贡献是构建了以《巴塞尔协议》为核心的国际银行业监管框架，并推动《巴塞尔协议》在各国的实施工作。《巴塞尔协议》的发布具有划时代的意义，对国际银行业的发展和监管产生深远影响。一方面,《巴塞尔协议》通过对资本的明确界定,统一了国际银行业对资本的认识,进一步强调了资本在风险管理中的地位,为国际银行业提供统一的风险管理理念和框架,改变了银行业风险管理理论和实践的进程,推动全球银行业的经营方式从注重规模转向重视发展质量。另一方面,《巴塞尔协议》开创了国际金融监管合作的新纪元,为巴塞尔委员会的国际影响力不断扩大奠定基础,巴塞尔委员会现已发展成为国际金融监管领域的权威机构,影响着世界的经济金融乃至政治领域的格局。

二、《第一版巴塞尔协议》

《第一版巴塞尔协议》的产生有深刻的历史背景,巴塞尔委员会希望通过制定一个国际统一的监管标准解决当时国际银行业面临的难题。具体来说,当时的国际银行业需要解决的主要问题包括:一是在 20 世纪 80 年代初,由于受到发展中国家发生债务危机的影响,发达国家银行业面对信用风险上升,给银行业金融机构带来巨额损失,从而引发各国银行业监管机构对信用风险的重视,迫切需要制定一个新的监管制度以提高国际银行业体系的稳健性。二是在银行业国际化和金融全球化的背景下,由于各国银行的资本与资产的比率差异大,造成在国际银行业中出现不平等竞争现象。国际上亟须有一个统一的标准来规范各国银行业的经营行为,创造公平的竞争环境。三是活跃的金融创新导致银行表外业务迅速发展,表外业务规模快速增长并且具有透明度低的特征,同时缺乏有效的监管手段,已经引起监管当局的重视。

1987 年 12 月,国际清算银行(BIS)召集主要成员国的中央银行行长在瑞士巴塞尔举行会议,专门讨论对经营国际业务的商业银行的监管问题。这次会议讨论并通过了《关于统一国际银行的资本计量和资本标准的建议》(*Proposal For International Convergence of Capital Measurement and Capital Standards*),简称《巴塞尔建议》。《巴塞尔建议》被提交给委员会的成员国以及其他有关的国家和地区,广泛征求各界意见。《巴塞尔建议》发表后的六个月是"巴塞尔建议"的咨询期。经过反复地咨询和修订,在《巴塞尔建议》的基础上,委员会于1988 年 7 月正式发布《关于统一资本计算和资本标准的国际协议》(*International Convergence of Capital Measurement and Capital Standards*),为了与委员会后续达成的银行业监管协议相区别,也称《巴塞尔资本协议》。1988 年的协议是《第一版巴塞尔协议》的原始版本,由于该版本在实施中表现出局限性,在其发布后的几年时间里,委员会顺应国际金融业发展趋势,不断对协议进行补充和完善,先后六次发布《第一版巴塞尔协议》的修正案,包括:1994年 7 月,委员会对确定表外项目的信用风险的资本充足性处理方法进行修订;1994 年 12 月,委员会放宽抵押品的确认范围,包括由 OECD 国家非中央政府的公共部门实体所发行的证券为抵押的债权;1995 年 4 月,委员会补充了表外潜在暴露项目的处理方法;1998 年,委员会对资本协议中风险权重为 20% 的资产进行了重新确定。在对《第一版巴塞尔协议》的六次修订中,1996 年的修订具有极其重要的意义,因为 1988 年的《第一版巴塞尔协议》旨在防范信用风险和国家转移风险,没有将市场风险纳入到整个资本监管框架中,巴塞尔委员会及时发布《资本协议关于市场风险的修正案》(以下简称《修正案》),首次在资本协议中引入对市场风险的资本要求,旨在制定全球银行业统一的市场风险管理标准。《修正案》的发布和实施标志着委员会在国际金融监管领域的又一重大进展,以《巴塞尔协议》为理论基础的国际金融监管体系进一步得到丰富和完善。

三、《巴塞尔新资本协议》（《第二版巴塞尔协议》）

《统一资本计量和资本标准的国际协议：修订框架》，即《巴塞尔新资本协议》（也称《第二版巴塞尔协议》）是巴塞尔委员会在保证国际监管规定统一的前提下，对国际活跃商业银行进行资本充足性监管而取得的阶段性成果。自 1988 年的资本协议发布以来，国际金融业的发展进入新的阶段，面临新的形势，表现出新的特征，由于现行监管框架存在固有的局限性，不能有效防范金融风险。在此背景下，1998 年 10 月，委员会的前主席麦克唐纳在第 10 届银行监管者国际大会（悉尼）上，提出以新的资本协议全面替代现行的 1988 年的资本协议。1999 年 6 月，委员会关于修订资本充足性框架发布第一轮征求意见稿，面向所有成员国和世界范围内的各国监管当局启动咨询程序。随后，委员会在 2001 年 1 月和 2003 年 4 月陆续发布更新的征求意见稿，并对征求意见稿实施了三次定量的影响研究。基于上述工作，委员会对最初的征求意见稿进行了许多有价值的改进。2004 年 6 月，《巴塞尔新资本协议》得到委员会所有成员国的一致同意，它提出了计量资本充足性和最低标准的框架，该框架被各国监管当局所采用，同时它所包含的框架和标准也得到了十国集团（the Group of Ten Countries）的中央银行和银行业监管当局负责人的同意。至此，经过长达 6 年的艰难国际谈判和三次全球范围内征询意见，《巴塞尔新资本协议》终于正式出台。

巴塞尔委员会修订 1988 年协议的根本目标是：在保证资本充足性监管不会成为国际银行业不平等竞争的显著来源的前提下，发展一个能够加强国际银行体系稳定性的监管框架。巴塞尔委员会认为修订后的监管框架将促进银行业风险管理水平的提高，并将风险管理视为银行的主要收益来源之一。在发展《巴塞尔新资本协议》的过程中，巴塞尔委员会力图达到更具有风险敏感性的资本要求，同时适当注意单个成员国的现行的监管和会计体系的特征。巴塞尔委员会保留了 1988 年资本充足性框架的关键要素，包括银行持有总的资本要求不少于风险加权资产的 8%，还保留了 1996 年《市场风险修正案》中关于市场风险的处理方法和对合格资本的定义。《巴塞尔新资本协议》的重要创新是由银行内部评级系统提供风险评估并计算资本，还为银行和监管当局确定信用风险

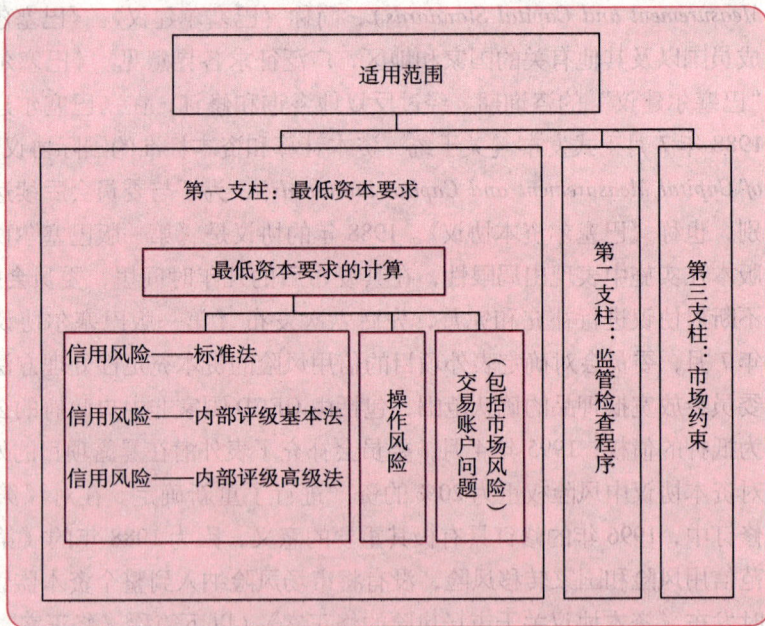

资料来源：International Convergence of Capital Measurement and Capital Standards：A Revised Framework，2004 - 06，pp. 18.

图 5 - 1　《巴塞尔新资本协议》的结构

和操作风险的资本要求，提供不同的可供选择的方法，使得其使用的方法能够最适合银行的经营情况和各国金融市场的基本情况。此外，《巴塞尔新资本协议》还允许各国有限度的自行决定。在监管框架方面，巴塞尔委员会希望银行和监管当局对第二支柱和第三支柱给予适当的关注。稳健地实施第二支柱对第一支柱的最低资本要求至关重要，因为监管当局需要对银行的资本充足性评估进行监管检查。而框架中第三支柱下的信息披露是确保市场约束的必要措施，市场约束是对第一和第二支柱的有效补充。

四、《第三版巴塞尔协议》（巴塞尔Ⅲ）

2008 年国际金融危机全面爆发，金融危机促使国际社会对经典金融监管理论以及现行金融监管体系和框架进行全面的反思。在金融监管改革和金融秩序重塑的进程中，巴塞尔银行业监管委员会作出了不懈的努力。2010 年 9 月，巴塞尔委员会首次使用"Basel Ⅲ"统称本轮国际银行业监管改革，以厘清政策边界。2010 年 12 月，巴塞尔委员会正式公布的《巴塞尔Ⅲ：更有弹性的银行和银行体系的全球监管框架》（*Basel Ⅲ：A Global Regulatory Framework for More Resilient Banks and Banking Systems*）和《巴塞尔Ⅲ：流动性风险计量、标准和监测的国际框架》（*Basel Ⅲ：International Framework for Liquidity Risk Measurement，Standards and Monitoring*）构成了《第三版巴塞尔协议》的核心内容。事实上，《第三版巴塞尔协议》是以《巴塞尔新资本协议》（《第二版巴塞尔协议》）为基础而提出的一揽子监管改革方案，旨在提高银行部门吸收来自金融体系和经济体系的冲击的能力，改进银行部门的风险管理和公司治理，加强透明性和信息披露。《第三版巴塞尔协议》作为全球金融监管改革新的里程碑，将成为后危机时代影响全球金融业格局的重要文件。

《第三版巴塞尔协议》是巴塞尔委员会以促进银行部门更有弹性为目标，为加强全球资本和流动性监管规则而进行改革的成果。本轮改革的目标是提高银行部门对来自金融和经济体系冲击的吸收能力，降低金融部门对实体经济的风险溢出。巴塞尔委员会实施的一系列改革措施是从金融危机中吸取的教训。为处理金融危机所揭示的市场失灵，巴塞尔委员会在国际监管框架中引入一系列基础性改革，并从两个层面推进本轮改革：一是加强微观审慎监管，目的是为帮助提高单个银行在危机时期的弹性；二是建立健全宏观审慎监管，目的是防范系统性风险在银行部门聚集以及因顺周期性而被放大的系统性风险。微观审慎和宏观审慎监管方法是紧密联系的，能够使单个银行更具有弹性，并减少系统性冲击的风险。

> **微观审慎监管（Micro-prudential）**是指旨在防范单个金融机构面临的风险，以资本监管为核心的一系列制度安排。

> **宏观审慎监管（Macro-prudential）**是指与微观审慎监管相对应，以防范系统性金融风险和维护金融稳定为目标的一系列监管制度安排，包括逆周期资本缓冲机制、系统重要性金融机构监管等。

> **银行体系的顺周期性（Procyclicality）**主要体现在时间维度上，是指宏观经济周期与银行体系形成的动态正反馈机制。简单来说，当经济繁荣时，银行信贷规模扩张，资产价格上涨，杠杆率上升；当经济衰退时，银行信贷收缩，资产价格下行，杠杆率下降。

表 5-1 《第三版巴塞尔协议》的总结

	资本					流动性
	第一支柱		引入杠杆要求	第二支柱 风险管理和监管	第三支柱 市场约束	
	资本	风险覆盖				
所有银行	• **资本的质量和水平** 委员会更加关注普通股，对普通股的最低要求提高到风险加权资产的 4.5%（减去扣除项后）。 • **在破产情况下资本对损失的吸收** 资本工具的合同条款将包括由有关当局自行决定，在银行被判定为破产时，允许资本工具被核销或转换为普通股。该原则提高了私人部门对处理未来银行业危机和减少道德风险而作出的贡献。 • **资本留存缓冲** 委员会在资本中包括了风险加权资产的 2.5% 的普通股，使得总的普通股标准达到风险加权资产的 7%。当银行落入缓冲范围时，巴塞尔Ⅲ对银行利润的任意性分配实施约束。 • **逆周期缓冲** 当监管当局判断信贷增长导致系统性风险的累积已经达到不能被接受的程度时，在 0～2.5% 的范围内，监管当局可以对银行施加逆周期资本要求。	• **证券化** 巴塞尔Ⅲ加强了对确定的复杂证券化过程的资本处理，并要求银行实施对外部评级的证券化风险暴露实施更严格的信用分析。 • **交易账户** 巴塞尔Ⅲ对交易和衍生品业务以及在交易账户中持有的复杂证券化产品大幅提高了资本要求。同时为缓解顺周期性，引入压力风险价值（Stressed Value-at-risk）框架。巴塞尔要求对预期违约的新增风险以及未担保信用产品的转移风险要求资本金，并考虑流动性风险。 • **交易对手信用风险** 大力强化交易对手信用风险的监管框架，包括：对风险暴露计量进行更严格要求；为银行使用中央交易对手衍生品给予资本激励；对跨金融部门的风险暴露提出更高的资本要求等。 • **中央交易对手（CCPs）** 委员会建议对一个合格的中央交易对手的交易风险暴露相应的风险权重为 2%。对一个合格的中央交易对手的清算基金风险暴露将根据基于风险的方法确定资本，该方法必须能够一致和简便地估计来自这类清算基金的风险。	• **杠杆比率** 委员会在巴塞尔Ⅲ中提出包括无风险基础的杠杆比率（包括表外风险暴露），将其作为基于风险的资本要求的重要补充，同时也对系统范围内杠杆风险的累积进行了覆盖。	• **补充对第二支柱的要求** 委员会强调全公司范围的公司治理和风险管理；捕捉表外风险暴露和证券化业务；管理风险集中度；为银行在长期更好地管理风险和收益提供激励；稳健的薪酬做法；压力测试；金融工具的会计标准；公司治理；监管当局联席工作会议等。	• **修订第三支柱的披露要求** 委员会对证券化风险暴露和资产负债表外工具的保证人提出信息披露要求，提高了对监管资本的详细组成以及对所报告账户进行调整情况的披露要求，包括要求银行对如何计算其监管资本比率进行全面解释。	• **流动性覆盖比率** 委员会提出的流动性覆盖比率（LCR）要求银行有充足的高质量流动性资产，能够经得住由监管当局设定的 30 天压力融资情景。 • **净稳定资金比率** 为处理流动性错配，委员会提出净稳定资金比率（NSFR）作为更长期限的结构性比率。净稳定资金比率覆盖整个资产负债表并且为银行使用稳定融资来源提供激励。 • **稳健流动性风险管理和监管的原则** 2008 年的《稳健流动性风险管理和监管的原则》吸收了在本次金融危机中获得的教训，该原则在对银行组织中管理流动性风险稳健做法进行基本评估的基础上而制定。 • **监管当局的监测** 流动性风险管理框架包括一系列监测指标以帮助监管当局识别和分析单个银行和银行体系的流动性风险趋势。
系统重要性金融机构（SIFIs）	为满足巴塞尔Ⅲ的要求，全球系统重要性金融机构（SIFIs）必须为反映其给金融体系造成的更大风险而具备更强的损失吸收能力。委员会为识别全球系统重要性银行（SIBs），发展了一套包括定性因素和定量指标的方法。同时为满足额外的损失吸收要求，系统重要性银行需要基于其系统重要性，满足范围从 1% 到 2.5% 的普通股一级资本要求。对于面临最高系统重要性银行追加罚款的银行，委员会对其施加额外 1% 的资本要求用于损失吸收，以此作为对其未来提高全球系统重要性的不利因素。					

⬆ 资料来源：国际清算银行网站，Basel Ⅲ overview table。

需要说明的是，本章对商业银行监管资本相关内容的介绍主要是以《第三版巴塞尔协议》和中国银监会于 2012 年公布的《商业银行资本管理办法（试行）》为基础。

第三节　商业银行监管资本的定义及构成

在国际金融监管改革的进程中，随着国际监管组织和各国监管当局对资本的认识和理解不断深入，商业银行监管资本的定义及构成发生不断调整和变化，三个版本的《巴塞尔协议》对监管资本的定义存在一定区别，其中《第二版巴塞尔协议》与《第三版巴塞尔协议》对监管资本的界定具有明显的差异性，这是由于 2008 年爆发的国际金融危机暴露出《第二版巴塞尔协议》的制度缺陷，在资本工具方面，原本认为具有一定资本属性的次级债、高级资本债券等几乎没有吸收损失的能力，超过股权资本的损失全部由政府承担。因此，《第三版巴塞尔协议》的修订工作坚持"资本的数量和质量并重"的原则，强调资本工具的损失吸收能力，大幅提高资本质量监管标准，进一步明确了普通股（含留存收益）在监管资本中的主导地位。

表 5-2　不同版本《巴塞尔协议》对资本的认定

版本	资本的定义	资本的构成	监管要求
《第一版巴塞尔协议》	总资本＝核心资本（一级资本）＋附属资本（二级资本）；为防范市场风险，新增加由短期次级债构成的三级资本	核心资本包括股权资本（包括发行并实缴的普通股和非累计永久优先股，但不包括累计优先股）和公开储备。附属资本包括：（1）非公开储备；（2）资产重估储备；（3）一般准备金和一般贷款损失准备；（4）混合债务资本工具；（5）长期次级债务等	核心资本至少占总资本的 50%，核心资本充足率不低于 4%
《第二版巴塞尔协议》	除部分资本扣除项外，基本沿用了《第一版巴塞尔协议》对监管资本的定义	同上	同上
《第三版巴塞尔协议》	总资本＝一级资本＋二级资本；一级资本＝核心一级资本＋其他一级资本	核心一级资本有普通股和留存收益等，其他一级资本包括优先股等。二级资本在银行"破产清算资本"的基础上吸收损失，并取消二级资本类型中的所有子类别。二级资本限定为原始期限不低于 5 年，不得加速支付，非风险敏感性的收益，具有特定条件下转换为普通股或核销的条款。专门用于防范市场风险的三级资本被取消	核心一级资本至少为风险加权资产的 4.5%；一级资本至少为风险加权资产的 6%；总资本至少为风险加权资产的 8%

国际金融危机以来，中国银监会结合我国银行业资本结构的实际，对现行资本定义进行了调整，逐步实现与《第三版巴塞尔协议》接轨。目前，商业银行总资本包括核心一级资本、其他一级资本和二级资本。核心一级资本包括实收资本或普通股、资本公积、盈余公积、一般风险准备、未分配利润、少数股东资本可计入部分等。其他一级资本包括其他一级资本工具及其溢价、少数股东资本可计入部分等。二级资本包括二级资本工具及其溢价、超额贷款损失准备等。商业银行总资本的计算公式为

$$总资本 = 一级资本 + 二级资本 = (核心一级资本 + 其他一级资本) + 二级资本$$

（一） 实收资本或普通股

在资产负债表中，实收资本或普通股等于商业银行发行的总股数与每股面值的乘积，是股东权益的核心组成部分。对于所有国家的银行业，实收资本或普通股都是资本的共同要素。作为公开的财务会计信息，银行的实收资本或普通股能够被市场观测到，使得监管机构或投资者可以对银行的资本充足性作出评估。普通股资本的补充来源主要包括在境内外股票市场上市融资、原有股东增资、引入合格战略投资者等。

（二） 资本公积

银行的资本公积包括股本溢价、可供出售金融资产公允价值变动储备、现金流量套期储备、分占联营及合营公司其他所有者权益变动、可转换公司债券权益成分和其他资本公积等。资本公积可以被银行用于转增股本。我国商业银行的资本公积主要来自股票公开发行获得的股本溢价，即银行以超过股票票面金额的发行价格发行股份所得的溢价款。

（三） 盈余公积

商业银行的盈余公积是从企业会计准则确定的净利润中提取的，由法定盈余公积、任意盈余公积和其他盈余公积三部分组成。法定盈余公积是根据相关法律规定的要求，银行必须将其每年度净利润的一定比例进行累积。任意盈余公积是在提取法定盈余公积后，银行自行决定提取数量。其他盈余公积是指银行的境外机构根据当地法规及监管要求提取其他盈余公积或法定储备。银行提取法定盈余公积和任意盈余公积用于弥补亏损或转增资本，盈余公积的数量不仅取决于银行经营利润的多少，也需要由银行的股东大会批准。

（四） 一般风险准备

一般风险准备是指银行按照一定比例从净利润中提取的、用于弥补尚未识别的可能性损失的准备。通常，国家会规定一般风险准备的最低计提比例，在此基础上，由银行综合考虑其所面临的风险状况等因素确定计提的数量。根据我国财政部的有关规定，银行需要从净利润中提取一般风险准备作为利润分配处理，一般风险准备的余额不应低于风险资产年末余额的 1.5%。

（五） 未分配利润

未分配利润是指银行经营获得的净利润在提取盈余公积、一般风险准备和分配普通股现金股利后剩余的部分。在会计准则中，盈余公积、一般风险准备和未分配利润等科目共同构成银行的留存收益，不同科目的具体数量取决于留存收益的分配方式，分配方式会受到国家法律、监管当局规定和银行经营发展需要等因素的影响。对留存收益的管理是商业银行建立以内部积累为主导的资本补充机制的重要内容。

（六） 少数股东资本可计入部分

商业银行的附属公司如果适用于资本充足率监管，那么当这家附属公司的资本满足特定的条件时，部分资本可以计入商业银行的监管资本（核心一级资本或其他一级资本），用于充实商业银行的资本实力。

（七） 超额贷款损失准备

超额贷款损失准备可以计入二级资本。如果商业银行采用权重法计量信用风险加权资产，超额贷款损失准备是指商业银行实际计提的贷款损失准备超过最低要求的部分；如果商业银行采用内部评级法计量信用风险加权资产，超额贷款损失准备是指商业银行实际计提的贷款损失准备超过预期损失的部分。

第四节　商业银行资本充足性评估

一、商业银行资本充足性的含义

商业银行资本管理的目标就是保证银行的资本充足性，资本充足性有两层含义：一是适度的资本数量；二是合格的资本质量。一方面，银行的管理者需要对持有资本的数量作出权衡取舍。如果资本的数量过多，将提高商业银行的运营成本，制约业务规模，影响银行的竞争力；如果资本的数量过少，商业银行受到的资本约束程度较低，这往往会使银行改变风险偏好和经营行为，倾向于过度地承担风险，导致银行体系的稳健性下降。更重要的是，当极端损失发生时，银行的资本数量不足以完全吸收损失，将严重地损害存款人和债权人的利益（如图5-2所示）。此外，最优的资本数量是相对于风险而言的，而银行的风险水平与资产规模和类型高度相关，在量化资本充足性时，通常用相对比例表示。另一方面，资本数量是衡量银行资本充足性的重要内容，但资本的质量经常被忽视。在相同的资本数量下，不同的资本质量体现了银行不同的清偿能力。本次国际金融危机表明，资本的质量与资本的数量同等重要。如果资本工具没有吸收损失的能力或者只能在特定的情景下吸收部分损失，都将降低银行的资本充足性。因此，有效的资本管理不仅要求资本数量的适度性，也需要提高资本结构的合理性。

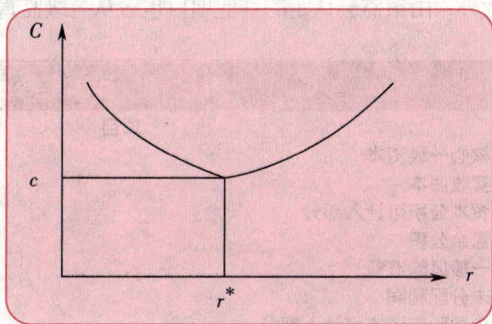

图5-2　银行资本数量的适度性

在实践中，银行业发展早期，资本发挥着保护存款人利益的作用，监管当局长期使用"资本/存款"来度量资本充足性。20世纪30年代经济危机以后，各国先后建立存款保险制度，银行挤兑基本消失，监管当局意识到银行面临的损失不再来自负债方，更多的是由资产方带来的风险，因而开始采用"资本/总资产"代替"资本/存款"，于是对资本充足性的探讨转变为对银行资产风险的分析，这种情况延续到20世纪80年代。1988年，《巴塞尔协议》提出了"风险加权的资本比例"——资本充足率，统一了各国银行业长期以来形成的资本充足性度量方法，成为国际银行业最重要的资本监管指标。时至今日，各国监管当局主要是在《巴塞尔协议》的框架下，对商业银行的资本充足性进行评估。

二、资本充足率的计算方法

资本充足率是衡量银行稳健性的最重要指标，是指商业银行持有的资本与风险加权资产之间的比率。一级资本充足率是指商业银行持有的一级资本与风险加权资产之间的比率。核心一级资本充足率是指商业银行持有的核心一级资本与风险加权资产之间的比率。商业银行风险加权资产包括信用风险加权资产、市场风险加权资产和操作风险加权资产。具体计算公式如下：

$$资本充足率 = \frac{总资本 - 对应资本扣除项}{风险加权资产} \times 100\%$$

$$一级资本充足率 = \frac{一级资本 - 对应资本扣除项}{风险加权资产} \times 100\%$$

$$核心一级资本充足率 = \frac{核心一级资本 - 对应资本扣除项}{风险加权资产} \times 100\%$$

$$风险加权资产 = 信用风险加权资产 + 市场风险加权资产 + 操作风险加权资产$$

其中，商业银行可以采用权重法或内部评级法计量信用风险加权资产，采用标准法或内部模型法计量市场风险加权资产，采用基本指标法、标准法或高级计量法计量操作风险资本要求①。另外，按照中国银监会的规定，在计算资本充足率时，从核心一级资本中扣除的项目包括商誉、其他无形资产、由经营亏损引起的净递延税资产、贷款损失准备缺口、资产证券化销售利得、确定受益类的养老金资产净额、直接或间接持有本银行的股票、对资产负债表中未按公允价值计量的项目进行套期形成的现金流储备、商业银行自身信用风险变化导致其负债公允价值变化带来的未实现损益等。此外，由银监会认定的其他项目也应从各级监管资本中对应扣除（如表5-3所示）。

表5-3 我国某商业银行的资本充足率情况表	
项目	2013年12月31日
核心一级资本	1 276 344
实收资本	351 390
资本公积可计入部分	108 202
盈余公积	123 870
一般风险准备	202 940
未分配利润	512 024
少数股东资本可计入部分	1 956
其他	（24 038）
核心一级资本扣除项目	9 503
商誉	8 049
其他无形资产（土地使用权除外）	1 474
对未按公允价值计量的项目进行现金流套期形成的储备	（3 920）
对有控制权但不并表的金融机构的核心一级资本投资	3 900
核心一级资本净额	1 266 841
其他一级资本	18
一级资本净额	1 266 859
二级资本	324 806
二级资本工具及其溢价可计入金额	189 877
超额贷款损失准备	134 857
少数股东资本可计入部分	72
二级资本扣除项目	19 400
对未并表金融机构大额少数资本投资中的二级资本	19 400
总资本净额	1 572 265
风险加权资产	11 982 187
核心一级资本充足率	10.57%
一级资本充足率	10.57%
资本充足率	13.12%

❶ 注：表中括号表示负数，单位为百万元人民币。"其他"指外币报表折算差额，"其他一级资本"指少数股东资本可计入部分。风险加权资产的计算方法将在本书"风险管理篇"中详细介绍。

---

① 信用风险、市场风险、操作风险加权资产的计算方法将在本书"风险管理篇"中详细介绍。

我国商业银行资本充足率监管要求包括最低资本要求、储备资本和逆周期资本要求、系统重要性银行附加资本要求以及第二支柱资本要求。商业银行的核心一级资本充足率不得低于 5%，略高于国际规定的最低标准（4.5%），一级资本充足率不得低于 6%，资本充足率不得低于 8%。在最低资本要求的基础上，我国商业银行需要计提储备资本。储备资本要求为风险加权资产的 2.5%，由核心一级资本来满足。特定情况下，在最低资本要求和储备资本要求之上，我国商业银行还需要计提逆周期资本。逆周期资本要求为风险加权资产的 0 ~ 2.5%，由核心一级资本来满足。此外，如果一家商业银行被中国银监会认定为国内系统重要性银行，除最低资本要求、储备资本和逆周期资本要求外，这家银行还应当计提风险加权资产 1% 的附加资本，由核心一级资本满足。如果一家商业银行被巴塞尔委员会认定为全球系统重要性银行，则要按照巴塞尔委员会的要求计提附加资本要求。因此，我国商业银行的资本要求表示为

资本要求 = 最低资本要求 + 储备资本 + 逆周期资本要求 + 系统重要性银行附加资本要求

基于上述规定，我国大型银行和中小型银行的资本充足率监管要求分别为 11.5%、10.5%，多层次的监管资本要求既符合《第三版巴塞尔协议》确定的资本监管新要求，又增强了资本监管的审慎性和灵活性，确保资本充分覆盖国内银行面临的系统性风险和个体风险。

第五节　商业银行监管资本管理

商业银行监管资本管理是指商业银行建立稳健的内部资本充足评估程序，通过审慎评估资本充足水平和资本质量，制订资本规划和资本充足率管理计划，确保银行资本能够充分抵御其所面临的风险，满足业务发展的需要。具体来说，资本管理的基本要素包括治理结构、风险评估和资本规划。治理结构是银行实施资本管理的基础性制度安排，风险评估是资本管理的关键环节，资本规划是资本管理的核心内容。因此，商业银行要做好资本管理，必须不断完善治理结构，建立健全风险评估程序，制定合理的、可行的资本规划，确保主要风险得到识别、计量或评估、监测和报告，确保资本水平与风险偏好及风险管理水平相适应，确保资本规划与银行经营状况、风险变化趋势及长期发展战略相匹配。

一、治理结构

商业银行能够独立、有效地开展资本管理工作的基础是拥有完善的治理结构。一个完善的治理结构由明确的治理主体、清晰的权责关系以及合理的职责安排组成。商业银行实施资本管理的治理主体包括董事会、高级管理层、监事会、资产管理相关部门、内部审计部门等。在理顺权责关系的前提下，各个治理主体在其职责范围内履行相应的职责。对于采用不同资本计量方法的银行，治理结构不完全相同。一般来说，资本计量方法的选择不会导致治理主体和权责关系发生明显的变化，但在职责范围方面，为达到监管要求，采用资本计量高级方法的商业银行将承担更多的职责。

治理主体	权责关系	职责范围
表5-4 商业银行资本管理的治理结构		
董事会	承担资本管理的首要责任	1. 设定与银行发展战略和外部环境相适应的风险偏好和资本充足目标，审批银行内部资本充足评估程序，确保资本充分覆盖主要风险； 2. 审批资本管理制度，确保资本管理政策和控制措施有效； 3. 监督内部资本充足评估程序的全面性、前瞻性和有效性等
高级管理层	向董事会报告资本充足率水平、资本充足率管理情况和内部资本充足评估结果	负责根据业务战略和风险偏好组织实施资本管理工作，确保资本与业务发展、风险水平相适应，落实各项监控措施
监事会	向股东大会报告董事会及高级管理层的履职情况	对董事会及高级管理层在资本管理和资本计量高级方法管理中的履职情况进行监督评价
资本管理相关部门	向高级管理层报告资本规划和资本充足率管理计划执行情况	1. 制定资本总量、结构和质量管理计划，编制并实施资本规划和资本充足率管理计划； 2. 持续监控并定期测算资本充足率水平，开展资本充足率压力测试； 3. 组织建立内部资本计量、配置和风险调整资本收益的评价管理体系等
内部审计部门	向董事会提交资本充足率管理审计报告、内部资本充足评估程序执行情况审计报告、资本计量高级方法管理审计报告	1. 评估资本管理的治理结构和相关部门履职情况，以及相关人员的专业技能和资源充分性； 2. 检查内部资本充足评估程序相关政策和执行情况； 3. 评估资本规划的执行情况等

二、风险评估

正如前文所述，资本充足性是一个相对于银行风险水平的概念，由资本充足率的计算公式可知，在给定监管要求的条件下，风险加权资产的规模决定了银行必须持有的最低资本数量，因此，资本充足评估的重要内容是考察银行面临的主要风险，即对银行进行风险评估。在全面风险管理框架中，风险评估要覆盖信用风险、市场风险、操作风险、流动性风险、声誉风险、国别风险等各类对银行产生实质性影响的风险。风险评估过程一般遵循识别、计量、监测、控制等风险管理流程，与单一风险不同的是，资本管理中的风险评估面向多种风险，这就要求银行采用审慎、合理的风险加总方法，对不同层次、不同类型的风险进行加总。由于不同风险之间可能发生相互传染或产生分散化效应，风险加总是一个复杂的理论问题，对监管当局和商业银行的管理者提出了挑战。

三、资本规划

商业银行在综合考虑风险水平、未来短期和长期资本需求、资本监管要求和各种资本可获得性等因素的基础上，通过对资产质量、利润增长与资本市场波动性的审慎估计，制定出与业务发展战略、风险偏好、风险管理水平和外部经营环境相适应的资本规划。为提高资本规划的科学性和准确性，在技术上，银行可以运用压力测试方法，测试不同压力条件下的资本需求和资本可获得性，并制定资本应急预案以满足计划外的资本需求。资本应急预案旨在设计资本补充渠道并提出应对措施，通常包括紧急筹资成本分析、资本筹集的可行性分析和风险缓释措施等内容。

资本规划的中心问题是资本筹集，一家银行能否以较低的成本筹集到所需的资本，直接关系到银行的发展速度，在一定程度上决定了银行的市场竞争力。在资本监管框架下，商业银行的信贷业务增长受到资本的约束，一直以来，我国商业银行资本补充压力较大，主要原因有两个：一是资本补充渠道单一。目前，银行可以选择的资本补充渠道并不多，主要通过发行股票和可转债方式筹集资本，但由于我国资本市场存在制度缺陷，限制了银行的融资规模，不足以满足银行的资本需求。二是我国商业银行过度依赖存贷利差的发展模式没有实质性转变，导致银行过度依赖贷款增长，追求做大信贷规模，对中间业务的重视程度不足。信贷资产的增长意味着银行对资本需求的增加，但以利润留存为主的内源性资本补充速度明显跟不上资本消耗的速度。为此，我国银行业已经开始探索通过发行优先股、创新二级资本工具或开拓境外发行市场等方式筹集资本。

第六节 商业银行经济资本管理

早在20世纪70年代，美国信孚银行（Bankers Trust）开始使用风险调整资本收益率（RAROC），但没有立即得到国际银行业的普遍关注。直到20世纪90年代，许多银行尝试应用经济资本管理方法，但由于缺少数据、技术不完善、商业压力等原因，这些努力并没有成功。随着国际银行业的发展，特别是风险管理技术和方法不断提高，经济资本管理正在获得越来越多国际大型商业银行的认可和接受，一些先进银行实施经济资本管理取得了较好的经营业绩。在我国，部分大型国有商业银行和股份制银行已经开始研究、建立和完善经济资本管理框架，一些实力雄厚的银行还着手开发涵盖经济资本在内的资本管理系统，并将经济资本的理念引入经营决策的制定过程。总体上，受到经营管理水平、风险管理能力、组织架构等因素的制约，各家银行的经济资本管理体系有待完善，经济资本管理的理念还未深入人心，我国商业银行经济资本管理尚处于起步阶段。

实施经济资本管理可以推动商业银行由规模扩张型发展方式向资本约束型转变，使得银行的管理者通过提高资本的配置效率，在风险可控的范围内，最大限度地提高资本收益率。一般地，经济资本管理体系的基本要素包括经济资本计量、经济资本分配和配置、以经济资本回报率或经济增加值为核心的绩效考核等。银行经济资本管理围绕各个基本要素展开，其主要的流程如图5-3所示。第一步是由银行的总行制订包括全行的经济资本配置总量及各分支行的经济资本限额在内的经济资本计划，并将经济资本限额分配给各个分支机构，要求各个分支机构本年度的经济资本增量不应超过分配的限额；第二步是分支机构在从事发放贷款等业务时，需要根据本行的风险资产规模，定期测算经济资本余额，并对经济资本计划的执行情况进行分析。如果预计不能完成计划目标，即本年度的经济资本增量超过计划的经济资本限额，银行必须改变经营业务的策略，通过改变资产的规模或结构降低本年度的经济资本增量。第三步是由总行对各个分支机构的经济资本管理情况进行绩效考核，进而调整发展战略。

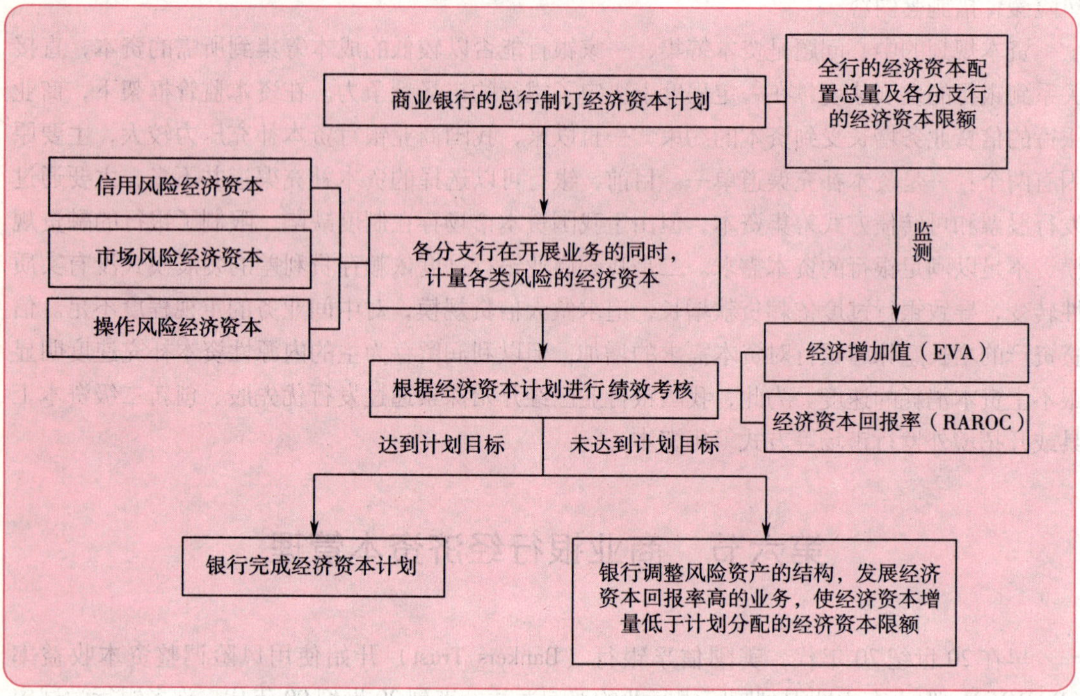

图 5 – 3　银行经济资本管理的流程

（一）风险调整资本收益率和经济增加值

两个关键指标构成了经济资本管理的基础，即风险调整资本收益率（Risk – adjusted Return on Capital，RAROC）和经济增加值（Economic Value Added，EVA）。其中 RAROC 被银行业广泛使用，而 EVA 经常作为 RAROC 的必要补充指标。

风险调整资本收益率（RAROC），也称经济资本回报率，其计算公式为

$$RAROC = \frac{预期利润}{经济资本} = \frac{收益 - 预期损失 - 费用}{经济资本}$$

RAROC 的重要贡献在于同时兼顾收益和风险两个方面，相比会计利润指标更能真实地反映银行的经营成果。

经济增加值（EVA），也称经济利润，其计算公式为

$$EVA = 税后净利润 - 经济资本 \times 经济资本成本率$$

EVA 最初是由 Stern – Stewart 管理咨询公司于 1982 年设计的绩效考核指标，后出于风险管理的需要，由国际先进银行进行开发和研究，与经济资本理论相结合，从而引入了银行的经济资本管理。在实践中，银行通常在经济资本计划中制定计划期的经济增加值目标，并预先给出经济资本成本率的设定值，经济资本成本率由股东要求的回报率等因素确定。假设一家银行在经济资本计划中设定的经济增加值目标为 15 亿元，经济资本成本率为 13%，年初的经济资本余额为 90 亿元。在对各类资产的经济资本进行计量后，得出年末经济资本余额为 100 亿元。为实现计划目标，本年度的净利润必须超过 28 亿元。如果银行的管理者预期本年度的净利润难以达到 28 亿元，在全年的经营业务过程中，必须控制本年度的经济资本增

量低于 10 亿元。

（二）　经济资本计量范围和方法

经济资本的计量范围一般包括信用风险、市场风险和操作风险，经济资本等于信用风险经济资本、市场风险经济资本和操作风险经济资本的加总。针对信用风险，我国商业银行采用的经济资本计量方法包括内部系数法、内部评级法等。市场风险的经济资本计量方法主要为标准法、VaR（风险价值法）等；操作风险的经济资本计量方法有基本指标法、标准法和高级计量法等。在计量方法方面，目前我国的银行主要是以借鉴《巴塞尔协议》中提供的技术和方法为主，基本上遵循依据监管资本调整经济资本的思路，逐步完善自身的经济资本管理体系。

以内部系数法为例，内部系数法是银行参照监管当局的有关规定，结合自身经营政策导向，根据各项业务的风险状况，统一制定各项资产的经济资本系数。各项资产经济资本的计算公式为

经济资本 = 各项资产净额 × 该项资产的经济资本系数

内部系数法在操作中比较简单，也是我国目前很多银行主要采用的方法，但经济资本系数的确定更多地反映了监管当局的风险偏好，与银行实际的风险水平存在一定的偏离，容易造成计量误差。

（三）　经济资本计划和配置

经济资本计划是指银行根据业务发展需求、风险状况、计划期利润目标等因素，制定计划期经济资本增量目标，具体包括经济资本配置总量、最低经济资本回报率要求和各分支机构的经济资本限额等内容。银行在可供分配的经济资本增量目标内，依据各分支机构基期的经济增加值、预期经济资本回报率等指标确定分配经济资本限额，视同虚拟地分配用于抵御业务风险的资本，并以此约束业务风险的增加，确保增量业务具有充分的风险抵御能力。各分支机构制订经济资本配置计划，将可用的经济资本重点配置到风险相对较低并具有较高经济资本回报率的业务上，并限制经济资本回报率较低的业务发展，提升各项业务或资产的风险调整后绩效。

（四）　绩效考核

绩效考核是指银行以经济资本回报率（RAROC）和经济增加值（EVA）为主要依据，对各分支机构、业务部门及各项业务经营绩效的考核评价，以促进实现银行价值最大化目标。在操作中，实施经济资本管理的银行会对分支机构建立以经济资本回报率、经济增加值为核心的绩效考核制度，定期监测和考核各分支机构的经济资本计划执行情况，对考核期末实际经济资本增量超过总行下达当期经济资本计划的分支机构给予一定的处罚。

本章小结

1. 银行的资本可以分为账面资本、监管资本和经济资本。账面资本是根据一定的会计准则，在商业银行编制的资产负债表中记录的股权权益。监管资本是出于防范风险和吸收损失的需要，监管当局对商业银行提出的资本要求。经济资本是指在

给定的概率或置信度下，能够覆盖银行非预期损失的资本水平。

2. 商业银行资本的多重含义决定了资本管理的丰富内涵，不仅包括对监管资本的管理，还涉及对经济资本的管理。监管资本管理是指商业银行为达到监管当局的资本监管要求，以实现资本充足为目标而进行的资本规划和资本筹集活动。与监管资本管理不同，经济资本管理是指商业银行在经济资本计量的基础上，通过优化经济资本分配和配置，以资本约束资产增长，并在控制业务风险的同时提高资本的使用效率，使业务发展的速度、效益与风险承担能力相协调，实现银行价值最大化目标。

3. 商业银行总资本包括核心一级资本、其他一级资本和二级资本。核心一级资本包括实收资本或普通股、资本公积、盈余公积、一般风险准备、未分配利润、少数股东资本可计入部分等。其他一级资本包括其他一级资本工具及其溢价、少数股东资本可计入部分等。二级资本包括二级资本工具及其溢价、超额贷款损失准备等。

4. 商业银行资本管理的目标就是保证银行的资本充足性，资本充足性有两层含义：一是适度的资本数量；二是合格的资本质量。一方面，银行的管理者需要对持有资本的数量作出权衡取舍。如果资本的数量过多，将提高商业银行的运营成本，制约业务规模，影响银行的竞争力；如果资本的数量过少，商业银行受到的资本约束程度较低，这往往会使银行改变风险偏好和经营行为，倾向于过度地承担风险，导致银行体系的稳健性下降。另一方面，资本数量是衡量银行资本充足性的重要内容，但资本的质量经常被忽视。在相同的资本数量下，不同的资本质量体现了银行不同的清偿能力。

5. 商业银行监管资本管理的基本要素包括治理结构、风险评估和资本规划。治理结构是银行实施资本管理的基础性制度安排，风险评估是资本管理的关键环节，资本规划是资本管理的核心内容。商业银行要做好资本管理，必须不断完善治理结构，建立健全风险评估程序，制定合理的、可行的资本规划，确保主要风险得到识别、计量或评估、监测和报告，确保资本水平与风险偏好及风险管理水平相适应，确保资本规划与银行经营状况、风险变化趋势及长期发展战略相匹配。

6. 实施经济资本管理可以推动商业银行由规模扩张型发展方式向资本约束型转变，使得银行的管理者通过提高资本的配置效率，在风险可控的范围内，最大限度地提高资本收益率。一般地，经济资本管理体系的基本要素包括经济资本计量、经济资本分配和配置、以经济资本回报率或经济增加值为核心的绩效考核等。

本章主要概念

账面资本　监管资本　经济资本　《巴塞尔协议》　一级资本　核心一级资本
其他一级资本　二级资本　资本充足率　核心一级资本充足率　风险加权资产

实收资本　资本公积　盈余公积　最低资本要求　储备资本　逆周期资本
资本规划　经济资本回报率　经济增加值

本章思考题

1. 商业银行账面资本、监管资本和经济资本的含义分别是什么？存在怎样的区别和联系？

2. 《巴塞尔协议》产生和发展的演变过程是怎样的？

3. 监管资本具体包括哪些内容？资本充足率的计算方法是什么？我国银行业监管的最低资本要求是什么？

4. 监管资本管理的基本要素有哪些？

5. 经济资本管理的意义是什么？具体流程是怎样的？

本章参考文献

[1] 中国银监会：《商业银行资本管理办法（试行）》，2012。

[2] Basel Committee on Banking Supervision. Proposal for International Convergence of Capital Measurement and Capital Standards，1987.

[3] Basel Committee on Banking Supervision. International Convergence of Capital Measurement and Capital Standards，1988.

[4] Basel Committee on Banking Supervision. International Convergence of Capital Measurement and Capital Standards：A Revised Framework，2004.

[5] Basel Committee on Banking Supervision. Basel Ⅲ：A Global Regulatory Framework for More Resilient Banks and Banking Systems，2010.

[6] Basel Committee on Banking Supervision. Basel Ⅲ：International Framework for Liquidity risk Measurement，Standards and Monitoring，2010.

扫描二维码可获取本章更多习题

第六章
商业银行贷款管理

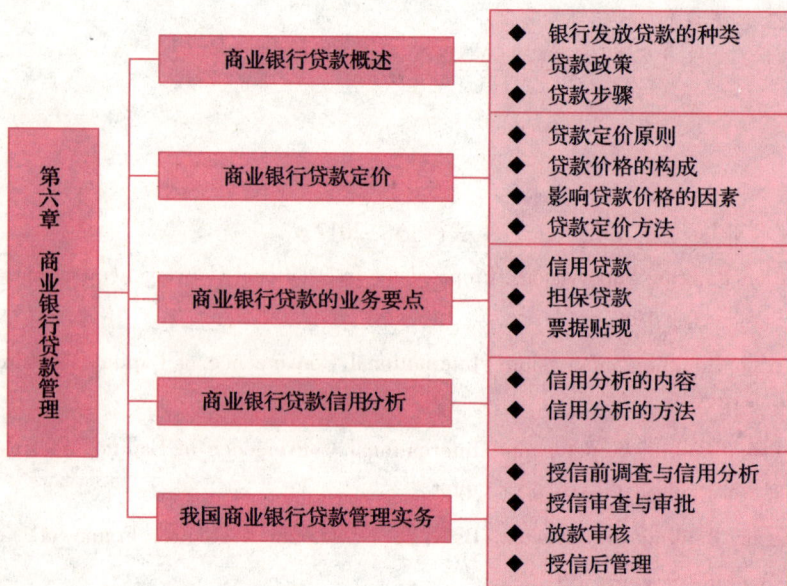

学习目标

- 掌握贷款的定义及分类
- 熟悉贷款定价原则
- 掌握几种贷款定价方法
- 了解主要类型贷款的业务要点
- 掌握贷款信用分析技术及关键指标

　　发放贷款是商业银行的传统核心业务，是实现利润最大化目标的主要手段。客户贷款是商业银行最主要的生息资产和利息收入的主要来源。然而，贷款业务具有风险较高、资金回收时间长、流动性差等特点，是商业银行经营业务管理的重点。

第一节　商业银行贷款概述

贷款是商业银行作为贷款人，按照一定的贷款原则和政策，以还本付息为条件，将一定数量的货币资金提供给借款人使用的一种借贷行为。这种借贷行为由贷款的对象、条件、用途、期限、利率和方式等因素构成。

一、银行发放贷款的种类

从银行经营管理的需要出发，可以按照不同的标准对银行贷款进行分类。而不同的分类方法，对于银行业务经营与管理又有不同的意义。

（一）按贷款的期限分类

以期限标准划分贷款类型，既有利于监控贷款的流动性和资金周转状况，使银行长短期贷款保持适当比例，又有利于银行按资金偿还期限的长短安排贷款顺序，保证银行信贷资金的安全。商业银行贷款按期限可分为活期贷款、定期贷款和透支三类。活期贷款在贷款时不确定偿还期限，可以随时由银行发出收回贷款的通知。这种贷款比定期贷款更灵活主动，在银行资金宽裕时，可以任由客户使用借以获利，而在银行需要资金时，又可以随时通知收回贷款。定期贷款是指具有固定偿还期限的贷款。按照偿还期限的长短，又可分为短期贷款、中期贷款和长期贷款。短期贷款是指期限在 1 年以内（含 1 年）的各项贷款；中期贷款是指期限在 1 年以上 5 年（含 5 年）以下的各项贷款；长期贷款是指期限在 5 年以上（不含 5 年）的各项贷款。定期贷款因其限定还款期限，一般不能提前收回，因此，形式比较呆板，但利率较高。近年来，商业银行中长期贷款发放量增加很快，这虽然可以使银行获得较多的利息收入，但由于资金被长期占有，流动性差，风险也较大。透支是指活期存款户依照合同向银行透支的款项，它实质上是银行的一种贷款。在透支业务中，虽然不是所有订有透支合同的客户都会透支，通常是有人透支，有人还款，但经常会出现在银根紧时客户均透支，而银根松时客户均还款的情况，使银行难以有效控制。

（二）按贷款的担保方式分类

按对银行贷款的担保方式来分类，银行贷款可以分为信用贷款、抵质押贷款和保证。信用贷款是指银行完全凭借客户的信誉而无须提供抵押物或第三者保证而发放的贷款。这类贷款的风险更高，银行要收取较高的利息，而且一般只向银行熟悉的较大的公司借款人提供，对借款人的条件要求较高。抵质押贷款是指以一定财产（实物资产或有价证券）作为还款保证的贷款。根据抵质押标的物的不同，具体分为抵押贷款、质押贷款。抵质押贷款由于有财产作为还款的保证，所以贷款风险相对较小。但抵质押贷款手续复杂，且需要花费抵押物（质押物）的评估、保管以及审核费用，贷款成本也比较高。保证是指由银行和借款人之外的第三方通过事前合同的约定，在借款人无法履行还款义务的时候由第三方继续履行借款人的还款义务，在实际操作中，一般作为抵质押物外的延伸担保方式，以提高借款人的贷款成功率及额度。依据提供的担保方式划分贷款种类，可以使银行依据借款人的财务状况和经营发展业绩选择不同的贷款方式，以提高贷款的安全系数。

（三） 按贷款的用途分类

银行贷款的用途非常复杂，涉及再生产的各个环节、各类产业、各个部门、各个企业，与多种生产要素相关。贷款用途本身也可以按不同标准进行划分，例如，各国的商业银行通常按贷款的目的将贷款分为七大类：房地产贷款、金融机构贷款、农业贷款、商业和工业贷款、个人贷款、杂项贷款以及应收账款融资租赁等。在我国，商业银行按贷款用途来划分，通常有两种分类方法：一是按照贷款对象的部门划分，分为工业贷款、农业贷款、科技贷款和消费贷款；二是按照贷款的具体用途来划分，一般分为流动资金贷款和固定资金贷款。按照贷款的用途或目的划分贷款种类，一是有利于银行根据资金的不同使用性质安排贷款顺序；二是有利于银行监控贷款的部门分布结构，以使银行合理安排贷款结构，防范信用风险。

（四） 按照贷款的风险程度分类

在我国，商业银行按照风险程度至少将贷款划分为正常、关注、次级、可疑和损失五类，后三类合称为不良贷款。

> 按照贷款的风险程度分类是指商业银行按照风险程度将贷款划分为不同档次的过程，其实质是判断债务人及时足额偿还贷款本息的可能性。

1. 正常类贷款。借款人能够履行合同，没有足够理由怀疑贷款本息不能按时足额偿还。借款人一直能正常还本付息，各方面情况正常，不存在影响贷款本息及时全额偿还的因素，银行对其最终偿还贷款有充分把握。

2. 关注类贷款。尽管借款人目前有能力偿还贷款本息，但存在一些可能对偿还产生不利影响的因素。如果这些潜在因素继续发展下去，有可能影响贷款的偿还，因此需要对其进行关注。这类贷款往往具有以下特征：（1）宏观经济、市场、行业等外部环境对借款人经营产生不利影响；（2）企业改制（如分立、租赁、承包等）对银行债务可能产生不利影响；（3）借款人的主要股东、关联企业或母公司等发生了重大不利变化；（4）借款人的一些关键财务指标低于同行业平均水平或有较大下降；（5）借款人未按规定用途使用贷款；（6）固定资产贷款项目出现重大的不利于贷款偿还的调整；（7）借款人还款意愿较差，不与银行积极合作；（8）贷款抵押或质押品价值下降；（9）贷款保证人财务状况出现疑问；（10）银行对贷款缺乏有效监督等。

3. 次级类贷款。借款人的还款能力出现明显问题，完全依靠其正常营业收入无法足额偿还贷款本息，即使执行担保，也可能会造成一定损失。这类贷款的特征为：（1）借款人支付出现困难，难以获得新的资金；（2）不能偿还对其他债权人的债务；（3）借款人内部管理出现问题；（4）借款人通过隐瞒事实等不正当手段套取贷款；（5）借款人经营亏损，净现金流为负；（6）借款人不得不拍卖抵押品来获得还款资金等。

4. 可疑类贷款。借款人无法足额偿还贷款本息，即使执行担保，也肯定要造成较大损失。这类贷款的特征为：（1）借款人处于停产、半停产状态；（2）贷款项目处于停产、缓建状态；（3）借款人已资不抵债；（4）企业借改制之机逃废银行债务；（5）银行已诉诸法律来收回贷款；（6）贷款经过重组，仍然逾期或仍不能正常还本付息等。

5. 损失类贷款。在采取所有可能的措施或一切必要的法律程序之后，本息仍然无法收回，或只能收回极少部分。这类贷款的特征为：（1）借款人和担保人被依法宣布破产，经法定清偿后，仍不能还清贷款；（2）借款人死亡、失踪，以其财产或遗产清偿后，未能还清的贷款；（3）借款人遭受重大自然灾害和意外事故，损失巨大且不能获得保险补偿，确实无力偿还贷款；（4）经国务院专案批准核销的逾期贷款；（5）贷款企业虽未破产，工商部门也未吊销营业执照，但企业早已关停或名存实亡；（6）由于体制或历史原因，债务人主体已经消亡而被悬空的贷款等。对于损失贷款，银行将其继续保留在资产账面上已经没有意义，应当在履行必要的内部程序后，立即予以冲销。

按照贷款的风险程序划分贷款的种类，有利于加强贷款的风险管理，提高贷款质量；有助于发现信贷管理、内部控制中存在的问题，从而提高银行信贷管理水平，最终有利于银行的稳健运行，并使得金融监管当局得以对商业银行进行有效的监管。

（五）**按银行发放贷款的自主程度分类**

按银行发放贷款的自主程度划分，银行贷款可以分为自营贷款、委托贷款和特定贷款三种。自营贷款是指银行以合法方式筹集的资金自主发放的贷款。这是商业银行最主要的贷款。由于是自主放贷，因此，贷款风险及贷款本金和利息的回收责任都由银行自己承担。委托贷款是指由政府部门、企事业单位及个人等委托人提供资金，由银行（受托人）根据委托人确定的贷款对象、用途、金额、期限、利率等代为发放、监督、使用并协助收回的贷款。对于这类贷款银行不承担风险，通常只收取委托人付给的手续费。特定贷款在我国是指经国务院批准并对可能造成的损失采取相应的补救措施后，责成国有独资银行发放的贷款。这类贷款由于事先已经确定了风险损失的补偿，银行也不承担风险。按照银行发放贷款的自主程度划分贷款种类，有利于银行根据不同的贷款性质实行不同的管理办法；同时，也有利于考核银行信贷人员的工作质量，加强信贷人员的责任心。

（六）**按贷款的偿还方式分类**

银行贷款按照其偿还方式的不同划分，可以分为一次性偿还和分期偿还两种。一次性偿还是指借款人在贷款到期日一次性还清贷款本金的贷款，其利息可以分期支付，也可以在归还本金时一次性付清。一般来说，短期的临时性、周转性贷款都是采取一次性偿还方式。分期偿还贷款是指借款人按规定的期限分次偿还本金和支付利息的贷款。这种贷款的期限通常按月、季、年确定，中长期贷款大都采用这种方式，其利息的计算方法常见的有加息平均法、利随本减法等。按贷款偿还方式划分贷款种类，一方面，有利于银行监测贷款到期和贷款收回情况，准确测算银行头寸的变动趋势；另一方面，也有利于银行考核收息率，加强对应收利息的管理。

二、贷款政策

（一）**贷款政策的内容**

贷款政策是指商业银行指导和规范贷款业务、管理和控制贷款风险的各项方针、措施和程序的总和。商业银行的贷款政策由于其经营品种、方式、规模、所处的市场环境的不同而各有差别，但其基本内容主要有以下几个方面：

1. 贷款业务发展战略。银行贷款政策首先应当明确银行的发展战略，包括开展业务应当遵循的原则，银行希望开展业务的行业、区域，以及业务品种和希望达到的业务开展规模和速度。

2. 贷款业务规程及权限划分。为了保证贷款业务操作过程的规范化，贷款政策必须明确规定贷款业务的工作规程。贷款业务规程是指贷款业务操作的规范化程序。贷款程序通常包含三个阶段：第一阶段是贷前的推销、调查及信用分析阶段；第二阶段是银行接受贷款申请以后的评估、审查及贷款发放阶段；第三阶段是贷款发放以后的监督检查、风险监测及贷款本息收回的阶段。

3. 贷款的规模和比率控制。商业银行在贷款政策中应当为自己确定一个合理的贷款规模，以利于银行制订一项详细而周密的年度贷款计划。虽然影响贷款规模的因素十分复杂，但商业银行在贷款政策中还是有必要作出有关的说明和规定。通常银行根据贷款资金情况及其稳定性状况，以及中央银行规定的存款准备金比率、资本金状况、银行自身流动性准备比率、银行经营环境状况、贷款需求情况和银行经营管理水平等因素，来确定计划的贷款规模，这个贷款规模既要符合银行稳健经营的原则，又要最大限度地满足客户的贷款需求。

4. 贷款的种类及地区。贷款的种类及其构成形成了银行的贷款结构。而贷款结构对商业银行信贷资产的安全性、流动性、盈利性具有十分重要的影响。因此，银行贷款政策必须对本行贷款种类及其结构作出明确的规定。银行管理部门通常必须决定本行承做哪几种贷款最为有利。银行在考虑了诸如贷款的风险、保持流动性、银行所要服务的客户类型、银行工作人员的能力等因素后，应在企业贷款、消费贷款、农业贷款等贷款领域中分配贷款总额。当然，受地区经济发展制约，贷款也可能集中在某一个领域。

5. 贷款人的担保。贷款政策中，应根据有关法律确立贷款的担保政策。贷款担保政策一般应包括以下内容：（1）明确担保的方式，如《中华人民共和国担保法》规定的担保方式有：保证担保、抵押担保、质押担保、留置以及定金；（2）规定抵押品的鉴定、评估方法和程序；（3）确定贷款与抵押品估值的比率、贷款与质押品价值的比率；（4）确定担保人的资格和还款能力的评估方法与程序等。在贷款政策中明确上述担保政策，是为了在贷款中能够完善贷款的还款保障，确保贷款的安全性。

6. 贷款定价。在市场经济条件下，贷款定价是一个复杂的过程，银行贷款政策应当对此进行明确的规定。银行贷款的价格一般包括贷款利率、贷款补偿性余额（回存余额）和对某些贷款收取的费用（如承诺费、手续费等），因此，贷款定价也不仅仅是一个确定贷款利率的过程。在贷款定价过程中，银行必须考虑资金成本、贷款的风险程度、贷款的期限、贷款管理费用、存款余额、还款方式、银行与借款人之间的关系、资产收益率目标等多种因素。

7. 贷款档案管理政策。贷款档案是银行贷款管理过程的详细记录，体现银行经营管理水平和信贷人员的素质，可直接反映贷款的质量，在某些情况下，甚至可以决定贷款的质量。贷款档案管理政策是贷款政策的重要内容，银行应该建立科学、完整的贷款档案管理制度。

8. 贷款的日常管理和催收制度。贷款发放出去以后，贷款的日常管理对保证贷款的质量尤为重要，应在贷款政策中加以规定。贷款发放后，信贷人员应保持与借款人的密切联系，定期或不定期地走访借款人，了解借款人的业务经营情况和财务状况，定期进行信贷分析，并形成信贷分析报告存档。

9. 不良贷款的管理。对不良贷款的管理是商业银行贷款政策的重要组成部分。贷款发放以后，如在贷后检查中发现不良贷款的预警信号，或在贷款质量评估中被列入关注级以下贷款，都应当引起充分的重视。

（二）制定贷款政策应考虑的因素

通常，商业银行的经营管理者在制定其贷款政策时应考虑以下因素：

1. 国家有关的法律、法规和财政政策、货币政策、产业政策。任何商业银行的贷款业务都是在国家有关法律、法规的规范下，在一定时期国家宏观经济政策的指导下来开展的。因此，在制定贷款政策时，商业银行的高层管理者首先必须了解并掌握国家有关的法律和法规，熟悉国家在一定时期的财政政策和货币政策，使商业银行的贷款业务既合法，又合理；既体现国家法律和政策的要求，又能取得较好的经济效益。

2. 银行的资本金状况。商业银行的资本金状况对贷款政策有重要影响。资本的构成、核心资本与附属资本的比例、资本与加权风险资产的比率、资本与存款的比率、贷款呆账准备金与贷款的比率等都会影响银行承担贷款风险的能力。资本实力较强、资本构成中核心资本比率较高、呆账准备金较充裕，银行承担贷款风险的能力就较强；反之，如果资本实力较弱、资本结构脆弱、呆账准备金较低，银行承担风险的能力就低，在发放高风险贷款时应十分谨慎。

3. 银行负债结构。商业银行的负债结构和负债的稳定性状况也是影响银行贷款政策的一个重要因素。按照稳健经营的原则，商业银行必须根据负债的结构来安排资产的结构，银行负债的性质、期限、利率、费用等都直接制约着银行贷款结构的形成。因此，在制定贷款政策时，银行管理者必须从本行负债结构及稳定性状况的现实和可能性出发，合理安排贷款的期限结构、用途结构和利率结构。

4. 服务地区的经济条件和经济周期。经济决定金融，银行所在地区的经济发展状况对银行贷款政策有着直接影响。在贷款政策中，应根据经济发展地区现实条件的变化，及时、不断地调整贷款的结构、投向，以确保贷款为经济发展服务。同时银行贷款政策应充分考虑经济周期的影响。在经济萧条、市场不景气时，银行大量发放中长期贷款往往要承受较大的风险。在经济结构调整时期，银行贷款的流向要特别注意与国家产业政策相协调。

5. 银行信贷人员的素质。信贷人员的素质包括知识水平、能力、经验、责任心等。一般情况下，如果本行信贷人员素质较高，银行信贷业务可以更多地向具有较高风险和收益的领域拓展。反之，如果本行信贷人员总体上素质较低，在制定贷款政策时，不仅要对贷款各个环节的工作实施更加严格的控制，而且应尽量避免涉及高风险领域，以免由于信贷人员的知识、能力、经验不足和责任心不强而给银行贷款带来不应有的损失。

三、贷款步骤

商业银行在发放任何一笔贷款时，都必须遵循以下工作程序。

（一）贷款申请

凡符合借款条件的借款人，在银行开立结算账户、与银行建立信贷关系之后，如果出现资金需要，都可以向银行申请贷款。借款人申请贷款必须填写借款申请书。借款申请书的基本内容包括借款人名称、性质、经营范围，申请贷款的种类、期限、金额、方式、用途、用款计划、带本付息计划以及有关的经济技术指标等。

（二）贷款调查

银行接到借款人的借款申请后，应指定专人进行调查。调查的内容主要有两个方面：一是关于借款申请书内容的调查，主要包括其内容填写是否齐全、数字是否真实、印鉴是否与预留银行印鉴相符、申请贷款的用途是否真实合理等。二是贷款可行性的调查，主要包括借款人的品行、借款的合法性、借款的安全性、借款的盈利性。

（三）评估借款人信用

银行在对借款人的借款申请进行深入调查研究的基础上，还要利用掌握的资料，对借款人进行信用评估并划分信用等级。信用评估可以由贷款银行独立进行，评估结果由银行内部掌握使用；也可以由人民银行认可的、有资格的专门信用评估机构对借款人进行统一评估，评估结果供各家银行使用。

（四）借款审批

对经济审查符合贷款条件的借款申请，银行应当及时进行审批。银行要按照"分级负责、集体审定、一人审批"的贷款审批制度进行贷款决策，逐笔逐级签署审批意见并办理审批手续。为了保证贷款决策的科学性，凡有条件的银行都应当建立贷款审查委员会，进行集体决策。

（五）借款合同的签订和担保

借款申请经审查批准后，必须按《中华人民共和国合同法》及相关法规，由银行与借款人签订借款合同。对于保证贷款，保证人必须向银行出具不可撤销担保或由银行与保证人签订保证合同；对于抵押贷款和质押贷款，银行必须与借款人签订抵押合同或质押合同。需办理公证或登记的，还应依法办理公证和登记手续。

（六）贷款发放

贷款合同生效后，银行就应按合同规定的条款发放贷款。在发放贷款时，借款人应先填好借款借据，经银行经办人员审核无误，由信贷部门负责人或主管行长签字盖章，送银行会计部门，由其将贷款足额划入借款人账户，供借款人使用。

（七）贷款检查

贷款发放以后，银行要对借款人执行借款合同的情况即借款人的资信状况进行跟踪调查和检查。检查的主要内容包括：借款人是否按合同规定的用途使用贷款；借款人资产负债结构的变化情况；借款人还款能力即还款资金来源的落实情况等。对违反国家有关政策、制度和借款合同规定的，检查人员应及时制止并提出处理意见。对问题突出、性质严重的，要及时上报主管领导甚至上级行采取紧急措施，以尽量减少贷款的风险损失。

（八）贷款的收回

贷款到期后，借款人应主动及时归还贷款本息，一般可由借款人开出结算凭证归还本息，也可由银行直接从借款人账户扣收贷款本息。贷款到期，由于客观情况发生变化，借款人经过努力仍不能还清贷款的，应提前向银行提出贷款展期申请。如果银行同意展期，应办理展期手续。每笔贷款只能展期一次，短期贷款展期不得超过原贷款期限；中长期贷款展期不得超过原贷款期限的一半；且最长不得超过3年。贷款展期后，如果展期期限加上原贷款期限达到新的利率期限档次，则按新期限档次利率计息。如果银行不同意展期，或展期以后仍不能到期还款，即列为逾期贷款，银行应对其进行专户管理，并加大催收力度。

第二节　商业银行贷款定价

贷款是商业银行最主要的盈利资产，贷款利润的高低与贷款价格有着直接关系。贷款价格高，利润就高，但贷款的需求将因此而减少；相反，贷款价格低，利润就低，但贷款需求会增加。因此，合理确定贷款价格，既能为银行取得满意的利润，又能为客户所接受，是商业银行贷款管理的重要内容。

一、贷款定价原则

（一）利润最大化原则

商业银行是经营货币信用业务的特殊企业。作为企业，实现利润最大化始终是其追求的主要目标。信贷业务是商业银行传统的主营业务，存贷利差是商业银行利润的主要来源。因此，银行在进行贷款定价时，首先必须确保贷款收益足以弥补资金成本和各项费用，在此基础上，尽可能地实现利润最大化。

（二）扩大市场份额原则

在金融业竞争日益激烈的情况下，商业银行要谋求生存和发展，必须在信贷市场上不断扩大其市场份额。同时，商业银行追求利润最大化目标也必须建立在市场份额不断扩大的基础上。影响一家银行市场份额的因素非常复杂，但贷款价格始终是影响市场份额的一个重要因素。如果一家银行贷款价格过高，就会使一部分客户难以承受而最终失去这部分客户，从而缩小银行的市场份额。因此，银行在贷款定价时，必须充分考虑同业、同类贷款的价格水平，不能盲目实行高价政策，除非银行在某些方面有着特别的优势。

（三）保证贷款安全原则

银行贷款业务是一项风险性业务，保证贷款的安全是银行贷款经营管理整个过程的核心内容。除了在贷款审查发放等环节要严格把关外，合理的贷款定价也是保证贷款安全的一个重要方面。贷款定价最基本的要求是使贷款收益能够足以弥补贷款的各项成本。贷款成本除了资金成本和各项管理费用外，还包括因贷款风险而带来的各项风险费用，如为弥补风险损失而计提的呆账准备金，为管理不良贷款和追偿风险贷款而花费的各项费用等。可见，贷款的风险越大，贷款成本就越高，贷款的价格也就越高。因此，银行在贷款定价时，必须遵循风险与收益对称的原则，确保银行贷款的安全性。

（四）维护银行形象原则

作为经营信用业务的企业，良好的社会形象是商业银行生存与发展的重要基础。商业银行要树立良好的社会形象，就必须守法、诚信、稳健经营，要通过自己的业务活动维护社会的整体利益，不能唯利是图。在贷款定价中，银行要严格遵循国家有关法律、法规和货币政策、利率政策的要求，不能利用贷款价格搞恶性竞争，破坏金融秩序的稳定，损害整体社会利益。

二、贷款价格的构成

一般来说，贷款价格的构成包括贷款利率、贷款承诺费、补偿性余额和隐含价格。

（一）贷款利率

贷款利率是一定时期客户向贷款人支付的贷款利息与贷款本金之比率，它是贷款价格的主体，也是贷款价格的主要内容。贷款利率分为年利率、月利率和日利率。年利率是贷款利率的基本形式，通常以百分比来表示。银行贷款利率一般有一个基本水平，它取决于中央银行的货币政策和有关的法令规章、资金供求状况和同业竞争状况。根据贷款使用情况，在具体确定一笔贷款的利率时，可以使用低于一般利率的优惠利率和高于一般利率的惩罚利率。根据确定一般利率的方式不同，贷款利率还可以分为固定利率和浮动利率。前者是指在发放贷款时确定并在贷款期间不再变动的利率。后者则是指在贷款期间内根据市场利率变化而定期调整的利率。

贷款利率的确定应以收取的利息足以弥补支出并取得合理利润为依据。银行贷款所支付的费用包括资金成本、提供贷款的费用以及今后可能发生的损失等。合理的利润水平是指应由贷款收益提供的、与其他银行或企业相当的利润水平。

（二）贷款承诺费

承诺费是指银行对已承诺贷给客户而客户又没有使用的那部分资金收取的费用。也就是说，银行已经与客户签订了贷款意向协议，并为此做好了资金准备，但客户并没有实际从银行贷出这笔资金，承诺费就是对这笔已作出承诺但没有贷出的款项所收取的费用。承诺费是客户为了取得贷款而支付的费用，构成贷款价格的一部分。

银行收取贷款承诺费的理由是：为了应付承诺贷款的要求，银行必须保持一定高性能的流动性资产，这就要放弃收益高的贷款或投资，使银行产生利益损失。为了补偿这种损失，就需要借款人提供一定的费用。支付了承诺费的贷款承诺是正式承诺，当借款人需要使用贷款时，银行必须予以及时满足，否则，银行要承担法律责任。

（三）补偿性余额

补偿性余额是应银行要求，借款人保持在银行的一定数量的活期存款和低利率定期存款，它通常作为银行同意贷款的一个条件而写进贷款协议。要求补偿性余额的理由是：客户不仅是资金的使用者，还是资金的提供者，而且只有作为资金的提供者，才能成为资金的使用者。存款是银行业务的基础，是贷款的必要条件，银行发放贷款应该成为现在和将来获得存款的手段。从另一方面讲，也是银行变相提高贷款利率的一种方式，因此，它成为贷款价格的一个组成部分。补偿性余额的计算分为两部分：一部分是按实际贷款余额计算的补偿性余额，另一部分是按已承诺而未使用的限额计算的补偿性余额。

（四）隐含价格

隐含价格是指贷款定价中的一些非货币性内容。银行在决定给客户贷款后，为了保证客户能偿还贷款，常常在贷款协议中加上一些附加性条款。附加条款可以是禁止性的，即规定借款人必须遵守的特别条款。附加条款不直接给银行带来效益，但可以防止借款人经营状况的重大变化给银行利益造成损失，因此，它也可以视为贷款价格的一部分。

三、影响贷款价格的因素

按照一般的价格理论,影响贷款价格的主要因素是信贷资金的供求状况。然而,由于信贷资金是一种特殊的商品,其价格的决定因素就更加复杂。通常,在贷款定价时银行应当考虑的因素主要有以下几个方面。

(一) 资金成本

银行的资金成本分为资金平均成本和资金边际成本。资金平均成本是指每一单位的资金所花费的利息、费用额。它不考虑未来利率、费用变化后的资金成本变动,主要用来衡量银行过去的经营状况。如果银行的资金构成、利率、费用等不变,银行可以根据资金平均成本来对新贷款定价。但如果银行资金来源结构、利率和费用等都处于变动状况中,它对贷款定价意义就不大。

资金的边际成本是指银行每增加一个单位的可投资资金所需要花费的利息、费用额。因为它反映的是未来新增资金来源的成本,所以在资金来源结构变化,尤其是在市场利率的条件下,以它作为新贷款的定价基础较为合适。资金边际成本根据资金来源的种类、性质、期限等不同而不同,每一种资金来源都会有不同的边际成本。但银行通常不能按某一种资金来确定贷款价格,而需要计算边际成本即新增一个单位的资金来源所平均花费的边际成本。

(二) 贷款风险程度

由于贷款的期限、种类、保障程度及贷款对象等各种因素的不同,贷款的风险程度也有所不同。不同风险程度的贷款,银行为其花费的管理费用或对可能产生的损失的补偿费用也不同。这种银行为承担贷款风险而花费的费用,称为贷款的风险费用,也是贷款的风险成本。银行在贷款定价时,必须将风险成本纳入贷款价格之中。

一笔贷款的风险程度及由此而引起的银行贷款的风险费用受多种复杂因素的影响,如贷款的种类、用途、期限、贷款保障、借款人信用、财务状况、客观经济环境的变化等,因此,要精确地预测一笔贷款的风险费用是比较困难的。在实践中,为了便于操作,银行通常根据历史上同类贷款的平均费用水平并考虑未来各种新增因素后来确定贷款风险费用率。如过去 5 年中,对信用 AAA 级企业发放 1 年期信用贷款的平均风险管理费用率为 0.6%,如以此作为新贷款的风险费用率,则银行对同类企业发放同类贷款 500 万元,就应收取贷款风险费用 3 万元 ($5\,000\,000 \times 0.6\%$)。

(三) 贷款费用

商业银行向客户提供贷款,需要在贷款之前和贷款过程中做大量的工作,如进行信用调查、分析、评估,对担保品进行鉴定、估价、管理,对贷款所需的各种材料、文件进行整理、归档、保管等。所有这些工作都需要花费人力、物力,发生各种费用。在贷款定价时,应将这些费用考虑进去,作为构成贷款价格的一个因素。当然,在实践中,银行贷款种类不同,所花费的贷款费用也不可能一样。为了操作方便,许多银行通常将各种贷款的收费种类及其标准作具体的规定,在确定某一笔贷款的收费时,只需按规定计算即可。

(四) 借款人的信用及银行的关系

借款人的信用状况主要是指借款人的偿还能力和偿还意愿。借款人的信用越好,贷款风险越小,贷款价格也应越低。如果借款人信用状况不好,过去的偿债记录不能令人满意,银行就应以较高的价格和较严格的约束条件限制其借款。

借款人与银行的关系也是银行贷款定价时必须考虑的重要因素。这里的关系是指借款人与银行正常的业务往来关系，如借款人在银行的存款情况、借款人使用银行服务的情况等。那些在银行有大量存款，广泛使用该行提供的各种金融服务，或长期有规律地借用银行贷款的客户，就是与银行关系密切的客户，在制定贷款价格时，可以适当低于一般贷款的价格。

（五）银行贷款的目标收益率

商业银行都有自己的盈利目标，为了实现该目标，银行对各项资金运用都应当确定收益目标。贷款是银行主要的资金运用项目，贷款收益率目标是否能够实现，直接影响到银行总体盈利目标的实现。因此，在贷款定价时，必须考虑能否在总体上实现银行的贷款收益率目标。当然，贷款收益率目标本身应当合理制定，过高的收益率目标会使银行贷款价格失去竞争能力。

（六）贷款的供求状况

市场供求状况是影响价格的一个基本因素。贷款作为一种金融产品，自然也受这一规律的制约。这里的贷款需求是指贷款人某一时期希望从银行取得贷款的数量；贷款供给是指所有银行在该时期内能够提供的贷款数量。当贷款供大于求时，贷款价格应当降低；当贷款供不应求时，贷款价格应当适当提高。

四、贷款定价方法

银行在对企业和消费者发放贷款时，一个很难的决策是如何对这些贷款进行科学的定价。通常银行希望贷款利率能高一些，以便能保证每笔贷款都有利可图，并能充分补偿其所承担的风险。然而，贷款利率过高可能会影响借款人的还款能力，甚至会造成借款人向其他金融机构或在公开市场上借款，从而使得银行客户流失。随着金融管理放松和金融业竞争的不断加剧，银行在发放贷款方面的利润已大大减少，这使得对贷款的合理定价比以往任何时候都更加重要。

（一）成本加成贷款定价法（Cost – Plus Loan – Pricing Method）

这种方法是根据银行贷款的成本来确定贷款价格的。在商业性贷款的定价中，银行管理人员首先要考虑贷款金额所耗费的成本以及银行的管理费用。这就意味着银行必须首先了解其贷款成本的构成状况，从而对各种类型的贷款制定出切实可行的价格。

成本加成贷款定价法提出，任何商业性贷款均应包括四个部分：（1）银行筹集可贷资金的成本；（2）银行的非资金性经营成本（包括贷款人员的工资以及发放和管理贷款时使用的设备、工具等成本）；（3）对银行由于贷款可能发生的违约风险作出的必要补偿；（4）为银行股东提供一定的资本收益率所必需的每一贷款项目的预期利润水平。成本加成贷款定价法的公式如下：

贷款利率 = 筹集放贷资金的边际成本 + 非资金性银行经营成本
+ 预计补偿违约风险的边际成本 + 银行预计利润水平

公式中的每部分都可以用贷款总额的年度百分比表示。

❂【例】假设有一钢铁制造公司要求银行给予 500 万美元的银行贷款，如果银行为了筹款必须在货币市场上以 10% 的利率卖出大额可转让存单，筹集资金的边际成本就是 10%。银行分析、发放及监管这项贷款的非资金性经营成本大约为 500 万美元的 2%，银行信贷部门建议为了补偿贷款不能及时全额偿付的风险再加上 500 万美元的 2%。最后，银行要求在该项贷款的财务、经营和风险成本之上再加上 1% 的利润水平。因此，这家银行就以 15%（10% + 2% + 2% + 1%）的利率水平来发放这笔贷款。

（二）价格领导模型定价法（Price Leadership Model）

成本加成贷款定价法是假设银行能够精确地计算其成本，并将其分摊到各项业务中去，而且这种定价方法是以银行为核心，未考虑竞争因素。事实上，这种可能性较小，于是价格领导模型定价法便产生了。这种方法是以若干大银行统一的优惠利率为基础，考虑到违约风险补偿和期限风险补偿所制定的利率。对于某个特定的客户来说，其贷款的利率公式为

贷款利率＝优惠利率（包括各种成本和银行预期利润）＋加成部分
＝优惠利率＋违约风险溢价＋期限风险溢价

其中，优惠利率是对信用等级最高的大公司提供的短期流动资金贷款的最低利率，违约风险溢价是对非基准利率借款人收取的费用，期限风险溢价则是对长期贷款的借款人所收取的费用。

确定风险溢价是贷款定价中较难的一步，可以采用多种风险调整方法。美国金融学家科普兰（Copeland）建议可依据表6－1中所列举的方案来评定贷款的质量等级。

表6－1　专家建议的贷款的风险等级和溢价

单位：%

风险等级	风险溢价	风险等级	风险溢价
无风险	0	特别关注	1.5
微小风险	0.25	次级	2.5
标准风险	0.50	可疑	5

如果一家企业属于非优惠利率借款者，对其5年期的固定资产贷款利率中除了优惠利率之外，还要包括违约风险溢价和期限风险溢价。假如优惠利率为12%，违约风险溢价为1.5%，期限风险溢价为2%，那么该笔贷款利率则为15.5%。

在利率市场化后，优惠利率（或基准利率）定价法就产生了两个公式：优惠利率加数法和优惠利率乘数法。前者是用优惠利率加上一个比率构成贷款利率，后者是用优惠利率乘以一个数值得到贷款利率。表6－2就是这两种方法的比较。

表6－2　优惠利率加数法和优惠利率乘数法的比较

单位：%

优惠利率	加数利率（优惠利率＋2%）	乘数利率（优惠利率×1.2）
10	12	12
11	13	13.2
12	14	14.4
13	15	15.6
14	16	16.8
15	17	18

在表6－2中，只有在优惠利率为10%时，加数利率和乘数利率才一致。当优惠利率由10%上升到15%时，加数利率由12%上升到17%，而乘数利率则上升到18%，高出加数利率1个百分点；相反，当优惠利率下降到9%时，利用加数法得到的利率为11%，而用乘数法得到的利率则为10.8%，低于加数利率。这说明两种不同的利率计算方法对优惠利率变动的反映程度是不同的。

20世纪70年代，优惠利率（或基准利率）作为商业贷款基准利率的统治地位受到伦敦

银行同业拆借利率（London Interbank Offered Rate，LIBOR）的挑战。伦敦银行同业拆借利率是指存期为几天到几个月的欧洲美元短期存款利率。随着时间推移，由于主要银行更多地用欧洲美元作为放贷资金，这些银行开始使用伦敦银行同业拆借利率作为基准利率；另外一个原因是银行业的国际化使外国银行纷纷进入美国的国内贷款市场。伦敦银行同业拆借利率对国内和国外的所有银行提供了一个共同的标准，并为客户对各种银行的贷款利率进行比较提供了基准。为建立中国的基准利率体系，2007 年，中国人民银行正式推出上海银行间同业拆放利率（Shanghai Interbank Offered Rate，Shibor），并成立专门的协调小组，依据《上海银行间同业拆放利率实施准则》

上海银行间同业拆放利率（Shanghai Interbank Offered Rate，Shibor）是由国内信用等级较高的银行机构组成报价团自主报出的人民币同业拆出利率计算确定的算术平均利率（单利、无担保、批发性）。

确定和调整报价银行团成员，监督和管理 Shibor 运行，规范报价行与指定发布人行为。

★【例】 一家大公司欲借数百万元人民币的贷款，期限为 1 个月，那么它从国内银行或国外银行借入的这笔贷款的利率报价可能为：

以 Shibor 为基准的贷款利率
= Shibor + 违约风险溢价 + 利润
= 5.016% + 0.125% + 0.125%
= 5.266%

表6-3 2015 年 3 月 27 日上海银行间同业拆放利率 单位：%	
期限	上海银行间同业拆放利率
隔夜拆借	3.2060
1 周	3.8930
1 个月	5.0160
1 年	4.7800

对于几个月或几年的长期贷款，银行家可能在上面公式中再加上期限风险溢价，作为对其商业客户长期承诺的一种额外风险补偿。例如，以 1 年期的 Shibor 4.78% 作为基准的 1 年期贷款利率，则有：

以 Shibor 为基准的贷款利率 = Shibor + 违约风险溢价 + 期限风险溢价 + 利润 = 4.78% + 0.125% + 0.25% + 0.125% = 5.28%

（三） 成本—收益贷款定价法 （Cost Benefit Loan Pricing）

尽管大多数贷款是以优惠利率、伦敦银行同业拆借利率或其他货币市场基准利率为基础来拟定价格，然而许多银行还是开发了更为复杂的贷款定价系统，通过这一系统定价可以判断银行是否对贷款收取足够利息以补偿其成本和风险。在这些复杂的贷款定价系统中，最突出的就是成本—收益贷款定价法。在成本—收益贷款定价法下，需考虑的因素有三个：（1）贷款产生的总收入；（2）借款人实际使用的资金额；（3）贷款总收入与借款人实际使用的资金额之间的比率（即银行贷款的税前收益率）。

★【例】 假设一个客户要求 500 万美元的信用额度，贷款合同规定的利率为 20%，客户实际使用 400 万美元。按规定，客户对其未使用的信用额度要支付 1% 的承诺费，同时，银行要求客户必须存入相当于实际贷款额 20% 和未使用额度 5% 的存款数（补偿金额）。假定中央银行要求的存款准备金率为 10%。根据这些条件，我们就可得到：

估算的贷款总收入 = 400（贷款的使用部分）× 0.20 + 100 × 0.01（贷款的未使用部分）=

81（万美元）

借款人实际使用的资金额 = 400 −（400 × 0.20 + 100 × 0.05）+ 0.10（400 × 0.20 + 100 × 0.05）= 323.5（万美元）

银行贷款估算的税前收益率 = 81 ÷ 323.5 = 25%

由此，银行的管理层必须判定该笔贷款 25% 的税前收益率是否足够补偿银行的筹资成本、贷款风险以及除去各种费用（包括税收）之后的银行预期利润率。

（四）客户盈利性分析定价法（Customer Profitability Analysis，CPA）

前文所述的成本—收益贷款定价法实际上是客户盈利性分析定价法的一个简化形式。客户盈利性分析定价法首先是假设银行在对每笔贷款申请定价时应考虑银行与客户的整体关系。具体来说，客户盈利性分析定价法注重银行从与客户整体关系中获得收益率，其收益率的计算公式如下：

$$\text{银行从整个客户关系中获得的净税前收益率} = \frac{\text{对某一客户提供贷款和其他服务的收入} - \text{对该客户提供贷款和其他服务的费用}}{\text{可用于超出该客户存款的净贷放资金}}$$

这里，客户付给银行的收入包括贷款利息、承诺费、现金管理服务费用和数据处理费用等。银行为客户服务所引起的费用包括银行雇员的工资和报酬、信用调查费用、存款利息、账户调整和处理费用（包括支付的支票、贷款和存款记录保持和收集费用、保险箱服务等）、筹集可贷资金成本。可贷资金净额是客户使用的信用额度减去该客户存入该银行所有存款的平均数（经过法定准备金调整）的资金额。

实际上，客户盈利性分析方法就是银行对每位客户所使用的超过其向该行所供资金的那部分银行资金的定价。如果从客户的所有关系中得到的净收益为正，那么这项贷款就有可能被批准，因为银行在所有费用支出之后仍有盈余；如果算出的净收益为负数，则银行可能否决该笔贷款申请，或者可能提高贷款利率，或者银行提高该客户所要求的其他服务收费价格，以便能在盈利的基础上继续与该客户维持往来。

☆【例】假设银行正在考虑向一家制造企业发放一笔 9 个月期的 300 万元的贷款。如果这家制造企业完全使用这笔贷款额度并在银行存放 20% 的补偿性存款，那么银行与该客户的这笔信贷交易将会产生以下的收入和费用（单位：元）：

该客户可能提供的收入来源	
贷款的利率收入（12%，9 个月）	270 000
贷款承诺费用（1%）	30 000
客户存款的管理费用	6 000
资金转账费用	2 000
信托服务和记录保持费用	13 000
预期年度收入总额	321 000
对该客户提供服务引致的预期成本	
应付该客户的存款利息（10%）	45 000
对该客户放款的筹资成本	160 000
客户账户的运营成本	25 000
客户资本调动成本	1 000
处理贷款成本	3 000
簿记成本	1 000
年度总费用	235 000
客户在年度将要提取的银行储备净额	
对客户承诺的贷款平均额	3 000 000
减：该客户在银行的存款均额（减去准备金要求）	−540 000
对该客户承诺的可放贷储备净额	2 460 000

由公式计算可得

从客户的整体关系中得到的
不含成本的年度税前收益率 $= \dfrac{\text{预期收入} - \text{预期成本}}{\text{能提供的可贷资金净额}} = \dfrac{321\,000 - 235\,000}{2\,460\,000} = 0.035$ 或
3.5%

💡 案例解析

如果银行从银行与客户的整体关系中获得的净收益率为正，该项贷款就可以接受，因为这时银行所有费用均得到了补偿；如果算出的净收益率为负，就银行而言，这项贷款和其余服务的定价就是不合理的。客户所要求的贷款的风险越大，银行要求的净收益率就应越高。

客户盈利性分析定价法近年来在西方商业银行中变得越来越复杂且包罗万象。银行业已推出了表明对每一客户发生的收入和费用情况的明细账户说明书。银行通常将借款公司本身、其附属公司、主要股东、高层管理人员均合并在一起作统一的盈利性分析，这样可使银行管理人员综合掌握银行和客户的整体关系。这种综合方法的好处是可以说明对某一账户服务的损失是否可由银行和客户关系中的另一账户所抵补。目前，西方商业银行自动盈利性分析系统（Automated CPA Systems）允许客户输入各种贷款和存款定价方案，来决定哪一种方法对银行和客户都更有利。正如银行家罗伯特·奈特（Robert Knight）指出的那样，客户盈利性分析定价法还可以用来判定盈利最大的贷款和客户种类，以及哪位信贷客户做得最好。

第三节　商业银行贷款业务要点

在之前章节中，我们已经系统地阐述了贷款的分类和定价，下面对银行的几项主要贷款业务进行简要介绍。

一、信用贷款

信用贷款是指银行完全凭借借款人的良好信用而无须提供任何财产抵押或第三方担保而发放的贷款。信用贷款是以借款人的信用作为还款保证，从广义上讲，它也是一种担保贷款，只不过是以借款人本身的信用作为担保。与其他类型贷款相比，信用贷款具有三个特点：（1）以借款人信用和未来的现金流量作为还款保证；（2）风险大，利率高；（3）手续简便。

信用贷款的操作程序及其要点如下：

1. 对借款人进行信用评估，正确选择贷款对象。借款人向银行提出借款申请后，银行首先应对贷款人的资信状况进行全面而科学的分析（具体内容和方法见本章第四节）。同时，对借款人的借款申请书进行审查核实。由于信用贷款是凭借借款人的信用发放的，因此，对客户的信用分析就具有特别重要的意义。在对借款人进行信用分析的基础上，银行应根据本行的贷款政策、原则和条件，正确选择信用贷款对象。通常，银行只对那些与本行有着长期借贷交往历史，而且信誉度高、经营好、经济实力强，无不良信用记录，预测未来现金流量

足以偿还贷款本身的客户发放信用贷款。

2. 合理确定贷款额度和期限。银行确定以信用贷款方式发放贷款后,应根据企业的合理资金需求和银行的资金可供能力,作出贷款额度和利率的决策。信用贷款虽以借款人信用作为贷款依据,但借款人的信用状况不可能成为确定贷款额度和期限的直接依据。银行确定贷款额度的直接依据通常包括:一是企业的合理资金需求;二是可作为偿还贷款来源的企业未来现金流量;三是银行的信贷资金可供量。这三个因素同时成为制约贷款额度的上限。确定贷款期限的直接依据是银行贷款制度的规定和企业正常资金周转期限或贷款项目投资回收期限。

3. 贷款的发放与监督使用。银行经审查确定贷款额度和期限后,便可与借款人签订借款合同,随后将贷款按合同划入企业账户。贷款发放后,银行应定期检查贷款使用情况,分析企业资产负债结构变化情况,发现问题及时纠正,消除贷款风险隐患。如发现借款人在使用贷款中有违反合同的行为,银行应及时发出警告并予以制止,如果警告和制止无效,银行有权停止贷款,并提前收回已发放的贷款。

4. 贷款到期收回。贷款到期,银行应提前向借款人发出收贷通知。如果借款人因客观原因不能按时还贷,应提前向银行提出展期申请。贷款合同期满,借款人应主动出具结算凭证还款,也可由银行直接从借款人账户中扣收贷款。借款人不能按期还款,银行应将其转入逾期账户,加收罚息,同时应要求借款人订出切实可行的还款计划,督促其尽早还款。

二、担保贷款

银行在对借款人进行信用分析后,如果借款人不符合发放信用贷款的条件,银行可对其发放担保贷款。担保贷款是指银行要求借款人根据规定的担保方式提供贷款担保而发放的贷款。通常在以下情况下,银行应要求借款人提供贷款担保:(1)借款人的负债率较高,表明其财力脆弱;(2)借款人没有建立起令人满意的、稳定的收益记录;(3)借款人发行的股票未能销售出去;(4)借款人是新客户;(5)借款人的经营环境恶化;(6)贷款的期限很长等。

(一)贷款的担保方式

我国《担保法》中规定的担保方式主要有保证、质押和抵押三种,相应地,我国目前的担保贷款也包括保证贷款、质押贷款和抵押贷款三种。

1. 保证与保证贷款。保证是指保证人与银行约定,当债务人不履行债务时,保证人按照约定履行或承担责任的行为。银行根据《担保法》中的保证方式向借款人发放的贷款称为保证贷款。《担保法》中规定的保证方式包括一般保证和连带责任保证。当事人在保证合同中约定,债务人不能履行债务时,由保证人承担保证责任的,为一般保证。当事人在保证合同中约定保证人与债务人对债务承担连带责任的,为连带责任保证。银行发放保证贷款,贷款保证人就应当按照法律规定承担债务的一般保证或连带责任保证,当债务人不能履行还款责任时,由保证人负责偿还。

2. 质押权与质押贷款。质押权是一种特别授予的所有权。在质押方式下,质权人在债务全部清偿以前拥有债务人用做抵押财产的占有权,而且在某些情况下,质权人还有权出卖该财产。以《担保法》中规定的质押方式发放的贷款称为质押贷款。质押方式与抵押方式的不同点在于：在出现不良质押贷款时，借款人应将质押财产作法定的移交，但可以不作实际的实物交付，只交付储放货物的仓库钥匙或货物的可转让储单。我国《担保法》中规定的质押包括动产质押和权利质押两种。动产质押是指债务人或第三人将其动产移交债权人占有，将该动产作为债权的担保；权利质押所包括的质物有以下四类：（1）汇票、本票、支票、债券、存款单、仓单、提单；（2）依法可转让的股份、股票；（3）依法可转让的商标专用权、专利权、著作权中的财产权；（4）依法可以质押的其他权利。在银行发放质押贷款的情况下，当债务人不能履行还款责任时，银行可以按照《担保法》的规定将质物折价或者以拍卖、变卖质物的价款优先受偿。

3. 抵押与抵押贷款。抵押是指债务人或者第三人不转移抵押财产的占有，将该财产作为债权的担保。银行以抵押方式作担保而发放的贷款，称为抵押贷款。根据我国《担保法》的规定，可以作为贷款抵押的财产包括以下六类：（1）抵押人所有的房屋和其他地上定着物；（2）抵押人所有的机器、交通工具和其他财产；（3）抵押人依法有权处分的国有的土地使用权、房屋和其他地上定着物；（4）抵押人依法有权处分的国有的机器、交通运输工具和其他财产；（5）抵押人依法承包并经发包方同意抵押的荒山、荒沟、荒丘、荒滩等荒地的土地使用权；（6）依法可以抵押的其他财产。以抵押担保的方式发放贷款，当债务人不履行债务时，债权人有权按《担保法》规定以抵押财产折价或者以拍卖、变卖抵押财产的贷款优先受偿。

（二）保证贷款的业务要点

保证贷款因为有保证人对贷款提供担保，体现了一种多边的信用关系，并使银行贷款具有了双重的信用保证，即除了作为借款人的相应保证外，还获得了保证人的信用保证。而要真正落实保证责任，避免出现空头担保现象，还需要在贷款过程中严格审核保证人情况。在保证贷款的操作过程中，应重点把握以下环节。

1. 借款人找保。借款人向银行提出贷款申请，银行审查同意贷款并要求借款人提供贷款担保时，借款人应根据贷款的金额、期限寻找贷款保证人。贷款保证人应是具有法人地位并有经济承保能力的经济实体、其他组织和公民。根据我国法律规定，国家机关（经国务院批准为使用外国政府或者国际经济组织贷款进行转贷的除外）、以公益为目的的事业单位、社会团体、企业法人及公共机构和职能部门（有法人书面授权者除外）等均不得作为保证人。保证人承担贷款的保证责任后，应开具贷款保证意向书，交借款人转送银行。

2. 银行核保。银行接到保证人的贷款保证意向书后，须对保证人的资格和经济承保能力进行审核。审核的主要内容包括：（1）验证保证人的营业执照，审核保证人是否具有合法的地位；（2）验证保证人和法人代表的印鉴是否与预留银行印鉴相符；（3）审阅保证人的财务报表和有关文件，审查贷款保证意向书中所填情况是否真实；（4）审查保证人的承保能力，看其资产净值是否大于其担保的债务额，避免因"皮包公司"之类的企业充当保证人而成为空头担保；（5）审查保证人的财产是否已经作为债务抵押或用于对其他借款人的担保，防止因多头担保或相互担保而成为空头担保；（6）审查保证人的生产经营、经济效益和信用履行情况，以避免因保证人无力担保或无意承担保证责任而使贷款产生损失。

3. 银行审批。银行在对上述情况审核以后，通过计算确定保证人能够提供有效担保的金额，然后根据核保结果，按程序审批贷款。如果保证人不是本行开户的企业，还要与保证人的开户银行取得联系，了解保证人的资信情况，请求协助审查保证人的承保资格和能力。然后银行要与借款人、保证人三方签订合法完整的借款合同、保证合同，以明确各自责任。

4. 贷款的发放与收回。签订贷款合同和保证合同后，银行应及时按合同将贷款拨付借款人使用。银行和保证人应共同监督借款人按合同使用贷款和按期偿还贷款。贷款到期后，如果借款人按时归还本息，借款合同和保证合同随即失效。如果借款人无力偿还贷款本息，银行就应通知保证人主动承担担保责任，银行有权从保证人账户上扣收所担保的贷款本息。待贷款本息全部扣收完毕，保证合同随即失效。

（三）抵押贷款的业务要点

由于质押贷款在大部分地方都与抵押贷款相似，因此，这里我们仅对抵押贷款进行介绍。抵押贷款根据物的不同，可以分为六类：（1）存货抵押。存货抵押又称商业抵押，它是以借款人的存货作为抵押品向银行申请的贷款。可作为抵押品的存货包括商品原材料、在制品和制成品。当企业存货过多，短期内无法销售和消耗，致使巨额资金不能正常周转时，可以提供存货抵押，向银行申请贷款。（2）证券抵押。这是以借款人持有的各种有价证券如股票、债券、汇票、本票、支票、存单等作为质物向银行申请的贷款。以有价证券作抵押，有的风险较小，如存单、国库券等；有的风险较大，如股票等。银行接受有价证券作抵押时，应注意其安全性。（3）设备抵押。这是以企业的机器设备、车辆、船舶等作为抵押品向银行申请的贷款。设备抵押与存货抵押一起称为动产抵押。按我国法律规定，动产抵押的标的物可转移占有，也可不转移占有。转移占有对银行贷款安全有利，但对企业生产经营不利；不转移占有既可使债务人获得资金融通便利，又不妨碍生产经营，对搞活金融、促进经济发展都有现实意义。（4）不动产抵押。这是借款人以土地、房屋等不能移动或移动后会引起性质、形状改变的财产作为抵押物向银行申请的贷款。以不动产作抵押，银行应依法履行过户手续，获得所有权，同时还要注意不动产的使用价值、易售性、抵押权等问题。（5）应收账款抵押。这是指企业把应收账款作为抵押品向银行申请的贷款。银行办理应收账款抵押，应当注意审查应收账款的质量。作抵押的应收账款应当是真实的，银行不应对削价商品、残次商品所产生的应收账款办理抵押。（6）人寿保险抵押。这是银行以借款人的人寿保险单的标示金额为抵押而向借款人发放的贷款。银行承做人寿保险单抵押贷款，必须取得客户的人寿保险单，并获得法定的融通转让条件。银行对人寿保险单要进行认真的审查，选择由信誉良好的保险公司出具的保险单。

抵押贷款的核心是抵押物的选择和估价，业务要点包括：

1. 抵押物的选择。借款人的贷款申请经银行审查确认需要以财产作抵押时，借款人应向银行提供拟作贷款抵押物的财产清单。银行从中选择符合要求的财产作为贷款的抵押。银行在选择抵押物时必须坚持以下四个原则：一是合法性原则。即贷款抵押物必须是法律允许设定抵押权的财产。因为只有法律允许设定抵押权的财产才能最终履行抵押责任，保证贷款安全。二是易售性原则。即抵押物的市场需求相对稳定，一旦处分抵押物时，能够迅速出售，且不必花费太多的处分费用。三是稳定性原则。即抵押物的价格和性能相对稳定，市场风险小，同时也易于保管，不易变质。四是易测性原则。即抵押物的品质和价值易于测定。

按照上述原则选择好抵押物后，还要对抵押物进行法律审查和技术鉴定。具体内容主要包括：一是审查借款人对抵押物的权力是否真实充分，对共同所有的财产，看其是否有各方同意设押的书面证明；二是审查抵押人提供的抵押物是否需要有关部门批准，如果需要有关部门批准，看其是否经过批准；三是审查租赁经营企业的设押物是否属于企业自有资产，如果是租赁资产，银行不得接受抵押；四是审查抵押物有无重复抵押的现象；五是审查抵押物实物的真实性、完好性；六是审查抵押物有无保险。抵押物保险期通常要求长于抵押期限1—2个月，以便为处分抵押物留出足够的时间。

2. 抵押物的估价。抵押物估价是对抵押物将来处分时的市场价格的估算。对抵押物的科学、合理的估价，是抵押贷款管理过程中一个十分关键的环节。估价过高，拍卖所得资金不足以补偿贷款资金，银行会受损失；估价过低，又会损害抵押人利益。因此，银行在对抵押物估价时，必须坚持科学性、公正性和防范风险原则，科学、合理地测定抵押物的价值。

对抵押物估价是一项技术性很强的工作，不同的抵押物估价方法也不同。对有价证券的估价主要应预测未来市场利率的走势、证券债务人的经营状况和国家宏观经济政策和形势的变化；对不动产的估价主要看其所处地理位置以及其取得的经济效益的大小，在此基础上，考虑外部配套环境和交通、通信便利程度以及不动产的新旧程度、造价、维护费用等因素；对机器设备的估价首先要确定其价值损耗（包括有形损耗和无形损耗），然后根据一定的折旧方法估计出该设备未来的会计净值，然后预测未来技术的发展趋势，据以判断技术损耗，用会计净值减去技术损耗就是机器重估价值。

3. 确定抵押率。合理确定抵押率是抵押贷款管理中的一项重要内容。通常，银行在确定抵押率时，应当考虑以下因素：（1）贷款风险。

> 抵押率（Haircut）又称"垫头"，是抵押贷款本金利息之和与抵押物估价的比例。

贷款人对贷款风险的估计与抵押率成反向变化。风险越大，抵押率通常越低；风险小，抵押率可高些。（2）借款人信誉。一般情况下，对那些资产实力匮乏、结构不当、信誉较差的借款人，抵押率应低些；反之，抵押率可高些。（3）抵押物的品种。由于抵押物品种不同，它们的占管风险和处分风险也不同。按照风险补偿原则，抵押那些占管风险和处分风险都比较大的抵押物，抵押率应当低一些；反之，则可定得高一些。（4）贷款期限。贷款期限越长，抵押期也越长，在抵押期内承受的风险也越大，因此，抵押率应当低一些；而抵押期较短，风险较小，抵押率可高一些。

4. 抵押物的产权设定与登记。所谓产权设定，是指银行要证实并取得处分抵押以作抵偿债务的权利。借款人要将财产契约交指定机构登记过户，明确银行为产权所有者和保险受益人。

5. 抵押物的占管、处分。占管包括占有和保管两层意思。占有和保管两者密不可分，占有包含了保管的责任，否则不称其为占有；而保管则以占有、持有为前提。抵押物的占管方式有两种：一是抵押人占管，二是抵押权人占管。根据《担保法》中规定的抵押方式设定抵押的财产，一般由抵押人占管，即抵押人不转移财产的占有；与抵押物的一般占管方式不同，根据《担保法》中规定的质押方式设定的质物，一般由质权人占管。无论是抵押人占管还是抵押权人占管，都应当承担相应的占管责任，保证抵押物的完好、无损。

当贷款期满，借款人如果如期偿还贷款本息，银行应将抵押物及有关证明文件及时退回抵押人，抵押合同也即中止。如果借款人不能偿还本息，就需要通过处分抵押物来清偿贷款。抵押物的处分是指通过法律行为对抵押物进行处置的一种权利。处分抵押物必须具备一定的条件，包括：抵押合同期满，借款人不能履行还款；抵押期间抵押人宣告解散或破产；个体工商户作为抵押人在抵押期间死亡、失踪、其继承人或受遗赠人不能偿还其债务。

抵押物处分方式主要有三种：一是拍卖，即以公开竞价的方式把标的物卖给出价最高者的一种行为。拍卖所得价款，首先用于支付处分抵押物的费用，再扣缴抵押物应纳税款，然后支付抵押物保管费用，最后偿还贷款本息，余额交还抵押人。二是转让，即通过合法方式将产权属己的财产所有权出让给他人。这种方式适用于证券和无形资产的处分，转让价款除支付转让公证费外，主要用于清偿贷款本息。三是兑现，这是指有价证券到期，持券人向证券市场或承兑银行要求兑现，由证券机构或承兑银行按票面记载利率将有价证券兑成现金支付给持券人。兑现的有价证券本身应首先用于清偿贷款。

三、票据贴现

从广义上讲，以票券形式存在的规范、标准、统一的货币融资工具就是票据；从狭义上讲，票据包括银行承兑汇票和商业票据。商业票据是起源于商业信用的一种传统金融工具，也是工商业者之间由于信用关系形成的短期无担保债务凭证的总称，在这种债务凭证上表明债务人有按照规定期限无条件地支付一定金额的义务。商业票据包括商业汇票、商业本票和支票。

（一）票据贴现的概念与特点

票据贴现是一种以票据所有权的有偿转让为前提的约期性资金融通。从持票人来讲，贴现是以手持未到期的票据向银行贴付利息而取得现款的经济行为。由于票据的付款人对持票人是一种债务关系，在票据款到期前，其对持票人负责；而当票据经银行贴现后，银行持有票据，票据付款人就对银行负债。因此，票据贴现不仅仅是一种票据买卖行为，它实质上是一种债权关系的转移，是银行通过贴现而间接地把款项贷放给票据的付款人，是银行贷款的一种特殊方式。

票据贴现与其他贷款方式相比，在贷款对象、还款保证、收息方式、管理办法等方面都具有不同的特点。首先，它是以持票人作为贷款的直接对象，其他贷款一般都是以购货企业（付款人）为贷款对象。其次，它是以票据承兑人的信誉作为还款保证，贴现的票据一般要求经过承兑，而承兑人是票据的第一付款人，因而承兑人的信誉就作为贴现的还款保证。再次，它以票据的剩余期限为贷款期限，票据上载有付款日期，持票人有权无条件地按时收回票款，因此，贴现的期限就是从贴现日到付款日（票据到期日）的时间。最后，实行预收利息的方法，贴现贷款在发放时就预先将贴现利息扣除，其利率（贴现率）一般较同期限的其他贷款低。

（二）票据贴现的操作要点

1. 票据贴现的审批。持票人持未到期承兑票据向银行申请贴现，应提交贴现申请和贴现票据。银行接到贴现申请后，应从以下几个方面进行认真的审查：（1）审查票据的票式和要件是否合法。（2）审查票据的付款人和承兑人的资信状况，银行为保证贴现款项的安全收回，应当收贴具有优良信誉的企业和银行作为付款人和承兑人的票据。（3）审查票据期限的长短。商业上买卖赊账的付款期限都有一定的时间限制，由此产生的票据也应当有时间限制。一般商业汇票的期限应在 6 个月内，最长不超过 9 个月。超过这个期限的票据，银行一般不应收贴。（4）审查贴现的额度，贴现的额度一般不得超过贴现申请人的付款能力。因为贴现票据的偿付虽以付款人最为重要，但贴现申请人也有责任。当付款人拒付时，银行要向贴现申请人追偿。如果贴现申请人没有足够的财力，银行贴现将面临风险。银行通过上述审查，最终作出是否收贴的决策。在经过银行内部的审查和审批程序后，办理贴现。

2. 票据贴现的期限与额度。票据贴现的期限是指从票据贴现日到票据到期日之间的时间。一般控制在 6 个月内，最长不超过 9 个月。

票据贴现贷款的额度即实付贴现额，按承兑票据的票面金额扣除贴现利息计算。计算公式是

实付贴现额 = 贴现票据面额 – 贴现利息

贴现利息 = 票据面额 × 贴现期限（天数） × （月贴现率 ÷ 30）

3. 票据贴现贷款的到期处理。票据贴现贷款到期后，付款人应事先将票款备足并交存开户银行，开户银行在到期日凭票据将款项从付款人账户划转到贴现银行账户，这样，票据贴现贷款过程全部完成。

如果票据到期，付款人账户不足支付票款，可按以下情况处理：（1）以银行承兑汇票贴现的，承兑银行除凭票付款外，应对承兑申请人执行扣款。对尚未扣回的承兑金额，视同逾期贷款，应按统一利率收息并实行加息；（2）以商业承兑汇票贴现的，其开户银行应将汇票退还贴现银行，同时，对付款人应比照签发空头支票的处罚规定处以罚款。贴现银行在收到退还的汇票后，应着手票款追偿，从贴现申请人账户上扣收贴现款项，同时，将汇票退还贴现申请人。对未扣回部分，银行应收取贷款利息并处以罚息。汇票退回后，由收付双方自行解决纠纷。

第四节　商业银行贷款信用分析

商业银行在发放贷款后，可能由于借款人自身经营状况和外部经济环境的影响而不能按时收回贷款本息，发生信用风险给银行带来损失。因此，在贷款发放前，对借款客户进行信用分析对银行的生存和发展至关重要。

一、信用分析的内容

信用分析是对债务人的道德品格、资本实力、还款能力、担保及环境条件等进行系统分析，以确定是否给予贷款及相应的贷款条件。对客户进行信用分析是银行管理贷款信用风险的基本方法。通过对客户进行信用分析，银行可以了解该客户履约还款的可靠性程度，从而为有针对性地加强贷款管理，防范信用风险提供依据。

因为借款人的道德水平、资本实力、还款能力、担保和环境条件等存在差异，这使得不同的借款人的还款能力和贷款风险也不尽相同。因此，许多商业银行对客户的信用分析就集

中在这五个方面，即所谓的"5C"：品德（Character）、资本（Capital）、能力（Capacity）、担保（Collateral）及环境条件（Condition）。也有商业银行将信用分析的内容归纳为"5W"因素，即借款人（Who）、借款用途（Why）、还款期限（When）、担保物（What）及如何还款（How）。还有的商业银行将上述内容归纳为"5P"因素，即个人因素（Personal）、目的因素（Purpose）、偿还因素（Payment）、保障因素（Protection）和前景因素（Perspective）。借鉴国外商业银行的经验，结合我国国情，我们可以把贷款信用分析的内容分为以下五个方面：

1. 借款人品格。借款人品格是指借款人不仅要有偿还债务的意愿，还要具备承担各种义务的责任感。借款人品格是一个综合性的概念，它包括借款人的背景、年龄、经验、借款人有无不良行为记录、借款人的阵容及协调合作情况、借款人的性格作风、其现代经营管理理念及上下级的关系等。由于借款人的品格无法计量，因此银行既可以根据过去的记录和积累的经验进行调查，并对借款人的品格进行评估，也可以通过专门的资信机构了解借款人的信用状况以评估其品格。但评估只表明借款人的主观还款意愿，并不能表明其确实能还本付息。

结合我国实际，在评估借款人还款意愿和承担义务的责任感时，必须充分考虑借款人所处的环境。如果借款人存在不良的还款记录，要进一步分析深层次的原因，看其是由于国家政策调整等因素造成的，还是由于借款人经营管理不善、挤占挪用贷款造成的。对于前者，不能简单地归结为借款评估问题。

2. 借款人的能力。借款人的能力是指借款人运用借入资金获取利润并偿还贷款的能力。借款人运用借入资金获取利润的大小还取决于借款人的生产经营能力和管理水平。因此，分析、评估借款人的偿债能力应从两个方面考查：一是要看企业的生产成本、产品质量、销售收入以及产品竞争力。这方面通常可以通过企业经营的一些经济指标来反映，如企业的资本比率、流动比率、设备利用率、折旧率、净值收益率、毛利和净利、销售收入增长率和产品占有率（市场占有率）等。二是要看企业经营者的经验和能力，特别是要分析企业主要决策者的决策能力、组织能力、用人能力、协调能力和创新能力。随着现代企业制度的建立，企业家阶层在企业中的地位将日益提高，从一定意义上讲，企业家的能力已成为企业生产经营能力的代名词。因此，从个体和群体两个方面了解企业领导班子的基本情况，对于了解并掌握企业的经营作风、管理水平和信用程度，都具有重要意义。

3. 企业的资本。资本是借款人财产的货币价值，它反映了借款人的财力和风险承担能力，并作为企业从银行取得贷款的一个决定性因素。同时，资本也在一定程度上反映了企业经营者的经营成就。在评估借款人资本时，要注意其账面价值与实际价值的区别，以及资本的稳定性和变现能力。

4. 贷款的担保。企业为贷款提供的担保状况也是影响贷款信用风险的一个重要因素。贷款担保的作用在于为银行贷款提供一种保护，即在借款人无力还款时，银行可以通过处分担保品或向保证人追偿而收回贷款本息，从而使银行少受损失，保证贷款本息的安全。评价贷款的担保，要看企业提供的担保品是否适合作担保品，担保品的整体性、变现性、价格稳定性、保险、贷款保证人的担保资格、经济实力和信用状况，以及保证人担保能力是否与担保贷款额度相符等。

5. 借款人经营环境条件。这是指借款人自身的经营状况和外部环境。借款人本身的经营状况包括经营范围、经营方向、销售方式、原材料供应渠道、竞争能力和对市场的应变能力、企业生产受季节性因素影响的程度、企业的生产设备、生产能力、生产规模、技术水平、人员素质、经济效益、发展前景等，这些因素大都是借款人的可控因素。借款人经营的外部环境是指借款人所在地区的经济发展状况。外部经营环境对借款人来讲具有不可控性，但对其经营状况有着重要影响，并视不同行业、不同企业、不同性质的贷款而有所区别。有些借款人对环境变动的敏感性强一些，有些则弱一些。期限长的贷款受环境变动的影响较大，因而风险也大一些。因此，银行在发放贷款时，必须对借款人的经营环境变动作出分析、预测，并采取必要的措施作为应变手段，以保证贷款的安全。

对借款人进行信用分析，既需要静态分析，又需要动态分析；既要注重定性分析，又要注重定量分析。在实际的信用分析过程中，银行既要对借款人过去的信用状况作全面的了解和分析，又要根据借款人生产经营发展的变化趋势，对借款人未来的经营状况和还款能力作出科学的预测。同时，在定性分析的基础上，运用财务比率分析和现金流量分析等定量分析方法对借款人的财务状况和还本付息能力作出准确的估计。

二、信用分析的方法

对于公司客户，银行贷款信用分析的核心是对公司进行财务分析，分析对象是资产负债表、利润表和现金流量表，分析工具主要是财务比率。财务比率分析是对企业财务状况的进一步量化分析。通过财务比率分析可以了解企业的经营状况、财务负担、盈利能力，并以此评判企业的偿债能力。银行用于财务分析的财务比率通常有以下几类：

1. 流动性比率。流动性比率是测量一个企业仅靠变现其短期流动性资产来满足其偿还短期负债的能力。流动性不足是促使企业破产的关键因素之一。流动性比率主要包括流动比率和速动比率。

（1）流动比率。这是衡量企业短期偿债能力的最常用指标。其计算公式为

$$流动比率 = \frac{流动资产}{流动负债}$$

流动资产包括现金、有价证券、应收账款和存货等，流动负债包括应付账款、应付票据、短期借款、应交税金和应计费用等。该比率因企业经营规模和性质各有不同，一般应在 1.5 ~ 2.5 之间比较合适。正常情况下，流动比率越高，偿债能力越强，债权人的债权越有保障。但要注意，流动比率高也可能是存货积压、产品滞销的结果，或资金未能在生产过程中得到充分利用的结果。因此，银行应对此进行充分的调查分析。

（2）速动比率。速动比率也称酸性试验比率，是考察企业资产迅速变现能力的指标。其计算公式为

$$速动比率 = \frac{速动资产}{流动负债}$$

速动资产指流动资产中的现金、上市的短期证券、应收账款和应收票据，即不包括存货的那些变现速度快的流动资产。这一比率通常应保持在 1 以上，即每单位流动负债至少需要一单位的能迅速变现的资产作保证。

（3）现金比率。该指标可以用来进一步度量企业的偿债能力。其计算公式为

$$现金比率 = \frac{现金 + 现金等价物}{流动资产}$$

其中，现金指库存现金和银行存款，现金等价物指企业所持有的高流动性有价证券。现金比率越高说明企业偿债能力越强。通常这一比率应保持在5%以上。

2. 杠杆比率。杠杆比率测量的是一个企业的负债占其自有资本的程度。当企业通过举债提高其股权收益或总资产收益时，就意味着银行要承担风险，即企业有可能无法支付银行的利息。杠杆比率主要有以下几项。

（1）资产负债率。该比率反映了企业的负债程度。计算公式为

$$资产负债率 = \frac{总负债}{总资产}$$

（2）权益负债率。权益负债率也称负债净值比率，计算公式为

$$权益负债率 = \frac{总负债}{所有者权益} = \frac{总负债}{（资产总额 - 负债总额）}$$

常用的其他杠杆比率还包括：

$$资产长期负债率 = \frac{长期负债}{总资产}$$

$$股本长期负债率 = \frac{长期负债}{股本}$$

$$股本乘数 = \frac{总资产}{股本}$$

3. 盈利能力比率。盈利能力比率是衡量企业盈利水平或经营成果的一系列指标，通常包括以下几项：

（1）销售利润率。该指标反映了企业每一单位销售额可带来的利润。其公式为

$$销售利润率 = \frac{销售额 - 税额 - 销售成本}{销售总额}$$

（2）资产收益率。它反映了企业每单位资产的盈利能力。计算公式为

$$资产收益率 = \frac{税后资产净收益}{资产平均占用总额}$$

（3）普通股收益率。它反映企业普通股股东的获利程度，是最能反映企业盈利能力的指标。计算公式为

$$普通股收益率 = \frac{用于普通股分配的税后净收益}{普通股股本总额}$$

此外，常用的盈利能力比率还包括以下两种：

$$股票市盈率 = \frac{每股市价}{每股盈利}$$

$$股权收益率 = \frac{税后净收益}{股本总额}$$

更重要的是，我们必须牢记只有现金才可以被用来偿还贷款，账面收入本身做不到这一点。一些具有高增长率、按照通用会计准则衡量表现良好的企业常常存在严重的现金流问题。从金融角度出发，分析和理解现金流量是判断企业优劣的关键。

第五节　我国商业银行贷款管理实务

在实务中，我国商业银行开展授信业务时，需经过授信前调查与信用分析、授信审查与审批、放款审核和授信后管理等操作流程，涉及贷前、贷中和贷后整个过程。在整个流程中，前台业务部门主要负责信贷业务的调查、具体业务办理以及对客户的贷后管理工作；授信审批部门主要负责信贷业务的审查审批以及业务办理的前提条件核准工作；信贷管理部门主要负责信贷资产质量分类以及信贷业务监督检查工作；法律事务部门主要负责信贷业务的相关法律审查工作；运行管理部门主要负责业务办理与收回的账务处理及相关抵质押权证的保管工作。

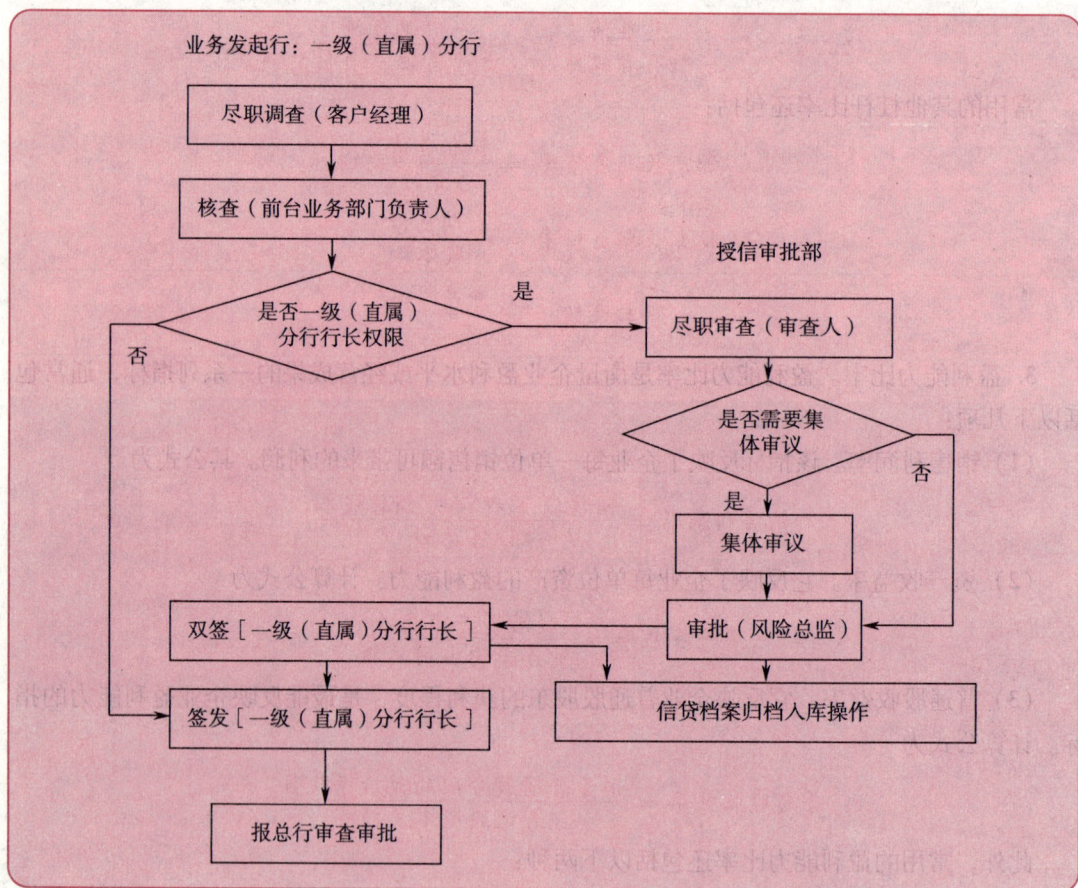

图6-1　我国某商业银行客户评级授信流程（一级分行发起）

一、授信前调查与信用分析

符合借款条件的申请人，依照规定提交材料后，客户经理通过查询申请人在银行的信用记录、对申请人进行非现场调查和现场调查等手段进行授信前的调查。调查的主要内容为对借款申请人，调查其提供的材料是否真实、合法、有效，借款的真正用途、原因及还款来源等；对借款担保，调查保证人的担保资格和担保能力以及抵质押物的真实性、合法性和变现能力等。

根据调查结果，客户经理对借款人进行信用分析与风险评估，并撰写授信调查报告。风险评估包含信用评级、核定授信风险限额、计算授信风险总量、计算授信风险度、授信额度五个过程。

表6-4　我国某商业银行受理借款申请需提交的资料	
项目	主要内容
借款申请人应提供资料	1. 借款申请书、还款计划说明（原件）； 2. 经过年检的法人营业执照副本（复印件）、组织机构代码证（复印件）； 3. 法定代表人资格证明（附身份证复印件）、授权委托书（原件）； 4. 公司章程（复印件）、成立公司的批准文件、注册资本验资报告（复印件）； 5. 近三年经审计的财务报告及最新资产负债表、利润表、现金流量表（复印件，新建企业除外）； 6. 财产抵（质）押说明； 7. 借款用途说明及与此借款有关的业务合同、项目协议等
借款保证人应提供资料	1. 提供借款人提供资料中的2—6项资料； 2. 同意保证的董事会或股东大会决议（原件）； 3. 保证意向书（原件）等
抵质押授信应提供资料	1. 抵押物、质物清单； 2. 抵押物、质物权利凭证； 3. 抵押物、质物的估价报告； 4. 同意抵押、质押的书面声明，有权机构同意抵押或质押的证明文件； 5. 同意抵押、质押的董事会或股东大会的决议等

（一）信用评级

信用评级是指商业银行根据不同行业的一系列综合评价指标审查企业法人客户的资信状况，并据此对客户进行信用等级评定。根据资信状况的优劣，分设 AAA、AA、A、BBB、BB、B 等信用等级。AAA 级为最优级，表明企业信用很好，授信风险小，属于商业银行大力支持的客户。B 级为违约级，表明企业信用状况极差，授信风险极大。

表6-5　我国某商业银行信用等级评定						
信用等级 （十二级）	信用等级 （十四级）	违约概率下限 （含，%）	违约概率上限 （含，%）	平均违约概率 （%）	对应标普/ 惠誉评级	对应穆迪评级
AAA	AAA	0	0.35	0.25	AAA 至 BBB+	Aaa 至 Baa1
AA+	AA1	0.35	0.58	0.48	BBB、BBB-	Baa2、Baa3
AA	AA2	0.58	0.83	0.71	BB+	Ba1
AA-	AA3	0.83	1.13	0.97	BB	Ba2
	AA4	1.13	1.53	1.32	BB	Ba2
A+	A1	1.53	2.08	1.79	BB-	Ba3
	A2	2.08	2.82	2.42	BB-	Ba3
A	A3	2.82	3.83	3.29	B+	B1
A-	A4	3.83	5.20	4.46	B	B2
BBB+	BBB1	5.20	7.05	6.06	B-	B3
BBB	BBB2	7.05	10.71	8.22	B-	B3
BBB-	BBB3	10.71	16.72	13.97	CCC	Caa1
BB	BB	16.72	100.00	20.00	CC、C	Caa2、Caa3
B	B	违约级			D	D

（二）核定授信风险限额

授信风险限额是商业银行能够承担的单一法人客户信用风险的上限，由客户自身负债能力确定，是银行对信用风险进行内部控制的一种手段。其计算公式为

授信风险限额＝（所有者权益净值×0.5＋年度主营业务收入×0.3＋年度利润总额
×0.2）×信用等级转换系数－（他行长短期借款＋应付款）

其中，所有者权益净值是指剔除无形资产、递延资产和无效资产的权益净值。无效资产包括三年以上的应收账款、未计提的坏账准备等。0.5、0.3、0.2分别为所有者权益、年度主营业务收入、年度利润总额的权重系数。信用等级转换系数是将商业银行对客户的信用评级进行转换的系数，不同的信用等级对应不同的转换系数（如表6-6所示）。

表6-6 我国某商业银行贷款管理相关系数

信用等级转换系数	信用等级	AAA	AA	A	BBB	BB	B
	转换系数	2.3	2	1.5	1	0.5	0.2
授信期限调节系数	授信期限	1年（含）以下	1—3年（含）		3—5年（含）		5年以上
	调节系数	1	1.1		1.2		1.3
信用等级换算系数	信用等级	AAA	AA	A	BBB	BB	B
	换算系数（%）	50	60	70	80	90	100

（三）计算授信风险总量

授信风险总量是将客户在商业银行各类授信业务按风险程度的不同相加得出的授信业务的风险总量，为了控制信用风险，对客户已提供和拟提供的授信业务的授信风险总量应控制在其授信风险限额以内。

（四）计算授信风险度

授信风险度的计算公式为

授信风险度＝授信期限调节系数×信用等级换算系数×担保方式换算系数

其中，授信期限调节系数、信用等级换算系数、担保方式换算系数如表6-6、表6-7所示，表6-7仅列举了保证类担保的换算系数。

表6-7 我国某商业银行保证类担保换算系数

种类	系数（%）	种类	系数（%）
1. 银行保证		（3）其他非银行金融机构	50~100
（1）工、农、中、建、交及政策性银行	10	3. 企业保证	
（2）股份制商业银行	10	（1）AAA级	50
（3）地方城市商业银行	20	（2）AA级	60
（4）农村合作银行	25	（3）A级	70
（5）农村信用社（有法人资格）	50	（4）BBB级	80
2. 非银行金融机构保证		（5）BB级	90
（1）保险公司履约保险	50	（6）B级	100
（2）信托投资公司	50	4. 其他保证	100

授信风险度是反映授信业务风险程度的量化指标，是衡量是否给予客户信贷支持的重要依据。如果某项业务授信风险度不高于 30%，表明该业务风险程度较低，可优先给予支持；如果风险度高于 60%，表明该业务风险程度过高，原则上不予支持；如果风险度介于 30% 与 60% 之间，则表明风险程度居中，可视情况适当给予信贷支持。

（五）　授信额度

授信额度是指商业银行综合考虑企业所在行业的风险、企业的经营风险及偿债能力风险等风险因素，给予企业在一定时期内贷款的最高限额。商业银行在计算特定企业的授信额度时，会结合该企业的资产负债状况、经营管理以及关联企业状况，依照银行规定的最高授信额度测算方法进行计算。

经过调查、信用分析和风险评估后，客户经理需要撰写授信调查报告。调查报告应当真实反映企业的偿债能力，为银行授信提供依据。调查报告的主要内容包括授信企业的基本信息、经营状况、财务状况、授信用途和还款来源以及授信保障方式（如表 6-8 所示）。

表 6-8　我国某商业银行授信调查报告主要内容

类别	主要内容
披露基本信息	1. 企业主体资格（营业执照、公司章程、验资报告、经营范围等）； 2. 股东背景； 3. 关联企业情况； 4. 企业在金融机构的信用状况等
分析经营状况	1. 企业所处行业整体状况及国家相关产业政策； 2. 企业所处行业地位； 3. 企业核心竞争力及产品市场状况等
分析财务状况	1. 通过资产负债表分析企业是否具有偿债能力； 2. 通过利润表分析企业盈利状况及盈利的现金含量； 3. 通过现金流量表分析企业是否拥有充足的现金流量偿还债务； 4. 通过财务指标分析，了解企业的偿债、盈利、营运和发展能力等
明确授信用途	1. 满足销售增长； 2. 提升营运能力； 3. 更新固定资产； 4. 改变融资结构等
明确还款来源	1. 经营性现金流； 2. 投资性现金流如现金分红； 3. 筹资性现金流如发行债券等
明确授信保障方式	1. 保证担保，重点关注关联企业担保、互保、循环担保； 2. 抵押担保是否权属明确、易于保管和变现，评估是否合理等； 3. 质押担保下，质押物登记是否有效等

阅读材料

我国某商业银行一般法人客户最高综合授信额度测算方法 ●●●●●●●●●●●●●●●●●●●●●●●●●

在测算授信额度时，需要的相关参数及最高综合授信额度的计算公式如表 6-9 所示：

表 6 -9　授信额度测算方法相关参数

参数	计算方法
基期资产负债率 （Ro）	由客户基期资产负债表的有关数据进行计算
基期负债总额 （Lo）	在客户基期资产负债表中获取
行业债务结构平均值 （T）	即行业付息负债占总负债的比例，可从 《企业评价标准值》 中查找
基期有效净资产 （NA）	即客户基期净资产 （所有者权益） 减去无法变现的待摊费用 （包括待摊费用和长期待摊费用）、 递延资产及其他无效资产后的资产额
账面相对偿债能力系数 （FC）	由客户基期各项财务指标及对应行业平均值计算所得 （见表 6 -10）
企业经营风险度 （OR）	综合考虑政策、 政治、 市场、 竞争、 管理、 关联企业等因素进行评分 （见表 6 -11）
该行愿意承受的客户最高资产负债率 （Rm）	$Rm = Ro + FC + OR$
该行融资同业占比控制线 （K）	根据客户信用等级确定 （见表 6 -12）
该行客户风险系数 C	根据客户信用等级确定 （见表 6 -12）
客户最高综合授信额度参考值 （Fn）	$Fn = \left[\left(\dfrac{R_m}{1-R_m} - \dfrac{R_0}{1-R_0} \right) \times NA + L_0 \right] \times T \times K \times C$

表 6 -10　我国某商业银行账面相对偿债能力系数 （FC） 的计算方法

	项目	基期	行业平均值	权重	权重折算值	单项最低值	单项最高值	计算值	取值
短期偿债能力	流动比率			7	1.4	-1.4	1.4		
	速动比率			2	0.4	-0.4	0.4		
	存货周转率			3	0.6	-0.6	0.6		
	应收账款周转率			3	0.6	-0.6	0.6		
	流动资产周转率			6	1.2	-1.2	1.2		
	经营活动现金流入量/销售收入			5	1.0	-1.0	1.0		
	经营活动现金净流量与债务总额比			5	1.0	-1.0	1.0		
	销售收入增长率			2	0.4	-0.4	0.4		
长期偿债能力	资产负债率			9	1.8	-1.8	1.8		
	全部资本化比率			16	3.2	-3.2	3.2		
	成本费用利润率			2	0.4	-0.4	0.4		
	销售营业利润率			12	2.4	-2.4	2.4		
	总资产报酬率			3	0.6	-0.6	0.6		
	净资产收益率			2	0.4	-0.4	0.4		
	总资产周转率			3	0.6	-0.6	0.6		
	利息保障倍数			4	0.8	-0.8	0.8		
	总债务/EBITDA			12	2.4	-2.4	2.4		
	总资产增长率			2	0.4	-0.4	0.4		
	净资产增长率 （资本积累率）			2	0.4	-0.4	0.4		
合计				100	20	-20.0	20.0		
FC						-20.0%	20.0%		

　　如表 6 -10 所示，FC 值由反映客户短期和长期偿债能力的财务指标计算所得，在计算 FC 值时，主要通过与行业平均值进行比较确定。比如，对资产负债率、全部资本化比率、总债务/

EBITDA 等3个指标，计算值 = ［（行业平均值/客户基期指标值）－1］×权重折算值，即当客户偿债能力越好时，这3个指标可能越小，作为分母得到的计算值越大；其他指标，计算值 = ［（客户基期指标值/行业平均值）－1］×权重折算值，即当客户偿债能力越好时，这些指标可能越大，作为分子得到的计算值越大。因此，FC 值的大小反映了客户的偿债能力。此外，测算方法规定了计算值不在单项最低值和最高值之间的情形时的取值方法，比如计算值超过最高值的，取最高值。计算值低于最低值的，取最低值。

表6－11列出了企业经营风险度（OR）的计算方法，银行考虑各影响因素对授信客户的影响程度，并依照取值原则取值。比如，在市场因素中的市场供求方面，如果市场中同类产品供不应求，则视情况取 0～2 分；如果供求平衡，则取 0；如果供过于求，则视情况取 －1.5～0 分。根据各因素的取值原则可知，当影响因素对客户越为有利时，取值越大，进而 OR 越大，反之因素越为不利时，OR 越小。

表6－11　我国某商业银行企业经营风险度（OR）计算方法

影响因素		取值范围	取值
政策因素（－2～3分）	（1）市场对外开放政策	－0.5～0	
	（2）税率、汇率、利率政策	－0.5～0	
	（3）行业、区域开发、环保等政策	－1～3	
政治因素（－1～0分）	（4）相关国家、地区政治局势及与中国关系	－1～0	
市场因素（－5.5～7分）	（5）市场供求	－1.5～2	
	（6）产品、服务价格	－1～2	
	（7）重要原材料、燃料价格	－1～3	
	（8）对客户过分依赖	－1～0	
	（9）对供应商过分依赖	－1～0	
竞争因素（－3.5～9分）	（10）市场地位	－1～3	
	（11）行业进入壁垒	－1～1	
	（12）替代产品	－0.5～0	
	（13）技术水平	－0.5～3	
	（14）重要资源	－0.5～2	
管理因素（－3～1分）	（15）公司治理	－1～1	
	（16）在建项目、重要投资、并购	－0.5～0	
	（17）非关联方外担保和诉讼	－1～0	
	（18）关键管理人员的诚信	－0.5～0	
关联因素（－4.5～0分）	（19）所在集团或控股股东	－1～0	
	（20）对关联方担保	－1.5～0	
	（21）被关联方占用资金	－1～0	
	（22）关联交易定价	－1～0	
其他因素（－0.5～0分）	（23）其他经营风险	－0.5～0	
小计		－20～20	
OR		－20%～20%	

二、授信审查与审批

授信审查是对企业提供的资料和授信调查资料的复审，原则上审查人员只在合格的资料和财务报表基础上审查信贷的风险，并撰写审查报告。授信审查是贷款发放的关键环节，审查人员必须按照有关规定的程序进行。授信审查包括资料合规性审查和产品合规性审查。资料合规性审查是审查与授信业务相关的资料是否完整、准确，比如审查企业的基本信息时，应检查企业名称、组织机构代码、贷款卡号、股东信息、股权投资情况等企业信息是否准确；产品合规性审查是指审查信贷产品的买方、卖方、销售方式等是否符合银行及监管

表6－12 我国某商业银行客户风险系数及融资同业占比控制线一览表		
信用等级	客户风险系数	融资同业占比上限
AAA	1	100%
AA＋	0.99	92%
AA	0.98	91%
AA－	0.97	90%
A＋	0.96	89%
A	0.95	88%
A－	0.94	87%
BBB＋	0.85	
BBB	0.84	
BBB－	0.8	86%
BB	0.7	
B	0.6	

机构的规定，比如住房开发封闭贷款的借款申请人原则上应当具备房地产开发二级以上（含）资质，且从事房地产开发经营 3 年以上。审查报告的内容主要包括：授信业务是否符合国家的产业政策、金融政策和商业银行的授信政策；授信业务申请人是否具备商业银行要求的各项条件；有关授信业务（项目）的各种资料是否合法、齐全、有效；资金用途是否合法、合规等。授信审批分为贷款审核委员会审批和授信审批官审批。行长对授信审查委员会批准的授信有否决权，但对授信审查委员会已否决或未经批准的授信业务，行长不得批准发放。

三、放款审核

放款审核是指授信业务经批准后，放款审核岗对审批机构批复条件落实情况的审核以及授信材料完整性、一致性的审核，包括授信额度审核、授信额度内每次使用额度审核以及单笔单批授信业务的审核。放款审核工作的主要职能包括：按照有关法律法规审核授信相关资料的完整性和一致性；审验授信业务合同填制的要素是否齐全完备、是否符合银行有关审批机构的批复；审核授信业务审批和操作手续的完备性；根据最终授信批复文件审核授信条件的落实情况；负责集中管理职责内信贷档案等。如果对授信批复条件有疑义，放款审核岗无权解释和修改，解释和修改权归原审批机构所有。在放款审核过程中，放款审核岗若发现授信客户存在风险隐患，可以暂停出账，报告原审批机构重新检查。审批机构收到报告后，必须对放款审核岗提出的书面疑义和风险隐患给予明确的书面回复，或调整授信批复。

四、授信后管理

授信后管理是指从授信业务发生到本息收回或信用结束全过程的信贷管理行为的总和，包括账户资金监测、授信后检查、信贷资产风险分类、风险预警及处置、收息与还款、授信档案管理等多个环节。贷后管理是授信业务管理不可或缺的环节，通过持续监测、检查、分

析等手段，银行能够及时识别、计量并处理授信风险，并有效控制、化解或降低授信业务风险。

部门	主要职责
业务部门	1. 客户账户监管及授信后检查； 2. 担保人及担保物的监管； 3. 信贷资产风险分类； 4. 客户风险预警的发起及处置措施的实施； 5. 不良资产重组方案的制定与实施（移交到保全部门之前）
风险管理部门	1. 组织辖内授信后管理工作，检查监督各支行授信后管理工作的落实情况； 2. 负责权限内信贷资产风险分类结果认定、统计、汇总上报； 3. 负责客户风险预警的审核认定，协助制定处置方案并监督实施

表6-13　我国商业银行授信后管理主要部门职责

1. 账户资金监测。银行定期与不定期对借款人账户资金进行监测，以了解信贷资金流向以及借款人与上下游企业、关联企业的资金交易情况。

2. 授信后检查。包括授信用途跟踪检查和常规性检查。自信贷业务开始即需要进行跟踪检查，一直持续到信贷资金支付使用结束，通常采用柜台监控客户账户及现场检查资金使用情况两种方式。常规性检查重点检查资金用途、限制性条款的落实情况等，检查频率根据不同授信金额、产品、风险程度而有所差异。

3. 信贷资产风险分类。在评估贷款风险程度时，需综合考虑各方面的因素，不仅包括借款人的实际还款能力，还需评估第二还款来源，以判断贷款本息及时足额收回的可能性。根据五级贷款分类，后三类次级、可疑和损失类称为不良贷款，其与贷款总额所占比重，即不良贷款率是反映信用风险的贷后指标。

4. 风险预警及处置。在如信用等级、风险分类下降等各类风险预警信号出现时，银行应及时采取处置措施控制风险。比如，对客户挪用信贷资金、擅自处理抵质押物等预警信号，要及时采取限期纠正、要求补充担保物或增加担保人、停止发放新贷款、收回已发放贷款等措施控制风险。此外，业务部门要加强对风险预警客户的监督检查，只有达到预警的解除标准，并由客户经理发起解除申请，相关部门经认定后才能予以解除。

5. 收息与还款。对即将到期的授信业务，银行会发出到期通知。短期贷款到期10天之前、中长期贷款到期30天之前，银行以书面或其他有效方式通知客户还款。对到期尚未归还的信贷业务，银行会在客户归还全部逾期贷款或垫款及欠息之前，定期向借款人及担保人发送逾期贷款催收通知书或垫款催收通知书。此外，在距结息日5天前，银行会提示客户准备资金按时付息。

6. 授信档案管理。授信档案管理遵循分类管理、分级建档、专人负责的原则。按照授信相关资料的层次不同进行分类，一类档案主要是客户提供的各种抵质押物产权证明文件、重要有价单证等；二类档案主要是指除一类档案外，其他与商业银行债权安全密切关联的各类法律文件和内控管理中形成的各类调查分析审批资料，如各类协议合同、授信批复等；三类档案主要是指反映客户经营财务状况、项目背景的资料以及一、二类档案的复印件。与分类管理相对应，分别由重控保管部门、放款审核部门、经营单位建立各类档案。一类档案由商业银行重控部门或经营单位保管；二类档案由商业银行放款审核部门保管；三类档案由经营单位保管。最后，专人负责是指档案管理员需由客户经理以外的人担任。

本章小结

1. 贷款是商业银行的传统核心业务，也是商业银行主要的生息资产。同时，它还是商业银行实现利润最大化目标的主要手段。然而贷款又是一种风险较大的资产，是商业银行的经营管理的重点。

2. 贷款是商业银行作为贷款人，按照一定的贷款原则和政策，以还本付息为条件，将一定数量的货币资金提供给借款人使用的一种借贷行为。

3. 贷款政策是指商业银行指导和规范贷款业务、管理和控制贷款风险的各项方针、措施和程序的总和。

4. 贷款是商业银行最主要的盈利资产，贷款利润的高低与贷款价格有着直接的关系。合理确定贷款价格，既能为银行取得满意的利润，又能为客户所接受，是商业银行贷款管理的重要内容。

5. 信用分析是对债务人的道德品格、资本实力、还款能力、担保及环境条件等进行系统分析，以确定是否给予贷款及相应的贷款条件。对客户进行信用分析是银行管理贷款信用风险的基本方法。通过对客户进行信用分析，银行可以了解该客户履约还款的可靠性程度，从而为有针对性地加强贷款管理，防范信用风险提供依据。

本章主要概念

贷款　贷款政策　贷款利率　贷款承诺费　信用贷款　担保贷款　保证贷款　抵押贷款　质押贷款　抵押率　票据贴现　信用分析　不良贷款　关注贷款　次级贷款　可疑贷款　授信额度

本章思考题

1. 银行贷款如何分类？可以分为哪几类？

2. 商业银行贷款定价的原则是什么？

3. 确定贷款抵押率应考虑哪些因素？它们对抵押率有什么影响？

4. 银行办理票据贴现的业务流程和操作要点是什么？

5. 流动性比率一般包括哪几项？它们通常应控制在什么水平？

6. 我国商业银行开展授信业务时，需经过哪些流程？

本章参考文献

［1］［美］彼得·S. 罗斯：《商业银行经营管理》，北京，机械工业出版社，2000。

［2］任兆璋：《金融风险防范与控制》，北京，社会科学文献出版社，2001。

［3］Malone, Robert B.. Written Loan Policies. *Journal of Commercial Bank Lending*, June 1976, pp. 18 – 24.

［4］Mott, Hubert C.. Establishing Criteria and Concepts for a Written Credit Policy. *Journal of Commercial Bank lending*, April 1977, pp. 2 – 16.

［5］Noon, H. Richard. Residential Mortgage Lending and Mortgage Loan Warehousing. In The Bankers' Handbook, 3rd ed. Homewood, Ⅲ.: Richard D. Irwin, 1989.

［6］Reavis, Charles G., Jr. Lending on Income Property. In The Bankers Handbook, 3rd ed. Homewood, Ⅲ.: Richard D. Irwin, 1989.

第七章
商业银行现金管理

本章知识结构

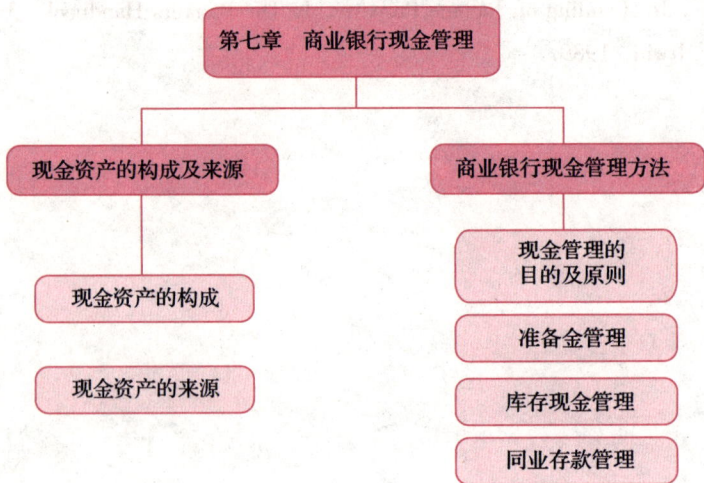

```
          第七章　商业银行现金管理
        ┌──────────────┴──────────────┐
  现金资产的构成及来源          商业银行现金管理方法
    ┌──────┐                        ┌──────────────┐
    现金资产的构成                   现金管理的
                                     目的及原则
    现金资产的来源                   准备金管理
                                     库存现金管理
                                     同业存款管理
```

学习目标

- 了解现金资产的构成及来源
- 掌握现金资产管理的目的及原则
- 掌握准备金管理、库存现金管理和同业存款管理

　　商业银行是高杠杆经营的金融企业，经营的对象是货币，在日常经营活动中，商业银行为了保持清偿力和获取更有利的投资机会，必须持有一定比例的现金等高流动性资产，并对其进行科学管理。因此，现金管理也是商业银行管理的一项重要内容。

第一节　现金资产的构成及来源

一、现金资产的构成

　　现金资产是银行持有的库存现金以及与现金等同的可随时用于支付的银行资产。商业银

148

行的现金资产通常包括以下几类：

1. 库存现金。库存现金是指商业银行保存在金库中的现钞和硬币。库存现金的主要作用是应付客户提现和银行本身的日常零星开支，因此，任何一家营业性的金融机构，都必须保存一定数量的现金。但是由于库存现金是一种非营利性资产，而且保存还需要花费大量的保管费用，因此从经营的角度来讲，库存现金不宜保存太多。库存现金的经营原则就是保持适度的规模。

2. 在中央银行存款。这是指商业银行存放在中央银行的资金，即存款准备金。在中央银行存款由两部分构成：一是法定存款准备金，二是超额准备金。法定存款准备金是按照法定比率向中央银行缴存的存款准备金。规定缴存存款准备金的最初目的是为了银行备有足够的资金，以应付存款人的提存，避免因流动性不足而产生清偿能力危机，导致银行破产。目前，存款准备金已经演变成为中央银行调节信用的一种政策手段，在正常情况下一般不动用，缴存法定比率的准备金具有强制性。

超额准备金有两种含义。广义的超额准备金是指商业银行吸收的存款中扣除法定存款准备金以后的余额，即商业银行可用资金。狭义的超额准备金则是指在存款准备金账户中超过了法定存款准备金的那部分存款，这部分存款犹如工商企业在商业银行的活期存款，是商业银行在中央银行账户上保有的用于日常支付和债权债务清算的资金。通常所说的超额准备金是指狭义超额准备金。超额准备金是商业银行的可用资金，因此直接影响着商业银行的信贷扩张能力。法定存款准备金之所以能够作为调节信用的手段，是因为法定存款准备金的变化会影响商业银行超额准备金的多少。当法定存款准备金提高时，商业银行的超额存款准备金就相应减少，其信贷扩张能力下降；反之，法定存款准备金下降，商业银行的信贷扩张能力就增强。

3. 存放同业存款。存放同业存款是指商业银行存放在代理行和相关银行的存款。在其他银行保持存款是为了便于银行在同业之间开展代理业务和结算收付。由于存放同业的存款属于活期存款性质，可以随时支用，因而可以视同现金资产。

4. 托收中的现金。托收中的现金是指在银行间确认与转账过程中的支票金额。当个人、企业或政府部门将其收到的支票存入银行时，不能立即调动该款项，而必须在银行经过一定时间确认后方可提现使用。

二、现金资产的来源

银行传统的现金来源有两类：一是银行持有的各种短期证券，这些短期证券到期或出售后可以取得现金，此类现金来源通过资产管理取得；二是银行通过各种途径拆入的现金，此类现金来源通过负债管理取得。

各种变现途径的现金来源（资产类）包括：（1）现金。银行持有的现金。（2）存放于中央银行的超额准备金。如果商业银行在中央银行的准备金超过了法定额度，可以取出以满足临时性现金需求。（3）短期证券。各种短期政府债券及其他各种即将到期的证券是容易转换成现金的高流动性资产，政府债券具有风险较小、易变现的特点。（4）各种商业票据。优质商业票据有良好的变现能力，而且风险也较小。（5）其他有变现能力的资产。地方政府债券和其他各种政府机构债券也有较好的变现能力。（6）回购协议。当银行有充足资金时，可以临时性购买政府债券或其他证券，获取利息收入；同时，证券的卖方同意在将来某一时间以确定的价格购回这些证券。银行若需现金，返售这部分证券便可以取得现金。

各种拆借途径的现金来源（负债类）包括：（1）从中央银行拆入现金。中央银行可以拆借现金给会员银行，按中央银行确定的贴现率计算利息。在市场经济中，这一利息是最基本的标杆利率指标，各国中央银行通过调整这一利率来影响市场利率。（2）从其他银行拆入资金。中央银行的会员银行在中央银行存有超额准备金时，可以拆借给其他银行以换取利息收入，因此，银行可以从同业市场拆入资金，满足现金需求。（3）证券回购。为了取得现金，银行可以短期卖出持有的各种证券，并承诺在将来某一时间，按商定的价格购回这部分证券。（4）大额定期存单。大额定期存单是工商企业在银行的存款，是银行筹措资金的较好途径，在货币市场上具有相当高的流动性。（5）财政账户。银行可以通过争取政府财政税收账户来解决银行的现金需求。这一账户通过投标设立，提供高利息的银行获得此账户。（6）国外现金来源。在国外资金市场上借款是有国际业务的银行的资金来源，例如借入欧洲美元等。（7）其他形式的负债。银行可以通过发行债券来筹措资金。

第二节　商业银行现金管理方法

现金资产是商业银行维持其流动性而必须持有的资产，它是银行信誉的基本保证。因此，对现金的合理运营与管理是商业银行健康经营的重要任务。

一、现金管理的目的及原则

银行是高负债运营的金融企业，对其存款客户负有完全债务责任。从银行安全性角度来看，其流动性越高，安全性就越有保障。如果银行的现金资产不足以应付客户的提现要求，将会加大银行的流动性风险，引发储户挤兑，甚至导致银行破产，进而出现货币供给的收缩效应，削弱商业银行创造存款货币的能力，弱化商业银行社会信用职能，这是商业银行经营过程中要极力避免的情况。现金资产是一种无息或低息资产，因持有现金资产而失去的利息收入构成持有现金资产的机会成本。现金资产占全部资产的比重越高，银行的生息资产就越少，因此现金资产保留过多，不利于银行盈利水平的提高。尤其是在通货膨胀或利率水平上升的时期，银行保有现金资产的机会成本也会随之上升。银行从盈利性出发，有保有最低额度现金资产的内在动机。现金资产管理的目的就是要在确保银行流动性需要的前提下，尽可能地降低现金资产占总资产的比重，使现金资产达到适度规模。

适度的流动性是银行经营成败的关键环节，同时也是银行盈利性与安全性的平衡杠杆。现金资产管理就是着力于流动性需求的预测与满足，解决盈利性与安全性之间的矛盾，在保有现金资产的机会成本和现金资产不足的成本之间作出权衡。在具体操作中应当坚持以下基本原则：

1. 适度存量控制原则。按照存量管理理论，微观个体应使其非生息资产保持在最低的水平上，以保证利润最大化目标的实现。就商业银行的现金资产而言，其存量的大小将直接影响其盈利能力。存量过大，银行付出的机会成本就会增加，从而影响银行盈利性目标的实现；存量过小，客户的流动性需求得不到满足，则会导致流动性风险增加，直接威胁银行经营的安全。因此，将现金资产控制在适度的规模上是现金资产管理的首要目标。除总量控制外，合理安排现金资产的存量结构也具有非常重要的意义。银行现金资产由库存现金、同业存款、在中央银行存款和托收中的现金组成。这四类资产从功能和作用上看又各有不同的特点，其合理的结构有利于存量最优。因此，在控制适度存量的同时也要注意其结构的合理性。

2. 适时流量调节原则。商业银行的资金始终处于动态过程之中。随着银行各项业务的进行，银行的经营资金不断流进流出，最初的存量适度状态就会被新的不适度状态所替代。银行必须根据业务过程中现金流量变化的情况，适时地调节现金资产流量，以确保现金资产规模适度。具体来讲，当一定时期内现金资产流入大于流出时，银行的现金资产存量就会上升，此时需及时调整资金头寸，将多余的资金头寸运用出去；当一定时期内现金资产流入小于流出时，银行的现金资产存量就会减少，银行应及时筹措资金补足头寸。因此，适时灵活地调节现金资产流量是银行维持适度现金资产存量的必要保障。

3. 安全性原则。库存现金是银行现金资产中的重要组成部分，用于银行日常营业支付，是现金资产中唯一以现钞形态存在的资产。因此，对库存现金的管理应强调安全性原则。

二、准备金管理

存款准备金是商业银行现金资产的主要构成部分，包括法定存款准备金和超额存款准备金两部分。

（一）法定存款准备金管理

法定存款准备金管理主要是准确计算法定存款准备金的需要量和及时上缴应缴的准备金。在西方国家的商业银行，计算法定存款准备金需要量的方法有两种，一种是滞后准备金计算法，主要用于对非交易性账户存款的准备金计算；另一种是同步准备金计算法，它主要适用于对交易性账户存款的准备金计算。

1. 滞后准备金计算法。滞后准备金计算法是根据前期存款负债的余额确定本期准备金的需要量的方法。按照这种方法，银行应根据两周前的存款负债余额，确定目前应当持有的准备金数量。这样银行可根据两周前的 7 天作为基期，以基期的实际存款余额为基础，计算准备金持有周应持有的准备金的平均数，如表 7-1 所示。

2. 同步准备金计算法。同步准备金计算法是指以本期的存款余额为基础计算本期的准备金需要量的方法。通常的做法是：确定两周为一个计算期，如从 4 月 23 日（星期二）至 5 月 5 日（星期一）为一个计算期，

表 7-1　滞后准备金计算法		
第一周	第二周	第三周
计算基期周		准备金保持周

计算在这 14 天中银行交易性账户存款的日平均余额。准备金的保持期从 4 月 25 日（星期四）开始，到 5 月 7 日（星期三）结束。在这 14 天中的准备金平均余额以 4 月 25 日到 5 月 5 日的存款平均余额为计算基础计算。

以美国法定存款准备金的计算为例说明。法定存款准备金的多少取决于每个银行存款的多少及其构成。对于交易存款——支票账户、可转让支付命令账户和其他可用来支付的存款，必须持有两周内日平均额的 3% ，且该存款不能超过 4 780 万美元。交易存款余额超出 4 780 万美元的部分，法定准备为 10% 。这样，大的银行必须持有较多的法定准备。每一项

负债项目乘以中央银行（美国为联邦储备委员会）规定的法定存款准备金比率，得出银行总的法定准备金要求：

要求的法定存款准备金总额＝对交易性存款的准备金要求×在指定期限内的日平均净交易存款额＋对非交易负债的准备金要求×日平均非交易负债额

假设美国把初始期限不到18个月的非个人定期存款和欧洲货币负债的法定储备率降为0。

第一国民银行为最近的法定准备金计算期报出下述存款和现金账：

净交易存款：在两周的准备金计算期内每日平均为10 000万美元；

非个人定期存款和其他非交易负债：在两周的准备金计算期内每日平均为20 000万美元；

所持日平均库存现金：在两周计算期内日平均为500万美元；

由联邦储备委员会规定的法定储备率如下：

净交易存款的第一个4 780万美元：储备要求为3%；净交易存款超过4 780万美元的部分，储备要求为10%。非交易负债（包括非个人定期存款和欧洲美元负债），储备要求为0。

这样，第一国民银行日平均应提法定储备额＝$0.03 \times 4\ 780 + 0.10 \times (10\ 000 - 4\ 780) + 0 \times 20\ 000 = 665.4$（万美元）。

在两周计算期内，第一国民银行日平均持有500万美元的库存现金。因此，在其两周的储备维持期内，它平均应在区联邦储备银行存放的款项为：

应在联邦储备银行以存款形式持有的日平均法定储备额＝应提的法定储备总额－日平均库存现金持有额＝$665.4 - 500 = 165.4$（万美元）

注：净交易存款额等于存款总额减托收中的现金和存放同业。

（二）超额准备金管理

超额存款准备金是指在中央银行超出了法定存款准备金的那部分存款，银行可以用来进行日常的各种支付和贷放活动，如支票的清算、电子划拨和其他交易。超额存款准备金是商业银行最重要的可用头寸，是银行用来进行投资、贷款、清偿债务和提取业务周转金的准备资产。在存款准备金总量一定的情况下，超额存款准备金与法定存款准备金有此消彼长的关系。法定存款准备金的变动会导致超额存款准备金的变化，进而影响银行的信贷扩张能力，因此银行的超额准备金账户保留的存款不宜过多。银行超额准备金管理的重点就是要在准确测算超额准备金需要量的情况下，适当控制准备金规模。超额存款准备金也是货币政策的近期中介指标，直接影响社会信用总量。

1. 影响超额准备金需要量的因素。主要有以下几种：

（1）存款波动。商业银行的存款包括对公存款和储蓄存款。一般来说，对公存款的变化主要是通过转账形式发生，如本行客户对他行客户付款会导致对公存款下降，同时本行超额准备金流出；本行客户收取他行客户支付的货款，则会使本行对公存款和超额准备金增加。对个人储蓄存款和部分对公存款的变化主要是通过现金收支来表现，当存款增加首先表现为现金增加，然后银行将现金交存中央银行，最终引起超额准备金的增加；反之，存款下降，银行现金支出增加，这时，需从中央银行提取现金，导致超额准备金减少。

　　银行在分析存款波动对超额准备金需要量的影响时，重点应分析导致存款下降的情况，因为只有存款下降的情况，才会导致超额准备金需要量的增加。存款下降一般取决于近期因素和历史因素，即受到临近若干旬的存款下降幅度和历史上同期存款下降幅度的双重影响。如果以一个旬为分析区间，近期因素可以定为三旬，历史因素可以定为历史上某一年中该旬居中的三旬；如果以一个月为分析区间，近期因素可以定为三个月，历史因素可以定为以该月居中的三个月。但在实际匡算中，还必须扣除其他一些特殊因素，如企业贷款的收回，它同时使存款余额下降，但这种下降对超额准备金不产生影响。对存款变化的测算，可以用下面的方法计算：

　　每旬（月）关键性存款降幅＝旬（月）中累计存款下降额－其他因素（如贷款收回）

　　前三旬（月）平均关键性存款降幅＝前三旬（月）累计关键性存款降幅÷3

　　保险系数＝标准差×置信度

$$标准差 = \sqrt{\sum（每旬关键性存款降幅－前三旬平均关键性存款降幅）^2 ÷ 3}$$

$$历史同期平均发展速度 = \sqrt[考察年数-1]{\frac{去年同期关键性存款降幅}{最早年份同期关键性存款降幅}}$$

注：同期指从考察旬或月居中的三个旬或月。

　　本旬（月）存款波动周转金需要量

　　＝（前三旬平均关键性存款降幅＋保险系数）×历史同期平均发展速度

　　置信度根据要求的数字准确程度来确定，如果要求数字的准确性达到95%，则置信度为0.95，以0.95作为 $F（t）$ 去查正态概率表，得到 $t = 1.96$，t 值即为置信度。

　　（2）贷款的发放与收回。贷款的发放与收回对超额准备金的影响主要取决于贷款使用的范围。如果贷款的使用对象是本行开户的企业，本行在中央银行的存款不会发生变化；如果贷款的使用对象是他行开户的企业，或者本行开户的企业取得贷款后立即对外支付，就会减少本行在中央银行的存款，从而使本行的超额准备金下降，此时，银行就需要准备足够的超额准备金。同理，贷款的收回对超额准备金的影响也因贷款对象的不同而有所不同。他行开户的贷款企业归还贷款时，会使本行超额准备金增加，而本行开户的贷款企业归还贷款则不会影响超额准备金的需要量。因此，贷款发放对超额准备金需要量的计算公式是

　　贷款发放对超额准备金的需要量＝用于对他行支付的贷款＋（用于对本行支付的贷款－已收回贷款）×法定存款准备率

　　（3）其他因素。除了存贷款因素外，其他一些因素也影响到商业银行超额准备金的需要量，这些因素主要有：一是向中央银行借款的因素。当分析当期银行向中央银行的借款数大于归还中央银行的借款数时，商业银行的超额准备金会上升；反之，其超额准备金数额会下降。二是同业往来因素。当商业银行在分析期中同业往来科目是应付余额，表明在这一时期内该银行要向他行归还到期拆入款大于应该收回的拆出款，该行的超额准备金会下降；反之，如果在分析期内，银行同业往来科目为应收余额，表明该行到期应收回的拆出款大于应归还的拆入款，该行的超额准备金就会上升。三是法定存款准备金因素。当分析期内需要调增法定存款准备金时，就会从超额准备金中解缴法定准备金，从而减少超额准备金余额；而当分析期内可以调减法定存款准备金时，调减的部分自动增加商业银行的超额准备金。四是

信贷资金调拨因素。当分析期内需要调出信贷资金时，会减少商业银行的超额准备金；而当可以调入信贷资金时，就会增加超额准备金。五是财政性存款因素。财政性存款的上缴会减少商业银行的超额准备金。

2. 超额准备金的调节。商业银行在预测了超额准备金需要量的基础上，应当及时进行头寸调度，以保持超额准备金规模的适度性。当未来的头寸需要量较大、现有的超额准备金不足以应付需要时，银行就应设法补足头寸，增加超额准备金；而当未来头寸需要量减少、现有超额准备金剩余时，则应及时将多余的超额准备金运用出去，寻求更好的盈利机会。商业银行头寸调度的渠道和方式主要有以下几种：

（1）同业拆借。商业银行灵活调度头寸的最主要的渠道或方式是同业拆借。任何一家经营有方的银行，都应当建立起广泛的短期资金融通网络，在本行出现资金短缺时，可以及时地拆入资金；而当本行资金暂时剩余时，则可以及时地将多余资金运用出去获得利润。

（2）短期证券回购及商业票据交易。短期证券和商业票据是商业银行的二级准备，也是商业银行头寸调度的重要渠道。当商业银行头寸不足时，可以在市场上通过出售证券回购协议的方式补足头寸；而当头寸多余时，则可以通过买入证券回购协议的方式将资金调出。另外，商业银行也可以通过短期商业票据的买卖来调节现金头寸的余缺。

（3）通过中央银行融资。中央银行是金融体系的最后贷款人。当商业银行在经营过程中出现暂时性资金头寸不足时，可以通过再贷款或再贴现的方式，向中央银行融资。但由于中央银行再贷款和再贴现是货币政策的操作手段，商业银行能否获得中央银行的贷款，在很大程度上取决于货币政策的需要和商业银行的经营状况。当中央银行的货币政策偏紧或商业银行经营状况不是很好时，从中央银行融通资金就比较困难。

（4）商业银行系统内的资金调度。商业银行实行的是一级法人体制。为了加强行内资金调度能力，各商业银行都实行二级准备制度。这样，各级银行在日常经营活动中，如果出现头寸不足或剩余，可以在系统内通过本行内的资金调度来调剂余缺。如当某个分支行头寸不足时，可以向上级行要求调入资金；而当分支行头寸多余时，则可以上存资金。

（5）出售其他资产。当商业银行通过以上渠道或方式仍不能满足头寸调度的需要时，还可以通过出售中长期证券、贷款甚至固定资产来获得资金。通常情况下，中长期证券和贷款是商业银行盈利的主要来源，固定资产是商业银行经营的基本条件，如果仅仅从资金调度的角度来讲，只要银行通过其他渠道可以获得所需资金，一般不出售这些资产。但如果商业银行通过上述几种方式不足以满足资金调度的需要，或者预测这些资产未来的价格将有较大幅度的下降，或者目前出售资产确实能给银行带来丰厚的利润，银行也可以通过出售中长期证券或固定资产的方式来融通资金。

三、库存现金管理

银行库存现金集中反映了银行经营的资产流动性和盈利性状况。库存现金越多，流动性越强，则盈利性越差。为了保证在必要的流动性前提下实现更多的盈利，就需要把库存现金压缩到最低限度。为此，银行必须在分析影响库存现金数量变动的各种因素的情况下，准确测算库存现金需要量，及时调节库存现金的存量，同时，加强各项管理措施，确保库存现金的安全。

（一） 影响银行库存现金的因素

影响银行库存现金的因素比较复杂，其中主要有以下几种：

1. 现金收支规律。银行的现金收支在数量上和时间上都有一定的规律性。例如，对公出纳业务一般是上午大量支出现金，而下午则大量收进现金。在一个年度当中，由于季节性因素的影响，有的季节银行现金收入多而支出少，而有的季节则支出多而收入少。银行可以根据历年的现金收支情况，认真寻找其变化规律，为资金头寸的预测提供依据。

2. 营业网点的多少。银行经营业务的每一个营业网点都需要有一定的铺底现金。银行营业网点越多，其对库存现金的需要量也越多。因此，从一般情况来说，银行对库存现金的需要量与营业网点的数量成正比。

3. 后勤保障的条件。银行库存现金数量与银行的后勤保障条件也有密切关系。一般来说，如果银行后勤保障条件较好，运送现金的车辆、保安充足且服务周到，则在每个营业性机构就没有必要存放太多的现金；否则，就必须在每个营业网点存放较多的现金，显然，这会增加占压现金费用。

4. 与中央银行的距离、交通条件及发行库的规定。如果商业银行营业网点与中央银行发行库距离较近，交通运输条件较好，商业银行就可以尽量压缩库存现金的规模。而中央银行发行库的营业时间、出入库时间的规定，也对商业银行的库存现金产生重要影响。如果中央银行发行库的营业时间短，规定的出入库时间和次数少，就势必增加商业银行库存现金。

5. 商业银行内部管理问题。除上述因素外，商业银行内部管理，如银行内部是否将库存现金指标作为员工工作业绩的考核指标，是否与员工的经济利益挂钩，银行内部各专业岗位的配合程度，出纳、储蓄柜组的劳动组合等，都会影响库存现金数量的变化。

（二） 银行库存现金规模的确定

在实际工作中，要确定一个十分合理的库存现金规模显然是比较困难的。但在理论上，我们仍然可以作一些定量分析，以便为实际操作提供理论依据或指导。

1. 库存现金需要量的匡算。银行库存现金是为了完成每天现金收支活动而需要持有的即期周转金。匡算库存现金需要量主要应考虑两个因素：

（1） 库存现金周转时间。银行库存现金周转时间的长短受多种因素的影响，主要有：银行营业网点的分布状况和距离；交通运输工具的先进程度和经办人员的配置；出入库制度与营业时间的相互衔接情况等。一般来说，城市银行网点的分布距离较近，而且交通运输条件较好，库存现金的周转时间就较短；农村银行网点一般比较分散，相互之间的距离较远，而且交通运输条件较差，其库存现金周转时间也较长。同时，银行的库存现金是分系统按层次供给，因此，上级行库存现金的周转也包含了下级行库存现金的周转时间，因而，管理层次多的银行与管理层次较少的银行相比，其库存现金周转时间也长一些。

（2） 库存现金支出水平的确定。在银行业务活动中，既有现金支出，又有现金收入，从理论上讲，现金支出和现金收入都会影响现金库存。但在测算库存现金需要量时，我们主要考虑做支付准备的现金需要量，不需要考虑所有的现金收支，因此，银行通常只需考察现金支出水平。另一方面，也要考虑一些季节性和临时性因素的影响。在实际工作中。可用以下公式来计算现金支出水平：

$$即期现金支出水平 = 前期平均支出水平 \times 保险系数 \times 历史同期平均发展速度$$

其中，

$$前期平均现金支出水平 = 前30天现金支出累计发生额 \div 30$$

$$保险系数 = 标准差 \times 置信度$$

$$标准差 = \sqrt{\sum \left(每天现金支出额 - 平均现金支出额\right)^2 \div 30}$$

$$历史同期平均发展速度 = \sqrt[考察年数-1]{\frac{去年同月现金支出累计发生额}{最早年份同月现金支出累计发生额}}$$

注：同月是指考察时点前半月和考察时点后半月相加。

求出即期现金支出水平后，与库存现金周转时间相乘，再加减一些其他因素，即为库存现金需要量。

2. 最适度送钞量的测算。为了保持适度的库存现金规模，商业银行的营业时间需要经常性地调度现金头寸、及时运送现金。但运送现金需要花费一定的费用，如果这种费用过大，超过了占压较多现金而付出的成本，就得不偿失了。因此，银行有必要对运送现金的成本收益进行比较，以决定最适度的送钞量。在这个最适度的送钞量上，银行为占用库存现金和运送现金所花费的费用之和应当是最小的。我们可以运用存货管理办法来进行测算，其公式是

$$T = \frac{CQ}{2} + \frac{AP}{Q}$$

其中，T 是总成本，C 是现金占用费率，Q 是每次运送钞票数量，$Q/2$ 是平均库存现金量，$CQ/2$ 是库存现金全年平均占用费，A 是一定时期内的现金收入（或支出），A/Q 是运送钞票次数，P 是每次运送钞票费用，AP/Q 是全年运钞总成本。根据以上方程式，用微分法来求总成本最小时运送钞票的数量。对于上述函数，求 T 对 Q 的一阶导数，可得

$$T' = dT/dQ = C/2 - AP/Q^2$$

令

$$T' = 0，则 C/2 - AP/Q^2 = 0$$

$$Q^2 = 2AP/C，即 Q = \sqrt{2AP/C}$$

3. 现金调拨临界点的确定。由于银行从提出现金调拨申请到实际收到现金需要有一个或长或短的过程，特别是对于那些离中心库较远的营业网点，必须有一个时间的提前量，而不能等现金库用完才申请调拨。同时，为了应付一些临时性的大额现金支出也需要有一个保险库存量。于是，就存在一个应当在什么时候、在多大的库存量调拨现金的问题。这就是一个现金调拨的临界点问题。我们可以用以下公式来计算这个临界点：

$$现金调拨临界点 = 平均每天正常支出量 \times 提前时间 + 保险库存量$$

$$保险库存量 = \left(预计每天最大支出 - 平均每天正常支出\right) \times 提前时间$$

4. 银行保持现金适度量的措施。在测算了最适度运钞量和现金调拨临界点之后，银行保持适度现金库存已经有了一个客观依据。但要切实管好库存现金，使库存现金规模经常保持在一个适度规模上，还需要银行内部加强管理，提高管理水平。

首先，应将库存现金状况与有关人员的经济利益挂钩。在对营业网点适度现金规模作出测算的基础上，银行应将网点实际库存状况与适度库存量进行比较，并根据其库存掌握的好坏与经济利益挂钩。在实践中，硬性规定限额指标并不一定好，比较可行的办法是，给基层

营业网点下达内部成本考核指标，并将成本指标与有关人员的经济利益直接挂钩。由于现金库存量的大小直接影响到网点内部成本率的高低，因此这有利于促使有关人员在保证支付的前提下，主动压缩库存规模，实现现金库存的最优化。

其次，应实现现金出纳业务的规范化操作。银行库存现金量的大小在很大程度上取决于对公出纳业务现金收支的规范化程度。因此，银行应尽可能实现规范化操作。第一，银行应尽可能开展代发工资业务，将各开户单位的工资直接以存单形式存入本行，避免每月的大量工资性现金流出；第二，要把开户单位发工资及每天的资金支出金额均匀排列在每一天；第三，对开户单位发放工资和其他大额现金支出实行当天转账、次日付现的预约制度，由会计部门将每天的预约单位及其金额通知出纳部门，出纳部门当天配款封包寄存，次日付现。掌握了客户发放工资和其他大额提现的时间和金额，就能够事先掌握绝大部分现金支出的时间和金额，其他小额支出对银行流动性就不会产生大的冲击，也容易调剂。

再次，要掌握储蓄现金收支规律。储蓄业务面对的是广大的个人存款者，可控性较差，也难以人为地将现金收支规范化。但对统计资料的分析表明，事实上储蓄现金收支有很强的规律性。只要掌握了这种规律，银行就可以在保证支付的前提下，压缩备用金的库存。

储蓄的现金收支一般有以下规律：一是在营业过程中，客户取款和存款在正常情况下基本相等。也就是说，在正常情况下，不会出现大量客户取款而很少客户存款的情况，除非由于社会、经济、政治等特殊事件的发生，或遇到严重自然灾害，或本行经营情况严重恶化导致客户对本行的安全性产生怀疑，才会出现这种情况。因此，银行应该关心整个社会、经济和政治形势的发展变化，及时发现挤兑存款的苗头。二是在正常情况下，上午取款的平均数大于下午。这条规律告诉我们，当天的现金收入抵用现金支出具有时差性，银行在每天营业开始时，必须保留一定数额的备用金。三是在一般情况下，每个月出现现金净流入和净流出的日期基本不变。由于储蓄资金主要来源于个人的工资收入，通常每月中、上旬，居民将工资扣除消费后存入银行，表现为银行的净流入；每月下旬，需要从银行支取现金，补充消费的不足，表现为现金的净流出。

最后，解决压缩库存现金的技术性问题。一是要掌握好现金的票面结构。营业网点所处地点不同，对票面结构的要求也不同。如果票面结构不合理，也会增加现金库存量。二是要充分发挥中心库的调剂作用。银行的中心库最好与地处中心位置、有大量现金投放网点的业务库合二为一，但同时要设专人负责全辖各业务网点的现金余缺调剂，以提高全辖现金利用率。三是各营业网点的出纳专柜要建立当天收现当天清点，消灭主币封包、下班前各档并捆的做法，尽可能把当天收进的现金全部用来抵用第二天的现金支出。四是要创造条件，使储蓄所上缴的现金当日入账。五是要对回收的残破币及时清点上缴，以减少库存现金。

（三）严格库存现金管理措施

从经营的角度讲，银行的库存现金是最为安全的资产，但库存现金也有其特有的风险。这种风险主要来自于被盗、被抢和自然灾害的损失，以及业务人员清点、包装过程中的差错，还可能来自银行内部不法分子的贪污、挪用。因此，银行在加强库存现金适度性管理的同时，还应当严格库房的安全管理，在现金清点、包装、入库、安全保卫、出库、现金运送等环节，采取严密的责任制度、监测制度、保卫制度和有效的风险防范措施，确保库房现金的安全。

四、同业存款管理

（一）同业存款的目的

由于业务特点和人力、物力的限制，任何一家银行不可能在其业务触及的每一个地方都设立分支机构，它在没有分支机构的地区的一些金融业务就需要委托当地的银行等金融机构代理。那些较大的银行一般都是双重角色，一方面作为其他银行的代理行而接受其他银行存放的同业存款；另一方面，它又是被代理行，将一部分资金以活期存款形式存放代理行。这就形成了银行之间的代理行业务。银行之间开展代理行业务需要花费一定成本，商业银行在其代理行保持一定数量的活期存款，主要目的就是为了支付代理行代办业务的手续费。代理行可以将同业存款用于投资，并以投资的收入补偿其成本，并获得利润。由于这部分存款随时可以使用，与库存现金和在中央银行的超额准备金没有什么区别，因此也成为商业银行现金资产的组成部分。

按照银行现金资产管理的原则，同业存款也应当保持一个适当的数量。而如果同业存款过多，会使银行付出一定的机会成本；如果同业存款过少，又会影响银行委托他行代理业务的开展，甚至影响本行在同业市场上的声誉。因此，银行在同业存款的管理过程中，需要准确地预测同业存款的需要量。

（二）同业存款的测算

商业银行在同业的存款需要量，主要取决于以下几个因素：（1）使用代理行的服务数量和项目。如前所述，银行将款项存放同业的主要目的是为了支付代理行代理本行业务的成本，因此，本行使用代理行服务的数量和项目，就成为影响同业存款需要量的最基本因素。如果使用代理行的数量和项目较多，同业存款需要量也较多；反之，同业存款的需要量较少。（2）代理行的收费标准。在使用代理行的服务数量和项目一定的情况下，代理行的收费标准就成为影响同业存款需要量的主要因素。收费标准越高，同业存款的需要量就越大。（3）可投资余额的收益率。通常情况下，代理行是通过对同业存款的投资获得收益来弥补其为他行代理业务支付的成本的，因此，同业存款中的可投资余额的收益率的高低，也直接影响着同业存款的需要量。如果同业存款中可投资余额的收益率较高，同业存款的需要量就少一些；否则，同业存款的需要量就较多。

表7-2 同业存款需要量测算表

1．×月份代理行提供的服务	笔数	单价（元/笔）	成本（元）
支票清算	10 540	0.045	474.30
电子转账	28	1.50	42.00
证券保管	7	3.00	21.00
数据处理及计算机软件服务			100.00
全月总成本			637.30
2．代理行的收益			
计算机服务手续费			100.00
应从同业存款中获取的投资收益			537.30
总计			637.30
3．同业存款余额需要量			
投资收益＝投资收益率×30÷360（同业存款余额－托收未达款－应提准备金）			
同业存款需要量			80 595.00

表7-2是某银行同业存款需要量的测算表。该银行在本月中需要购买代理行的以下一些业务：支票清算10 540笔，每笔收费标准为0.045元；电子转账28笔，每笔收费标准是1.50元；证券保管7笔，每笔收费标准为3.00元。另外，代理行还为本行提供数据处理和软件服务，其获得本行手续费100元；如果代理行同业存款的准备金率为12%，平均浮存（托收未达款）为7 200元，可投资余额的年收益率为8%。在表7-2中，代理行为本行提供的服务的总成本是637.30元，代理行已经通过现金方式收取了本行100元的计算机服务手续费，为达到收支平衡，代理行还需要从同业存款的投资中获得537.30元的收益。但不是所有的同业存款代理行都可以用来投资，还需要扣除浮存和应提准备金，这样，通过上述公式的计算，该银行需要在其代理行存放至少80 595元的存款。

本章小结

1. 现金资产是银行持有的库存现金以及与现金等同的可随时用于支付的银行资产。商业银行的现金资产一般包括库存现金、在中央银行存款、存放同业存款和托收中的现金等。

2. 商业银行的现金来源有传统的现金来源和创新途径的现金渠道。传统现金来源有两类：一类是银行投资的各种短期证券，在这些短期证券到期或出售后可以取得现金，该类现金来源通过资产管理取得；另一类为银行通过各种途径拆入的现金，此类现金来源通过负债管理取得。银行创新的现金来源渠道包括各种形式的期权、期货、证券化贷款和证券化资产，以及充分利用资本市场筹措资金等。

3. 商业银行现金资产管理的目的就是要在确保银行流动性需要的前提下，尽可能地降低现金资产占总资产的比重，使现金资产达到适度的规模。在具体操作中应当坚持适度存量控制、适时流量调节和安全性等基本原则。

4. 存款准备金管理包括对法定存款准备金的管理和对超额存款准备金的管理两部分；商业银行库存现金管理要求银行必须在分析影响库存现金数量变动的各种因素的情况下，准确测算库存现金需要量，及时调节库存现金的存量；商业银行在同业存款的管理过程中，需要准确地预测同业存款的需要量。

本章主要概念

现金资产　库存现金　法定存款准备金　超额准备金　存放同业存款　托收中的现金
证券回购　同业拆借

本章思考题

1. 商业银行现金资产一般包括哪几类？

2. 商业银行现金资产的来源有哪些渠道?

3. 简述商业银行现金资产管理的基本原则。

4. 西方国家的商业银行计算法定存款准备金需要量的方法有哪些?

5. 影响超额准备金需要量的因素主要有哪几种?

6. 简述如何确定银行库存现金规模。

本章参考文献

[1] [美] 彼得·S. 罗斯:《商业银行经营管理》,北京,机械工业出版社,2000。

[2] 戴国强:《商业银行经营学》,北京,高等教育出版社,1999。

[3] 陆世敏:《中国商业银行经营管理》,上海,上海财经大学出版社,1996。

[4] 庄毓敏:《商业银行业务与经营》,北京,中国人民大学出版社,1999。

[5] First Boston Corporation. Handbook of Securities of the United States Government and Federal Agencies. 33rd Edition. New York, 1998.

[6] Lumpkin, Stephen A.. Repurchase and Reverse Repurchase Agreements. *Economic Review*, Federal Reserve Bank of Richmond, January/February 1987, pp. 15 – 23.

[7] Stevens, E. J.. Is There Any Rationale for Reserve Requirements? *Economic Review*, Federal Reserve Bank of Cleveland, Third Quarter 1991.

[8] Tarban, Vefa. Individual Bank Reserve Management. Business Conditions Federal Reserve Bank of Chicago, 1998.

扫描二维码可获取本章更多习题

第八章
商业银行证券投资管理

本章知识结构

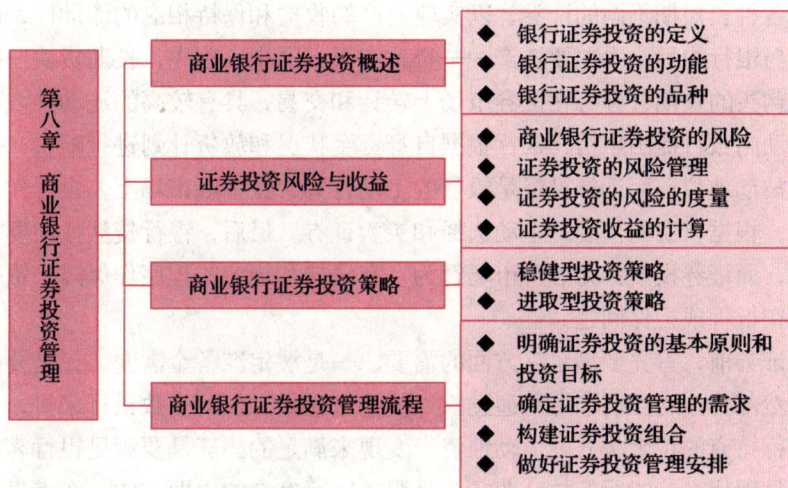

第八章 商业银行证券投资管理	商业银行证券投资概述	◆ 银行证券投资的定义 ◆ 银行证券投资的功能 ◆ 银行证券投资的品种
	证券投资风险与收益	◆ 商业银行证券投资的风险 ◆ 证券投资的风险管理 ◆ 证券投资的风险的度量 ◆ 证券投资收益的计算
	商业银行证券投资策略	◆ 稳健型投资策略 ◆ 进取型投资策略
	商业银行证券投资管理流程	◆ 明确证券投资的基本原则和投资目标 ◆ 确定证券投资管理的需求 ◆ 构建证券投资组合 ◆ 做好证券投资管理安排

学习目标

● 了解商业银行的证券投资行为
● 理解商业银行证券投资分类和管理
● 理解商业银行证券投资的各种策略
● 了解商业银行证券投资管理过程
● 了解我国商业银行证券投资管理的现状

在现代商业银行的资产组合中，有价证券是重要的投资对象。从 20 世纪 80 年代初到 90 年代，美国受联邦存款

本书在狭义上定义有价证券，主要指资本证券，即由金融投资、融资活动产生的证券，包括股票、债券、基金等。

保险公司承保的银行，其 20% 左右的资产配置于各类有价证券。其中，大型银行的投资比例在 15% 左右；中小型银行相对较高，约为 30%。进入 90 年代以后，一方面，金融创新活动试图突破政府监管的限制，推动商业银行证券投资业务快速发展；另一方面，各国政府也纷纷放松对商业银行证券投资的监管。证券投资不仅为银行提供良好的流动性并获得一定的投资收益,而且在分散资产组合风险、合理避税等方面也起到积极作用。

第一节 商业银行证券投资概述

商业银行在经营活动中,由于资金流动的不确定性和银行商业贷款的不确定性以及周期原因,需要保留一定的流动资金。除了应付日常的现金收付之外,还应该为突然变动的经济环境作准备,而且银行在经济不景气的时期往往被动持有资金,这使得银行进行证券投资成为必然。

一、银行证券投资的定义

银行把资金配置于各种长短期不同的证券,以实现资产的收益和保持相应的流动性,即为银行证券投资。证券与银行的另一类主要资产——贷款有很大区别。首先,长期贷款一般不能流通转让,而银行购买的长期证券可在证券市场上转让和交易,具有较高的流动性。其次,贷款是由借款人主动向银行提出申请,银行根据自身资金状况和放贷计划进行配置,在这一过程中,银行处于被动地位;而证券投资是银行的主动行为,在金融市场上,银行作为众多投资参与者的一员,根据自身的需要,主动选择和买卖证券。最后,银行贷款往往要求借款人提供担保或抵押,而证券投资作为一种市场行为,有法律和规定的程序作保障,银行处于投资者地位,不存在抵押或担保问题。

银行将资金投资于证券前,首先要满足三方面的需要。一是法定准备金需要。二是要确保银行流动性需要,虽然部分流动性需求可以通过拆入资金来满足,但对多数银行来讲,大部分流动性需求是用银行持有的现金头寸或流动性资产变现来满足的。三是要满足银行客户的贷款需求。发放贷款是现代商业银行的核心业务,是服务银行客户的主要方式。在满足这些需要的基础上,银行才能将剩余资金投入证券投资业务。可以看出,银行的证券投资业务可以理解为银行对剩余资金的自主运用。

二、银行证券投资的功能

1. 保持流动性,获得收益。在经济衰退时期,商业信贷需求减少,银行将资金投资于证券获得稳定收益;在经济复苏时期,贷款需求增加,银行将证券出售获得资金,投资于高收益的贷款。从这个意义上,可以说证券投资提供了二级储备,甚至对某些银行来讲,证券投资组合通常是其满足流动性需要的主要来源;而对于经常进入资本市场融通资金的大银行来讲,证券投资也仍是流动性来源之一,对银行降低流动性风险有重要意义。

2. 分散风险,提高资产质量。银行贷款收益较高,但风险也较大。从事证券投资可以提高银行全部资产的分散化程度,降低资产组合风险,提高资产组合的收益率。

3. 合理避税。商业银行投资的证券大都集中在国债和地方政府债券上,而地方政府债券往往都有税收优惠,故银行可以利用证券组合达到避税目的,使银行资产的税后收益进一步提高。

4. 为银行提供新的资金来源。银行持有的高质量证券可以作为向中央银行借款的抵押品,还可以签订回购协议,实现短期资金融通,达到满足流动性需求的目的。以证券为抵押品借入资金能够避免出售优质证券而带来的资产损失或者收益下降。

三、银行证券投资的品种

我国实行"分业经营、分业监管"的金融体制，在现行体制下，商业银行在人、财、物等方面要与证券业、保险业相隔离。因此，我国商业银行证券投资以各类债券为主。20 世纪 90 年代后期，为规范我国债券市场发展，监管部门决定停止银行在证券交易所的回购与现券交易，分别由中央结算公司和银行间同业拆借中心提供托管结算和交易中介服务，在此基础上形成了银行间债券市场。随着银行间债券市场的不断发展，我国商业银行可用于投资的证券种类也在不断丰富，主要包括政府债券、中央银行票据、金融债券、公司债券、信贷资产证券化、国际债券等。

1. 政府债券（Governments Bonds）。政府债券指由各级政府发行的债券，包括国债和地方政府债。其中，国债的发行人为中国财政部，地方政府债包括由中央财政代理发行和地方政府自主发行的由地方政府负责偿还的债券。

2. 中央银行票据（Central Bank Bills）。发行人为中国人民银行，期限从 3 个月到 3 年不等，以 1 年期以下的短期票据为主。中央银行票据是中国人民银行公开市场操作的工具，用于调节我国金融体系的货币供应量。

3. 金融债券（Financial Bonds）。金融债券指由政策性银行、商业银行、企业集团财务公司等金融机构在全国银行间债券市场发行的有价证券，通常固定利率和期限，到期还本付息。由于金融债券的发行人是金融机构，债券投资者需要承担相应的信用风险，因此，利率普遍高于政府债券。一般地，我国商业银行通常会互相持有金融债券。

4. 公司债券（Corporate Bonds）。公司债券是由企业发行的承诺在规定期限内还本付息的一种长期债务凭证，其风险较大，违约率较高。企业为了筹措短期资金，通常在银行间债券市场发行期限较短的短期融资券。

5. 信贷资产证券化（Credit Asset Securitization）。信贷资产证券化指银行业金融机构发起，将信贷资产信托给受托机构，由受托机构以资产支持证券的形式向投资机构发行收益凭证，以该财产所产生的现金支付资产支持证券收益的结构性融资活动。

6. 国际债券（International Bonds）。一般包括政府债券、金融债券和公司债券，唯一不同的是发行方与购买方属于两个不同的国家，此类债券的发行有助于改善发行国的国际收支平衡，也可以为发行国吸引国际资本，发展本国经济。由于国际债券市场资金量巨大，因此此类债券发行量越来越大，渐渐成为商业银行青睐的债券投资标的物。

第二节　证券投资风险与收益

一、商业银行证券投资的风险

在银行投资的有价证券中，各类债券占据大部分，因而这里主要分析银行债券投资的风险。银行投资债券主要面临以下几种风险。

1. 信用风险。信用风险是指债务人到期无法偿还本金和利息而给银行造成损失的可能性。银行证券投资主要集中在政府债券上，这类债券由政府税收作为偿付本息的保障，违约概率极低。银行证券投资的信用风险主要来自于公司债券。信用风险一旦发生，银行无法完全收回利息和本金，就会给银行带来巨大的损失，因此，商业银行要严格控制所投资证券的信用风险。西方国家银行多依据权威资信评估机构评定的债券信用等级对证券进行选择和投资决策。

2. 利率风险。利率风险指市场利率变化给银行债券投资带来损失的可能性。债券价格取决于利率和债券息票率，在债券息票率一定时，债券价格与市场利率成反比关系，市场利率上升使债券价格下跌。而对大多数债券来说，距离到期日越远，这种关系越显著。当银行因各种需要而在未到期前出售证券时，有可能因为市场价格下降而产生资本损失。另一方面，利率变化会引起再投资的风险。银行在投资的收益水平会因利率下降而减少，在利率下降过程中，银行证券投资的息票收入和到期证券本金偿还所得到的资金，又可能不得不按较低的市场利率重新投资。国内一般将利率风险分为购买力风险（又称通货膨胀风险）、重新定价风险、基差风险、收益率风险等。

3. 流动性风险。证券投资的流动性风险是指当产生资金需求或出现新的投资机会时，持有证券的商业银行无法在短时间内以合理的价格卖出证券，被迫进行减价出售，从而发生损失的风险。商业银行投资交易不活跃的证券品种时，往往面临更大的流动性风险。

4. 提前赎回风险。在利率相对较高的时期，公司债或市政债券的发行一般附有期前赎回条款（Call Provision）。可提前赎回债券的债券发行人保留提前赎回债券的权利，可以按一定的金额，在债券到期日之前赎回债券。期前赎回条款给予发行人一种保障，使它可以在债券市场利率下降时赎回债券，以避免高息票利率的损失。对于证券投资者来讲，实行期前赎回条款则不利，因为银行出售证券后只能以低利率再投资。因此提前赎回风险也导致再投资风险。债券发行人的期前赎回价格通常高于票面价格，其差额称为期前赎回收益（Call Premium）。

二、证券投资的风险管理

（一）证券投资的信用风险管理

商业银行在投资证券时，通常依靠信用评级机构的评级结果来评估信用风险。穆迪和标准普尔公司是世界知名的评级机构，均提供公司债务信用风险的评级。其信用评级标准如表8-1所示（穆迪/标准普尔）。

表8-1 穆迪/标准普尔公司的信用评级

信用评级	说明
Aaa/AAA	最高等级债券，几乎不可能违约
Aa/AA	高等级债券，信用质量低于 3A 级债券
A/A	中上等级债券，可能受到外部经济条件的影响而发生违约
Baa/BBB	中级债券，当前财务能力较强，但受经济条件影响而可能有投机因素
Ba/BB	中低等级债券，一旦经济条件恶化就会违约
B/B、Caa/CCC	投机性较高，有信用质量问题
Ca/CC、C/C	高度投机，违约可能性很大
/D	已经违约，只是残值不同

➊ 注：后面四个等级称为垃圾债券（Junk Bonds），即投机级债券。

银行管理者必须考虑信用风险对证券价格的影响。一般息票债券的价格方程可以表示为

$$P = \sum_{t=1}^{m} \frac{C_t}{(1 + YTM)^t} + \frac{FV}{(1 + YTM)^m}$$

其中，P 为债券价格，YTM 为到期收益率，C_t 是在时期 t 的息票收入，FV 为债券面值，m 为实际持有期。债券期望价格公式为

$$P = \sum_{t=1}^{m} \frac{E(C_t)}{(1 + E(R))^t} + \frac{E(FV)}{(1 + E(R))^m}$$

其中，$E(R)$ 为收益率，$E(C_t)$ 为息票的期望支付额，$E(FV)$ 为债券出售的期望收入。假设 P_t 为在 t 时期收到息票的概率，$1 - P_t$ 为违约概率，那么 $E(C_t) = P_t \times C_t + (1 - P_t) \times$ 息票的清算价值。$E(FV)$ 可以类似计算。无风险债券价格方程可写为

$$P = \sum_{t=1}^{m} \frac{C_t}{(1 + r_f)^t} + \frac{FV}{(1 + r_f)^m}$$

其中，r_f 为无风险利率。$YTM - r_f$ 为信用风险溢价，它由两部分组成。$YTM - E(R)$ 表示违约风险本身的大小，$E(R) - r_f$ 则来自投资者的风险规避态度。如果 $E(R) = r_f$，则表示投资者是风险中立的。在投资高违约风险的证券时，银行管理者不仅要考虑债券本身违约风险的大小，还要考虑自身的风险偏好。此外，还应该考虑代理成本的问题，企业总是倾向于承担更多风险以获得高收益。这种行为实际上是对债权人的利益损害，因此某些债券合约具有特定的限制条款，防止此类风险的发生。

（二）证券投资的利率风险管理

在实务中，债券的利率风险管理通常使用久期分析法。久期（Duration）的计算公式如下：

$$Duration = \left(\sum_{n=1}^{k} \frac{C_i}{(1 + r)^n} \times n \right) \div NI$$

其中，NI 表示现金流的净现值。D 为久期，表示的是各期现值的时间加权值，它可以用来度量利率变化对一笔现金流现值的影响：

$$\frac{\Delta P}{P} = -D \times \frac{\Delta i}{1 + i}$$

因为久期考虑到债券现金流的不同，因此，对银行投资管理人员来说，最重要的信息通常并非某一特定证券多长时间到期，而是它何时为银行产生收入，以及在银行持有证券期间每月、每年现金如何产生。久期是未来现金流贴现值的加权平均。假设面值为 1 000 元的中期国库券，期限 5 年，息票率为 10%，每年末支付一次利息，债券的当前市场价格为 900元。首先根据证券到期收益率与价格的关系式有

$$900 = \sum_{t=1}^{5} \frac{1\,000 \times 10\%}{(1 + r)^t} + \frac{1\,000}{(1 + r)^5}$$

用插值法可以求出其到期收益率约为 $r = 12.17\%$。接下来就可以计算该债券的久期 D：

$$D = \left[\frac{100 \times 1}{(1 + 0.1217)^1} + \frac{100 \times 2}{(1 + 0.1217)^2} + \frac{100 \times 3}{(1 + 0.1217)^3} + \frac{100 \times 4}{(1 + 0.1217)^4} + \frac{1\,100 \times 5}{(1 + 0.1217)^5} \right] \times \frac{1}{900}$$

$$= \frac{3\,810.16}{900} = 4.23$$

下面说明怎样利用久期来管理证券投资。设预期利率变为 13.17%，上涨 1%，那么证券价格变化为

$$证券价格变化百分比 = -4.23 \times \frac{0.01}{1 + 0.1217} \times 100\% = -3.77\%$$

就是说，利率上升 1%，会使证券价格下跌 3.77%。银行投资管理者必须预测利率上升的可能性有多大，银行能否承受这样的价格弹性。当久期等于银行计划持有期时，利率风险和再投资风险相互抵消，即通过降低或提高再投资收益率，银行资本盈利或损失相互抵消。

三、证券投资的市场风险度量

根据资产组合理论，某项投资的预期收益是该项投资各种可能收益的加权平均，用公式表示为

资产组合理论由马科维茨于1952年创立，他通过构建均值—方差模型，推导出证券资产组合风险与收益的理论关系。在此基础上，夏普提出了资本资产定价模型（CAPM），奠定了现代金融理论的基础。

$$E(R_j) = \sum_{i=1}^{n} P_i R_{ji}$$

其中，P_i 是自然状态（或称某一事件）i 发生的概率，R_{ji} 表示在自然状态 i 发生时资产 j 的收益率。某项投资的各种预期收益与加权平均收益之差的平方加权和再开平方根，就是该投资收益率的标准差，可以度量投资风险的大小：

$$\sigma(R_j) = \left(\sum_{i=1}^{n} P_i [R_{ji} - E(R_j)]^2 \right)^{\frac{1}{2}}$$

事实上，对某种证券的收益率进行预期是相当困难的，所以收益风险经常借助经验性的收益数据进行度量。设 R_{t-i}（$i = 1, 2, 3, \cdots, n$）为 t 时过去 i 期的经验性收益率，那么该证券收益率的均值和方差分别为

$$ER = \frac{\sum R_{t-i}}{n}$$

$$\sigma^2 = \frac{\sum_{i=1}^{n} (R_{t-i} - ER)^2}{n-1}$$

银行的证券投资对银行现有其他资产的期望回报和风险都会产生作用。假设不考虑银行证券投资 j 时，银行资产的期望回报和标准差分别为 $E(R_p)$ 和 $\sigma(R_p)$，则银行总资产的期望回报为

$$E(R_b) = aE(R_j) + (1-a)E(R_p)$$

其中，R_b 表示银行总资产的收益率，a 表示投资于 j 的资金占银行全部资产的比例，则银行总资产的方差可表示为

$$\sigma^2(R_b) = a^2\sigma^2(R_j) + (1-a)^2\sigma^2(R_p) + 2a(1-a)\text{cov}(R_j, R_p)$$

其中，$\text{cov}(R_j, R_p)$ 为银行其他资产收益率与证券收益率的协方差，它可以表示为

$$\text{cov}(R_j, R_p) = \rho_{jp}\sigma(R_j)\sigma(R_p)$$

其中，ρ_{jp} 为证券 j 与其他资产组合 p 之间收益率的相关系数。如果 $\rho_{jp} = 1$，则两者的收益率是完全正相关的；$\rho_{jp} = -1$，则完全负相关。当 $\rho_{jp} < 1$ 时，总资产的方差小于 $\rho_{jp} = 1$ 的情况，这就是资产分散化的作用：将资金投资于收益率不是完全正相关的资产可以降低总资产收益

的方差，从而降低总资产的风险。

在图 8-1 中，以两种不同收益率和风险资产的不同证券组合绘制的曲线。不同的相关系数会产生不同的曲线形状。对于多种资产组合的情形，并不是一条曲线，而是一个曲面。

多项风险资产经过适当组合后，其风险总比组合中单个资产的风险低。实际上，只要银行增加资产组合中的资产数量，并相应调整配置比例，总是可以降低证券资产组合的风险。一般来讲，地域相近或产业相同的不同企业发行的证券，其相关程度较高，而不同产业、不同地理位置的企业发行的债券或政府发行的证券，其相关程度较低，购买这些相关程度低的证券可以更大限度地降低证券资产组合的风险。

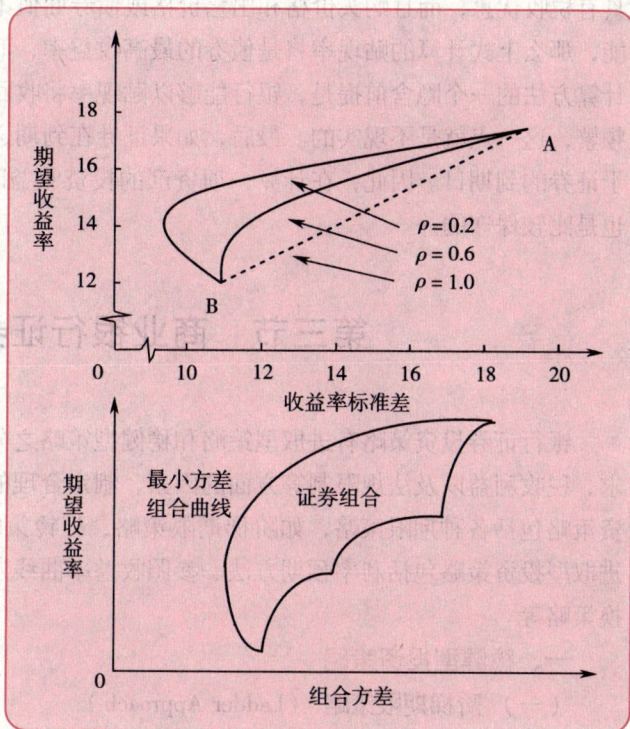

图 8-1 资产组合的有效区域

四、证券投资收益的计算

1. 息票收益率（Coupon Rate）。息票收益率也称名义收益率，它等于债券每年支付的利息除以债券的面值，即

$$R = \frac{c}{B}$$

其中，c 为债券每年支付的息票收入，B 为债券面值。由于债券市场价格经常变动，往往与债券面值不一致，因此计算息票收益率通常意义不大。

2. 即期收益率（Current Yield）。即期收益率等于债券每年利息收入除以当前市场价格 M，即

$$R_c = \frac{c}{M}$$

这种方法实际上忽略了债券市场价格与债券到期支付的本金不一致。

3. 到期收益率（Yield to Maturity）。这是一种更有意义，更有用的债券收益率计算方法，它是使得各期现金流的贴现值等于市场价值的收益率：

$$M = \frac{c_1}{1+r} + \frac{c_2}{(1+r)^2} + \frac{c_3}{(1+r)^3} + \cdots + \frac{c_n + B_m}{(1+r)^n}$$

其中，c_n 表示各期利息支付，B_m 是到期支付的债券面值，贴现率 r 就是债券的到期收益率。这种计算债券收益率的方法也存在不足之处。首先，它没有考虑到税收的不同，某些证券可能

具有税收优惠，而且购买价格和出售价格或债券面值不一样。其次，如果证券存在违约的可能，那么上式计算的贴现率将是债券的最高收益率，而不是债券的期望收益率。再次，这种计算方法的一个隐含前提是，银行能够以贴现率将收回的现金流进行再投资，如果利率变动频繁，这一点就是不现实的。最后，如果证券在到期之前被出售，那么证券持有期期末不同于证券的到期日。因此，在计算一项资产的投资收益时，考虑净现值法是比较客观公正的，也是比较保守的。

第三节　商业银行证券投资策略

银行证券投资策略有进取型策略和稳健型策略之分。银行综合考虑投资目标、流动性需求、税收利益以及法规限制等方面的因素，制定合理的证券投资策略。一般来讲，稳健型投资策略包括各种期限策略，如阶梯期限策略、杠铃策略、前置期限策略、后置期限策略等；进取型投资策略包括利率预期方法、参照收益率曲线方法和骑乘收益率曲线方法以及证券转换策略等。

一、稳健型投资策略

（一）阶梯期限策略 （Ladder Approach）

阶梯期限策略也称为期限间隔方法（Spaced – Maturity Approach）。实施这种策略的基本思路是：将银行可用于证券投资的资金均匀地分布在一段特定投资期间内不同期限的证券上。例如，银行有 100 万元可投资资金，投资可接受期限最长为 5 年，那么银行将 20 万元资金投资于 1 年期证券，20 万元资金投资于 2 年期证券等，从 1 年期到 5 年期每种证券投资金额所占比重均为 20%，如图 8 – 2 所示。银行将到期证券收回的本金和利息再投资于下一个 5 年期证券，或者作为满足流动性需要的资金来源。如果银行能够维持这种投资期限结构，将到期证券出售所得再投资于最长期限证券，若干年后，银行每年都能获得投资期限较长的证券带来的高收益。

图 8 – 2　阶梯期限策略

这种投资策略的优点很明显：它要求资金均匀分布在一定期间内，无须预测未来利率的波动；同时，银行只需在某一部分证券到期时进入市场交易，将资金再投资于长期证券，而无须在市场上频繁交易。对于利率波动的预测能力和交易能力较弱的中小银行来讲，这种策略既容易实施，也容易维持。另一方面，这种投资策略所获得的收益也较高，当这种策略实施若干年后，银行每年到期的证券都是中长期证券，其收益率高于短期证券，同时，每年到期的证券还可作为银行流动资金的来源。银行的盈利性和流动性都有所保证。当然，阶梯型期限策略也有它的缺陷：（1）银行一般只在证券到期时进行交易，缺乏灵活性，这使银行可能失去一些新出现的有利的投资机会。特别是当经济处于高速增长时期，短期利率提高较快时，银行所受损失较大。（2）证券变现所能提供的流动性有限。虽然这种策略下每年都能有一部分证券变现，但数额较少，只占全部投资额的 1/n，而且在利率上升时期银行被迫出售未到期证券时，会有资本损失。

（二）杠铃策略 （Barbell Approach 或 Split – Maturity Approach）

在这种策略中，银行只购买短期证券和长期证券，不购买或只购买少量的中期证券。比如，银行将 50% 的可用资金购买 1—4 年期的证券，另外 50% 的资金购买 8—10 年期的证券，不购买 5—7 年期的证券，如图 8 – 3 所示。图 8 – 3 的形状看起来像一个杠铃，因而称为杠铃策略。这种方法从长期证券中获得高收益以满足盈利要求，短期证券提供充足的流动性。保持这种投资策略的方法是变现到期的短期证券，所得资金投资于期限最长的短期证券；出售到期日最短的长期证券，并投资于期限最长的长

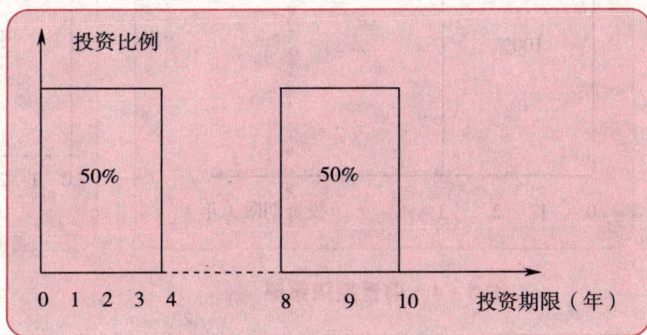

图 8 – 3 杠铃策略

期证券。在上面的例子中，银行出售已到期的短期证券，投资于 4 年期证券，同时出售期限只有 7 年的证券，投资于 10 年期证券。

杠铃投资策略能使银行证券投资达到流动性、灵活性和盈利性的高效组合。当市场利率上升时，长期证券市场价格下降，出售长期债券的资本利得减少，但到期短期证券的变现收入可投资于利率上升的新资产；当市场利率下降时，出售长期证券资本利得增大，弥补了短期证券中投资收益率的降低。因此，这种策略投资组合的收益率一般不低于在阶梯期限策略下的投资组合收益率。如果利率不变，由于杠铃策略长期证券投资的期限比阶梯期限策略更长，因此收益率也较高，但是杠铃策略短期证券的收益率较低。两种策略总收益的大小取决于收益率曲线的形状。该策略最主要的优点在于，它可以抵消利率波动对银行证券投资总收益的影响。另外，其短期投资比重比较大，可以更好地满足银行资金流动性需要。

这种策略的缺点在于，其交易的成本要高于阶梯期限策略，因为每当短期证券到期或长期证券到达预定期限以内，银行都要进入证券市场变现买卖。所以对银行证券转换能力、交易能力和投资经营能力的要求较高，对于达不到这些要求的银行来讲，这种方法可能并不适用。

（三）前置期限策略 （Front – End Loaded Approach）

这种策略下银行只持有短期证券，不持有长期证券，如图 8 – 4 所示。采取这种方法的目的是强调保持资产的流动性，使银行能及时获得所需资金。对于多数中小商业银行来讲，这种策略最安全的，但是收益也较低。

当利率下降时，银行处于较不利的地位。因为利率下降时，到期证券变现所得资金再投

资于新的短期证券只能获得较低的收益。利率上升会给银行带来好处，因为利率上升时，银行将证券持有到到期再出售，银行不会遭受资本损失，而变现所得又可再投资于收益率上升的短期证券。一般在经济处于繁荣时期，企业贷款需求大，短期利率不断上升，为随时满足流动性需求而采取此策略较为合适。

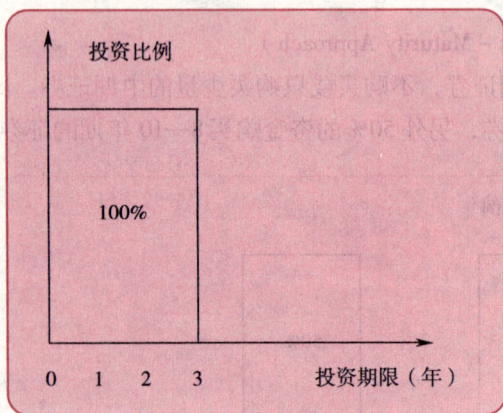

图 8-4 前置期限策略

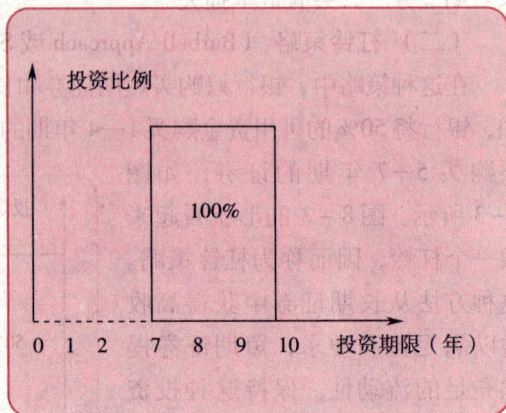

图 8-5 后置期限策略

（四）后置期限策略 （Back - End Loaded Approach）

与前置期限策略相反，在这种策略下，银行只持有长期证券，不持有短期证券，如图8-5所示。这种方法强调证券投资给银行创造高效益，但很难满足银行额外的流动性需求，而且风险大，利率的变动可能给银行投资带来损失。因此，在此策略下，银行一般也应持有少量的短期证券。

与前置期限策略相比，利率波动对该策略的影响正好相反。当短期利率下降时，由于证券离到期日仍有很长时间，因此其价格上升较多，但一般来说，长期利率的下降不会超过短期利率，因此，银行将证券出售所得再投资时，最长期限证券的收益率下降有限。总的来看，短期利率下降对银行证券投资较为有利。当短期利率上升时，由于同样的原因，其价格下降较多，而长期利率上升有限，银行再投资的收益增加也有限，因此加总来看，短期利率上升会使银行遭受损失。一般在经济周期的衰退或萧条阶段，贷款需求不足，利率下降，此时不必考虑贷款需求的增加，采取此策略可获得较高收益。

二、进取型投资策略

（一）利率预测策略

这种策略通过不断预测利率变动情况，随时改变银行所投资证券的到期日来获得最大盈利。当预期利率将上升时，银行购入短期证券，以待将来利率上升时能够及时出售证券，再投资于高利率的其他资产；预期利率将下降时，则购入长期证券，以待将来利率下降时银行资产仍有较高收益，或者出售证券实现资本利得。

该策略要求银行能够准确预测未来利率的变动，否则可能给银行带来巨大损失。例如银行持有短期证券，但未来市场利率下降，这时证券到期，银行不能获得证券价格上升的好处，而投资机会也因利率下降而恶化；相反，若银行持有长期证券但未来市场利率上升，证券价格下跌，银行若出售长期证券会造成本金损失，若继续持有，也会由于缺乏资金投资于新出现的高收益投资机会而造成损失。因此，除非银行能准确预测利率变动，否则不宜采取此策略。

利率预期方法要求投资者根据预测的未来利率变动，频繁地进入证券市场进行交易，银行证券投资的交易成本增加。与杠铃策略相比，银行要有更强的预测能力、投资经营能力和交易能力，才有可能成功运用这一方法。这种方法还可能导致银行的短视行为，只重视短期收益而忽略了证券投资的长期收益。比如在经济复苏阶段，短期利率处于较低水平，银行最高经理层要求投资在长期证券上以增加当前收益，但这实际上使银行将资金锁定在低利率的证券上而降低了长期收益。另外，在市场利率频繁波动时，该方法不具有可操作性。

（二）参考收益率曲线方法 （Playing the Yield Curve）

收益率曲线是在横轴上标明期限，纵轴上标明不同期限证券的即期收益率的一张曲线图。收益率曲线有附息票收益率曲线和零息票收益率曲线两种。对于向上倾斜的收益率曲线，零息票收益率曲线在附息票收益率曲线的上方，而对于向下倾斜的收益率曲线，前者在后者的下方。在使用参照收益率曲线方法时，我们要画出零息票收益率曲线，因为附息票债券的不同息票率往往是因为债券的风险不同。为了便于比较，我们要将附息票债券的息票剥离（Bootstrap）。

收益率曲线隐含着对未来利率变动的预期。向右上方倾斜的收益率曲线反映出市场的一种平均的预期，认为未来的短期利率将高于当前水平，投资者就将证券从长期转向短期；当收益率曲线处于相对较高的水平，而且是平坦的或者是向下倾斜的时候，表明市场预期未来短期利率将下降，投资者转向长期证券投资，如图8-6所示，图8-6（a）的实线与图8-6（b）的实线相对应，虚线与图8-6（b）的虚线相对应。这种参照收益率曲线转换证券到期日的方法，关键是要准确预测市场利率变化的时间。例如，根据向下倾斜的收益率曲线，预测市场未来即期利率将下降，银行将投资转向长期证券，但是在银行投资期限结束后，利率仍然在上升，此时银行要满足流动性需要，要么花更高的成本融入资金，要么出售长期证券，承受资本损失。此外，还可以将其他证券的到期收益率和期限表示在收益率曲线图上，

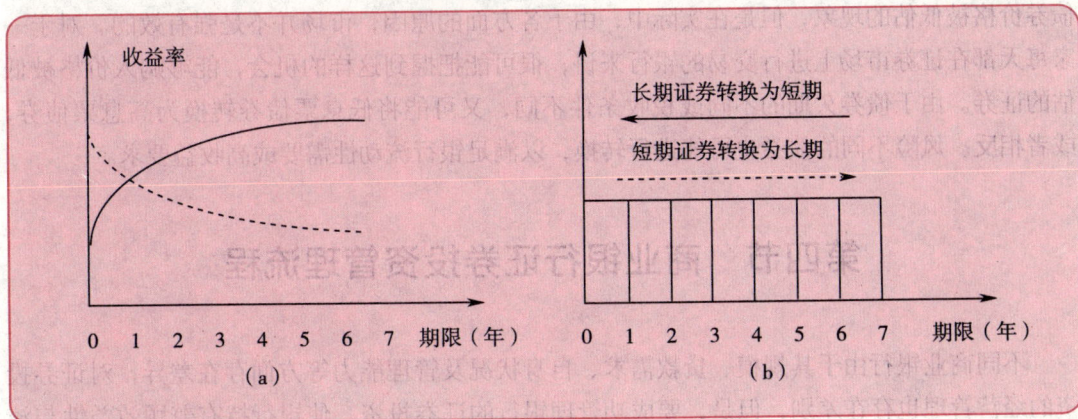

图8-6 参照收益率曲线方法

并据此判断这种证券价格是否被低估，从而决定是否购买该证券。如果某一证券的到期收益率处于收益率曲线上方，那么这种证券可能被低估，投资管理者就可以考虑购买这种证券。与预期利率方法一样，参照收益率曲线方法要求银行有很强的交易能力和判断能力。虽然这种方法能给银行带来高收益，但是风险也很大，因此，银行在采取这种策略的时候一定要慎重。

（三）骑乘收益率曲线方法（Riding the Yield Curve）

实施这种策略要满足两个条件：一是收益率曲线斜率必须为正；二是预期未来利率水平的上升幅度将小于收益率曲线的幅度。银行购入期限长于银行投资期的证券，在银行投资期期末，原来购入的长期证券转变为短期证券，由于收益率曲线斜率为正，短期证券收益率较低，其价格上升，银行可以出售这部分证券从而取得价格上升带来的资本利得，然后将出售所得投资于具有更高收益率的更长期限的证券。

假设证券的票面收益率为 Y_0，持有期收益率为 Y_h，持有期长度为 T_h，从出售证券到证券到期日之间的时间跨度为 T_r，证券出售时的收益率为 Y_m，那么有

$$Y_0(T_h + T_r) = Y_h T_h + Y_m T_r$$

等式左边为证券的总收益，右边是证券持有期收益和出售后剩余期收益之和，整理得

$$Y_h = Y_0 + \frac{T_r(Y_0 - Y_m)}{T_h}$$

只要未来短期证券收益率小于现在的长期证券收益率，$Y_m < Y_0$，上式右边第二项就表示采取骑乘收益率曲线方法所增加的收益。如果未来短期利率上升，使未来短期证券的收益率大于现在的长期证券收益率，$Y_0 < Y_m$，银行所获得的收益率将小于长期证券收益率 Y_0。

（四）债券互换策略（Bond–Swapping Strategies）

银行出于各种因素的考虑，可以进行证券转换。例如出于避税的考虑，银行所持有的公司债券有较高的税前收益率，但是要纳税，而市政债券则可能无须缴纳地方所得税和州所得税。银行在投资组合中尽量利用税前收益率高的应税证券，使其利息收入抵补融资成本，并使剩余资金全部投资于税后收益率最高的免税证券上，从而提高证券投资盈利水平。

替代转换（Substitution Swap）是另一种互换策略。在一个充分有效的市场上，不会存在债券价格被低估的现象，但是在实际中，由于各方面的原因，市场并不是强有效的。对于一家每天都在证券市场上进行交易的银行来讲，很可能把握到这样的机会，能够购入价格被低估的证券。由于债券久期的不同或税收条件不同，又可能将低息票债券转换为高息票债券，或者相反。风险不同的债券也可能进行转换，以满足银行流动性需要或高收益要求。

第四节　商业银行证券投资管理流程

不同商业银行由于其规模、贷款需求、自身状况及管理能力等方面存在差异，对证券投资的经营管理也存在差别，但是，要成功管理银行的证券投资，使银行持有兼顾效益性与流动性的资产组合，各个银行必须设计并执行一定的投资管理流程。

一、明确证券投资的基本原则和投资目标

银行必须首先制定证券投资的基本原则和基本目标，在银行整个证券投资过程中，要始终遵循这些基本原则，向预定的目标前进，以防止银行作出过度投机的行为或其他危害银行资产安全性、增大银行资产风险的行为。银行要确定其证券投资的目标，是保持流动性还是为银行增加盈利，或者是二者兼顾，只有这样才能保证投资管理者作出满足银行需要的投资决策。

银行还必须预测外部经济环境，并根据外部经济环境的变化，不断调整银行证券投资的基本原则和基本目标。对外部经济环境主要指标的估计通常是很困难的，例如对经济增长速度、利率、通货膨胀率和失业率的估计。虽然具体经济指标难以准确预测，但几乎每一种投资策略都要求银行能预测经济环境变化，比如预测利率方法要求银行预测未来利率的变动，参照收益率曲线方法和骑乘收益率曲线方法也是如此，而不同的期限策略实际上也要求银行能够作出预测，以使银行能更有效地将资金分配于长短期不同的证券上。因此，虽然预测不一定正确，但能使银行在进行投资决策时有所依据。由于经济预测的不确定性，任何投资决策的确定都要确保银行资产在预测失败时不能损失过大，银行资产的安全性在投资决策的任何时候都应该被充分考虑。

二、确定银行证券投资管理的需求

不同的商业银行，由于自身特点和条件的差异，都有其自身的特定需要。一般来讲，银行至少要确定出六个方面的具体需求情况。

1. 区分投资组合中的证券。这是指投资管理者要区分证券投资组合中不同证券的流动性状态：持有哪些证券是为了满足流动性需要，持有哪些证券是出于长期投资目的。银行不能以证券到期日的长短作为区分标准，认为到期日长的证券就是出于投资目的，而到期日短的证券就一定是出于流动性需要。例如，假定银行预测未来利率将上升，那么银行将出于投资的目的持有部分短期债券；相反，假定银行预测认为未来利率将下降，则银行将出于流动性目的持有部分长期证券。因此，区分标准只能是证券投资的具体目的，而不能是证券期限。

2. 确定风险偏好。银行根据自身的风险偏好和风险承受能力，确定证券投资中各类资产的比例。银行不仅要考虑单个证券的风险，还要考虑整个证券组合的风险，以及证券组合与其他银行资产的总体风险。如果贷款需求很大，而且银行要增加高风险的贷款，那么应尽量降低证券投资风险。另外，资金来源也是银行要考虑的一个重要因素，如果新筹集资金的成本超过投资于高风险证券的收益，银行应该在其证券组合中仅持有少量风险证券；相反，如果筹资成本低于高风险证券的收益，银行就可持有较多的风险证券。有效管理证券投资组合的风险通常需要经验丰富的管理专家付出大量时间，因此银行在确定证券投资风险时，要考虑到人力资源问题。对于缺乏必要人才的中小银行来讲，限制其证券组合的风险以降低管理成本是更为合理的选择。

3. 考虑税收条件。银行可以利用免税证券建立投资组合，以达到合理避税，提高银行资产税后收益的目的。我们以表 8-2 来说明。假设银行总共有 10 万元可投资资金，有两种资产可以选择：应纳税贷款和免税的市政债券。假设税率为 34%，市政债券的全部收入都是免

税的。与投资于税前收益更高的消费贷款相比，投资于免税的市政债券的税后收入更多。

4. 协调证券投资与流动性计划。如果银行的证券投资总是为满足高盈利性的需要，将资金投资于高收益的长期债券并持有至到期，那么这类银行的流动性并不依赖于证券投资；如果银行投资部分资金于短期证券，以满足流动性需求，那么证券投资要与流动性安排相协调，才能满足银行的需要。

5. 估计利率敏感性。只有准确估计银行除证券之外的其他资产以及全部负债的利率敏感性和久期，证券投资管理者才能利用证券投资组合来弥补（增大）银行总资产的利率敏感性缺口，以达到银行全部资产的预定利率敏感性水平。

6. 投资分散化。银行贷款或其他资产的产业和地理分布可能使银行风险过于集中，证券投资可以帮助银行分散投资风险。

表8-2　银行通过证券投资实现合理避税 单位：元		
	10万元投资资金	
	消费贷款	市政债券
投资前银行收入	191 000	191 000
（其中免税收入）	（52 000）	（52 000）
10万元资金的投资情况		
总收入	18 000	10 000
——直接费用	-3 150	-210
——资金成本	-9 000	-9 000
净收入	5 850	790
——分配的管理费用	-1 450	-140
投资净收入	4 400	650
投资后总资产收入	195 400	191 650
免税收入总额	52 000	62 000
应税总额	143 400	129 650
应纳税额	48 756	44 081
税后净收入	146 644	147 569

三、构建银行的证券投资组合

1. 确定证券投资组合的规模。银行证券投资组合的规模大小取决于三个因素：一是银行可用于证券投资的资金的多少，银行只有在满足其他需要后才能将资金投资于证券，这部分剩余资金越多，证券投资的规模越大。二是证券的盈利能力，如果证券收益率高，银行可能会减少其他方面的需要，增加证券投资的可用资金。三是国家政策法规的限制，国家政策法规往往将银行可投资证券局限于一些低风险、低收益的证券，这使银行可能错过一些高收益的投资机会，也客观上限制了银行证券投资的规模。

2. 确定证券的种类和质量。银行根据其所能承受的风险、税收条件、预测的利率波动、所需要的流动性和盈利水平等方面的因素，确定选择何种证券投资以及每种证券的分布情况。其中风险对银行选择证券有重要影响，如果银行贷款风险已经很大，又缺乏必要的管理能力，那么银行将选择安全性高的证券，如国库证券、联邦机构证券或信用等级2A以上的市政债券和公司债券，这使银行可以将投资风险控制在很小的范围内，方便银行的经营管理。

3. 确定证券投资的期限结构。银行往往会限制其证券投资的最长期限，原因在于，一方面，期限越长，市政债券或公司债券的质量发生的变化越大；另一方面，时间越长，利率波动也越不确定，利率上升会导致资本损失，利率下降又会导致再投资风险。

决定银行证券投资期限结构最重要的因素是银行非证券资产和负债的利率敏感性和久期。在银行证券投资管理的上一步骤中，银行要确定利率敏感性和久期，这里银行据此作出证券投资决策，选择购入证券的利率水平和期限结构，以达到预定的银行全部资产负债的利率敏感性和久期。当然，银行的证券期限结构还取决于银行所能利用的衍生金融工具，如远期、期权和互换等。

4. 确定证券交易策略。一般证券交易策略可分为两种：交易（Trading）和转换（Switching）。前者每天都进入证券市场买卖证券，掌握随时可能出现的有利投资机会，交易策略要求银行有很强的交易能力，并有专门人员负责交易。转换则指在经济环境或利率水平发生变化时进入市场，对证券期限结构进行转换，或者出于其他目的转换证券。二者都有利于银行降低风险，提高收益水平。

通常在经济周期的不同时点，银行会采取不同的交易行为。当处于经济增长期，贷款需求大，利率水平高，这时证券贬值，银行可延长证券到期日，直到利率下降。当管理者预计利率水平已达到最高点并将回落时，银行通常有两种选择：一是将所有可用资金投资于更长期的证券；二是出售长期证券，将收入再投资于更长期的证券。当处于经济衰退期时（通常指两个季度的国民生产总值的连续缩减），利率相对较低，银行一般会以高于平均水平的价格出售部分证券。

四、做好证券投资管理安排

证券投资管理的重要内容是委托权的安排。银行最高决策机构将证券投资委托专门的管理人员负责，但最高决策机构始终对投资决策保持控制，并且对投资管理者的投资决策分担责任。投资管理者必须向最高决策机构说明其投资政策和具体投资决策以及政策变化及原因。金融市场的投资机会往往稍纵即逝，投资管理者要想准确把握投资机会进行证券交易，就应该能够独自作出交易决策。银行可以根据自身规模、风险偏好和管理水平，规定证券投资管理者能够直接作决定的交易种类和金额等。最高决策机构也应定期检查证券投资情况并进行比较，以判断证券投资的绩效，并据此进行奖惩。当然，在评价证券投资绩效时，要兼顾风险和收益两个方面。

本章小结

1. 银行在经营活动中，把资金配置在各种长短期不同的证券，以实现资产的收益和保持相应的流动性，即为银行证券投资。这实际上是一种剩余资金合理利用的问题。由于银行资金量很大，因此持有现金的机会成本是银行难以承受的。对剩余资金的合理投资和严格管理对银行的流动性和盈利性有着重要的影响。

2. 风险是指未来结果的不确定性或波动性，如未来收益、资产或债务价值的不确定性或波动性。银行在证券投资过程中，必然涉及到风险的度量和投资过程中的利益权衡。对于不同的风险，可以利用不同的工具和方法进行管理或规避。

3. 现有的期限策略和组合策略对合理分配资金投向有着指导作用。根据银行不同的风险预测能力，银行应该审时度势，寻找最适合自身的投资策略。

4. 银行投资决策的过程应该具有一定的程序。根据不同的税收条件，以及不同的盈利水平和流动性，银行应该进行适度、准确的判断。在决策过程中，银行应该充分考虑管理的过程，既要保证外部的效益，也要确保内部风险的排除。

本章主要概念

证券投资组合　息票收益率　即期收益率　到期收益率　稳健型策略　阶梯期限策略　杠铃策略　前置期限策略　后置期限策略　进取型策略　利率预测方法　收益率曲线　参照收益率曲线方法　骑乘收益率曲线方法　债券互换策略　合理避税

本章思考题

1. 为什么银行在证券投资收益比贷款收益低的情况下选择证券投资？

2. 银行有一笔预期现金流，前 10 年每年流入 50 万元，第 11 年流入 100 万元。当前市场利率为 11%，如果利率降低 1%，此现金流现值将会如何变化？

3. 为什么向上倾斜的收益率曲线意味着预期短期利率会上升？

4. 企业持有 10 年期、收益率为 10% 的长期债券，此时市场收益率同为 10%。如果市场上长期利率变为 11%，而短期利率为 12%，企业该如何操作？此时需要一个条件，也是财务主管们十分关心的，请指出。

5. 请用总结性的语言说出本章中提出的避税方法。此种情况下的最优避税策略是什么？

本章参考文献

[1] ［美］彼得·S. 罗斯：《商业银行经营管理》，北京，机械工业出版社，2000。

[2] Kalotay, Andrew J.. The After – Tax Duration of Original Issue Discount Bonds. *Journal of Portfolio Management*, Winter 1985, pp. 70 – 72.

[3] Rose, Peter S.. Money and Capital Markets. 5ᵗʰed, BurrRidge Ⅲ.: Richard D. Irwin, 1994, Chap. 8（"Relationships between Interest Rates and Security Prices"）.

扫描二维码可获取本章更多习题

第九章
商业银行负债业务管理

本章知识结构

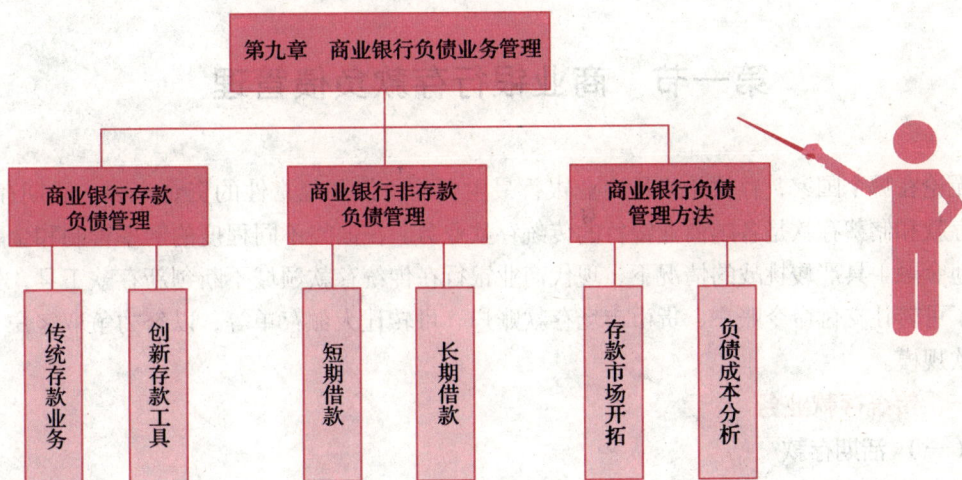

```
第九章　商业银行负债业务管理
├── 商业银行存款负债管理
│   ├── 传统存款业务
│   └── 创新存款工具
├── 商业银行非存款负债管理
│   ├── 短期借款
│   └── 长期借款
└── 商业银行负债管理方法
    ├── 存款市场开拓
    └── 负债成本分析
```

学习目标

● 掌握银行主要的资金来源
● 了解不同资金来源的主要特征
● 掌握银行存款负债和非存款负债的主要区别
● 了解影响银行存款水平的因素
● 了解负债成本率测度分析的指标
● 掌握银行负债管理面临的金融风险

　　由于商业银行的自有资本远远不能满足其经营活动的需要，需要由银行的负债业务来弥补资金缺口。在现代经济运行中，商业银行是资金供求双方的中介，负债业务为其资产活动提供了资金来源。因此，负债业务也与资产业务一道成为商业银行最基础和最重要的业务类型，构成银行传统业务的两大支柱。

{ **负债业务是指商业银行筹措资金、形成资金来源的业务。**

　　银行的负债由存款负债和非存款负债两部分组成。其中存款负债占很大的比重，是银行负债管理的重点。存款主要来源于企业、居民、同业及政府，是银行资金来源的主渠道之一。随着金融业竞争的加剧，存款已不能满足银行资产活动的需求，这推动了以较低成本迅速从外部借入资金的非存款负债业务发展，为银行的快速扩张提供了动力。

银行负债管理是对资产负债表中的负债项目进行管理。在相当长的时间里，银行业强调对资金运用的管理，即资产管理。但是，宏观经济环境的变化和竞争的加剧促使银行业重视对资金来源的管理以及不断开拓新的资金渠道。在广义上，负债管理包括银行从存款和其他债权人处吸收资金和管理资金结构而作出的各项安排。在狭义上，仅指银行借入资金以保证资金头寸。虽然银行可以通过不同的渠道获取所需资金，但是，不同筹资方式的成本与风险有极大的差异，从而直接影响到银行的经营风险与盈利水平。银行负债管理的基本目标是在一定的风险水平下，以最低的成本获取经营发展所需的资金。

第一节　商业银行存款负债管理

无论在哪个国家，存款始终是商业银行最主要的负债和经常性的资金来源。活期存款、定期存款和储蓄存款是各国商业银行的传统存款业务。在面临不同程度的利率管制和金融市场其他金融工具严峻挑战的情况下，现代商业银行在传统存款领域不断创新存款工具，先后推出了可转让支付命令账户、货币市场存款账户、可转让大额存单等，以努力争取客户，做大存款规模。

一、传统存款业务

（一）活期存款

活期存款是储户在提取或支付时不需预先通知银行的存款。它的特性在于储户可以随时取款。活期存款的形式近年来增多，传统的活期存款账户有支票存款账户、保付支票、本票、旅行支票和信用证，其中以支票存款最为普遍。由于活期存款的流动性高，客户在活期存款账户上存取频繁，银行为此要承担较大的流动风险，并要向储户提供诸多的配套服务，如存取服务、转账服务、提现服务和支票服务等，鉴于高风险和高营运成本，银行对活期存款账户原则上不支付利息。中央银行为使银行避免高的流动性风险，对活期存款都规定了较高的准备金比率。银行在缴纳法定准备金外，还保存部分库存现金以应付活期账户储户的取现。

提供活期存款业务是商业银行的"专利"。银行经营活期存款可以免费得到活期存款的稳定余额，这部分稳定余额是银行重要的资金来源。由于活期存款多表现为支票存款，而支票又多用于转账而非提现，所以银行可以通过信用创造，周转使用活期存款，从而在银行体系下创造出派生存款。但是时至今日，传统活期存款的发展空间受到挤压。由于一直被禁止支付利息，传统活期存款在与定期存款等其他存款产品的竞争中处于不利地位，而二战后利率的趋升更加剧了这种不利状况。新型活期存款，如 NOW 账户系列、自动转账、股金汇票账户、货币市场存款账户因其生息优势，也对传统活期存款提出极大挑战，作为活期存款近似替代品，它们抢走了活期存款一大部分的市场份额。

（二）定期存款

定期存款是储户预先约定存取期限的存款。存款期限短则数月，长至几年，通常为 3 个月、6 个月和 1 年不等。商业银行对定期存款有到期支付的责任，期满时必须无条件地向储户支付本金和利息。由于传统定期存款存期固定且较长，在存期未满时储户碍于罚息通常不提前支取，故银行经营所承担的流动性风险较低，而且手续简便，营运成本不高。作为报偿，银行对定期存款支付较高的利息。鉴于定期存款流动性风险较低的情况，各国中央银行对定期存款的准备金比率也相应降低。定期存款由于在银行存储时间长、支取频率低，具有投资的性质，故是银行最稳定的外界资金来源，银行可利用定期存款来支持长期放款和投资业务，从而赚取利润。

传统的定期存款使用存款单，而且一般不可转让，不能在金融市场上流通。不可转让存单的利率随存款金额的大小和期限长短而调整。金额越大，期限越长，利率也就越高。对于定期存款的提前支取，银行通常都收取较高的提前支款罚款。像传统活期存款一样，传统定期存款的发展也受到了限制。虽然在 1986 年美国已完全取消存款的限制，但是，流动性极低的特性决定了传统定期存款不能有更大的发展空间。流通性较高的可转让大额定期存单和兼具活期存款特点、流动性有所提高的货币市场存款账户的出现很大程度上替代了传统定期存款。

（三）储蓄存款

储蓄存款是指储户不需按照存款契约要求，只需按照银行所要求的任何时间，在实际提取 1 周以前，以书面申请形式通知银行申请提款的一种账户。由此定义可见，储蓄存款不是在特定的某一到期日，或某一特定间隔期限终止后才能提取。商业银行对储蓄存款有接到取款通知后缓期支付的责任。由于储蓄存款的流动性介于活期存款和定期存款之间，银行承担的流动性风险亦大于定期存款流动性风险和小于活期存款流动性风险，故银行对储蓄存款支付的利率低于定期存款。储蓄存款主要面向个人家庭和非营利机构，营利公司、公共机构和其他团体开立储蓄存款账户受到限制。居民储蓄存款通常使用银行储蓄存折或电脑储蓄账户。储蓄存折上载明账户的规定事项，包括使用规则和修改账户的条件。电脑储蓄账户下，银行不发给存户存折，而代之以储蓄存款支票簿。存款金额记录于该簿的存根上，取款时银行签发一张不可转让的储蓄提款单。每月的电脑报表显示储蓄账户的收支。在自动出纳机系统发展起来后，银行办理电脑账户的收支会趋于自动化。由于创新存款产品的不断涌现和发展，储蓄存款占银行负债的比重有所下降。

二、创新存款工具

（一）新型活期存款

主要的新型活期存款品种有 NOW 账户、货币市场存款账户、协议账户和特种或使用时方须付费的支票存款账户等。

1. NOW 账户和超级 NOW 账户。NOW 账户（Negotiable Order of Withdrawal Account）即可转让支付命令账户，是一种计息的新型支票账户（活期存款账户）。NOW 账户由美国马萨诸塞州的互助储蓄银行在 1972 年首创，经监管当局批准后，迅速推广到马萨诸塞州和新罕布什尔州的所有互助储蓄银行和商业银行。1980 年，《放宽对存款机构管理和货币管理法》

颁布后，全美的商业银行均可设立 NOW 账户。NOW 账户只对居民和非营利机构开放，在该账户下，储户转账或支付不使用支票而代之以支付命令书。该支付命令书与支票在实质上无异，能用来直接取现或对第三者支付，经过背书后还可转让。银行对 NOW 账户按其平均余额支付利息。普通 NOW 账户只能收取较低的利率。但即使是较低的利率支付，也表明美国的商业银行巧妙地规避了 1933 年银行法"Q 字条例"对活期存款禁止支付利息的规定。NOW 账户的开立为储户带来了极大的便利。此前，储户为同时获得利息和流动性，不得不分别开立储蓄账户和活期的支票账户。NOW 账户是兼具储蓄存款和活期存款优点的新式存款工具，对客户具有很大的吸引力。

在商业银行的争取下，1983 年初美国当局又批准商业银行开办另一种新型账户。超级 NOW 账户是 NOW 账户的延伸。超级 NOW 账户较 NOW 账户的先进之处在于它不存在利率上限，银行根据货币市场利率变动每周调整超级 NOW 账户上存款的利率。但是超级 NOW 账户对存款最低额有所限制，规定开户的最低存款金额必须达 2 500 美元，而且账户的日常平均余额不得低于存数，否则按类似普通 NOW 账户的利率水平计息。银行为招徕客户开立超级 NOW 账户，向储户提供补贴或者奖励，故超级 NOW 账户的成本高于 NOW 账户和下面讲到的货币市场存款账户，因而银行向超级 NOW 账户支付的利率低于货币市场存款账户，但由于存款金额较大，超级 NOW 账户的利率还是高于 NOW 账户。

2. 货币市场存款账户。货币市场存款账户（Money Market Deposit Account, MMDA）是活期存款和定期存款的混合产品。货币市场存款账户的出现是商业银行抗衡非银行金融机构推出的货币市场基金的结果。货币市场基金允许客户以买卖股票的方式将短期的闲置资金交由基金会投资，实现增值。由于其买卖方便，又规避了金融监管机构对商业银行不得向活期存款付息和订立利率上限等管制，因此，在 20 世纪 70 年代末期利率走高的宏观金融背景下，货币市场基金与商业银行激烈地争夺存款份额。由于商业银行和储蓄机构的压力，美国金融监管当局于 1982 年颁布了《甘·圣杰尔曼明法》，批准商业银行开办货币市场存款账户。货币市场存款账户不仅对居民和非营利机构开放，而且也对营利机构开放，企业的获准进入极大地拓展了该账户的客户基础。该账户下，客户享有联邦存款保险和一定限度的交易账户方便。客户每月最多可以办理 6 次收付转账，其中 3 次可以使用支票付款，这使该账户有部分的活期存款性质。该账户而且没有最短存期的限制，客户取款只需提前一周通知即可。此外，货币市场存款账户所适用的利率比较灵活。对于日常平均余额在 2 500 美元以上（含 2 500 美元）的账户，银行可自选决定，不存在利率上限的限制，而且银行可以每周调整。这使得银行可以根据公开市场短期利率和银行竞争者，如货币市场基金提供的收益水平以自身经营的需要灵活调整利率。对于存款余额不足 2500 美元的货币市场存款账户，则适用 NOW 账户的利率上限。银行在利率支付上，还可选择划一利率或分级利率。划一利率下，银行对账户支付的利率不依存款账户金额大小而变动；分级利率下，利率随存款账户金额大小而变动。绝大多数商业银行采用划一利率制度。货币市场存款账户由于能有条件地使用支票，且银行向其提供的利率能迅速反映利率变动并否决利率上限，故颇具竞争力，帮助商业银行夺回了被货币市场基金抢走的存款。

3. 协议账户。协议账户是一种按一定规定可在活期存款账户、NOW 账户和货币市场存款账户三者间自动转账的账户。银行为储户开立上述三种账户，对前两种通常规定最低余额。储户的存款若超过最低余额，银行将超出部分自动转存货币市场存款账户，使储户获取货币市场存款账户下的较高存款利息。若储户在前两种账户上的余额低于最低余额，银行亦有权将货币市场存款账户上的部分存款转入前两类账户，以满足银行的最低余额的要求。

（二）　新型定期存款

主要的新型定期存款品种有可转让大额存单、货币市场存单和定活两便存款账户等。各类新型定期存款的发展使定期存款占商业银行资金来源的比重有所提高。

1. 可转让大额存单。可转让大额存单（Negotiable Certificates of Deposits，CDs）是一种流动性较高的新型定期存款工具。可转让大额存单是商业银行规避最高利率管制和存款准备金规定的手段，亦是银行对相对市场份额下降所作出的竞争性反应。可转让大额存单由美国花旗银行在 1961 年首创，1961 年全美商业银行通过这类存单所吸收的存款尚不足 30 亿美元，到 1983 年时已高达 1350 亿美元。

与传统的定期存款相比，可转让大额存单有几个鲜明的特点：首先，后者具有较好的流通性，由于可以自由转让流通，存在较活跃的二级市场支持，可转让大额存单的流通性仅次于国库券。一些美国大商业银行发行的这类存单流通性几乎可与国库券媲美。其次，由于目标客户为大公司、养老基金会和政府，这类存单面额通常较大，最高可至 1 000 万美元，一般以 10 万至 100 万美元面额居多。第三，这类存单的存款期限不如传统定期存款，通常定在 3 个月、6 个月、9 个月和 1 年这四个期限，以使存单具有较高的流通性。再者，这类存单都不记名，以便转让流通。此外，可转让大额存单的平均收益率高于相同期限的国库券，在高利率时期，两者的收益差距还会扩大，这主要是购买可转让大额存单的投资者承担了发行银行的信用风险所致。由于银行之间也存在信用风险差别，不同层次的银行发行的同类存单的利率亦有差异。

可转让大额存单自推出以来，经历了多次的创新，其中卓著的创新有两次：创新之一是 1975 年发售浮动利率定期存单。这种产品每隔 1—6 个月调整一次利率，采用息票到期转期的方式。银行以该存单筹资，可以调整利率期限结构，并从中得到好处，降低筹资成本。而投资者持有这类存单，可以享受利率上升的收益。目前，这类存单已占了可转让大额存单市场的主导地位。创新之二是摩根保证信托公司于 1977 年首创的固定利率到期可转让大额存单，又称滚动存单。储户购买此种存单先要确定到期日，到期日多为 2—5 年。这种存单由一组半年定期存单组成。例如，储户与银行订立 5 年存单协议，协议开始后，储户就必须按商定利率连续 10 次对半年存期的可转让大额存单到期日办理转期手续。储户若急需现金，可出售该组中的子存单，但在到期日前须将等额资金再存入。滚动存单结合了传统定期存款的高收益性与可转让大额存单的高流动性，令储户一举两得。但是储户不能在二级市场上出售这种存单的全套子存单，而且由于发行银行承担了储户可能不履行展期半年期的子存单的协议所引致的信用风险，滚动存单的业务费用高于传统存单。滚动存单的利率稍高于同类国库券的利率，但低于 2—5 年传统定期存单的利率。

2. 货币市场存单。货币市场存单（MMCD）由美国储蓄机构于 1987 年首创。其时，鉴于市场利率上升态势，为避免银行等存款机构因存款资金锐减陷于危机，美国金融监管机构允许发行这种存单。货币市场存单期半年，最低面额为1万美元，是一种不可转让定期存单。银行可向这种存单支付相当于半年期国库券的平均贴现率水平的最高利率，但该最高利率不得比"Q字条例"规定的银行利率上限高出0.25%。存单若不转为其他种类的储蓄存款，只按单利计算。货币市场存单的目标储户为家庭和小型企业，它的出现为家庭和小型企业获取较高的利息收益打开了方便之门。

3. 定活两便存款账户。定活两便存款账户是一种预先规定基本期限但又含活期存款某些性质的定期存款账户。定活两便体现在该存单可在定期存款和活期存款间自由转换的特点上，储户没有义务按期提款，但在基本期限之前提取的依活期存款计息，超过基本期限提款的则按基本存款和定期存款利率计息。定活两便存款账户不能完全代替活期支票账户，因为它只可作提款凭证，而不像支票那样具有转账和流通功能。

（三）新型储蓄存款

新型储蓄存款的主要品种有电话转账服务和自动转账服务账户、股金汇票账户以及个人退休金账户等。

1. 电话转账服务和自动转账服务账户。电话转账服务和自动转账服务是把活期存款与储蓄组合成一体的新型储蓄账户，它为那些希望得到存款利息但必要时又可使用支票转账结算的储户创造了便利。电话转账服务由美国联储体系成员银行在1975年首创。银行给储户同时建立付息的储蓄账户和不付息的活期存款账户，可按储户电话指示将储户存款在两账户间划拨。在该制度下，储户平时将资金置于储蓄账户生息，当需要支票付款时，才电话批示银行将相应金额转拨至活期存款账户。1978年发展出的自动转账服务省去了电话指示这道程序，提高了效率。储户在银行照样开两个户头，但活期存款账户余额恒为1美元，储蓄账户余额则随时可变。储户事先授权银行，当银行收到储户支票时，可立即从储蓄账户上按支票所载金额转至活期存款账户以兑付支票。

2. 股金汇票账户。股金汇票账户是一种支付利息的支票账户，由美国信贷协会在1974年首创，该种储蓄账户兼具支票账户功能。它允许储户像签发支票那样开出汇票取现或转账。在取现和转账实现前，储户资金可取得相当于储蓄存款的利息收入。

3. 个人退休金账户。个人退休金账户由美国商业银行于1974年首创。它为未参加"职工退休计划"的工薪层提供了便利。工薪层只需每年存入2 000美元，其存款利率可免受"Q字条例"利率上限的限制，并且暂免税收，直至储户退休后取款支用时再按支取额计算所得税。由于储户退休后收入锐减，故支款时能按较低税率纳税。该种账户下的存款因为存期长，其利率略高于一般的储蓄存款。

📑 **阅读材料**

我国推出金融机构同业存单和大额存单 ·······································

2013年12月，中国人民银行发布《同业存单管理暂行办法》，标志着我国正式推出同业存单。同业存单是由银行业存款类金融机构法人在全国银行间市场上发行的记账式定期存款凭证，是一种新型的货币市场工具。在我国可发行同业存单的法人机构包括政策性银行、商业银行、农村合作金融机构以及中国人民银行认可的其他金融机构。发行同业存单的法人机构每年须向人民银行备案发行计划，实行余额管理，在额度内自由确定发行量，其发行价格和发行利率按照市场化运行，由于同业存单业务相较于同业存款业务融资成本低，因此迅速地成为同业融资的主要手段，是我国向利率市场化迈出的重要一步。

2015年6月，中国人民银行正式推出大额存单。大额存单是由银行业存款类金融机构面向非金融机构投资人发行的记账式大额存款凭证。个人投资人认购大额存单起点金额不低于30万元，机构投资人认购大额存单起点金额不低于1 000万元。未来，结合利率市场化推进进程和金融市场发展情况，人民银行可对大额存单起点金额适时进行调整。同时，大额存单采用电子化方式发行，以市场化方式确定发行利率。大额存单的推出，有利于有序扩大负债产品市场化定价范围，健全市场化利率形成机制；也有利于进一步锻炼金融机构的自主定价能力，培育企业、个人等零售市场参与者的市场化定价理念，为继续推进存款利率市场化进行有益探索并积累宝贵经验。

第二节 商业银行非存款负债管理

虽然存款负债始终是商业银行的主要负债，在银行经营中发挥基础性作用，但在吸收存款的过程中，银行往往处于被动地位。与之相比，非存款负债是银行的主动负债。银行是否借入资金取决于银行经营的需要和银行经营者的主观决策。

> **非存款负债是指商业银行主动通过金融市场或直接向中央银行借款而形成的负债。**

因此，对银行经营者来说，非存款负债比存款负债具有更大的主动性、灵活性和稳定性。20世纪60年代以后，随着负债管理理论的发展，许多商业银行把管理重点转移到负债端，通过借入资金来增加生息资产和满足流动性需求，使非存款负债在银行负债中占比呈现不断上升趋势，逐渐成为各国商业银行的重要资金来源。

一、短期借款

（一）向中央银行借款

世界各国的中央银行都是向商业银行提供流动性的最后贷款人。其借款的形式有两种，一种是直接借款，也称再贷款；另一种为间接借款，即再贴现。在市场经济发达的国家，由于商业票据和贴现业务的广泛流行，再贴现就成为商业银行向中央银行借款的主要渠道。在商业票据信用不发达的国家，则以再贷款为主要方式。

商业银行向中央银行借款是有严格限制的。这是因为各国中央银行通常把对商业银行的放款作为宏观金融调控的主要手段，这种放款的数额将直接构成具有成倍派生能力的基础货币，其利率则随经济、金融形势的变化而经常调节，且一般要高于同业拆借利率。中央银行在决定是否向商业银行放款、何时放款、放多少款时遵循的最高原则是货币稳定和金融稳定。在一般情况下，商业银行向中央银行的借款只能用于调剂头寸、补充储备的不足和资产的应急调整，而不能用于贷款和证券投资。

我国商业银行可以使用再贷款和再贴现等方式向中国人民银行借款，但再贴现的使用较少，主要采取再贷款方式。中国人民银行对再贷款的管理遵循"合理供给、确定期限、有借有还、周转使用"的原则，综合运用年度性贷款、季节性贷款和日拆性贷款等三种类型的再贷款。年度性贷款是现阶段中央银行再贷款的主要形式，主要用于解决商业银行因经济高速增长而引起的年度性资金不足，期限为1年，最长不超过2年。季节性贷款主要解决商业银行因信贷资金先支后收或存贷款季节下降等原因引起的暂时资金不足，期限为2个月，最长不超过4个月。日拆性贷款的期限为10天，最长不超过20天，是商业银行筹措头寸的手段，主要用于汇划款项未到账、票据清算等暂时性资金短缺。

阅读材料
我国新型的货币政策工具——常备借贷便利和中期借贷便利

受国际经济金融形势不确定性增强以及各种影响流动性的因素波动较大影响，近年来我国银行体系短期流动性供求的波动性有所加大，尤其是当多个因素相互叠加或市场预期发生变化时，可能出现市场短期资金供求缺口难以通过货币市场融资及时解决的情形，不仅加大了金融机构流动性管理难度，而且不利于中央银行调节流动性总量。为提高货币调控效果，有效防范银行体系流动性风险，增强对货币市场利率的调控效力，这两年中国人民银行开发了很多新型的货币政策工具。其中，常备借贷便利（Standing Lending Facility，SLF）和中期借贷便利（Medium－term Lending Facility，MLF）为主要的辅助流动性调节工具。

常用借贷便利的主要功能是满足金融机构期限较长的大额流动性需求，对象主要为政策性银行和全国性商业银行，期限为1—3个月。利率水平根据货币政策调控、引导市场利率的需要等综合确定。常用借贷便利的特点是：一是由金融机构主动发起，金融机构可根据自身流动性需求申请常备借贷便利；二是针对性强，中央银行与金融机构实现"一对一"交易；三是覆盖面广，常备借贷便利通常覆盖存款金融机构。常备借贷便利以抵押方式发放，合格抵押品包括高信用评级的债券类资产及优质信贷资产等。

中期借贷便利是中央银行提供中期基础货币的货币政策工具，期限较常备借贷便利长，对象为符合宏观审慎管理要求的商业银行、政策性银行，可通过招标方式开展。中期借贷便利采取质押方式发放，金融机构提供国债、央行票据、政策性金融债、高等级信用债等优质债券作为合格质押品。中期借贷便利利率发挥中期政策利率的作用，通过调节向金融机构中期融资的成本来对金融机构的资产负债表和市场预期产生影响，引导其向符合国家政策导向的实体经济部门提供低成本资金，促进降低社会融资成本，完善价格型调控框架，引导市场利率水平。

近年来，中国人民银行创新使用新型货币政策工具，并根据调控不断改进完善操作取得了较好的效果，有助于改善流动性供给渠道，稳定市场预期，促进货币市场平稳运行。2013年春节前，商业银行通过常备借贷便利弥补因大量现金投放而产生的现金缺口。6月在货币市场受多种因素叠加影响发生"钱荒"时，通过常备借贷便利操作，调节银行体系流动性，熨平市场大幅波动。9月后，中国人民银行继续通过常备借贷便利向符合宏观审慎要求的金融机构开展常备借贷便利，与此同时，根据实际情况对向金融机构发放的常备借贷便利进行适度有序减量操作，从而引导商业银行对其资产负债模式进行调整，对流动性管理进行强化。2014年，人民银行总行在北京、江苏、山东、广东、河北、山西、浙江、吉林、河南、深圳开展分支机构常备借贷便利操作试点，并在春节前通过常备借贷便利向符合条件的大型商业银行提供了短期流动性支持。此后，我国较少使用常备借贷便利（SLF），更多地使用性质相同但期限更长的中期借贷便利（MLF）。截至2014 年10 月，中国人民银行通过中期借贷便利向主要商业银行投放基础货币共5 000 亿元，向部分股份制商业银行、城市商业银行和农村商业银行等金融机构投放基础货币共2 695 亿元，期限均为3 个月，利率为3.5%，中期借贷便利起到了主动补充流动性的作用，同时加大金融机构对小微企业和"三农"等国民经济重点领域和薄弱环节的支持力度，引导其健康发展。

总体来看，新型的货币政策工具是对当今经济形势作出的反应，意在保证商业银行中性适度的流动性水平以及引导金融机构降低贷款利率和社会融资成本、支持实体经济发展，从而完善价格型调控框架，引导市场利率水平，推动经济平稳运行。

（二）同业拆借

同业拆借是指金融机构之间的短期资金融通，主要用于支持日常性资金周转，是商业银行为解决短期资金余缺、调剂法定准备头寸而相互融通资金的重要方式。同业拆借产生于存款准备金政策的实施。由于商业银行的负债结构及余额每日都发生变化，有时法定储备多余，形成超额储备，为减少不必要的储备利息损失，商业银行就力求将超额储备拆放出去；相反，如果有时法定准备不足，就需要通过拆进资金而及时补足；这样，就形成了同业拆借的客观条件。在实际中，同业拆借是与银行间资金清算紧密联系的。当商业银行之间每天进行资金结算轧差时，有些银行会出现头寸不足，而另一些银行会出现头寸多余。为了实现资金平衡，支持资金的正常周转，头寸不足的银行就需要从头寸盈余的银行拆入资金；而头寸盈余的银行也愿意将暂时多余的资金拆借出去，以获得利息收入。由于同业拆借一般是通过商业银行在中央银行的存款账户进行的，实质上是超额准备金的调剂，因此又称中央银行基金，在美国则称之为联邦基金。

伴随着金融业的不断发展，当今发达国家的同业拆借市场无论在内容上，还是规模上都发生了很大的变化。如当今的同业拆借已不仅仅局限于调剂法定准备金头寸，而是日益成为商业银行资产负债管理的重要工具。一方面，一些大银行把拆入资金作为一种长期的周转准备，通过循环拆借的办法，使其贷款能力超过原来的存款基础，由此减少对短期、低利、高流动性资产的持有。另一方面，许多中小银行对大银行拆出资金，风险较小，期限也短，有利于及时调整资产负债结构，因此，同业拆借便成为它们一项比较持久性的资金运用。

中国的同业拆借市场自20 世纪80 年代中期以来发展迅速，目前已初步形成了一个纵横交错遍布全国的同业拆借网络。其中，包括由人民银行组织的与票据清算中心相结合的头寸市场，主要用于当日票据清算轧抵后的资金差额和补足次日营业必备的最低超额准备，期限一般为1—3 天；由各省和直辖市人民银行主持的中介机构——融资中心，凡本省市的银行和金融机构都可参与本地融资中心的拆借，但跨省市的拆借只能是各融资中心相互间的拆借，其拆借资金来自于各金融机构在人民银行的超额准备金和其他临时可用的闲置资金，期限不得超过4 个月；还包括各大商业银行系统内联行往来渠道的资金拆借市场等。

（三）其他短期借款渠道

1. 转贴现。银行对商业票据承兑贴现后，即可将票据持有至到期日，也可向中央银行申请再贴现，还可以在二级市场上出售给其他商业银行、金融机构、票据交易商等，由这些机构贴进以融通到所需要的资金。所谓转贴现，就是中央银行以外的投资者在二级市场上贴进票据的行为。在票据到期前，这些投资者还可进一步转手买卖，继续转贴现。此外，转贴现的期限一律从贴现之日起至票据到期日止，按实际天数计算。转贴现利率可由双方协定，也可以贴现率为基础或参照再贴现率来确定。在我国，票据款项的回收一律向申请转贴现的银行收取，而不是向承兑人收取。

银行承兑汇票可以多次被转贴现，这样既方便银行随时回收资金，增强银行应对突发事件的能力，又有利于银行充分使用资金，在继续贴进汇票的同时又把它不断转贴现出去，从而有利于社会资金运转效率的提高。但是，转贴现的手续和涉及的关系都比较复杂，在发达国家受金融法规的约束也比较多，经常使用转贴现会令人产生经营不稳的印象，使银行承担一定的信誉风险。因此，商业银行应该以自身的资金承受能力为限，有控制地、合理地运用转贴现。

2. 回购协议。回购协议是金融机构之间进行短期资金拆借的一种方式。商业银行在出售债券等金融资产时签订协议，约定在一定期限后按约定价格回购所出售的证券。商业银行如果进行正回购交易，是资金借入方；如果进行逆回购交易，则是资金的贷出方。回购协议所抵押的金融资产主要是证券。在美国主要指的是政府证券或联邦代理机构的证券。在发达国家，只要资金提供者接受，任何资产都可进行回购交易，所不同的是使用其他资产一般有严格的限制条件。我国的回购协议则严格限制于国债，可分为买断式回购和质押式回购。回购协议最常见的交易方式有两种，一种是证券的卖出与回购采用相同的价格，协议到期时以约定的收益率在本金外再支付费用；另一种是回购证券时的价格高于卖出时的价格，其差额就是即时资金提供者的合理收益率。由于回购协议的交易双方都存在一定风险，因此交易通常在相互信任的机构间进行，并且期限一般很短，如我国规定回购协议的期限最长不得超过3个月。为控制风险，协议中可写明提供资金的数量同提供的证券市场价值之间保留一个差额——保证金。如证券价值大于所提供的资金数量，则保护资金提供者；反之则保护证券的提供者。因此，保证金只能保障交易的一方，不能同时保护双方。

3. 大额存单。在西方国家，大额存单由银行直接出售，利率由发行银行确定，既有固定利率也有浮动利率，期限在1年以内，在二级市场上的存单期限一般不超过6个月，也有的国家发行期限长达3—5年的利率固定的大额存单，但认购者可自动转换期限，如换成6个月期限的存单，以便在二级市场上转让。大额存单可流通转让、自由买卖，但不能购回；存单到期还本付息，但过期不计利息。

商业银行发行大额存单的好处包括：（1）不缴纳存款准备金，因此实际可用资金的数量要大于等额的存款，实际利息的负担也就相对较低；（2）由于大额存单不能回购，也不能提前支取，因而其资金来源比较稳定；（3）大额存单作为一种有形商品可在金融市场广泛推销，从而突破了银行营业网点的局限，提高了组织资金的能力；（4）大额存单发行成本较低，一旦售出后，只承担到期还本付息的义务，不再提供其他服务，是一种成本较低又有利于分散风险的短期借款工具。在我国，交通银行上海分行于1986年率先发行了记名式可挂失的大额存单，以后其他各银行也相继获准发行一定数额的大额存单。

4. 欧洲货币市场借款。第二次世界大战后，由于各国对美元、英镑、马克、日元等稳定通货的大量需要，促使了许多国际金融中心的产生，各种主要通货在那里交易，这些中心构成了欧洲货币市场。所谓欧洲货币，实际上是境外货币，指的是以外币表示的存款账户。由于各国的国际贸易大量以美元计价结算，欧洲美元也就成为欧洲货币市场的主要货币。所谓欧洲美元，就是以美元表示的，存在美国境外银行的美元存款。当今世界的欧洲货币市场已从欧洲扩展到亚洲、非洲和拉丁美洲，形成了一个全球统一的大市场。欧洲货币市场的资金来自于发达国家的商业银行、跨国银行的分支机构、国际银团、跨国公司、各国政府机构和中央银行、石油输出国、国际清算银行等，因而资金规模极其庞大；既有期限为 1 天至 1 年的短期货币市场，即短期资金存放市场；也有期限 1—5 年的中期资金存放市场和期限在 5 年以上的政府公债和公司债券交易市场等。从事国际业务的商业银行的短期借款，主要来自于短期货币市场。

欧洲货币市场之所以对各国商业银行有很大的吸引力，主要在于它是一个完全自由开放的市场：（1）欧洲货币市场不受任何国家政府管制和纳税限制；（2）其存款利率相对较高，放款利率相对较低，存放款利率差额较小；（3）欧洲货币市场资金调度灵活、手续简便；（4）欧洲货币市场的借款利率由交易双方依据伦敦同业拆借利率具体商定。

二、长期借款

商业银行一般通过发行金融债券的方式来获得长期借款。金融债券是 20 世纪 70 年代以来西方商业银行综合化、多元化发展的产物，它体现了商业银行资产负债管理的许多新特点。金融债券可以分为资本性债券、一般性金融债券和国际债券等。

（一）资本性债券

资本性债券是为弥补银行资本不足而发行的、介于存款负债和股票资本之间的一种债券，《巴塞尔协议》称之为附属资本或次级长期债务。它对银行收益的资产分配要求权优先于普通股和优先股、次于银行存款和其他负债。这种资本性的长期债券与优先股有着某种相似之处，所不同的是它一般要付出比优先股更高的利息，还有到期归还的限制。商业银行过多地持有这种债券对银行声誉有负面影响，所以《巴塞尔协议》对附属债务资本有着严格的数量限制。在我国，2003 年，中国银监会发布了《关于将次级定期债务计入附属资本的通知》，决定增补我国商业银行的资本构成，将符合规定条件的次级定期债务计入银行附属资本。2005 年，中国银监会允许我国商业银行发行混合资本债券补充附属资本。此外，我国符合条件的商业银行还可以发行可分离交易的可转换公司债券。

（二）一般性金融债券

一般性金融债券指的是商业银行为筹集用于长期贷款、投资等业务的资金而发行的债券。具体包括：

1. 担保债券和信用债券。担保债券包括由第三方担保的债券和以发行者本身的财产作抵押的抵押担保债券。信用债券也称无担保债券，是完全以发行者本身信用为保证发行的债券。

2. 固定利率债券和浮动利率债券。固定利率债券指的是在债券期限内利率固定不变，持券人到期收回本金，定期取得固定利息的债券。浮动利率债券则是在期限内，根据事先约定的时间间隔，按某种选定的市场利率进行利率调整的债券。

3. 普通金融债券、累进利息金融债券和贴现金融债券。普通金融债券是定期存单式的到期时还本付息的债券。这种债券类似定期存单，但它具有金融债券的全部本质特征。累进利息金融债券是浮动期限式的、利率和期限挂钩的金融债券。金融债券的期限通常在1—5年，利息采用累进制的方法计算。贴现金融债券也称贴水债券，是指银行在一定的时间和期限内按一定的贴现率以低于债券面额的价格折价发行的债券。这种债券是券面上不附有息票，到期按面额还本付息，不再计利息，其利息就是债券发行价格与票面价格的差额。我国银行发行的大多是普通金融债券，从1988年开始，也发行累进利息金融债券和贴现金融债券。

4. 附息金融债券和一次性还本付息金融债券。一次性还本付息金融债券是期限在5年以内、利率固定、发行银行到期一次支付本息的中期普通金融债券。所谓附息金融债券，指在债券期限内，每隔一定时期（半年或1年）支付一次利息的金融债券。

阅读材料
我国政策性银行与商业银行金融债券

自1994年起，我国陆续成立了旨在定向扶持的政策性银行（国家开发银行、中国进出口银行、中国农业发展银行），成立初期政策性银行均为财政拨付，但局限于财政资金有限，因此特批三大政策性银行可以在银行间债券市场发行金融债，目前我国金融债主要发行主体仍为政策性银行，发行总量占我国金融债发行总量90%左右，依照2005年施行的《全国银行间债券市场金融债券发行管理办法》的规定，政策性银行需每年向中国人民银行报送金融债券发行申请，经中国人民银行核准后方可发行。政策性银行金融债券发行申请应包括发行数量、期限安排、发行方式等内容，如需调整，应及时报中国人民银行核准。由于金融债发行数量一般较大，因此国家对于商业银行发行金融债券实行严格的审批制度。到目前为止，只允许发行用于偿还不规范证券债务的特种金融债和面向"三农"和中小微企业的专项金融债，随着经购价政策扶持中小微企业的发展，越来越多的银行发行面向中小微企业的金融债，特别是在央行定向降准的政策下，越来越多的城商行和农村商业银行发行专项金融债。

（三）国际金融债券

国际金融债券指的是在国际金融市场发行的面额以外币表示的金融债券，主要类型包括：（1）外国金融债券。外国金融债券指债券发行银行通过外国金融市场所在国的银行或金融机构组织发行以该国货币为面值的金融债券。（2）欧洲金融债券。欧洲金融债券指债券发行银行通过其他银行或金融机构，在债券面值货币以外的国家发行并推销的债券。（3）平行金融债券。平行金融债券指发行银行为筹措资金，在几个国家同时发行债券，债券分别以各投资国的货币标价，各债券的借款条件和利率基本相同。实际上，这是一家银行同时在不同国家发行的几笔外国金融债券。在上述几种债券中，欧洲债券通常以国际通用货币标价（如美元），所筹资金的使用范围广泛，因而是一种主要的国际金融债券。

第三节　商业银行负债管理方法

负债管理的目的主要有三个：一是在控制成本的基础上增加负债规模；二是调整负债结

构，增强流动性；三是负债的风险管理。围绕这三个目的，本节将分析影响存款的各种因素，提出存款市场开拓的策略和措施，考察负债的成本和风险问题。

一、存款市场开拓

银行为开拓存款市场，首先要了解影响银行存款水平的各个因素，然后针对可控因素作相应的提高或改善。影响存款水平的因素有两大类，一类是宏观因素，另一类是微观因素。宏观因素主要包括宏观经济发展水平、金融监管机构的货币政策及其目标和金融法制法规的建设与修订。宏观经济发展水平对银行存款的影响是正相关的。经济越发达，货币信用关系也就越成熟；经济越处于周期性的波峰阶段，全社会资金就越充裕，这时，存款水平也跟着趋升。金融监管机构推行紧缩性的货币政策，如果提高法定储备金比率、提高再贴现率来减少货币供应量时，银行存款水平自然回落；反之，扩张性的货币政策提高存款水平。金融法制法规建设对存款的影响主要体现在银行监管方面。监管越严，银行存款水平越难提高；反之，监管松弛，银行存款水平提高较容易，因为此时银行开发新的存款产品、灵活调整利率等受金融监管机构的约束较少。美国法律下银行监管较为严格，单一银行制度、利率管制等在很大程度上约束了银行存款水平的增长。

宏观因素对我国银行存款水平的影响主要表现在几方面：（1）持续的经济增长使存款水平屡创新高；（2）通货膨胀压力下推行的紧缩性的货币政策约束着存款水平的快速增长；（3）《中国人民银行法》和《商业银行法》等已出台的金融法规和将出台的金融法规中所蕴藏的银行监管力度有加强趋势。

宏观因素基本上属不可控因素，单个银行一般不具备影响宏观因素的能力。宏观因素对银行同业存款水平的影响大致相等，故不会改变银行同业竞争存款的均衡和存款市场份额在各银行间的分配。但是，宏观因素，特别是金融法规，可能会改变商业银行与其他存款机构、非银行金融机构间的竞争格局，导致商业银行系统内存款的外流。这时，商业银行作为一个整体，形成利益集团对金融监管机构施加压力或进行院外游说，从而影响原本不可控的宏观因素就成为一种必要和可能。商业银行个体也有可能通过发展创新存款产品来避开银行监管，从而部分地将宏观因素从不可控变为可控。以上两点从美国商业银行开发诸多创新存款产品和美国银行监管力度的缓和可以得到佐证。

影响存款水平的微观因素主要是银行内的因素，如存款利率（也即存款价格）、金融服务的项目和质量、服务收费、银行网点设置和营业实施、银行资信、银行形象和雇员形象等。这些微观因素基本上属可控因素或带有可控性质的因素，如银行资信。微观因素能强烈地改变银行同业竞争格局和存款市场份额的分配情况。微观因素也能一定程度上改变银行与其他机构的竞争格局，吸引资金流入银行系统。下面我们就分述影响存款水平的各个微观因素以及银行为提高存款水平可采取的一些针对性措施。

（一）存款利率和服务收费

在市场经济中，单个银行和整个银行系统的存款水平是其利率的函数。存款利率越高，居民、企业和其他社会公众的闲置资金就会从其他投资工具流向银行存款；某个银行存款利率越高，它就越能提高在存款市场中的份额。但是，商业银行通常不主动采用利率战这一形式来争夺存款。这是因为：（1）利率战直接提高银行负债的成本，增加银行利息支出的负担。（2）靠提高存款利率来扩大银行存款水平，过了某一点后，单个银行的存款水平可能不是它绝对利率的函数，而更多的是它的相对利率，即它与银行同业间的利差的函数。社会可供应的存款资金总额在一定时期是相对不变的，相对利率只改变存款资金总额在各竞争银行间的分配而不改变存款总额。（3）为争取银行业公平竞争和维护金融稳定，商业银行一般不会直接采取价格竞争手段，而且金融监管机构也不会容忍直接利率战产生的各种不利影响。

鉴于存款水平是利率的函数，而直接利率战又有多种不利，西方商业银行多采用三种隐蔽的方式来间接地利用利率因素。一是在服务收费上做文章。在 NOW 账户合法化前，银行对活期存款账户收取少量手续费或免收手续费。这笔收费并不能抵补银行办理这种账户的全部费用。两者之间的差额构成了活期存款账户储户的隐性收益，相当于银行向储户支付的利息。服务收费越少或免收，潜在收益越高。银行为争取存款，常对余额较多的账户免收或仅象征性地收取微量手续费。NOW 账户出来后，许多银行又采取以直接收费代替存款最低限额或以最低限额代替直接收费这一市场开发策略来争取存款。二是调整存款结构。鉴于法律禁止对活期存款付息，美国的商业银行为多吸收存款，就通过账户创新，发明新的存款工具来减少活期存款比重，同时增加付息的定期存款和储蓄存款比重。这由 NOW 账户系列、协定账户等的出现可见一斑。三是推出高息存款工具，这类存款既要略高于国库券的收益，又要有较好的流动性，故能吸引外国资金进入商业银行的存款池，这类存款的代表是可转让大额定期存单。

（二）金融服务的项目和质量

配套服务的健全和多样化能大大提高银行竞争存款，特别是活期支票存款的能力。一些商业银行为争夺存款，已提出和实践了"全面服务"这一概念。银行提供高质量的全面服务对在几家银行和存款机构间徘徊选择的企业客户尤具吸引力，是银行一只极具分量的砝码。全面服务包括向储户提供代收代付、自动转账、投资咨询、代理、信托、外汇交易、档案保管、个人财务计划项目的规划设计、旅行支票、公证人服务、工资发放、机票代购、每月电脑报表显示、方便的保险箱、夜间寄存单、银行邮寄业务等诸多的服务项目。

（三）银行网点设置和营业设施

无论是企业储户还是居民储户，总是就近选择银行作为他们的开户银行。这就要求银行广设营业网点。特别是在人口密集的地区、交通中心、郊区的居民小区设置分支机构。为了方便储户，银行还应在市区建立起自动柜员机网络。存取的便利能有效地建立储户的忠诚感和吸引老储户及周围的企业和居民加入，进而提高银行的存款水平。营业设施主要是指银行营业大楼的外观和宽敞的停车场。一座具有舒适、高效、愉悦气氛的银行大楼能有效地吸引企业等有大量存款平均余额的储户的加入，这是银行提高存款水平的关键。

（四）银行声誉和形象

在利率环境等条件相同或相近的情况下，储户往往愿意选择大银行。为确保存款的安全，存款账户平均余额较大的企业储户特别偏好选择声誉好的大银行作为开户行或购买持有由它们发行的大额存单，因为大银行破产倒闭的风险较小。对于处于某个社区的中小银行来说，如果想要在社区中扩展存款业务，首先要在社区中建立良好的银行声誉。同时，银行在提高存款计划的规划中，不能忽略雇员形象。高效、礼貌、热忱的雇员体现着银行良好的管理素质和经营素质。此外，市场营销的支持对存款市场的开拓是必不可少的。市场营销要求银行在开拓市场时应用差异化战略，通过广告宣传等途径开展存款营销活动。

二、负债成本分析

过度扩大存款规模和提高负债水平是危险的。只有在有利可图时，增加负债才是合理的。也就是说，要对比负债成本与资产收益，在后者高于前者的条件下才开展或开拓存贷款业务。负债成本包括利息支出和非利息支出。相应地，负债成本控制也包括利息支出分析与控制以及非利息支出分析与控制两个方面。其中，前者是负债成本控制的核心任务所在。

利率是资金的价格，反映着资金的供求状况。银行的利息支出与吸收的负债是正相关的，利率越高，银行越容易吸收资金，提高负债水平。由于利率是银行扩大负债的基本工具，银行合理经营从来不简单地等同于降低利率减少利息总支出。利息成本问题主要有两点：一是能不能做到在同等利率条件下吸收更多的存款和拆入更多的资金，或者说能不能在负债规模不变的情况下减轻银行的利息支出。一定范围内，银行是可以做到的，但这需要银行提供更为周到、便利的服务来代替利息支出效果。既然服务的改进也需要成本，里面就涉及到非利息支出问题。只有在服务改进所耗费用不超过所替代的利息费用时，改进服务才是值得的。二是对利息成本予以预测估算，并从负债和资产管理的角度来考虑这一问题。对负债成本的测算是银行负债管理的重心所在。是否达到最低负债成本率水平体现着银行的管理经营水平和竞争能力。负债成本率越低，资产活动的必要收益率也就越低，银行从事资产活动的盈利能力就越强，同时，银行资产活动的规模就有扩展余地，资产活动广度和深度也就得到加强。具体的负债成本率测度分析主要包括历史加权平均成本率、资金边际成本率和所有资金的加权平均预期成本率三套指标的计算。

历史加权平均成本率指标包括全部负债加权平均成本率和有息负债加权平均利息率两个亚指标。它们以过往测算期内各项负债来源的平均余额同其利率的乘积之和作依据进行计算。计算公式分别是

$$全部负债加权平均成本率 = \frac{利息支出 + 非利息净支出}{全部负债}$$

$$有息负债加权平均利息率 = \frac{利息支出}{付息资金}$$

资金边际成本率分析负债增长的最后一单位对负债成本变化的影响。单项资金计算其边际成本或所要求的边际必要收益比较简单，计算公式为

$$单项资金边际成本率 = \frac{\frac{利息支出 + 其他所增费用}{1 - 非盈利使用的比例}}{新增负债金额}$$

但是，某种负债的增加可能会引起其他种类负债的供应风险，如 NOW 账户下存款增加会造成活期存款账户下存款的流失，因此，单纯地考察某一种负债的成本显然是片面的，为此要补充对全部负债综合的边际成本率的考察。全部负债综合的边际成本率的计算公式是

$$全部负债边际成本率 = \frac{\sum_{i=1}^{n}(第\,i\,种负债增长额 \times 利息及其他支出费率)}{\sum_{i=1}^{n}第\,i\,种负债增长额}$$

所有资金的加权平均预期成本率着重于分析未来时期内预期的负债资金成本。在理论上，所有边际成本率低于加权平均预期成本率的资金都是可以被银行有效吸收和利用的。其中，全部资金加权平均预期成本率的计算公式是

$$全部资金加权平均预期成本率 = \frac{\sum_{i=1}^{n}(第\,i\,种负债预期余额 \times 利息及其他支出费率)}{\sum_{i=1}^{n}第\,i\,种负债预期余额}$$

上面介绍的三种成本计算方法存在着如何正确使用的问题。历史数据加权平均成本评价银行的历史运行情况较准确，单一资金来源的边际成本在决定哪一种资金来源更有效方面较恰当，而加权平均预期成本在决定资产定价方面更适合。显然，每一种方法都有其局限性，银行在资金来源的成本计算中不能仅使用一种方法，而需要对不同来源的资金成本作出综合评估。

本章小结

1. 商业银行作为信用中介，负债是其最基本、最主要的业务。在商业银行的全部资金来源中，90%以上来自于负债。商业银行的负债主要由存款负债和非存款负债两大部分组成。银行负债的规模和结构，决定了整个银行的经营规模和经营方向；而负债结构和成本的变化，决定着银行资金转移价格的高低，从而极大地影响着银行的盈利水平和风险状况。

2. 不管在哪个国家，存款始终是商业银行的主要负债和经常性的资金来源。活期存款、定期存款和储蓄存款是各国商业银行的传统存款业务。在面临不同程度的利率管制和金融市场其他金融工具严峻挑战的情况下，现代商业银行在所有传统存款领域不断创新存款工具，以努力争取客户，扩大存款规模。

3. 借入负债是指商业银行主动通过金融市场或直接向中央银行融资。与存款负债不同，借入负债属于银行经营的卖方市场，它主要取决于银行经营的需要和银行经营者的主观决策，因而比存款负债具有更大的主动性、灵活性和稳定性。

4. 商业银行的短期借款有同业拆借、向中央银行借款、大额存单以及欧洲货币市场借款等主要渠道。商业银行的长期借款主要指各种类型的中长期金融债券。

5. 银行负债管理是对资产负债表中负债项目的管理。虽然银行可以通过不同的方式获取所需资金，但是，不同筹资方式的成本与风险有极大的差异，从而直接影响到银行的经营风险与盈利水平。银行负债管理的基本目标是在一定的风险水平下，以最低的成本获取所需的资金。

本章主要概念

负债管理　流动性风险　核心存款　资金成本　加权平均历史成本　边际成本

本章思考题

1. 银行有哪些主要的资金来源？讨论不同资金来源的主要特征。

2. 比较银行存款资金与非存款资金的基本作用与差别。

3. 银行的负债管理面临哪些金融风险？

4. A 银行向 B 银行转手面值 175 万元的大额定期存单，年利率为 8%，期限是 180 天，期满后 B 银行应向 A 银行支付多少金额？这笔存单的年成本是多少？

5. 假设准备金要求为 0，存款保险成本 0.23%，利率 8%，服务费用为 2.5%，计算货币市场账户的边际成本。银行可转让提款单账户的利率是 5.5%，法定准备金为 10%，服务费用 4%，如果客户把存款从货币账户转移到这一账户，银行的盈利增加还是减少？

本章参考文献

［1］［美］彼得·S. 罗斯著，刘圆等译：《商业银行经营管理》（原文第四版），北京，机械工业出版社，2000。

［2］曾康霖：《银行经营管理学》，成都，西南财经大学出版社，1996。

［3］戴国强：《商业银行经营学》，北京，高等教育出版社，1999。

［4］戴相龙：《商业银行经营管理》，北京，中国金融出版社，1998。

［5］Abken, Peter A.. A Survey and Analysis of Index – Linked Certificates of Deposit. *Working Paper* 91, Federal Reserve Bank of Atlanta, January 1989.

［6］Canner, Glenn B., and Ellen Maland. Basic Banking. Federal Reserve Bulletin, April 1987, pp. 255 – 269.

扫描二维码可获取本章更多习题

第十章
商业银行中间业务管理

本章知识结构

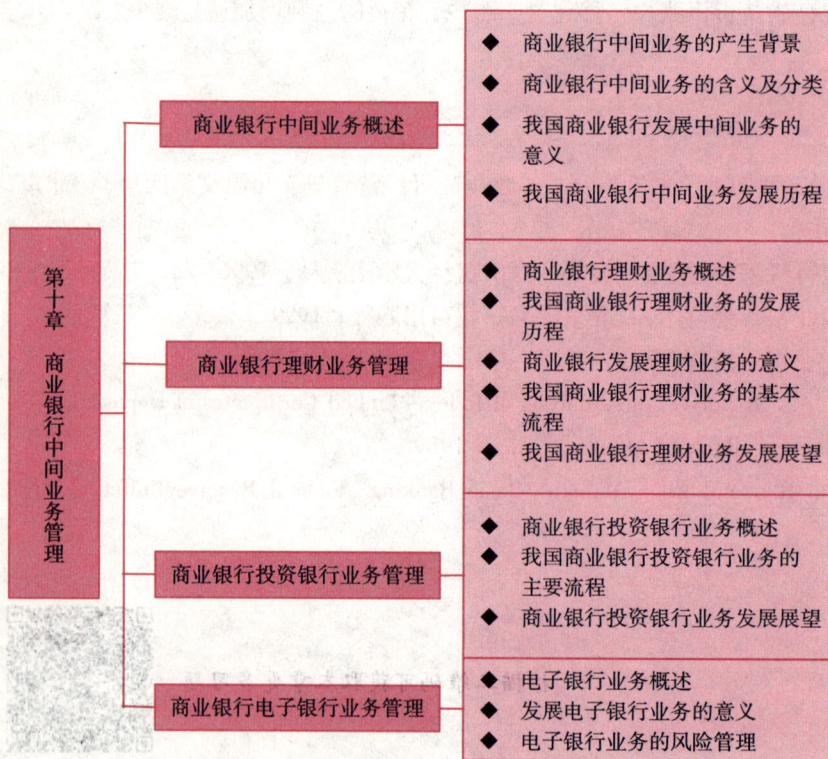

```
                  ┌─ 商业银行中间业务概述 ─┬─ ◆ 商业银行中间业务的产生背景
                  │                        ├─ ◆ 商业银行中间业务的含义及分类
                  │                        ├─ ◆ 我国商业银行发展中间业务的
                  │                        │      意义
                  │                        └─ ◆ 我国商业银行中间业务发展历程
                  │
                  │                        ┌─ ◆ 商业银行理财业务概述
第                │                        ├─ ◆ 我国商业银行理财业务的发展
十                │                        │      历程
章                ├─ 商业银行理财业务管理 ─┼─ ◆ 商业银行发展理财业务的意义
                  │                        ├─ ◆ 我国商业银行理财业务的基本
商                │                        │      流程
业                │                        └─ ◆ 我国商业银行理财业务发展展望
银
行                │                        ┌─ ◆ 商业银行投资银行业务概述
中                ├─ 商业银行投资银行业务管理 ┼─ ◆ 我国商业银行投资银行业务的
间                │                        │      主要流程
业                │                        └─ ◆ 商业银行投资银行业务发展展望
务
管                │                        ┌─ ◆ 电子银行业务概述
理                └─ 商业银行电子银行业务管理 ┼─ ◆ 发展电子银行业务的意义
                                           └─ ◆ 电子银行业务的风险管理
```

学习目标

- 掌握商业银行中间业务的含义和分类
- 了解商业银行中间业务的发展历程和意义
- 了解商业银行理财业务的含义和分类
- 了解商业银行理财业务的主要流程
- 了解商业银行投资银行业务的含义和分类
- 了解商业银行投资银行业务的主要流程
- 了解商业银行电子银行业务的含义和分类

第一节　商业银行中间业务概述

一、商业银行中间业务的产生背景

20 世纪 70 年代中期以来，金融自由化浪潮席卷全球，国际银行业金融创新活跃。随着金融市场、信息技术、金融理论的发展，在监管体制变革、市场竞争加剧等多重因素的共同作用下，社会融资方式发生明显变化，逐步由通过银行体系的间接融资向依靠资本市场进行直接融资转变，"金融脱媒"步伐加快，资本市场开始替代商业银行的融

> *美国经济学家麦金农（R. I. McKinnon）和肖（E. S. Show）在20世纪70年代，针对当时发展中国家普遍存在的金融市场不发达和金融抑制等状况，提出了金融自由化理论（也称金融深化），主张政府减少对金融业的干预，通过金融深化，促进经济增长。这一理论得到了很多国家的认可，在世界范围内推动了金融业监管的放松。*

资功能，商业银行的传统信贷业务受到挤压。激烈的金融业竞争环境迫使商业银行开始尝试业务转型，在传统的存贷汇业务基础上，开展经营业务创新，扩大业务类型和范围，实现利润来源的多元化，在此背景下，中间业务得以快速兴起。自 20 世纪 90 年代以来，国际先进银行的非利息收入快速增长，中间业务收入占比一般平均在 40% ~50%，部分银行甚至达到 70% ~80%。收入结构能够反映一家银行的经营理念、发展战略、风险偏好、风险管理能力和业务创新能力等方面的信息，体现了一家银行的综合竞争力。研究表明，中间业务收入同商业银行的竞争力呈正相关关系，发展水平高的银行中间业务收入占比越高。因此，中间业务发展水平已经成为衡量一家银行市场竞争力的重要标准。

二、商业银行中间业务的含义及分类

20 世纪 90 年代中后期，我国银行业引进了"中间业务"的概念，从此中间业务逐渐进入人们的视野，"中间业务"是我们中国人的提法，字面意思是指介于商业银行资产业务与负债业务之间的业务，不同于资产业务和负债业务。准确地讲，目前"中间业务"还没有一个普遍认可的定义，有的人称之为"表外业务"，还有的人称之为"收费业务"。中国人民银行于 2001 年出台《商业银行中间业务暂行规定》[①]，首次对中间业务作出比较权威的定义，即不构成商业银行表内资产、表内负债，形成银行非利息收入的业务。2002 年，在中国人民银行发布的《商业银行中间业务参考分类及定义》中，将中间业务分为支付结算类中间业务、银行卡业务、代理类中间业务、担保类中间业务、承诺类中间业务、交易类中间业务、基金托管业务、咨询顾问类业务和其他类中间业务等九大类。经过十多年的发展，我国银行业的市场化程度显著提高，金融创新能力逐步增强，新型中间业务不断涌现，商业银行中间业务的内涵和外延得到拓展。从手续费及佣金收入的结构看，中间业务可以分为结算、清算及现金管理业务、投资银行业务、银行卡业务、银行理财业务、私人银行业务、资产托管业务、担保及承诺业务、代理收付及委托业务和其他业务等。可以看出，目前各界对商业银行

---

① 目前，《商业银行中间业务暂行规定》已废止。

中间业务的范围基本达成了共识，但对中间业务的分类还没有形成统一的认识。未来随着我国银行业改革创新的推进，中间业务的含义还会进一步丰富，分类也将更为复杂。为便于理解和把握中间业务的性质和特征，本章在现有分类的基础上，对商业银行的中间业务进行重新划分，如表10-1所示。

表 10-1　商业银行中间业务的含义及分类

业务类型	含义	业务内容
支付结算类业务	由商业银行为客户办理因债权债务关系引起的与货币支付、资金划拨有关的收费业务	按结算工具划分，包括银行汇票、商业汇票、银行本票和支票；按结算方式划分，包括汇款业务、托收业务、信用证业务；还包括利用现代支付系统实现的资金划拨、清算，利用银行内外部网络实现的转账等业务
银行卡业务	由经授权的商业银行向社会发行的具有消费信用、转账结算、存取现金等全部或部分功能的信用支付工具	包括信用卡业务、借记卡业务等
代理类业务	商业银行接受客户委托，代为办理客户指定的经济事务，提供金融服务并收取一定费用的业务	包括代理政策性银行业务、代理中国人民银行业务、代理商业银行业务、代收代付业务、代理证券业务、代理保险业务、代理其他银行银行卡收单业务等
银行理财业务	商业银行接受委托，代理客户管理资产	包括个人理财业务、对公理财业务等
私人银行业务	商业银行为个人金融资产达到一定数量的高净值个人客户提供专属服务	涵盖资产管理、另类投资、全权委托、顾问咨询、财务管理、跨境金融以及财富传承等
投资银行业务	商业银行为公司客户提供综合化融资服务	包括债券承销业务、并购重组业务、股权融资业务、财务顾问业务、资产证券化业务等
担保类业务	商业银行为客户债务清偿能力提供担保，承担客户违约风险的业务	主要包括银行承兑汇票、备用信用证、各类保函等
承诺类业务	商业银行在未来某一日期按照事前约定的条件向客户提供约定信用的业务	主要指贷款承诺，包括可撤销承诺和不可撤销承诺两种
资产托管业务	商业银行接受金融机构委托，安全保管所托管的全部资产，为所托管的金融机构办理资金清算款项划拨、会计核算、估值、监督管理人投资运作	托管客户包括基金公司、保险公司、期货公司、大型企业集团、境外 QFII、RQFII、慈善基金、财政公共资源交易资金等
其他类业务	不能归入以上类型的业务	包括保管箱业务等

三、我国商业银行发展中间业务的意义

（一）推动经营模式转型，提升综合竞争力

长期以来，我国商业银行以存贷款利差作为主要的收入来源，即通过做大存贷款规模来增加利润水平。历史经验表明，传统的经营模式能够在较短的时间内使商业银行资产负债规模迅速扩大，但当发展到一定阶段后，本国实体经济中优质客户和项目的增长速度会低于银行业扩张速度，商业银行对优质客户和项目的竞争日趋激烈，不断挤压银行的利润空间，导致银行业盈利能力下降，难以持续支撑这种粗放型的发展模式。于是，商业银行通常会转变

经营模式，寻找新的利润增长点，可以说，中间业务是推动商业银行经营模式转型的现实选择。一般地，一家银行中间业务的发展与自身的发展战略是相匹配的，能够体现银行的市场定位，银行可以依靠差异化竞争，获得竞争优势。发展中间业务还能够实现收入结构多元化，降低资本占用，巩固银企关系，为客户提供综合金融服务，提升商业银行的市场竞争力。

（二）分散商业银行经营风险，降低风险水平

如果商业银行的发展过度地依赖存贷款业务，表示信用风险暴露较多，出现信用风险集中的情况，容易受到宏观经济金融环境的影响，对外生系统性冲击的抵御能力下降。在绝大部分中间业务中，商业银行接受客户委托，代理开展某项业务，业务产生的风险主要由委托人来承担，商业银行几乎不承担风险，或者承担较低风险，对资本的占用少。从风险类型看，中间业务的风险几乎不涉及信用风险，由于不同风险之间的相关性低，有利于分散银行的经营风险，有效地降低整体的风险水平。此外，有研究表明，中间业务的非利息收入可以在一定程度上降低银行总收入的波动性。

（三）为商业银行提供金融创新的空间，打造业务品牌

经过多年的发展，银行传统存贷款业务的管理理念、流程和方法已经基本成熟，形成了系统的、完善的管理体系和框架。与之相比，部分中间业务的发展还需要不断地探索和创新，为商业银行开展金融创新活动提供了广阔的空间。结合我国实际看，近年来，我国利率市场化改革不断深入，资本监管要求更为严格，金融综合化经营步伐加快，互联网金融取得突破性发展，在金融改革创新的大环境下，银行中间业务的发展面临新的机遇。具体来说，我国商业银行可以在金融产品、服务方式、交易渠道以及风险管理方法等方面进行创新，通过中间业务创新，打造金融服务品牌，实现自身的跨越式发展。在我国，工商银行的资产管理业务、电子银行业务等；招商银行的银行卡业务、私人银行业务、现金管理业务等；光大银行的理财业务均获得了业内的广泛认同，具有良好的品牌影响力。

四、我国商业银行中间业务发展历程

在我国，1995年施行的《商业银行法》第三条中明文规定了商业银行可以经营包括办理国内外结算、发行银行卡、代理发行政府债券和外汇买卖、代收代付款项及代理保险业务、保管箱服务等在内的中间业务。首次在法律上确认了商业银行中间业务，也开启了中间业务的发展历程。到目前为止，我国商业银行中间业务发展大致经历了三个阶段。第一阶段为1995年至2000年的起步探索阶段。这一阶段银行发展中间业务的目的主要是为维护客户关系，稳定和增加存款，相应地，中间业务的开展以存款为导向，集中于代收代付、委托贷款等业务类型。第二阶段为2001年至2004年的规范管理阶段。2001年，中国人民银行颁布《商业银行中间业务暂行规定》明确了中间业务的分类和定义，对商业银行开办中间业务的条件作出了规定，为中间业务的规范发展创造了良好的环境。这一时期，支付结算类业务、代理类业务、银行卡业务等传统业务类型构成了中间业务的主体，截至2004年末，我国银行业的结算、代理、银行卡三项业务的业务量占中间业务总量的84.1%，业务收入占总收入的71.5%。相比之下，投资银行业务、银行理财业务等技术含量高、发展潜力大的新型中间业务很少，且部分业务只在部分大城市开展。究其原因主要有两个：一是来自金融监管体制

的制约。当时我国商业银行的经营范围受到严格的限制，从事新的业务需要获得监管当局的批准。二是在利率管制的情况下，我国银行业依赖存贷利差的发展模式没有改变，金融创新动力不足，尚未认识到发展中间业务的重要性。值得一提的是，个别有战略眼光的商业银行开始思考经营模式转型的问题，探索和开发新型中间业务，银行个人理财业务已经出现。第三阶段为 2005 年至今的创新发展阶段。中国人民银行于 2005 年发布《短期融资券管理办法》，允许我国商业银行从事短期融资券主承销业务，自此，投资银行业务成为银行中间业务的重要组成部分。同年，中国银监会出台了《商业银行个人理财业务管理办法暂行规定》，加强了对商业银行个人理财业务活动的管理，促进了个人理财业务健康有序发展。2005 年以来，我国银行理财业务的发展经历了从无到有、从少到多、从简单到复杂的过程，成为银行中间业务中最重要的业务类型之一。个人理财业务的快速发展也带动了私人银行业务等综合金融服务的发展，增强了商业银行提供金融服务的能力。此外，近年来，信息科技及互联网金融的发展大幅地提高了支付结算类中间业务的效率，技术进步推动了传统中间业务的升级。现阶段，商业银行中间业务的发展进入了战略机遇期，我国银行业可以通过加大中间业务创新力度，进一步加快经营模式的战略转型。

经过近十年的发展，我国银行业中间业务取得了长足的进步，业务收入持续快速增长，2005 年至 2013 年期间，中间业务收入增长超过 5 倍，年复合增长率高达 103%。从利润来源看，我国银行业收入结构基本稳定，手续费及佣金收入占比显著上升，从 2007 年的不足 10% 提高到 2013 年的 15% 以上（如图 10-1 所示）。在业务类型方面，

图 10-1　我国银行业中间业务收入变化情况

除传统的支付结算类业务、代理业务、银行卡业务、担保与承诺业务实现稳步增长外，新型中间业务的发展得到银行管理者的普遍重视，银行资源进一步向新型业务倾斜，理财业务、私人银行业务、投资银行业务、资产托管业务等高附加值、高技术含量的业务逐渐成为中间业务发展的重点。

但也应该看到，我国银行业中间业务收入占比仍然较低，与国际先进银行相比还有一定的距离。一直以来，净利息收入占比始终高于 60%，并没有呈现出下降趋势，表明粗放型的发展模式没有实质性改变（如图 10-2 所示）。此外，中间业务的发展存在"重规模、轻效率"的现象，以银行理财业务为例，近年来，虽然业务规模实现了爆发式增长，大幅提高银行的理财业务收入，截至 2013 年底，银行业累计发行理财产品 4.5 万余款，银行理财产品累计募集金额 68 万亿元。但这并不能说明业务转型已经取得成功。部分银行未能遵循"受人之托、代客理财"的原则，对理财业务性质的认识不充分，反而带来了新的风险。

从市场结构上看，大型国有商业银行通常具有网点多、客户资源丰富、金融服务能力强等优势，中间业务收入多、占比高；相反，中小商业银行在中间业务发展过程中处于劣势，中间业务发展相对缓慢。总体上看，目前银行中间业务市场格局基本形成，不同规模的商业银行出现明显分化，工、农、中、建、交等五家大型国有商业银行的中间业务收入占比都在20%左右，并且占据的市场份额超过70%。股份制商业银行中间业务收入占比大多超过10%，同业领先的股份制银行已经达到15%以上，合计市场份额高于10%。个别股份制商业银行抓住发展机遇，通过金融产品和业务服务的创新，在同业内树立了专业品牌，加快了经营模式转型，实现了跨越式发展。另外，尽管部分城市商业银行积极发展中间业务，但受到经营范围和资源的限制，其市场竞争力有待加强。

图 10-2　我国银行业收入结构变化情况

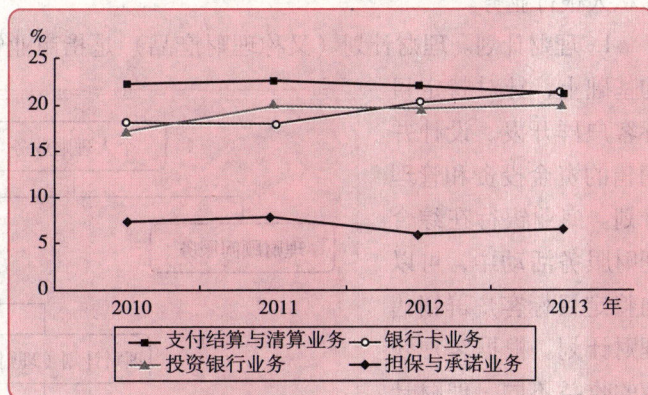

图 10-3　我国国有大型商业银行中间业务结构

在短时间内，中间业务市场结构不会发生较大改变。从业务结构看（如图10-3所示），支付结算类业务、银行卡业务、投资银行业务基本保持在20%左右，理财业务规模快速增长，大型商业银行的理财产品业务收入占比接近10%，创新型中间业务将成为未来的发展方向。

第二节　商业银行理财业务管理

一、商业银行理财业务概述

银行理财业务是指商业银行为客户提供的财务分析、财务规划、投资顾问、资产管理等专业化服务活动。商业银行开展的理财业务本质上属于资产管理业务的范畴，在理财业务运作过程中，商业银行"受人之托、代客理财"，委托人获得理财收益并承担相应的风险。按照管理运作方式的不同，我国商业银行理财业务可以分为理财顾问服务和综合理财服务。

（一）理财顾问服务

理财顾问服务是指商业银行向客户提供的财务分析与规划、投资建议、投资产品推介等专业化服务，它是一种针对客户的专业化服务，区别于那些商业银行为销售储蓄存款产品、信贷产品等进行的产品介绍、宣传和推介等一般性业务咨询活动。在理财顾问服务活动中，客户根据商业银行提供的理财顾问服务管理和运用资金，并承担由此产生的收益和风险。

（二）综合理财服务

综合理财服务是指商业银行在向客户提供理财顾问服务的基础上，接受客户的委托和授权，按照与客户事先约定的投资计划和方式进行投资和资产管理的业务活动。在综合理财服务活动中，客户授权商业银行代表客户按照合同约定的投资方向和方式进行投资和资产管理，投资收益与风险由客户或客户与银行按照约定方式承担。综合理财服务可分为理财计划和私人银行业务。

1. 理财计划。理财计划（又称理财产品）是指商业银行在对潜在目标客户群分析研究的基础上，针对特定目标客户群开发、设计并销售的资金投资和管理计划。商业银行在综合理财服务活动中，可以向特定目标客户群销售理财计划。根据客户获取的收益不同，理财计划分为保证收益理财计划和非保证收益理财计划。保证收益理财计划是指商业银行按照约定条件向客户承诺支付固定收益，银行承担由此产生的投资风险，或银

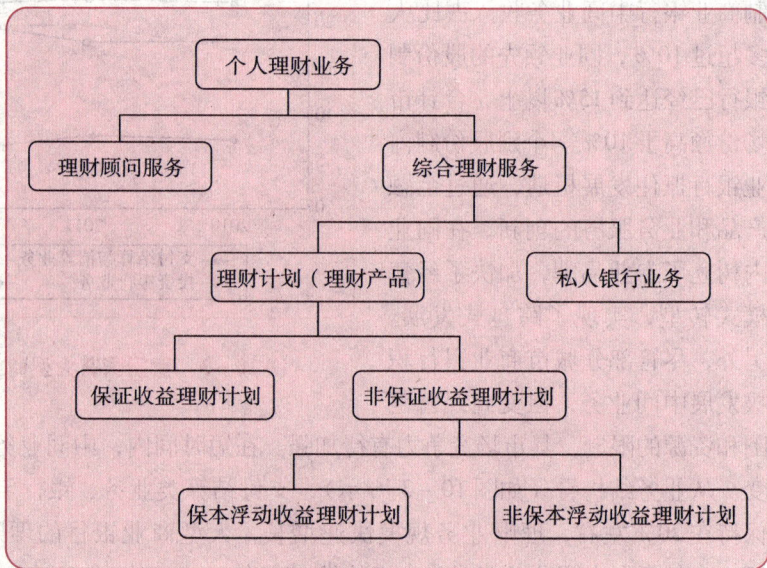

图 10-4　商业银行个人理财业务的分类

行按照约定条件向客户承诺支付最低收益并承担相关风险，其他投资收益由银行和客户按照合同约定分配，并共同承担相关投资风险的理财计划。非保证收益理财计划分为保本浮动收益理财计划和非保本浮动收益理财计划。保本浮动收益理财计划是指商业银行按照约定条件向客户保证本金支付，本金以外的投资风险由客户承担，并依据实际投资收益情况确定客户实际收益的理财计划。非保本浮动收益理财计划是指商业银行根据约定条件和实际投资收益情况向客户支付收益，并不保证客户本金安全的理财计划。

银行理财产品是由商业银行自行设计并发行的理财计划工具，一般是指通过将募集到的资金根据产品合同约定投入相关金融市场及购买相关金融产品获取投资收益，并根据合同约定分配给投资人。具体分类如表 10-2 所示。

分类方式	产品类型	产品设计
币种	人民币理财产品	由商业银行自行设计并发行，将募集到的人民币资金，根据产品合同约定投入相关金融市场及购买相关金融产品，获取投资收益后，根据合同约定分配给投资人的理财产品
	外币理财产品	用外币进行投资的产品，目前各银行推出的产品以美元、欧元为主
	双币种理财产品	以人民币和外币共同作为购买货币，并分别按照人民币理财产品和外币理财产品的方式运作，到期分别以人民币和外币支付收益的理财产品
产品期限	固定期限产品	产品在申购端采用开放模式，在赎回端采用封闭模式，不允许客户自主赎回，只能通过到期返本付息的模式进行资金清算的理财产品
	无固定期限产品	理财产品发行后，产品一直运行，没有固定的投资期限，并可以在规定的开放日进行申购或赎回的理财产品
产品到期滚动与否	滚动发行产品	在一个理财产品完成之后，用本金和收益直接投入下一个选定好的产品
	期次产品	分批次以固定金额购买，到期时以协定收益率支付回报的理财产品
投资工具	债券型理财产品	以国债、金融债、中央银行票据为主要投资对象的理财产品，其投资风险较低，流动性强，收益较低
	信托型理财产品	投资于商业银行或其他信用等级较高的金融机构担保或回购的信托产品，也有投资于商业银行优良信贷资产收益权信托的产品
	结构性理财产品	理财资金通过购买期权、互换等方式参与衍生产品运作，其收益通常表现为与某些国内、国际市场指标挂钩的理财产品。这类理财产品可以与利率区间、美元或者其他可自由兑换货币汇率、股票指数等挂钩
	QDII 理财产品	符合资格的境内金融机构接受境内投资者委托，按事先约定的投资计划和方式，在境外进行规定的金融产品投资，投资收益与风险由投资者或投资者与银行按照约定方式承担的理财产品
	新股申购类理财产品	商业银行通过与信托、证券公司的合作向投资者集合资金，利用资金规模大、中签率高的优势来认购一级市场新股，然后在新股上市当日或约定日期内将认购成功的股票售出，为投资者获得收益的产品
	另类投资产品	投资另类资产的理财产品。另类资产是指除传统股票、债券和现金之外的金融资产和实物资产，如房地产、证券化资产、对冲基金、私募股权基金、大宗商品、低碳产品和艺术品等
收益类型	保证收益型	商业银行按照约定条件向客户承诺支付固定收益，银行承担由此产生的投资风险，或银行按照约定条件向客户承诺支付最低收益并承担相关风险，其他投资收益由银行和客户按照合同约定分配，并共同承担相关投资风险的理财产品
	保本浮动收益型	商业银行按照约定条件向客户保证本金支付，本金以外的投资风险由客户承担，并根据实际投资收益情况确定客户实际收益的理财产品
	非保本浮动收益型	商业银行根据约定条件和实际投资收益情况向客户支付收益，并不保证客户本金安全的理财产品

表 10 -2　我国理财产品的分类

2. 私人银行业务。私人银行业务是一种向高净值客户及其家庭提供的全方位服务业务，它并不局限于为客户提供投资理财产品，还包括替客户进行个人理财，利用信托、保险、基金等金融工具维护客户资产在获益、风险和流动性之间的精准平衡，同时也包括与个人理财相关的一系列法律、财务、税务、财产继承、子女教育等专业顾问服务。私人银行业务是通过全球性的财务咨询及投资顾问，达到保存财富、创造财富的目的。其核心是个人理财，它已经超越了简单的银行资产、负债业务，实际属于综合型业务。

二、我国商业银行理财业务的发展历程

我国商业银行理财业务真正兴起于 2003 年，此前，尽管个别商业银行发行过少量理财性质的产品，但与规范的银行理财业务还存在一定的差距。自 2003 年至今，银行理财业务的发展经历了从少到多、从无序到规范、从简单到复杂的过程。大体上看，我国银行理财业务的发展经历了三个阶段：

第一个阶段为 2003 年到 2005 年的起步阶段。2003 年，中国银行发行了国内首款外币理财产品。此后，一些外资银行和国内部分商业银行相继推出了各类外币理财产品。2004 年，光大银行推出了我国首款人民币银行理财产品，当时的人民币理财产品主要投资于央行票据、金融债券等资产。这一阶段，只有少数几家商业银行开办了理财业务，理财产品数量和种类较少。由于理财产品的违规操作、恶性竞争现象突出，中国银监会于 2005 年 9 月出台《商业银行个人理财业务管理暂行办法》和《商业银行个人理财业务风险管理指引》，结束了银行理财业务无法可依、无章可循的局面。

第二个阶段是 2006 年至 2008 年的快速发展阶段。2006 年，银行理财产品无论从发行数量还是发行规模上来看都有大幅增长。从产品投资币种上看，人民币理财产品占比进一步增加。由于我国社会融资需求不断增加，银行开始推出信贷类理财产品，将理财资金投向信贷资产和信托贷款，为客户提供期限较长、收益率较高的理财产品。2007 年，得益于资本市场繁荣，新股申购类理财产品成为理财市场的热点。

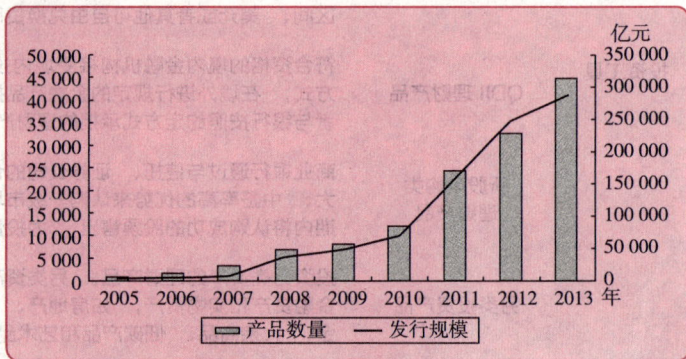

图 10-5 我国银行理财产品发行的数量和规模

2008 年，我国股票市场出现大幅下跌，直接投资股票、偏股型基金的投资者损失惨重，于是很多投资者转向风险较低的银行理财产品。

第三个阶段是 2009 年至今的规范发展阶段。随着越来越多的银行认识到理财业务对于商业银行发展的重要性，更多银行积极参与到理财业务发展中，发行理财产品的数量不断增加，业务规模迅速扩大，实现了银行理财业务的跨越式发展。这一时期，为有效防范和控制风险，促进理财业务规范健康发展，中国银监会等金融监管机构加强对银行理财业务的监督和管理，逐步完善相关监管制度，相继出台多项规章制度规范商业银行理财业务发展（如表10-3所示）。

表 10 - 3　银监会发布的理财业务相关文件

时间	规范	内容
2005 年 9 月	《商业银行个人理财业务管理暂行办法》	建立了理财产品监管的基本框架
2005 年 9 月	《商业银行个人理财业务风险管理指引》	加强商业银行个人理财业务的监管，提高个人理财业务风险管理水平
2007 年 5 月	《中国银监会办公厅关于调整商业银行代客境外理财业务境外投资范围的通知》	丰富代客境外理财产品投资品种，促进该项业务稳健发展，对境外投资范围作出调整
2008 年 4 月	《中国银监会办公厅关于进一步规范商业银行个人理财业务有关问题的通知》	就商业银行个人理财业务中遇到的不完善的问题进行了进一步的规范
2009 年 7 月	《关于进一步规范商业银行个人理财业务投资管理有关问题的通知》	对商业银行个人理财业务的投资管理活动进行规范
2010 年 8 月	《关于规范银信理财合作业务有关事项的通知》	促进商业银行和信托公司理财合作业务规范、健康发展，有效防范银信理财合作业务风险
2011 年 1 月	《中国银监会关于进一步规范银信理财合作业务的通知》	对商业银行和信托公司理财合作业务作出进一步规范
2011 年 9 月	《关于进一步加强商业银行理财业务风险管理有关问题的通知》	对理财产品期限和信息披露和合规管理作出了详细明确的要求
2011 年 10 月	《商业银行理财产品销售管理办法》	规范商业银行理财产品销售活动，促进商业银行理财业务健康发展
2014 年 7 月	《关于完善银行理财业务组织管理体系有关事项的通知》	进一步规范银行理财业务发展，完善理财业务组织管理体系

三、商业银行发展理财业务的意义

（一）有助于商业银行经营转型，优化收入结构

随着我国经济金融改革不断深化，商业银行面临越来越大的转型压力。理财业务作为一种中间业务，具有"轻资本"的特性，是实现资产规模由扩张型向资本节约型增长转变的重要途径。一方面，发展理财业务可以优化收入结构，提高中间业务收入水平。目前我国一些商业银行理财业务收入占中间业务收入的比例已超过25%，可以预见，这一比重在未来将会继续上升。另一方面，发展理财业务可以减少资金成本和资本占用。目前，商业银行依靠内部利润留存方式补充资本的增速放缓，同时通过资本市场筹集资本的困难变大，发展理财业务将成为商业银行战略转型的重要着力点。

（二）有助于引导社会资金合理投资，支持实体经济发展

2008 年全球金融危机的爆发说明了金融的发展离不开实体经济，没有实体经济的支撑，金融就会成为无源之水、无本之木。银行作为理财产品的投资管理人引导社会资金合理投资，将资金投向符合国家产业政策的领域，既丰富了投资渠道，又有力地支持了实体经济的发展，对经济增长起到了积极的作用。

（三）有助于满足居民投资需求，提高居民收入

随着我国居民财富的增长和投资意识的增强，对金融资产保值增值和多元化配置的要求日益强烈。在我国金融市场尚不发达、股票和基金风险相对较大、居民投资渠道有限的情况下，银行理财产品得到了居民的青睐。一般地，银行理财产品的预期收益率要高于银行存款，而投资风险低于股票市场，存在庞大的市场需求。此外，银行理财产品的投资门槛较低，成为了不少投资者进行资产管理的重要选择。

四、我国商业银行理财业务的基本流程

（一）理财顾问服务流程

商业银行在理财顾问服务中向客户提供的财务分析、财务规划、投资建议、投资产品推介四种专业化服务，是一个循序渐进的有机整体。财务顾问服务流程主要有六步：第一步，收集与客户有关的信息；第二步，对客户的储蓄情况、借贷情况、收支情况、投资现状、税务现状以及经济风险、财务风险、责任风险、风险承受力等进行分析；第三步，分析客户人生目标和阶段性目标，并对财务目标和各阶段财务目标进行确认；第四步，进行财务规划，如基本财务规划、保险规划、税务规划和投资规划，并构建投资组合，对客户收益率和客户未来财务进行预测；第五步，确定实施计划，包括实施时间表、实施步骤和实施目标；第六步，绩效评估，调整资产配置（如图 10－6 所示）。

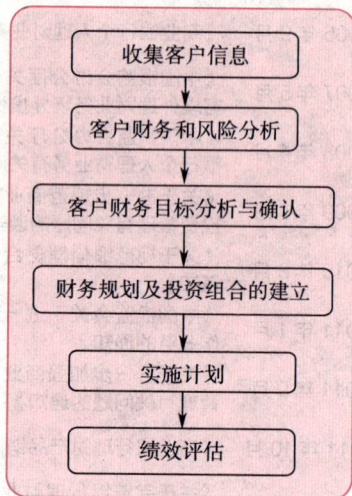

图 10－6　理财顾问服务的
基本流程

（二）综合理财服务流程

综合财务服务管理流程主要包括理财产品需求采集、理财产品研发、理财产品销售、理财产品售后评价及升级改进四个步骤。

1. 理财产品需求采集。理财业务的出发点是客户需求，商业银行一般会根据客户的资产规模对客户进行分层，在分层的基础上确定不同的目标客户群，根据对目标客户群的需求进行调查的结果来开发理财产品。对于一些特殊客户，譬如私人银行客户，商业银行可以通过一对一的服务来调查客户需求，制订理财计划，满足客户需求。商业银行调查的信息包括客户群对理财产品收益率的要求、客户群对理财产品流动性的要求、客户群风险整体承受能力以及客户群对理财产品需求规模的预估等。在不同时期，客户对理财产品的需求会随着市场情况不断变化，因此商业银行在进行客户需求调查过程中，要密切跟踪客户需求变化及市场动态开发新产品，同时对既定的理财投资方案进行跟踪。

2. 理财产品研发。产品研发是指产品部门根据采集的产品需求，进行产品创新设计，并协同客户部门、渠道部门和综合管理部门进行销售渠道的铺设、制定各项管理及操作制度的过程。商业银行应本着符合客户利益和风险承受能力的原则，审慎、合规地开发设计理财产品。在设计理财产品过程中，商业银行应该对理财产品的风险和收益进行科学的测算，使产品的风险和收益相匹配，并对客户资金的安全性进行严格管理。产品研发以总行发起为主，分行自行开发的创新产品应向总行报批后方可推出，总行将统筹进行产品的可行性分析，对有普遍适用性的产品进行大范围推广，并对创新的分行进行激励。

3. 理财产品销售。2008 年，银监会发布的《关于进一步规范商业银行个人理财业务有关问题的通知》要求，商业银行在向客户销售理财产品前，应按照"了解你的客户"原则，充分了解客户的财务状况、投资目的、投资经验、风险偏好、投资预期等情况，建立客户资料档案。同时，应建立客户评估机制，针对不同理财产品设计专门的产品适合度评估书，对客户的产品

适合度进行评估，并由客户对评估结果进行签字确认。理财产品销售过程是客户需求满足的过程，适合性是产品销售的关键，在实际业务操作过程中，应遵守"适合的理财产品应在适合的营业网点由适合的销售人员销售给适合的客户"原则进行产品销售（如图 10 – 7 所示）。产品销售后，销售人员应及时将客户档案以及销售相关合同文本归档。在产品存续期内，理财经理或相关人员应定期或不定期就产品运行情况与客户进行沟通，并解答客户对产品情况的问讯。

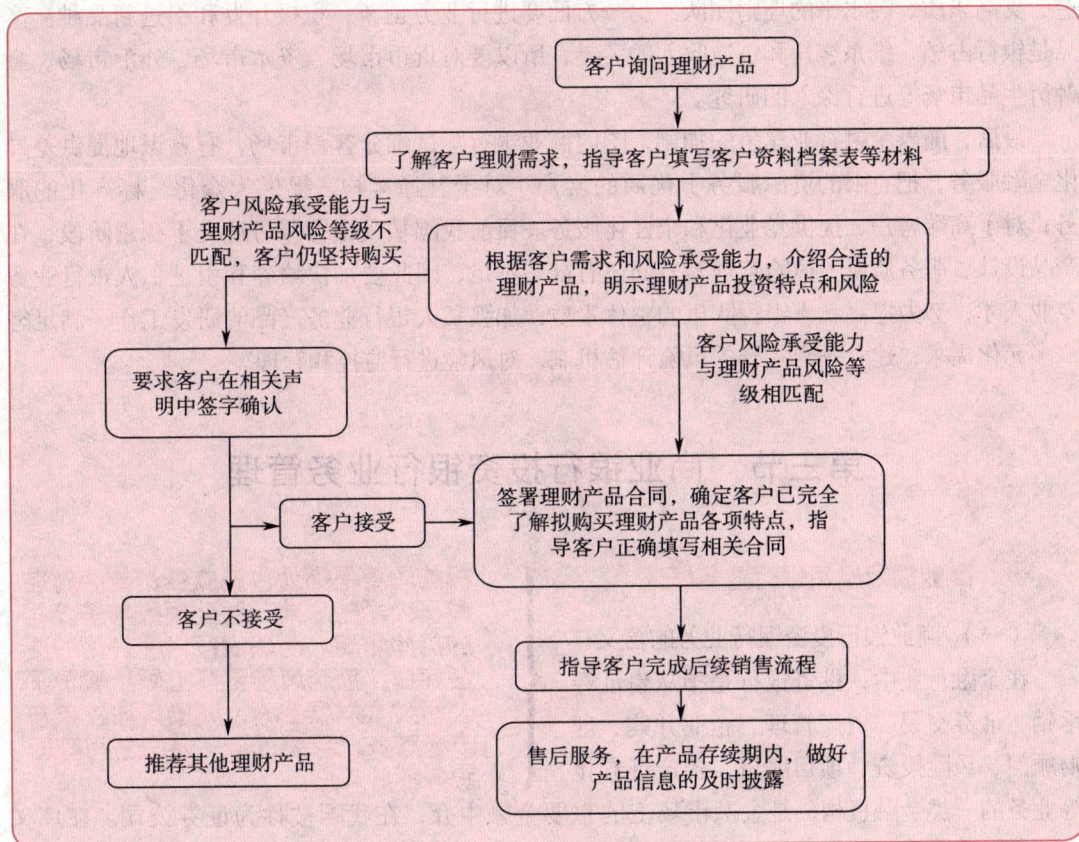

图 10 – 7　理财产品销售流程

4. 理财产品售后评价及升级改进。创新产品首次销售结束和发展到一定阶段时，对客户满意度、市场反映、产品收益等多方面内容进行评价，提出优化改进建议，并据此对产品功能进行优化或者全面升级改进。理财中心和分行随时收集、整理市场和客户对售后产品的意见，形成分行的产品后评价报告，并及时向总行相关主管部门反馈，总行产品研发的专项工作小组形成总行的产品后评价报告，提出升级改进措施，并协调相关部门予以落实。

五、我国商业银行理财业务发展展望

首先，随着互联网技术的发展和互联网金融的兴起，商业银行理财服务的形式也逐渐由物理网点转移至网上银行平台。近年来，商业银行网络理财正逐步进入常态化，其销售量也呈现出逐年攀升的态势。因此，未来的理财服务将会是一个以物理网点为依托、以电子银行服务为扩展，随时、随地能够进行理财服务的立体网络。理财业务结合自助服务、电话银行

服务和网络服务进一步整合服务系统平台，拓展服务的广度和深度，并通过优化服务界面、提高服务设施运行的稳定性，进一步提高理财业务的服务质量。

其次，理财业务作为各家银行重点发展的业务，易于被其他银行模仿，所以各商业银行要想在产品创新上取胜，只有在客户和市场中确立自己良好的品牌形象，从各式理财服务中脱颖而出，提高自身品牌的附加值。因此，银行一方面要努力提升理财人员的服务质量，打造一支高素质、高水平的理财团队。另一方面要进行业务创新，积极开发和引进新品种。产品是银行占领、维系客户和创造收入的关键，所以要对货币市场、资本市场、外汇市场、金融衍生品市场等进行深入的研究。

最后，随着金融行业竞争的加剧，国内商业银行尝试细分客户市场，有意识地提供差异化金融服务，把有限的资源服务于优质的客户。对于普通客户，提供大众化、标准化的服务；对于高端客户，提供专业化和个性化服务。目前我国私人银行服务还处于探索阶段，在产品设计、服务质量、风险管理等方面还有很多不足，因此要加快培养和引进私人银行业务专业人才，努力提高私人银行队伍的整体素质；加强私人银行业务产品的研发工作，满足客户多元化需求；建立一套完善的风险评估机制，对风险进行监控和管理。

第三节　商业银行投资银行业务管理

一、商业银行投资银行业务概述

（一）商业银行投资银行业务的含义

在金融行业中，投资银行是指从事证券承销、证券交易、资产管理、企业并购、理财顾问、风险投资、项目融资、资产证券化等业务的一类金融机构，是金融市场上的重要金融中介，在我国被称为证券公司。在广义上，投资银行可以从事的业务统称为投资银行业务。事实上，发展投资银行业务的金融机构不仅仅只有专业的证券公司，经法律允许和得到监管当局批准后，商业银行以及大型企业附属的财务公司也可以开办部分投资银行业务。我国发展投资银行业务的主体包括商业银行和证券公司。在现行的金融分业经营体制下，由于为防范金融机构过度承担风险等问题，我国银行业坚持"机构隔离、业务隔离、退出隔离"的发展思路，限制商业银行从事风险相对较高的股票相关业务，这使得商业银行的投资银行业务与证券公司的业务存在一定的区别，各有侧重。目前，我国

机构隔离是指通过设立独资或绝对控股子公司的形式，强化银行与子公司的机构隔离。明确银行对子公司的责任底线，锁定风险责任上限。赋予子公司独立发展空间，鼓励其独立参与市场竞争，且银行与子公司之间管理职务不得兼任。

业务隔离是指银行与子公司之间按照市场原则进行交易，相关业务标准、价格和收费不得优于独立第三方，并定期审查、定期披露，防止不规范业务往来和利益输送引发风险传染。

退出隔离包括业绩和风险两大维度。一是在一定时期内，如果子公司的资本回报率和资产回报率达不到所在行业平均水平，商业银行要主动退出，防止子公司经营不善影响银行整体盈利能力。二是如果子公司发生重大风险事件，集团应严格明晰其风险责任界限，避免风险兜底，防止风险蔓延引发更大的问题。

商业银行可以开办的投资银行业务主要包括债券承销、并购重组、财务顾问、银团贷款、资产证券化等业务。

表 10 -4　我国商业银行投资银行业务与证券公司投资银行业务的区别

	商业银行	证券公司
业务重点	侧重于债券相关融资	侧重于股权相关融资
监管机构	中国人民银行和中国银行业监督管理委员会	中国证券监督管理委员会
金融市场	主要集中在银行间债券市场	上海和深圳证券交易所
服务对象	客户范围更加广泛，包括上市公司和非上市企业及中小型企业，可以是股份公司也可以是有限责任公司	服务的企业对象有一定局限，多数为上市公司或经辅导过的准上市股份有限公司

（二）商业银行投资银行业务的分类

目前，我国商业银行投行业务可以分为以下几类：一是债券承销业务，如短期融资券、中期票据、企业债、公司债等；二是并购重组的并购贷款业务和并购财务顾问业务；三是结构融资业务，包括银团贷款、项目贷款和委托贷款；四是资产证券化业务，包括信贷资产证券化和企业资产证券化；五是财务顾问业务，包括投资融资顾问、常年财务顾问、企业债务重组财务顾问、股权融资顾问与企业上市服务、资产管理财务顾问业务、银团贷款财务顾问业务等。

表 10 -5　我国商业银行投资银行业务的分类

类型	具体业务	业务内容
债券承销	超级短期融资券	具有法人资格、信用评级较高的非金融企业在银行间债券市场发行的，期限在270 天以内的短期融资券
	短期融资券	具有法人资格的非金融企业在银行间债券市场发行的，约定在 1 年内还本付息的债务融资工具
	中期票据	具有法人资格的非金融企业在银行间债券市场按照计划分期发行的，约定在一定期限还本付息的债务融资工具
	中小企业集合票据	2 个（含）以上、10 个（含）以下具有法人资格的中小非金融企业，在银行间债券市场统一产品设计、统一券种冠名、统一信用增进、统一发行注册方式共同发行的，约定在一定期限还本付息的债务融资工具
	非公开定向债务融资工具	具有法人资格的非金融企业，向银行间市场特定机构投资人发行债务融资工具，并在特定机构投资人范围内流通转让的行为。在银行间债券市场以非公开定向发行方式发行的债务融资工具称为非公开定向债务融资工具
	中小企业私募债	我国中小微企业在境内市场以非公开方式发行的，发行利率不超过同期银行贷款基准利率的 3 倍，期限在 1 年（含）以上的公司债券
	企业债	由中央政府部门所属机构、国有独资企业或国有控股企业发行的债券
	公司债	在中国境内设立的有限责任公司和股份有限公司依照法定程序发行、约定在一定期限内还本付息的有价证券

		续表
类型	具体业务	业务内容
并购重组	并购贷款	商业银行向并购方企业或并购方控股子公司发放的，用于支付并购股权对价款项的本外币贷款。是针对境内优势客户在改制、改组过程中，有偿兼并、收购国内其他企事业法人、已建成项目及进行资产、债务重组中产生的融资需求而发放的贷款
	并购财务顾问	在并购过程中，为客户提供包括交易撮合、尽职调查、价值评估、交易结构设计、并购风险评估、协助商务谈判、协助完成交割等在内的服务
结构融资	银团贷款	由两家或两家以上银行基于相同贷款条件，依据同一贷款合同，按约定的时间和比例，通过代理行向借款人提供的本外币贷款或授信业务
	项目贷款	银行向特定的工程项目提供贷款协议的融资，以该项目本身所产生的现金流作为主要还款来源，并以该项目资产作为附属担保
	委托贷款	政府部门、企事业单位及个人等委托人提供资金，商业银行作为受托人根据委托人确定的境内外企（事）业法人单位或其他经济组织作为借款人，按照委托人确定的用途、币别、金额、期限、利率以及还款方式等代为发放、监督使用、协助收回本息并收取手续费的贷款
资产证券化	信贷资产证券化	银行业金融机构作为发起机构，将信贷资产信托给受托机构，由受托机构以资产支持证券的形式向投资机构发行受益证券，以该资产所产生的现金支付资产支持证券收益的结构性融资活动
	企业资产证券化	大型公司或机构类客户的债权类或收益权类资产项目，通过结构性重组，转变为可以在金融市场上销售和流通的资产受益凭证的融资活动
财务顾问	投资融资顾问	为客户的投资和融资活动提供的诸如投资计划与方案设计、投资产品风险与收益分析、投资期限结构合理搭配；融资计划与方案设计、融资工具选择、融资成本控制、期限结构搭配、信用增级与偿债计划设计等方面的综合投融资顾问业务
	常年财务顾问	银行利用人才、信息、科技等优势，通过书面报告、会议、专题培训等方式，为客户提供的标准化、日常化的财务顾问服务
	资产管理顾问	根据特定客户的特定需求和风险偏好，为其提供量身定做的、个性化、多元化、多渠道的投资理财服务
	债务重组财务顾问	为客户达到优化债务结构、降低债务成本、调整债务期限、简化融资方式等目的而对其存量债务的期限、利率、担保方式等进行主动重组提供的财务顾问服务
	股权融资财务顾问	为企业通过私募股权融资、公开发行和上市公司限售股权融资等股权融资活动提供的财务顾问服务
	银团贷款财务顾问	银行接受借款人委托，为借款人银团筹组、融资提供的全过程咨询、顾问、文本制作等增值服务

（三）我国商业银行投资银行业务的发展历程

从 1987 年至今，中国在不同时期对商业银行经营投资银行业务有不同的准入规定。根据相关法律法规，商业银行开展投行业务大体经历了三个阶段：第一个阶段为 1987 年至 1992 年的混业经营阶段。1987 年，中国第一家投资银行深圳特区证券有限公司成立，标志着我国投行业务的诞生，而当时作为国家专业银行的工商银行深圳市分行就是其股东之一。此后直到 1992 年，四大专业银行各省级分行纷纷组建证券营业部，直接参与一、二级证券市场的经营代理业务。第二个阶段为 1993 年至 2000 年的分业经营阶段。1993 年，国务院颁布了《关于金融体制改革的决定》，明确对银行业、证券业、信托业和保险业实行"分业经营、分业管理"的原则。1995 年,《商业银行法》明确规定银行不得从事信托投资和股票业务。第三个阶段为 2001 年至今的金融综合经营试点阶段。2001 年,人民银行制定的《商业银行中间业务暂行规定》明确了银行可以开办代理证券、金融衍生产品、财务顾问、投资顾问和代理保险业务;2003 年《商业银行法修正案》在原条文的基础上增加"国家另有规定的投行业务除外"条款,为商业银行开展投行业务预留了空间。

表 10 -6　我国商业银行开展投资银行业务的时间表

业务名称	出台时间	发布部门	政策文件
财务顾问	2001 年 6 月	中国人民银行	《商业银行中间业务暂行规定》
短期融资券	2005 年 5 月	中国人民银行	《短期融资券管理办法》
信贷资产证券化	2005 年 11 月	中国银监会	《金融机构信贷资产证券化试点监督管理办法》
公司债	2007 年 8 月	中国证监会	《公司债券发行试点办法》
银团贷款	2007 年 8 月	中国银监会	《银团贷款业务指引》
中期票据	2008 年 4 月	中国银行间市场交易商协会	《银行间债券市场非金融企业中期票据业务指引》
并购贷款	2008 年 12 月	中国银监会	《商业银行并购贷款风险管理指引》[①]
项目融资	2009 年 7 月	中国银监会	《项目融资业务指引》
中小企业集合票据	2009 年 11 月	中国银行间市场交易商协会	《银行间债券市场中小非金融企业集合票据业务指引》
非公开定向债务融资工具	2011 年 4 月	中国银行间市场交易商协会	《银行间债券市场非金融企业债务融资工具非公开定向发行规则》

2002 年,中国工商银行在国内率先成立了投资银行部,在随后的几年时间里,建设银行、光大银行、民生银行、浦发银行、兴业银行、中信银行、农业银行等也纷纷成立投资银行部门。以工商银行为例,该行投行业务收入从 2002 年的 1.42 亿元快速增长到 2007 年的 45.05 亿元,年平均增长率超过 100%,投行业务收入占全行中间业务的比例也从最初的 6% 增长到 13%。2008 年至 2011 年,得益于宽松的货币政策和债券市场的发展,工商银行的投行业务经历了一个高速增长时期,业务收入从 80.28 亿元增加到 225.92 亿元,年平均增长率在 50% 左右。2012 年以后,工商银行投行业务收入增长速度开始放缓,2012 年和 2013 年分别实现收入 261.17 亿元和 294.86 亿元。

在市场结构方面(如图 10 -9 所示),尽管各家商业银行投行业务普遍发展很快,但不同银行之间的分化日趋明显。工商银行、建设银行和农业银行等大型国有商业银行的投行业务规模远远领先于其他类型银行,而且大型国有商业银行投行业务种类更加丰富,而中小银行的业务种类相对单一。由于大型国有商业银行实力雄厚,往往能够获得开办新型业务的试点资格,并在高端业务领域进行创新;中小银行业务范围的局限性较大,更多专注于债券承销、财务顾问等传统业务领域。

---

① 2015 年 2 月 10 日,中国银监会印发《商业银行并购贷款风险管理指引》(银监发〔2015〕5 号),2008 年的该指引予以废止。

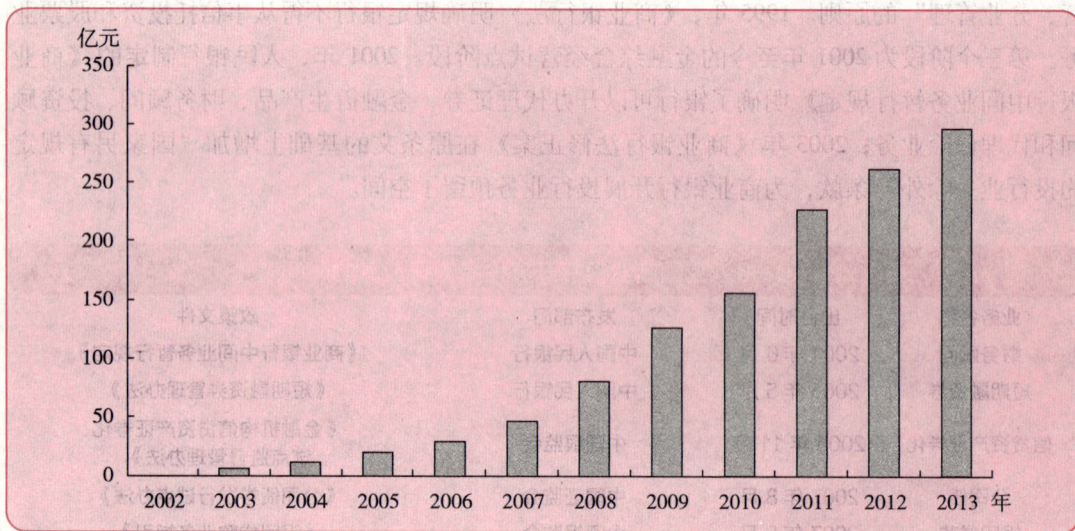

图 10 - 8 2002 年至 2013 年工商银行投行业务收入变化

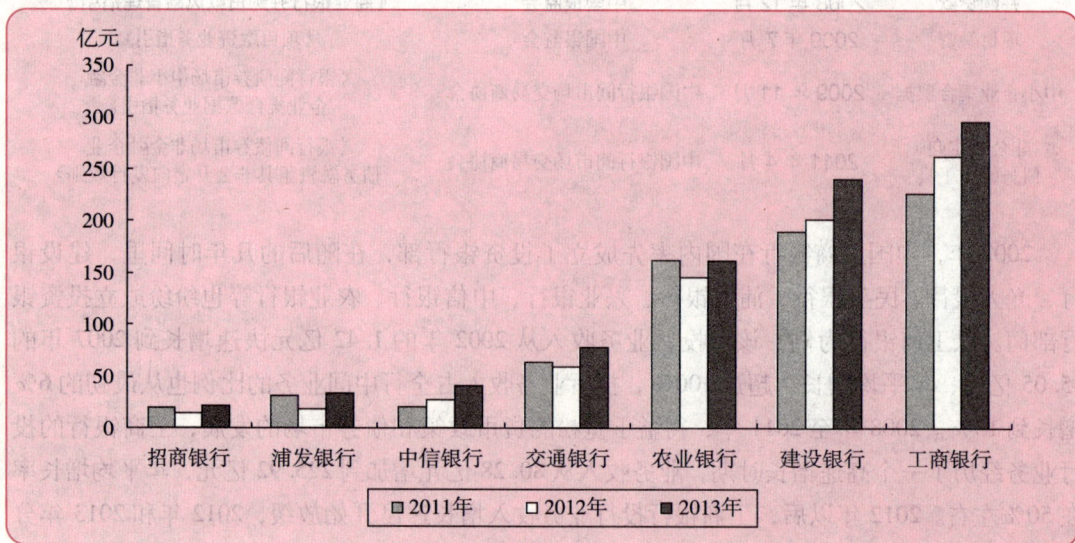

图 10 - 9 我国主要商业银行投资银行业务发展情况

（四）我国商业银行发展投行业务的意义

1. 改善收入结构。我国商业银行的主营业务是资产负债业务，营业收入主要来源于利息净收入。对利息净收入的过分依赖使得我国商业银行在经济运行的波动中承受更大的压力。随着我国资本市场的不断发展、利率市场化改革的不断深化和互联网金融的迅猛发展，商业银行以传统存贷业务为主的获利空间日趋狭小。因此，大力发展投行、资产管理、理财等新兴业务，改善银行收入结构，实现收入来源多元化已日益成为商业银行的经营趋势。

2. 降低经营风险。近年来，在经济增速整体下行、房产调控、产能过剩、企业盈利能力下降等因素影响下，商业银行的不良资产有所反弹。投资银行业务作为直接融资的一个中介环节，在融资主体完成融资后，投资人和筹资人直接建立股权关系、债权关系或其他权益关系，而投资银行机构作为中介不承担来自融资人的风险。

3. 提高资产流动性。商业银行的部分资产由于期限长，流动性差（如住房抵押贷款、商业抵押贷款等），一定程度上限制了商业银行的资金利用效率。因此，开展投资银行业务可以提高资产的流动性和可转让性，比如资产证券化业务。截至 2013 年 6 月，银行大约有37.89 万亿元中长期贷款存量可以盘活（约占社会融资总额的 38%）。2014 年，资产证券化业务有了极大的发展，先后出现了公司信贷资产证券化（CLO）、车贷 ABS、信用卡 ABS、小额贷款 ABS、住房贷款支持证券（RMBS）等产品。

4. 提高市场竞争力。发展投资银行业务可以提高商业银行在市场中的竞争力。一方面，开展投行业务丰富了商业银行的业务范围，降低了客户的融资成本，提高了融资效率。另一方面，商业银行传统业务和投资银行业务之间具有明显的协同效应，商业银行利用产品的互补性、客户的互补性、资源的互补性更好地提升综合竞争力。

二、我国商业银行投资银行业务的主要流程

（一）短期融资券和中期票据承销业务的业务流程[①]

第一步，企业确定发行项目的主承销商（主要为商业银行）；第二步，主承销商组织各中介机构共同完成尽职调查，并按照交易商协会有关规定制作完成发行短期融资券和中期票据的申报及注册文件；第三步，主承销商向中国银行间交易商协会提交包括发行募集说明书、发行公告、评级报告、法律意见书等在内的全套注册文件；第四步，银行间市场交易商协会接受注册，出具接受注册通知书，企业在获得注册后择机在银行间债券市场完成发行。

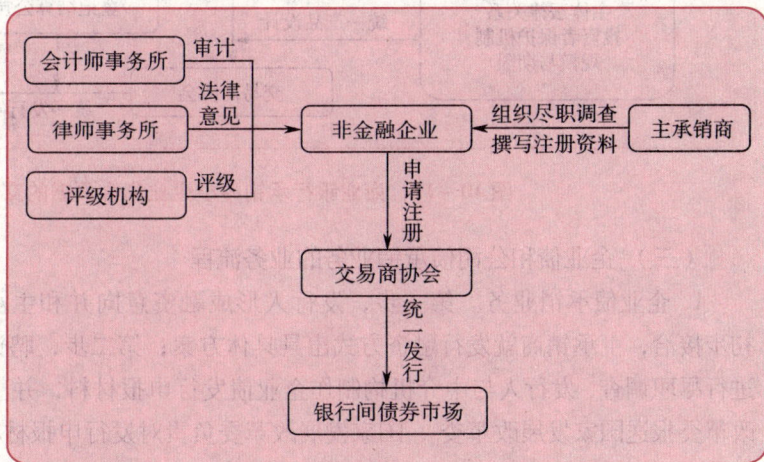

图 10 - 10　商业银行承销短期融资券和中期票据的业务流程

（二）中小企业集合票据承销业务的业务流程

第一步，企业向组织协调人（一般为当地政府）提出申请，组织协调人联系主承销商

---

① 发行短期融资券和中期票据的投行服务机构一般为在中国银行间市场交易商协会注册的并且有 A 类或 B 类主承资格的金融机构会员。截至 2014 年 8 月，中国银行间市场交易商协会公布的非金融企业债务融资工具主承及承销机构名单中，主承销商 36 家（其中 A 类主承销商 32 家，包括了 22 家商业银行和 10 家证券公司；B 类承销商 4 家），承销商 38 家。

（主要为商业银行）、评级、信用增进等机构；第二步，主承销商根据内部遴选标准，选择适合在银行间债券市场融资的中小企业，确定中小企业集合票据发行企业名单；第三步，组织协调人、发行企业、主承销商和信用增进机构等参与各方共同确定集合票据发行规模、期限、各主体间的法律关系、投资者保护机制等内容，统一产品设计；第四步，主承销商组织制作和汇总注册文件，并向交易商协会注册。交易商协会出具接受注册通知书后，集合票据便可在银行间市场发行。

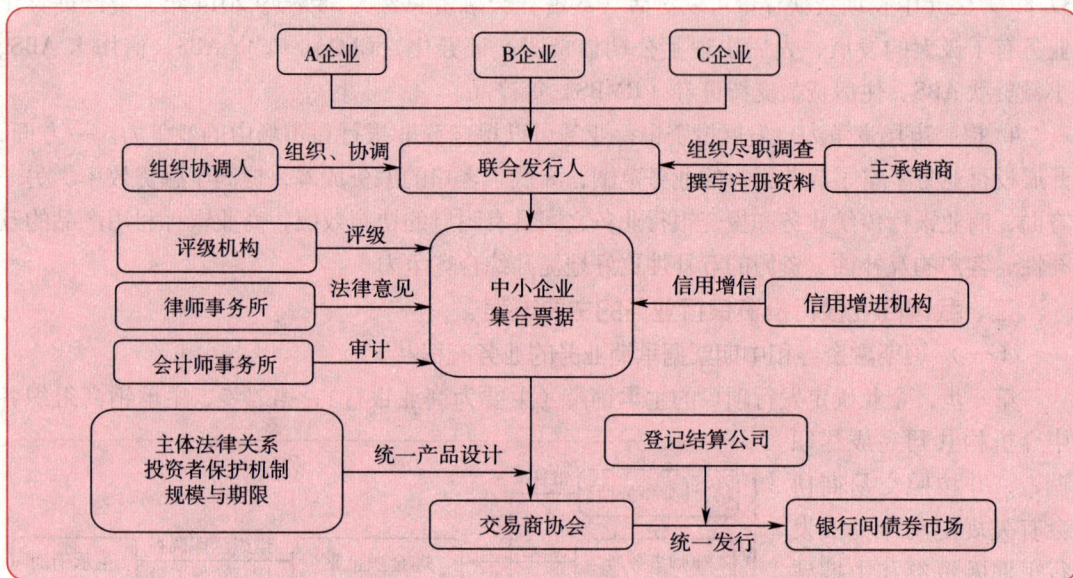

图 10-11　商业银行承销中小企业集合票据的交易结构

（三）企业债和公司债承销业务的业务流程

1. 企业债承销业务。第一步，发行人形成融资意向并和主承销商（主要为商业银行）初步接洽，主承销商就发行融资方式出具具体方案；第二步，聘请律师、会计师等中介机构进行尽职调查，发行人与中介机构制作企业债发行申报材料，并上报省发展改革委，省发展改革委报送国家发展改革委，国家发展改革委负责对发行申报材料进行审核，会签人民银行和证监会；第三步，国家发展改革委对申请企业下达批准文件，发行人在指定的报刊上刊登募集说明书，企业债正式发行。

2. 公司债承销业务。公司债的发行流程与企业债业务相似。第一步，发行人形成融资意向并和主承销商初步接洽，主承销商就发行融资方式出具具体方案；第二步，聘请律师、会计师等中介机构进行尽职调查，中介机构发行人共同制作申报材料并上报省发展改革委，省发展改革委报送国家发展改革委；第三步，主承销商向证监会预报文件申请材料，证监会出具反馈意见；第四步，国家发展改革委对申请企业下达批准文件，发行人在指定报刊上刊登募集说明书，公司债公开发行。

```
┌─────────────────────────────────────────────────────────────┐
│                  企业作出发行债券融资的决定                      │
└─────────────────────────────────────────────────────────────┘

┌─────────────────────────────────────────────────────────────┐
│  选定主承销商，拟定信用增级机制，选聘会计师事务所、律师事务所、信用评级等中介机构  │
└─────────────────────────────────────────────────────────────┘

┌───────────────────┐  ┌─────────────────┐  ┌─────────────────┐
│ 会计事务所进行会计报表审计 │  │  信用评级机构进行   │  │  主承销商制作发行材料  │
│ 律师事务所出具法律意见书  │  │    信用评级       │  │                 │
└───────────────────┘  └─────────────────┘  └─────────────────┘

              ┌─────────────────────────────┐
              │       主承销商制作发行材料       │
              └─────────────────────────────┘

┌─────────────┐   ┌─────────────────────┐   ┌─────────────┐
│  证监会会签    │◄──│    国家发展改革委核准    │──►│  人民银行会签   │
└─────────────┘   └─────────────────────┘   └─────────────┘

┌─────────────────────┐   ┌─────────────────────────┐
│ 在指定的报纸刊登发行公告  │   │  中央国债登记结算公司登记托管   │
└─────────────────────┘   └─────────────────────────┘

              ┌─────────────────────────────┐
              │        承销商销售债券          │
              └─────────────────────────────┘

              ┌─────────────────────────────┐
              │     承销商向发行人划拨所筹款项     │
              └─────────────────────────────┘
```

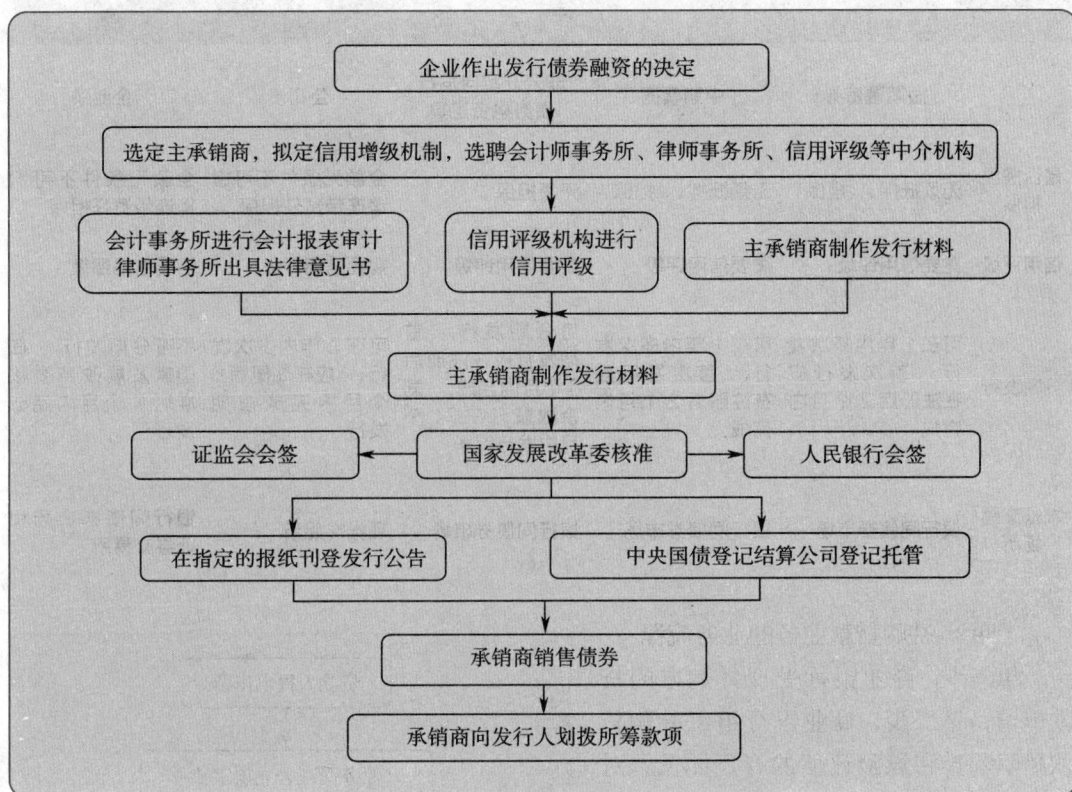

图 10 – 12　商业银行承销企业债的流程

	短期融资券	中期票据	非公开定向发行债务融资工具	公司债	企业债
表 10 – 7　不同类型债券承销业务的比较					
监管机构	银行间市场交易商协会	银行间市场交易商协会	银行间市场交易商协会	证监会	国家发展改革委
发行主体	具有法人资格的非金融企业	具有法人资格的非金融企业	具有法人资格的非金融企业	有限责任公司和股份有限公司/上市公司	中央政府部门所属机构、国有独资企业或国有控股企业
发行规模	不得超过企业净资产的40%	不得超过企业净资产的40%	无限制	不得超过企业净资产的40%	不得超过企业净资产的40%
发行期限	1年以内	3—5年	无限制，较灵活	3—5年	5年以上
资金用途	应用于企业生产经营活动，不可用做资本金	应用于企业生产经营活动，不可用做资本金	无限制，较灵活	固定资产投资、技术更新改造、调整公司资产结构、支持公司并购和资产重组等	主要限制在固定资产投资、技术更新改造方面，并与政府审批的项目直接联系

	短期融资券	中期票据	非公开定向发行债务融资工具	公司债	企业债
是否需要担保	无须抵押、担保	无须抵押、担保	无须担保	全额无条件不可撤销连带责任担保	全额无条件不可撤销连带责任担保
信用评级	需要信用评级	需要信用评级	需要信用评级	需要信用评级	需要信用评级
分期发行	可在1年内多次发行，首次发行应在注册后2个月内完成	可在1年内多次发行，首次发行应在注册后2个月内完成	可分期发行，首期发行应在注册后6个月内完成，剩余数量可在24个月内发行完毕	可在2年内多次发行；应在注册后6个月内完成首期发行	不可分期发行，在国家发展改革委核准后6个月内完成发行
发行交易场所	银行间债券市场	银行间债券市场	银行间债券市场	证券交易所	银行间债券市场和证券交易所

（四）并购贷款业务的业务流程

第一步，商业银行受理并购方的贷款申请；第二步，商业银行组织并购贷款尽职调查和风险评估的专门团队，对战略风险、法律与合规风险、整合风险、经营风险以及财务风险等与并购有关的各项风险进行调查、分析和评估，形成书面报告；第三步，完成贷前尽职调查和风险评估后，向并购贷款审批委员会提交报告并进行集体审议；第四步，审批通过后，确定贷款合同相应条款并与并购方签署合同，最终发放贷款。

（五）银团贷款业务的业务流程

第一步，客户和牵头银行签署协议，同意由牵头行组建银团；第二步，牵头行对贷方企业的基本情况、股权结构、管理层资料、财务状况、贷款用途、还款来源等进行调查，并编制信息备忘录；

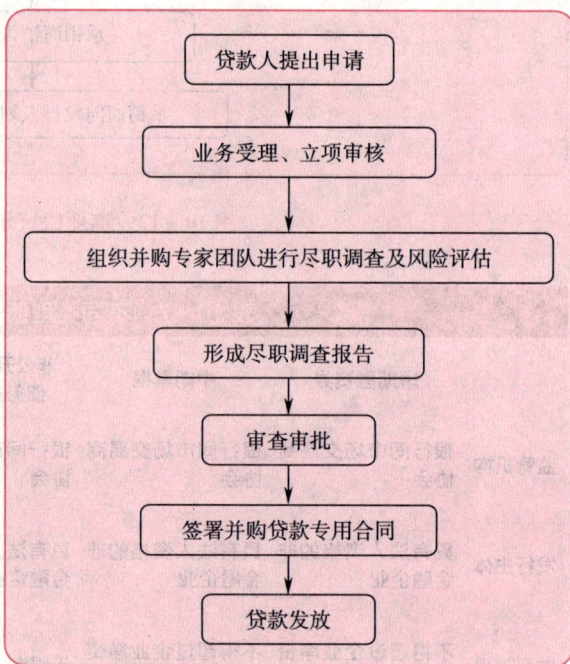

图 10-13　商业银行并购贷款的流程

第三步，牵头行向潜在参与行发出邀请函和信息备忘录，供参与行评估审查；第四步，参与行通过授信审查后，正式组建银团；银团成员确定各自贷款额度、贷款期限、利率、费用等；第五步，牵头行就银团贷款合同与企业进行谈判、签署贷款协议并发放贷款。

（六）资产证券化业务的业务流程

第一步，发起人选择拟证券化的基础资产构建资产池并将资产转移给特别目的机构（SPV）[1]。为提高资产支持证券的信用级别，需对证券进行信用增级。第二步，SPV 聘请评级机构对证券进行评级，并向社会公布。第三步，SPV 在设计证券时会根据发起人的目标和具体要求，抵押资产的质量特性、流动性、提前偿还比例等情况选择适当的交易品种，再将证券交给证券承销商，由承销商向投资者销售资产支持证券。第四步，在成功发行

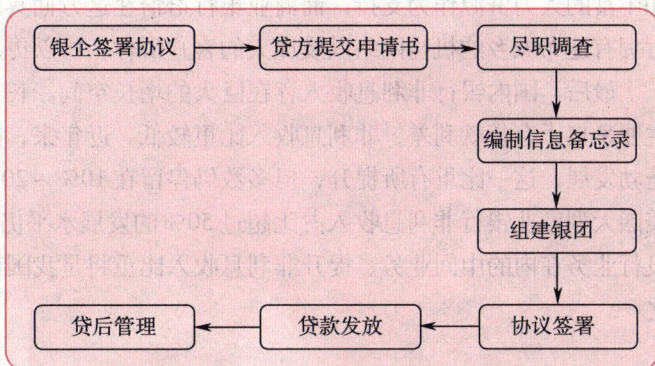

图 10 – 14　商业银行银团贷款的流程

证券后，SPV 从承销商获得现金收入，用来支付发起人购买证券化资产的资金和相关服务机构的费用。

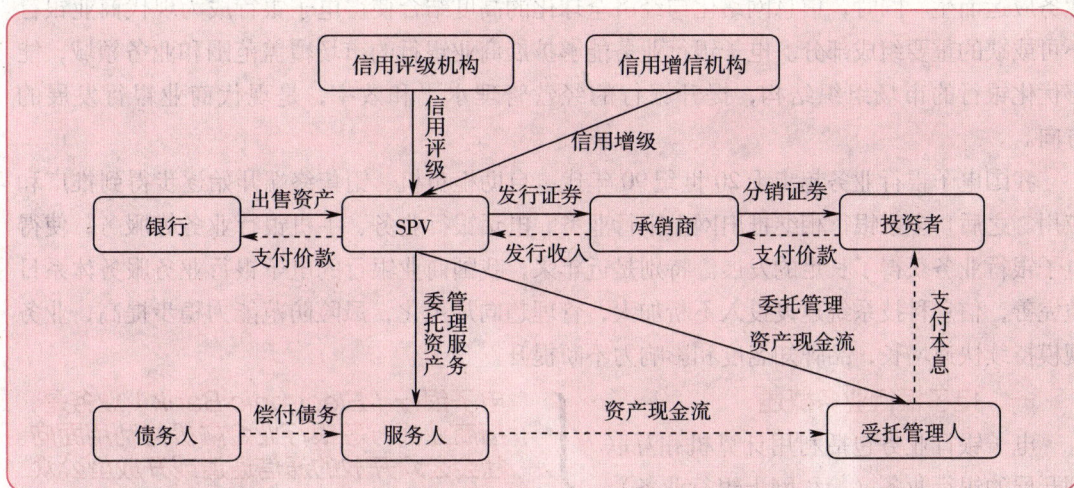

图 10 – 15　商业银行资产证券化业务的流程

三、商业银行投资银行业务发展展望

首先，随着我国资本市场不断发展，"金融脱媒"现象不断加剧，企业的资金需求逐步转向资本市场，一方面，公司债、企业债、短期融资券、中期票据等承销工具对银行的信贷产品形成替代效应；另一方面，企业的重组、并购、理财等财务顾问业务需求增加。因此，大力发展投行业务有助于改善银行的收入结构，提高银行的竞争力。

---

① SPV 是专门为发行证券而组建的实体，在法律上具有独立的地位。SPV 可以是发起人设立的一个附属机构，也可以由信托机构或专门成立的资产管理公司担任。

其次，商业银行在投行业务方面具备得天独厚的优势。与其他金融机构相比，商业银行在从事投资银行业务方面具有一定优势：一方面，发展投资银行业务需要有强大的资金来源和丰富的人力资源作为支持，而商业银行恰恰在这方面具备了较强实力；另一方面，商业银行拥有遍布城乡的机构网络以及庞大的客户群体，可以更加便捷地推广投行业务。

最后，国内银行非利息收入存在巨大的增长空间。长期以来，我国商业银行的营业收入主要来自于存贷款利差，非利息收入比重较低。近年来，随着投行业务、私人理财等业务的蓬勃发展，这一比重有所提升，但多数仍停留在10%～20%，相比于国际先进银行，特别是美国大型商业银行非利息收入占比超过50%的发展水平仍有较大差距。因此，大力发展包括投行业务在内的中间业务、提升非利息收入比重将是我国商业银行今后转型发展的重要方向之一。

第四节　商业银行电子银行业务管理

随着互联网和电子商务的兴起，网上银行、电话银行、手机银行、自助银行等电子银行业务应运而生。同时，信息网络化与经济全球化的高度结合使得电子银行成为现代商业银行不可或缺的重要组成部分。电子银行业务能够扩展商业银行的市场覆盖范围和业务领域，能够优化银行的市场组织结构，提升银行的经营管理水平和效率，是现代商业银行发展的方向。

我国电子银行业务起步于20世纪90年代，自助柜员机、销售终端开始逐步得到推广和应用。之后，多家银行相继推出网上银行业务、电话银行业务、手机银行业务等服务，使得电子银行业务获得了长足的发展。特别是近年来，我国商业银行的电子银行业务服务体系日益完善，信息科技系统建设投入不断加大，管理趋向规范化，风险防范能力稳步提高，业务规模持续快速增长，品牌知名度和影响力不断提升。

一、电子银行业务概述

电子银行（Electronic Bank）业务是指商业银行等银行业金融机构利用面向社会公众开放的通信通道或开放型公众网络，以及银行为特定自助服务设施或客户建立的专用网络，向客户提供的银行服务。

电子银行业务包括利用计算机和互联网开展的银行业务（简称网上银行业务），利用电话等声讯设备和电信网络开展的银行业务（简称电话银行业务），利用移动电话和无线网络开展的银行业务（简称手机银行业务），以及其他利用电子服务设备和网络，由客户通过自助服务方式完成金融交易的银行业务（简称自助银行业务），如自助终端、ATM、POS机等。研究表明①，截至2014年底，我国个人电子银行用户比例已达到43.1%。其中，个人网银用户比例为35.6%，手机银行用户比例为17.8%，电话银行用户比例为12.9%。全国企业电子银行用户比例为71%，其中，企业网银用户比例为68%，企业手机银行用户比例为13%。按照是否有实体的物理营业场所，电子银行有两层含义：一是纯网络银

① 资料来源：中国金融认证中心（CFCA）发布的《我国电子银行调查报告》。

行或虚拟网络银行，该类网络银行通常只有一个具体的办公场所，没有具体的分支机构、营业柜台和营业人员，仅依靠互联网、电话将电子银行业务外包及银行联盟为客户提供金融服务。例如，世界首家网络银行——安全第一网络银行（Security First Network Bank，SFNB）。二是从传统银行中间业务发展而来的电子银行业务，这类电子银行业务占全部电子银行业务的95%，也是本书介绍的重点。

📣 阅读材料
我国首家网络银行——深圳前海微众银行 ∷∷∷∷∷∷∷∷∷∷∷∷∷∷∷∷∷∷∷∷∷∷∷∷∷∷∷∷

2014年7月，我国首批民营银行之——深圳前海微众银行（Webank）被正式批准筹建，银行的主发起人包括腾讯、百业源投资、立业集团，注册资本为30亿元，其中腾讯、百业源投资和立业集团分别持股30%、20%和20%。该银行以重点服务个人消费者和小微企业为特色，采取"个存个贷"模式。深圳前海微众银行的最大特色是我国首家真正意义上的互联网银行。2015年1月，微众银行正式营业。该银行既无营业网点，也无营业柜台，更无须财产担保，而是通过人脸识别技术和大数据信用评级发放贷款。

（一）网上银行业务

网上银行又称网络银行、在线银行，是指银行利用互联网技术，通过互联网向客户提供开户、查询、对账、行内转账、跨行转账、信贷、网上证券、投资理财等传统服务项目，使客户足不出户就能够安全便捷地管理活期和定期存款、支票、信用卡及个人投资等。可以说，网上银行是在互联网上的虚拟银行柜台。一般根据服务对象的不同，商业银行将网上银行分为：个人网上银行和企业网上银行。个人网上银行是银行面向个人客户开发的一种网上银行服务，支持用户网上转账、余额（明细）查询、网上支付等，且为客户提供安全机制，如动态口令、网上证书和安全插件等。个人网银一般需要先注册，再通过因特网客户端登录。企业网上银行是银行面向企业、单位、集团用户开发的一种网上银行服务，支持账户查询、代发工资、集团理财等功能，企业网银拥有更高的安全级别。企业网银除了可用客户端登录外，还可将企业网上银行系统和企业的财务软件系统或ERP系统相链接，通过企业内部财务系统的界面享受各种银行服务。

（二）电话银行业务

电话银行业务是利用人工服务或电话自助语音为银行客户提供往来交易查询、申请技术、利率查询等服务的电子银行业务。主要服务内容包括客户账户余额查询、账户往来明细及历史账目档案、大额现金提现预告、银行存贷款利率查询、银行留言、银行通知及其他各类指定的查询服务。从系统结构看，国内的电话银行系统通常包括自助语音系统、人工话务服务系统、业务处理系统、柜员及参数管理系统、监控系统、数据库等。它利用电话与计算机集成技术，为客户提供自助语音服务和人工坐席服务。自助语音服务是指客户按照电话银行语音提示，通过电话按键方式，由自助语音菜单导航，进行业务自助处理。人工坐席服务是指由电话银行的业务代表通过电话为客户提供业务咨询、代客操作、呼出营销等服务功能。一般而言，人工坐席服务的服务范围和业务种类相对于自助语音服务具有更好的客户交互性。人工坐席服务的功能主要包括银行业务信息咨询及客户投诉等。客户可以在任何时间、任何地点，利用身边的电话进行银行业务的处理。此外，电话银行外拨服务是商业银行为进一步密切银行与客户的关系，主动深入了解客户需求而推出的一项新功能，主要包括预览式呼出、精确式呼出、预测式呼出等形式。

（三）手机银行业务

手机银行业务又称为移动银行服务（Mobile Banking Service），是利用移动通信网络及终端办理相关银行业务的简称，是继网上银行、电话银行之后又一新型的电子银行业务。1996年，捷克斯洛伐克推出了世界上首个商业性手机银行产品，迈出了全球移动金融服务的第一步。此后，美国银行、富国银行、德意志银行等欧美金融机构围绕手机银行业务进行创新，逐渐成为全球手机银行业务的领先者。20 世纪 90 年代末期，我国的商业银行开始探索与移动运营商开展合作，推出了基于短信的手机银行业务。随着移动通信和终端技术的不断升级以及智能手机的推广和普及，手机银行业务创新步伐加快，展现出前所未有的活力。时至今日，基于客户端的手机银行业务成为当今电子银行业务发展的主流方向。目前，我国手机银行业务已经可以实现账户管理、转账汇款、缴费、客户服务、投资理财、信用卡、贷款、电子商务、营销推荐、电子地图、手机取现等功能。作为一种结合货币电子化与移动通信的全新服务，手机银行业务不仅可以使人们在任何时间、任何地点处理多种金融业务，而且极大地丰富了银行服务的内涵，使银行能以便利、高效、安全的方式为客户提供传统和创新的服务。

（四）自助银行业务

自助银行业务主要包括自动柜员机、销售终端和多媒体自助终端等。其中，自动柜员机（Automatic Teller Machine，ATM）的功能通常包括余额查询、存取款、转账、修改密码等。销售终端（Point of Sales，POS）是一种多功能终端，可以自动识别和鉴定银行卡的真实性、合法性、有效性，能实现电子资金自动划拨和转账，是实现将纸币交易转化为电子流的一种银行专门电子设备。通过多媒体自助终端，客户以银行卡、存折为媒介，可以方便地实现金融信息查询、账户查询、转账、缴费、密码修改、补登存折等功能。

二、发展电子银行业务的意义

首先，发展电子银行业务是银行降低经营成本，提升服务质量的迫切要求。一方面，随着客户对银行服务需求日趋多元化，银行的柜台服务供给已相对不足，客户排队压力较大。为缓解柜台排队压力，降低经营成本，将增设成本较高的柜台服务转移到成本较低、方便快捷的电子银行是现代银行发展的必然趋势。另一方面，开放的网络、方便快捷的电子化服务平台使电子银行可以为客户提供标准化、程序化、批量化、综合化的产品服务，在提高银行的服务质量和效率的同时，还节约了运营成本。

其次，发展电子银行业务是降低客户流失率、提高客户稳定性的有效手段。随着同业竞争的日益加剧，客户争夺战愈演愈烈。客户对特定银行的电子银行操作界面或终端具有习惯性，因此，电子银行业务在一定程度上可以增强客户的稳定性。美洲银行的研究报告显示，对于在一家商业银行只拥有活期存款账户的客户，该客户有50%的可能性在1—2年内离开；

拥有定期和活期存款账户的客户，有30%的可能性离开；但同时拥有定期、活期和网银账户的客户，只有1%~2%的可能性离开。

最后，发展电子银行业务能够增强商业银行的市场竞争力。一方面，电子银行业务增加商业银行的服务范围和半径，突破了传统物理网点的地理局限性，将商业银行的产品和服务推向了整个互联网，极大地扩大了客户群体，使得银行能够向全国甚至全球范围内的客户提供金融服务。另一方面，电子银行业务可以丰富服务内容和方式，在传统存、贷、汇业务的基础上，开始向社会生活的其他领域渗透，提供部分非金融服务。

综上所述，发展电子银行业务是商业银行应对日益激烈的市场竞争的战略选择。客户需求多元化、同业竞争和其他潜在竞争者的进入等因素使银行业的竞争日趋白热化，而强大的电子网络化平台为满足客户多元化的需求、整合全球金融资源提供了有效途径。近年来，国内部分商业银行已将电子银行业务提升到战略发展的高度；同时，外资银行也将其作为与中资银行竞争的重要领域。可以说，电子银行业务已成为现代银行不可或缺的重要业务类型。

三、电子银行业务的风险管理

电子银行业务面临的主要风险是信息科技风险。2009年，中国银监会发布并实施的《商业银行信息科技风险管理指引》对信息科技和信息科技风险作出如下定义："信息科技是指计算机、通信、微电子和软件工程等现代信息技术，在商业银行业务交易处理、经营管理和内部控制等方面的应用，并包括进行信息科技治理，建立完整的管理组织架构，制定完善的管理制度和流程。"信息科技风险是指"信息科技业务在商业银行应用过程中，由于自然因素、人为因素、技术漏洞和管理缺陷产生的操作、法律和声誉等风险"。信息科技风险是操作风险的重要表现形式之一，也是电子银行业务风险管理的最重要内容，而电子银行业务风险管理的目标就是通过建立有效的机制，实现对电子银行业务中潜在的信息科技风险进行识别、计量、监测和控制，促进商业银行安全、持续、稳健运行，推动业务创新，提高信息技术应用水平，增强核心竞争力和可持续发展能力。

与其他操作风险相比，信息科技风险具有技术含量高、影响范围广、破坏力大、隐蔽性强、识别和度量难度大等特征。信息科技风险的来源主要包括信息数据的安全问题、业务系统的故障或漏洞、新信息技术或设备的应用、外部特定群体的攻击、信息系统和技术的外包活动等。除信息科技风险外，电子银行业务面临的风险还有法律风险、声誉风险等。事实上，在很多情况下，信息科技风险会引发法律风险或声誉风险，信息科技风险可能造成客户财产发生损失，极大地影响银行声誉，降低客户对银行的信任，严重时给银行带来法律诉讼，产生法律风险。

在管理内容上，本书主要围绕信息科技风险，介绍电子银行业务风险管理的要素和步骤。传统的商业银行信息科技风险管理，更多的是从信息技术开发和管理的本身出发，建立一系列相应的信息技术标准，并将这些标准应用于信息技术部门内部的信息科技管理。信息科技风险管理本质上属于风险管理的范畴，因而可以从风险的角度看待信息科技风险管理的整个流程。具体来说，信息科技风险管理的内容包括：

1. 信息科技风险管理的治理结构。商业银行法定代表人是本机构信息科技风险管理的第一责任人。商业银行应设立首席信息官，直接向行长汇报，并参与决策；应对信息科技部门内部管理职责进行明确的界定；各岗位的人员应具有相应的专业知识和技能，重要岗位应制定详细完整的工作手册并适时更新；应设立或指派一个特定部门负责信息科技风险管理工作，并直接向首席信息官或首席风险官（风险管理委员会）报告工作。应在内部审计部门设立专门的信息科技风险审计岗位，负责信息科技审计制度和流程的实施，制订和执行信息科技审计计划，对信息科技整个生命周期和重大事件等进行审计。

2. 信息科技风险的识别和评估。识别和评估信息科技风险首先需要确定业务流程环节，进而识别流程中固有信息科技风险（即内控制度条件下存在的风险），并根据风险发生频率和风险损失程度评估风险等级，勾勒出银行所面临的信息科技风险整体现状。

（1）分析业务流程。通过流程分析方法或者会议讨论方法确定银行业务流程，这里所指的业务流程不是内部制度规定的业务流程，而是实际操作过程中存在的业务流程。同时，评估的业务流程应该是端对端的，即业务流程应该完整包括从服务客户到客户需求得到满足为止。

（2）识别信息科技风险。根据产品或业务经营目标，识别那些可能影响经营目标实现的固有风险。信息科技风险识别主要是采用流程分析方法和专家会议法，前者是根据业务流程确定可能影响经营目标的信息科技风险，并对其进行编号；后者是风险管理人员、业务部门负责人和业务经办人集中讨论，发现业务经营管理过程中可能存在的信息科技风险。信息科技风险的识别还可以结合内外部审计报告、银行过往操作风险事件等，避免遗漏风险。

（3）评估信息科技风险。信息科技风险的评估则是从风险发生频率和损失程度两方面进行的，即风险影响程度 = 风险发生频率 × 风险损失。

（4）确定信息科技风险等级。根据发生频率和损失金额，确定信息科技风险的总体等级，一般需要根据风险等级对应表确定。从表 10-8 中可以看出，风险等级由风险事件的发生频率和影响程度共同决定，信息科技风险等级越高，越需要加强对该部分信息科技风险的管理。

表 10-8　风险等级矩阵示例

影响程度 发生频率	5-极小	4-较小	3-中等	2-较大	1-极大
1. 极可能	M	H	H	E	E
2. 很可能	M	M	H	E	E
3. 可能	L	M	M	H	E
4. 不太可能	L	L	M	H	E
5. 罕见	I	L	L	M	H

注：E-extreme，极大风险，不可接受；H-high，高风险，不可接受；M-medium，中等风险，不可接受；L-low，低风险，可接受；I-ignore，极小风险，可接受。

3. 风险监测。风险监测的作用在于通过动态持续的观察，尽早地发现风险并在其还未造成实质性损失时采取控制措施。商业银行应建立持续的信息科技风险计量和监测机制，其中应包括：建立信息科技项目实施前及实施后的评价机制；建立定期检查系统性能的程序和标准；建立信息科技服务投诉和事故处理的报告机制；建立内部审计、外部审计和监管发现问题的整改处理机制；安排供应商和业务部门对服务水平协议的完成情况进行定期审查；定期评估新技术发展可能造成的影响和已使用软件面临的新威胁；定期进行运行环境下操作风险和管理控制的检查；定期进行信息科技外包项目的风险状况评价。

4. 风险控制。商业银行在风险识别、评估和监测结果的基础上，应采取风险控制措施。信息技术风险的控制措施分为技术性层面和制度性层面两个视角。技术性层面的措施包括信息系统开发性管理、运行维护管理、业务连续性计划、信息资产的分级管理等；制度性措施包括信息科技治理、信息系统审计、相关管理制度建设和人才培养等。

5. 风险缓释和转移。超出银行自身控制范围的部分信息科技风险可以通过购买保险或将业务外包来缓释。

6. 风险报告。定期将信息科技风险的暴露情况、损失程度、控制措施有效性、存在的潜在风险和改进措施等报告给风险管理部门，在风险管理的治理结构上明确风险报告的路径，确定风险报告的主要内容和报告频率，是风险管理决策的重要步骤。

本章小结

1. 中间业务是指不构成商业银行表内资产、表内负债，形成银行非利息收入的业务。中间业务收入同商业银行的竞争力呈正相关关系，发展水平高的银行中间业务收入占比越高。因此，中间业务发展水平已经成为衡量一家银行市场竞争力的重要标准。

2. 理财业务是指商业银行为客户提供的财务分析、财务规划、投资顾问、资产管理等专业化服务活动。理财业务本质上属于资产管理业务的范畴，在其运作过程中，商业银行"受人之托、代客理财"，委托人获得理财收益并承担相应的风险。

3. 投资银行是指从事证券承销、证券交易、资产管理、企业并购、理财顾问、风险投资、项目融资、资产证券化等业务的一类金融机构。在广义上，投资银行可以从事的业务统称为投资银行业务。目前，我国商业银行可以开办的投资银行业务主要包括债券承销、并购重组、财务顾问、结构融资、资产证券化等。

4. 电子银行业务是指商业银行等银行业金融机构利用面向社会公众开放的通信通道或开放性公众网络，以及银行为特定自助服务设施或客户建立的专用网络，向客户提供的银行服务。电子银行业务包括网上银行业务、电话银行业务、手机银行业务和自助银行业务。

本章主要概念

中间业务　理财业务　理财顾问服务　综合理财服务　理财计划　私人银行

投资银行业务　债券承销　并购　重组财务顾问　结构融资　资产证券化
电子银行业务

本章思考题

1. 中间业务的含义是什么？可以分为哪几类？
2. 理财计划的含义是什么？可以分为哪两类？各自的含义又是什么？
3. 综合理财服务管理流程主要包括哪些？
4. 我国商业银行投资银行业务与证券公司投资银行业务的区别有哪些？
5. 商业银行债券承销业务具体分为哪几类？
6. 信息科技风险管理的内容包括哪些？

本章参考文献

［1］中国银行业从业人员资格认证办公室：《个人理财》，北京，中国金融出版社，2013。

［2］中国银监会：《商业银行个人理财业务管理暂行办法》，2005 年。

［3］中国银监会：《电子银行业务管理办法》，2006 年。

［4］中国银监会：《商业银行信息科技风险管理指引》，2009 年。

Master Series

21st
Century

风险管理篇

第十一章
商业银行信用风险管理

本章知识结构

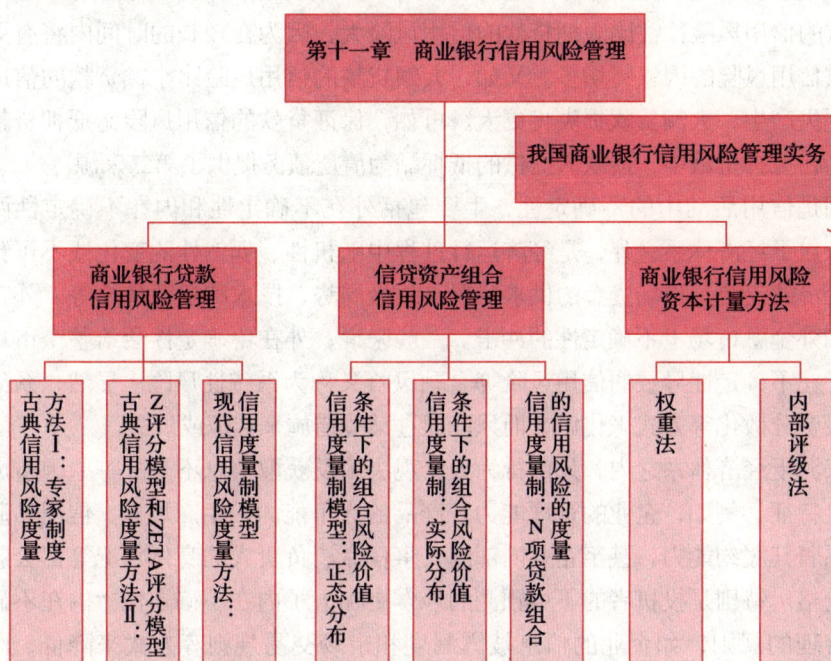

```
          第十一章  商业银行信用风险管理
                         │
              我国商业银行信用风险管理实务
          ┌──────────────┼──────────────┐
     商业银行贷款        信贷资产组合        商业银行信用风险
     信用风险管理        信用风险管理        资本计量方法
    ┌────┬────┬────┐  ┌────┬────┬────┐  ┌────┬────┐
  方法Ⅰ  Z   现代   信用  条件  条件  的   权   内
  古典  评分  信用   度量  下的  下的  信用  重   部
  信用  模型  风险   制模  组合  组合  风险  法   评
  风险  和   度量   型    风险  风险  的度        级
  度量  ZETA 方法   信用  价值  价值  量         法
  专家  评分  现代   度量  信用  信用  信用
  制度  方法  信用   制模  度量  度量  度量
        Ⅱ   风险   型    制模  制：  制：
  古典  古典  度量         型    实际  N项
  信用  信用  方法         正态  分布  贷款
  风险  风险                分布        组合
  度量  度量
```

学习目标

- 掌握商业银行信用风险的概念
- 了解古典信用风险度量方法
- 掌握现代信用风险度量方法
- 了解信用资产组合的信用风险管理方法
- 掌握我国商业银行信用风险管理实践

信用风险是金融业面临的最古老也是最重要的金融风险之一[1]，它直接影响着现代经济生活中的各种活动，也影响着一个国家的宏观决策和经济发展，甚至影响全球经济的稳定发展。信用风险是现代社会经济实体（特别是金融机构）、投资者和消费者所面临的重大问题，只有对信用风险进行准确的度量并据以实施相应的管理，才能保证金融机构乃至整个经济社会的安全性和稳定性。

商业银行的信用风险主要指因借款人或交易对手未按照约定履行义务从而使银行业务发生损失的风险。信用风险的主要来源包括贷款、资金业务（存放同业、拆放同业、买入返售、企业债券和金融债券投资等）、应收款项、表外信用业务（担保、承诺、金融衍生品交易等）。其中，由于贷款业务份额较大，其信用风险管理是重中之重。

贷款的信用风险是指在信贷过程中，由于各种不确定性，使借款人不能按时偿还贷款，造成银行贷款本金、利息损失的可能性。在银行贷款中，不同种类的贷款，其信用风险不同。例如，长期贷款的信用风险往往比短期贷款的信用风险大，因为在较长的时间内将有更多的公司倒闭，导致信用风险的因素将增多。又如，大额贷款的信用风险比小额贷款的信用风险大，因为一旦损失产生，大额贷款损失将更大。再如，保证贷款的信用风险比抵押贷款的信用风险大，因为在抵押贷款中，借款人提供的抵押品为清偿债务提供了第二来源。

信用风险的成因是信用活动中的不确定性，主要包括外在不确定性和内在不确定性两种。外在不确定性来自于经济体系之外，是经济运行过程中随机性、偶然性的变化或不可预测的趋势，如宏观经济的走势、市场资金的供求状况、政治局势、技术和资源条件等。外在的不确定性也包括国外金融市场上不确定性的冲击。一般来说，外在不确定性会给整个市场带来影响，因此，外在不确定性导致的信用风险等金融风险又称为系统性风险。显然，系统性风险不可能通过投资分散化等方式来化解，而只能通过某些措施来转嫁或规避。

内在不确定性来源于经济体系之内，是由行为人主观决策及获取信息不充分等原因造成的，带有明显的个性特征。例如，企业的管理能力、产品的竞争能力、生产规模、信用品质等的变化都直接关系着其履约能力，甚至企业内部的人事任命、负责人的身体状况等都会影响其股票和债券的价格。特别是投机者的不可预测的炒作更加大了内在不确定性。内在不确定性可以通过设定合理的规则，如企业的信息披露制度和市场交易规则等方式来降低，因此，内在不确定性产生的风险又称为非系统性风险。

第一节　商业银行贷款信用风险管理

一、古典信用风险度量方法 I：专家制度

专家制度是一种最古老的信用风险分析方法，它是商业银行在长期的信贷活动中所形成的一种行之有效的信用风险分析和管理制度。这种方法的最大特征就是：银行信贷的决策权由该机构中那些经过长期训练、具有丰富经验的信贷官所掌握，由他们作出是否贷款的决定。因此，在信贷决策过程

---

[1]　信用风险与贷款本身一样古老，它可以追溯到至少公元前 1800 年。据 Homer 和 Sylla 的研究资料表明，在公元前约 1800 年前，古代巴比伦的《汉穆拉比法典》就涉及许多关于信用监管的章节（Altman，1998）。

中，信贷官的专业知识、主观判断以及某些要考虑的关键要素权重均为最重要的决定因素。

（一）专家制度的主要内容

在专家制度下，由于各商业银行自身条件不同，对贷款申请人进行信贷分析所涉及的内容也不尽相同。但是，大多数银行都将重点集中在借款人的"5C"上，也有些银行将信贷分析的内容归纳为"5W"或"5P"。在传统的信贷分析过程中，信贷官常常要借助于一些标准的分析技术来对借款人清偿债务能力进行评估。表 11－1 列举了银行家在信贷分析中所经常使用的财务比率指标。

（二）专家制度存在的缺陷与不足

尽管古典信贷分析法——专家制度在银行的信贷分析中发挥着积极的重要作用，然而实践却证明它存在许多难以克服的缺点和不足。

第一，要维持这样的专家制度需要相当数量的专门信贷分析人员，随着银行业务量的不断增加，其所需要的信贷分析人员就会越来越多。因此，对于银行来说，对新老信贷分析人员进行不间断的培训和教育就成为银行的一项长期而重要的工作。在这样的制度下，必然会带来银行冗员、效率低下、成本居高不下等诸多问题。

第二，专家制度实施的效果很不稳定。这是因为专家制度所依靠的是具有专门知识的信贷官，而这些人员本身的素质高低和经验多少会直接影响该项制度的实施效果。例如，对于银行客户（公司）所提供的一套财务报表和文件，五位不同的信贷官对其进行分析会得出五种不同的分析结果，差异很大。

表 11 –1 银行在信贷分析中经常使用的财务比率指标	
类　型	比　率
经营业绩	EBITDA* /销售收入
	净收入/销售收入
	实际有效税率
	净收入/净值
	净收入/总资产量
	销售收入/固定资产
偿债保障程度	EBITDA/利息支付
	（活动现金流量－资本支出）/利息支付
	（活动现金流量－资本支出－股息）/利息支付
财务杠杆情况	长期债务量/资本总额
	长期债务量/有形净值
	总负债额/有形净值
	（总负债－长期资本）/长期资本
	长期资本＝总净值＋优先股＋次级债务
	流动负债/有形净值
流动性（变现速度）	流动比率
	速动比率
	存货占净销售收入比率
	存货占净流动资本比率
	流动负债占存货比率
	原材料、半成品、产成品占存货总量比率
应收账款状况	应收账款的期限：30 天、60 天、90 天、90 天以上
	应收账款的平均收回期限

❶ 注：＊ EBITDA 是指 Earnings before Interest、Taxes、Depreciation and Amortization。

资料来源：Caouette, J. B., E. J. Altman and P. Narayanan. Managing Credit Risk. John Wiley & Sons, New York, 1998, pp. 87.

第三，专家制度与银行在经营管理中的官僚主义方式紧密相联，大大降低了银行应对市场变化的能力，影响了银行未来的发展。

第四，专家制度加剧了银行在贷款组合方面过度集中的问题，使银行面临着更大的风险。造成银行贷款组合过度集中的原因是多方面的，专家制度的作用是一个重要因素。在专家制度下，银行员工都热衷于成为专家，这就需要他们在某一行业或某类客户范围进行较长时期的分析研究，积累经验，成为这个行业的专才，因此这些人在选择客户时都有着强烈的偏好，他们所注重的客户都具有较高的相关性，这就加剧了银行贷款的集中程度，必然给银行带来潜在的风险。

第五，专家制度在对借款人进行信用分析时，难以确定共同遵循的标准，造成信贷评估的主观性、随意性和不一致性。例如，信贷官在对不同借款人的"5C"进行评估时，他们所确定的每一个"C"权重都有很大差异，即便在同一家银行，信贷官对同类型借款人的"5C"评估也存在差异。

综上所述，专家制度有着许多难以克服的弊病，这就不得不促使人们去寻求更加客观、更为有效的度量信用风险的方法和手段，以提高银行信贷评估的准确性。

二、古典信用风险度量方法 II：Z 评分模型和 ZETA 评分模型

Z 评分模型（Z–score Model）是美国纽约大学斯特商学院教授爱德华·阿尔特曼（Edward I. Altman）在 1968 年提出的。1977 年他又对该模型进行了修正和扩展，建立了第二代模型 ZETA 模型（ZETA Credit Risk Model）。

（一）Z 评分模型的主要内容

阿尔特曼的 Z 评分模型是一种多变量的分辨模型，他是根据数理统计中的辨别分析技术，对银行过去的贷款案例进行统计分析，选择一部分最能够反映借款人的财务状况，对贷款质量影响最大、最具预测或分析价值的比率，设计出一个能最大限度地区分贷款风险度的数学模型（也称之为判断函数），对贷款申请人进行信用风险及资信评估。

阿尔特曼确立的分辨函数为

$$Z = 0.012(X_1) + 0.014(X_2) + 0.033(X_3) + 0.006(X_4) + 0.999(X_5)$$

或

$$Z = 1.2(X_1) + 1.4(X_2) + 3.3(X_3) + 0.6(X_4) + 0.999(X_5)$$

其中，X_1 为流动资金/总资产（WC/TA），X_2 为留存收益/总资产（RE/TA），X_3 为息前、税前收益/总资产（EBIT/TA），X_4 为股权市值/总负债账面值（MVE/TL），X_5 为销售收入/总资产（S/TA）。

阿尔特曼经过统计分析和计算最后确定了借款人违约的临界值 $Z_0 = 2.675$，如果 $Z < 2.675$，借款人被划入违约组；如果 $Z \geqslant 2.675$，则借款人被划为非违约组。如果 $1.81 < Z < 2.99$，阿尔特曼发现此时的判断失误较大，称该重叠区域为未知区（Zone of Ignorance）或称灰色区域（Gray Area）[1]。

---

[1] John B. Caouette, Edward I. Altman, Panl Narayanan. Managing Credit Risk, John Wiley & Sons, Inc., 1998, pp. 116.

（二）第二代 Z 评分模型——ZETA 信用风险模型

1977 年，阿尔特曼（Altman）、赫尔德门（Haldeman）和纳内亚南（Narayanan）对原始的 Z 评分模型进行了重大修正和提升，推出了第二代信用评分模型——ZETA 信用风险模型。新模型的变量由原始模型的五个增加到了七个，它的适应范围更宽，对不良借款人的辨认精度也大大提高。

我们可以将 ZETA 模型写成下列式子：

$$ZETA = ax_1 + bx_2 + cx_3 + dx_4 + ex_5 + fx_6 + gx_7$$

模型中的 a、b、c、d、e、f、g 分别是作者无法获得 ZETA 模型中七变量各自的系数。模型中的七变量分别是资产收益率、收益稳定性指标、债务偿付能力指标、累计盈利能力指标、流动性指标、资本化程度的指标、规模指标。

为了凸显新模型的有效性，阿尔特曼等人对 ZETA 模型和原始 Z 评分模型在分辨的准确性方面进行了认真的比较，表 11 – 2 就是这一比较的结果。由于新模型无论在变量的选择、变量的稳定性方面，还是在样本的开发和统计技术方面都比以前有了很大的改进，所以 ZETA 模型要比原模型更加准确有效，特别是在破产前预测的年限越长，其预测的准确性相对也就越高。

表 11 –2　ZETA 模型与 Z 评分模型准确性的比较　　　　单位：%

破产前预测的年数	ZETA 模型		Z 评分模型		将 ZETA 模型样本用在 Z 评分模型所得出的结果		将 Z 评分模型样本用在 ZETA 模型所得出的结果	
	破产	非破产	破产	非破产	破产	非破产	破产	非破产
1	96.2	89.7	93.9	97.0	86.8	82.4	92.5	84.5
2	84.9	93.1	71.9	93.9	83.0	89.3	83.0	86.2
3	74.5	91.4	48.3	NA	70.6	91.4	72.7	89.7
4	68.1	89.5	28.6	NA	61.7	86.0	67.5	87.0
5	69.8	82.1	36.0	NA	55.8	86.2	59.2	82.1

➊ 资料来源：Caouette, Altman, Narayanan, Managing Credit Risk, John Wiley & Sons, Inc. 1998. pp. 135。

（三）Z 评分模型和 ZETA 模型的缺陷

Z 评分模型和 ZETA 模型均为一种以会计资料为基础的多变量信用评分模型。由这两个模型所计算出的 Z 值可以较为明确地反映借款人（企业或公司）在一定时期内的信用状况（违约或不违约、破产或不破产），因此，它可以作为借款人经营前景好坏的早期预警系统。由于 Z 评分模型和 ZETA 模型具有较强的操作性、适应性以及较强的预测能力，因此它们一经推出便在许多国家和地区得到推广和使用并取得显著效果，成为当代预测企业违约或破产的核心分析方法之一。

然而，在实践中，人们发现无论是 Z 评分模型还是 ZETA 模型都存在着很多不足，使模型的预测能力大打折扣，限制了模型功效的发挥。Z 评分模型和 ZETA 模型存在的主要问题有以下几个方面：首先，两个模型都依赖于财务报表的账面数据，忽视日益重要的各项资本市场指标，这就必然削弱模型预测结果的可靠性和及时性；其次，由于模型缺乏对违约和违约风险的系统认识，理论基础比较薄弱，从而难以令人信服；再次，两个模型都假设在解释变量中存在着线性关系，而现实的经济现象是非线性的，因而也削弱了预测结果的准确程度，使得违约模型不能精确地描述经济现实；最后，两个模型都无法计量企业的表外信用风险，另外对某些特定行业的企业如公用企业、财务公司、新公司以及资源企业也不适用，因而其使用范围受到较大限制。针对这两个模型存在的上述问题，人们一直在努力寻求新的方法和模型来替代传统的专家制度和借款人（企业）违约预测模型。

三、现代信用风险度量方法：信用度量制模型

近年来，现代信用风险量化管理模型在国际金融界得到了很高的重视和相当大的发展。J. P. 摩根继 1994 年推出著名的以 VaR 为基础的市场风险度量制（RiskMetrics）后，1997 年又推出了信用风险量化度量和管理模型——信用度量制（Credit Metrics），随后瑞士信用银行又推出另一类型的信用风险量化模型 CreditRisk +，都在银行业产生很大的影响。同样为银行业所重视的其他一些信用风险模型，还有 KMV 公司的以 EDF 为核心手段的 KMV 模型，Mckinsey 公司的 CreditPortfolioView 模型等。信用风险管理模型在金融领域的发展也引起了监管当局的高度重视，1999 年 4 月，巴塞尔银行监管委员会提出名为《信用风险模型化：当前的实践和应用》的研究报告，开始研究这些风险管理模型的应用对国际金融领域风险管理的影响，以及这些模型在金融监管，尤其是在风险资本监管方面应用的可能性。毫无疑问，这些信用风险管理模型的发展正在对传统的信用风险管理模式产生革命性的影响，一个现代信用风险管理的新模式正在形成。

在这部分中，我们介绍一个在欧美国家最为流行的模型：信用度量制模型。

自 1993 年国际清算银行（BIS）宣布引入对市场风险的资本充足要求以来，人们对风险价值（Value at Risk）方法产生了极大兴趣，并在开发和试验方面取得了很大进展。风险价值作为一个概念，最先起源于 20 世纪 80 年代末交易商对金融资产风险测量的需要；作为一种市场风险测量和管理的新工具，则是由 J. P. 摩根银行最早在 1994 年提出，其标志性产品为风险度量制模型（RiskMetrics Model）。

由于 VaR 方法能够简单清晰地表示市场风险的大小，又有严谨系统的概率统计理论作为依托，因而得到了国际金融界的广泛支持和认可。国际性研究机构 30 人小组和国际掉期交易协会（ISDA）等团体一致推荐，将 VaR 方法作为市场风险测量的最佳方法。目前，越来越多的金融机构纷纷采用 VaR 方法来测量、控制其市场风险，尤其在衍生工具投资领域，VaR 方法的应用更加广泛。

（一）风险价值（VaR）方法

风险价值模型就是为了度量一项给定的资产或负债在一定时期和在一定的置信度下（如 95%、97.5%、99% 等）其价值最大的损失额[①]。

我们可以以一家上市公司的股票为例来描述风险价值（VaR）方法（见图 11 - 1）。现在，我们假定该上市公司股票今天的市值 P 为 80 美元/股，它被估计的每天的价值变动标准差 σ 为 10 美元。对于任何一家金融机构的股票交易员或风险管理者来说，都会提出这样的

---

① 参见 Anthony Saunders, Credit Measurement, John Wiley&Sons, Inc., 1999, pp. 37 - 38。

问题：明天的股票市场若是一个坏天气，那么我所负责的股票风险价值（在一定的置信水平下股票价值遭受的最大损失额）是多大呢？如果该股票价格今后每天都是围绕着今天 80 美元的价格呈正态分布，并且平均来看每 100 天会出现一天的坏天气的话，那么我们用统计学的语言来讲明天就有 1% 出现坏天气的概率。正态分布下的那片区域包含着各种概率发生的信息：通过观察我

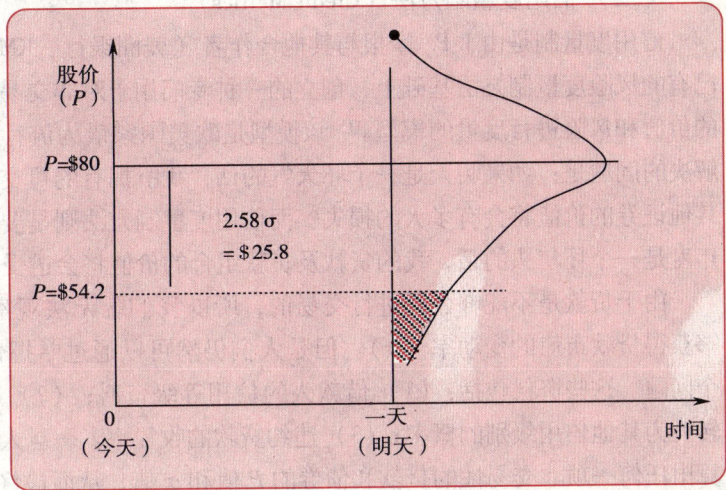

图 11 - 1　一只交易股票的风险价值

们知道大约有 68. 26% 的股票价格观察值处于均值正负 1 个标准差之间，95% 的股票价格观察值处于均值正负 1. 96 个标准差之间，99% 的股票价格观察值处于均值正负 2. 58 个标准差之间。就后者而言，若用美元来计量，该股票价格明天有 0. 5% 的机会升至 80 美元 + 2. 58σ 的水平。同时也有 0. 5% 的机会降至 80 美元 - 2. 58σ 的水平。前面我们曾假定 σ 为 10 美元，因此该股票价格有 0. 5% 的机会降至 54. 2 美元或者更低的水平。换言之，该股票持有人价值损失少于 80 美元 - 54. 2 美元 = 25. 8 美元的概率为 99. 5%。就是说在置信水平 99. 5% 的情况下，25. 8 美元可以视为该股票的风险价值（VaR）。同时这里还隐含着这样一个事实：明天有 0. 5% 的机会股票价格的损失额可达 25. 8 美元甚至更大的金额。由于我们假定股票价格是呈正态分布状，因此，每 100 天所出现的那个坏天气均会使股票价格处于图 11 - 1 中 54. 2 美元线以下那片阴影区域内的某一点，并会造成相应的股价损失额。由此可见，计算可交易金融资产风险价值的关键输入变量是该项金融资产的市值（P）和它的市值变动率或标准差（σ）；在给定的风险时段和所要求的置信水平下（如 99%），一项金融资产的风险价值（VaR）便可以直接计算出来。

　　VaR 方法特别适用于对可交易的金融资产风险价值的计量，因为人们可以很容易地从资本市场中获取这类资产的市值和它们的标准差。但是，若将这种方法直接用于度量非交易性金融资产如贷款的风险价值时则会遇到如下问题：第一，一笔贷款当前的市值 P 不能够直接观察到，因为绝大多数贷款是不能直接进行交易的。第二，由于贷款的市值不能够观察，因而也就没有一个时间序列来计算出贷款的方差 σ，即贷款市值的变动率。第三，在 VaR 方法上，人们假定可交易性金融资产的收益分布是呈正态分布状的，这与它们的实际分布是大体吻合的。但是对于贷款而言，它的价值分布离正态分布状偏差较大，正如我们曾在前面所讨论过的贷款的收益是固定在一定水平之下，而它的风险则很大。因此，即使我们能够测定出贷款的市值和它的变动率，我们仍然需要考虑贷款收益的非对称性问题。

（二）信用度量制方法（Credit Metrics）

信用度量制是由 J. P. 摩根与其他合作者（美洲银行、KMV 公司、瑞士联合银行等）在已有的风险度量制方法基础上，创立的一种专门用于对非交易性金融资产如贷款和私募债券的价值和风险进行度量的模型。[①] 该模型是欧美国家最为流行的模型。风险度量制方法所要解决的问题是：如果明天是一个坏天气的话，我所拥有的可交易性金融资产如股票、债券和其他证券的价值将会有多大的损失？而信用度量制方法则是要解决这样的问题：如果下一个年度是一个坏年头的话，我的贷款及贷款组合的价值将会遭受多大的损失呢？[②]

由于贷款是不能够公开进行交易的，所以我们既无法观察到贷款的市值（P），也不能够获得贷款市值的变动率（σ）。但是人们仍然可以通过掌握借款企业的以下资料来解决这个问题。这些资料包括：（1）借款人的信用等级资料；（2）在下一年度里该信用级别水平转换为其他信用级别的概率；（3）违约贷款的收复率。一旦人们获得了这些资料，便可以计算出任何一项非交易性的贷款和债券的 P 值和 σ 值，从而最终可利用风险价值方法对单笔贷款或贷款组合的风险价值进行度量。[③]

为了说明信用度量制方法，我们来看一看怎样计算一笔贷款的风险价值，并且讨论一下围绕计算风险价值所涉及的相关技术问题。这个例子是这样的：五年期固定利率贷款，年贷款利率为 6%，贷款总额为 100 百万美元。借款企业信用等级为 BBB 级。

1. 借款企业信用等级转换的概率。信用度量制方法不仅考虑到了借款人违约所带来的信用风险，而且还考虑了借款人由于其信用等级下降所带来债务价值变动的信用风险。因此，对借款人违约概率的估计和对借款人信用等级变化的估计是同等重要的。关于借款人信用评级级别在未来转换的概率情况可以从大的信用评级公司（如标准普尔、穆迪、KMV 公司、ZETA 公司等）中获取。表 11-3 就是由标准普尔公司所提供的一张借款人在 1 年期里信用等级转换概率的矩阵表。从表 11-3 中可以找到 BBB 级借款人在下一个年度的信用级别有 8 种转换的概率，其中保持 BBB 级的概率为 86.93%，违约概率为 0.18%，另外三种概率为升级，三种概率为降级。

表 11-3　一年期信用等级转换矩阵

年初信用等级	年底时的信用评级转换概率（%）							
	AAA	AA	A	BBB	BB	B	CCC	违约
AAA	90.81	8.33	0.68	0.06	0.12	0	0	0
AA	0.70	90.65	7.79	0.64	0.06	0.14	0.02	0
A	0.09	2.27	91.05	5.52	0.74	0.26	0.01	0.06
BBB	0.02	0.33	5.95	86.93	5.36	1.17	0.12	0.18
BB	0.03	0.14	0.67	7.73	80.53	8.84	1.00	1.06
B	0	0.11	0.24	0.43	6.48	83.46	4.07	5.20
CCC	0.22	0	0.22	1.30	2.38	11.24	64.86	19.79

⬤ 资料来源：J. P. 摩根公司：《信用度量制方法》，技术文件，纽约，1997，10 页。

---

① 参见 J. P. 摩根公司关于信用度量制的技术文件。1997 年 4 月 2 日。在 1998 年，开发出信用度量制和风险度量制产品的 J. P. 摩根集团又组建了一家独立的名为"风险度量制"集团的公司。

② 参见 Anthony Saunders, Credit Risk Measurement, John Wiley & Sons, Inc., 1999, pp. 40。

③ 关于贷款组合的风险价值量计算我们将在第三节进行详细讨论。

2. 对信用等级变动后的贷款市值估价。信用等级的上升或下降必然会影响到一笔贷款余下的现金流量所要求的信用风险加息差（或信用风险酬金），因此也就必然会对贷款隐含的当前市值产生影响。贷款信用等级下降，对贷款所要求的信用风险加息差就应当提高，因而其贷款的市值也就相应下降；信用等级上升，则会出现相反的效应。从技术角度来看，由于我们正在重新估价的是一笔第一年刚结束且在该年度里信用等级转换事件已发生的 5 年期固定利率贷款，因此我们便可以依据下列公式计算出该笔贷款的市值（单位为百万美元）。[1]

$$P = P_0 r_0 + \frac{P_0 r_0}{1 + r_1 + s_1} + \frac{P_0 r_0}{(1 + r_2 + s_2)^2} + \frac{P_0 r_0}{(1 + r_3 + s_3)^3} + \frac{P_0 r_0 + P_0}{(1 + r_4 + s_4)^4}$$

其中，P_0 为贷款总额，r_0 为年贷款利率，r_i 为财政零息票债券的无风险利率（也称远期零息票利率，可从国库券收益率曲线中计算出来）；s_i 是指每年的信用加息差，它是不同期限的（零息票）贷款信用风险报酬率，这些数据可从公司债券市场相应的债券利率与国债市场相应的国债利率之差中获得。公式中的息票额（或第一年的利息支付额）未被贴现，可以将其视为该笔贷款的应计利息收入额。

现在我们假定借款人在第一年中的信用等级从 BBB 级上升为 A 级，那么对于发放贷款的金融机构来说它所发放的这笔贷款的第一年结束时的现值或市值便是[2]

$$P = 6 + \frac{6}{1.0372} + \frac{6}{1.0432^2} + \frac{6}{1.0493^3} + \frac{106}{1.0532^4} = 108.66$$

由上式结果可知，若借款人在第一年结束时信用等级从 BBB 级上升为 A 级，那么这 100 百万美元贷款（账面值）的市值可上升为 108.66（100 + P）百万美元。运用同样的方法，也可以获得借款人信用等级转换到其他评级后的贷款市值金额。表 11 - 4 为借款人信用等级变化所导致贷款市值变化的情况。

人们可以注意到：借款人信用等级转换后的贷款市值最高可达 109.37 百万美元（从 BBB 级升为 AAA 级），最低贷款市值只有 51.13 百万美元（从 BBB 级降至违约状态）。贷款市值仅 51.13 百万美元的情况是指：当借款人宣布破产时，该项贷款的估计

表 11 -4　不同信用等级下贷款市值状况
（包括第一年息票额）

单位：百万美元

一年结束时信用等级	市值金额
AAA	109.37
AA	109.19
A	108.66
BBB	107.55
BB	102.02
B	98.10
CCC	83.64
违约	51.13

↑ 资料来源：J. P. 摩根公司：《信用度量制方法》，技术文件，纽约，1997，10 页。

---

[1]　从估价技术层面看，该贷款的信用等级变动恰恰发生在第一年结束的时候（假设）。目前，信用度量制方法正在将信用等级变动的时间范围扩大到从 3 个月到 5 年不同的时段。

[2]　在这个例子中，公式中的贴现率反映的是信用级别为 A 级贷款相应的零息票率和信用加息差率之和的贴现率。如果借款人信用等级未发生变化，仍处于 BBB 级，那么它的贴现率就要比 A 级高，因为在这一信用等级的信用加息差率要体现 BBB 级借款人的违约风险。在信用度量制方法中所使用的信用加息差率通常由美国 Bridge 公司（顾问咨询公司）提供，它对此类损失数据每周都要做更新调整。

收复价值，即贷款额减去给定违约概率下的损失额（Loss Given Default）后的余额。

图 11-2 向人们展示了借款人信用等级转换后贷款市值的概率分布状况。从该图看，贷款市值的概率分布并不是完全呈正态分布状的。以均值为界，分布曲线的左半部分为一固定朝上爬行线，而曲线右半部分则是一段朝下较陡的近似直线（即负斜率）。因此，在这种概率分布条件下，人们在运用信用度量制方法计算贷款风险价值时就要计算出两种

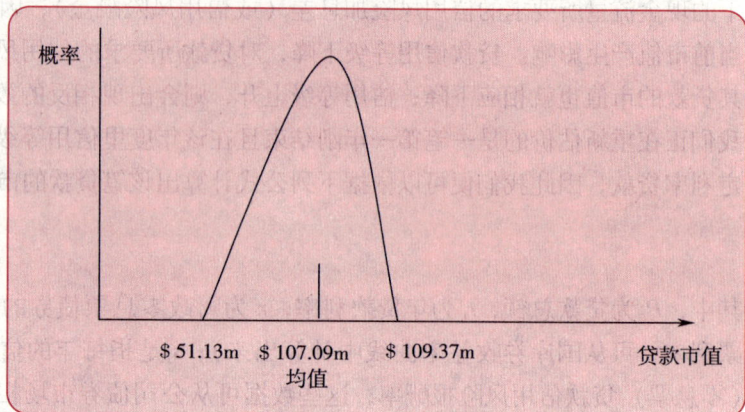

资料来源：Anthony Saunders, Credit Risk Measurement, John Wiley &Sons, Inc., 1999, pp. 45.

图 11-2　5 年期 BBB 级贷款的市值实际分布状况

风险价值：第一，按照贷款市值呈正态分布状时，计算出该贷款的风险价值是多少；第二，按照贷款的实际分布状况，计算出该贷款的风险价值是多少。

3. 计算风险价值。表 11-5 展示了在 5% 和 1% 最坏情景下（如大的灾年发生后），如何围绕贷款市值均值（期望值）计算出两种概率分布情况下的贷款风险价值。计算贷款风险价值的第一步是要计算出贷款市值的均值，将每一信用等级下的贷款市值乘以借款人信用等级转换到该等级的概率，再将八种不同的结果加总起来便可算出。这里 5% 的最坏情景是指每 20 年发生一个坏年景所造成贷款价值的最大损失额（即 5% 的风险价值）；1% 的最坏情景是指每 100 年发生一个坏年景造成贷款价值的最大损失额（1% 的风险价值）。这一点与市场风险下的风险价值（VaR）略有不同，市场风险下的风险价值时段是以天为计算单位，而信用风险下的风险价值时段则是以年为计算单位。

我们假定贷款的市值处于正态分布状况，那么围绕着均值的贷款市值的方差为 8.9477 百万美元，相应它的标准差为 2.99 百万美元。因此，根据正态分布的性质，该笔贷款 5% 的风险价值为 $1.65 \times 2.99 = 4.93$（百万美元），1% 的风险价值应为 $2.33 \times 2.99 = 6.97$（百万美元）。但是按照贷款市值分布呈正态分布状的假设去计算该贷款的风险价值时，往往会低估其实际的风险价值，因为贷款市值分布并不完全是正态分布。从表 11-5 中，可以看到各信用等级下的贷款市值及其发生的概率，其中有 6.77%（5.3% + 1.17% + 0.12% + 0.18%）的概率贷款市值处于 102.02 百万美元以下的水平，包含大约 5% 的实际风险价值，即 $107.09 - 102.02 = 5.07$（百万美元）；同时，还有 1.47% 的概率（1.17% + 0.12% + 0.18%）贷款市值低于 98.10 百万美元水平，包含大约 1% 的实际风险价值，即 $107.09 - 98.10 = 8.99$（百万美元）。为了得到较为准确的风险价值，我们可以通过线性插值法算出 5% 和 1% 情景下的实际风险价值来。例如，在表 11-5 的例子中，1.47 百分位数等于 98.10 百万美元，0.30 百分位数等于 83.64 百万美元，使用线性插值法，便可以算出 1.00 百分位数大约等于

92.29 百万美元。获得了这个数，我们便可以很容易地算出实际的 1% 的风险价值为 107.90 - 92.29 = 15.61（百万美元）。

表 11-5　信用等级 BBB 级贷款风险价值计算表（以贷款市值均值为基准点）

年终信用等级	① 概率（%）	② 新的贷款价值加利息（百万美元）	③ 加权价值（百万美元）①×②	④ 与平均值的差②-∑（①×②）	⑤ 加权差的平方∑（①×②²）-（∑①×②）²
AAA	0.02	109.37	0.02	2.28	0.0010
AA	0.33	109.19	0.36	2.10	0.0146
A	5.95	108.66	6.47	1.57	0.1474
BBB	86.93	107.55	93.49	0.46	0.1853
BB	5.30	102.02	5.41	(5.07)	1.3592
B	1.17	98.10	1.15	(8.99)	0.9446
CCC	0.12	83.64	0.10	(23.45)	0.6598
违约	0.18	51.13	0.09	(55.96)	5.6358
	平均值 =107.09 百万美元			方差 =8.9477 百万美元 标准差（σ）=2.99 百万美元	

假定在正态　5% 的风险价值(VaR) = 1.65 ×σ = \$ 4.93
分布情况下　1% 的风险价值(VaR) = 2.33 ×σ = \$ 6.97
假定在实际　5% 的风险价值(VaR) = \$ 107.09 - \$ 102.02 = \$ 5.07
分布情况下*　1% 的风险价值（VaR） = \$ 107.09 - \$ 98.10 = \$ 8.99

❶ 注：5% 的风险价值与 6.77%（5.3% +1.17% +0.12% +0.18%）的风险价值相接近；1% 的风险价值与 1.47%（1.17% +0.12% +0.18%）的风险价值相接近。

资料来源：J. P. 摩根公司技术文件《信用度量制方法》，1997，28 页。

（三）信用度量制模型若干引起争议的技术问题

信用度量制模型一经推出，便获得业内人士的高度评价和赞赏。但是由于它仍然处于初创阶段，在许多方面还不成熟，还存在着若干需要解决的技术问题。

1. 关于信用等级的转换问题。对贷款等金融资产进行信用风险度量的关键一步是要获得不同信用等级的金融资产在某一时段（如 1 年）信用等级转换的概率矩阵资料，从而依据这些资料计算出贷款等金融资产的风险价值。然而，人们在收集、整理和生成金融资产信用等级转换概率矩阵资料时往往设定了许多假设条件，而这些假设往往与现实不符，因而也就影响了所求金融资产风险价值的准确度。

2. 关于贷款的估价问题。我们在前面计算贷款的风险价值时，均设定三个输入变量（违约收复率、远期零息票利率和信用加息差率）为非随机性变量，如果人们将这三个变量中的某一个或三个都确定为随机变量的话，那么据此所计算的贷款风险价值就要比在非随机状态下所计算出的风险价值大得多。在这三个变量中，各类贷款或债券的违约收复率和加息差率有着较大的差异。在违约收复率方面，由于不同债务工具的求偿等级不同，因而它们违约时的平均收复率不同，且与之相应的变动标准差也不尽相同，这种收复率变动的标准差就会直接影响到贷款等债务工具市值变动的标准差和它们的风险价值（见表 11 – 6）。例如，优先未担保贷款的平均收复率为 51.13%，但它的标准差则高达 25.45%，那么在正态分布条件下，上例中 BBB 级贷款的市值变动标准差将可从原来的 2.99 百万美元提高至 3.18 百万美元，增长了 6.3%，该贷款 1%

表 11 –6 不同求偿级别贷款的违约收复率 (面值百分比)		
贷款的求偿等级	平均值 (%)	标准差 (%)
优先担保贷款	53.80	26.86
优先无担保贷款	51.13	25.45
优先次级贷款	38.52	23.81
次级贷款	32.74	20.18
低于次级贷款	17.09	10.90

❶ 资料来源：Carty & Lieberman［96a］–Moody's Investors Service.

的风险价值则从原来的 6.67 百万美元提高到 7.41（2.33 × 3.18）百万美元。由此可见，计量贷款等债务工具的风险价值的三个输入变量的不确定性会直接影响到风险价值的高低及其准确性。

第二节 信贷资产组合的信用风险管理

在第一节中，我们集中地讨论了对单个借款人的信贷资产的信用风险度量与管理等若干问题，本节我们将重点探讨对信贷资产组合信用风险的度量及其管理，该问题是目前在金融领域最具挑战性的课题。

利用现代组合理论（MPT）对信贷资产组合信用风险进行量化度量及其管理的模型近年来涌现出不少，人们大体上将其分成两类，一类是寻求信贷资产组合的全部风险——收益均衡的模型（如 KMV 组合管理人模型和 Altman 组合模型等），另一类被视为主要集中于风险维度和计算贷款组合的风险价值（VaR）的模型（如信用度量制模型）。[1] 下面我们对当前较为流行的信用度量制组合模型进行较为详尽的分析。

信用度量制方法是一组用来测定信贷资产组合价值和风险的分析法和数据库，我们可以用图 11 – 3 来说明信用度量制方法的计算过程。图的左半部分是对信贷资产暴露金额的测定，图的中间部分则是对个体信贷资产的风险测定，图的右半部分则是对信贷资产间相关关系的测定，图的最下面的方框则是对整个信贷资产组合风险的测定。

一、信用度量制模型：正态分布条件下的组合风险价值

与单项信贷资产风险价值的度量一样，我们首先要考察在正态分布的条件下怎样计算信贷资产组合风险价值（Portfolio VaR），然后，再考察在实际分布条件下怎样计算出组合的风险价值，最后依据组合风险价值导出相应的组合经济资本量。

在信用度量制正态分布模型下，我们可以用一个两贷款组合信用风险度量方法作为其参照样板，通过两贷款组合风险价值的度量方法推广至 N 项贷款组合情形下的计量方法。

---

[1] 风险度量制集团（RiskMetrics Group）目前已将收益维度加进风险度量制模型中。

图 11-3

风险暴露金额	源自于信用的风险价值	相关性

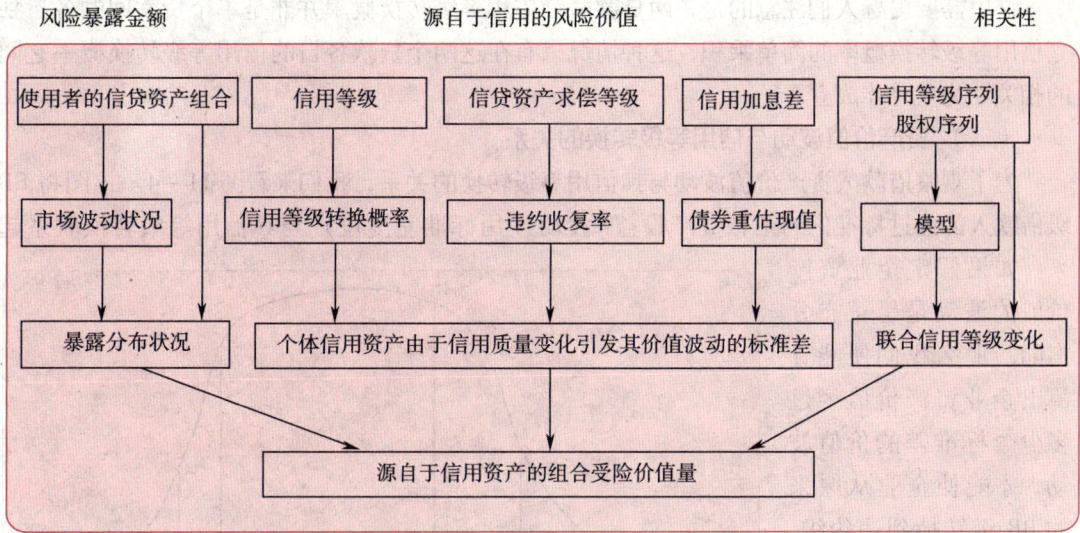

资料来源：J. P. 摩根，CreditMetrics™，技术文件，1995-04。

图 11-3　CreditMetrics™ 图解

为了计算出两贷款组合的风险价值，我们首先需要掌握两类资料：（1）测算出两贷款的联合信用等级转换概率。在这里，我们假设这两项贷款为：一项 BBB 级贷款，其面值为 100 百万美元，一项 A 级贷款，其面值为 100 百万美元。（2）两项贷款在 1 年期的每一个可能的联合信用等级转换概率下的贷款价值量。

（一）联合信用等级转换概率

表 11-7 向人们展示了 BBB 级贷款和 A 级贷款各自 1 年的信用等级转换概率，以及这两项贷款在相关性为 0.3 条件下其联合信用等级转换概率状况。对于 BBB 级贷款的借款人来说，他在 1 年中有 8 种可能的信用等级状态，而对于 A 级贷款的借款人而言，在 1 年期间同样有 8 种可能的信用等级状态。同时，这两个借款人还共同面临着有 64 个可能的联合信用等级转换概率的状况。

表 11-7　相关性为 0.3 条件下两贷款联合信用等级转换概率状况

借款人 1（信用等级：BBB 级）		借款人 2（信用等级：A 级）							
		AAA	AA	A	BBB	BB	B	CCC	违约
		0.09	0.27	91.05	5.52	0.74	0.26	0.01	0.06
AAA	0.02	0	0	0.02	0	0	0	0	0
AA	0.33	0	0.04	0.29	0	0	0	0	0
A	5.95	0.02	0.35	5.44	0.08	0.01	0	0	0
BBB	86.93	0.07	1.81	79.69	4.55	0.57	0.19	0.01	0.04
BB	5.30	0	0.02	4.47	0.64	0.11	0.04	0	0.01
B	1.17	0	0	0.92	0.18	0.04	0.02	0	0
CCC	0.12	0	0	0.09	0.02	0	0	0	0
违约	0.18	0	0	0.13	0.04	0.01	0	0	0

资料来源：J. P. 摩根，CreditMetrics，技术文件，1997-04-02，38 页。

这里需要提醒人们注意的是，两贷款联合信用等级转换概率并非是单个贷款间的各自独立信用等级转换概率的简单乘积，这种情况只有在这两个贷款各自的信用等级转换概率之间的相关性为零时才成立。

（二）资产价值波动与信用等级转换的关系

为了观察借款人资产价值波动与其信用等级转换的关系，我们来看图 11－4。该图将 BB 级借款人的经过标准化的正态资产收益[①]波动（用标准差度量）与其信用等级转换联系起来。如果假定企业资产价值的波动是呈正态分布的，那么我们便能计算出企业资产价值经过多少个标准差的价值波动，才能使企业从原来的 BB 级转换到违约级。例如，BB 级借款人历史上的一年违约概率为 1.06%，使用标准化正态分布表，我们便可很快算出该企业的资产价值只要减少 2.3σ 就可导致企业违约。另外，BB

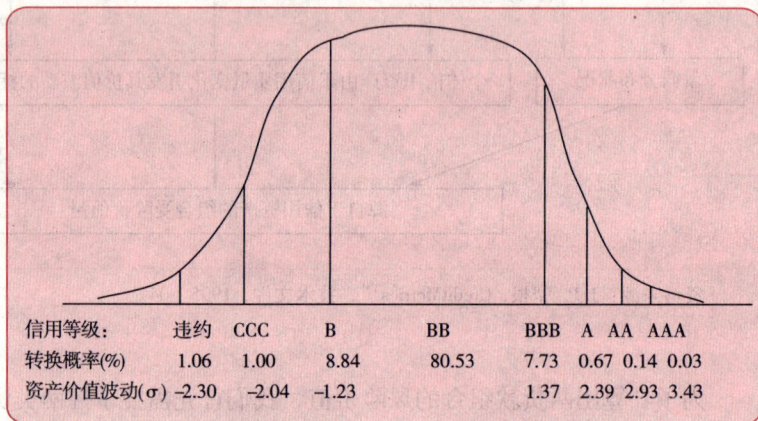

信用等级:	违约	CCC	B	BB	BBB	A	AA	AAA
转换概率(%)	1.06	1.00	8.84	80.53	7.73	0.67	0.14	0.03
资产价值波动(σ)	-2.30	-2.04	-1.23		1.37	2.39	2.93	3.43

资料来源：Anthony Saunders, Credit Risk Measurement, John Wiley & Sons, Inc., pp. 123.

图 11－4　BB 级借款人的资产价值波动（σ）与其信用等级转换之间关系

级借款人一年后从他当前的信用等级转换为 C 信用等级的概率为 1%，换句话说，该借款人的资产价值只要降至 2.04σ 就可使他从 BB 级降至 C 级或更低。图 11－4 将 BB 级借款人所有可能出现的降级概率都展现出来。我们也可以像图 11－4 那样，将 BBB 级借款人和 A 级借款人相应数据建立起来。表 11－8 展示了 A 级借款人的资产价值波动与其信用等级转换的关系。

表 11－8　A 级借款人资产价值波动（ρ）与其信用等级转换之间关系

信用等级	违约	CCC	B	BB	BBB	A	AA	AAA
信用等级转换概率（%）	0.06	0.01	0.26	0.74	5.52	91.05	2.27	0.09
资产价值波动（σ）	-3.24	-3.19	-2.27	-2.30	-1.51		1.98	3.12

● 资料来源：Anthony Saunders, Credit Risk Measurement, John Wiley & Sons, Inc., pp. 124。

----

①　标准化资产收益是指实际收益，它是减去资产收益的均值后并由所估计出的标准差相除而算出。因此，经标准化的正态分布有一个零均值和一个单位的标准差。

从图 11-4 和表 11-8 中我们可以看到：BB 级借款人若想使自己的信用等级在下一年仍然保持原来的水准，只需要使其标准化正态资产收益在 -1.23σ 和 +1.37σ 之间波动；同样，A 级借款人若想使自己信用等级保持不变，其标准化正态资产收益在 -1.51σ 和 +1.98σ 之间波动就能做到。现在我们假定这两家借款企业资产收益之间的相关性（ρ）为 0.2，那么这两个借款人想要在下一年度里继续保持各自原来信用等级的联合信用等级转换概率（P_r）便可计算出来。我们是通过下面这个双变数正态密度函数[①]进行积分，求出这两个借款人的联合信用等级转换概率，即

$$p_r(-1.23 < BB < 1.37, -1.51 < A < 1.98) = \int_{-1.23}^{1.37} \int_{-1.51}^{1.98} f(Y_1 Y_2; \rho) dY_2 dY_1 = 0.7365$$

其中，Y_1，Y_2 为两个借款人的资产收益，它们是随机的。公式中的 $\rho = 0.02$，它是指两个借款人之间相关系数。通常在信用度量制模型方法中，相关系数是通过将单个借款人股票收益作为输入变量的多因素模型计算出来的。

（三）两贷款组合的联合贷款价值（Joint Loan Values）

除了计算出两贷款组合的 64 个联合信用等级转换概率外，我们还需要计算出两贷款组合情形下的 64 个联合贷款价值量，这样才能算出该组合在一定置信水平下的最大风险价值。在前面我们曾专门讨论了怎样计算出单项贷款在每一信用等级条件下市值的计算方法，因此我们便能很快计算出 A 级借款人贷款的 8 种可能的市值数和 BBB 级借款人的 8 种可能的市值数（此数我们在前面已经算出）。在这个基础上，我们将这两项贷款的各个不同的市值相加，便得出 64 个不同的联合贷款价值量，参阅表 11-9。在表 11-9 中，如果在一年期中，两贷款的信用等级均升为 AAA 级，那么它们的组合市值将达到 215.96 百万美元；同样，如果在这一年期间，两贷款均违约了，它们的联合价值也就仅为 102.26 百万美元。

表 11-9 两贷款组合一年后所有 64 种可能出现的组合价值量

借款人 1 (BBB 级)		借款人 2 (A 级)							
		AAA	AA	A	BBB	BB	B	CCC	违约
		106.59	106.49	106.30	105.64	103.15	101.39	88.71	51.13
AAA	109.37	215.96	215.86	215.67	215.01	212.52	210.76	198.08	160.50
AA	109.19	215.78	215.68	215.49	214.83	212.34	210.58	197.90	160.32
A	108.66	215.25	215.15	214.96	214.30	211.81	210.05	197.37	159.79
BBB	107.55	214.14	214.04	213.85	213.19	210.70	208.94	196.26	158.68
BB	102.02	208.61	208.51	208.33	207.66	205.17	203.41	190.73	153.15
B	98.10	204.69	204.59	204.40	203.74	201.25	199.49	186.81	149.23
CCC	83.64	190.23	190.13	189.94	189.28	286.79	185.03	172.35	134.72
违约	51.13	157.72	157.62	157.43	156.77	154.28	152.52	139.84	102.26

🔴 资料来源：J. P. 摩根：CreditMetrics，技术文件，1997-04-02，12 页。

---

① J. P. 摩根公司和其他金融信息服务公司可向人们提供软件来解双变数正态密度函数的值。

我们利用两贷款组合的 64 个可能的联合信用等级转换概率和 62 个可能的联合贷款价值数，运用下面两等式可以计算出该贷款组合的均值、方差及标准差：

两贷款组合均值 $= P_1 V_1 + P_2 V_2 + \cdots + P_{64} V_{64} = 213.63$（百万美元）

两贷款组合方差 $= P_1 \times (V_1 - 均值)^2 + P_2 \times (V_2 - 均值)^2 + \cdots + P_{64} \times (V_{64} - 均值)^2$
$= 11.22$（百万美元）

对等式进行开方求出平方根，我们便得到两贷款组合价值的标准差（σ）为 3.35 百万美元。这样我们便能计算该组合在正态分布条件下，以及 99% 的置信水平情形下的 1% 最大风险价值 $= 2.33 \times 3.35 = 7.81$（百万美元）。

从这一计算结果看，尽管两贷款组合价值比原来单个贷款价值增加了 1 倍，但是以风险价值为基础计算出的资本需要量只比原 BBB 级贷款以风险价值为基础计算出的资本需要量多出 0.84（7.81 − 6.97）百万美元。显然，造成这种状况的原因就是贷款组合的风险分散功能发挥了作用，特别是我们在表 11 − 7 中假定：两贷款间存在 0.3 的违约风险相关系数，并且将其融入了两贷款联合信用等级转换概率的矩阵中。

二、信用度量制：实际分布条件下的组合风险价值

由于存在着贷款价值实际分布的非对称性问题，因而人们按正态分布情形下计算出的 99% 置信水平下的最大风险价值往往低于实际的最大风险价值。我们将表 11 − 7 和表 11 − 9 放在一起来使用，就能找到那个接近 1% 的发生最大风险价值的概率所对应的两贷款组合价值为 204.409 百万美元[①]，这样我们便能求出实际分布情形下的 1% 的最大风险价值 $= 213.63 - 204.40 = 9.23$（百万美元）。

这个数也是两贷款组合的资本需要量，它比在正态分布条件以风险价值为基础的资本需要量要高出 1.42 百万美元。但是，若与单项的 BBB 级贷款实际分布条件下所需资本量（即 8.99 百万美元）相比[②]，两贷款组合的资本需要量只比单项 BBB 级贷款的这一数额高出 0.24 百万美元，显然，这也是贷款组合风险分散功能作用的结果。

三、信用度量制：N 项贷款组合的信用风险度量

对于两个以上较大贷款数量的 N 项贷款组合而言，目前人们较为广泛使用的是蒙特卡罗（MonteCarlo）模拟法。在金融和证券市场的研究中，人们用结构蒙特卡罗模拟法（以下称 SMC）模拟出投资组合在指定日期的各种不同的价格走势，然后由这些模拟价格导出投资组合在指定日期的价格分布，最后从分布中一目了然地读出投资组合的风险价值。因为结构蒙特卡罗模拟法适用性强，所以它是计算投资组合风险价值的最有效的工具。

> *蒙特卡罗模拟法是一种金融机构经常使用的随机模拟技术，它可以对各种金融资产及各类金融衍生工具进行定价。通常，它利用计算机随机模拟出金融变量的随机价格走势，并以此来近似地揭示该金融变量的市场特性。*

---

① 要找到这个概率数，要采取"倒着走"的办法：找最坏的结果，下一个次最坏结果，以此类推。

② 参见第一节第三部分。

我们利用表 11 - 10 和表 11 - 11 中的一个假定的 20 项贷款组合及其组合中贷款间相关性资料，简要说明信用度量制模型怎样利用蒙特卡罗模拟法来度量该组合的风险价值。第一，人们应当选择一个随机模型（如几何布朗运动），并挑选模型参数，这是整个模拟过程最关键的一步；第二，依据随机模型，依次产生相应的随机数 ε_1，ε_2，$\cdots$，ε_n，并由此计算模拟价格 L_{t+1}，L_{t+2}，$\cdots$，L_{t+n}；第三，根据第二步中的模拟价格，计算目标时刻 T 时投资组合的价格 P_T；第四，重复第二步和第三步尽可能多次，比如说 $K = 10\ 000$ 次，得到时刻 T 时的一系列投资组合的模拟价格 P_T^1，$\cdots$，$P_T^{10\ 000}$。对每个模拟试验 K 来说，我们都要计算每种资产（贷款）的价格 $L_{i,T}^K$，那么，在目标时刻 T 投资组合的模拟价格为

表 11 - 10　20 项贷款组合的基本情况

单位：美元

信贷资产	基本信用等级	贷款额	贷款年限	市值
1	AAA	7 000 000	3	7 821 049
2	AA	1 000 000	4	1 177 268
3	A	1 000 000	3	1 120 831
4	BBB	1 000 000	4	1 189 432
5	BB	1 000 000	3	1 154 641
6	B	1 000 000	4	1 263 523
7	CCC	1 000 000	2	1 127 628
8	A	10 000 000	8	14 229 071
9	BB	5 000 000	2	5 386 603
10	A	3 000 000	2	3 181 246
11	A	1 000 000	4	1 818 246
12	A	2 000 000	5	2 483 322
13	B	600 000	3	705 409
14	B	1 000 000	2	1 087 841
15	B	3 000 000	2	3 263 523
16	B	2 000 000	4	2 527 046
17	BBB	1 000 000	6	1 315 720
18	BBB	8 000 000	5	10 020 611
19	BBB	1 000 000	3	1 118 178
20	AA	5 000 000	5	6 181 784

↑ 资料来源： J. P. 摩根公司：CreditMetrocs 技术文件，1997 -04 -02，121 页。

$$P_T^K = \sum_{i=1}^{N} W_{i,t} L_{i,T}^K$$

其中，$W_{i,t}$ 为当前投资组合中各资产的权重。

表 11 - 11　20 项贷款组合中贷款间相关状况

	1	2	3	4	5	6	7	8	9	10	11	12	13	14	15	16	17	18	19	20
1	1	0.45	0.45	0.45	0.15	0.15	0.15	0.15	0.15	0.15	0.1	0.1	0.1	0.1	0.1	0.1	0.1	0.1	0.1	0.1
2	0.45	1	0.45	0.45	0.15	0.15	0.15	0.15	0.15	0.15	0.1	0.1	0.1	0.1	0.1	0.1	0.1	0.1	0.1	0.1
3	0.45	0.45	1	0.45	0.15	0.15	0.15	0.15	0.15	0.15	0.1	0.1	0.1	0.1	0.1	0.1	0.1	0.1	0.1	0.1
4	0.45	0.45	0.45	1	0.15	0.15	0.15	0.15	0.15	0.15	0.1	0.1	0.1	0.1	0.1	0.1	0.1	0.1	0.1	0.1
5	0.15	0.15	0.15	0.15	1	0.35	0.35	0.35	0.35	0.35	0.15	0.15	0.15	0.15	0.15	0.15	0.1	0.1	0.1	0.1
6	0.15	0.15	0.15	0.15	0.35	1	0.35	0.35	0.35	0.35	0.15	0.15	0.15	0.15	0.15	0.15	0.1	0.1	0.1	0.1
7	0.15	0.15	0.15	0.15	0.35	0.35	1	0.35	0.35	0.35	0.15	0.15	0.15	0.15	0.15	0.15	0.1	0.1	0.1	0.1
8	0.15	0.15	0.15	0.15	0.35	0.35	0.35	1	0.35	0.35	0.15	0.15	0.15	0.15	0.15	0.15	0.1	0.1	0.1	0.1
9	0.15	0.15	0.15	0.15	0.35	0.35	0.35	0.35	1	0.35	0.15	0.15	0.15	0.15	0.15	0.15	0.1	0.1	0.1	0.1
10	0.15	0.15	0.15	0.15	0.35	0.35	0.35	0.35	0.35	1	0.15	0.15	0.15	0.15	0.15	0.15	0.1	0.1	0.1	0.1

续表

	1	2	3	4	5	6	7	8	9	10	11	12	13	14	15	16	17	18	19	20
11	0.1	0.1	0.1	0.1	0.2	0.2	0.2	0.2	0.2	0.2	1	0.45	0.45	0.45	0.45	0.2	0.2	0.2	0.1	0.1
12	0.1	0.1	0.1	0.1	0.2	0.2	0.2	0.2	0.2	0.2	0.45	1	0.45	0.45	0.45	0.2	0.2	0.2	0.1	0.1
13	0.1	0.1	0.1	0.1	0.2	0.2	0.2	0.2	0.2	0.2	0.45	0.46	1	0.45	0.45	0.2	0.2	0.2	0.1	0.1
14	0.1	0.1	0.1	0.1	0.2	0.2	0.2	0.2	0.2	0.2	0.45	0.45	0.45	1	0.45	0.2	0.2	0.2	0.1	0.1
15	0.1	0.1	0.1	0.1	0.2	0.2	0.2	0.2	0.2	0.2	0.45	0.45	0.45	0.45	1	0.2	0.2	0.2	0.1	0.1
16	0.1	0.1	0.1	0.1	0.15	0.15	0.15	0.15	0.15	0.15	0.2	0.2	0.2	0.2	0.2	1	0.55	0.55	0.25	0.25
17	0.1	0.1	0.1	0.1	0.15	0.15	0.15	0.15	0.15	0.15	0.2	0.2	0.2	0.2	0.2	0.55	1	0.55	0.25	0.25
18	0.1	0.1	0.1	0.1	0.15	0.15	0.15	0.15	0.15	0.15	0.2	0.2	0.2	0.2	0.2	0.55	0.55	1	0.25	0.25
19	0.1	0.1	0.1	0.1	0.1	0.1	0.1	0.1	0.1	0.1	0.1	0.1	0.1	0.1	0.1	0.35	0.25	0.25	1	0.65
20	0.1	0.1	0.1	0.1	0.1	0.1	0.1	0.1	0.1	0.1	0.1	0.1	0.1	0.1	0.1	0.25	0.25	0.25	0.65	1

资料来源：J. P. 摩根公司：CreditMetrocs 技术文件，1997 - 04 - 02，122 页。

当得到投资组合在目标日期 T 的模拟价格的完全分布 P_T 后，我们就能够根据目标期的价格分布算出投资组合的风险价值。在确定随机模拟的重复次数时，需权衡估计的精度和计算。通常，由随机模拟方法求得的估计量都或多或少地存在些误差，这是由随机抽样的样本变化造成的，是随机模拟方法本身无法避免的。只有当重复次数增加时，估计量才能慢慢地向其真实值收敛，收敛的速率通常与重复次数的算术根 $\sqrt{K}$ 成比例。所以一般来讲，重复次数越多，估计的精确度越高，耗时也越多。

就这个 20 项贷款的组合而言，J. P. 摩根根据组合内每笔贷款的最初信用等级、信用等级在某段时间的转换概率、该贷款与组合内其他贷款间的相关系数以及与其他贷款之间的联合信用等级的转换概率等资料，利用事先确定的随机模型，对该贷款组合的价值（价格）进行了反复的模拟，最终得出 20 000 个贷款组合价值量分布。利用这一系列数，我们便能很快计算出该贷款组合的均值和在 99% 置信水平下最大的价值损失额即贷款组合的最大风险价值（VaR），从而最终算出该贷款组合的资本需要量。[①]

蒙特卡罗模拟法是计算 VaR 最有效的方法，它能说明广泛的风险，包括非线性价格风险、波动风险，甚至模型风险，也考虑了波动时间变化、较粗的尾部以及极端情景等因素。这个方法最大的缺陷是成本太高。如果由 1 000 个资产的投资组合产生 1 000 种抽样途径，则总的估计值合计可达 1 000 000 个，当资产的完全估值较为复杂时，这个方法很快变得过于麻烦以致难以实施。另一个潜在的弱点是，由于它依赖的是基础风险因素下的特定的随机模型，因而面临着模型风险。

此外，信用度量制模型还可以用来计算单个贷款在组合中的边际风险贡献量，从而利用单个贷款的边际贡献量资料来对组合进行积极的管理，使组合的风险—收益达到较佳状态。表 11 - 12 就是利用上面讨论的这个 20 项贷款组合资料计算出的该组合中每项贷款的单独风

---

① 参见 Anthony Saunders, Credit Risk Measurement, John Wiley & Sons, Inc., 1999, pp. 129。

险贡献量和边际风险贡献量。表 11－12 中的单独风险栏反映的是组合中每一笔贷款价值波动的标准差（σ）的绝对数和它占该贷款市值的百分比（相对数）。边际风险贡献栏所反映的是：每增加一项贷款对于剩下的 19 项贷款组合所带来的风险量，用 20 项贷款组合标准差（风险）减去 19 项贷款组合标准差（风险）的余额就是边际风险贡献量。从表 11－12 中我们可以观察到：从各贷款的单独风险来看，第 7 项贷款（CCC 级）的风险要比第 15 项贷款（B 级）的风险大得多；但从边际风险贡献量来看，则第 15 项贷款的风险要比第 7 项贷款的风险大得多，二者正好相反。造成这一情况的主要原因是这两项贷款与其他贷款间的相关性不同。例如，从表 11－11 中我们可以看到，第 15 项贷款与第 11 项、第 12 项、第 13 项和第 14 项贷款间有着很高的相关系数水平（达到 0.45），相比较而言，第 7 项贷款则与第 5 项、

表 11－12　组合内各贷款价值变动的标准差状况

贷款序号	信用等级	单独风险 绝对金额（$）	单独风险 百分比（%）	边际风险 绝对金额（$）	边际风险 百分比（%）
1	AAA	4 905	0.06	239	0.00
2	AA	2 007	0.17	114	0.01
3	A	17 523	1.56	693	0.06
4	BBB	40 043	3.37	2 934	0.25
5	Bb	99 607	8.63	16 046	1.39
6	B	162 251	12.84	37 664	2.98
7	CCC	255 680	22.67	73 079	6.48
8	A	197 152	1.39	35 104	0.25
9	BB	380 141	7.06	105 949	1.97
10	A	63 207	1.99	5 068	0.16
11	A	15 360	1.30	1 232	0.10
12	A	43 085	1.73	4 531	0.18
13	B	107 314	15.21	25 684	3.64
14	B	167 511	15.40	44 827	4.12
15	B	610 900	18.72	270 000	8.27
16	B	322 720	12.77	89 190	3.53
17	BBB	28 051	2.13	2 775	0.21
18	BBB	306 892	3.96	69 624	0.69
19	BBB	1 837	0.16	120	0.01
20	AA	9 916	0.16	389	0.01

资料来源：J. P. 摩根公司：CreditMetrocs 技术文件，1997－04－02，130 页。

第 6 项、第 8 项、第 9 项、第 10 项贷款之间有着较高的相关系数为 0.35，但仍比第 15 项贷款的这一水平低。由此，我们可以利用表 11－10 和表 11－12 的资料，用图 11－5 将组合内的每项贷款的总风险分解成两个部分，其一是用纵轴表示的贷款边际标准离差（%），其二是用横轴表示的贷款信用暴露金额。于是我们就有

一项贷款的总风险量（$）＝边际标准离差（%）×信用暴露金额（$）

就这项组合中的第 15 项贷款而言，它的总风险量应是

8.27%×3 263 523＝270 000（美元）

另外，在图 11－5 中，还有一条相同总风险暴露下的等数量曲线（"Isopuant" Curve of Equal Total Risk Exposure），其相同总风险暴露额下的信用风险暴露额确定为 70 000 美元（边际风险量），也就是说银行的组合经理人希望组合中每一笔贷款信用风险暴露额限制在

70 000 美元以下。按照这样的限
制标准，20 项贷款组合中的第 15
项（B 级）、第 16 项（B 级）和
第 9 项（BB 级）贷款的边际风险
量都超过了这个标准，其中第 15
项贷款超的量最大。为了降低组
合的风险，银行有两种方法可以
采用：第一是可以将第 15 项贷款
卖给其他的银行；第二是将第 15
项贷款（B 级）与其他银行的 B
级贷款进行互换，但前提是从其
他银行所互换的这一 B 级贷款与
该银行的贷款组合中的其他贷款

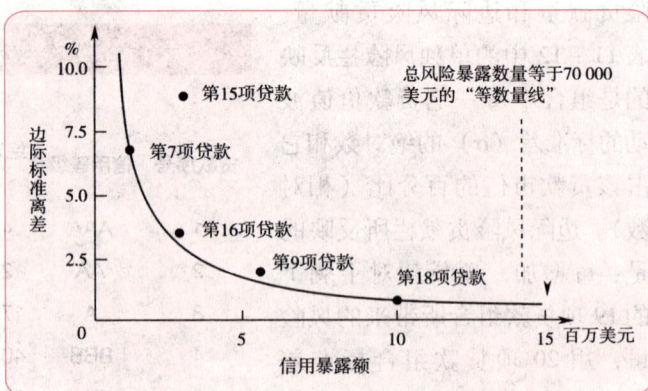

资料来源：J. P. 摩根公司：CreditMetrocs 技术文件，1997 - 04 - 02，131 页。

图 11 - 5　信用度量制框架下的信用风险限额和贷款选择

之间有着较低的相关系数。通过这样的调整可以在保持组合收益不发生大的变化的条件下，
使银行的贷款组合风险大大降低。

第三节　商业银行信用风险资本计量方法

《第三版巴塞尔协议》作为国际金融危机后银行监管改革的重要成果，确立了全球统一
的银行业资本监管新标准，提高了国际银行业资本监管的要求。在新的监管框架下，商业银
行资本的损失吸收能力得到极大地增强。为与国际新标准接轨，中国银监会发布了相关资本
管理办法，重构了我国银行的资本监管体系。在信用风险管理方面，新的资本管理办法规定
商业银行可以采用权重法或内部评级法计量信用风险加权资产。

一、权重法

权重法是指根据银行各类资产的不同风险程度赋予不同的风险权重，并以相应权重对各
类资产进行加权，得到信用风险加权资产。权重法下信用风险加权资产为银行账户表内资产
信用风险加权资产与表外项目信用风险加权资产之和。计量表内资产的风险加权资产时，首先
从资产账面价值中扣除相应的减值准备，然后乘以风险权重。计量表外项目的风险加权资产时，
先将表外项目名义金额乘以信用转换系数得到等值的表内资产，再按表内资产的处理方式计量
风险加权资产。风险权重反映风险程度的大小，风险程度较大的资产相比风险程度较小的资产
对加权资产计算结果的贡献更大，加权资产的数值大小反映了信用风险暴露的程度。

表 11 - 13　表内资产风险权重表

项目		权重
现金类资产	现金、黄金、存放央行款项	0

续表

项目		权重
对中央政府和中央银行的债权	对中央政府、中央银行、评级 AA－级及以上的国家或地区的中央政府和中央银行的债权	0
	对评级 AA－级以下、A－级及以上的国家或地区的中央政府和中央银行的债权	20%
	对评级 A－级以下、BBB－级及以上的国家或地区的中央政府和中央银行的债权	50%
	对评级 BBB－级以下、B－级及以上、未评级的国家或地区的中央政府和中央银行的债权	100%
	对评级 B－级以下的国家或地区的中央政府和中央银行的债权	150%
对我国公共部门实体的债权		20%
对我国金融机构的债权	对政策性银行的债权（不包括次级债权）、持有我国中央政府投资的金融资产管理公司为收购国有银行不良贷款而定向发行的债券	0
	对我国其他商业银行原始期限 3 个月以内的债权（不包括次级债权）	20%
	对我国其他商业银行原始期限 3 个月以上的债权（不包括次级债权）	25%
	对我国中央政府投资的金融资产管理公司的其他债权、对我国商业银行的次级债权（未扣除部分）、对我国其他金融机构的债权	100%
对在其他国家或地区注册的金融机构和公共部门实体的债权	对多边开发银行、国际清算银行及国际货币基金组织的债权	0
	对评级 AA－级及以上国家或地区注册的商业银行和公共部门实体的债权	25%
	对评级 AA－级以下、A－级及以上国家或地区注册的商业银行和公共部门实体的债权	50%
	对评级 A－级以下、B－级及以上、未评级国家或地区注册的商业银行和公共部门实体的债权	100%
	对评级 B－级以下国家或地区注册的商业银行和公共部门实体的债权	150%
	对其他金融机构的债权	100%
对一般企业的债权		100%
对符合标准的微型和小型企业的债权		75%
对个人的债权	个人住房抵押贷款	50%
	对已抵押房产，在购房人没有全部归还贷款前，商业银行以再评估后的净值为抵押追加贷款的，追加的部分	150%
	对个人其他债权	75%
租赁资产余值		100%
股权	对金融机构的股权投资（未扣除部分）	250%
	被动持有的、因政策性原因并经国务院特别批准的对工商企业的股权投资	400%
	对工商企业的其他股权投资	1250%
非自用不动产	因行使抵押权而持有并在法律规定处分期限内的非自用不动产	100%
	其他非自用不动产	1250%
其他	依赖于银行未来盈利的净递延税资产（未扣除部分）	250%
	其他表内资产	100%

资料来源：《商业银行资本管理办法（试行）》。

表 11 –14　表外项目信用转换系数表

项目	信用转换系数
等同于贷款的授信业务	100%
贷款承诺	
1. 原始期限不超过 1 年的贷款承诺	20%
2. 原始期限 1 年以上的贷款承诺	50%
3. 可随时无条件撤销的贷款承诺	0
未使用的信用卡授信额度	
1. 一般未使用额度	50%
2. 符合标准的未使用额度	20%
票据发行便利	50%
循环认购便利	50%
银行借出的证券或用做抵押物的证券	100%
与贸易直接相关的短期或有项目	20%
与交易直接相关的或有项目	50%
信用风险仍在银行的资产销售与购买协议	100%
远期资产购买、 远期定期存款、 部分交款的股票及证券	100%
其他表外项目	100%

🔘 资料来源： 《商业银行资本管理办法 （试行）》。

二、内部评级法

内部评级法 （Internal Ratings – Based Approach） 是一套以银行内部风险评级为基础的资本充足率计算及资本监管的方法。只有具备了内部评级的技术手段和制度体系，银行才有能力运用内部评级法进行资本监管。具体地，由银行专门的风险评估人员，运用一定的评级方法，对借款人或交易对手履行相关合同的能力和意愿进行综合评价，并对信用风险的相对大小进行简单评级。有效的内部评级体系包括评级维度、评级结构、评级方法、评级标准和模型检验等若干基本因素。

表 11 –15　有效的内部评级体系

基本要素	含义
评级维度	内部评级包括债务人评级和债项评级两个相互独立的维度。 前者是对债务人偿还非特定债务的能力进行综合评估； 后者则需要根据不同债务工具的特点， 如抵押、 期限等， 对特定债务的偿还能力进行评价
评级结构	根据监管要求， 我国商业银行应设定足够的债务人级别和债项级别， 确保对信用风险的有效区分。 债务人评级至少具备 7 个非违约级别、 1 个违约级别。 贷后检查若发现债务人的信用状况发生变化， 银行应调整其信用等级
评级影响因素	债务人评级时， 除了考察债务人的财务状况， 包括资产负债情况、 盈利能力和现金流量等因素外， 还会考虑经济周期、 行业特点等系统性因素
评级标准	银行应利用自身的数据建立统一的内部评级标准。 评级标准应考虑与债务人和债项评级相关的所有重要信息。 商业银行拥有的信息越少， 对债务人和债项的评级应越保守
评级方法	常用的内部评级方法分为三类： 以统计为基础的模型评级法、 以专家判断为基础的定性评级法和定量与定性相结合的评级方法
模型检验	在长期内部评级的过程中， 商业银行逐步积累债务人的历史违约情况等资料， 从而可据此对每一信用级别的实际违约率和损失程度进行估计， 检验内部评级的客观性和准确性

🔘 资料来源： 《商业银行资本管理办法 （试行）》。

内部评级法包括初级内部评级法（Foundation IRB Approach）和高级内部评级法（Advanced IRB Approach）。内部评级法提出四个基本风险要素，分别是违约概率（Probability of Default）、违约损失率（Loss Given Default）、违约敞口（Exposure at Default）及有效期限（Effective Maturity）。银行若采用初级内部评级法，只需内部估计违约概率，其他三类参数根据监管机构的规定确定；银行若采用高级内部评级法，四类参数均需内部估计得到。

表 11 - 16　内部评级法基本风险要素

评级要素	基本含义
违约概率（PD）	未来一段时间内借款人违约的可能性
违约损失率（LGD）	一旦债务人违约，预期损失占风险敞口总额的百分比
风险敞口（EAD）	债务人违约所导致的可能承受风险的贷款总额
有效期限（M）	借款人履约所需的最长剩余时间，取一年和实际期限的较大值

银行采用内部评级法时，将银行账户信用风险敞口分为主权、金融机构、公司、零售、股权、其他共六类风险敞口，各敞口使用内部评级法都须满足三方面的要求：风险因素、风险权重函数及一套最低技术要求。银行对其内部评级的每一等级估计违约概率（PD）、违约损失率（LGD）、风险敞口（EAD）和有效期限（M）。内部评级法的风险权重是由这四个因素的函数确定的，该函数将四个因素转化成监管风险权重。此外，最低资本要求还应考虑信用风险类别、评级体系、违约估计模型等多方面的因素。

表 11 - 17　商业银行信用风险敞口

类型	主要含义
主权	对主权国家或经济实体区域及其中央银行、公共部门实体，以及多边开发银行、国际清算银行和国际货币基金组织等的债权
金融机构	指商业银行对金融机构的债权，分为银行类金融机构风险敞口和非银行类金融机构风险敞口
公司	指商业银行对公司、合伙制企业和独资企业及其他非自然人的债权，但不包括对主权、金融机构和纳入零售风险暴露的企业的债权
零售	分为个人住房抵押贷款、合格循环零售风险暴露、其他零售风险暴露三大类
股权	指商业银行直接或间接持有的股东权益

资料来源：《商业银行资本管理办法（试行）》。

内部评级法风险权重函数根据风险敞口分类的差异、是否违约而有所不同，对于未违约的特定风险敞口，计算风险加权资产时还要考虑有效期限。以没有违约的主权、公司信用风险敞口为例，计算风险加权资产的公式如下：

相关性：
$$R = 0.12 \times \frac{1 - \dfrac{1}{e^{(50 \times PD)}}}{1 - \dfrac{1}{e^{50}}} + 0.24 \times \left[1 - \frac{1 - \dfrac{1}{e^{(50 \times PD)}}}{1 - \dfrac{1}{e^{50}}} \right]$$

期限调整因子：
$$b = \left[0.11852 - 0.05478 \times \ln(PD) \right]^2$$

资本要求：
$$K = \left[LGD \times N\left(\sqrt{\frac{1}{1-R}} \times G(PD) + \sqrt{\frac{R}{1-R}} \times G(0.999) \right) - PD \times LGD \right]$$
$$\times \left\{ \frac{1}{1 - 1.5 \times b} \times \left[1 + (M - 2.5) \times b \right] \right\}$$

风险加权资产：
$$RWA = K \times 12.5 \times EAD$$

上述公式①仅针对未违约的风险敞口，若是已发生违约的风险敞口，其资本要求为
$$K = Max\left[0, (LGD - BEEL) \right]$$

其中，**BEEL** 是指考虑经济环境、法律地位等条件下对已违约风险敞口的预期损失率的最大估计值。总体上，内部评级法比权重法更能反映特定商业银行的信用风险特征，但准确的计量依赖于内部评级体系的有效性，并且采用该方法需经过监管机构的审查和批准。目前我国商业银行主要采用权重法进行计量，但为提高风险管理的科学化和精细化水平，采用内部评级法作为度量方法是必然的趋势②。

第四节　我国商业银行信用风险管理实务

我国商业银行遵循监管部门的要求进行信用风险的管理。信用风险管理的目标是，建立与业务性质、规模和复杂程度相适应的信用风险管理流程，从而有效地识别、计量、控制和监测信用风险，将信用风险控制在可以承受的范围内，并最终实现风险可控下的收益最大化。为实现这一目标，我国商业银行明确了"三会一层"、各职能业务部门在风险管理过程中的职责，各部门间相互监督，形成了独立、集中、垂直的信用风险管理模式。其中，董事会主要负责监控信用风险管理是否有效，并承担最终责任；高级管理层主要负责执行董事会批准的信用风险管理战略、政策及体系；信用风险管理委员会作为信用风险管理的审议决策机构，负责审议信用风险管理的重大事项；信贷管理部门负责牵头本级的信用风险管理工作；各业务部门按照职能分工，具体执行与其业务对应的信用风险管理政策。

商业银行的信用风险管理流程主要包括全面及时的风险识别、风险计量、风险监测、风险缓释与控制、风险报告等一系列风险管理活动。风险识别是指对银行各项产品与业务中潜藏的信用风险进行识别，同时也关注信用风险与其他类型风险之间的相关性；风险计量是指

---

① $N(x)$ 表示标准正态随机变量的累积分布函数。$G(z)$ 表示标准正态随机变量累积分布函数的反函数［即 $N(x) = z$ 条件下的 x 值］。

② 2014年，经银监会核准，我国六家商业银行将按照资本管理高级方法计算风险加权资产和资本充足率。

利用监管机构规定的方法对信用风险的程度进行计量与评估，以掌握风险的暴露状况；风险监测是指对债务人或交易对手的合同执行情况进行监测，动态了解信用风险状况的变动，并整体监测投资组合，防止风险的过度集中；风险缓释与控制是指运用抵质押品和保证等风险缓释工具转移或降低信用风险；风险报告是指编制不同层次和种类的信用风险报告，提供给各风险层级和职能部门。

在信用风险管理流程中，对信用风险的定量分析是非常重要的环节。目前，我国商业银行对信用风险的定量分析主要包括信用风险暴露、信用风险缓释、贷款质量管理三个方面。

一、信用风险暴露

目前，我国商业银行采用权重法，分别计量表内、表外及交易对手的信用风险暴露。此外，根据监管要求，银行还需对资产证券化业务的风险暴露及资本要求进行计量。表11-18和表11-19列示了2013年我国某商业银行的信用风险暴露状况，表11-18表明该银行对企（事）业、金融机构、个人的债权以及现金类资产等表内资产信用风险暴露较大；表11-19表明汇率合约的信用风险暴露占较大比例，是一种重要的交易对手信用风险来源。

表11-18 我国某商业银行信用风险暴露状况
单位：百万元人民币

风险暴露类型	风险暴露	未缓释风险暴露
表内信用风险	18 813 159	18 106 535
现金类资产	3 299 133	3 299 133
对中央政府和中央银行的债权	1 501 222	1 501 222
对公共部门实体的债权	120 648	119 748
对我国金融机构的债权	3 049 481	2 995 218
对在其他国家/地区注册金融机构的债权	473 650	306 906
对一般企（事）业的债权	7 097 938	6 627 534
对符合标准的小微企业的债权	79 495	76 750
对个人的债权	2 675 627	2 665 340
租赁资产余值	91 161	91 161
股权投资	32 568	32 537
其他	391 657	390 407
资产证券化表内项目	579	579
表外信用风险	1 284 485	1 100 346
交易对手信用风险	53 715	53 048
合计	20 151 359	19 259 929

资料来源：我国某商业银行资本充足率报告。

表11-19 我国某商业银行交易对手信用风险暴露状况
单位：百万元人民币

项目	2013年12月31日
以现期风险暴露法计量风险暴露：	52 999
利率合约	2 626
汇率合约	47 770
股票合约	3
商品合约	2 600
信用衍生工具	—
其中：衍生合约的正的总公允价值	24 815
风险缓释影响	—
衍生工具净信用风险暴露	52 999

资料来源：我国某商业银行资本充足率报告。

二、信用风险缓释

信用风险缓释是商业银行信用风险管理的重要环节。合格缓释工具的风险缓释作用，有助于降低借款人违约时银行的损失程度。因此商业银行在采用权重法计量信用风险加权资产时，需要考虑这种风险缓释作用。具体表现在：（1）若银行某一债权有合格的质物作质押，则在计量信用风险加权资产时，该债权可取得与质物相同的风险权重。

> 信用风险缓释指的是商业银行以抵质押品和保证作为缓释工具转移或降低信用风险，当借款人或交易对手违约时，银行可以行使质押权、抵押权，以抵质押品的价值补偿其损失，或者要求保证人承担偿还义务。

例如，某非金融企业借款时，有公共部门实体发行的债券作质押，则贷款商业银行计量风险加权资产时，该项债权所适用的权重不再是100%（对一般企业的债权），而是20%（对我国公共部门实体的债权）。（2）若银行某一债权有合格的保证主体作全额保证，则在计量信用风险加权资产时，该债权可取得对保证人直接债权的风险权重。例如，我国公共部门实体对银行的借款，若有中央政府作全额保证，即公共部门到期违约时，中央政府承诺全额偿付。则权重法下此项债权所适用的权重被0（对我国中央政府的债权）所取代。

表 11-20　信用风险缓释工具

	金融质押品	现金及其等价物、贵金属、债券、票据、股票、基金、保单等
抵质押品	应收账款	交易类应收账款、公路收费权、应收租金等
	商用房地产和居住用房地产	商用房地产、居住用房地产、商用建设用地使用权和居住用建设用地使用权等
	其他	流动资产、机器设备、交通运输设备、资源资产、设施类在建工程等
保证	主权、金融机构、信用担保机构、其他企业法人及组织、自然人等各类保证人	

表 11-21 列示了 2013 年我国某商业银行各种类型缓释工具所覆盖的风险暴露情况，例如由我国商业银行提供保证、银行发行金融债券作质押等与商业银行相关的风险缓释，所覆盖的表内信用风险为 3029.89 亿元。表 11-21 表明，该银行 2013 年信用风险缓释大部分来自与商业银行、评级 AA-级及以上的国家和地区的中央政府和中央银行等相关的抵质押与保证，而对于交易对手信用风险的缓释全部来自现金类资产质押。

表 11-21　我国某商业银行信用风险缓释工具覆盖的风险暴露状况

单位：百万元人民币

缓释类型	2013 年 12 月 31 日		
	表内信用风险	表外信用风险	交易对手信用风险
现金类资产	167 218	165 424	667
我国中央政府	6 670	10	—
中国人民银行	8	—	—
我国政策性银行	50 590	802	—
我国公共部门实体	—	590	—

续表

缓释类型	2013 年 12 月 31 日		
	表内信用风险	表外信用风险	交易对手信用风险
我国商业银行	302 989	16 623	—
评级 AA－级及以上的国家和地区的中央政府和中央银行	169 304	5	—
评级 AA－级及以上国家和地区注册的商业银行和公共部门实体	9 580	122	—
评级 AA－级以下，A－级及以上国家和地区注册的商业银行和公共部门实体	265	563	—
合计	706 624	184 139	667

资料来源：我国某商业银行资本充足率报告。

三、贷款质量管理

我国商业银行实行贷款质量五级分类，监控贷款组合的风险状况。银行考虑借款人的还款能力等因素，将贷款划分为正常、关注、次级、可疑和损失五类，后三类视为不良贷款。不良贷款余额除以贷款及垫款总额即为不良贷款率，不良贷款率是反映贷款质量的重要信用风险指标。一些规模较大的银行为实行信贷资产质量精细化管理，提高风险管理水平，在五级分类的基础上，在各分类中进一步分级，形成十二级分类体系。例如，我国某商业银行将正常类细分为四个级别，关注类细分为三个级别，次级和可疑各细分为两个级别，损失类保持不变，共细分为十二级，实现公司类贷款十二级分类管理。此外，我国商业银行还对贷款进行结构分析，分别按地区、行业、期限、担保方式等标准计量贷款的内部构成与分布状况，能很好地反映贷款组合的重要风险点，便于信用风险管理部门有针对性地进行管理。

逾期贷款及其变动状况也反映了贷款质量的变化，逾期贷款是指没有按照贷款合同规定的期限偿还本金或利息的各项贷款的本金余额。逾期贷款增加表明银行贷款质量恶化，需采取手段加强管理以减小信用风险损失。表 11－22 列出了 2013 年我国某商业银行贷款各级分类的分布及逾期贷款的分布情况。在各级贷款中，正常和关注类贷款占贷款余额的 99.06%，不良贷款占贷款余额的 0.94%，不

表 11－22 我国某商业银行贷款五级分类及逾期贷款分布情况

单位：百万元人民币，%

项目	2013 年 12 月 31 日	
	金额	占比
正常	9 632 523	97.08
关注	196 162	1.98
不良贷款	93 689	0.94
次级	36 532	0.37
可疑	43 020	0.43
损失	14 137	0.14
合计	9 922 374	100
逾期期限	2013 年 12 月 31 日	
	金额	占各项贷款的比重
1 天至 90 天	53 868	0.54
91 天至 1 年	36 230	0.37
1 年至 3 年	20 848	0.21
3 年以上	22 685	0.23
合计	133 631	1.35

良贷款中可疑类贷款占比最大，约45.74%。而在逾期贷款的期限方面，逾期期限在1天至90天的贷款比例最多，约占所有逾期贷款的40%，这表明多数逾期贷款在3个月内得到偿还。

拨备覆盖率和贷款拨备率是两个从覆盖不良贷款可能损失的角度反映贷款质量的信用风险指标。拨备覆盖率是贷款减值准备余额与不良贷款余额之比，贷款拨备率是贷款减值准备余额与贷款及垫款总额之比。当银行计提充足的贷款减值准备以覆盖不良贷款余额时，将使发生信用风险损失时商业银行的风险处于可控状态。表

表11-23 我国某国有商业银行贷款减值准备变动情况

单位：百万元人民币

	单项评估	组合评估	合计
年初余额	31 405	188 998	220 403
本年计提	22 941	15 157	38 098
其中：本年新增	35 964	107 889	143 853
本年划转	417	-417	—
本年回拨	-13 440	-92 315	-105 755
已减值贷款利息收入	-2 019	—	-2 019
本年核销	-14 002	-2 498	-16 500
收回以前年度核销	740	237	977
年末余额	39 065	201 894	240 959

11-23列示了2013年我国某商业银行贷款减值准备的变动情况。2013年末，贷款减值准备余额为2 409.59亿元，比上年末增加205.56亿元；拨备覆盖率为257.19%，贷款拨备率为2.43%。

本章小结

1. 商业银行的信用风险主要来源于借款人或交易对手未能履行约定义务，因而商业银行贷款、资金业务、表外信用业务等均暴露在信用风险之中。由于贷款业务所占比重较大，对此类业务的信用风险管理至关重要；与此同时，随着资金业务、表外信用业务等规模不断扩大，也逐步引起信用风险管理者的关注。

2. 古典信用风险度量方法主要分为专家制度和Z（ZETA）评分模型。专家制度是指由具备专业知识、丰富经验的信贷官，基于借款人财务指标等内容作出信贷决策，该度量方法存在着银行冗员、信贷评估效果不稳定、导致贷款过度集中等问题；Z评分模型以及经修正的ZETA模型，是利用部分财务比率构造的最大限度区分贷款风险的数学模型，商业银行可据此对贷款申请人进行信用评估。该度量方法也在过多依赖账面数据、忽略表外信用风险等方面存在缺陷。

3. 现代信用风险度量方法以信用度量制模型最具代表性，该模型主要用于对贷款等非交易性金融资产的价值和风险进行度量，其原理来源于风险价值（VaR）方法，即根据借款人的信用状况，判断贷款可能的价值变动，并得出在某一置信水平下该贷款最大可能的损失水平。信用度量制也是对信贷资产组合风险度量和管理的代表性模型，通过估算由于信贷资产质量变化而导致的组合价值的波动以及价值的分布状况，该模型可以计算出信贷资产组合的风险价值，并依据组合风险价值导出相应的组合经济资本量。对于N项贷款组合，该模型主要使用蒙特卡罗模拟法度量组合的风险价值。

4. 我国商业银行对信用风险进行计量，主要依照《商业银行资本管理办法（试行）》

的规定。权重法与内部评级法是两种主要的度量方法，第一种方法是指对银行各项资产依照对应的风险权重进行加权，得到信用风险加权资产；第二种方法给予银行一定程度的自由，即银行在建立有效内部评级体系的前提下，可依据违约率、违约损失率、违约敞口、有效期限等基本风险要素对不同类型风险敞口，按照公式对风险加权资产进行计量。

本章主要概念

专家制度　Z 评分模型　ZETA 评分模型　VaR 方法　信用度量制　边际风险贡献量　蒙特卡罗模拟法　信用风险加权资产　权重法　内部评级法　信用风险暴露　信用风险缓释　贷款质量管理

本章思考题

1. 商业银行信用风险的来源有哪些？形成原因是什么？

2. 如何评价专家制度、Z（ZETA）评分模型这两类古典信用风险度量方法？

3. 如何计算某项贷款的风险价值？贷款市值处于正态分布、实际分布两种情形下的计算方法有什么区别？

4. 怎样利用蒙特卡罗模拟法度量 N 项贷款组合的风险价值？

5. 如何运用内部评级法度量未违约公司所暴露的信用风险加权资产？

6. 在采用权重法计量信用风险加权资产时，合格的缓释工具对计量结果会产生什么影响？

本章参考文献

［1］［美］菲利普·乔瑞：《VaR：风险价值》（中文版），北京，中信出版社，2000。

［2］李志辉：《现代信用风险量化度量和管理研究》，北京，中国金融出版社，2001。

［3］武剑：《内部评级理论、方法与实务：巴塞尔新资本协议核心技术》，北京，中国金融出版社，2005。

［4］中国银监会：《商业银行资本管理办法（试行）》，2012。

［5］Darrell Duffie, Kenneth J. Singleton. Credit Risk：Pricing, Management and Measurement. Princeton University Press，2003.

［6］H. Gifford Fong. The Credit Market Handbook：Advanced Modeling Issues. John Wiley & Sons，2006.

［7］Tomasz R. Bielecki, Marek Rutkowski. Credit Risk：Modeling, Valuation and Hedging，北京，世界图书出版公司，2013。

扫描二维码可获取本章更多习题

第十二章
商业银行操作风险管理

本章知识结构

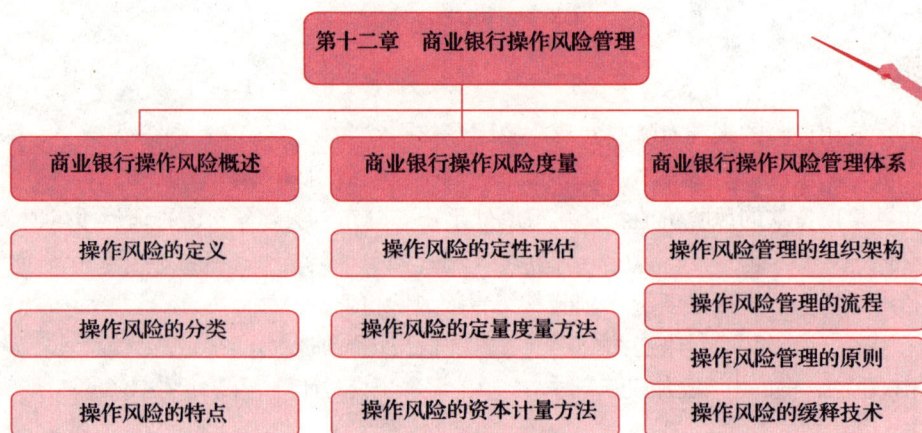

```
              第十二章　商业银行操作风险管理
    ┌──────────────┼──────────────┐
商业银行操作风险概述   商业银行操作风险度量   商业银行操作风险管理体系

操作风险的定义        操作风险的定性评估     操作风险管理的组织架构

操作风险的分类        操作风险的定量度量方法   操作风险管理的流程

                                        操作风险管理的原则

操作风险的特点        操作风险的资本计量方法   操作风险的缓释技术
```

学习目标

- 掌握商业银行操作风险的概念
- 了解商业银行操作风险管理现状
- 掌握商业银行操作风险的主要特点
- 掌握商业银行操作风险度量主要方法
- 了解商业银行操作风险管理体系

伴随着金融监管的放松、金融服务的不断丰富以及金融技术的日趋复杂，由操作风险引发的各种损失事件频繁发生，逐渐让人们认识到操作风险在商业银行风险管理中的重要性。操作风险已成为继信用风险、市场风险之后，商业银行面临的又一种重要风险。2004 年，巴塞尔委员会发布了《资本计量和资本标准的国际协议：修订框架》，现在普遍称之为《巴塞尔新资本协议》。新协议在借鉴 1988 年《巴塞尔协议》的基本构架的基础上，引入了相辅相成的三大支柱，即最低资本要求、监管当局的监管以及市场约束，为银行提高内部管理水平提供动力。《巴塞尔新资本协议》提高了资本要求对银行面对的实际风险的敏感度，特别值得关注的是将操作风险纳入风险管理的框架，为其设定新的资本要求，这标志着操作风险管理时代已经来临。

第一节　商业银行操作风险概述

一、操作风险的定义

对操作风险进行合理、准确的定义是建立有效的操作风险管理体系的基础和前提。然而，由于操作风险的成因较多、性质复杂等因素，到目前为止，国际金融界对操作风险的定义仍未完全形成共识。传统上，操作风险的定义方法存在着广义和狭义两种。广义的观点认为，市场风险和信用风险以外的所有风险均视为操作风险。这种定义最大的优势在于涵盖了所有除市场和信用风险以外的剩余风险，但如此广泛的定义使很多银行认为对操作风险的管理和计量存在很大的困难。狭义的观点认为，只有与金融机构中运营部门相关的风险才是操作风险，即由于控制、系统及运营过程中的错误或疏忽而可能引致的潜在损失的风险，声誉、法律、人力资源等方面的风险不属于操作风险范畴。狭义操作风险定义的优点在于能够较好地识别操作风险，从而将管理重点集中到所面临的主要风险上，缺点是未能将狭义界定意外的细分风险纳入管理框架，从而遭受到一些不可预见的损失。

近年来，广义的定义和狭义的定义出现了相互融合的趋势，产生了介于广义与狭义之间的操作风险观念。这种界定首先区分了可控制事件和由于外部如监管机构、竞争对手的影响而难以控制的事件，进而将可控制事件的风险定义为操作风险。其中最具代表性的是英国银行家协会（BBA）和巴塞尔委员会（BCBS）对操作风险的界定。

英国银行家协会（British Bankers' Association，BBA）根据本国银行业实际从操作风险的主要来源，即人的因素、流程、系统和外部事件四方面将操作风险定义为"由于内部程序、人员、系统的不完善或失误，或外部事件造成直接或间接损失的风险"[1]，巴塞尔委员会在修订新资本协议时采用了此定义。

巴塞尔银行监管委员会对操作风险的定义也是在对操作风险认识不断深化的基础上逐步形成的。巴塞尔委员会最早在 1997 年 9 月发布的《有效银行监管的核心原则》中对操作风险进行简单定义："操作风险是银行在日常经营中因各种认为的失误、欺诈及自然灾害、意外事故引起的风险。" 2004 年，巴塞尔协议委员会公布的新资本协议中对操作风险进行了明确的界定："操作风险是指由于有缺陷的或失效的内部程序、人员和系统或外部事件所造成的损失风险。"[2] 巴塞尔委员会同时指出，这一界定包括法律风险[3]，但不包括策略风险和声誉风险。可以看到，这一含义侧重于操作风险的形成原因，从银行内部因素和外部事件两方面进行了界定，它涵盖了银行内部很大范围的一部分风险，成为不可界定的残值风险范畴，许多新的风险会不断归并其中。

---

[1] British Bankers' Association，1999，The New Capital Adequacy Framework，Consultative document.

[2] Basel Committee on Banking Supervision，2004 International Convergence of Capital Measurement and Capital Standards: a Revised Framework，Basel Committee Publications，June.

[3] 法律风险包括但不限于：因监管措施和私下和解等而导致银行面临罚款、处罚或惩罚性损害的风险。

图 12 – 1　巴塞尔协议发展与操作风险

中国银监会在 2007 年出台的《商业银行操作风险管理指引》中给出了操作风险的定义："操作风险是指由于不完善或有问题的内部程序、员工和信息科技系统，以及外部时间所造成损失的风险。本定义所指操作风险包括法律风险，但不包括战略风险和声誉风险。"此定义与巴塞

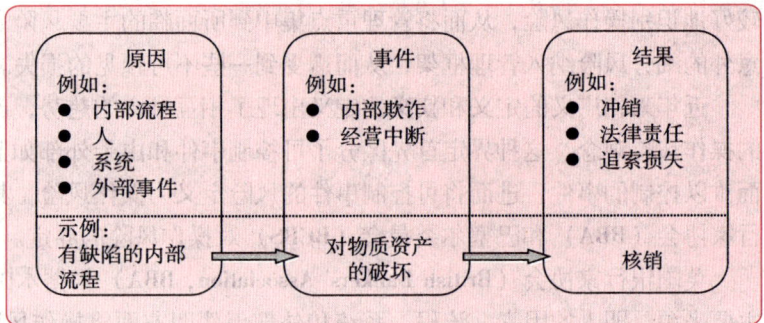

资料来源：Carol Alexander，（2003）：Operational Risk：Regulation，Analysis，and Management，Published by Financial Times – Prentice Hall，March.

图 12 – 2　通过原因、事件和效果界定操作风险

尔委员会的定义基本一致。具体而言，对操作风险的界定可以从三个不同的角度进行：引起操作损失的原因、导致损失的事件和损失所对应的法律与会计形式。但对看似类似，但又有区别的不同损失进行分类较为困难。而且，三者之间的因果关系（原因、事件与结果）较为复杂，不确定性很大。

二、操作风险的分类

出于研究和管理操作风险的需要，金融监管机构对操作风险按照既定标准进行细分。本部分仅介绍巴塞尔委员会对操作风险的分类。巴塞尔委员会在 2004 年发布的新资本协议中对操作风险按照事件类型和业务性质两方面进行了分类。在此基础上，通过对损失事件类型和业务条线类型的组合将操作风险进一步分为 56 个类别。

1. 按照损失事件类型将操作风险分为七类。（1）内部欺诈（Internal Fraud）：有机构内部人员参与的诈骗、盗用资产、违犯法律以及公司的规章制度的行为。例如内部人员虚报头

寸、内部人员偷盗、在职员的账户上进行内部交易等。（2）外部欺诈（External Fraud）：是指第三方的诈骗、盗用资产、违犯法律的行为。例如抢劫、伪造、开具空头支票以及黑客行为对计算机系统的损坏。（3）雇佣合同以及工作状况带来的风险事件（Employ Practices & Workspace Safety）：由于不履行合同或者不符合劳动健康、安全法规所引起的赔偿要求。例如，工人赔偿要求、违犯雇员的健康安全规定、有组织的罢工以及各种应对客户负有的责任。（4）客户、产品以及商业行为引起的风险事件（Client，Products & Business Practices）：有意或无意造成的无法满足某一客户的特定需求，或者是由于产品的性质、设计问题造成的失误。例如受托人违约、滥用客户的秘密信息、银行账户上的不正确的交易行为、洗钱、销售未授权产品等。（5）有形资产的损失（Damage to Physical Assets）：由于灾难性事件或其他事件引起的有形资产的损坏或损失。例如恐怖事件、地震、火灾、洪灾等。（6）经营中断和系统出错（Business Disruption & System Failure）：例如软件或者硬件错误、通信问题以及设备老化造成的损失。（7）涉及执行、交割以及交易过程管理的风险事件（Execution Delivery & Process Management）：是指由于交易失败或对交易过程的管理失效造成的损失。例如交易数据输入错误、间接的管理失误、不完备的法律文件、未经批准访问客户账户、合作伙伴的不当操作以及卖方纠纷等。

2. 按照操作风险的业务部门或业务流程环节将操作风险分为八类：（1）公司金融（Corporate Finance）：合并与收购、股份承销、资产证券化、首次公开上市发行、政府债券和高收益债券等。（2）交易与销售（Trading & Sales）：固定收益债券、股权、商品期货、信用产品、自有头寸证券、租赁与赎回、经纪、债务。（3）零售银行业务（Retail Banking）：零售的存贷款业务、私人的存贷款业务、委托理财、投资建议。（4）商业银行业务（Commercial Banking）：项目融资、房地产、出口融资、交易融资、代收账款、租赁、担保、贷款。（5）支付与清算（Payment & Settlement）：支付、转账、清算。（6）代理服务（Agency Services）：契约、存款收据、证券借贷、发行和支付代理。（7）资产管理（Asset Management）：可自由支配的资金管理和不可自由支配的资金管理。（8）零售经纪（Retail Brokerage）：零售的经纪执行以及其他服务。

1 级目录	2 级目录	业务群组
表12－1　巴塞尔委员会的银行产品线分类		
公司金融	公司金融	兼并与收购、 承销、 私有化、 证券化、 研究、 债券、 股本、银团、 首次公开发行上市、 配股
	市政/政府金融	
	商人银行	
	咨询服务	
交易和销售	销售	固定收入、 股权、 外汇、 商品、 信贷、 融资、 自营证券头寸、 贷款和回购、 经纪、 债务、 经纪人业务
	做市	
	自营头寸	
	资金业务	

续表

1级目录	2级目录	业务群组
零售银行业务	零售银行业务	零售贷款和存款、 银行服务、 信托和不动产
	私人银行业务	私人贷款和存款、 银行服务、 信托和不动产、 投资咨询
	银行卡业务	商户/商业/公司卡、 零售店品牌和零售业务
商业银行业务	商业银行业务	项目融资、 不动产、 出口融资、 贸易融资、 保理、 租赁、 贷款、 担保、 汇票
支付与清算	外部客户	支付和托收、 资金转账、 清算和结算
代理服务	托管	第三方账户托管、 存托凭证、 证券贷出 (消费者)、 公司行为
	公司代理	发行和支付代理
	公司信托	
资产管理	可支配基金管理	集合、 分散、 零售、 机构、 封闭式、 开放式、 私募基金
	非可支配基金管理	集合、 分散、 零售、 机构、 封闭式、 开放式
零售经济		执行指令等全套服务

🔘 资料来源： 阎庆民： 《操作风险管理 "中国化" 探索》， 北京， 中国经济出版社， 2012， 12 - 13 页。

金融服务的管制放松和全球化，加上日益先进的金融技术，正在使商业银行业务及其风险组合更为复杂。自 20 世纪 90 年代以来，各类由于未能妥善管理操作风险而导致重大损失的事件不胜枚举。下面表 12 - 2 和表 12 - 3 分别列举了部分国内外商业银行的操作损失事件。

表 12 - 2 国外银行部分操作损失事件

机构名称	发生年份	损失金额 (百万美元)	操作风险产生原因
国际商业与信用银行 (BCCI)	1991	10 000	欺诈性贷款、 虚假存款和洗钱等广泛的非法经营业务活动
美国信孚银行① (Banker Trust)	1994	93	信孚银行未能充分告知客户复杂的互换交易中所涉及的风险
英国巴林银行 (Barings Bank)	1995	1 600	交易员从事未经授权之交易行为及隐匿巨额期货交易损失
日本大和银行 纽约分行	1995	1 100	隐瞒美国国债交易亏损
爱尔兰联合银行 (AIB)	2002	750	银行职员鲁斯纳克伪造交易文件，进行违法外汇交易
多米尼加洲际银行 (Dominican Intercontinental Bank)	2003	2 200	高管隐瞒资产及欺诈
法国兴业银行 (GLE)	2008	7 200	从事欧洲指数交易的交易员违规操作进行期货买卖
瑞银集团 (UBS)	2011	2 000	投行部交易员进行未授权的交易

🔼 资料来源： Hans - Ulrich Doerig (2000)、 Marshall Christopher Lee (2001) 及相关公开资料整理。

---

① 现在是德意志银行 (Deutsche Bank) 的一部分。

表 12 –3　国内银行近年部分操作损失事件

机构名称	发生时间	损失金额	操作风险产生根源
中国建设银行 吉林分行	1999.12—2001.4	32 844 万	内外勾结，采取私刻印鉴、印章、制作假合同、假存款证明书、伪造资信材料、担保文件等手段，进行贷款、承兑汇票的诈骗
中国银行 北京分行	2000.12—2002.6	6.4 亿元	北京"森豪公寓"的开发商以员工名义，虚构房屋买卖合同，提供虚假收入证明套取按揭贷款和重复按揭贷款
中国农业银行 包头分行	2003.7—2004.6	1 149 万元	银行工作人员与社会人员相互串通、勾结作案，挪用联行资金、虚开大额定期存单、办理假质押贷款、违规办理贴现、套取银行信贷资金，谋取高息
中国工商银行 南海支行	1990—2003	超过 20 亿元	使用虚假的财务报表、经济合同、证明文件，使用虚假的产权证明、抵押物作担保、抵押，骗取银行贷款
中国工商银行上海 外高桥保税区支行	2002—2003.6	涉案金额 7 141 万元	以消费信贷名义经营谋利：姚康达将个人住房贷款用于购买 128 套住房，炒作房地产
中国银行黑龙江省 分行河松街支行	2005.1*	超过 10 亿元	内外勾结的票据诈骗案件
中国建设银行 德州平原银行	2006	2 180 万元	银行柜员为购彩票，绕开内部各监管，通过更改账户信息的方式虚增存款，同时直接盗取现金
中国工商银行、 中国银行、宁波银行、 上海银行的上海分 （支）行	2009	3.26 亿元	不法分子以高息为诱饵，诱使储户到相关银行开户，再通过调换企业印鉴卡，开通储户银行卡或网银，盗划现金
齐鲁银行	2010.12	10 亿—15 亿元	主使人刘济源在第三方存贷质押业务中，联系大型企业存款，利用双方管理漏洞，勾结银行职员伪造金融票证，循环贷款诈骗资金
烟台银行	2011.4—2012.1	4.36 亿元	胜利路支行行长刘维宁分多次将银行的库存承兑汇票取走，其中 1.7 亿元转入个人账户
中国建设银行 中国工商银行	2011.9—2012.2	3 549.06 万元	公司法人代表虚构交易，伪造购销合同，骗取银行经营性贷款及信用证贷款
中国银行	2014.7	60 亿元	通过优汇通业务绕开国家外汇局的监管，利用银行国外分支机构换汇，帮助个人投资移民，实现超额汇兑

● 注：* 表示案件披露日期。

三、操作风险的特点

从操作风险的定义和类型可以看出，操作风险是一种与信用风险和市场风险完全不同的风险。操作风险较之信用风险和市场风险存在明显的特点。

1. 风险与报酬的不对称性。即风险与收益不能——对应。对于市场风险和信用风险来说，一般情况下是高风险高收益，存在风险与收益之间的对应关系；但商业银行操作风险一般只带来损失而不产生收益，而且在大多数情况下操作风险损失与收益的产生没有必然关系。

2. 风险内生性。即操作风险主要来源于商业银行的日常运营中，其中人为因素是诱发操作风险最直接、最重要的因素。

3. 操作风险具有多样性。操作风险与其他风险不同之处在于信用风险主要来源于客户和交易对手，市场风险主要来源于市场价格的波动，而操作风险可能出现在商业银行的各条产品线和整个运营过程中。

4. 计量的困难性。与市场风险和信用风险大多数情况下只计量直接损失不同，操作风险在评估时，除考虑直接损失外还应考虑诸如经营中断、法律成本等造成的间接损失，有时甚至会遭遇无法计量的损失，因此操作风险的计量难度较大。

第二节　商业银行操作风险度量

一、操作风险的定性评估

在很多情况下，对于频率低、损失高的风险事件，由于内部损失数据有限，加之行业损失数据和外部数据只是反映新业务或者业务量的变化引起资本额的变化，因此需要使用定性评估进行判断。定性评估有利于在各个业务种类分配资本，增加资本目标和业务部门风险管理的联系。

（一）自我评估法（Self – assessment）

自我评估是通过调查问卷、系统性的检查或公开讨论的方式，评估是否符合操作风险管理政策，找出内部操作风险的强势和弱点。这主要针对可能产生操作风险的内部因素（内部程序、人员及系统）分别监察，获取有关风险重要程度、控制效果、可能发生后果的信息，从而了解操作风险管理水平。

在组织管理方面，检查内容包括：现有组织结构是否有利于业务发展；可能造成的内部矛盾；管理层是否有足够的风险敏感度；公司内部的员工行为准则是否明确；当员工违反行为准则时，管理层是否采取了纠正措施等。人力资源方面，检查人员招聘、培训、留用等人力资源政策是否与风险管理政策相一致。操作流程注重权责是否分离。信息系统的防护措施、紧急处理程序、援助措施也非常重要。另外，也不能忘记评估外部因素，如环境变化、产业结构调整以及科技发展对经营活动产生的影响。

自我评估可以作为内部审计的工具，一旦发现评估结果中有违背机构政策或准则的项目，立即上报高级主管人员，还可以监督改正的进度。自我评估结合了内部控制和审计，将有助于对操作风险的评估。

（二）风险图法（Risk Map）

设计风险图，首先根据情景分析或损失数据库的资料，按操作风险的原因分类，如人员风险、技术风险、外部事件引起的风险等，并在每类风险下确定次级的风险种类，然后评估每类风险的大小、每个业务种类中的重要性、现在已有的风险管理水平和可能发生的最大损失，最后按评估结果排列各种风险，以便有效的管理。

（三）关键风险指标法（Key Risk Indicators，KRIs）

关键风险指标法主要是由业务主管或风险主管制定各个业务种类代表操作风险的指标，如交易失败的次数、人员周转率、损失频率或严重性、资产额、业务交易量、防火墙的破坏等，来监督日常操作的表现。例如一家商业银行评估人员风险，可以按前台、中台和后台分别测量质量指标和数量指标（如表12－4所示）。一旦发现问题，按照严重程度及时上报高级管理层。这种方法比较简单，但是不能区分各个业务种类的操作风险差异。

表 12 -4　商业银行对人员风险的测量指标		
指标	质量	数量
后台	每天交易的数目	交易过程中错误的比例
中台	报告的及时性，系统执行的延迟，信息技术反应时间	报告中的错误，系统失灵的时间
前台	规范交易者的信息比销售接触的数目	检票错误的比例，时间标记的延迟，接触的质量，客户抱怨的数目

（四）情景分析法（Scenario Analysis）

情景分析主要是研究一个特定的事件对企业造成的影响，如过去或将来可能发生的恐怖袭击、黑客对系统的影响等。主要通过创造和模拟未来情景来度量可能发生的影响，也可以重建真实的历史事件，或者只是度量不利的趋势，并研究它对现在的企业会产生怎样的影响。

二、操作风险的定量度量方法

根据着眼点的不同，度量模型大体可以分为自上而下法（Top - down Approaches）和自下而上法（Bottom - up Approaches）。自上而下法着眼点在于总体的目标（例如净收入、净资产），然后考虑风险因素和损失事件对其造成的影响。而自下而上法将总体目标分解成若干子目标，然后分别考虑风险因素和损失事件对它们的影响。

（一）自上而下法

采取自上而下法的模型，一般的步骤是：（1）确定目标变量；（2）确定可以影响目标变量的因素和事件；（3）建立模型，反映目标变量和因素、事件的关系；（4）计算变量的方差，将其中不能被外部因素解释的部分或者能被风险因素解释的部分作为操作风险。

由上而下法的优点是数据搜索和风险估计相对比较容易，简单易行；缺点是模型对操作风险敏感度低，数据来源以及计算结果可靠性差，而且银行不能将度量结果运用于银行的各业务条线或部门的风险管理和经济资本配置，因此不能有效地对各类业务进行业绩评价、收益管理和风险管理。

目前，自上而下的方法主要包括基本指标法、标准法、CAPM 法等。其中，基本指标法和标准法在后面的章节介绍，此节只介绍 CAPM 法。

CAPM 法类似于金融领域广泛使用的资本资产定价模型，考虑各个风险因素对目标变量的影响，计算目标变量的方差，然后剔除因市场风险、信用风险因素所造成的方差，剩余的方差即为操作风险值。按选取的目标变量的不同，CAPM 法又分为证券因素法、收入法和支出法。这三种方法分别将银行的市值波动率、净利润波动率和历史支出波动率作为操作风险值来度量操作风险。

以收入法为例，收入法度量的是广义的操作风险，即将除市场风险和信用风险外的所有风险视为操作风险。在线性回归模型中可决系数 R^2 为回归平方和与离差平方和之比，主要反映目标变量的波动在多大程度上能够被解释变量所解释。模型假设银行净利润为目标变量，解释变量是市场风险和信用风险，不能被解释变量解释的部分视为由操作风险引起的银行净利润的波动。一般用方差表示波动，由操作风险引起的银行净利润的波动 $\sigma_o^2 = \sigma_t^2 \times (1 - R^2)$，其中 σ_t^2 表示银行净利润总的波动。如果银行净利润服从正态分布，则在一定的置信水平 α 下，正态分布的分位数为 Z_α，那么统计期间操作风险引起的未预期损失为

$$L_{ou} = Z_\alpha \times \sigma_o$$

其中，σ_o 为操作风险引起的银行净利润的标准差。

（二）自下而上法

首先考虑企业运转的一些基本要素（例如资产、负债、重要的经营过程、重要的资源等），然后考虑这些因素的潜在变化可能会对目标变量（以市场方式标价的资产价值、净收入等）带来怎样的影响。模型中一般使用风险因素或特定的损失事件来代表潜在的变化。建立一个自下而上模型的步骤包括：（1）确定目标变量，一般为损益值、成本、净资产价值。（2）确定一些重要的过程和资源或者一些重要的资产和负债。在此过程中，需要牢记：大部分的风险往往蕴含在很少的几个重要过程和资源中。（3）将这些过程和资源映射到一系列我们已经掌握了历史数据的风险因素和损失事件。（4）模拟一定时间范围内的风险因素和损失事件的可能变化，同时也要考虑这些因素和事件之间的依赖关系。对于它们的统计分布，可以使用参数估计，也可以使用蒙特卡罗模拟法。（5）使用模拟得出的分布和前面使用的映射关系，给出对目标变量的可能影响。

经常使用的自下而上的方法主要有极值理论法、贝叶斯网络法、自我评估法等。

三、操作风险资本计量方法

按照资本计量模型的复杂性和风险敏感度依次增加的顺序，巴塞尔委员会在《巴塞尔资本协议》中提出基本指标法、标准法和高级计量法三类操作风险资本计量方法。

（一）基本指标法（Basic Indicator Approach，BIA）

采用基本指标法银行持有的操作风险资本应等于前三年正的总收入的平均值乘上一个固定比例（用 α 表示）。任何一年的总收入为负值或零时，将不纳入计算平均值的分子和分母之中。资本计算公式如下：

$$K_{BIA} = GI \times \alpha$$

其中，K_{BIA} = 基本指标法需要的资本；GI = 前三年总收入（净利息收入与非利息收入之和）的平均值；α = 15%，由巴塞尔委员会按照整个银行业的操作风险监管资本要求水平来设定。

基本指标法的前提是操作风险暴露与收入存在线性关系，通过一个固定的百分率 α 可直

接将操作风险资本同商业银行的业务指标加以联系，而不考虑银行的具体业务范畴，因而不能将银行中不同业务的操作风险区分出来。新巴塞尔协议中选定的业务指标是总收入，总收入反映的是商业银行的业务规模，后者与操作风险暴露相关，但二者之间的相关性是不确定的。总收入是反映商业银行历史的经营指标，风险反映的是未来的不确定性。总收入并不反映操作风险管理的质量，设想两个具有相同收益的商业银行，其中总收入大的商业银行利润率低，但按基本指标法，其提取的操作风险资本要高。这样，银行会选择通过减小成本支出来提高收益，而不会通过提高总收入，但减小成本往往会削减风险储备和风险缓释工具。

由于上述弊端的存在，需要选取新的指标来代替总收入指标，新指标要同操作风险暴露有更高的相关度，且不会导致上述逆向选择问题。从这个意义上，使用营业费用较总收入更为合适。银行由于经营不善导致清算时，其资本支出同费用高度相关。但是相对规模大的商业银行在操作风险管理上可以采取更为复杂有效的模型，而且其业务多样化，因而比起小型、专业化的商业银行遭受欺诈行为、系统失败而导致的破产的概率小得多。巴塞尔委员会对基本标准法没有设定具体的准入标准，但鼓励采用此法的银行应遵循操作风险管理原则。由于上述缺陷的存在，巴塞尔委员会要求具有显著操作风险暴露的国际大银行采用更为复杂准确的操作风险度量模型。

（二）标准法[1]（Standardized Approach，SA）

在标准法中，银行的业务分为8个业务部门：公司金融（Corporate Finance）、交易和销售（Trading & Sales）、零售银行业务（Retail Banking）、商业银行业务（Commercial Banking）、支付和清算（Payment & Settlement）、代理服务（Agency Services）、资产管理（Asset Management）和零售经纪（Retail Brokerage），详见表12-5。

表12-5　操作风险业务部门与β系数

业务部门	β系数（%）
公司金融（β_1）	18
交易和销售（β_2）	18
零售银行业务（β_3）	12
商业银行业务（β_4）	15
支付和清算（β_5）	18
代理服务（β_6）	15
资产管理（β_7）	12
零售经纪（β_8）	12

[1] 另外一种形式的标准法。各国监管当局可根据本国情况决定是否允许银行采用另外一种形式的标准法（ASA），只要银行能够说服监管当局该方法有所改进，例如能够防止风险重复计算。

除零售银行业务和商业银行业务这两类业务外，用另外一种形式的标准法计算操作风险资本的方法与标准法相同。对于这两类业务，用贷款和垫款乘以一个固定系数 m 代替总收入作为风险指标。零售和商业银行业务的 β 值与标准法一样。在其他标准法下，计算零售银行业务（商业银行业务的基本计算公式相同）的操作风险资本公式为：$K_{RB} = \beta_{RB} \times m \times LA_{RB}$。其中，$K_{RB}$ 为零售银行业务的资本；β_{RB} 为零售银行业务的 β 值；LA_{RB} 为过去三年零售贷款和预付垫款（未进行风险加权，准备之和）的年平均余额；m 等于 0.035。

在使用另外一种形式的标准法时，零售银行业务的贷款和垫款总额数从以下信贷业务组合中提取：零售业务、按零售业务处理的中小企业贷款和购入的零售应收账款。商业银行业务的贷款和垫款总额则从以下信贷业务组合中提取：公司贷款、主权贷款、向银行贷款、专业贷款、按公司贷款处理的中小企业贷款和购入的公司应收账款。银行账户上持有的证券账面价值也应当包括在内。

根据其他标准法，银行（如果愿意的话）可以令 β 值等于15%加总零售业务和商业银行业务。类似的，无法将总收入拆列入其他六类业务的银行可以令 β 值为18%而将六类业务的总收入加总。

与标准法一样，另外一种形式的标准法将8个产品线的资本要求简单加总得出资本总额。

在各业务部门中，总收入是个广义的指标，代表业务经营规模，因此也大致代表各业务部门的操作风险暴露。计算各产品线资本要求的方法是，用银行的总收入乘以一个该业务部门适用的系数（用 β 值表示）。β 值代表整个银行业在特定业务部门的操作风险损失经验值与该业务部门总收入之间的关系。应注意到，标准法是按各业务部门计算总收入，而非在整个机构层面计算，即在公司金融部门中，指标是公司金融部门产生的总收入。

总资本要求是各业务部门前三年平均监管资本的简单加总。在任一年里，一个业务部门的负的资本要求（由负的业务总收入产生）可以不受限制地用其他业务部门的正的资本要求所抵消。但是如果某一年各业务部门的总的资本要求为负，则该年计入分子的数值应为零。总资本要求如下所示：

$$K_{TSA} = \left\{ \sum_{\text{第}1-3\text{年}} \max\left[\sum (GI_{1-8} \times \beta_{1-8}), 0 \right] \right\} \div 3$$

其中，K_{TSA} 是用标准法计算的资本要求；GI_{1-8} 是各业务部门当年的总收入；β_{1-8} 是由委员会设定的各业务部门对应的固定百分数，其值详见表 12-5。

同基本指标法相比，标准法细化了银行的业务部门，不同的业务部门赋予不同的操作风险权重，但并不意味着标准法就具有更高的风险敏感度。第二次定量影响测算（QIS2）调查结果中并无显著证据显示不同的业务部门具有不同的 β 值，具体见图 12-3。

巴塞尔委员会初衷是根据全行业情况来确定 β 值，但目前阶段并没有给出具体建议，仅在其工作文件中提到"按照 α 水平确

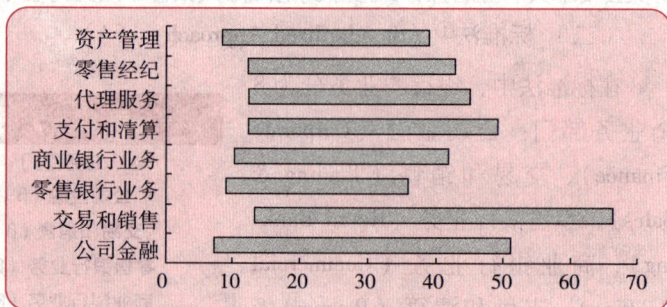

图 12-3　第二次定量影响测算（QIS2）
调查结果中 β 离差分布

定 β 值"。商业银行并没有因为其操作风险管理水平达到了标准法的要求而减少资本支出，其风险管理的质量不影响资本支出，这样银行没有采用标准法改进风险管理的动力。不过标准法为巴塞尔委员会将来调整 β 值或者按照产品系列选择风险暴露指标留有余地。

（三）高级计量法（Advanced Measurement Approaches，AMA）

高级计量法是目前为止对操作风险最为敏感的一种资本计量方法。巴塞尔委员会建议规模较大、业务组合较为复杂的国际大银行使用高级计量法。从目前国际同业操作风险度量的实践看，主要包括四种方法：内部计量法、损失分布法、极值理论和记分卡法。

> 高级计量法是指银行在遵循巴塞尔委员会规定的一系列定性和定量标准的条件下，通过建立银行内部操作风险计量模型计算监管资本要求。

1. 内部计量法（Internal Measurement Approach，IMA）。在标准法的基础上，商业银行采用监管当局规定的方法将每个业务类型进一步细分为 7 个损失事件类型，商业银行根据自己搜集、整理的损失数据对每个业务类型和事件类型的组合（共 56 个组合）计算期望损失值

（EL）并估算操作风险资本的一种方法。具体步骤如下：

第一步：对银行的每个业务类型（i）界定出不同的损失事件类型（j）。

第二步：对每个业务和事件类型的组合（ij），银行根据自己的内部数据计算风险暴露指标（EI_{ij}）、参数损失概率（PE_{ij}）和给定事件发生概率下的损失（LGE_{ij}）。此时，该业务部门和事件组合的期望损失为

$$EL_{ij} = EI_{ij} \times PE_{ij} \times LGE_{ij}$$

第三步：监管当局根据行业整体的操作风险状况对每一个业务类型和损失事件的组合赋予一个风险系数（r_{ij}），这样操作风险的资本要求（K）计算公式为

$$K = \sum_i \sum_j [r_{ij} \times EI_{ij} \times PE_{ij} \times LGE_{ij}]$$

由于每个银行的操作风险损失分布与行业整体的状况存在一定的差异，因此《巴塞尔新资本协议》引入了风险特征指数（Risk Profile Index，RPI）来调整操作风险资本要求。当 RPI = 1 时，表示特定银行的操作风险损失分布与全行业一致；当 RPI < 1 时，表示特定银行的操作风险小于行业水平；当 RPI > 1 时，表示特定银行的操作风险大于行业水平。因此，调整后的银行操作风险资本要求（K_a）计算公式为

$$K_a = \sum_i \sum_j [r_{ij} \times EI_{ij} \times PE_{ij} \times LGE_{ij} \times RPI_{ij}]$$

IMA 假定每一个业务部门和损失事件组合的非预期损失（UL_{ij}）与预期损失（EL_{ij}）之间呈线性关系：

$$UL_{ij} = r_{ij} \times EL_{ij}$$

该模型与标准法法模型（包括基本标准法、标准法）相比，银行可以利用自己的内部损失数据来计算操作风险的资本要求，一定程度上提高了科学性和准确性。但很多银行缺乏内部损失数据，阻碍了此方法的推广。同时，风险系数（r_{ij}）是监管当局根据行业整体的操作风险状况制定的标准，与特定银行和业务部门的操作风险状况不一定相符。虽然，《巴塞尔新协议》引入了风险特征调整系数，但该方法的重要前提是整个银行业的非预期损失（UL）和预期损失（EL）之间呈线性关系，而这两者之间的关系受到多种因素的影响，并非总是呈线性关系。

2. 损失分布法（Loss Distribution Approach，LDA）。损失分布法是先利用银行过去的内部数据计算每个业务部门或事件类型的两个概率分布函数（单一事件冲击下的条件概率和下一年度事件频率的条件概率）；然后，银行基于这两个概率分布，以操作 VaR 方法为基础，给定一个置信水平（α）和持有期（一般是 1 年），计算操作损失 [预期损失（EL_{ij}）和非预期损失（UL_{ij}）]；最后计算出累计操作损失的概率分布函数。对每个业务部门或事件类型的操作风险值（VaR）加总即为商业银行最终的操作风险资本要求。

LDA 是目前商业银行度量操作风险最具风险敏感性的方法，其优点在于：第一，LDA 是直接计算出非预期损失，而不是通过估计预期损失与非预期损失之间的关系间接计算；第二，LDA 方法中每个业务类型和事件类型组合的风险系数（r_{ij}）由商业银行自主决定，而不是由监管当局确定，因此更能较为准确地反映每个商业银行操作风险的特征。缺点在于：对低频、巨额损失事件的度量误差较大。LDA 运用 VaR 计算风险值，但 VaR 本身存在诸多缺

陷，即忽略了临界值以上操作损失二维分布[1]中的低频、巨额的尾部损失分布，因此对其度量的误差较大，但这应该是商业银行操作风险防范和管理的重点。

3. 极值理论（Extreme Value Theory，EVT）。极值理论专门研究操作风险极端值的分布状况，是对损失分布法的补充。EVT 通过模拟操作风险损失的厚尾部分，根据极端值的样本数据，在总体分布未知的情况下，度量在一定置信水平下超过临界值水平的极端损失。目前，该方法被认为是具有较好适用性的方法，在理论界得到了广泛认可。

EVT 模型的优点在于：第一，EVT 只关注损失分布的尾部，而并没有事先预测总体的分布，依靠样本来估计总体中极值的分布，具有超越样本的估计能力。第二，EVT 的度量范围涵盖了商业银行运营中可能出现的诸如内控失效和外部冲击等小概率事件造成大损失的情况，一定程度上弥补了 LDA 方法下 VaR 模型忽略低频、高额尾部损失分布造成估计误差较大的缺陷。其缺点在于临界值的设定问题难度较大，且对损失数据的要求比较高。

4. 记分卡法（Score Card Approach，SCA）。记分卡法可以反映银行不同业务部门的操作风险特征和风险控制环境。在此框架下，银行首先按照确定每个业务部门的操作风险水平，在此基础上计提操作风险资本；然后再根据"记分卡"的结果作持续修改。

与 IMA 和 LDA 相同，在使用 SCA 时银行先根据历史损失数据计提操作风险资本；与其他高级计量法不同的是银行根据"记分卡"的结果对操作风险资本进行持续修改时，不再仅仅依据历史损失数据，而且还要考虑未来操作风险指标（如系统崩溃的频率、员工流动比率等）和对银行控制环境的定性评估；不仅要关注每个业务部门的历史损失状况，还要考虑银行的内外部风险因素。例如，在评估财产损失风险时，SCA 既要考虑当地居民的犯罪率，又要考虑银行为防止盗窃或抢劫或财产损失所采取的措施。这些因素任何一个发生变化，SCA 都会将其反映在操作风险的变化中，但 IMA 和 LDA 则需要多年的数据积累才能反映出来。但每一风险因素的选择和风险因素权重的确定都依赖于风险管理人员的判断，主观性较强。

表 12-6　不同的操作风险计量方法

方法	基本指标法	标准法	高级计量法			
			内部计量法（IMA）	损失分布法（LDA）	极值理论法（EVT）	记分卡法（SCA）
类别	由上而下		由下而上			
业务类型和损失事件类型	单一业务类型	多个业务类型	多个业务类型和损失事件类型			
	监管当局决定组合类型		由银行自行决定组合类型			
输入参数	由监管当局确定风险系数		银行自身根据损失事件的概率和分布计算 VaR 值			
当前使用情况	未使用或开发模型的约占 40%		17%		18%	
			两者均使用的银行占 25%			

⬆ 资料来源：阎庆民：《操作风险管理"中国化"探索》，北京，中国经济出版社，2012，36 页。

---

① 操作损失二维分布是指与信用风险和市场风险相比，操作风险的分布既包括日常业务中发生频率高而造成损失较小的风险（高频、低额），又包括某些业务中发生频率较低，但一旦发生就会造成巨大损失的风险（低频、高额）。

第三节 商业银行操作风险管理体系

一、操作风险管理的组织架构

基于公司文化的不同，国际大型银行操作风险管理的组织架构可分为三种模式：集权式、分权式和内部审计功能引导式。

1. 集权式。集权式管理模式是指总行设有专职单位与人员，负责拟定操作风险的管理架构与政策，如操作风险管理主管综合处理操作风险管理相关事宜，操作风险管理人员提供银行或个别业务部门必要性支持，并向首席风险官呈报。业务部门的操作风险管理人员负责执行总行政策。其他业务功能，如合规、人事和信息技术等，因与操作风险管理的完善与否息息相关，因此也需要纳入操作风险管理组织架构中（如图12－4所示）。从银行业实践看，国外商业银行操作风险管理组织架构逐步向这一模式发展。

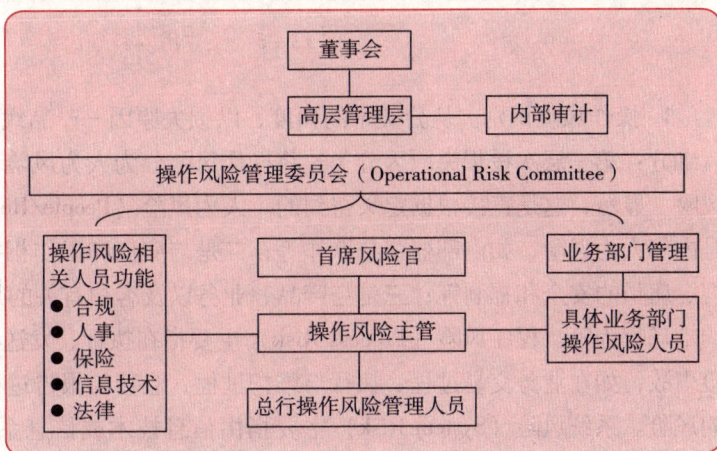

资料来源：RMA/BBA/ISDA/PricewaterhouseCoopers（1999）。

图12－4 集权式操作风险组织架构图

2. 分权式。分权式的管理模式则是指总行并无设置专职操作风险管理单位与人员，而是由一个或多个以上的部门负责执行操作风险管理，这种模式能维持独立运作，有助于作业风险自我评估的进行及风险指标的监控。

3. 内部审计功能引导式。内部审计功能引导模式则是指由审计部门执行操作风险管理职能，此种模式可能隐含潜在利益冲突及内部审计独立性与客观性不易维持的问题。

为确保操作风险管理活动被很好地理解和执行，银行管理层应该为操作风险管理设计一个完整的治理结构，安排个人在风险管理过程中的任务和责任，并使每个人清楚地了解自己的任务和责任。第一，关于高级管理层的任务。操作风险管理的最终责任应由高级管理层（董事会，或同等的机构）承担，这种责任要求高级管理层对本银行的产品、业务过程和相关风险有全面的了解。实践表明高级管理层应该设立一个委员会（或适当的机制），负责操作风险管理实施过程中的授权和日常决策工作，同时确保操作风险管理过程正常运行。管理层还应定期检查操作风险报告，以确定其对操作风险管理的要求得到了满足。第二，关于操作风险管理职能部门。应建立独立的操作风险管理职能部门，其任务是辅助高级管理层完成其操作风险管理责任。这一任务将通过两方面活动完成，一方面是评估、监控和报告银行整体的操作风险，另一方面是评定风险管理活动是否按照操作风险管理战略和政策执行。操作风险管理职能部门的工作包括建立特定的政策和标准、协调风险管理活动、创建结构化的风险评估方法、监控和事故处理、向管理层报告风险状态等。

二、操作风险管理的流程

目前国际上一些先进银行通行的操作风险管理流程如图 12 – 5 所示：

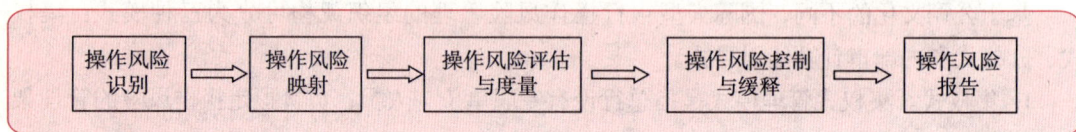

操作风险识别 ⟹ 操作风险映射 ⟹ 操作风险评估与度量 ⟹ 操作风险控制与缓释 ⟹ 操作风险报告

图 12 – 5　操作风险管理流程

1. 操作风险识别。从分类学的角度，以损失原因—产品线的矩阵组合方式对操作风险进行细分：第一层次按损失原因分类，将操作风险分为人为风险、程序风险、系统风险和外部风险。显然，这是直接根据定义得到的。人为风险（People/Relationship Risk）包括三类：一是内部人为风险，如内部盗窃与欺诈等；二是与雇佣和工作相关的风险，如雇佣中的年龄歧视、雇员的安全和福利等；三是与产品、业务以及客户有关的风险，如产品的适当性、不当的市场行为等。程序风险（Process Risk）主要指在执行、发送以及程序管理过程中发生的风险事故，如在业务交易过程、执行与维护过程、监督与报告过程、客户账户管理等过程遇到的风险。系统风险（System Risk）主要指由信息技术或信息系统引起的风险事故，包括软/硬件崩溃、程序错误、电脑病毒等原因造成的损失。外部风险（External/Physical Risk）是指因外部事件导致物质资产损失的风险，主要包括两类：一是引起资产毁损的外部物质风险因素，如火灾、洪水等引起的损失；二是因外部人为行为导致损失的风险因素，如外部偷盗、抢劫、伪造等，也包括外部人员的计算机犯罪。第二层次按损失发生的产品线分类，操作风险发生于商业银行八类主营业务：公司金融业务、交易和零售业务、零售银行业务、商业银行业务、支付和清算业务、代理业务、资产管理业务以及零售经纪业务。依据以上方法，我们可以对商业银行操作风险进行矩阵式分类，识别所有当前和未来潜在的操作风险及其性质。可以说，识别风险既是衡量操作风险大小的基础，又是选择适当风险管理工具的重要前提。

2. 操作风险映射。该步骤是要灵活运用前一过程的分析结果，将每个业务部门和损失事件类型中潜藏了多大程度的操作风险一一对应起来，从而把握银行内各种风险的分布状况和整体风险暴露程度，以决定管理对策实施的优先顺序。

3. 操作风险评估。操作风险被识别出来后，就应该加以评估，决定哪些风险具有不可接受的性质，应该作为风险缓解的目标。进行这一步骤时，通常需要通过考察一项操作风险的驱动者和原因，估计该项风险可能发生的概率；此外，还应在不考虑控制战略影响的情况下，评估一项操作风险可能的影响。这里对风险可能影响的评估，不仅要考虑经济上的直接影响，还应该更广泛地考虑风险对公司目标实现的影响。银行应该选择或开发适当的模型，以适应每一种风险的度量需要。

4. 操作风险缓释。银行应该设计并实施具有成本效益的风险缓释工具，使操作风险降低到能够接受的水平。在风险控制和缓释的步骤中，重要的一点是要将实施措施的责任明确地分配下去，并确保责任人有实施措施的动力。风险管理和内部控制程序应该由各个业务单元建立，但可能需要风险管理职能部门的指导。

5. 风险报告。操作风险报告过程应该涵盖诸如银行面临的关键操作风险或潜在操作风险、风险事件以及有意识的补救措施、已实施的措施的有效性、管理风险暴露的详细计划、操作风险即将明确发生的压力领域、为管理操作风险而采取步骤的状态等方面的信息。

三、操作风险管理的原则

尽管不同银行管理操作风险的方法是由多种因素决定的，包括其自身的规模和经验、业务的特性和复杂程度。但是，有一些因素，如董事会和高级管理层的明确战略和监督、健康的操作风险文化和内部控制文化、有效的内部报告和应急方案，对规模和业务范围不同的各类银行来说，都是建立有效的操作风险管理框架的关键方面。因此，巴塞尔银行监管委员会在对 2003 年的《操作风险管理与监管的良好实践》重新修订的基础上，结合业界的良好经验，在 2011 年发布了《健全的操作风险管理原则》[①]。该原则详细列出了 11 条操作风险管理原则，覆盖了治理结构、风险管理环境等方面的内容。具体内容如下。

（一）操作风险管理的基本原则

一方面，董事会应该在建立强大的风险管理文化方面发挥主导作用。董事会和高级管理层应该建立一个由强大的风险管理所引导，且能为员工的专业能力和责任心提供支持、激励和恰当标准的公司文化。在这方面，董事会有责任确保在整个组织内部建立起强大的操作风险管理文化。另一方面，银行应该建立、实施和保持一个完全融入银行整体风险管理程序中的操作风险制度方法。每家银行所选择的这个管理制度框架应基于一系列因素，包括银行自身的特点、规模、复杂性和风险状况。

（二）治理

在银行治理方面，首先，银行的董事会应该建立、审批和定期检查操作风险管理办法。董事会应监督高级管理层确保这些政策、程序和系统在所有决策层级都得到有效的执行。其次，董事会应该审批和检查操作风险的风险偏好和容忍度声明，这种声明清晰地表述了银行愿意承担的操作风险特征、类型和水平。最后，高级管理层应该建立一套须报经董事会批准的清晰、有效、健全的操作风险治理结构，该结构应对职责有清晰的定义，分工明白无误和协调一致。高级管理层负责按照既定的风险偏好和容忍度，在全行一致性地对所有重要产品、业务活动、程序和系统实施和保持操作风险的管理政策、程序和系统。

（三）风险管理环境

在风险的识别和评估方面，首先，高级管理层应该确保能够识别和评估所有重要产品、活动、程序和系统固有的操作风险，以保证能够很好地理解这些固有的风险及其原因；同时，应确保其批准程序中对所有新的产品、业务活动、程序和系统都进行了完整的操作风险评估。其次，在风险的监测与报告方面，高级管理层应该实施一个定期监测操作风险状况和

---

① Principles for the Sound Management of Operational Risk, June 2011.

重大损失风险暴露的程序。在董事会、高级管理层和业务部门都应该建立恰当的报告机制来对操作风险加以积极管理。再次，在风险的控制和缓释方面，银行应建立相应的政策、程序和系统，通过恰当的内部控制体系并运用风险缓释或转移策略来建立一个有效的内部控制环境。最后，在业务的恢复与持续性方面，银行应建立业务恢复和连续计划，以确保在出现严重的业务中断事件时拥有持续经营和控制损失的能力。

四、操作风险的缓释技术

操作风险缓释技术是指金融机构采用保险、业务外包等方式转移或化解操作风险。目前，被广泛运用的操作风险缓释工具是

业务外包的概念是罗斯·佩罗（Ross Perot）在1962年建立电子数据系统公司（Electronic Data Systems，EDS）时提出的。业务外包是指商业银行利用外包服务商（为银行集团内的附属实体或集团以外的实体）完成以前由自身承担的业务活动。

保险。操作风险保险是保险人和投保人之间的一种合同协议，保险人同意对可能发生的特定风险损失进行赔付，为此投保人需向保险人支付一定的保险费。在操作风险高级计量体系中合理审慎使用保险缓释技术，是操作风险计量工作中比较前沿和快速发展的领域，得到了监管机构、商业银行及保险公司的高度关注。

保险缓释技术的主要规定如下：《巴塞尔协议Ⅱ》中规定，商业银行在使用高级计量法计量操作风险时可考虑保险缓释带来的资本抵减作用，但其总量不得超过操作风险总资本要求的20%。欧盟银行监管委员会（CEBS）2009年底制定发布的《操作风险缓释技术》规定，银行在进行操作风险管理时，可以使用包括保险合同和其他风险转移机制（ORTM）在内的手段管理操作风险。其中，保险是最重要的手段。中国银监会规定，商业银行可以将保险理赔收入作为操作风险的缓释因素。保险的缓释最高不超过操作风险监管资本要求的20%，保险缓释作用的认可标准由监管机构另行规定。

目前，巴塞尔委员会及欧盟、英国、澳大利亚等国家和地区的监管机构均出台了合格保险的认可标准，其核心原则主要有以下方面：（1）保险人信用资质。保险人的理赔支付能力评级最低为A级或相当。（2）保单初始期限。保单的初始期限必须不低于1年。（3）撤销通知期限。保单撤销或主要内容变更须至少提前90天通知。（4）限制性条款。保单可以不包括因监管行动导致的罚款、罚金或处罚赔偿金，但不得因监管当局对银行采取措施而设定免责或限制条款。同时保单也不得因银行倒闭而设定免责或限制条款，除非损失事件发生在指定破产接管人或清算会议召开之后。（5）保单覆盖范围。银行采用的方法必须以一种方式反映它的保险覆盖范围，并且与操作风险计量模型保持一致。（6）保险人的独立性。保险由第三方实体提供，或者有适当的安排机制将风险实质性地转移出银行集团内部，如再保险方式。（7）文件框架。保险缓释的框架合理，文件齐备。（8）信息披露。银行需披露出于操作风险缓释目的而投保的情况。（9）折扣和错配。在高级计量法下，银行对保险作用的认可方法需要通过保险金额折扣安排反映以下要素：①保单的剩余期限，对于剩余期限少于1年的保单，须作出适当折扣，剩余期限为90天以下时须做100%折扣；②保单的撤销期限，包括在合同到期前保险单能够被撤销的可能性；③支付的不确定性，包括保险商及时支付赔偿的意愿，以及保险赔偿可能会引起的法律风险；④风险暴露与保单覆盖范围的错配之处。

本章小结

1. 操作风险中的风险因素很大比例上来源于银行的业务操作，属于银行可控范围内的内生风险，而信用风险和市场风险更多的是一种外生风险；操作风险覆盖了几乎银行经营管理的所有方面，表现形式多样且变化迅速。

2. 操作风险的度量和评估包括定性评估和定量评估。根据着眼点的不同，定量评估的度量模型大体可以分为由上至下法（Top – down Approaches，包括基本指标法、标准法、CAPM 法等）和由下至上法（Bottom – up Approaches）。

3. 巴塞尔委员会提出了三种操作风险度量方法：基本指标法、标准法和高级计量法。从目前国际同业操作风险度量的实践看，高级计量法主要包括四种方法：内部计量法、损失分布法、极值理论模型和记分卡法。

4. 由于公司管理理念文化的不同，国际大银行操作风险管理组织框架可分为三种模式：集权式、分权式和内部审计功能引导式。

5. 操作风险缓释是指金融机构采取如抵押、担保、金融衍生品等风险缓释工具，或者采取保险、融资等手段实施的操作风险转移技术。目前，被广泛运用的操作风险缓释技术包括业务外包和保险。

本章主要概念

操作风险　自上而下法　自下而上法　基本指标法　标准法　高级计量法　内部计量法　损失分布法　极值理论模型　记分卡法　集权式　分权式　内部审计功能引导式

本章思考题

1. 操作风险的含义是什么？
2. 商业银行操作风险的特点是什么？
3. 商业银行操作风险定性评估方法有哪些？
4. 商业银行操作风险度量方法有哪些？
5. 商业银行操作风险管理框架模式有哪几种？

本章参考文献

［1］阎庆民：《操作风险管理"中国化"探索》，北京，中国经济出版社，2012。

［2］Basel Committee on Banking Supervision, Operational Risk – Supervisory Guidelines for the Advanced Measurement Approaches. June 2011.

［3］Basel Committee on Banking Supervision, Principles for the Sound Management of Operational Risk. June 2011.

［4］ Basel Committee On Banking Supervision, Basel Ⅲ：A Global Regulatory Framework for More Resilient Banks and Banking Systems. Basel Committee Publications, June 2010.

［5］ Carol Alexander. Operational Risk：Regulation, Analysis and Management. Published by Financial Times – Prentice Hall, March 2003.

［6］ Cruz, M. G. Modeling, Measuring and Hedging Operational Risk. Wiley Finance, New York, 2002.

［7］ Marshall, C. L.. Measuring and Managing Operational Risk in Financial Institutions – Tools, Techniques, and Other Resources. John Wiley & Sons Ed., New York, 2001.

扫描二维码可获取本章更多习题

第十三章
商业银行利率风险管理

本章知识结构

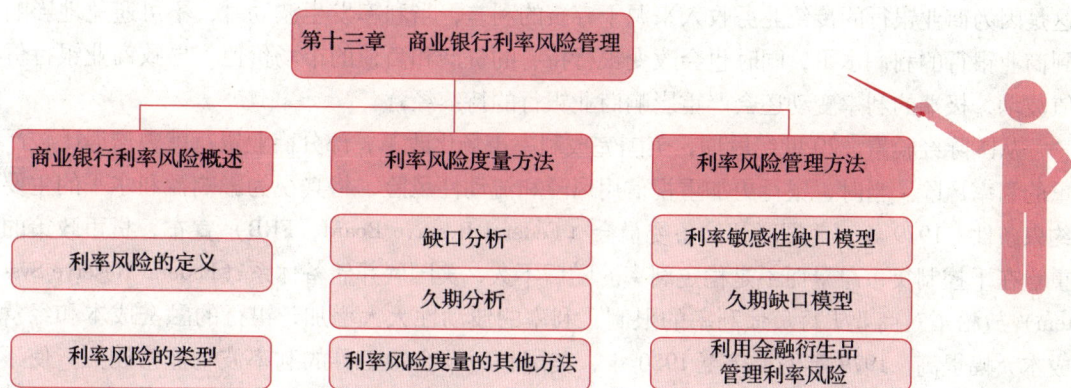

```
              第十三章  商业银行利率风险管理
   ┌──────────────────┬──────────────────┐
商业银行利率风险概述      利率风险度量方法        利率风险管理方法

   利率风险的定义          缺口分析            利率敏感性缺口模型

                        久期分析              久期缺口模型

   利率风险的类型        利率风险度量的其他方法    利用金融衍生品
                                            管理利率风险
```

学习目标

- 了解利率风险的概念
- 了解利率风险的表现形式
- 了解利率风险的度量方法
- 掌握敏感性缺口分析报告的编制方法
- 掌握久期的计算方法
- 掌握应用利率敏感性缺口模型规避利率风险
- 掌握应用久期缺口模型规避利率风险
- 掌握使用金融衍生品规避利率风险

　　20 世纪 80 年代，全球商业银行进入全面风险管理的时代，利率风险日益受到人们的重视。随着商业银行经营环境的变化及业务的多元化，利率风险的影响力越来越大。利率的起伏波动直接改变着商业银行的经营成本与收益，以及商业银行持有的证券资产价值。在利率剧烈变化时，利率风险管理失败的商业银行往往会陷入经营困境，导致重大损失甚至破产。本章将系统性地分析利率风险，详细地介绍传统的和现代的利率风险管理模型，着重说明如何使用这些模型管理利率风险，提高利率风险管理水平。

第一节　商业银行利率风险概述

利率是资金的价格，利率水平是由金融市场资金的供求状况所决定的。在利率完全市场化的条件下，利率会随着资金的供求状况变化以及不确定因素而上下波动，会给商业银行带来潜在的利率风险。

一、利率风险的定义

利率风险（Interest Rate Risk）是指利率水平、期限结构等要素发生不利变动导致银行整体收益和经济价值遭受损失的风险。利率的波动会给商业银行的经营管理带来巨大的风险，这是因为商业银行的传统业务收入来源于存贷的利差，当利率发生波动时，不可避免地影响到商业银行的利润水平，同时也会改变银行持有的资产和负债的市场价值，导致商业银行价值波动，极端的利率变动还会严重影响商业银行的持续经营。

从国际经验看，20世纪后期，美国完成利率市场化改革，部分商业银行就曾遭遇比较严重的利率风险。当时，银行更加重视信用风险和流动性风险，将其视为影响盈利水平的主要约束条件。1979年，美国联邦储备委员会（Federal Reserve Board，FRB）宣布，货币政策的重点在于控制货币总量而不是稳定利率。随后不久，美国联邦储备体系（Federal Reserve System）放松了对商业银行负债利率的限制，利率的波动性大大增加，银行的融资成本和经营成本大幅提高。1979年下半年至1980年，美国长短期金融工具的利率波动非常剧烈，使不少银行资产收益与融资成本之间的差额越来越小。同时，波动性加大也使得对利率的预测更加困难。

二、利率风险的类型

在风险管理理论中，利率风险的类型主要有重定价风险、收益率曲线风险、基准风险和期权性风险四种类型。

（一）重定价风险

从根本上看，重定价风险的来源不是交易合同确定的固定利率或浮动利率，而是银行持有的固定收益资产可以根据市场利率调整的时间间隔。

1. 银行资产收益和负债成本的重定价风险。重定价风险是利率风险最基本和最常见的表现形式。由于银行的资产业务和负债业务的期限不完全匹配，重定价风险是客观存在的。例如，当市场利率变化时，银行生息资产的收益率随之变化，由于到期日固定，不能立即按照市场利率进行调整，在到期前，生息资产仍然维持原来的利率水平。如果生息资产的久期长，重新定价需要更长的时间；如果生息资产的久期短，则较短的时间就能重新定价。因此，如果生息资产的久期短，银行对利率变化的响应速度就更快，抵御利率风险的能力就更强。另一方面，市场利率变化也会影响负债的利息支出。银行负债的久期越短，则市场利率上升会使负债成本上升更快，削弱银行抵御利率风险的能力；银行负债的久期越长，经营成本增加越慢，对商业银行更加有利。因此，如果市场利率上升，资产的久期小于负债的久期，对银行有利；如果资产的久期大于负债的久期，则引发重定价风险。相反，如果市场利率下降，银行资产的久期大于负债的久期，对银行有利；但如果资产的久期小于负债的久期，同样会引发重定价风险。

2. 银行资产和负债市场价值的重定价风险。大多数情况下，债券都有固定的收益率和票面价格。当市场利率发生波动，会引起债券价值的变化。债券的市场价值是未来各期现金流的现值[1]之和，用公式表示如下：

$$P_0 = \sum_{t=1}^{n} \frac{C_t}{(1+r)^t}$$

其中，P_0 为市场价值，C_t 为第 t 年的现金流，r 为市场利率，n 为到期日到现在的年数。当市场利率发生变动时，债券的市场价值会发生相应的变动。例如，一家银行购买了刚发行的票面利率为 10%、票面金额为 100 美元的 3 年期债券，若此时的市场利率为 10%，则银行的购买价格就是债券的面值。若市场利率为 12%，那么此债券的市场价值为

$$P_0 = \sum_{t=1}^{3} \frac{C_t}{(1+r)^t} = \frac{10}{1+12\%} + \frac{10}{(1+12\%)^2} + \frac{110}{(1+12\%)^3} = 95.2(\text{美元})$$

若市场利率为 8%，那么此债券的市场价值为

$$P_0 = \sum_{t=1}^{3} \frac{C_t}{(1+r)^t} = \frac{10}{1+8\%} + \frac{10}{(1+8\%)^2} + \frac{110}{(1+8\%)^3} = 105.2(\text{美元})$$

由此可知，当市场利率上升时，债券的市场价值会下跌；当市场利率下降时，债券的市场价值会上涨，两者是反向关系。

3. 浮动利率资产的重定价风险。对于浮动利率的银行资产，重定价风险来自合同规定的利率调整时间的间隔。浮动利率贷款合同通常会规定利率调整时间的间隔，如 3 个月或 6 个月。当市场利率发生剧烈波动时，对于距离利率调整日期更近的头寸，其价值受到重定价风险的影响更小。

（二）收益率曲线风险

顾名思义，收益率曲线风险来自证券的收益率曲线。收益率曲线是收益率与对应期限之间的数量关系。在实际中，收益率曲线有三种可能的形状：第一种是平坦型，表明长短期利率相等；第二种是上升型，表明期限越长，利率越高，短期利率低于长期利率；第三种是下降型，表明期限越长，利率越低，短期利率高于长期利率。其中，上升型是最常见的收益率曲线形状。根据利率期限结构理论，主要原因是利率水平包含流动性风险溢价，借入长期资金通常要比短期资金支付更高的利率。

目前学术界具有代表性的利率期限结构理论有：预期理论、流动性偏好理论、市场分割理论。

收益率曲线的形状和斜率可以用来预测利率的市场走势，但是如果只依靠收益率曲线和历史经验对利率走势进行预测，并在此基础上制定证券投资策略，无疑要承担较大风险。因

---

[1] 现值是未来的现金流按一定的利率折算到现在的价值，这一过程称为折现。折现时采用的利率称为折现率，一般采用市场利率。现值的计算公式为 $PV_0 = \dfrac{C_t}{(1+r)^t}$，其中，$C_t$ 为第 t 年的现金流。现值的公式也可以表示为 $PV_0 = C_t \cdot PV_{r,t}$，其中，$PV_{r,t} = \dfrac{1}{(1+r)^t}$，我们称之为现值系数，这一系数可以从现值系数表中查到。

为收益率曲线的形状和斜率受到宏观经济形势、货币政策、监管政策、市场预期、资金供求状况等多方面因素影响，收益率曲线处于不断变化中，导致利率预测出现偏差，进而产生收益率曲线风险。

（三）基准风险

基准利率是被选定为各不同期限贷款基准的利率，通常为 1 年以下的短期货币市场资金借贷利率。最著名的基准利率是伦敦银行同业拆放利率（LIBOR），它是指以伦敦为依托的欧洲货币市场①上，银行同业之间进行以欧洲货币表示的短期货币资本借贷时所使用的利率，LIBOR 是国际金融业最早使用和普遍参考的基准利率。

> 伦敦银行同业拆放利率（LIBOR）是由英国银行家协会选定的商业银行，在伦敦货币市场报出的银行同业拆放利率，是目前国际金融市场上最重要和最常用的基准利率。

当其他重新定价条件相同时，银行资产和负债因为所参考的基准利率不同，即收益利率和成本利率的变动不能完全匹配的情况，造成净利息收入和现金流发生变动，产生利率风险。例如，商业银行发放 1 年期的浮动利率贷款与吸收 1 年期的浮动利率存款同时发生，均为按月浮动，贷款按月参考美国联邦债券利率浮动，存款按月参考 LIBOR 浮动，当联邦债券利率和 LIBOR 的波动不一致时，利率风险表现为基准风险。

（四）期权性风险

随着金融工具日趋复杂，期权性风险成为一种越来越重要的利率风险。对于商业银行，期权性风险来自银行资产、负债业务中所隐含的期权。期权赋予其持有者买入或卖出某一金融资产的权利，期权可以是单独交易的金融衍生品，也可以是带有期权性条款的标准化合同。例如，债券或存款的提前兑付、贷款的提前偿还等选择性条款。当利率向对期权买方有利的方向变动时，可能促使期权的持有者行权，从而给期权的卖方造成损失。如果银行恰好是期权的卖方，那么其面临期权性风险。比如，若利率变动对存款人或借款人有利，存款人就可能选择重新安排存款，借款人可能选择重新安排贷款，从而对银行产生不利影响。

第二节　利率风险度量方法

传统的利率风险度量方法主要有编制缺口分析报告、久期分析等。随着金融创新日益活跃，新的金融工具不断涌现，对利率风险管理提出了更高的要求。于是，产生了一些新的利率风险度量的方法，如风险价值法、动态收入模拟模型（情景分析和压力测试）等。

一、缺口分析

编制缺口分析报告是当前银行最常用的利率风险度量方法。这里的缺口是指利率敏感性缺口。

---

① 欧洲货币市场是境外货币的交易市场，即经营境外货币存储和贷方业务的市场，其特点是不受任何国家金融法规条例的限制。

（一）利率敏感性缺口

利率敏感性资金（Rate – sensitive Fund），即浮动利率或可变利率资金，是指在一定期间（计划期）内展期或根据协议按市场利率定期重新定价的资产或负债。利率敏感性资金包括利率敏感性资产（Rate – sensitive Assets）和利率敏感性负债（Rate – sensitive Liabilities），其定价基础是可供选择的金融市场基准利率，主要有同业拆借利率、国库券利率等。

如果在一定的计划期内敏感性资产与敏感性负债不相等，就会产生敏感性缺口。利率敏感性缺口是利率敏感性资产与利率敏感性负债的差额。利率敏感性缺口公式为

$$Gap = RSA - RSL$$

其中，Gap 表示缺口，RSA 表示利率敏感性资产，RSL 表示利率敏感性负债。

敏感性比率（Sensitive Ratio，SR）是缺口的另一种表达方式，它用利率敏感性资产和利率敏感性负债的比值表示，公式为

$$SR = \frac{RSA}{RSL}$$

除利率敏感性比率外，在实际中，与缺口有关的常用比率还有敏感性缺口与净值比率、敏感性缺口与资产总额的比率等。一年的累计缺口如果维持在资产总额的 ±10% 的范围内，则被认为是标准的利率风险限度。

表 13 −1　某银行的资产负债表和缺口分析报告　单位：百万美元

资产和负债项目	0—7 天	8—30 天	31—90 天	91—180 天	181 天至一年	一年以上	总计
资产							
现金和存放同业	100						100
有价证券	200	100	50	80	110	360	900
各类贷款	1 300	500	260	360	370	410	3 200
设备及固定资产						200	200
总资产	1 600	600	310	440	480	970	4 400
负债和资本							
活期存款	850	150					1 000
储蓄存款	70	50					120
定期存款	50	200	350	200	200	250	1 250
同业拆借	330	100					430
大额定期存单	400	250					650
其他长期负债						150	150
所有者权益						800	800
总负债和所有者权益	1 700	750	350	200	200	1 200	4 400
利率敏感性缺口	−100	−150	−40	240	280	−230	
累计缺口	−100	−250	−290	−50	230	0	
利率敏感性比率	94.12%	89.80%	89.64%	98.33%	107.18%		
银行状态	负缺口	负缺口	负缺口	负缺口	正缺口		
银行面临风险	利率上升	利率上升	利率上升	利率上升	利率下降		

（二）敏感性缺口分析报告

敏感性缺口分析报告是银行风险管理人员进行日常性的利率风险测量的主要方式。它能够大致地反映出银行的利率风险头寸。缺口分析报告的制作一般以某一时点银行的资产负债表为依据，划分相应的计划期，并在表的底端分别计算出各期的增量缺口、累积缺口和敏感性比率等。

二、久期分析

（一）久期的含义

久期最初由美国经济学家 F·R·麦克莱（Frederick R·Macaulay）于 1936 年提出。久期是指固定收入金融工具的所有预期现金流量的加权平均时间，也可以理解为固定收益金融工具各期现金流量抵补最初投入的平均时间。

★【例】某固定收入债券的息票为每年 80 美元，偿还期为 3 年，面值为 1 000 美元。这项金融工具的实际收益率（市场利率）为 9%，现行市场价格为 974.71 美元，该债券的久期可由表 13－2 得出。

具体用公式来计算时，久期等于金融工具各期现金流发生的相应时间乘以各期现金流现值之和与该金融工具现值之比。

表 13－2　某固定收入债券的久期

现金流发生的时间（年）	现金流（美元）	现值系数（9%）	现值（美元）	现值 ×时间
1	80	0.9174	73.39	73.39
2	80	0.8417	67.34	134.68
3	1080	0.7722	833.98	2 501.94
总计			974.71	2 710.01

久期 ＝2 710.01 ÷974.71 ＝2.78（年）

$$D = \sum_{t=1}^{n} \frac{C_t \cdot t}{(1+r)^t} \bigg/ \sum_{t=1}^{n} \frac{C_t}{(1+r)^t}$$

其中，D 代表久期；t 代表金融工具各现金流量所发生的时间；C_t 代表金融工具第 t 期现金流量；r 为市场利率。

（二）久期的性质

1. 金融工具支付利息或支付本金的次数越频繁，其久期越短；金融工具的到期日越短，到期日和久期越接近。

2. 久期是金融工具各期现金流抵补最初投入的平均时间。

设 $PV_t = \dfrac{C_t}{(1+r)^t}$，则有

$$\sum_{t=1}^{n} \frac{C_t}{(1+r)^t} = \sum_{t=1}^{n} PV_t = P_0$$

其中，P_0 表示金融工具的市场价格。

久期计算公式又可以写成

$$D = \sum_{t=1}^{n} \frac{C_t \cdot t}{(1+r)^t} \bigg/ P_0$$

$$D = \frac{\sum_{t=1}^{n} PV_t \cdot t}{P_0} = \sum_{t=1}^{n} \left[\frac{PV_t}{P_0} \cdot t \right]$$

公式中把各期现金流的现值表示为金融工具的市场价格 P_0 的一部分，即各期现金流现值占该金融工具总现值的比例，其和等于 1。把这些比率作为权重分别乘以各期现金发生的时间，就得到该金融工具的久期，或理解为该项金融工具各期现金流抵补最初投入的平均时间。

3. 久期可以用来度量利率风险。久期可以近似表示市场利率变动的百分比所引起金融工具价格变动的百分比的关系。

金融工具的市场价值 $P = \sum_{t=1}^{n} \frac{C_t}{(1+r)^t}$，两端同时对 r 求导，可得

$$\frac{dP}{dr} = - \sum_{t=1}^{n} \frac{C_t \cdot t}{(1+r)^{t+1}} = - \frac{1}{1+r} \cdot \sum_{t=1}^{n} \frac{C_t \cdot t}{(1+r)^t} = - \frac{1}{1+r} \cdot D \cdot P$$

如果市场收益率 r 只发生了微小变动，即令

$$\Delta P = dP$$
$$\Delta r = dr$$

则有下面这个久期的近似公式：

$$D \approx - \frac{\Delta P / P}{\Delta r / (1+r)}$$

其中，P = 金融工具购买时市场价格；ΔP = 金融工具价格变动；r = 金融工具购买时的市场利率；Δr = 市场利率变动。

可以看出，近似公式的右端可以理解为金融工具的价格弹性，即市场利率变动的百分比所引起金融工具价格变动的百分比的关系。由于利率变动对固定收入的金融工具价格变动的影响是反向的，故其变动关系用负数表示。该公式还可以经过变形，可以得出计算金融工具价格变动的近似表达式：

$$\Delta P \approx - P \cdot D \cdot \frac{\Delta r}{1+r}$$

$$\frac{\Delta P}{P} \approx - D \cdot \frac{\Delta r}{1+r}$$

上述公式可以近似表示利率变动带来的金融工具价格的变动的百分比。从这个公式得到，收益率变化的百分比乘以久期，近似等于价格变化的百分比，负号表明收益率与价格的变动是相反的。[1]

（三）凸性

利用久期度量利率风险的准确性受到利率变化幅度的影响，只有在利率变化较小时才能比较准确地反映利率变化对债券价格的影响，而且利率变化越大，久期对债券利率风险的度量越不准确。在利率变化较大时，久期在利率上升时高估了债券价格变化值。造成这一现象

---

[1]　事实上，除久期外，还有修正久期（Modified Duration），顾名思义，它是对久期的修正。修正久期的公式为 $D_{mod} = \frac{D}{1+r}$，所以有 $\frac{\Delta P}{P} \approx - D_{mod} \cdot \Delta r$。即收益率变化的百分率乘以修正久期等于价格变化的百分比。

的主要原因在于利率与债券价格的关系不是线性的，而是一条凸的曲线。为此，凸性成为管理利率风险的另一个有用工具。久期和凸性结合使用能很好地解释债券的利率风险。凸性弥补了久期假设的债券价

> 凸性（Convexity）的经济含义是收益率变动1%所产生的久期变动大小。在数学上，凸性等于债券价格对收益率的二阶导数。在直观上，凸性描述了价格—收益率曲线的弯曲程度。

格的变化与利率变化成线性比例关系的不合理性，反映了债券的利率弹性也会随利率变化而变化的事实，它与久期的结合使用更能准确地反映利率风险状况，尤其是在利率变化较大时债券价格的变化。

三、利率风险度量的其他方法

（一）风险价值法（VaR）

风险价值是一种应用广泛的市场定量工具，是用来评价包括利率风险在内的各种市场风险的概念。风险价值按字面意思解释就是"按风险估价"，指的就是在市场条件变化时银行证券组合交易账户、财产交易头寸以及衍生金融工具头寸等价值的变化。其具体度量值定义为，在足够长的一个计划期内，在一种可能的市场条件变化之下市场价值变动的最大可能性，是在市场正常波动情形下对资产组合可能损失的一种统计测度。

实际上风险价值的概念非常简单，首先使用当前的价格表（利率、汇率、资产等的价格）对当前的资产组合进行估价，然后使用未来情景价格表对资产组合的未来价值重新估价，并且计算资产组合价值的变化，即资产组合未来的收益或损失。如果使用一系列的未来情景价格表对资产组合的未来价值进行估价，就可以得到资产组合未来收益的一个分布。这样就可得到在给定置信水平下的资产组合未来损失值，即风险价值。

具体说来，风险价值是指在一定的持有期及置信度内，某一资产组合所面临的最大的潜在损失。用数学公式来表示：

$$prob(\Delta P > -VaR) = 1 - c$$

其中，ΔP 为证券组合在持有期 Δt 内的收益，风险价值为在置信水平 c 下处于风险中的价值。例如，1994 年，J. P. 摩根公司一天的 95% 的置信度风险价值为 1 500 万美元，含义是该公司可以以 95% 的可能性保证，1994 年每一特定时点上的资产组合在未来一个交易日内，由于市场价格变动而带来的损失不会超过 1 500 万美元。风险价值将资产组合的风险概括为一个简单的数字，便于高层管理者掌握、上报给监管机构以及在年报中披露。

风险价值法的优点有：（1）风险价值分析方法可以测量不同市场、不同金融工具构成的复杂的证券组合和不同业务部门的总体市场风险；（2）风险价值分析方法提供了测量风险的统一方法，因此，银行管理层可以比较不同业务部门风险大小，进行绩效评估，设定风险限额；（3）风险价值概念简单，容易理解，适宜与股东沟通其风险状况。

风险价值法的缺陷包括：（1）风险价值分析方法是基于历史数据，并假定情景并不会发生变化，显然，这是不符合实际的。（2）风险价值分析方法是在特定的条件下进行的，这些假设条件有些与现实不符合。（3）风险价值分析的概念虽然简单，但它的计算有时候非常复杂。

银行利率风险的度量中经常会遇到一些障碍，其一是如何处理各类头寸的实际到期日和

合约到期日偏差的问题，即隐含在各类头寸中的期权性风险问题；其二，不确定的到期日头寸产生的未来现金流也是不确定的，这种预测一般依据历史经验或统计技术实现。所以，银行在进行利率风险管理过程中，不仅需要这些识别度量方法，并且要不断地积累实际经验，发挥经济统计的作用，最大限度地估测不确定因素，有效遏制它们对利率风险度量质量的影响。

（二）动态收入模拟模型

动态收入模拟是结合现有的数据和假设，计算现有资产负债表和预测的业务情景的利率风险，并分析利率变动对银行盈利水平的影响。动态收入模型是运用计算机进行的一种动态前瞻的风险度量方式。动态收入模型可以根据不同的定价和到期日的假设来确定和隔离风险来源，并且可以对新的战略和业务的风险进行因素分析。在模型中，需要输入的数据包括：现有的输入资料即业务量（资产和负债）、利率、到期日、现金流、利率上限和利率下限；预期未来情景即利率变动、收益率曲线和存贷利差大小；预期计划即新业务量、新业务利差定价、新业务到期日。根据利率的变化，可以预测银行未来的盈利水平。利率的变化可分为瞬间变化（Shocks）、逐渐变化（Ramps）、周期变化（Cycles）和预测（Forecasts）。仿真的输入数据量很大，这些假设与精确的现有资料数据输入处于同等重要的地位。

动态收入模拟模型的优点包括：（1）具有动态性和前瞻性的特点，利于对未来事件的预测与反应；（2）如果将战略计划或利润指标与利率风险管理联系起来，运用动态收入模拟模型分析，可以增加前者的实际意义与价值；（3）测量现有资产负债静态风险较现金缺口模型精确，这是由于仿真模型详细考察了现金流量的变化，所以能够准确反映现金流量时序的影响；（4）最终结果容易理解和掌握。

动态收入模拟模型的缺陷有：（1）可靠性依赖于数据的准确、假设的简洁一致以及操作者对银行情况全面深入细致的了解；（2）过度依赖经济计量分析，一旦金融市场结构变化或发生极端事件，方程式中所运用的估计参数失效，可能导致模型的彻底失败；（3）成本较高，需要计算机专业技术人员和银行业务人员的配合。

第三节　利率风险管理方法

利率风险管理是商业银行市场风险管理的重中之重。从国际经验看，国外商业银行利率决策机构一般为资产负债管理委员会（Asset/Liability Committee，ALCO）。ALCO 制定利率风险管理的目标并确定该银行所能够承受的利率风险的限度。ALCO 制定的政策报银行董事会审议批准并实施。为了强调利率风险管理的重要性，有些银行还设立了利率风险管理委员会或利率风险管理小组。利率风险管理委员会由两部分人员组成：一部分来自于银行的研究部或发展规划部，对宏观经济景气及国家政策有较强的把握，他们预测市场利率的变动走向；另一部分来自于银行的资产负债管理部，对本银行的资产负债配置比较熟悉，他们分析利率变动对银行净利息收入的影响以及重新配置银行的资产和负债头寸。

现代商业银行的利率风险管理是随着银行经营环境和监管法规的改变而演变的。20 世纪

30—70 年代，美国银行的存贷款利率只能在联储 Q 条例中规定的利率上限内波动，与市场资金供求关系存在相当程度的脱节，并造成所谓的"脱媒"现象。相应地，商业银行的利率风险管理也受到很大的限制。在 1978 年 Q 条例取消后，银行被允许为吸收存款而自由竞争，金融管制逐步放松，真正意义上的商业银行利率风险管理开始出现。

一、利率敏感性缺口模型

（一）利率敏感性缺口模型的理论基础

利率敏感性缺口模型是指各商业银行根据缺口分析报告和对未来利率的预期，可以适时地对利率敏感性缺口进行管理，以规避利率风险。当银行存在正缺口和资产敏感的情况下，如果利率上升，由于资产收入的增加多于借入资金成本的上升，银行的净利息差扩大，其他条件不变，则银行净利息收入增加；如果利率下降，由于银行资产收入的下降多于负债利息支出下降，则净利息差缩小，其他条件不变，则银行净利息收入减少。当银行存在负缺口和负债敏感的情况下，如果利率上升，利率敏感性负债的成本上升会超过利率敏感性资产的收入增加，净利息差缩小，其他条件不变，则银行净利息收入减少；如果利率下降，利率敏感性负债成本的下降多于利率敏感性资产收入的下降，净利息差扩大，其他条件不变，则银行净利息收入增加。

（二）利率敏感性缺口模型的应用

应用缺口分析报告是银行管理利率风险的重要方法之一。当预期市场利率上升的时候，银行应主动制造敏感性正缺口，可以通过缩短资产期限，延长负债期限，增加利率敏感性资产，减少利率敏感性负债来实现。如果市场利率上升，那么能够扩大净利息差额。当预期市场利率下降的时候，银行应主动制造敏感性负缺口，可以通过延长资产期限，缩短负债期限，减少利率敏感性资产，增加利率敏感性负债来实现。如果市场利率下降，那么能够扩大净利息差额。利率变动、利率敏感性缺口和净利息收入的关系见表 13 - 3。

在应用利率敏感性缺口模型时，ALCO 应确立如下事项，逐步实施：（1）选择划分银行的净利息差的计划期，半年或 1 年期，以便加强管理。一般来说银行对外公布的数据为 1 年期敏感性数据。（2）决定选择净利息差的目标水平，确定是要规避风险、稳定净利息差，还是要扩大净利息差。（3）如

表 13 -3 利率变动、利率敏感性缺口与净利息收入的关系		
利率敏感性缺口	利率变动	净利息收入的关系
>0	上升	增加
>0	下降	减少
<0	上升	减少
<0	下降	增加
0	上升	不变
0	下降	不变

果银行决定扩大净利息差，则需要正确地预测利率，即根据宏观经济形势、国家的货币政策以及国际的环境，对利率的走势进行预期。（4）合理协调资产和负债，决定持有敏感性资产和敏感性负债的总额，以扩大净利息差。

（三）利率敏感性缺口模型的局限性

利率敏感性缺口模型在理论上显得较为完善，但在此必须注意的是，银行通过不断改变

利率敏感性缺口来规避利率风险并获利并非易事，实际应用中存在着许多问题。

1. 敏感性缺口分析的精确性有待提高。由于敏感性缺口分析要将资产和负债按一定的计划期加以划分，因此无论怎样，计划期都要占用某个时间跨度。而敏感性缺口分析的精确性取决于计划期划分的长短，计划期越短结果越精确，但从实际操作上来说，计划期时间跨度太小是没有多大意义的。

2. 利率预测在现实中往往准确率不高，短期利率则更难预测。如果实际利率的走势与银行的预期相反，银行会发生更大的损失。因此，国外一些银行采用使用较长的计划期来划分时间跨度，把利率的预测与宏观经济周期相联系。

3. 银行对敏感性缺口的控制欠缺灵活性。由于信息是公开的，理性的客户对利率走势的预测会与银行一致，银行调整利率敏感性缺口的措施将直接损失客户的利益的时候，就会招致他们的抵制。因此客户的选择将与银行的意愿恰好相反，使得银行调整缺口空间不大。

4. 增加管理成本。银行为了调整敏感性缺口采取有竞争力的措施，会提高其隐含成本。比如为提高竞争力，银行不得不向客户提供较高的借款利率或者对客户的贷款提供价格折扣。这样，敏感性缺口管理会带来附加的成本，影响银行总体的盈利。

5. 未考虑到利率变动的两面性。敏感性缺口管理注重的是银行的现金流，但利率变动实际上会带来两方面的影响。一方面，利率波动影响资产产生的收入和负债带来的成本；另一方面，利率波动还会影响银行资产的市场价值。而敏感性缺口模型并未考虑到后者。

6. 实际中，负债利率支付的变化一般快于资产利率收入的变化。

二、久期缺口模型

（一）久期缺口模型的理论基础

当市场利率变动时，不仅是利率敏感性资产与负债的收益与支出会发生变化，固定利率资产与负债的市场价值也会变化。久期缺口管理就是银行通过调整资产负债的期限与结构，采取对银行价值有利的久期缺口策略来规避银行资产与负债的利率风险。

久期缺口（Duration Gap）是银行资产久期与负债久期和资产负债率乘积的差额。用公式表示：

$$D_{Gap} = D_A - u \cdot D_L$$

其中，D_{Gap} 为久期缺口；D_A 为总资产久期；D_L 为总负债久期；u 为资产负债率，即 $u =$ 总负债/总资产 $= P_L/P_A$。

银行总资产久期由银行各项资产久期加权和构成，即

$$D_A = \sum_{i=1}^{m} W_i^A \cdot D_{Ai}$$

其中，W_i^A 表示第 i 项资产占总资产权重：

$$W_i^A = P_i/P_A$$

同理，银行总负债的久期由各项负债久期加权和构成，即

$$D_L = \sum_{j=1}^{n} W_j^L \cdot D_{Lj}$$

其中，W_j^L 表示第 j 项负债占总负债权重。

$$W_j^L = P_j / P_L$$

已知久期的近似公式为

$$D \approx -\frac{\Delta P / P}{\Delta r / (1+r)}$$

$$\Delta P \approx -P \cdot D \cdot \frac{\Delta r}{1+r}$$

这两个公式表明对于固定收入的金融工具而言，市场利率与金融工具的现值呈反向变动关系。我们用 P_A 代表总资产的初始现值，P_L 代表总负债的初始现值。当市场利率变动时，资产与负债的现值的变化可由以下等式表示：

$$\Delta P_A = -[D_A \cdot P_A / (1+r)]\Delta r$$

$$\Delta P_L = -[D_L \cdot P_L / (1+r)]\Delta r$$

我们知道银行的净值（NW）等于其资产价值减去负债价值，即

$$NW = P_A - P_L$$

当利率发生变化时，银行的资产净值变动额为 ΔNW，则有

$$\Delta NW = \Delta P_A - \Delta P_L$$

假定各项资产和负债的利率相等，并将 ΔP_A、ΔP_L 代入上式，得到

$$\Delta NW = -\frac{\Delta r}{1+r}(D_A \cdot P_A - D_L \cdot P_L)$$

将上述等式两边同时除以 P_A，可得

$$\frac{\Delta NW}{P_A} = -\frac{\Delta r}{1+r}\left(D_A - D_L \cdot \frac{P_L}{P_A}\right)$$

$$\frac{\Delta NW}{P_A} = -\frac{\Delta r}{1+r} \cdot D_{Gap}$$

$$\Delta NW = -\frac{\Delta r}{1+r} \cdot D_{Gap} \cdot P_A$$

上述公式表明净值变动、久期缺口与利率变动三者之间的关系。当久期缺口为正值时，银行价值随利率上升而下降，随利率下降而上升；当久期缺口为负值时，银行价值随市场利率上升而上升，随利率的下降而下降；当久期缺口为零时，银行的价值在利率变动时保持不变（见表 13-4）。可见，利率变动对银行价值的市场价值的影响取决于以下三个重要的因素：（1）久期缺口规模。久期缺口绝对值越大，银行所面临

表 13-4　久期缺口对银行价值的影响

久期缺口	利率变动	资产市值变动	变动幅度	负债市值变动	价值变动
正	上升	减少	大于	减少	减少
正	下降	增加	大于	增加	增加
负	上升	减少	小于	减少	增加
负	下降	增加	小于	增加	减少
零	上升	减少	等于	减少	不变
零	下降	增加	等于	增加	不变

的利率风险越大。（2）银行的规模（资产价值 P_A）。银行规模越大，一定的利率变动所造成净值的变动就会越大。（3）利率变动规模。利率变动越大，利率风险越大，对价值的影响就越大。

（二）久期缺口模型的应用

在上面的分析中我们了解到，在利率波动的环境中固定利率资产和负债的配置状况会给银行带来风险，特别是对银行的市场价值影响很大。商业银行的自有资本是经营管理的重要内容之一，金融市场对银行自有资本的价值极为敏感，因此，它对银行的安全性影响极大。为了实现正净值的银行绩效目标，商业银行一般采用久期缺口管理来控制利率风险，也就是使得久期缺口等于零，来规避利率风险。以下举例说明久期模型的运用。

★【例】　一家商业银行持有的资产和负债（均以市场价值入账，单位为百万美元，利息按年支付）如下：资产包括现金100；年收益率为14%、偿还期为3年的商业贷款900；年收益率为10%、偿还期为10年的国债200。负债包括年利率为7%、一年期的定期存款500；年利率为8%、偿还期为4年的可转让大额存单600。股本为100。各类资产和负债的利息按年计算。表13-5说明了银行资产负债情况和每项资产负债的久期。

表13-5　资产负债表和久期

资产	市场价值（百万美元）	利率（%）	久期（年）	负债和股本	市场价值（百万美元）	利率（%）	久期（年）
现金	100			定期存款	500	7	1
贷款	900	12	2.69	大额存单	600	8	3.58
国债	200	10	6.76	总负债	1 100		
				股本	100		
总计	1 200		平均久期 3.14	总计	1 200		平均久期 2.41

其久期缺口计算如下：

$$银行贷款的久期 = \frac{\dfrac{900 \times 12\%}{1 + 12\%} + \dfrac{900 \times 12\% \times 2}{(1 + 12\%)^2} + \dfrac{900 \times (1 + 12\%) \times 3}{(1 + 12\%)^3}}{900} = 2.69(年)$$

$$10\ 年期国债的久期 = \frac{\displaystyle\sum_{t=1}^{9} \frac{200 \times 10\% \times t}{(1 + 10\%)^t} + \frac{200 \times (1 + 10\%) \times 10}{(1 + 10\%)^{10}}}{200} = 6.76(年)$$

$$可转让 CD 的久期 = \frac{\dfrac{600 \times 8\%}{1 + 8\%} + \dfrac{600 \times 8\% \times 2}{(1 + 8\%)^2} + \dfrac{600 \times 8\% \times 3}{(1 + 8\%)^3} + \dfrac{600 \times (1 + 8\%) \times 4}{(1 + 8\%)^4}}{600}$$

$$= 3.58(年)$$

$$D_A = \frac{900}{1\ 200} \times 2.69 + \frac{200}{1\ 200} \times 6.76 = 3.14(年)$$

$$D_L = \frac{500}{1\ 100} \times 1 + \frac{600}{1\ 100} \times 3.58 = 2.41(年)$$

$$D_{Gap} = D_A - u \cdot D_L = 3.14 - \frac{1\,100}{1\,200} \times 2.41 = 0.93\,(\text{年})$$

可见，这家银行的久期缺口为正，因此，当利率上升时，资产和负债的市场价值将不同程度地减少，资产的市场价值将减少得更多，银行的市场价值将下降。假设所有资产和负债的利率上升 2%，各资产和负债市场价值的计算如下：

$$\text{商业贷款} = \sum_{t=1}^{3} \frac{900 \times 12\%}{(1 + 14\%)^t} + \frac{900}{(1 + 14\%)^3} = 858\,(\text{百万美元})$$

$$\text{国债} = \sum_{t=1}^{10} \frac{200 \times 10\%}{(1 + 12\%)^t} + \frac{200}{(1 + 12\%)^{10}} = 177\,(\text{百万美元})$$

$$\text{一般定期存款} = \frac{500 \times (1 + 7\%)}{1 + 9\%} = 491\,(\text{百万美元})$$

$$\text{可转让 CD} = \sum_{t=1}^{4} \frac{600 \times 8\%}{(1 + 10\%)^t} + \frac{600}{(1 + 10\%)^4} = 562\,(\text{百万美元})$$

计算的结果见表 13-6，银行股本的市场价值下降到 82，下降了 18。当然如果利率下降的话，银行的股本价值会上升。我们也可以近似计算银行价值的变化（假定各项资产和负债的利率为 10%）。

$$\Delta NW = -\frac{\Delta r}{1 + r} \cdot P_A \cdot D_{Gap}$$

$$\approx -\frac{2\%}{1 + 10\%} \times 1\,200 \times 0.93$$

$$= -20.3\,(\text{百万美元})$$

表 13-6 市场利率变化后的资产负债表

资产	市场价值	利率（%）	负债和股本	市场价值	利率（%）
现金	100		定期存款	491	9
贷款	858	14	大额存单	562	10
国债	177	12	总负债	1 053	
			股本	82	
总计	1 135		总计	1 135	

由于各资产和负债的利率各不相同，计算出来的结果与实际结果有些误差，但此结果与实际计算结果（-18）非常接近。

为了使银行股本价值不受利率变动的影响，特别是利率上升的影响，该银行可以采取免疫策略，使得久期缺口为零。银行可以通过缩减资产的加权平均久期或者增加负债的加权平均久期来实现。假设银行减少一般性的 1 年期存款 224，而增加利率为 8% 的 6 年期以复利计算的定期存款 224（见表 13-7），那么可得

$$D_L = \frac{276}{1\,100} \times 1 + \frac{600}{1\,100} \times 3.58$$

$$+ \frac{224}{1\,100} \times 6 = 3.43\,(\text{年})$$

免疫策略（Immunization Strategy）也称久期匹配策略，是通过建立头寸，使所持有头寸的价值对利率的微小变化不敏感。这一术语最常用于描述负债和对应的资产组合，即头寸的净市场价值对利率的微小变化免疫，可以理解为通过免疫技术，资产价值受到保护。
免疫策略的典型形式是在现值和久期约束下，最大化组合收益。为实现一个组合的利率免疫，必须满足三个条件：（1）资产现值等于负债现值；（2）资产久期等于负债久期；（3）资产凸性大于负债凸性。

$$D_{Gap} = D_A - u \cdot D_L = 3.14 - \frac{1\ 100}{1\ 200} \times 3.43 \approx 0$$

表 13 -7　久期缺口为零的资产负债表

资产	市场价值	利率（%）	久期（年）	负债和股本	市场价值	利率（%）	久期（年）
现金	100			一般定期存款	276	7	1
贷款	900	12	2.69	6 年期定期存款	224	8	6
国债	200	10	6.76	可转让存单	600	8	3.58
				总负债	1 100		
				股本	100		
总计	1 200		平均久期 3.14	总计	1 200		平均久期 3.43

同上，当利率上升 2%，银行的资产的市场价值是 1 135，但负债的市场价值有所不同。

$$\text{一般定期存款} = \frac{276 \times (1 + 7\%)}{1 + 9\%} = 271 \text{（百万美元）}$$

$$\text{6 年期定期存款} = \frac{224 \times (1 + 8\%)^6}{(1 + 10\%)^6} = 201 \text{（百万美元）}$$

股本的市场价值 = 1 135 − (271 + 201 + 562) = 1 135 − 1 034 = 101（百万美元）

与利率变动前股本价值 100 相比，相差不大。具体见表 13 - 8 。

由上例可见，当银行把久期缺口控制为零时，能有效地规避利率风险，达到"免疫"的效果。

一些风险偏好高的银行或者 ALCO 并不单单是利用久期缺口模型进行风险规避（$D_{Gap} = 0$），他们可能会利用久期模型使股东权益最大化。具体见表 13 - 9。

表 13 -8　市场利率变化后的资产负债

资产	市场价值	利率（%）	负债和股本	市场价值	利率（%）
现金	100		一般定期存款	271	9
贷款	858	14	6 年期定期存款	201	10
国债	177	12	可转让存单	562	10
			总负债	1 034	
			股本	101	
总计	1 135		总计	1 135	

表 13 -9　ALCO 的管理实施行为

预期利率变动	ALCO 管理行为	可能结果
利率上升	减少D_A，增大D_L（接近负的久期缺口）	价值增加 （如果 ALCO 预期正确） 价值减少 （如果 ALCO 预期错误）
利率下降	增大D_A，减少D_L（接近正的久期缺口）	价值增加 （如果 ALCO 预期正确） 价值减少 （如果 ALCO 预期错误）

（三）久期缺口模型的缺陷

久期缺口模型也存在缺陷：（1）商业银行某些资产和负债项目的久期计算较为困难。客户如果提前归还贷款，会扭曲预期现金流量；而活期存款和储蓄存款的现金流量则更难准确地确定，这些使得计算久期缺口变得较为困难。（2）很难控制商业银行的久期缺口为零。计算银行资产和负债类组合的久期是一项繁重的工作。除了零息票证券，一次性付息贷款和国库券之类的金融工具的久期等于它们的到期日，其他证券的久期小于到期日，因此计算量非常大，同时对这些资产和负债的调整也是有所限制的。（3）久期缺口模型假设利率是稳定的，但在现实中利率的波动性是非常频繁的。

三、利用金融衍生品管理利率风险

运用敏感性资金缺口和久期缺口模型仍存在尚未解决的问题，还需要其他手段如金融衍生品来帮助化解利率风险。

（一）远期利率协议在利率风险管理中的应用

远期利率协议（Forward Rate Agreement，FRA）是指交易双方在签订协议时商定，在未来某一特定日期，按照规定的货币、金额、期限和利率进行交割的一种协议。远期利率协议实际上是一种利率的远期合同，是为防范将来利率波动而预先固定远期利率的金融工具。交易的名义买方是为了避免利率上升所带来的风险，希望现在就确定将来的利率，锁定未来的借款成本；而名义卖方则是为了避免利率下跌所带来的风险，希望资产不要因为利率下跌而遭受损失。可见，远期利率协议的名义买方是防止利率上升的一方，名义卖方是防止利率下跌的一方。注意到这里使用名义买方和名义卖方是因为买方在现实中并不是真的从卖方手中借款，而只是为了规避利率风险，预先锁定利息，双方只是在交割日进行差额交割。

远期利率协议一般不在交易所交易，而是在场外交易市场成交。远期利率协议没有固定的份额标准，可以适用于一切可兑换货币，交割日也不受限制。远期利率协议作为一种场外交易工具，具有灵活、简便、不需要保证金等优点。远期利率协议于 1983 年在欧洲货币市场推出后得到了广泛的应用，成为人们避免利率风险的主要工具之一，特别是对于那些没有期货合约的货币来说，远期利率协议可以起到特别的作用。

远期利率协议的报价与货币市场中的货币拆放利率方式类似，但远期利率协议多了合约制定的远期期限。例如，（3×6，8%）表示为 3 个月期限后起息的 6 个月期间中，协议利率为 8% 的远期利率协议，其中 3 表示递延期限，6 表示协议期限。利息的计算方法与同业拆放市场的相同。但不同的是，差额的支付是在协议期限的期初即交割日进行，而不是到期日，并且交付金额是按参照利率贴现方式计算。

大多数情况下，远期利率协议的参照利率为伦敦银行同业拆放利率。到交割日，先计算远期利率协议中规定的协议利率和参照利率的差额，将差额乘上协议期限和本金，然后按照参照利率进行贴现，得出的金额就是交割金额。交割金额 A 表示为

$$A = \frac{(i_r - i_c) \times P \times \dfrac{D}{B}}{1 + i_r \times \dfrac{D}{B}}$$

其中，A 为交割金额，i_r 是参考利率，通常为 LIBOR，i_c 是协议利率，D 为协议期限，P 为远

期利率协议中的本金，B 为一年的天数（如果计算美元一年是 360 天，而英镑是 365 天）。若 LIBOR 高于协议利率，则卖方将支付利差给买方；若 LIBOR 低于协议利率，则买方将支付利差给卖方。

（二）利率期货在利率风险管理中的应用

利率期货（Interest Rate Future）是标的资产价格仅依赖于利率水平的期货合约。对冲利率风险暴露比对冲商品的风险暴露更复杂。希望对冲利率风险暴露的公司不仅要确定它所要求对冲的期限，同时还必须确定它暴露于利率风险的期限，寻找合适的利率期货合约以获得相应的对冲。最常见的标的资产是美国国库券、中期国债、长期国债以及欧洲美元等。

利用利率期货合约规避利率风险，就是买卖规定数量的固定收入有价证券的标的资产期货。利率期货的应用主要集中在这样几个方面：一是对冲利率风险，这是它的主要用途；二是制造组合工具，可以提高投资收益率；三是调整投资组合中的期限；四是改变投资组合中的资产分配；五是金融机构资产负债风险的宏观管理等。利率期货在利率风险管理中与远期利率协议一样起到套期保值、锁定成本的作用，它可以在目前时点把未来某一时点的预期负债成本或资产收益率确定下来。

由于利率期货合约是标准化的合约，具有如下特点：（1）合约规模是固定的，如 100 万美元。（2）合约期限的长度是固定的，如三个月。（3）合约的到期日是固定的，如规定每季度最后一个月的第三个星期三；合约的结算与某一市场利率关联，如 LIBOR。（4）合约价格的单位变动价值是固定的，如 25 美元。（5）需要保证金，这样当期货合约的价格变动时，有时为了保证维持保证金，需要缴纳额外资金。

运用时要注意，由于利率期货合约是标准化的，而客户的标的资产的利率风险与标准化的利率期货合约不一定相吻合，因此在使用利率期货进行套期保值时，要考虑到买入或者卖出多少份期货合约才能使保值效果最佳，这就是计算套期保值比率的问题。套期保值比率（Hedge Ratio）简称套保比率，就是利用利率期货合约进行套期保值的所需要合约的数量。计算套保比率实际上就是确定购买期货合约的数量，使保值交易资产组合的价值变动等于标的资产风险的变动值，以达到规避风险的目的。

对某一暴露头寸，套期保值比率 HR 可以利用下面这个公式近似计算：

$$HR = \frac{风险暴露金额}{期货合约名义本金} \times \frac{风险暴露期间}{期货合约保证金存放期间}$$

⭐【例】某一 2 000 万美元的一年期借款承诺由三个月期的欧洲货币期货合约来保值，合约的名义本金为 100 万美元。那么此项贷款承诺的 HR 为

$$HR = \frac{2\ 000}{100} \times \frac{12}{3} = 80$$

其实，套保比率在很大程度上还受风险基差、保证金流量以及结算金额的影响。如果资金暴露头寸的利率与期货合约基准利率不一致时，就需要考虑风险基差，从而对上述公式进行修正。一般来说，利用回归分析得出二者的变动程度关系 β 值，β 与计算的套保比率相乘就是实际套期保值比率。由于期货头寸在平仓或到期之前都会有保证金的收支，因而会对利息的支出产生影响，所以期货套期保值的规模必须相应成比例地缩小；若考虑期货合约的结

算金额也像远期利率协议一样折现的话，也应该对套期保值比率进行修正。

（三）利率期货和久期缺口模型的综合运用

对一家银行来说，如果其所有资产和负债的久期存在缺口，即

$$D_A \neq \frac{总负债}{总资产} \times D_L$$

其中，D_A 表示银行资产平均久期，D_L 表示银行负债平均久期。则可以利用长期国债期货合约规避风险。其所需合约的数量 N 为

$$N = \frac{\left(D_A - \dfrac{总负债}{总资产} \times D_L\right) \times 总资产}{D \times P} = \frac{D_{Gap} \times 总资产}{D \times P}$$

其中，D 表示期货合约的久期，P 为期货合约的价格。如果一家银行有一个正的久期缺口，即 $D_{Gap} > 0$，那么，如果预期利率会上升，它的资产较其负债会贬值更多，从而会减少净资产，银行就应该采纳长期国债期货合约的空头套期保值，卖出 N 份长期国债合约。相反，如果预期利率下降，就需要一个多头的套期保值，即买进 N 份长期国债合约。如果一家银行有一个负的久期缺口，那么其操作恰好相反。

（四）互换在利率风险管理中的应用

互换（Swap）是指两个或两个以上的当事人，按照共同商定的条件，在约定的时间内彼此交换一系列款项支付的金融交易。互换又分为货币互换和利率互换，通常在利率风险管理中采用后者。利率互换有降低双方风险和成本低等优点，而且互换是表外业务，一般期初或到期日都没有实际本金的交换，所以没有资本金要求。利率互换对银行有着积极的意义，它能够降低固定利率或浮动利率的筹资成本，保持流动性。由于互换大都是场外市场交易工具，这使得银行可以相当灵活地使用这些工具以满足其特定的需求。

资本市场债券发行中著名的首次利率互换发生在 1982 年。当时德意志银行发行了 3 亿美元的 7 年期固定利率欧洲债券，并安排与三家银行进行互换，换成以 LIBOR 为基准的浮动利率。互换后，德意志银行按低于 LIBOR 支付浮动利息，而其他三家银行则通过德意志银行很高级别的资信换得了优惠的固定利率美元债券。双方利用各自在金融市场上的比较优势，获得了利益。这次利率互换交易的成功，推动了利率互换市场的发展。

互换使得银行能够通过交换各自贷款的最有利的方式来相互获益，如图 13 − 1 所示。例如，信用等级高的 A 银行能在市场中以 10% 的固定利率和 LIBOR + 10 基点[①]的浮动利率借款。

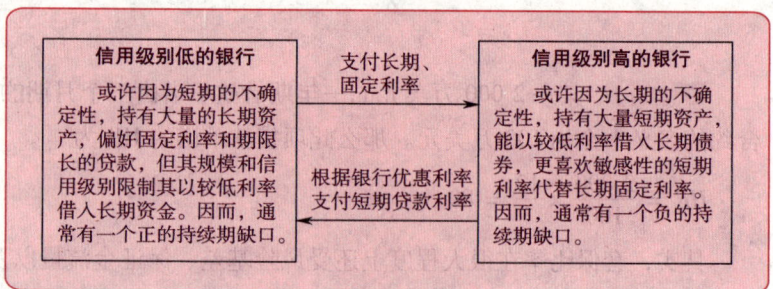

信用级别低的银行	支付长期、固定利率	信用级别高的银行
或许因为短期的不确定性，持有大量的长期资产，偏好固定利率和期限长的贷款，但其规模和信用级别限制其以较低利率借入长期资金。因而，通常有一个正的持续期缺口。	根据银行优惠利率支付短期贷款利率	或许因为长期的不确定性，持有大量短期资产，能以较低利率借入长期债券，更喜欢敏感性的短期利率代替长期固定利率。因而，通常有一个负的持续期缺口。

图 13 − 1　利率互换图示

---

① 利率变动 0.01% 为一个基点。

而信用等级较低的 B 银行只能以 11% 的固定利率和 LIBOR + 50 基本点的浮动利率借款。A 银行需要浮动利率借款，B 银行需要固定利率借款。二者进行互换，A 以固定利率 10% 借款，B 以浮动利率 LIBOR + 50 基本点借款，但支付利息时，B 银行支付固定利率 10.2% 给 A 银行，A 银行支付浮动利率 LIBOR 给 B 银行。若不进行互换，A 银行浮动利率的借款成本为 LIBOR + 10 基本点，B 银行的固定利率的借款成本为 11%。互换后，A 的实际借款成本 = LIBOR + 10% − 10.2% = LIBOR − 0.2%，B 的实际借款成本 = 10.2% + LIBOR + 0.5% − LIBOR = 10.7%，双方的借款成本都下降。

利率互换的基本类型包括：（1）浮动利率与固定利率互换。它常为借款者使用，可以把浮动利率的借款协议变为固定利率的借款协议，从而降低利率波动带来的风险。通过这种互换，交易中的一方将其固定利率资产或负债换成浮动利率资产或负债，另一方则相反。银行可以通过这种互换充分利用各自在金融市场上的优势降低筹资成本。（2）交叉货币浮动利率与固定利率互换。采用的是货币互换与利率互换相结合的方式，交易中的一方把某种货币的固定利率融资转换成另一方的另一种货币的浮动利率融资，另一方正好相反。通过利率互换与交叉货币互换，银行就可以选择利率低、条件优惠的市场进行融资。（3）固定利率与浮动利率互换后再与固定利率互换或浮动利率与固定利率互换后再与浮动利率互换。银行可以用这种方式根据市场变化来及时调整互换策略，对自己的资产或负债的利率风险进行动态的套期保值。

（五）利率期权和以利率期权为基础的工具在利率风险管理中的应用

期权（Options）是指合约购买者支付一定金额的期权费后，在约定的时间或期限内，又以约定的价格购买或出售约定数量的特定标的资产的权利。应该指出的是，上面介绍的远期利率协议、期货、互换三种金融衍生工具都是用一种不确定性代替利率波动带来的不确定性。这种不确定性意味着未来利率可能上升，也可能下降，因此利率的波动有可能给银行带来损失也可能带来收益。人们希望保值工具在利率向不利方向变化时能够进行避险；当利率朝有利方向变化时，能够利用它从中获利。而期权这种金融衍生工具正好能够满足这种要求。一般来说，当银行在未来的某一时间要借入资金，可以购买看涨期权合约，如果到期市场利率水平高于合约中规定的协议利率，则银行就可以执行这份期权合约，按照协议利率借入资金，从而避免了由于利率上升带来的风险。如果到时候市场利率水平低于合约中规定的协议利率，则银行可以放弃这份合约，而按市场利率借入资金。反之，当银行要在未来某一时间贷出资金，则可以买入看跌期权合约，其操作方法与上面所述相反。到时候如市场利率高于协议利率，可不执行合约；如市场利率低于协议利率，就可以执行合约，从而保证其投资收益不低于协议利率。

常用的处理利率风险的利率期权工具有以下几种。

1. 利率上限。利率上限（Interest Rate Cap）又称利率帽子，类似于看涨期权，可以保护持有者，防止市场利率上升。借款人先前支付一定的手续费，并得到保证，他们所获得的贷款利率不能超过上限水平以上。

⭐【例】如果一家银行为其在欧洲美元市场上借入的 2 亿美元购买一个 10% 的利率上限，银行就能得到担保，其实际借款成本不会超过 10%。相反，如果一家银行向一名借款客户卖出一个利率上限，银行在赚到一笔费用的同时，银行还需要承担客户所面临的利率风险，这笔费用就是作为承担利率风险的补偿。当然，如果一家银行卖出了大量的利率上限，那么就能够使用其他的规避利率风险的工具，如利率互换来降低其总的风险。具体做法也非常简单，考虑上述的例子，假如市场利率上升到11%，那么卖出利率上限的机构将补偿买方银行1%的额外支出成本。其具体支出金额为

（市场利率 – 上限利率）×借入金额 =（11% – 10%）×2 = 0.02（亿美元）

这样，这家银行的实际借款利率永远不可能超过10%。

2. 利率下限。利率下限（Interest Rate Floor）又称利率地板，类似于看跌期权，可以保护持有者，防止市场利率下降。与利率上限类似，银行为了防止其浮动利率贷款利率的下降而买入利率下限，从而确保利息收入金额。这样无论贷款利率下降多少，银行都能得到某一最低的收益率。

★【例】 一家银行以优惠利率向一位客户提供 5 000 万美元的一年期浮动利率贷款，并提出利率下限为8%。如果优惠利率下降到利率下限以下，如7%，客户不仅需要支付7%的利息，而且需支付一定的差额给银行，金额为

（利率下限 – 现行贷款利率）×贷款金额 =（8% – 7%）×5 000 = 50（万美元）

当银行的久期缺口为负时，或者其利用固定利率借款为浮动利率资产融资时，银行经常使用利率下限。银行也可能卖出利率下限，例如，一家银行的客户持有90天可转让存单，承诺利率为7.25%，但是预期几天后卖出。客户担心存单收益率降到6.75%以下，这样，银行可能卖给该客户6.75%的利率下限，获得一定手续费。如果利率在90天下降不大，如下降到7%银行并不需要支付差额。但如果下降到利率下限以下，银行就需要支付下限利率和实际利率的差额。当然，当银行预期利率会下降的时候，可以利用其他规避利率风险的工具，降低其总的风险。总的来说，使用利率上限或利率下限使得买方的最大成本或最小成本被固定下来。

3. 利率上限和利率下限的使用策略：（1）利率双限（Interest Rate Collar），即把利率上限和下限合并在一份协议上。往往利率双限的购买者为了取得一个利率上限，而接受一个利率下限。为双限支付的净费用可正可负，取决于订立合同时利率的预期和借款人及贷款人对风险的偏好。（2）分享上限。它的特点是买进利率上限和卖出利率下限所包含的标的资产的数量不相等，以收入的手续费来部分抵消需要支出的手续费，因此可以在相同的协议利率水平上部分地实现零成本，从而达到既防范利率风险又降低费用成本的目的。当市场利率超过协议利率时，可以把借款利率控制在协议利率的水平上；而当市场利率低于协议利率时，也可以享受到利率下降的好处。（3）利率走廊。将走廊用于管理利率风险就是以较低的协议利率买入一个利率上限，同时以比较高的协议利率再卖出一个利率上限。使用走廊工具，可以使操作方降低借款的成本。（4）利率上限和互换。利率上限与互换这两种工具常常都是被银行用于利率风险管理，把它们两者结合起来，能够起到它们单独所起不到的功能作用，能够更好地满足在未来借款的需要。

上面我们介绍了五类金融衍生工具在利率风险管理中的应用，这些工具都有自身的特点，在管理利率风险时，可以有选择地进行使用。在实际使用时，选择何种工具用于利率风险管理，完全取决于以后银行所面临的实际情况、对未来市场走势的判断，以及所确立的保值目标。以上所探讨的远期利率协议、利率期货、利率互换和利率期权工具等金融工程工具，与传统的银行风险管理工具相比有其自身的特点，如不影响到资产负债表内的成分和结构，又可以使银行在短时间内完成对利率风险头寸的调整，因此备受银行的关注，在西方发

达国家的商业银行中已经得到了广泛的应用。金融工程在我国还只是处于起步阶段，目前，我国银行的风险管理仍停留于定性分析基础上的主观判断，与现代金融风险管理技术相差甚远，而发展金融工程将是中国银行业风险管理实现跨越式发展的一次重大机遇。

阅读材料
利率风险管理的原则

1997年，巴塞尔银行监管委员会①公布了利率风险管理的十二原则。巴塞尔委员会此次推出的利率风险管理十二项原则（以下简称原则），强调银行应当建立综合性的风险管理机制，有效地辨别、测算、监控利率风险头寸。原则分为五大类，其基本内容如下。

一、董事会及高层管理人员的作用

银行董事会和高级管理层的有效监督对日臻完善的利率风险管理程序至关重要。

原则1：为了履行其职责，银行董事会应审批利率风险管理的政策和监控规程，并应定期听取银行利率风险状况的汇报。

董事会的首要职责是了解银行所承受的利率风险的性质和水平，审批那些能够左右并影响银行利率风险的重大经营战略和重要决策，审批有关划分利率风险管理权限和责任的政策及规程，审批与利率相关的银行总体政策，使管理人员能够采取必要措施加以识别、测算监督和控制利率风险，定期审阅内部详细信息，了解和评估监控风险的经营操作，特别是在银行中的复杂支付工具所占较大头寸时尤为重要。

原则2：高层管理人员应当确保银行业务结构及其所承受的利率风险水平得到有效控制，确保制定了合理的政策和监控规程，以控制和降低风险，并确保拥有评估和控制利率风险的条件。

高层管理人员有责任保证银行拥有完善的政策和规程，评估银行所面临的市场情况以及其他重要风险因素，保证拥有一批符合银行业务性质和范围要求且具备专门技术知识和经验的合格人士从事利率风险的分析和管理。

原则3：银行应当设立职责明确的风险管理机制，直接向高层管理人员和董事会汇报风险承受情况。风险管理机制的运行应当独立于银行的业务部门。规模较大和业务较复杂的银行应当建立专门机构设计和管理银行的利率风险控制系统。

银行应该建立风险管理机制用以监控利率风险，保证所有交易和利率风险均能纳入银行风险管理体系。该机制应独立于银行的其他业务，避免利益相互冲突，明确责任分工。规模较大的或综合性较强的银行应设立专门机构负责设计并领导银行利率风险控制系统，该机构规模和业务范围应符合银行的规模和结构。

---

① 巴塞尔银行业务条例和监管委员会（简称巴塞尔委员会），是由十国集团中央银行行长于1975年成立的，由比利时、加拿大、日本、法国、德国、意大利、卢森堡、荷兰、瑞典、英国和美国银行监管当局和中央银行的高级代表组成，其常设秘书处设在国际清算银行，委员会主席由成员国代表轮流担任。委员会的主要职责是交流金融监管信息，制定银行监管条例，加强各国监管当局间的国际合作和协调，维护国际银行体系稳健运行，数十年来，该委员会进行了一系列卓有成效的工作，取得了丰富成果。这些成果不仅在十国集团内得以施行，而且也日益被非十国集团的国家和地区的监管当局和银行所自动认可或接受。

二、利率风险管理政策及监控规程

银行应有明确的政策和规程用以限制和管理利率风险。这些政策和规程也应对利率风险管理划分出职责权限和解释权限，并明确规定所授权的支付手段、交易策略以及占用头寸的时机。利率风险政策还要确定量化参数，以便说明银行所能够接受的利率风险水平，必要时还应规定某种支付手段、证券和交易的限量。总之，所有利率风险政策均应定期检查修改。

原则4：应明确规定银行的利率风险管理政策和利率风险监控规程，并使之符合银行业务的性质和复杂性。这些机制应当能够反映银行的整体风险状况，在必要的情况下也应可以反映其每一个分支机构的风险水平。

应明确管理职责和监管机构，包括为发展管理银行利率风险的战略和方法所制定的授权权限和责任。另外，管理人员还应明确各种政策、限制和授权以外的特殊情况所要求的具体程序和审批。

原则5：银行应该能够明确了解隐含在新产品、新业务方法中的风险，并确保新产品在推广之前、新业务方法在采用之前，针对其风险已经制定了必要的监控规程和控制手段。重要的保值行为和风险管理手段在采用之前应经由董事会或得到董事会授权的委员会的批准。

银行不太熟悉的新产品和新业务，在其被采用之前应仔细审查，并将其纳入风险管理规程。在分析一项产品或业务是否引进了新的利率风险时，银行应了解支付工具在其期限、重新定价以及还款条件等方面的变化，这些变化在何等程度上影响产品利率风险的特点。

三、风险测算与监控系统

银行应拥有评估利率变动造成银行收益和银行经济价值变动的利率风险测算系统，提供针对银行目前利率风险水平的措施，以及识别可能产生的过大风险。

原则6：银行应当拥有风险测算系统，该系统应能够及时发现利率风险的所有重大根源，按照自身业务范围估算利率变动所将造成的影响。风险测算系统所使用的概念应能够被风险管理人员和银行管理人员明确理解。

测算系统：（1）评估那些与银行资产、负债和账外头寸有关的所有重大的利率风险；（2）应广泛利用已被大家接受的金融概念的风险测算技术；（3）应具备切实、可靠的估算和参数。

银行利率风险测算系统要说明所有重大利率风险的起因，包括新定价、收益率曲线、基数和期权风险。在许多情况下，银行最大资产的利率风险占其总风险的主导地位，因此测算系统应针对这一焦点进行严格评估，尤其对那些较大的具有期权隐含/公开特点的支付手段更应如此。

原则7：银行应当建立授权制度及其他制度并执行这些制度，以便使风险头寸保持在银行内部风险管理政策所许可的范围内。

利率风险管理的目标把银行利率风险控制在银行设置的利率风险水平界限内。适当的限额制度能使管理层控制利率风险，其权限应与总测算利率风险的方式相一致，限额须与银行的规模、复杂性的资本充足的程度相适应，银行所能接受的利率风险金额的利率风险限额总和须经董事会审批，定期重新评估，还可以根据各业务部门、各种证券组合、支付手段的类型来确定限额，风险限额的详尽程度应能反映银行资产的特点，以及引起利率风险的各种原因。高级管理层需及时了解限额的例外情况，因为限额是绝对不可逾越的，但具有某些详细说明的特殊情况可允许在短期内违反限额规定，故所定限额应相对保守。

原则8：银行应当能对恶劣市场条件下本行可能遭受的损失进行测算（包括基本假设失效条件下的测算），在建立和检查本行利率风险监控政策和风险承受水平时应参考上述测算。

风险测算系统应能评估恶劣市场环境带给银行的影响。压力实验的设计应能提供银行策略或头寸何时最脆弱的信息，使压力试验能适应银行风险的特点。可能的恶劣环境包括利率整体水平的突然变化，主要市场利率间关系的变化（即基本风险）、收益率曲线幅度与形状的变化（即收益率曲线风险）、主要金融市场利率波动的变化；恶劣环境还包括何种情况会导致那些主要的经营设想和参数的彻底失败。对于流动性差的或合同期限不定的支付手段的假设，压力测度尤为重要，因为那些较集中的支付手段或市场固定在不利情况下所集中的头寸会更难流动。

原则9：银行必须拥有能够满足利率风险管理需要的信息监控报告系统，定期向高层管理人员及董事会报告。

利率风险管理应具备一个准确的、信息量大的、及时的信息管理系统，它能及时上报有关风险的措施，能将目前的风险情况与政策限额相比较，还能把所做的推测和风险预测与实际结果相比较，从而判断分析所有典型错误。

四、独立控制机制

银行利率风险管理程序应是其整体结构内部管理的延伸。整体结构内部管理系统应能促成强有力和高效率的经营，生成可靠的金融报告和管理报告，以及遵循有关法律规定和组织政策。

原则10：银行对其内部的利率风险管理程序应有充分控制，应当定期评估风险控制手段的完备程度。负责评估风险管理程序的人员所负责评估的对象应与其自身业务无关。

管理层对利率风险的全面评估和审查是银行内部管理的一个重要因素，管理层应保证银行利率管理程序能够定期由有关人员审查和评估。确保那些审查和评估人员不受其原工作职能的影响。考虑到银行间制定的限额程序和限额范围内操作的程序有所不同，在审查中还应判断是否遵循其利率风险政策和程序。管理层还应及时关注那些超过已定限额头寸，并根据获准的政策所规定的规程解决问题。在利率风险管理程序的定期审定过程中，须注明自上次审定以来所发生的收进票据性质的显著变化，还有限额和内部管理的显著变化。

原则11：银行应定期进行本行利率风险程序的独立性评审。评审结果应向有关监管机构通报。

利率风险测算系统的审定应包括银行所采用的设想、参数和方法的审定。这些审定可试图解决、测试和记录当前测算程序的评估系统的完善性。这些审定还可针对所发现的问题提出解决方案，并把审定结果与改进措施一并上报董事会，使之及时付诸实施。当测算系统中包含一个或多个附属程序时，银行应使它们有机结合并保持一致。

五、监管机构应掌握的信息

监管机构应定期获取充足信息以便评估各银行利率风险所承受的情况，这些信息可通过银行上报的标准化报告、内部措施、莅临检查或其他方式获取。不同监管人员所获取的准确信息可能有所不同，但监管人员应根据各自信息评估银行利率风险所承受的水平和方向，判断并监管那些重新定价且具有严重不匹配的银行。

原则 12：十国集团①的监管机构应能够按时从银行获得充足信息，以便审定它们的利率风险水平。这些信息应当包括银行资产组合的期限和货币种类，以及其他相关信息，譬如交易行为与非交易行为的划分情况等。其他监管机构也易获得类似信息。

根据剩余期限或距下次调价时间长短所收集银行头寸的监管申报形式是方法之一。这种方法可使银行对其利率敏感的资产、负债和账外头寸分为一系列有关调价时间段或到期日等种类。所收集的信息还应能确定那些现金流量特点差别较大的不同种类支付手段的余额。

银行内部模型可能是各种不同设想所形成的最终模型，它可以获取大量信息。经营不同币种的银行会面临各种货币的利率风险，监管机构应要求银行分别分析各种货币的风险承受情况，至少在不同货币承受风险较大时应按上述要求去做。

本章小结

1. 利率风险是指在官方利率或市场利率变化时，商业银行资产的收益与市场价值以及负债的成本与市场价值发生的不利于银行的变化，即商业银行的财务状况在利率波动时所面临的不确定性。

2. 利率风险主要有重定价风险、收益率曲线风险、基准风险和期权性风险四种表现形式。

3. 传统的利率风险度量方法主要有编制缺口分析报告、久期分析等。此外还有一些新的利率风险度量的方法，如动态收入模拟模型（情景分析和应力测试）、风险价值分析方法等现代方法。

4. 缺口分析报告的制作一般以某一时点银行的资产负债表为依据，划分相应的计划期，并在表的底端分别计算出各期的增量缺口、累积缺口和敏感性比率等。

5. 久期是指固定收入金融工具的所有预期现金流量的加权平均时间，也可以理解为固定收益金融工具各期现金流量抵补最初投入的平均时间。

6. 利率敏感性缺口模型是指各商业银行根据缺口分析报告和对未来利率的预期，可以适时地对利率敏感性缺口进行管理，以规避利率风险。久期缺口管理就是银行通过调整资产负债的期限与结构，采取对银行价值有利的久期缺口策略来规避银行资产与负债的总体利率风险。

7. 随着金融衍生品的发展，远期利率协议、利率期货、利率互换和利率期权工具等四类金融衍生工具在利率风险管理中的应用越来越广泛。

本章主要概念

利率风险 　重定价风险 　收益率曲线风险 　基准风险 　期权性风险 　利率敏感性资金

---

① 十国集团成员国有比利时、荷兰、加拿大、英国、法国、意大利、德国、瑞典、日本、美国。

利率敏感性资产　利率敏感性负债　敏感性比率　敏感性缺口分析报告　久期
久期缺口　凸性　动态收入模拟　风险价值　远期利率协议　利率期货　套期保值比率
互换　利率上限　利率下限　利率双限

本章思考题

1. 什么是利率风险？利率风险的表现形式有哪些？

2. 传统的利率风险度量方法有哪些？分别是如何度量和计算的？

3. 简述缺口分析报告的编制方法。

4. 当预期利率上升时，银行应该如何确定敏感性资金缺口？当预期利率下降时，又该怎么办呢？

5. 根据银行的资产负债表计算银行的久期缺口。如何利用久期缺口模型规避利率风险？

6. 远期利率协议、利率期货、利率互换和利率期权的概念分别是什么？如何将这些工具应用于规避利率风险中？

本章参考文献

[1] [美] 安东尼·G. 科因、罗伯特·A. 克兰、杰斯·莱德曼，唐旭等译：《利率风险的控制与管理》，北京，经济科学出版社，2001。

[2] [美] 彼得·S. 罗斯：《商业银行经营管理》，北京，机械工业出版社，2000。

[3] [英] 洛伦兹·格利茨：《金融工程学》，北京，经济科学出版社，2000。

[4] Carty, L. V. and D. Lieberman. Corporate Bond Default and Default Rates 1938－1995, Moody's Investors Service, Global Credit Research, January 1996.

[5] Koyluoglu, H. U. and A. Hickman. A Generalized Framework for Credit Risk Portfolio Models, Oliver, Wyman and Co., New York, September 14, 1998.

[6] Lopez, J. A. and M. R. Saidenberg. Evaluating Credit Risk Models, Paper presented at the Bank of England Conference on Credit Risk Modeling and Regulatory Implication, September 20 － 21, 1998.

扫描二维码可获取本章更多习题

第十四章
商业银行汇率风险管理

本章知识结构

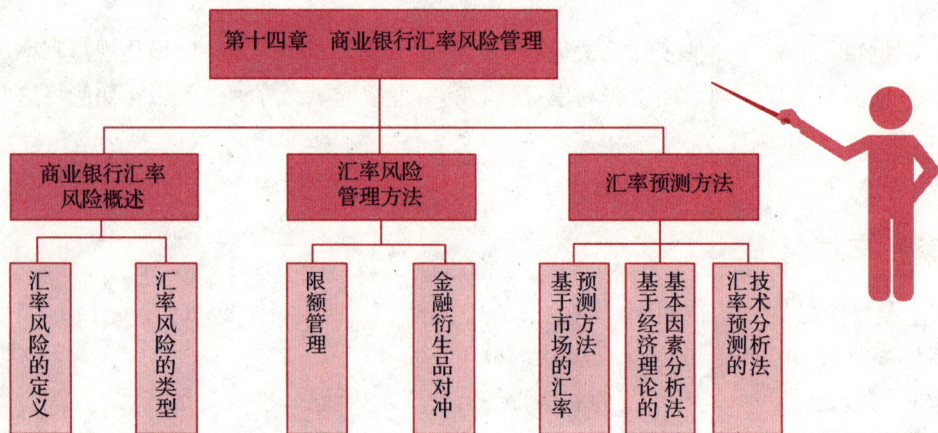

```
        第十四章  商业银行汇率风险管理
    ┌──────────────┼──────────────┐
商业银行汇率      汇率风险          汇率预测方法
风险概述          管理方法
  ┌──┴──┐       ┌──┴──┐       ┌────┬────┬────┐
汇率      汇率    限额    金融    预测    基本    技术
风险      风险    管理    衍生    方法    因素    分析法
的定      的类            生品    基于    分析法  汇率
义        型              对冲    市场的  基于    预测的
                                  汇率    经济理论的
```

学习目标

● 了解汇率风险的概念与类型
● 了解汇率风险的评估方法
● 掌握汇率风险管理的基本技术
● 掌握汇率预测的基本原理

自从世界主要发达国家实行浮动汇率制度以来，汇率波动幅度显著加大，波动区间扩大，波动更加频繁。国际大型商业银行通常在全球范围内收付外汇，或者持有外币债权债务，或者以外币计价其资产或负债的价值。由于汇率频繁、剧烈的波动，由汇率风险带来的损失时有发生，大大增加了商业银行的汇率风险管理难度。因此，加强汇率风险管理是所有从事外汇业务的商业银行都必须面对并加以重视和解决的问题。

第一节 商业银行汇率风险概述

一、汇率风险的定义

汇率风险又称外汇风险，是指外汇资产与外汇负债之间币种结构不平衡产生的外汇敞口因汇率的不利变动而遭受损失的风险。从事对外投资和借贷业务的银行不可避免地会在世界范围内收付大量外汇或持有以外币计价的金融资产。汇率的波动将会给外币资产的投资者或所有者带来不确定性，有可能导致巨大的损失。一方面，20 世纪 70 年代以来，各主要发达国家纷纷实行浮动汇率制度，主要货币的汇率波动幅度显著上升，波动更加频繁。另一方面，第二次世界大战以来，世界经济全球化步伐加快，国际融资规模大幅度增加，进一步增加了商业银行国际化经营面临的汇率风险。

二、汇率风险的类型

按照汇率风险的具体来源，商业银行经营活动中面临的汇率风险可以分为外汇交易风险和会计风险。

（一）外汇交易风险（Transaction Risk）

外汇交易风险是指在计划中、进行中或已经完成的外币计价的业务交易中，汇率波动使交易者发生损失的可能性。外汇交易风险是由于进行外币交易产生的汇率风险，以外汇交易为重点业务的商业银行通常要承担这种风险。换言之，外汇交易风险是由于买进或卖出一笔外汇，一段时间后又必须反过来卖出或买进这笔外汇而产生的。

★【例】　某日本银行当日即期买进 100 万美元，卖出 80 万美元，有即期美元多头 20 万。将来轧平这笔多头时，会因汇率水平发生变化而影响盈亏。如果当日收盘价为 1 美元合 150 日元，该银行当日卖出 20 万美元应收到 3 000 万日元。如果次日汇价跌至 1 美元合 120 日元，该银行只能收回 2 400 万日元，损失 600 万日元。

（二）会计风险（Accounting Risk）

会计风险又称折算风险或转换风险（Translation Risk）。跨国银行在编制合并会计报表时，需要将海外分支机构的财务报表按照一定的会计准则转换为本国货币来表示，外币资产、负债、收入和支出等通常也需要转换。会计风险的定义为经济主体在对资产负债表和利润表进行会计处理时，在将功能货币（在具体经济业务中使用的货币）转换成记账货币（编制会计报表所使用的货币，通常为会计主体的本国货币）时，因汇率波动而呈现账面损失的可能。会计风险的内容在很大程度上取决于会计换算方法。虽然这种损益是会计性质的账面损益，是尚未实现的，不涉及实际的现金流，但却会影响到银行向股东和社会公众信息披露的结果。

★【例】　假设美国某商业银行以美元为记账货币。年初该银行有 4 万英镑的存款，英镑/美元的汇率为 1.50，在财务报表中折算为 6 万美元。年底该银行编制资产负债表时，英镑/美元的汇率为 1.83，该笔英镑存款经重新折算仅为 7.32 万美元，存款的账面价值增加 1.32 万美元，即银行的负债增加了 1.32 万美元。

第二节　汇率风险管理方法

商业银行承担的汇率风险主要是外汇交易风险。当商业银行进入外汇市场交易外汇时，一般充当两种角色：一种是代客进行外汇交易，赚取交易价差和手续费收入；另一种是银行自营外汇交易。无论是出于何种目的进行交易，当银行买进或卖出某种货币时，很可能出现金额和期限的不匹配，持有该种货币的多头或空头头寸。这种外汇敞口就是风险暴露部分，会受到汇率波动的影响。原则上，银行应当每天轧平所有的缺口头寸，避免不必要的汇率风险，保证赚取无风险的交易价差收入，但是银行每日的外汇交易非常频繁，交易的货币种类和期限多样化，轧平所有头寸不但要承担大量的交易成本，在现实中也是不可能的。

为管理外汇缺口头寸，商业银行一般会制作外汇交易记录表，按照每种货币合约到期日记录每笔交易的外汇流量，这些头寸按币种和期限列示。表14–1是一家英国银行的一份简单美元交易记录表。根据外汇交易记录表，银行管理者可以清楚地分析银行外汇头寸的汇率风险。如果在每一个到期日，所有货币的外汇交易记录表上交易金额正好相等，不管汇率发生什么变化，银行都没有任何资金损失，不存在汇率风险。如果某一种货币的交易记录表中存在着金额或者期限的不匹配，银行就将承担汇率风险。

由表14–1可知，该银行在每个时期美元头寸都是不平衡的，都有缺口头寸。当汇率变动时，这些缺口头寸有汇率风险。例如，美元/英镑的即期汇率从1.48下降到1.45，即期多头头寸将损失3 000英镑。为了控制缺口头寸的汇率风险，银行要制定对应每种货币各个时期的缺口限额，当缺口超过限额时，交易员必须在外汇市场上对冲多余的头寸。

表14–1 某英国银行的美元交易记录表
单位：万美元

期限	买入（+）	卖出（–）	合计
即期	10		+10
1个月		200	–200
2个月	100		+100
3个月		100	–100
6个月	150		+150
12个月	100		+100
24个月		100	–100
合计	360	400	–40

外汇交易记录是汇率风险管理的重要工具，但是外汇交易记录表只是一个交易记录，它没有告诉银行管理者目前外汇头寸的盈亏情况，难以体现汇率风险的总体状况。为了控制汇率波动造成外汇头寸的盈亏，银行应该用市场汇率重新估价外汇头寸，分析外汇头寸的盈亏情况。我们把表14–1所列的美元交易记录表用英镑重新核算，如表14–2所示。

表14–2 用市场汇率重新核算后的美元头寸

期限	美元金额（万美元）	原来汇价	原来相当于英镑（英镑）	现在汇价	现在相当于英镑（英镑）	利润/亏损（英镑）
即期	+10	1.48	67 567.57	1.47	68 027.21	459.64
1个月	–200	1.49	–1 342 281.88	1.47	–1 360 544.22	–18 262.34
2个月	+100	1.46	684 931.51	1.45	689 655.17	4 723.67
3个月	–100	1.46	–684 931.51	1.45	–689 655.17	–4 723.67
6个月	+150	1.45	1 034 482.76	1.44	1 041 666.67	7 183.91
12个月	+100	1.43	699 300.70	1.42	704 225.35	4 924.65
24个月	–100	1.40	–714 285.71	1.39	–719 424.46	–5 138.75
合计	–40		–255 216.57		–266 049.45	–10 832.88

从表 14 - 2 中可以看出，由于外汇市场的汇率时刻在发生变化，按照市场汇率计算，如果现在结束头寸，该银行的美元总头寸将亏损 10 832. 88 英镑。使用外汇交易记录表经常性重新计算外汇头寸，可以及时分析银行承担的汇率风险，以便采取措施加以控制和规避。具体来说，为防范汇率风险，商业银行主要采用的是限额管理和金融衍生品对冲。

一、限额管理

限额管理是外汇交易风险管理的主要方法，对银行交易的外币资产都设置限制。商业银行对汇率风险暴露头寸所

> 限额管理是指商业银行根据自身的风险偏好，事先给总交易头寸或净交易头寸设定最高额度。实时监测交易账户变化，对超过限额的情况及时作出处理。

设定的限制都是以经验或主观判断为基础，同时也有银行在尝试利用风险管理模型，以使限额设定过程更加科学和客观。针对外汇交易中存在的汇率风险，银行通常采取各种限额管理，主要可以分为以下几类：（1）即期外汇头寸限额。这种限额一般根据交易货币的稳定性、交易的难易程度、相关业务的交易量而定。（2）掉期外汇交易限额。由于掉期汇价受到这两种货币同业拆放利率的影响，故在制定限额时，必须考虑到该种货币利率的稳定性，远期期限越长，风险越大。同时，还应制定不匹配远期外汇交易限额。（3）敞口头寸限额。敞口头寸也称为缺口头寸，指没有及时抵补形成的某种货币多头或者空头。敞口头寸限额一般需要规定相应的时间和金额。（4）止损点限额。止损点限额是银行对交易人员建立外汇头寸后，面对汇率风险引起的外汇损失的限制，是银行对最高损失的容忍程度，而这种容忍程度主要取决于银行对外汇业务的进取程度和对外汇业务收益的期望值。在市场中的参与程度越高，期望收益越高，愿意承担的风险就越大。

二、使用金融衍生品对冲汇率风险

除使用限额管理控制汇率风险外，商业银行也会进入金融市场，交易外汇远期、互换、期货和期权等金融衍生品，对冲外汇敞口的汇率风险。

1. 外汇远期（Forward Exchange）。外汇远期是按照事先规定的汇率和金额在既定的未来某一时间交割的外汇交易，约定汇率即为远期汇率。借助远期外汇合约，银行可以持有与外汇资产相反的头寸，固定未来外币现金流的本币价值，对冲汇率风险。例如，某英国的商业银行 3 个月后将从美国的商业银行收到 25 万美元。为防止这笔美元应收款在未来遭受损失，最直接的办法是与远期交易者签订出售 25 万美元的 3 个月远期合同。假设美元/英镑的即期汇率是 1. 7，3 个月远期汇率是 1. 65。则 3 个月后，英国银行履行远期合同，把收到的 25 万美元货款以 1. 65 的汇率售给该银行，获得本币 42. 5 万英镑。无论 3 个月后的即期汇率是多少，该银行的英镑收入都不会受到影响。同样，未来偿还外币借款所需的本币金额也可以通过远期外汇合同的形式固定下来。

2. 货币期货（Currency Future）。货币期货实际上是金额、期限和到期日都标准化的远期外汇合同。远期外汇合同金额的大小和期限可以由客户按照实际需要与银行商定，但是客户需要接受银行的信誉考察，并根据信誉水平限定交易总量，远期合同必须在到期日交割。相比之下，货币期货交易只需要交纳保证金，没有对客户信用水平的限制；流动性强，任何人都可以自由交易期货合同，随时通过做相反交易平仓了结，或者根据实际头寸的变化和市场汇率水平调整期货头寸。

期货交易的套期保值是针对现货市场的某笔交易,在期货市场上做一笔交易方向相反、期限相同的交易,用期货市场上的盈亏来抵冲现货市场上的亏损。其原理是,在正常的市场情况下,不存在无风险的套利机会,期货市场的价格与现货市场的价格变动趋势是一致的。与期货合同交易方向相反的现货交易如果发生亏损,期货交易就会盈利,反之则反是。其缺陷在于,期货合同标准化的金额、期限和到期日很难与现货交易完全一致,并且,期货价格的变动也可能与现货价格的波动不完全一致,从而出现基差风险。

3. 货币期权(Currency Option)。货币期权赋予合同购买者在一定期限内按规定价格购买或出售一定数量某种货币的权利。其与远期或期货合同的差别在于,期权合同购买方拥有执行合同的权利,而没有必须执行合同的义务,从而在防范不利的汇率波动的同时,又不丧失汇率有利波动可能产生额外利润的机会。相应地,购买货币期权进行套期保值的成本要高一些。期权合同也是标准化的,其缺陷同样在于,其金额和期限很难与现货交易完全一致。

4. 货币互换(Currency Swap)。货币互换交易是对长期的外币融通最常用的避险方法。在货币互换交易的安排下,双方交换支付实际债务本金与利息的责任。交易双方首先按固定汇率在期初交换两种不同货币的本金,然后按预定的日期和预定的利率进行一系列的利息互换,到期日按事先决定的汇率将本金再换回来。在某些情况下,期初可以不交换本金。在利息方面,可以是浮动利率对浮动利率的不同货币互换、固定利率对固定利率的货币互换,也可以是固定利率对浮动利率的货币互换。借款者在不同货币的资金市场上的筹资能力往往不同,可以通过借入一种利率较低的货币,通过货币互换,换成所需要资金的货币,来降低所需货币的借款成本,并避免汇率变化的风险。

★【例】 甲银行有一笔5年期的美元债务,本金为2亿美元,到期一次偿还,年息11%,付息日为每年7月1日。乙银行有一笔5年期的英镑债务,本金为1亿英镑,到期一次偿还,年息12%,付息日为每年7月1日。为了减少汇率风险,甲银行希望将负债换成固定利率的英镑,乙银行希望将负债换成固定利率的美元。金融机构A作为中间人为甲乙安排货币互换。因为两项债务都是过去发生的,开始时可以不交换本金。以第一个付息日为互换的开始日,假设为2013年7月1日,英镑对美元的汇率是1.6,因此互换的本金金额为1亿英镑和1.6亿美元。这样,乙银行将其全部英镑负债换为美元负债,而甲银行将其部分(80%)美元负债换为英镑负债。金融机构A每年收取本金金额的0.125%作为风险费,加在由乙方支付的名义美元利息上。在之后的5年中,甲银行每年通过金融机构A向乙银行支付1 200万英镑的利息,并在第5年的7月1日支付1亿英镑本金加上1 200万英镑利息。乙银行每年向金融机构A支付1 780万美元(1.6亿×11.125%),金融机构A扣除收取的费用20万美元(1.6亿×0.125%)后,向甲银行转付1 760万美元(1.6亿×11%)。这样,甲银行80%的美元债务转换成了实际年息12%的英镑负债,乙银行的全部英镑债务全部转化为实际年息11.125%的美元负债。

第三节　汇率预测方法

汇率预测是商业银行汇率风险管理必不可少的环节。一方面,通过对汇率变动趋势、方向、幅度的预测，为汇率风险管理提供依据，提高汇率风险对冲的有效性，提升风险管理水平，降低银行的汇率风险。另一方面，对于经营外汇业务规模较大的商业银行，可以根据对汇率变动的预测，主动地调整或持有外汇头寸，增加外汇投资收益。汇率的预测离不开汇率决定理论的支持。第二次世界大战以前，主流的汇率决定理论是购买力平价理论。第二次世界大战后，随着国际资本流动更加频繁，利率平价理论越来越引起人们的重视。20 世纪 70 年代以来，资产市场论取代了国际收支的流量分析，成为具有代表性的汇率决定理论。从汇率预测的角度看，汇率预测方法可分为基于市场的方法、基于经济理论的方法和技术分析法。

一、基于市场的汇率预测方法

基于市场的汇率预测法（Market - based Forecasts），是一种建立在即期汇率、远期汇率和利率间存在一系列平价关系的假设基础上的汇率预测方法。这种观念建立在有效市场的假设之上。在一个有效率的市场中，不存在交易成本，市场是无摩擦的，信息充分有效，当前的市场价格包含了所有可获得的信息。当新信息发生时，每位市场参与者都有大致相同的机会取得这些信息，并据以交易使价格发生变动。当前的价格中必然已经包含了所有可用的信息并充分消化，对未来价格的预测可以通过简单的观察当前价格所体现的预测内容来获取。如果外汇市场是这样一种市场，在四种重要的经济关系作用下，远期汇率与未来即期汇率的决定因素是一样的，前者就是后者的无偏估计量。所谓的根据市场汇率预测正是这样一种方法，其理论基础为以下四种经济关系：购买力平价、费雪效应、国际费雪效应和利率平价。

（一）购买力平价（Purchasing Power Parity）

购买力平价的基本思想是，通货膨胀意味着国内物价上涨，而物价是一国货币价值在商品市场的体现，物价的上涨意味着该国货币代表的价值量下降。在国内外商品市场相互紧密联系的情况下，通货膨胀使该国出口商品的外币价格上升，出口减少，进口商品的本币价格相对下降，进口将增加，从而对外汇市场的供求关系产生影响，导致该国汇率的下跌。因此，一国货币对内价值的下降必定导致其对外价值的下降。

购买力平价理论是解释这种汇率运行机制的代表性理论。在国际间一价定律（The Law of One Price）的假设下，国际间贸易不存在交易成本和贸易壁垒，同一种商品在世界各地以同一种货币表示的价格是一样的。

$$E \times P_f = P_h \Rightarrow E = P_h / P_f$$

其中，E 为汇率，是以本国货币 H 表示的一单位外国货币 F 的价格，P_h 和 P_f 分别代表本国和外国的一般物价水平。这就是购买力平价的绝对形式，说明在某一时点汇率的决定。购买力平价的相对形式说明的是在两个时点内汇率的变动取决于同一时期内两国物价水平的相对变动比例。

$$E_1 / E_0 = (P_{h1} / P_{h0}) / (P_{f1} / P_{f0}) = (1 + i_h) / (1 + i_f)$$

下标 1 和 0 分别表示相应变量的当期和基期水平，i_h 和 i_f 分别代表本国和外国相应期间的通货膨胀率。购买力平价的相对形式避开了一价定律的严格假设，更富于实际意义，揭示了货币的对内贬值必然引起其对外贬值的规律。根据这一关系，投资者可以通过未来各国预期通货膨胀率的差异来预测汇率的变动。

（二）费雪效应（Fisher Effect）

与购买力平价理论相似，费雪效应也依赖于套利活动，使国际间的实际收益相等。如果一国的预期收益大于另一国，则资本将由收益较低的国家流向收益较高的国家。如果没有资本流动障碍和政府干预的话，这一套利过程将持续到预期实际收益相等为止。用公式表示：

> 费雪效应是指每种货币的实际利率应当相同，名义利率反映的是两国预期通货膨胀率差额。

$$1 + r = (1 + a)(1 + i)$$

其中，r 为名义利率，a 是实际收益率，i 是预期通货膨胀率。我们以下标 h 和 f 分别表示本国和外国，套利的结果是 $a_h = a_f$，则

$$(1 + r_h)/(1 + r_f) = [(1 + a_h)(1 + i_h)]/[(1 + a_f)(1 + i_f)] = (1 + i_h)/(1 + i_f)$$

（三）国际费雪效应（International Fisher Effect）

国际费雪效应把费雪效应与汇率变化联系起来，说明利率的差异应反映即期汇率的预期变化。这一平价条件是从购买力平价和一般性的费雪效应推导而来的。购买力平价解释的是通胀差异会被汇率变化所抵消，费雪效应要求名义利率也要反映预期通货膨胀的差异，因此，本国通胀率的上升会伴随着本国货币的贬值，以及本国名义利率相对于外国的上升。

$$E_1/E_0 = (1 + i_h)/(1 + i_f)$$
$$(1 + r_h)/(1 + r_f) = (1 + i_h)/(1 + i_f)$$

则有

$$E_1/E_0 = (1 + r_h)/(1 + r_f)$$

上述公式表明可以根据名义利率的差异对未来即期汇率的变动进行预期。

（四）利率平价（Interest Rate Parity，IRP）

外汇市场的抵补套利活动使远期汇率与即期汇率之间的差异等于两国之间的名义利率差，即利率平价。假如此时外汇市场即期汇率为 E_0（表示为单位外币的本币价格，以下同），两国的名义利率分别为 r_h 和 r_f，$r_h < r_f$，投资者可以 r_h 的利率借入本币，以 E_0 换成外汇在外国短期资金市场上贷出，收取 r_f 的利率，并同时按照远期汇率 f 签订远期协议，到期收回本利以汇率 f 换为本币偿还本金，获取收益。在均衡的市场上，远期汇率应当保持在使这种收益为零的水平，否则套利机制会发生作用，影响即期和远期的外汇供求，推动汇率达到这一均衡水平。因此远期汇率应满足等式：

$$(1 + r_f)f/E_0 - (1 + r_h) = 0 \Rightarrow f/E_0 = (1 + r_h)/(1 + r_f)$$

比较可知，$E_1 = f$。其中，f 是外汇市场上的远期汇率均衡价格，如果外汇市场是有效的，这一价格一定满足上述公式；E_1 是投资者根据以上平价关系得出的对未来即期汇率的预测，如果以上平价关系能充分发挥作用，这一预测是最佳的无偏估计，也就是说当前的远期汇率是对未来即期汇率的最佳无偏估计。这是因为购买力平价要求未来即期汇率必须反映通货膨胀的差异，费雪效应要求名义利率反映同样的通货膨胀差异，而利率平价表明远期汇率与即期汇率的差异必须反映名义利率的差异，从而远期汇率与未来即期汇率都取决于相同的通货膨胀差异。因此，要知道未来的即期汇率，只需参考当前的远期汇率即可。

但是这一结论的准确与否取决于市场的效率能否保证商品套购和资本套利行为能够完全

无摩擦地进行，市场价格（包括名义利率和汇率）能否及时有效地反映各国通货膨胀的差异。实际中，汇率水平与购买力平价存在较大的偏差。一方面由于交易成本和贸易壁垒的存在，商品套购机制是有摩擦的，导致各国间交换调整后的价格的不同，另一方面商品价格是黏性的，调整速度较慢，从而导致购买力平价的短期背离。实证研究的结果也说明，汇率的购买力平价调整是缓慢的，在短期内不成立，但是从长期来看，相对通货膨胀比率是汇率走势的决定因素。因此，即使远期汇率可以准确地反映名义利率差异，从而反映了通货膨胀差异，但是购买力平价也没有涵盖影响汇率变动的全部因素，未来的即期汇率水平往往和远期汇率有较大的偏差，远期汇率只能显示汇率的长期走势。

二、基于经济理论的基本因素分析法

除了上文提到的通货膨胀、利率之外，经济增长率、中央银行的干预、市场预期和投机力量都是影响汇率长期和短期变动的基本因素，各国的宏观经济政策也会通过以上因素对汇率发生作用，此外，随机因素在汇率的短期波动中有重要的影响。在不同的时期，各种因素对汇率变动的影响程度各异，它们的影响有时相互抵消，有时相互促进。因此，只有对各项因素进行综合全面的考察，对具体情况作具体分析，才能对汇率变动的分析作出较为正确的结论。基础因素分析就是这样一种方法，也是汇率预测最常用的方法，这种方法的依据是汇率的变动取决于各国之间基本经济状况的表现差异，一系列宏观经济变量可以代表这种差别，并且在时间上领先汇率的变动。将基本因素纳入适当的经济计量模型中，可以全面地评估这些因素与汇率之间的影响，找出汇率变动的规律。预测者可以简单地列出某种货币在某特定时期内的重要多、空因素，判断市场当时是由哪些因素主导，观察这些因素的变动，从而对汇率变动方向和幅度作出估计。我们将介绍对各项因素进行综合全面考察的两个基本理论框架，即汇率决定的国际收支理论和资产市场理论。这是进行基本因素分析的基础，可以帮助我们对汇率走势作出正确的判断，更精确地预测则需要结合恰当的经济计量模型。

（一）国际收支理论

国际收支理论认为，外汇汇率是由外汇供求决定的，而外汇供求又是由国际收支决定的。国际收支均衡的条件是经常账户收支差额等于资本账户差额。国内外国民收入、价格水平、利率以及人们对未来汇率的预期等因素正是通过影响进出口及国际资本流动，进而影响国际收支均衡与均衡汇率水平。

具体地，本国国民收入增长将增加进口，引起国际收支赤字，使外汇市场出现超额需求，本国货币趋于贬值；外国国民收入增加，通过本国出口的增加引起国际收支盈余，造成本币趋于升值；本国物价水平相对于外国物价水平上升时，提高本国商品相对于外国商品的价格，引起出口减少，进口增加，导致本币贬值，反之则反是；本国利息率相对于外国利息率上升时，会刺激国外资金流入增加，本国资金流出减少，从而带来外汇价格下降；如果人们对外币汇率的未来走势看涨，就会在外汇市场上抛出本币，换成外国货币，造成外汇汇率上涨，反之则反是。

进一步来看，国内收入水平、价格和利率都会受财政政策和货币政策的影响，进而影响均衡汇率的变化。扩张性财政政策一方面通过总需求的扩大使收入和物价上升，因此不利于本国经常账户收支，产生本币贬值的压力；但另一方面，又通过提高利息率而有利于资本账

户收支，带来汇率升值的压力。故总的影响要视具体情况而定。而扩张性货币政策通过总需求的扩大和本国利息率的下降，都会造成外汇市场的超额需求，引起外汇价格的上升。

（二）资产市场理论

资产市场理论是在国际资本流动获得高度发展的背景下产生的，因此特别重视金融资本市场均衡对汇率变动的影响。在各国资产具有完全流动性的条件下，均衡汇率就是两国资产市场供求存量保持均衡时两国货币之间的相对价格。这是资产市场说的基本思想。

基于对国内外资产的替代程度，以及商品市场和金融市场调整速度的不同假设，资产市场说又可分为国际货币主义汇率模型、汇率超调模型和资产组合平衡模型。前两者又并称为汇率的货币论，均假设国内外资产具有完全的替代性。国际货币主义汇率模型假定商品市场和金融市场一样能迅速、灵敏地加以调整，而汇率超调模型则假定金融市场的反应要比商品市场灵敏得多，故短期内由利率和汇率的变动，而不是价格和汇率的变动来恢复货币市场的均衡。资产组合平衡模型假定国内外资产之间不具有完全的替代性，持有外国资产会出现汇率风险，表现在预期汇率变动对外国资产的预期收益率的影响程度。

国际货币主义汇率模型认为，货币市场均衡条件是货币供给等于货币需求。假设两国的货币需求函数为

$$K = k * Y^a * i^{-\beta}, K_f = k_f * Y_f^a * i_f^{-\beta} ①$$

其中，K 和 K_f、Y 和 Y_f、i 和 i_f 分别表示国内外货币需求、国内外国民收入和国内外利息率；k、α、β 均为大于零的常数，分别表示以货币形式持有收入的比例、货币需求的收入弹性和利率弹性。为简便起见，假定两国货币需求的收入和利率弹性相同。由于商品市场可以灵敏的调整，商品套购的一价定律成立，各种商品的价格以同一种货币表示处处相等，即

$$P = E * P_f$$

其中，P 和 P_f 分别表示国内外的一般价格水平，E 表示汇率水平。两国的价格水平取决于货币供给和货币需求，以 Ms 和 Ms_f 分别表示国内外货币供给，那么：

$$P = Ms/K, P_f = Ms_f/K_f$$

在价格水平完全灵活可变的情况下，货币市场的失衡就立即反映到商品市场上，进而影响均衡汇率水平。国际货币主义的简单汇率模型为

$$E = (Ms/Ms_f) * (k_f/k) * (Y_f/Y)^{\alpha} * (i/i_f)^{\beta}$$

这一模型表明：汇率变动与本国货币供给变化成正比，与外国货币供给成反比；外汇汇率与本国相对于他国的收入成反方向变动，与利率成同方向变动。当本国国民收入相对增加时，汇率就会下降；当本国利率相对上升时，汇率则会上升。这与国际收支理论的结论正好相反。可以看出，该模型实际上是购买力平价的现代翻版，采用了现代货币学派的货币供求理论来进一步说明物价水平。这种理论对于说明长期汇率趋势有一定意义。

汇率超调模型（Overshooting Model）认为，在短期内商品价格具有黏性，不会因货币市场失衡发生调整，而金融市场的利息率会立即变动，使其恢复均衡。汇率水平正是在金融市场的调整过程中被决定的，但这一汇率只是短期均衡水平，相对于长期均衡来说是超调的。

---

① 此处为两个公式；* 表示乘号，后面表示法同此。

当商品市场价格开始调整，汇率水平就由商品市场和资产市场的相互作用决定，回调向国际货币主义汇率模型的长期均衡水平过渡。例如，在货币供应量扩张导致货币市场失衡的情况下，短期内商品价格黏性不变，实际货币供应量就会增加，引起利息率下降，资金外流，导致本币汇率下降。在较长时期内，一方面利率下降会刺激总需求；另一方面，本币贬值使世界商品市场偏离一价定律，产生商品套购机会，增加对本国货币的世界需求，带来总需求的上升。在实际产量不变的情况下，这两个渠道通过商品市场的超额需求，带来价格的同等上升，实际货币供应量下降，利息率回升，结果是资本内流和外汇汇率的下浮，直到汇率达到国际货币主义模型的长期均衡水平。

汇率的资产组合平衡模型（Portfolio Balance Model of Exchange Rate）认为，理性的投资者会将其总财富（W）按照收益与风险的权衡，配置于包括本国和外国的货币与证券上。分配的比例取决于各类资产的预期收益率高低，与本身的预期收益率成正比，与其他替代性资产的预期收益率成反比。本国货币（M）的预期收益率为零，本国证券（N_p）的预期收益率是国内利息率（i），而国外资产的预期收益率（F_p）为国外利息率（i_f）加上预期汇率上升率（πE）。以上假设以方程式表示如下：

$$W = M + N_p + E * F_p$$
$$M = \alpha(i, i_f, E)W$$
$$N_p = \beta(i, i_f, E)W$$
$$E * F_p = \gamma(i, i_f, \pi E)W$$
$$\alpha + \beta + \gamma = 1$$

其中，α、β、γ 分别表示私人部门愿意以本国货币、本国证券和国外资产形式所持有的财富比例。当各种资产的预期收益率发生变动时，投资者将调整其国内外资产的组合比例，引起外汇供求流量的变化，从而带来汇率的变化。当国外利息率上升时，投资者将用本国货币和证券换取国外证券，提高 γ，导致外汇汇率上升，反之亦反；当一国经常账户出现盈余时，公众持有的净国外资产增加，大于意愿比例，投资者会用超额的外汇资产换取本国资产，重新平衡资产组合，引起外汇汇率下降；当本国货币供给上升时，公众会发现本国货币供过于求，而证券却供不应求，为平衡资产组合，把超额的货币换成本国证券，导致利息率下降，进而增加对国外资产的需求，外汇汇率上升；当各种因素引起投资者预期本币将贬值时，会增加国外资产，提高 γ，导致本币的实际贬值和外汇汇率的上升。

三、汇率预测的技术分析法

技术分析是以市场行为的图形、图表、形态、指标为手段，使用数学、统计学原理研究市场行为的价格预测方法。所谓的市场行为是指市场价格、成交量和未平仓量，其中以市场价格尤为重要，技术分析也以价格分析为主。技术分析包括图形分析和趋势分析两个部分。图形分析是分析过去的价格等交易资料，试图寻找未来可能重复发生的价格形态。趋势分析是根据过去的价格等交易资料进行数学分析，试图发现隐藏在价格走势之下的根本趋势。

技术分析的基本假设是：第一，所有影响价格走势的因素都会反映在当前的和历史的市场价格中。在任何时候，没有人可以完全掌握影响市场行情的相关因素，但是通过价格机制可以知道所有因素的集体影响。相关因素首先反映在交易者的交易行为中，所有交易者行为的结果产生了价格，代表了市场对于货币价值的集体性评估。因此，价格已经涵盖了一切，直接以价格为分析对象，而不考虑间接而复杂的基本面因素，是预测未来市场行情的最佳方法。第二，历史会重演。技术分析根据历史的价格形态预测未来的价格变动，这种方法是与效率市场假设相对立的。效率市场理论认为，如果历史价格走势中存在可供运用的资料，而这种资料是每一位市场参与者都可以获得的，那么市场已经运用了这些资料，技术分析师不可能据此获得比当前价格更好的预测。因此，技术分析建立在这样的信念之上：历史价格形态中确实蕴含有效而未被运用的资料，这些资料只有少数人才能够了解和运用。过去与未来的这种相关性正是技术分析存在的理由。

价格的变动有三种趋势：向上、向下或横向整理。技术分析的目的就是判断价格趋势的状况。进行技术分析时，首先必须收集历史资料，其次是分析这些历史资料，判定哪些形态会稳定的重复发生。一旦判定这些形态之后，再分析目前的价格走势是否符合相关的形态，从而根据相关历史形态预测未来的价格走势。技术分析在很大程度上是一种艺术，而不是科学，它被广泛地运用于股票、债券、汇率等金融商品的价格预测中，其包含的内容非常多，并有丰富的文献作为参考，限于篇幅，在此不作进一步的描述。

本章小结

1. 汇率风险又称外汇风险，是指外汇资产与外汇负债之间币种结构不平衡产生的外汇敞口因汇率的不利变动而遭受损失的风险。汇率风险可以分为交易风险和会计风险。

2. 在银行的经营管理实务中，管理汇率风险的通常做法是限制交易额度，把风险控制在可承担的范围内。常用的限额管理包括缺口头寸限额、盈亏限额以及 VaR 方法等。

3. 商业银行可以进入金融市场，交易外汇远期、互换、期货和期权等金融衍生品，对冲外汇敞口的汇率风险。

4. 市场汇率预测的理论基础为以下四种经济关系：购买力平价、费雪效应、国际费雪效应和利率平价。

本章主要概念

汇率风险　会计风险　交易风险　限额管理　外汇远期　货币期货　货币期权
货币互换　购买力平价　费雪效应　利率平价　汇率超调模型

本章思考题

1. 什么是汇率风险？汇率风险有哪些类型？

2. 怎样识别和度量汇率风险？

3. 购买力平价与利率平价的理论基础是什么？

4. 简述国际收支理论的主要内容。

本章参考文献

［1］姜波克：《国际金融学》，北京，高等教育出版社，1999。

［2］赵其宏：《商业银行风险管理》，北京，经济管理出版社，2001。

［3］Dimitris N. Chorafas. Treasury Operations and the Foreign Exchange Challenge：A Guide to Risk Management Strategies for the New World Markets，Wiley，New York，1992.

［4］Richard J. Herring. Managing Foreign Exchange Risk：Essays Commissioned in Honor of the Centenary of theWharton School，University of Pennsylvania，Cambridge University Press，Cambridge，1986.

［5］Laurent L. Jacque. Management and Control of Foreign Exchange Risk，Kluwer Academic Publishers，Boston，1996.

［6］Paul Bishop，Don Dixon. Foreign Exchange Handbook：Managing Risk and Opportunity in Global Currency Markets，McGraw – Hill，New York，1992.

第十五章
商业银行流动性风险管理

本章知识结构

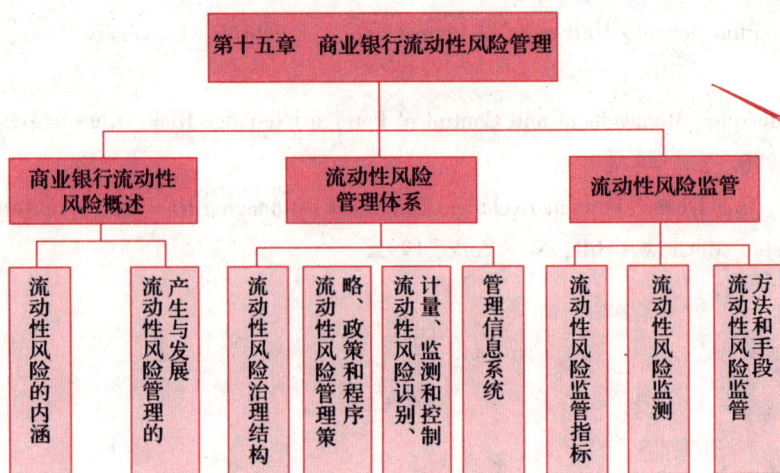

```
第十五章  商业银行流动性风险管理
```

- 商业银行流动性风险概述
  - 流动性风险的内涵
  - 产生与发展流动性风险管理的
- 流动性风险管理体系
  - 流动性风险治理结构
  - 略、政策和程序流动性风险管理策
  - 计量、监测和控制流动性风险识别、
  - 管理信息系统
- 流动性风险监管
  - 流动性风险监管指标
  - 流动性风险监测
  - 方法和手段流动性风险监管

学习目标

- 掌握商业银行流动性风险的定义及分类
- 了解商业银行流动性风险管理的发展历程
- 了解商业银行流动性风险管理的基本要素
- 掌握商业银行流动性风险管理的方法
- 掌握商业银行流动性风险监管的指标和方法

　　流动性风险管理是商业银行风险管理的重要内容。近年来，随着我国银行业经营模式和业务结构的变化，特别是银行理财业务、同业业务的发展，部分商业银行出现了资金来源稳定性下降、资产负债期限错配程度上升等问题，对银行的流动性风险管理能力提出了更高的要求。因此，学习和掌握流动性风险管理的基本知识具有重要的现实意义。

第一节 商业银行流动性风险概述

一、流动性风险的内涵

流动性风险是指商业银行无法以合理成本及时获得充足资金，用于偿付到期债务、履行其他支付义务和满足正常业务开展的其他资金需求的风险。流动性风险是商业银行经营管理中面临的最基本风险之一，无论是信用风险、市场风险、操作风险，都可能成为流动性风险的诱因，而流动性风险往往成为银行风险的直接表现形式。按照产生风险的原因划分，流动性风险可以分为两类：第一类是融资流动性风险，即在不影响银行日常经营或财务状况的情况下，无法及时有效地满足资金需求的风险；第二类是市场流动性风险，即由于市场深度不足或市场动荡，银行无法以合理的市场价格出售资产以获得资金的风险。引起流动性风险的事件或因素包括存款客户支取存款、贷款客户提款、债务人延期支付、资产负债结构不匹配、资产变现困难、经营损失、衍生品交易风险和附属机构相关风险等。

阅读材料

海南发展银行倒闭事件 ▪▪

海南发展银行成立于 1995 年 8 月，总部设在海南省海口市，是我国《商业银行法》正式实施后诞生的全国第一家商业银行。海南省是当时我国最大的经济特区，海南发展银行是海南省唯一一家具有独立法人地位的股份制商业银行。经中国人民银行批准，海南发展银行是在改组、合并省内 5 家非银行金融机构的基础上组建的，总股本 16.77 亿元，其中外币 5 000 万美元。该银行的股东共有 43 个，由海南省政府控股，其他股东还包括中国北方工业总公司、中国远洋运输集团公司、首都国际机场等。开业后，海南发展银行取得了不俗的业绩。1995 年末，该银行的总资产、存款余额和贷款余额分别为 44.4 亿元、14.86 亿元和 17.31 亿元。到 1996 年末，上述指标为 86.3 亿元、39.26 亿元和 35.11 亿元，同比增长率高达 94.5%、152% 和 97.8%。此时，海南发展银行的资产充足率为 29%，存贷比为 93.5%，净资产利润率为 7%，收息率为 90%，已经和境外 36 家银行及其 403 家分支行建立代理关系。总体上看，海南发展银行在成立初期发展顺利，前景很好，但这家银行却在成立两年多后发生经营危机，直到最终倒闭，成为我国首家被关闭的商业银行，流动性风险在整个事件中起到的作用值得我们认真反思。

这一事件的起因是海南发展银行对城市信用社的过度兼并和托管。当时海南省的各家城市信用社普遍存在高息揽储现象，个别信用社的年利率甚至高达 25%。特别是在 20 世纪 90 年代中后期，海南省房地产行业之前形成的泡沫开始破裂，许多信用社出现了大量不良贷款，向储户承诺的高利息进一步恶化了信用社的经营状况。在此背景下，1997 年 12 月，中国人民银行宣布，除一家信用社仍独立经营外，其余的全部由海南发展银行负责托管或兼并。其中，关闭 5 家违法经营、严重资不抵债、无法支付到期债务的城市信用社，其债权债务关系由海南发展银行托管。同时由海南发展银行兼并 28 家城市信用社，保证其储蓄存款本金和合法利息的支付。然而，这一解决方案导致了海南发展银行发生大规模的挤兑。事实上，海南发展银行兼并和托管"问题城市信用社"后，按照国家规定的正常利率支付利息，远低于之前城市信用社承诺支付的利息。人们将钱存在城市信用社的目的就是为获取高额利息，否则更愿意选择实力强、风险小的国有商业银行，因而在 1998 年春节过后，海南发展银行出现大量的存款流失，各营业网点前开始出现排队取钱的场景。为应对挤兑，海南发展银行规定了每周取款的次数和限额，这进一步加剧了公众对该银行的不信任。1998 年 6 月，中国人民银行发出公告：由于海南发展银行不能及时清偿到期债务，根据《中华人民共和国人民银行法》《中华人民共和国公司法》和中国人民银行《金融机构管理条例》，中国人民银行决定关闭海南发展银行，停止其一切业务活动，由中国人民银行依法组织成立清算组，对海南发展银行进行关闭清算；指定中国工商银行托管海南发展银行的债权债务，对其境外债务和境内居民储蓄存款本金及合法利息保证支付，其余债务待组织清算后偿付。此后，由于公众对中国工商银行的信任，挤兑行为逐步停止。至此，海南发展银行实质上已经倒闭，与 1997 年 12 月开始兼并和托管省内城市信用社相距仅仅半年时间。

阅读材料
2013 年 6 月银行间同业拆借市场 "钱荒" 事件

在多种因素共同作用下，从 2013 年 5 月开始，上海银行间同业拆借利率（Shibor）快速上升，进入 2013 年 6 月后，银行间市场资金面偏紧，资金价格高企。2013 年 6 月 6 日，市场上出现"光大银行违约"的传闻，加剧了银行间市场恐慌情绪的蔓延，被视为"钱荒"事件的导火索。实际上，光大银行在 2013 年 12 月披露的 H 股招股说明书中对当时的情况进行了说明，具体如下："为了确保有足够的流动性储备，我们（光大银行）某些分行一般在银行间场外市场从地方性金融机构获取同业存款承诺……2013 年 6 月 5 日较晚时间，由于突如其来的市场变化，我们的两间分行未能从某些交易对手处收到该等同业存款承诺下的资金。分行反馈至本行总行时出现非故意的延迟。随后，人民银行的大额支付清算系统已经关闭，导致当日营业终了前，尽管本行有足够的资金和流动性，但未能及时支付另一家银行人民币 65 亿元到期的同业借款。当日，经贷款银行同意，本行分行于隔天，即 2013 年 6 月 6 日，全额偿还了该借款……"尽管本次事件未对光大银行的流动性造成重大不利影响，但由于信息的不对称性和滞后性，这一传闻对银行间市场的影响是显著的。值得一提的是，6 月 6 日，农业发展银行在银行间市场发行了 2013 年第 10 期金融债，期限为 6 个月，计划募集 200 亿元。尽管发行利率超过 3.4%，比二级市场金融债的价格高出了 15 个基点，但依然遇冷，实际发行额仅为 115.1 亿元。事实上，农发债（农业发展银行发行的金融债）、国开债（国家开发银行发行的金融债）和口行债（进出口银行发行的金融债）作为三大政策性银行债是债券市场上除国债外最重要的利率品种，通常在发行和交易环节都相当顺畅，此次出现了近年来罕见的流标，银行间市场的流动性紧张可见一斑。6 月 7 日至 17 日期间，Shibor 继续走高，市场普遍预期人民银行会像以往一样，通过公开市场操作向银行体系释放流动性，但人民银行并未采取措施。6 月 18 日，时任美联储主席伯南克宣布美国准备退出量化宽松货币政策，市场紧张情绪进一步叠加。此时，各家银行一方面在银行间市场上不愿意拆出资金，同时大幅提高资金报价向其他机构借钱。在此情况下，6 月 19 日，银行间市场人民币交易系统被迫延迟半个小时关闭；另一方面通过限制资金流出业务以满足自身流动性需求，部分银行暂停了票据贴现业务。"钱荒"事件集中爆发于 6 月 20 日，当天人民银行不仅没有向银行体系注入流动性，而是如期启动正回购操作，发行了 20 亿元 3 个月期的央票，这对市场心理产生了巨大的冲击。与前一个交易日相比，各期拆借利率全线飙涨，其中隔夜拆借利率大幅上升578. 40 个基点至 13. 44%，盘中最高成交利率高达30%，创造了历史纪录！而人民银行 2013 年第一季

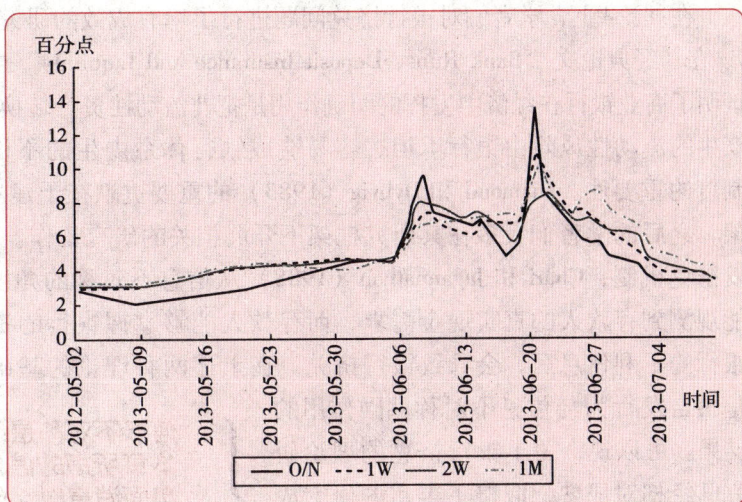

图 15－1 "钱荒"事件中 Shibor 的变化情况

度金融统计数据报告显示，3 月份银行间市场同业拆借月加权平均利率仅为 2. 47%。受到"钱荒"事件影响，我国股票市场出现暴跌，6 月 24 日上证指数跌逾 5% 逼近 1949 点，创 2009 年 8 月 31 日以来最大单日跌幅，深证成指跌破前期调整低点，创 4 年来新低。其中，民生银行、平安银行、兴业银行跌停。为保持货币市场平稳运行，人民银行开始向一些符合宏观审慎要求的金融机构提供了流动性支持，一些自身流动性充足的银行也开始发挥稳定器作用向市场融出资金，货币市场利率已回稳。6 月 25 日，隔夜质押式回购利率已回落至 5. 83%，比 6 月 20 日回落 592 个基点。随着时点性和情绪性因素的消除，利率波动和流动性紧张状况逐步缓解，至此，"钱荒"事件告一段落。

二、流动性风险管理的产生与发展

在商业银行发展早期，流动性风险是银行经营过程中需要应对的最直接冲击。流动性风险的重要表现之一是存款客户的挤兑行为，银行挤兑是历史上多次金融危机的共同特征。当存款人普遍预期银行将陷入危机甚至破产时，会在短时间内大量提取存款，迫使银行由于减价出售其持有的资产而最终倒闭，以满足存款人的现金需求，造成挤兑的情况出现。一家银行的倒闭通过金融网络的直接或间接渠道传染其他正常经营的商业银行，可能造成整个银行体系面临巨额损失。如果政府没有能够采取有效的措施及时防止危机的蔓延，更进一步，由于商业银行为经济活动中的各个主体（企业或居民）提供金融服务，银行体系的不稳定可能影响一国实体经济的发展，带来经济增长放缓甚至负增长。随着经济全球化和贸易自由化不断深入发展，经济的衰退使得一国对其主要贸易伙伴的进口需求明显下降，进而对其主要贸易伙伴国的经济发展产生不利影响。1929 年至 1932 年美国的"大萧条"时期，经济的崩溃导致银行体系出现大规模坏账，大量中小银行倒闭。为防止银行挤兑的发生和保护存款人的利益，1933 年，美国通过《格拉斯—斯蒂格尔法》，正式建立存款保险制度，此后各国先后建立存款保险制度，银行挤兑现象基本消失。

在理论①上，学者们对银行挤兑问题进行了卓有成效的研究。1983 年，Diamond 和 Dybvig 在其经典论文"Bank Runs, Deposit Insurance and Liquidity"中提出了著名的 D–D 模型，证明了商业银行在经济中发挥的明确作用是把非流动性资产转换为流动性负债，这一功能所产生的流动性风险由银行承担，容易造成银行体系内生的不稳定，进而说明了存款保险制度的重要性。Diamond 和 Dybvig（1983）的重要贡献在于建立了银行挤兑的理论研究框架，之后的学者们大多在其研究框架下开展相关的研究工作。不同于 D–D 模型提出的自发挤兑机制，Chari 和 Jagannathan（1988）从信息不对称的角度解释银行挤兑，即银行不能观测到存款人的真实现金需求，而存款人能够掌握银行的资产质量信息，当个体掌握银行的不利信息后，会导致银行挤兑。在上述两种理论的基础上，有学者提出银行挤兑是由自发行为与信息不对称共同作用的结果。可以说，关于银行挤兑的理论研究已经相对成熟，取得了丰富的研究成果，为商业银行流动性风险管理奠定了理论基础。

> 信息不对称是经济学中广泛使用的概念。本章所指的信息不对称是指当银行出现负面消息时，储户不能及时、充分地获得关于商业银行经营情况的信息，对银行偿债能力的判断不准确，引发挤兑现象。

在相当长的时间里，以存款保险制度为核心的金融安全网在维护金融稳定方面发挥了至关重要的作用。然而，2008 年全面爆发的国际金融危机对流动性风险管理产生了深刻的影响，促使各国监管部门和商业银行开始高度重视市场流动性风险。从流动性风险的分类看，银行挤兑属于融资流动性风险，而美国次贷危机的蔓延在一定程度上是由市场流动性风险引发的。在本次危机中，一方面，在存款保险制度存在的情况下，许多资本充足的金融机构仍然出现了严重的流动性问题；另一方面，在极端情景下，金融市场的资产价格会出现大幅下跌，造成市场流动性突然中断。为此，2008 年巴塞尔委员会全面修改了其在 2000 年发布的《银行流动性风险管理的稳健做法》，出台了《稳健的流动性风险管理与监管原则》，进一步强化了流动性风险管理的定性要求。2010 年又发布了《第三版巴塞尔协议：流动性风险计量、标准和监测的国际框架》，首次提出了流动性风险定量监管的国际统一标准。在各国监管当局的推动下，新方法、新技术被应用到银行经营管理中，商业银行的流动性风险管理进入了新阶段。

第二节　流动性风险管理体系

为防范流动性风险，商业银行需要在法人和集团层面建立与其业务规模、性质和复杂程度相适应的流动性风险管理体系。一个健全的流动性风险管理体系能够对法人和集团层面、各附属机构、各分支机构、各业务条线的流动性风险进行有效识别、计量、监测和控制，确保流动性需求能够及时以合理成本得到满足。具体来说，银行流动性风险管理体系的基本要

---

① 本书中关于流动性风险的探讨主要在微观层面，针对商业银行的经营管理行为，暂不涉及整个金融体系的流动性以及货币政策等问题。

素包括：流动性风险管理治理结构；流动性风险管理策略、政策和程序；流动性风险识别、计量、监测和控制；管理信息系统；等等。

一、流动性风险治理结构

根据中国银监会的定义，商业银行的流动性风险管理治理结构是指制定董事会及其专门委员会、监事会（监事）、高级管理层以及相关部门在流动性风险管理中的职责和报告路线，同时建立适当的考核及问责机制。从定义中可以看出，银行流动性风险管理的主体包括董事会、监事会（监事）、高级管理层、负责流动性风险管理和内部审计的部门，而各个主体之间存在一定的权责关系，共同构成整个流动性风险治理结构。

表 15－1　流动性风险管理的治理结构		
治理主体	权责关系	主要职责
董事会	监督高级管理层对流动性风险实施有效管理和控制	1. 审核批准流动性风险偏好、流动性风险管理策略、重要的政策和程序。 2. 持续关注流动性风险状况，定期获得流动性风险报告，及时了解流动性风险水平、管理状况及其重大变化。 3. 审批流动性风险信息披露内容，确保披露信息的真实性和准确性等。
监事会（监事）	向股东大会（股东）报告	对董事会和高级管理层在流动性风险管理中的履职情况进行监督评价。
高级管理层	充分了解并定期评估流动性风险水平及其管理状况，及时了解流动性风险的重大变化，并向董事会定期报告	1. 制定、定期评估并监督执行流动性风险偏好、流动性风险管理策略、政策和程序。 2. 确定流动性风险管理组织架构，明确各部门职责分工，确保商业银行具有足够的资源，独立、有效地开展流动性风险管理工作。 3. 确保流动性风险偏好、流动性风险管理策略、政策和程序在商业银行内部得到有效沟通和传达。 4. 建立完备的管理信息系统，支持流动性风险的识别、计量、监测和控制等。
负责流动性风险管理的部门	向高级管理层和董事会报告流动性风险水平、管理状况及其重大变化	1. 拟定流动性风险管理策略、政策和程序，提交高级管理层和董事会审核批准。 2. 识别、计量和监测流动性风险。持续监控优质流动性资产状况；监测流动性风险限额遵守情况，及时报告超限额情况；组织开展流动性风险压力测试；组织流动性风险应急计划的测试和评估。 3. 识别、评估新产品、新业务和新机构中所包含的流动性风险，审核相关操作和风险管理程序等。
内部审计部门	将流动性风险管理的内部审计报告会提交给董事会和监事会	内部审计内容包括：流动性风险管理治理结构、策略、政策和程序能否确保有效识别、计量、监测和控制流动性风险；流动性风险管理政策和程序是否得到有效执行；现金流分析和压力测试的各项假设条件是否合理；流动性风险限额管理是否有效；流动性风险管理信息系统是否完备；流动性风险报告是否准确、及时、全面等。

二、流动性风险管理策略、政策和程序

流动性风险管理的起点是商业银行确定其流动性偏好，流动性风险偏好是指银行在正常和压力情景下愿意并能够承受的流动性风险水平。银行通常根据其经营战略、业务特点、财

务实力、融资能力、总体风险偏好及市场影响力等因素确定流动性风险偏好。在确定流动性偏好后，银行会制定流动性风险管理策略、政策和程序。流动性风险管理策略是指一家银行管理流动性风险的总体目标、模式以及主要政策和程序。流动性风险管理的政策和程序一般包括：流动性风险识别、计量和监测，包括现金流测算和分析；流动性风险限额管理；融资管理；日间流动性风险管理；压力测试；应急计划；优质流动性资产管理；跨机构、跨境以及重要币种的流动性风险管理；对影响流动性风险的潜在因素以及其他类别风险对流动性风险的影响进行持续监测和分析等。流动性风险管理策略、政策和程序涵盖了表内外各项业务以及境内外所有可能对其流动性风险产生重大影响的业务部门、分支机构和附属机构，并包括正常和压力情景下的流动性风险管理。

三、流动性风险识别、计量、监测和控制

识别、计量、监测和控制是流动性风险管理的核心内容，也是银行风险管理部门的日常工作内容。近年来，我国商业银行在现金流测算与分析、限额管理、压力测试、应急计划等环节投入了大量的资源，取得了显著的进步，但与国际先进的流动性风险管理水平之间仍存在一定的差距，是我国银行业流动性风险管理中较为薄弱的环节。

（一）现金测算与分析

在经营过程中，银行会根据业务规模、性质、复杂程度及风险状况，运用适当方法和模型，对其在正常和压力情景下未来不同时间段的资产负债期限错配、融资来源的多元化和稳定程度、优质流动性资产、重要币种流动性风险及市场流动性等进行分析和监测。在实际操作中，银行通过建立现金流测算和分析框架，计量、监测和控制正常和压力情景下未来不同时间段的现金流缺口。现金流测算和分析涵盖了资产和负债的未来现金流以及或有资产和或有负债的潜在现金流，并需要考虑支付结算、代理和托管等业务对现金流的影响。除正常情景外，银行特别关注自身在压力情景下流动性水平的变化情况。压力情景是银行根据自身业务规模、性质、复杂程度及风险状况，设计出一系列可能引发流动性风险的特定情景或事件。例如，资产快速增长，负债波动性显著增加；批发或零售存款大量流失；批发或零售融资成本上升；难以继续获得长期或短期融资；银行资产质量、盈利水平和总体财务状况恶化；出现重大声誉风险事件等。

现金测算和分析的常用方法主要有期限缺口分析法和现金流量法。

1. 期限缺口分析法。在实践中，我国商业银行使用的管理方法主要是流动性期限缺口分析法。流动性期限缺口分析是商业银行通过分析不同期限下的流动性缺口，评估流动性风险水平的方法。这种方法的基本思想是将未来某个特定期限内银行到期资产与到期负债之间的差额定义为流动性期限缺口，如果到期资产大于到期负债，则表明银行在这一时期内将有现金流入；如果到期资产小于到期负债，则意味着银行在这一时期内将有现金流出。在这种情况下，银行必须通过其他方式获取资金以填补缺口。流动性期限缺口的计算公式为

$$流动性期限缺口 = 到期资产 - 到期负债$$

表15 –2　我国某银行的资产及负债按到期日分析 （2013 年 12 月 31 日）

单位：百万元人民币

	逾期/即时偿还	1 个月内	1 至 3 个月	3 个月至 1 年	1 至 5 年	5 年以上	无期限	合计
资产：								
现金及存放中央银行款项	480 749	—	—	—	—	—	2 813 258	3 294 007
存放同业及其他金融机构款项及拆出资金	244 678	578 829	109 131	71 258	43 179	2 812		1 049 887
以公允价值计量且其变动计入当期损益的金融资产	328	66 202	32 541	41 058	213 687	8 999	9 741	372 556
衍生金融资产	—	3 095	7 669	9 736	4 067	453	—	25 020
客户贷款及垫款	16 117	670 754	811 950	2 428 835	2 340 307	3 357 223	56 229	9 681 415
可供出售金融资产	—	22 624	57 657	174 892	520 350	218 976	6 301	1 000 800
持有至到期投资	—	16 723	35 264	302 125	1 486 867	783 391	30	2 624 400
应收款项类投资	—	—	1 320	5 313	55 993	261 862		324 488
长期股权投资	—	—	—	—	—	—	28 515	28 515
固定资产及在建工程	—	—	—	—	—	—	160 704	160 704
其他	161 959	27 330	27 575	55 093	20 334	20 638	43 031	355 960
资产合计	903 831	1 385 557	1 083 107	3 088 310	4 684 784	4 654 354	3 117 809	18 917 752
负债：								
向中央银行借款		—	51	50	623			724
同业及其他金融机构存放款项及拆入资金	598 585	555 362	229 780	173 382	9 745	1 705		1 568 559
以公允价值计量且其变动计入当期损益的金融负债	59 527	243 728	247 261	1 279	1 812			553 607
衍生金融负债	—	2 678	3 716	8 057	4 169	548	—	19 168
存款证	—	29 135	39 796	51 353	10 274			130 558
客户存款	7 602 977	831 305	1 280 864	3 237 621	1 610 908	57 150		14 620 825
已发行债务证券	—	9 570	6 490	13 671	27 992	195 295		253 018
其他	212 691	52 946	42 261	132 042	41 186	11 704		492 830
负债合计	8 473 780	1 724 724	1 850 219	3 617 455	1 706 709	266 402		17 639 289
流动性净额	(7 569 949)	(339 167)	(767 112)	(529 145)	2 978 075	4 387 952	3 117 809	1 278 463

❶ 注：括号表示负值。

2. 现金流量法。除期限缺口分析法外，国际大型银行进行现金测算和分析的常用方法还有现金流量法。由于现金的实际流入和流出与流动性期限缺口并不是完全匹配，为此，现金流量法采取财务现金流分析的基本思路，尝试更加准确地反映出银行的流动性状况。与现金流量表不同的是，财务报表是对已发生的现金收支进行如实的记录，现金流量法是在财务信息的基础上，对未来现金流进行预测，这种方法关注银行潜在的现金流入和流出。与期限缺口分析法相比，一方面，现金流量法是从流量的角度考察银行的流动性状况，而期限缺口分析法是从资产负债存量的角度测算银行的流动性。另一方面，期限缺口分析法主要基于资产负债表的表内信息，而现金流量法同时兼顾表内和表外的现金变化。此外，需要说明的是，现金流量法要依靠对未来现金变化的估计，现金流估计的准确性直接影响到现金流量法的有效性。

在实务中，我国商业银行使用现金流量法的主要方式是分析金融工具未经折现的合同现金流量（包括本金和利息）的到期日，通过加总各个期限的现金流量，得到商业银行的流动性状况，从而对流动性风险进行评估（如表 15 – 3 所示）。

表 15 –3　我国某银行金融工具未经折现的合同现金流量 （按到期日分析）

单位： 百万元人民币

	逾期/即时偿还	1 个月内	1 至 3 个月	3 个月至 1 年	1 至 5 年	5 年以上	无限期	合计
非衍生工具现金流量：								
金融资产：								
现金及存放中央银行款项	480 749		1 266				2 813 258	3 295 273
存放同业及其他金融机构款项及拆出资金	247 509	581 385	111 385	76 579	48 255	4 512		1 069 625
以公允价值计量且其变动计入当期损益的金融资产	328	66 918	33 960	46 636	226 632	10 620	9 741	394 835
客户贷款及垫款	16 435	733 548	962 581	2 932 718	4 001 244	5 089 803	107 682	13 844 011
可供出售金融资产		24 587	66 789	207 713	638 014	271 254	6 301	1 214 658
持有至到期投资		21 568	50 731	380 424	1 739 312	957 931	30	3 149 996
应收款项类投资		44	1 837	14 651	89 180	292 622		398 334
其他	140 761	15 266	3 899	1 983	108	34	5 083	167 134
金融资产合计	885 782	1 443 316	1 232 448	3 660 704	6 742 745	6 626 776	2 942 095	23 533 866
金融负债：								
向中央银行借款			51	51	695			797
同业及其他金融机构存放款项及拆入资金	598 738	558 571	233 593	177 587	10 681	3 768		1 582 938
以公允价值计量且其变动计入当期损益的金融负债	59 527	244 337	251 115	1 330	1 969			558 278
存款证		29 206	40 026	52 953	10 559			132 744
客户存款	7 608 233	846 620	1 319 164	3 369 544	1 755 324	66 671		14 965 556
已发行债务证券		10 142	7 228	22 677	50 021	268 154		358 222
其他	69 748	5 200	18 795	31 027	18 560	5 721	4 906	153 957

	逾期/即时偿还	1个月内	1至3个月	3个月至1年	1至5年	5年以上	无限期	合计
								续表
金融负债合计	8 336 246	1 694 076	1 869 972	3 655 169	1 847 809	344 314	4 906	17 752 492
衍生工具现金流量:								
以净额交割的衍生金融工具		(10)	(4)	(102)	(127)	(136)		(379)
以总额交割的衍生金融工具								
其中: 现金流入		474 905	423 529	756 032	80 165	1 745		1 736 376
现金流出		(474 523)	(420 304)	(754 715)	(80 235)	(1 515)		(1 731 292)
		382	3 225	1 317	(70)	230		5 084

❶ 注: 括号表示负值。存放同业及其他金融机构款项及拆出资金含买入返售款项。重组贷款的未经折现合同现金流量的到期日依据重组条款而定。同业及其他金融机构存放款项及拆入资金含卖出回购款项。客户贷款及垫款、债券投资无期限金融包括已减值或未减值但已逾期一个月以上部分。

(二) 限额管理

除情景分析方法外,在实践中,商业银行还对流动性风险实施限额管理,根据自身业务规模、性质、复杂程度、流动性风险偏好和外部市场发展变化情况,设定流动性风险限额。常用的流动性风险限额包括现金流缺口限额、负债集中度限额、集团内部交易和融资限额等。流动性风险限额是需要定期评估和调整的,当发生超过限额的情况时,银行将立即作出相应的处理,以应对可能触发的流动性风险。

(三) 压力测试

为分析自身承受短期和中长期压力情景的能力,很多银行已经建立了流动性压力测试制度。根据假设条件的不同,流动性风险压力测试分为情景分析法和敏感性分析法。敏感性分析法考察单个特定风险因素或经济变量变动对风险水平的影响,测试过程较为简单,而情景分析法侧重于整个市场状况发生的变化。情景分析法按照情景是否发生过,可以进一步分为历史情景和假设情景。目前国际上没有关于极端情景制定统一的标准,因而不存在唯一的压力测试模型,这使得不同金融机构的测试结果不具有可比性。但从流程上看,各个银行实施流动性风险压力测试的步骤基本是一致的。在我国,压力测试的第一步是设定压力情景。银行会充分考虑影响自身的流动性状况的各种宏微观因素,结合业务特点、复杂程度,并针对流动性风险集中的产品、业务和机构设定压力情景。压力程度可以分为轻度、中度、严重等等级。第二步是设定在压力情景下银行满足流动性需求并持续经营的最短期限,根据中国银监会的规定,在影响整个市场的系统性冲击情景下该期限应当不少于30天。第三步是定期实施压力测试,并参考以往出现的影响银行或市场的流动性冲击,对压力测试结果实施事后检验。一般来说,我国银行按季度实施压力测试,在必要时也会根据监管部门的要求,进行临时性、专门性的压力测试。需要说明的是,压力测试的设定情景是压力测试结果的直接决定因素,银行需要对流动性风险压力测试不断完善。

（四） 制订流动性风险应急计划

为确保可以应对紧急情况下的流动性需求，商业银行会根据其业务规模、性质、复杂程度、风险水平、组织架构及市场影响力，充分考虑压力测试结果，制订有效的流动性风险应急计划。流动性风险应急计划的内容主要包括：触发应急计划的各种情景；应急资金来源，合理估计可能的筹资规模和所需时间；应急程序和措施，即资产方应急措施、负债方应急措施、加强内外部沟通和其他减少因信息不对称而给商业银行带来不利影响的措施；董事会、高级管理层及各部门实施应急程序和措施的权限与职责等。

四、管理信息系统

为准确、及时、全面计量、监测和报告流动性风险状况，商业银行还需要建立管理信息系统。一个满足监管要求的管理信息系统可以做到：每日计算各个设定时间段的现金流入、流出及缺口；及时计算流动性风险监管和监测指标，并在必要时加大监测频率；支持流动性风险限额的监测和控制；支持对大额资金流动的实时监控；支持对优质流动性资产、其他无变现障碍资产、融资抵（质）押品的种类、数量、币种、所处地域和机构、托管账户等信息的监测；支持在不同假设情景下实施压力测试等。

第三节 流动性风险监管

金融创新和金融市场的发展改变了流动性风险的特性，对银行流动性风险管理和监管提出了更大的挑战。2008 年的国际金融危机凸显了流动性对于金融市场和银行体系的重要性。在本次金融危机中，金融市场的流动性状况发生了逆转，流动性萎缩状况持续相当长的时间。许多银行尽管资本充足，但仍然由于流动性风险管理缺陷而陷入危机。金融危机以来，流动性风险监管成为各国监管当局的重要任务之一。2009 年，中国银监会出台了《商业银行流动性风险管理指引》，并从 2011 年开始着手制定《商业银行流动性风险管理办法》，于2011 年 10 月向社会公开征求了意见。在 2013 年 1 月巴塞尔委员会公布新的流动性覆盖率标准后，银监会对《商业银行流动性风险管理办法》进行了修订，并于 2013 年 10 月再次向社会公开征求意见。2014 年 1 月，银监会正式公布《商业银行流动性风险管理办法（试行）》，并于 2014 年 3 月 1 日起施行。本节从监管机构的视角，对流动性监管指标、流动性风险监测以及流动性风险监管方法和手段进行了介绍，反映了我国银行业流动性风险监管的基本情况。

一、流动性风险监管指标

（一）《巴塞尔协议》 的流动性风险监管指标

国际金融危机爆发后，为促进全球银行业提高流动性风险管理水平，巴塞尔委员会决定推行统一的流动性风险监管标准。2008 年 9 月，巴塞尔委员会发布《流动性风险管理和监管的稳健原则》，强化定性监管要求。2010 年 12 月，颁布了流动性风险监管和监测的定量标准。2013 年 1 月，巴塞尔委员会公布《第三版巴塞尔协议：流动性覆盖率和流动性风险监测标准》，对 2010 年公布的流动性覆盖标准进行了修订和完善。至此，《第三版巴塞尔协议》

正式建立了流动性监管的国际标准。巴塞尔委员会专门设计了两个流动性风险监管指标：流动性覆盖率（LCR）和净稳定资金比例（NSFR）。

1. 流动性覆盖率（LCR）。流动性覆盖率是一个短期压力指标，为确保银行具有充足的优质流动性资产，在压力情景下能够满足未来 30 天的流动性需求，计算公式为

$$流动性覆盖率 = \frac{优质流动性资产储备}{未来\ 30\ 天现金净流出量} \times 100\%$$

其中，压力情景包含非系统性和系统性冲击，如零售存款流失、批发融资能力下降、银行信用评级下调等。优质流动性资产储备具有信用风险和市场风险低、易于定价且价值稳定、与高风险资产的相关性低等特征。优质流动性资产储备可分为一级资产和二级资产，一级资产有现金、中央银行准备金、中央银行发行或担保的证券等，二级资产有风险权重为 20% 的主权实体、中央银行或部分国际组织发行或担保的证券等。未来 30 天现金净流出量等于银行的现金流出减去现金流入。不同的压力情景表现在现金流出和现金流入各项目所适用的系数是不同的。

2. 净稳定资金比例（NSFR）。净稳定资金比例是一个度量流动性风险的中长期结构化指标，初衷是关注银行中长期流动性风险，鼓励银行减少资产负债的期限错配，用稳定资金来源支持资产业务发展。净稳定资金比例根据银行在 1 年内资产和业务的流动性特征设定所需要的最低稳定资金量，计算公式为

$$净稳定资金比例 = \frac{银行可用的稳定资金来源}{业务所需的稳定资金来源} \times 100\%$$

其中，银行可用的稳定资金来源包括资本、期限超过 1 年的优先股、有效期限 1 年以上的债务等。业务所需的稳定资金总量等于银行各类资产和表外业务融资与相应的稳定资金需求系数乘积之和。一般地，流动性较强、在压力情景下容易转换为流动性来源的资产，其稳定资金需求系数较低；在压力情景下流动性较差的资产，其稳定资金需求系数较高。

（二）我国采用的流动性风险监管指标

金融危机以来，银监会有序推进《第三版巴塞尔协议》在我国的实施工作，设计了若干流动性风险监管指标。由于净稳定资金比例（NSFR）中各明细项目的具体系数在国际上还未达成统一意见，我国暂时只引入了流动性覆盖率的监管要求和口径，还未采用净稳定资金比例。根据《商业银行流动性风险管理办法（试行）》，目前我国的流动性风险监管指标包括流动性覆盖率、存贷比和流动性比例。

1. 流动性覆盖率。流动性覆盖率旨在确保商业银行具有充足的合格优质流动性资产，能够在银监会规定的流动性压力情景下，通过变现这些资产满足未来至少 30 天的流动性需求。流动性覆盖率的计算公式为

$$流动性覆盖率 = \frac{合格优质流动性资产}{未来\ 30\ 天现金净流出量} \times 100\%$$

其中，合格优质流动性资产是指满足相关条件的现金类资产，以及能够在无损失或极小损失的情况下在金融市场快速变现的各类资产。未来 30 天现金净流出量是指在相关压力情景下，未来 30 天的预期现金流出总量与预期现金流入总量的差额。银监会规定，我国商业银行的流动性覆盖率应当不低于 100%。由于目前我国商业银行的流动性覆盖率尚未全部达到监管

要求，银监会设置了过渡期，目标是在 2018 年底前达到 100% 。在过渡期内，应当在 2014 年底、2015 年底、2016 年底及 2017 年底前分别达到 60% 、70% 、80% 、90% 。在过渡期内，鼓励有条件的商业银行提前达标；对于流动性覆盖率已达到 100% 的银行，鼓励其流动性覆盖率继续保持在 100% 之上。

2. 存贷比。我国银行业应用存贷比指标始于 20 世纪 90 年代，当时是为解决银行超负荷经营问题，增加信贷规模控制的弹性。随后，存贷比指标被写入《商业银行法》成为一项法律规定，在相当长的时间里作为银行流动性管理的法定监管指标。存贷比指标的初衷是用于约束单个银行过度发放贷款的不审慎行为，同时也为银行管理流动性提供了有力的工具。存贷比的计算公式为

$$存贷比 = \frac{贷款余额}{存款余额} \times 100\%$$

2015 年，新修订的《商业银行法》取消了关于存贷比不超过 75% 的规定，将存贷比由法定监管指标变为流动性监管指标。

3. 流动性比例。流动性比例指标与非金融企业财务管理中使用流动性评估指标相似，但银行的流动性比例所使用流动性资产和流动性负债的含义与非金融企业不完全相同，银行的流动性资产都是金融资产，没有存货等实物资产。流动性比例的计算公式为

$$流动性比例 = \frac{流动性资产余额}{流动性负债余额} \times 100\%$$

银监会规定，我国商业银行的流动性比例应当不低于 25% 。

表 15 -4　中国银监会的流动性比例监测表

项目	A 人民币	B 外币折人民币	C 本外币合计
1　1. 流动性资产			
2　1.1 现金			
3　1.2 黄金			
4　1.3 超额准备金存款			
5　1.4 一个月内到期的同业往来款项轧差后资产方净额			
6　1.5 一个月内到期的应收利息及其他应收款			
7　1.6 一个月内到期的合格贷款			
8　1.7 一个月内到期的债券投资			
9　1.8 在国外二级市场上可随时变现的证券投资 （不包括项目 1.7 的有关项目）			
10　1.9 其他一个月内到期可变现的资产 （剔除其中的不良资产）			
11　1.10 流动性资产总和 （项目 1.1 至项目 1.9 之和）			
12　2. 流动性负债			
13　2.1 活期存款 （不含财政性存款）			
14　2.2 一个月内到期的定期存款 （不含财政性存款）			
15　2.3 一个月内到期的同业往来款项轧差后负债方净额			
16　2.4 一个月内到期的已发行的债券			

	项目	A	B	C
		人民币	外币折人民币	本外币合计
17	2.5 一个月内到期的应付利息和各项应付款			
18	2.6 一个月内到期的向中央银行借款			
19	2.7 其他一个月内到期的负债			
20	2.8 流动性负债总和 （项目 2.1 至项目 2.7 之和）			
21	3. 流动性比例 （项目 1.10 ÷项目 2.8 ×100%）			
22	4. 本月平均流动性资产			
23	5. 本月平均流动性负债			
24	6. 本月平均流动性比例 (项目 4 ÷项目 5 ×100%)			
25	7. 月度最低流动性比例 （%）			
26	8. 一个月内到期用于质押的存款金额			
27	9. 项目 8 用于质押的有关贷款金额			

右上角：续表

二、流动性风险监测

流动性风险监测是银监会对我国银行业实施流动性风险监管的重要内容。银监会借鉴《第三版巴塞尔协议》，结合我国实际，从商业银行资产负债期限错配情况、融资来源的多元化和稳定程度、无变现障碍资产、重要币种流动性风险状况以及市场流动性等方面，综合运用多种方法和工具，定期对商业银行和银行体系的流动性风险进行分析和监测。为此，银监会专门编制了"流动性期限缺口统计表""最大十家存款客户情况表""最大十家金融机构同业拆入情况表"等。

> 无变现障碍资产是指未在任何交易中用做抵(质)押品、信用增级或者被指定用于支付运营费用，在清算、出售、转移、转让时不存在法律、监管、合同或操作障碍的资产。

表 15 -5 中国银监会流动性风险监测的具体内容和相关参考指标

监测内容	相关参考指标
商业银行的所有表内外项目在不同时间段的合同期限错配情况	各个时间段的流动性缺口和流动性缺口率
商业银行融资来源的多元化和稳定程度	核心负债比例、 同业市场负债比例、 最大十户存款比例、 最大十家同业融入比例
商业银行无变现障碍资产的种类、 金额和所在地	超额备付金率、 优质流动性资产以及向中央银行或市场融资时可以用做抵 （质） 押品的其他资产
宏观经济形势和金融市场变化对银行体系流动性的影响， 分析、 监测金融市场的整体流动性状况	银行间市场相关利率及成交量、 国库定期存款招标利率、 票据转贴现利率及证券市场相关指数

项目	A 次日	B 2日至7日	C 8日至30日	D 31日至90日	E 91日至1年	F 1年以上	G 未定期限	H 逾期	I 总计
1. 资产总计									
1.1 现金									
1.2 存放中央银行款项									
1.3 存放同业款项									
1.4 拆放同业									
1.5 买入返售资产（不含非金融机构）									
1.6 各项贷款									
1.7 债券投资和债权投资									
1.8 其他有确定到期日的资产									
1.9 没有确定到期日的资产									
2. 表外收入									
2.1 表外收入项——有确定到期日									
2.2 表外收入项——没有确定到期日									
3. 负债合计									
3.1 向中央银行借款									
3.2 同业存放款项									
3.3 同业拆入									
3.4 卖出回购款项（不含非金融机构）									
3.5 各项存款									
3.5.1 其中：定期存款（不含财政性存款）									
3.5.2 活期存款（不含财政性存款）									
3.6 发行债券									
3.7 其他有确定到期日的负债									
3.8 没有确定到期日的负债									
4. 表外支出									
4.1 表外支出项——有确定到期日									
4.2 表外支出项——没有确定到期日									
5. 到期期限缺口									
6. 累计到期期限缺口									
7. 附注：活期存款（不含财政性存款）									

表 15 -6　中国银监会的流动性期限缺口统计表

三、流动性风险监管方法和手段

在监管实践中，中国银监会通过非现场监管、现场检查以及与商业银行的董事、高级管理人员进行监督管理谈话等方式，运用流动性风险监管指标和监测工具，在法人和集团层面对商业银行的流动性风险水平及其管理状况实施监督管理，并采取措施应对潜在流动性风险。流动性风险的非现场监管是指商业银行定期向银监会报送与流动性风险有关的财务会计、统计报表、流动性风险管理报告、压力测试报告等信息。特别是当发生对流动性风险水平或管理状况产生不利影响的重大事项（如银行的信用评级被大幅下调、发生挤兑事件等）时，银行必须及时向银监会报告。在非现场监管的基础上，银监会将根据对商业银行流动性风险水平及其管理状况的评估结果，确定流动性风险现场检查的内容、范围和频率。对于流动性风险管理存在缺陷的银行，银监会有权采取的措施包括：与商业银行董事会、高级管理层进行监督管理谈话；要求商业银行进行更严格的压力测试、提交更有效的应急计划；要求商业银行增加流动性风险管理报告的频率和内容；增加对商业银行流动性风险现场检查的内容、范围和频率；限制商业银行开展收购或其他大规模业务扩张活动；要求商业银行降低流动性风险水平；提高商业银行流动性风险监管指标的最低监管标准；提高商业银行的资本充足率要求等。

本章小结

1. 流动性风险是指商业银行无法以合理成本及时获得充足资金，用于偿付到期债务、履行其他支付义务和满足正常业务开展的其他资金需求的风险。按照产生风险的原因划分，流动性风险可以分为两类：第一类是融资流动性风险，即在不影响银行日常经营或财务状况的情况下，无法及时有效满足资金需求的风险；第二类是市场流动性风险，即由于市场深度不足或市场动荡，银行无法以合理的市场价格出售资产以获得资金的风险。

2. 引起流动性风险的事件或因素包括存款客户支取存款、贷款客户提款、债务人延期支付、资产负债结构不匹配、资产变现困难、经营损失、衍生品交易风险和附属机构相关风险等。

3. 一个健全的流动性风险管理体系能够对法人和集团层面、各附属机构、各分支机构、各业务条线的流动性风险进行有效识别、计量、监测和控制，确保流动性需求能够及时以合理成本得到满足。具体来说，银行流动性风险管理体系的基本要素包括：流动性风险管理治理结构；流动性风险管理策略、政策和程序；流动性风险识别、计量、监测和控制；管理信息系统等。

4. 识别、计量、监测和控制是流动性风险管理的核心内容，也是银行风险管理部门的日常工作内容。流动性风险管理方法主要有现金流测算与分析、限额管理、压力测试、应急计划等。

5. 在经营过程中，银行会根据业务规模、性质、复杂程度及风险状况，运用适当方法和模型，对其在正常和压力情景下未来不同时间段的资产负债期限错配、融资来源的多元化和稳定程度、优质流动性资产、重要币种流动性风险及市场流动性等进行分析和监测。现金测算和分析的常用方法主要有期限缺口分析法和现金流量法。

6. 国际金融危机爆发后，为促进全球银行业提高流动性风险管理水平，巴塞尔委员会决定推行统一的流动性风险监管标准。《第三版巴塞尔协议》正式建立了流动性监管的国际标准。巴塞尔委员会专门设计了两个流动性风险监管指标：流动性覆盖率（LCR）和净稳定资金比例（NSFR）。目前我国所采用的流动性风险监管指标包括流动性覆盖率、存贷比和流动性比例。

7. 中国银监会从商业银行资产负债期限错配情况、融资来源的多元化和稳定程度、无变现障碍资产、重要币种流动性风险状况以及市场流动性等方面，综合运用多种方法和工具，定期对商业银行和银行体系的流动性风险进行分析和监测。

本章主要概念

流动性风险　融资流动性风险　市场流动性风险　银行挤兑　流动性风险管理体系
期限缺口分析法　现金流量法　限额管理　压力测试　流动性覆盖率　净稳定资金比例
存贷比　流动性比例

本章思考题

1. 什么是流动性风险？按成因，流动性风险可以分为几种类型？
2. 引起流动性风险的事件或因素有哪些？
3. 流动性风险管理体系是由哪些基本要素构成的？
4. 流动性风险的管理方法具体有哪些？分别是如何操作的？
5. 流动性风险监管指标主要有哪些？分别是如何定义的？

本章参考文献

［1］中国银监会：《商业银行流动性风险管理办法（试行）》，2014。

［2］Chari V V, Jagannathan R.. Banking Panics, Information, and Rational Expectations Equilibrium. *The Journal of Finance*, 1988, 43（3）: 749 - 761.

［3］Diamond D W, Dybvig P H.. Bank Runs, Deposit Insurance, and Liquidity. *The journal of political economy*, 1983: 401 - 419.

21st

Master Series

st

Century

发展趋势篇

第十六章
商业银行兼并与收购

本章知识结构

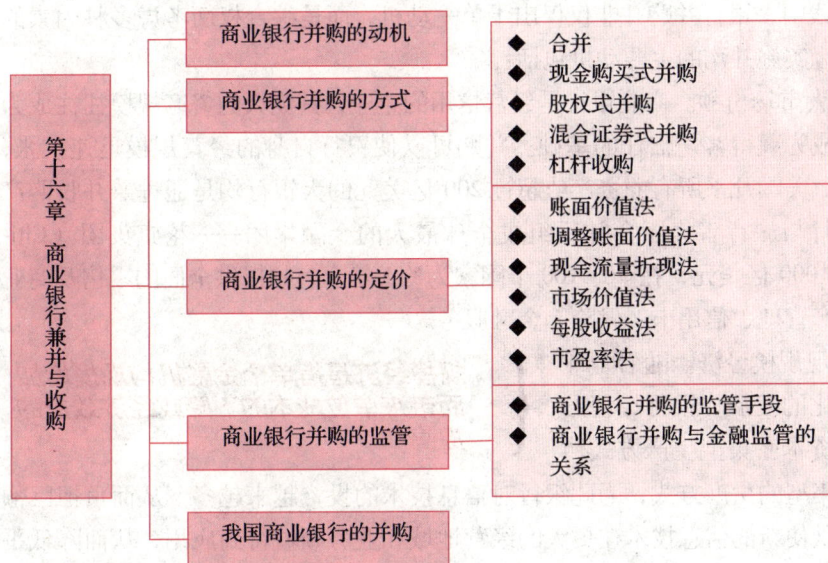

```
                    ┌─ 商业银行并购的动机
                    │
                    ├─ 商业银行并购的方式 ──┬─ ◆ 合并
                    │                        ├─ ◆ 现金购买式并购
                    │                        ├─ ◆ 股权式并购
第十六章            │                        ├─ ◆ 混合证券式并购
商业银行            │                        └─ ◆ 杠杆收购
兼并与              │
收购                ├─ 商业银行并购的定价 ──┬─ ◆ 账面价值法
                    │                        ├─ ◆ 调整账面价值法
                    │                        ├─ ◆ 现金流量折现法
                    │                        ├─ ◆ 市场价值法
                    │                        ├─ ◆ 每股收益法
                    │                        └─ ◆ 市盈率法
                    │
                    ├─ 商业银行并购的监管 ──┬─ ◆ 商业银行并购的监管手段
                    │                        └─ ◆ 商业银行并购与金融监管的
                    │                              关系
                    │
                    └─ 我国商业银行的并购
```

学习目标

- 了解商业银行并购动机的特点
- 掌握商业银行并购的五种主要方式
- 掌握对银行并购进行定价的主要方法
- 了解政府对银行并购的监管手段
- 了解我国商业银行并购的特点及发展

商业银行的兼并与收购（Merger & Acquisition），简称并购。兼并指两家或多家银行结合在一起，兼并的具体条件由参加合并的银行协商解决；收购是一家银行购买另一家银行的股份或资产，在收购活动中有明确的买方和卖方，收购后的银行结构完全由买方决定。20 世纪 90 年代以来，国际银行业并购活动日益频繁，银行业的兼并与收购已成为金融业整合资源的重要方式。随着银行数量减少，规模扩大，银行间竞争也更激烈，这使得商业银行的管理者开始重视兼并和收购活动，以求在竞争中立于不败之地。

第一节　商业银行并购的动机

银行实现规模增长的途径主要有两种：一是依靠内部积累，即银行通过内部利润留存或增资扩股等方式，扩大资产总量和金融业务规模；二是实现对外扩张，即通过并购迅速提高资本和资产规模，并借助协同优势提高竞争力。内部增长速度慢、累积时间长，无法满足银行高速成长的要求，而并购活动能使银行的资产规模在短时间内迅速增加，这种几何级数式的增长满足了银行追求高增长的愿望。并购能使相对集中的银行资产产生规模效益，保证银行的利润水平。资本和风险资产比率低的银行还可以通过并购比率高的银行来达到《巴塞尔协议》的要求。在实践中，银行并购并非仅仅出于单一动机，而是综合权衡考虑多种因素的结果，具体来说，银行实施并购的主要动机包括：

1. 增加规模，扩大市场份额。商业银行是经营信用的企业，其庞大的资产规模往往成为竞争力强的标志，也成为赢得客户信任的基础。并购可以使银行自身的经营规模迅速扩张，获得更大的市场份额。美国几乎所有的资产值超过 200 亿美元的大银行均是通过兼并收购产生的。例如，花旗银行与旅行者集团合并后组成全球最大的金融集团——花旗集团（Citi-group），资产总额近 7 000 亿美元，在全球 100 个国家为约 1 亿个客户提供全面的零售及商业银行、投资银行、资产管理、信用卡、保险等金融服务。

2. 降低成本，实现规模经济。随着全球银行业电子化、网络化的发展，银行经营方式逐步由传统的劳动资本密集型生产方式转 **{ 规模经济是指单个金融机构规模增加而带来单位成本的下降或经济效益的提高。}** 变为高效技术资本密集型的生产方式，为此银行对信息技术的投资越来越多，从而负担巨额的投资成本。并购可以使新的信息技术在更大的经营地域和业务领域得到应用，从而降低平均技术成本，实现规模经济。例如，美洲银行和国民银行合并后，通过使用共同的资料库，实现多种产品的联合销售，预计两年内可节约成本 13 亿美元。

3. 优势互补，发挥协同效应。通过并购，具有不同相对优势的银行联合，不仅有助于拓展业务规模，而且也实现了业务分散化，从而降低了总体风险。优势互补主要体现在三个方面：一是区域优势互补。例如，美洲银行的业务主要集中于西海岸，而国民银行业务主要集中于东南部，合并后可抵制较小地区经济发展放缓带来的冲击，从而保证新集团整体盈利的稳定增长。二是业务优势互补。为增加利润，商业银行具有开发和创新产品的内在动机，但推出新产品需要高昂的开发费用，而且新业务是否能够盈利取决于多方面因素，而并购可以使具有不同业务优势的银行在业务运作上相互协调，迅速发挥整体优势，避免拓展新业务时面临的各类风险。美洲银行在批发业务上具有优势，而国民银行则擅长零售银行业务，合并后，美洲银行在旧金山的总部将主导批发银行业务，国民银行在北卡罗来纳州的总部将主导零售银行业务。三是实现产品交叉销售。合并各方可以互相利用对方的客户基础、经销渠道，通过交叉销售来扩大经销网络，增加销售额，这是因为一家银行的某种产品（如信用卡）的客户往往是其他产品（如汽车贷款）的潜在消费者。比如花旗银行在存贷款、外汇交易、贸易融资、信用卡发行等领域占有巨大的市场份额，拥有广大的客户基础，旅行者集团可以利用这些客户，推销基金、保险、资产管理、投资咨询等金融服务，而花旗银行则可以利用旅行者集团在保险等业务方面的广大客户，拓展其消费者贷款、债券交易等产品和服务。

4. 实现综合化与国际化经营。首先，银行并购可以实现综合化经营，以低成本迅速进入保险业、证券业，从而有助于拓展业务范围，提高盈利能力，并分散银行经营风险。例如，花旗银行与旅行者集团合并后组成的金融集团，可以为客户提供存贷款、证券发行、资产管理、保险等几乎所有金融服务。其次，银行并购有助于推进国际化进程。跨国并购设立子银行是拓展国外市场的有效途径，这种方式可以节省新设投资的开办费用，缩短实现盈利的周期，更重要的是，可以使并购银行直接利用目标银行既有的市场影响力、信誉、客户基础、营销网络等运作体系，拓展国外业务，加快国际化进程。

5. 政府化解危机的需要。随着金融体系复杂性不断上升，金融系统的脆弱性增加，单个银行的经营危机可能冲击整个金融体系的稳定。此时，需要由政府出面以银行并购的方式处理危机，不仅可以保护存款人利益，维护金融稳定，而且可以保全银行的营运基础，保护银行的商誉价值。因此，并购逐步成为一种广泛运用的银行危机处理方式。政府鼓励优质银行并购危机银行，并附以政策优惠。而对并购银行而言，虽然暂时可能会承担沉重负担，但一方面避免了因银行破产引发市场恐慌给自身经营带来的不利影响，另一方面也使并购银行拥有了被收购银行的商誉价值和传统的经营优势。例如，1992 年日本太阳神户银行与三井银行合并成樱花银行，1995 年荷兰国际银行与西班牙桑坦德银行联合收购英国巴林银行。西方纯粹为化解危机、维持金融秩序而由当局安排的被动性并购事件并不多见，大多是商业银行主动从自身商业利益动机出发进行的并购活动。

阅读材料
百年全球银行业并购历程回顾

纵观百年金融业并购历史，国际银行业总共经历了三次大规模的并购浪潮。

1. 第一次全球银行业并购浪潮。从各国银行业发展情况看，银行业早在 19 世纪末期就出现了垄断倾向，但真正形成浪潮却是在 20 世纪 20 年代。资料显示，英国在 19 世纪中期一度出现过近 400 家银行，后经股份制大银行合并或城市银行对乡村银行的并购，逐渐实现了银行业的集中垄断，1865 年英国有各类股份制银行约 250 家，到 1900 年只有 78 家，1915 年只剩下 61 家。英国股份制银行在 20 世纪 20 年代进一步走向集中垄断，到 20 年代末英国的股份制银行只剩下不足 20 家，其中清算银行 11 家，而这 11 家清算银行中又有"五巨头"的集中垄断，"五巨头"银行存款的市场占有率到第二次世界大战前已经达到了 86%。在美国，1920 年共有银行 30 291 家，通过一系列并购，到 1929 年"大萧条"前夕银行总数已经下降到了 25 568 家，近 5 000 家银行因倒闭或合并而消失，洛克菲勒、摩根等 10 家财团控制了全美金融业 90% 以上的资产。在日本，尽管 1896 年政府颁布了《银行合并法》，对银行并购一直持鼓励、积极推进的态度，但真正大规模的合并从 1916 年以后才显著增加。1901—1913 年，商业银行通过破产、接管或合并，其总数由原来的 1 867 家下降到 374 家。第一次世界大战期间，日本逐渐形成了以财阀银行为中心的银行体制。1923 年关东大地震和 1927 年金融危机后，银行业集中进一步加剧，越来越多的中小银行被大银行并购。日本五大银行贷款额占全国银行贷款额的比例由 1926 年的 20.46% 上升到 1931年的 56%；1926 年，五大银行对有价证券的投资占全国的比例为 29.69%，到 1931 年已经高达 43.97%。

2. 第二次全球银行业并购浪潮。20 世纪 30 年代的经济大萧条后，美国等国家进一步加强了对银行等金融机构并购的监管力度，旷日持久的第二次世界大战推迟了企业持续并购的势头，金融业并购在沉寂了一段时间后终于在 50 年代中期重新活跃起来，直到 80 年代才形成浪潮。1956年，美国国会通过《银行持股公司法》后，虽然对"多银行持股公司"业务做了限制，但对"单一银行持股公司"却采取了宽松的态度。1957 年 50 家持股公司共控制了 417 家银行，拥有全国存款总额的 7.5%。1965 年美国单一银行持股公司约 400 家，到 1972 年在联储注册的银行持股公司达到 1 607 家。同时，银行持股公司控制的存款额占全国存款总额的比重也逐年上升，1969年为 15%，1970 年该比重为 16.2%。英国第二次世界大战后的金融业继承了战前的并购势头，金融业"五巨头"的市场占有率到 1968 年已经达到了 90% 以上。德国金融资本经过第二次世界大战后的经济恢复后出现了金融资本集中的倾向。到 60 年代初，联邦德国三大银行的代表在经济界占了 1 347 个职位，而德意志银行一家就有 600 多个职位。到 1968 年联邦德国七大银行占有全国银行资本的总额达到了 47.3%，占存款总额的 55.8%。

20 世纪 70—80 年代，各国经济金融化趋势更为明显，全球银行业继承了 60 年代兴起的并购并逐步进入并购浪潮，越来越多的中小银行被大银行并购而成为大银行的分支机构。各国银行业务综合化趋势明显提高，金融业对经济的渗透扩散功能明显提高。仅 1979 年，美国就有 217 家独立的银行成为大银行的分行，到 1979 年美国共有 36 403 家银行分支机构，此数量是 1947 年的 8.8 倍，1960 年的 1.54 倍。1984 年底，英国四大清算银行在全国各地拥有的分支机构达到 1 100 多个，银行业拥有的资产从 1966 年到 1982 年的 16 年间猛增了 10 倍；金融业总产值占GDP 的比重也由 1965 年的 6.7% 上升到 1982 年的 9.6%。在德国，1978 年柏林的两大银行在联邦德国境内就拥有 3 000 多个分支机构，拥有全国近 5 000 家金融机构存款总额的 40% 以上。这是全球银行业掀起的第二次并购浪潮。

3. 第三次全球银行业并购浪潮。进入 20 世纪 90 年代后，全球企业掀起了第五次并购浪潮，这是发达国家历史上规模最大的并购浪潮，而银行业成为此次并购浪潮的主角，并购规模屡创新高，形成了全球银行业并购的第三次浪潮。

90 年代初，美国有关限制银行业并购的法律进一步放松，银行业并购速度明显加快。在 90年代初期，美国境内中小银行的并购热潮要高于大型银行。到 90 年代中后期，大型商业银行并购波澜壮阔地开展起来。1995 年，当时美国排名第四位的化学银行宣布兼并排名第六位的大通曼哈顿银行，兼并额达 100 亿美元，兼并后总资产达 2 990 亿美元。1999 年 3 月，美国弗利特银行宣布收购波士顿银行，合并后成立的新银行名为弗利特—波士顿银行，成为美国第八大银行，拥有资产近 1 740 亿美元。2000 年，花旗银行与旅行者集团联姻，定名为花旗集团，这次并购涉及高达 820 亿美元的合并金额、1 660 亿美元的市值和近 7 000 亿美元的资产。同年，美国银行业还发生两起巨额并购案：第一银行与第一芝加哥银行合并为新的第一银行，成为全美第五大银行；国民银行与美洲银行合并为新的美洲银行，合并后资产达 5 700 亿美元，一跃成为全美第二大银行集团。

日本银行在并购活动中也不甘落后。1990 年三井银行与太阳神户银行合并成樱花银行，1991 年协和银行与琦玉银行合并成旭日银行。1995 年，三菱银行与东京银行又宣布合并，这两家银行原先按资产排名在日本分列第三和第十位，1996 年合并完成后，成为拥有 72.7 万亿日元资产、国内机构 388 家、海外机构近 200 家的世界超一流的银行。90 年代中后期以后，日本泡沫经济的弊端日益显露，大量不良资产导致日本银行国际地位下降，美国和欧洲的银行又重新占据了全球银行业的主导地位。

在欧洲，1995 年，英国已有 231 年历史的老牌银行巴林银行被国际荷兰银行出资 11 亿美元收购。华宝银行在与美国摩根士丹利的合并谈判破裂后，归属了瑞士银行公司。摩根·格林菲尔这家有 152 年历史的伦敦招商银行与德意志银行合并，克莱恩沃特·本森银行则由德国德累斯顿以 15 亿美元买下。汇丰银行花费 70 亿美元吞并了伦敦德米德兰银行和纽约的米德兰海运银行。1995 年芬兰联合银行和芬兰国民银行合并为芬兰商业银行，成为芬兰最大的银行，1995 年底的资产总额达到 650 亿美元。

第二节　商业银行并购的方式

商业银行作为金融企业，同样适用企业之间收购兼并的各种方式。国际大型银行在并购策略中运用的具体方式各不相同，从主动进攻型商业银行收购其他商业银行股权的角度来看，主要可分为合并、现金购买式并购、股权式并购、混合证券式并购和杠杆收购等方式。

一、合并

合并是指两家独立的商业银行同时放弃各自的法人地位而实行股权联合，从而组建成一个新的法人实体的经济行为。在世界级的大银行并购战略中，不乏使用这种方式获得成功的范例。例如，1986 年排名世界大银行第一位的日本第一劝业银行，便是由日本第一银行和劝业银行在 1971 年合并成立的。合并时，该行分支机构有 300 多家，存款额为 41 000 多亿日元，贷款额为 35 000 多亿日元，雇佣职工 23 000 多人，在日本城市银行中均居首位，并形成日本第六大集团——第一劝业银行集团。

📖 阅读材料
河南省十三家城市商业银行合并组建中原银行 ▪▪▪▪▪▪▪▪▪▪▪▪▪▪▪▪▪▪▪▪▪▪▪▪▪▪▪▪

中原银行是一家省级法人银行，于 2014 年 12 月由开封市商业银行、安阳银行、鹤壁银行、新乡银行等河南省 13 家城市商业银行以新设合并的方式组建，实收资本 154.2 亿元，截至成立日，资产规模 2094 亿元，负债规模 1882 亿元。该银行成立后，参与合并的城市商业银行依法注销，所辖分支机构、营业网点合并至中原银行，债权债务也由中原银行承继。

新设合并工作开始后，各相关城商行召开股东大会，授权董事长代表股东参与改革重组工作，同时成立了改革重组委员会，组织实施了对各银行清产核资和资产评估、处置不良资产、完善资产权属手续、确定股权折价方案等一系列工作，并根据折股比例方案将各城商行股东的股权全部折成中原银行股权，统一入股中原银行。历时一年零四个月，完成了截至 2014 年规模最大的国内城商行合并重组。根据重组工作的总体方案，中原银行在合并 13 家城商行后，将在未参与整合的郑州、洛阳等市通过吸收合并等方式设立分支机构，并适时引进战略投资者，实现增资扩股。

中原银行的组建，解决了城商行在规模小、竞争力不足、市场空间狭窄等方面面临的挑战，有助于增强银行抵抗区域性风险的能力，同时有利于在更大范围内统筹配置金融资源，破解中原经济区建设中的资金瓶颈。

二、现金购买式并购

凡不涉及发行新股的收购，都可以视为现金购买式并购，主要由并购方出资购买目标银行的资产。并购方通过对被并购银行的所有债权债务进行清理并清产核资，协商作价，以现金为购买条件，支付产权转让费，将目标银行的整个所有权买下，从而实现银行所有权的合理转移。现金购买式并购实际上包括用现金购买资产（Cash for Assets）和用现金购买股票（Cash for Stock）两种方式。现金购买是一种单纯的收购行为，它是由收购者支付一定数量的现金，从而取得被收购银行的所有权，一旦被收购银行的股权股东得到了对所拥有股份的现金支付，就失去了任何选举权和所有权，这就是现金收购的一个突出特点。并购银行的购买价格实际上是被并购银行偿还债务后的出价，因此，并购银行即使承担目标银行的债务，目标银行的资产仍然大于债务，从而使并购银行获得实际利益。一般来说，收购资产实际上是一种资产买卖行为，故不需要承担目标银行的债务。以美国为例，没有法律规定收购银行在购买目标银行资产的同时，必须接受目标银行的债务，但收购银行必须经过目标银行股东的同意。如果目标银行是一个公开发行股票的上市公司，必须起草一个披露文件通告股东，让目标公司的股东了解本项交易中的重要信息，同时还须获得政府证券管理部门的批准。

阅读材料
招商银行收购香港永隆银行

2008 年，招商银行并购永隆银行，并购过程主要分为两个阶段：一是收购其 53.12% 的股权，获得控股权。招商银行与永隆银行控股股东签署买卖协议，以总价 193.02 亿港元收购永隆银行约 53.12% 的股份。二是收购剩余少数 46.88% 的股权，使永隆银行成为全资附属公司。获得 53.12% 股权后，根据监管规定，招商银行向剩余股东发起全面收购要约，共耗资约 363 亿港元持有永隆银行已发行股份的 97.82%。最终，对剩余 2.18% 的股份进行强制收购完成后，永隆银行成为招行的全资附属公司，并撤销了其在香港联交所的上市地位。

三、股权式并购

股权式并购即投资者不是以现金为媒介对目标银行进行收购，而是增加发行本银行的股票，以新发行的股票替换目标银行的股票。它实际上也包括两种形式，即以股票购买资产

（Stock for Assets）和用股票交换股票（Stock for Stock）。股权式并购区别于现金购买式并购的主要特点是，它不需要支付大量的现金，因而不会影响收购银行的现金状况。同时，并购完成后，被并购银行的股东不会因此失去其所有权，只是这种所有权由被收购银行转移到收购银行，使其成为扩大后银行的新股东。也就是说，并购完成以后，被并购银行被并购银行吸收，并购银行扩大了规模。扩张后的银行所有者由并购银行的股东和原被并购银行的股东共同组成，但收购银行的原股东应在经营控制权方面占主动地位。

股权式并购的具体实施有三种方法：

1. 收购全部股权的并购。商业银行为获得其他银行的完全控制权和管理权，在收购与兼并战略中往往将对方的股权全部收购，从而将目标银行置于自己的绝对控制之下。例如，日本三菱银行先后吞并了森村银行、金原银行；美国花旗公司换取花旗银行的全部股权也属于这种方式。

2. 控制大部分股权的并购。虽然收购其他银行的全部股权能够达到绝对控制的目的，但采取这种方式往往需要投入巨大的资本，而且有时会遭到对方的反击而失败。所以，一些国际大型银行在实施并购战略时，往往采取只收购对方大部分股权的方式，以达到控股的目的。例如，1986 年德国德意志银行控制 50% 以上股权的企业就达 17 家；再如，1986 年排名世界大银行第 28 位的瑞士联合银行曾收购阿尔高信贷银行股本的 58%。

3. 控制少部分股权的并购。股权分散是现代企业的一个重要特征，银行也是这样。银行在并购中不一定要获得 50% 以上的股权才能达到控制目标银行的目的，有时拥有少部分股权也能达到同样的效果。例如，1986 年排名世界大银行第 17 位的英国国民西敏寺银行在 70 年代购入意大利西方信贷银行的部分股权，80 年代收购了西班牙马奇银行 49% 的股权作为该行在西班牙的子银行，都是以小制大的成功案例。

✅ 阅读材料
中国平安收购深圳发展银行 ••

2010 年，中国平安保险集团及控股公司平安寿险通过换股、定向增发等方式成为深圳发展银行的控股股东。中国平安向深发展第一大股东新桥投资集团定向增发 299 088 758 股 H 股作为对价，受让其所持有的深发展 520 414 439 股股份，约占总股本的 16.76%。随后，平安集团旗下的子公司平安寿险与深发展签署《股份认购协议》，以自有资金通过现金认购的方式，认购其非公开发行的 379 580 000 股股份。截至 2010 年末，平安集团及控股公司合计持有深发展 1 045 322 687 股股份，占深发展总股本的 29.99%。

2011 年，经中国证监会核准，深发展以每股 17.75 元人民币的价格向中国平安非公开发行约 16.38 亿股股份，中国平安以所持有的平安银行约 78.25 亿股股份（约占平安银行总股本的 90.75%）以及部分现金认购。交易完成后，深发展成为平安银行持股 90.75% 的股东，中国平安持有深发展股份比例增至 52.38%。

2012 年 4 月，深发展吸收合并平安银行相关方案获得监管批复，深发展和平安银行正式合并为一家银行。合并完成后，原平安银行全部资产、负债、业务等均由深发展依法承继，附着于其资产上的全部权利和义务亦由深发展依法享有和承担，合并后的银行名称为"平安银行股份有限公司"。

四、混合证券式并购

商业银行之间的并购不仅可以采用现金购买式并购、股权式并购等方法，而且还可以采用混合证券式并购的方式来进行。所谓混合证券式并购，是指收购银行对目标银行或被收购银行提出收购要约时，其出价不仅有现金、股票，还有可转换债券、认股权证等多种形式的混合。其中，可转换债券一般会事先确定转换为股票的期限、类型以及转股价格等要素，投资者到期可以选择转换股票也可以选择不转换。投资者看好可转换债券的主要原因在于这种债券既具有债券的安全性，又具有作为股票可使本金增值的收益性。从发行公司的角度看，通过发行可转换债券，公司能以比一般债券更低的利率和较宽松的契约条件出售债券，而且能够提供一种比现行价格更高的价格出售股票的方式。与可转换债券相似，认股权证是混合证券式并购中另一种常用金融工具。认

可转换债券（Convertible Bond）是一种在特定条件下可以转换为股票的债券，通常具有较低的票面利率。可转换债券实质上是带有一份股票期权的债券，当股票价格走高时，债券投资者有权决定是否按照约定的转股价格，将债券转换为一定数量的公司普通股。

认股权证（Warrant）是由上市公司发出的证明文件，赋予持有人一种权利，即持有人有权在指定的时间内用指定的价格即换股价认购由该公司发行的指定数目即一定换股比例的新股。

股权证本身并不是股票，其持有人也不是股东，因此不能享受股东权益。由于认股权证的行使涉及未来控股权益的改变，因此，为了保障现行公司股东的权益，公司在发行认股权证时，一般要按控股比例派给股东。股东可以用这种证券行使优先低价认购公司新股的权利，也可以在市场上将证券出售。由于认股权证比股票便宜，认购款项可以延期支付，投资者只需要投资小额款项，因此，一些看好该公司而无力购买其股票的投资者可以先购买其认股权证，并从认股权证转卖中获利。购入认股权证后，持有者获得的是一种换股权利，而不是责任，行使与否由其本身决定。商业银行在并购目标银行时采取混合证券的方式，既可以避免支付更多的现金，又可以防止控股权的转移。

五、杠杆收购

自 20 世纪 80 年代以来，西方国家盛行杠杆收购（Leverage Buyout，LBO）。商业银行的杠杆收购是指通过增加银行的财务杠杆去完成并购，从实质上看，杠杆收购就是一家银行主要通过借债来获得另一家银行的所有权，而又从后者的现金流量中偿还负债。一般操作是收购银行先投入资金，成立一家处于完全控制下的"空壳公司"（Shell Subsidiary），而空壳公司以其资本以及未来买下的目标银行的资产及其收益为担保进行举债，即发行证券向公开市场借债，以贷款的资金完成企业并购。这种以目标银行资产及收益作为担保筹资，标志着债务观念的根本改变。只要目标银行的财务能力能承担如此规模的债务，则筹资如此规模的债务并收购目标银行就不会有多大的清偿风险。因为这种举债与收购银行本身的资产多少没有关系，而与目标银行的资产及未来收益有关，这样小银行通过 LBO 就可以收购大银行，故称

为杠杆收购。与传统的企业并购交易相比，LBO 收购有两个特点：一是在 LBO 收购交易中，筹资结构发生变化，公司在杠杆收购中引起的负债主要由被兼并公司的资产或现金流量支持和偿还，其次才是投资者的投资。二是在 LBO 收购的交易过程中有一个经纪人，它在并购双方之间起着促进和推动作用。

第三节　商业银行并购的定价

在兼并与收购交易中，对并购银行的定价直接涉及双方股东的切身利益，是银行并购谈判中最核心的问题之一。确定并购价格存在很多困难，一个重要问题是怎样预测银行未来的现金流量和以什么样的贴现率来计算其价值。在实践中，经济学家和银行家们已经发展了一系列的经验公式来计算收购价格。银行并购的定价要以估算的收购价格为基础，当然，具体的定价还会取决于买卖双方的谈判实力和技巧，以及其他难以用金钱衡量的因素。下面将讨论银行并购的一些常用定价方法。

一、账面价值法

账面价值法是指在确定兼并收购价值时，以银行的账面价值（Book Value）为依据。每股的账面价值等于银行资产负债表中的股东权益除以发行的股票数。在交易中，被收购银行的股票溢价可由（16.1）式计算：

溢价（Premium）：并购溢价是指并购企业支付的高于被并购企业资产价值的差额部分，影响溢价的因素包括市盈率、预期每股盈余、预期现金流等。一般地，收购方尽可能压低溢价，而被收购方希望提高溢价。可以说，溢价的高低在很大程度上决定了并购交易的成败。

$$P = \frac{B_1 \cdot E_r - B_2}{B_2} \tag{16.1}$$

其中，P 为股票溢价；B_1 和 B_2 分别为收购银行和被收购银行的每股账面价值；E_r 为收购银行和被收购银行的股票交换率；$B_1 \cdot E_r$ 为收购银行支付给被收购银行股票的价格。

如果目标银行每股账面价值为 10 元，而收购银行每股账面价值为 20 元，股票交换率为 0.5，即每 2 股目标银行的股票可以转换成 1 股收购银行的股票。那么，以账面价值计算，目标银行的股票没有任何溢价。不过，如果双方协商的股票交换率为 0.8，则目标银行的股票溢价为 60%。若给定股票溢价 P，则股票交换率：

$$E_r = \frac{B_2(1 + P)}{B_1} \tag{16.2}$$

如果已经确定溢价为 50%，那么，该例中的股票交换率为

$$E_r = \frac{10 \times (1 + 0.5)}{20} = 0.75$$

即每 4 股目标银行的股票可以换 3 股收购银行的股票。

在实际操作中，银行常常根据市场上类似交易的平均溢价来计算收购价或股票交换比率。账面价值法的优点是相对简单，易于计算，其值比较稳定。缺点是账面价值可能与银行的真正经济价值相差甚远，而投资者关心的应该是银行真正的价值。若一家银行对不良贷款

估计过低，并且其表外业务未在资产负债表中反映，那么会造成账面价值与实际价值差距太大。因此，账面价值有可能误导交易双方对银行实际价值的估计。

二、调整账面价值法

由于账面价值法可能不能全面反映一家银行的真正经济价值，收购银行对被收购银行的账面价值进行某些调整将能提供一种更好的定价方法。调整后的价值有可能高于账面价值也有可能低于账面价值，这取决于调整时考虑的因素，包括贷款质量、投资证券的市场价值、其他资产的评估、表外业务活动、核心存款等。

1. 贷款质量。如果实际资产质量低于账面报告的质量，贷款的呆账准备金就应该增加，那么，净贷款额就要作相对调整，从而使调整后的价值比报告中的账面价值低。同理，如果实际资产质量比账面所报告的高，就应该减少呆账准备金，调整后的净资产额会比账面价值高。

2. 投资证券的市场价值。资产组合的账面价值并不等同于其市场价值，如果因为利率的变化使得证券的市场价值与其账面价值有较大的差距，市场价值高于账面价值的部分应该加到资本的账面价值中，反之，则应从账面价值中减去。

3. 其他资产的评估。银行常会拥有一些不动产或其他资产，这些资产的市场价值有时会与账面价值差别甚大。例如在对违约贷款索赔时，银行作为债权人有时能获得股票、土地、房产等。如果这些资产的市场价值高于账面价值，这一超出的部分应该加到资本的账面价值中去；若低于账面价值，则应当从中扣除。

4. 表外业务活动。表外业务活动是银行收入的重要来源。但是一家银行通过表外业务获利的能力不能反映在资产负债表中，也就是说不能完全反映在账面价值中。如果一家被收购银行的表外业务活动能够获利，就应该评估这些活动的市场价值，并加到该银行的资本账面价值中去。

5. 核心存款。核心存款由于其稳定性和低成本而吸引收购者，同时收购者也可以向这些稳定的存款者推销更多的产品和服务。这些潜在的获利因素也增加了拥有目标银行的开业权的价值。不过，对这种价值的评估相当困难。我们可以用 AB_2 表示调整后的被收购银行的账面价值，那么调整后的溢价：

$$P' = \frac{B_1 \cdot E_r - AB_2}{AB_2}$$ （16.3）

其中，A 为调整系数。如果收购银行根据同类收购活动的市场平均溢价 $\overline{P}$ 来计算股票交换率，则按（16.4）式计算：

$$E_r = \frac{AB_2(1 + \overline{P})}{B_1}$$ （16.4）

三、现金流量折现法

现金流量折现法（Discounted Cash Flow Method，MCF），是资本预算的基本方法。现金流量折现法制定收购价格的原理是：估计收购后可增加的现金流量和用于计算这些现金流量现值的折现率，对未来各年增加的现金流量用该折现率进行贴现后相加得出收购银行所能支付的最高价格。

$$P^* = \sum_{t=0}^{n} \frac{E(D_t)}{(1+r)^t} \tag{16.5}$$

其中，P^* 代表收购银行所能支付的最高价；$E(D_t)$ 代表第 t 年预期并购可增加的现金流量；r 是折现率；t 代表并购后银行经营期间，假设银行持续经营 n 个期间。如果收购的实际成交价格低于此价，则收购给收购银行带来了一个正的净现值，证明收购有利于收购银行。反之，则收购不可行。根据现金流量法估算出的所能支付的最高价格也可以计算出股票交换比率。

在上述三种方法中，该方法的理论基础最为坚实，当与其他估价模型一起使用时，运用现金流量折现法所得出的结果常被用做检验其他模型结果合理与否的基本标准。但是在具体运用中，由于很难预测收购给收购银行带来的今后各年现金流量的增量，而且折现率的确定也带有很大的任意性，通常把考虑风险后收购银行要求的最低收益率作为折现率，所以该方法的主观性很强。

四、市场价值法

由于在收购策划中不大可能确定现金流量、折现率和期末价值的统计结果，故收购银行多运用市场价值法来估算被收购银行的价格。市场价值法假设市场是有效率的，一个股票公开上市的银行，其股票的市场价格代表了投资者对该银行未来经营业绩及风险的预期。基于此，市场价值法得出银行股票的价值就是某一估价指标乘以一个比率系数。

$$P = \frac{MP_1 \cdot E_r - MP_2}{MP_2} \tag{16.6}$$

其中，MP_1 和 MP_2 分别表示为收购银行和被收购银行的股票市场价值。如果市场上同类收购活动的市场平均溢价为 $\overline{P}$，收购银行也可以据此来计算股票交换率：

$$E_r = \frac{MP_2(1+\overline{P})}{MP_1} \tag{16.7}$$

其中，$\overline{P}$ 为同类收购活动的平均溢价。

从财务的角度，市场价值法假设同一行业内的公司或金融机构是大致相似的。因此，市场价值法制定收购价格的原理是：先选出在业务和财务方面与被收购银行相近的银行，通过分析参照银行的经营资料、财务情况、股票行情和发展前景，确定估价指标和比率系数，再据此估计被收购银行的价值。可供使用的估价指标可以是税后利润、账面价值、主营收入、现金流量等。选择估价指标要熟知各指标对银行的经济意义，从而选择出对银行未来价值有影响的指标，并且在确定比率系数时要注意它在各参照银行的稳定性。

例如，甲银行意图收购乙银行。乙银行是一家上市银行。为此甲银行在上市银行中筛选出若干个与乙银行在各方面均类似的参照银行，发现其市盈率大致上为获得控制权而需付出的平均溢价水平以及交易成本，据此就可得出收购乙银行所需支付的基价。此外，银行收购也可采用账面价值为估价指标。比率系数可参考其他类似的银行收购事件中收购价与账面价值的比率。

与现金流量折现法相比，市场价值法缺少坚实的理论依据，但从统计的角度总结了同类银行的财务特征，得出的结论符合市场实际并具有一定的可靠性，同时市场价值法的原理和应用都比较简单，比现金流量法更容易得到股东的理解和支持。更进一步地，市场价值法假定股票的市场价值真正反映了银行的实际价值。但是由于多种原因，股票的市场价值并非一家公司的真正价值。对于多数中小银行来说，其股票没有在交易所公开交易；而有些上市银行的规模不大，其股票交易也不活跃，或者其股票仅在很小的范围内交易，显然，这类银行股票的市场价值有时会与真实价值相差甚远。此外，当为数有限的股票持有者拥有一家银行大部分股份时，他们对股价的操纵常常会使市场价值大大高于其实际价值。而且，股票价格也不能完全反映无形资产的价值。因此，这种方法更适用于那些股票交易活跃的大银行。

在用这种方法进行估价时，考虑到目标银行股票价格的偏离，有时也用账面价值来代替其市场价值。

五、每股收益法

在评估目标银行的价值时，许多分析家倾向于考虑股票的收益而不是资产负债表中的资本价值。通过比较两家银行的每股收益，收购行可以计算应付价格。溢价可以用下式计算：

$$P = \frac{EPS_1 \cdot E_r - EPS_2}{EPS_2} \tag{16.8}$$

其中，EPS_1 和 EPS_2 分别代表收购行和目标行的股票每股收益。股票交换率由下式决定：

$$E_r = \frac{EPS_2(1 + P)}{EPS_1} \tag{16.9}$$

其中，P 为收购溢价。若收购行根据市场的平均溢价 $\overline{P}$ 来确定股票交换率，那么在该式中用 $\overline{P}$ 代替 P。

倾向于采用这种方法确定收购价格的银行家认为，相对收入（即每股收益）在决定交换价值时非常重要。但是，这种方法并没有考虑每股收益的变化。目前的每股收益可能和不久前的每股收益差别甚大，也不能代表银行未来的获利能力。所以，此法既没有参考以前的收益，也没有考虑今后可能的收益变化。也就是说，这种方法没有考虑可能的收益变化和风险。

为弥补这种方法的不足，银行家采用了一种加权平均法来计算每股收益，并用这种新方法计算的每股收益取代（16.8）式和（16.9）式中的当前每股收益 EPS_1 和 EPS_2。比如表 16-1 对某银行过去几年的每股收益进行加权平均，来计算股票交换率。

收购银行加权平均每股收益 7.90 元，目标银行加权平均每股收益 4.10 元。假定溢价为 50%，那么，用加权平均的每股收益计算，股票交换率为 0.78。但是用当前时期的每股收益计算，股票交换率为 0.3，即每 10 股目标银行的股票只能换 3 股收购银行的股票。

表 16-1 对某银行股票交换率的计算			
时期	权重	EPS_1（元）	EPS_2（元）
t	0.500	10.00	2.00
$t-1$	0.200	8.00	4.00
$t-2$	0.125	6.00	6.00
$t-3$	0.100	4.00	8.00
$t-4$	0.075	2.00	10.00
	1.000		

当然，收购行也许更关心未来的收益。在预测未来每一时期的银行每股收益后，我们也可以用加权平均法计算股票交换率。在下例（见表 16-2）中，假定收购行和目标行当前每股收益分别为 10 元和 2 元，收购行只考虑未来的每股收益，即当前权重为零。

首先银行预测未来 5 年的股票收益，在根据不同的权数计算平均每股收益。收购行和目标行的加权平均后每股收益分别为 11.025 元和 4.05 元。当溢价为 50% 时，用加权平均法计算的股票交换率为 0.55；而用当前每股收益计算，股票交换率为 0.3。

表 16-2 对收购行和目标行股票交换率的计算			
时期	权重	EPS_1（元）	EPS_2（元）
$t+1$	0.500	10.50	3.00
$t+2$	0.200	11.00	4.00
$t+3$	0.125	11.50	5.00
$t+4$	0.100	12.00	6.00
$t+5$	0.075	12.50	7.00
	1.000		

六、市盈率法

市盈率（P/E）为股票价格与每股收益的比率，反映了银行收益的市场价值。用 $(E/P)_1$ 和 $(P/E)_2$ 分别代表收购行和目标行的市盈率，根据市盈率法，则收购溢价可以由（16.10）式计算：

$$P = \frac{(P/E)_1 \cdot E_r - (P/E)_2}{(P/E)_2} \tag{16.10}$$

股票交换率为

$$E_r = \frac{(P/E)_2(1+P)}{(P/E)_1} \tag{16.11}$$

这种方法假设股票是在一个非常完善和有效的市场上交易，否则市盈率并不能可靠地反映银行的价值。

第四节 商业银行并购的监管

尽管银行并购活动是一种经济行为，应该由市场决定，但是由于银行业在国民经济运行中的重要地位，银行并购交易往往涉及广泛且影响巨大，因此，政府必须制定相关的法律政策对银行并购进行监管，以保证银行并购的效率、金融体系的安全和社会的稳定。银行并购的监管主要是反垄断与并购程序的限制，只有不违反相关法律规定，银行并购才有可能顺利进行，而监管的目的则在于防止垄断、规范信息披露和保护中小投资者的利益。

一、商业银行并购的监管手段

政府对银行并购的监管一般有三种手段：一是监管和审批制度；二是通过权力、授权和一般责任的统一框架干预；三是总统报告和银行主管部门指令。

1. 监管和审批制度。各国政府对本国银行的兼并收购都规定了相应的审批制度，通过各种审批制度直接对银行并购进行监督和干预。如《反垄断法》规定，我国实行经营者集中申报制度。若经营者集中①达到政府规定的申报标准，经营者应向政府反垄断执法机构申报，执法机构经过审查并决定是否禁止经营者集中。反垄断执法机构一般禁止具有或者可能具有排除、限制竞争效果的经营者集中。

2. 通过权力、授权和一般责任的统一框架干预。银行业的政策和法律权利是法律长期积累的产物。这种复杂、实用的法律和规则的延伸是一个权力、授权和一般责任的统一框架。这个框架要经常根据有关的国家政策、现行的经济目标进行调整、扩展和修改。从总体上看，各国的最高权力机构会授权政府相当大的制定银行并购政策的权力，并且有关政策允许银行有相当多的自主决定权力。由于银行并购涉及到许多方面，政府在该框架中的自主政策范围相当广阔，这也成为政府直接干预银行并购的一个重要手段。比如，1999 年美国国会通过了《金融服务现代化法案》，废除了 1933 年制定的《格拉斯—斯蒂格尔法》，打破了美国银行业实行了 60 多年的分业经营格局，为银行混业经营铺平了道路，银行可以通过并购的方式，低成本迅速进入保险、证券行业。

3. 总统报告和银行主管部门指令。政府在施政过程中，还充分运用法律赋予的各种权力对银行并购问题进行干预。例如，美国总统可以通过其报告执行其想执行的，但国会还没有形成法律的那些政策，同时又通过"口袋否决权"不执行与政府意图严重相悖的国会决议。这也为政府干预银行的兼并，特别在反托拉斯法严格限制兼并的条件下，促成部分银行的合并提供了机会和手段。1981 年的总统报告《美国商业银行业的地理限制》提议取消麦克法登—道格拉斯界限，对银行跨州设立分支机构实行完全"自由化"。该报告最终促使了《1982 年储蓄机构法案》的制定，向放松各州之间设立分支机构的限制迈进了一大步。此外，有些国家的法律赋予政府的银行主管部门在非常时期可以对银行并购、分支机构的设立作出特别指令的权力，这也成为政府干预银行并购的一种特别手段。

📖 阅读材料
美国对商业银行并购的监管 ....

美国有两套监管银行并购的规则：一是美国银行并购的准则，如《1890 年谢尔曼反托拉斯法案》（*Sherman Antitrust Act of* 1890）、《1914 年克莱顿法案》（*Clayton Act of* 1914）、《司法部兼并准则》（*Justics Department Merger Guidelines*）等；二是专门针对银行并购交易的具体法律规定，如《1960 年银行兼并法案》（*Bank Merger Act of* 1960）等。

1. 美国银行并购的准则。美国对银行并购的监管主要是从反托拉斯法开始的。美国实施反托拉斯政策源于经济中的反垄断和保护竞争，这主要体现在国家通过的反托拉斯法和司法部制定的兼并准则上。美国对银行并购基本上遵循《克莱顿法案》第 7 条中的克莱顿标准，即如果"其效果可能使竞争大为削弱"，或"可能导致垄断"的话，禁止任何公司的兼并。

（1）并购准则。为了实施反托拉斯法，美国司法部每隔若干年颁布一次并购准则，用来衡量什么样的并购可能被批准或拒绝。1968 年美国司法部第一次颁布了《司法部兼并准则》。对兼并

---

① 经营者集中是指经营者合并、取得对其他经营者的控制权或者能够对其他经营者施加决定性影响的行为。

准则进行几次修订后，形成了 1992 年的兼并准则，其中包括美国现在使用的银行兼并准则。

（2）反垄断准则。反垄断准则禁止任何可能会在实行时削弱某地区竞争的兼并行为。在 1982 年和 1984 年《司法部兼并准则》中按赫芬达尔—赫尔曼指数（Herfindahl – Hirschman Index, HHI），对兼并引起的市场集中度的限度进行了重新规定。该指数被定义为在市场中经营的所有银行所占有的市场份额乘上 100 的平方和。其计算公式为

$$HHI = \sum_{i=1}^{n} M_i^2 \qquad (16.12)$$

其中，M_i 等于第 i 家银行的市场份额乘上 100，n 代表市场中银行的数目。

该公式既反映了市场上银行的数量，又反映了大银行的市场集中度，并且还加大了控制大的市场份额银行的权重（即对市场份额进行平方）。因为按市场份额的大小进行平方，其数值更能突出市场份额大的 HHI 值。司法部评估同级兼并的新标准为：①兼并后的 HHI 值低于 1 000，这个范围内的市场集中程度相对不高，对这样的兼并司法部不提出异议。②兼并后的 HHI 值在 1 000 到 1 800 之间，这个范围内的市场集中程度由低到高。司法部根据 ΔHHI 的数值作出决定，对于 ΔHHI 小于 100 的兼并，司法部予以认可；对于 ΔHHI 大于 100 的兼并，司法部倾向反对。③兼并后 HHI 值高于 1 800，被认为是市场高度集中，司法部反对 ΔHHI 超过 50 的兼并。

❤【例】 假定某金融市场上从事经营活动的银行有 5 家，每家银行的存款额占市场总存款额的比重分别如下：

银行	A	B	C	D	E
存款份额 （%）	30	25	21	16	8

HHI =30 ×30 +25 ×25 +21 ×21 +16 ×16 +8 ×8 =2 286

假定银行 C 和银行 E 合并，那么合并后：

HHI =30 ×30 +25 ×25 +29 ×29 +16 ×16 =2 622

即合并后的赫芬达尔—赫尔曼指数上升了 336 点，该合并方案违反了司法部的标准，所以很可能将遭到否决或会受到进一步的调查。

上述新的兼并标准体现了同级兼并政策的极大放松，它允许集中度不高的中小银行收购兼并，但不允许集中度已较高的大银行的大规模兼并，除非以一些濒临破产的银行作为被收购方。另外，司法部放松了认定银行兼并反竞争作用的标准。表现在计算当地市场的集中度时把非银行金融机构纳入统计之内，减少了每家银行持有的市场份额，因此，若其他条件保持不变，可能损害竞争的兼并数量减少，可以获得批准的兼并数量增加。

（3）"收益"准则。"收益"准则指当兼并行为给社会公众带来的便利和需要满足度明显超过其因兼并而削弱竞争所带来的损失时，这种兼并被允许。比如，费城的第二大和第三大银行的兼并，包含了银行资产的主要城市地区存款的 36%，这一定会从实质上削弱竞争。但是，货币管理局同意这次兼并，理由是在费城还有足够多的银行，收益性会促使全国性和国际性的竞争，同时大银行会为费城提供便利和满足其需要。

2. 美国银行并购的法律规定。美国有关银行兼并的法律规定是在《1960 年银行兼并法案》、1963 年美国对费城国民银行的诉讼中高级法院的判决和《1966 年银行兼并法案》中形成的，这些法律也随兼并的扩张而不断发展和完善。法律规定的主要内容包括：持有一个上市公司 5% 以上股票的股东，应披露其持股情况；规定通过发出收购要约一次性收购一个上市公司的程序和要求；

禁止规模较大的银行在同一城市进行同级兼并；阻止通过兼并行为的"经济集中化浪潮"，但同意在银行破产情况下的收购兼并；确立司法部在法庭上对削弱竞争的银行兼并的合法性提出异议的独立地位等。

二、商业银行并购与金融监管的关系

对于金融监管当局来说，银行并购是一把双刃剑。一方面银行数目的减少使监管当局可以集中精力监管大型银行，另一方面银行并购后又会给监管带来新的挑战。金融并购浪潮对各国现行金融法律体系带来了巨大的冲击。当前，各国现行的金融法律体系都具有反垄断的特点，主要采取两种形式：一是实行银行、证券、保险分业经营和管理；二是以法律的形式限制大型金融集团的产生。金融业反垄断的目的是防范金融风险，保证各类金融机构在公平、有序的条件下开展竞争，并对中小投资者的利益给予充分的保障。在当前经济、金融全球化背景下，各国现行的金融法律体系正面临着越来越大的挑战。

首先，如何监管超大规模银行可能带来的新的风险问题。银行并购虽然在一定程度上维持了银行体系的稳定，但潜在的威胁并没有消除。大银行也可能破产，当系统重要性银行陷入困境时，救助将更加困难，影响范围更大，甚至冲击全球金融体系。在当今金融创新活跃的环境下，大银行更有实力进行高风险投资，防范大银行的道德风险更加困难，这使银行的基础显得十分薄弱，

系统重要性金融机构（System Important Financial Institutions，SIFIs）：系统重要性是指商业银行由于在金融体系中居于重要地位、承担关键功能，其破产、倒闭可能会对金融体系和经济活动造成损害的程度。巴塞尔委员会制定了评估商业银行全球系统重要性的指标，并定期对全球范围内的商业银行进行评估。

一旦投资失败，即使是资本雄厚的大银行也难逃厄运，巴林银行事件、大和银行事件即是例子。庞大的组织机构和巨大的企业文化差异是否能够形成高效的银行内部管理体系，过度的行业垄断是否有碍于行业内的竞争，是否有利于更好地服务客户，都还有待时间考验。

其次，如何监管金融综合经营存在的风险问题。尽管银行业、证券业、保险业分业经营不能完全适应当今经济金融发展的需要，但这三类金融机构的经营业务不同，风险水平和特征也大不相同。长期以来，我国对银行业、保险业、证券业进行分业监管，在综合经营的情况下，仍然采用分业监管的方法并不合适，因为这种监管模式没有覆盖不同业务之间的相关性，还未能针对综合化经营的银行建立全面有效的监管机制。如何衡量银行业、保险业、证券业之间的相关程度，以全面准确评价银行的总体风险都有待进一步研究。

最后，随着跨国并购活动的出现，如何在监管方面进行有效的国际协调，共同防范国际金融风险是各国金融监管部门要面临的巨大挑战。随着经济全球化进程的加快，作为服务业的金融业也加快了国际化的进程。尤其是西方国家的大银行凭借其雄厚的实力，通过收购和设立分支机构的方式开始进入他国金融服务市场，其国际化程度日益提高。如何建立国际性的金融风险防范机制，减少可能发生的全球性金融危机对各国经济和社会的破坏等问题非常紧迫地摆在各国政府和国际金融监管机构面前。

在此背景下，各发达国家金融监管当局所面临的任务已经不再局限于一国内部，金融监

管国际化、全球化已成为一个不可回避的现实问题，建立全球化金融监管机制已经具有充分必要性。

第五节　我国商业银行的并购

20世纪90年代以来，随着我国金融体制改革的不断深入，我国发生了若干起商业银行的并购活动。与国际银行业并购相比，我国商业银行并购的市场化程度明显不足。首先，从并购动机看，我国的银行并购大多数并不是基于规模经济、协同效应的实现，而是为了挽救问题银行或陷入危机的金融机构，抑制区域性、系统性风险的发生，以维护金融稳定。例如，1996年广东发展银行收购出现资不抵债的中银信托投资公司；1997年海南发展银行在中央银行的支持下，兼并28家出现支付危机的城市信用社；1998年中国建设银行托管中国农村信托投资公司。[①] 其次，从并购方式看，我国的银行并购主要是政府的行政安排，而不是并购银行按照市场原则，依据核心资本、市场份额和经营优势等并购标准，实现优势互补的整合。而西方国家在化解金融风险时，政府主要起监管作用，是否并购陷入危机的金融机构仍是商业银行的自主性行为。最后，从并购效果看，我国的银行并购虽然暂时维护了社会稳定，但由于忽视并购银行自身利益，可能给其带来沉重的负担，产生严重后果。例如，海南发展银行在5家信托投资公司的基础上，向全国募集股本组建而成，由于5家信托投资公司经营状况差、不良资产比重高，因此海南发展银行在成立之初便面临沉重的支付压力。1997年海南发展银行在中国人民银行再贷款的支持下接收已经出现支付危机的城市信用社，最终不堪信用社储户的兑付压力而倒闭，后来由工商银行接管。与此同时，我国也有获得较好商业效益的并购交易，例如，城市信用社合并为城市合作银行、国家开发银行和光大银行对中国投资银行的并购重组，但是政府行政力量仍然在其中发挥了巨大的作用。政府的适度介入虽然可以使并购得以顺利进行，降低并购成本，然而政府一旦干预过度，就会导致低效率，妨碍公开、公平、高效率的并购市场环境的创造。

我国银行业并购动机中政府行政命令占主导的成因主要有以下几方面：（1）政府仍然是大多数商业银行的控股股东，这决定了其必然将银行视为其利益最大化的载体。在稳定压倒一切的行政压力下，政府可以凭借所有者的身份将国家意志施加于商业银行的经营管理者，推动其并购那些本该破产清算的金融机构。（2）银行经营范围受到严格限制，包括产品范围和地域范围。我国《商业银行法》明确规定商业银行业不允许经营证券业和保险业，对于新兴股份制商业银行在网点设立上也有明确的限制，这些限制使得商业银行从自身利益动机出发的某些并购行为难以实施。（3）各家商业银行市场定位趋同，各银行在产品种类和目标客户的选择上严重雷同。有特色、有独特竞争优势的银行缺乏，这也使得各家银行对并购兴趣不大，因为并购并不能带来新的竞争优势。（4）在目前我国的金融业格局下，实力接近的新兴股份制银行难以互相兼并，有实力的四大国有银行如果再进行并购活动，会使本来就竞争

---

① 金晓斌：《银行并购论》，上海，上海财经大学出版社，1999。

不足的银行业更加集中，不利于银行总体效率的提高。

进入 21 世纪以后，经过股份制改革，我国商业银行获得巨大发展，大型国有商业银行和部分全国性股份制商业银行的国际竞争力水平逐步提升，我国银行业的并购动机也随之发生变化，政府行政命令化解危机的动机正慢慢减弱，增大规模、提高经营效率等立足银行自身的并购动机正占据重要地位。尤其在 2008 年金融危机后，国外银行业受到沉重打击，我国商业银行海外并购规模不断扩大。近年来，以中国工商银行为代表的各商业银行为实现规模扩张、提升国际化竞争水平等目标，陆续开展了对国内外银行的并购活动。比如，从 2006 年开始，工商银行以各种方式陆续收购了印度尼西亚 Halim 银行、南非标准银行、澳门诚兴银行、泰国 ACL 银行、美国东亚银行等多家银行，并获得大多数银行的控股权，以并购的方式提高了国际化经营程度。

阅读材料
中国工商银行海外收购 ∎∎

（一）首次跨国收购——印度尼西亚 Halim 银行

2006 年 12 月，中国工商银行与印度尼西亚 Halim 银行签署收购协议，工商银行收购 Halim 银行 90% 的股份，Halim 银行剩余 10% 的股份暂由原始股东持有，3 年后由工商银行对这部分股份依据印度尼西亚法律选择性收购。2007 年，Halim 银行更名为中国工商银行（印度尼西亚）有限公司。此次收购是中国工商银行首次跨国收购，也是第一次以收购方式进入海外市场。

（二）收购南非标准银行 20% 的股权

2007 年，中国工商银行支付约 366.7 亿南非兰特（约 54.6 亿美元）的对价，收购南非标准银行 20% 的股权，成为该行第一大股东。收购方式包括：（1）标准银行向工商银行定向发行相当于扩大后股本总数 10% 的新股，发行价格为每股 104.58 南非兰特；（2）工商银行按比例向标准银行现有股东协议收购相当于扩大后股本总数 10% 的股份，收购价格为每股 136 南非兰特。交易实施后，工商银行将拥有标准银行股本总数的 20%。

当时，标准银行的分支机构涉及非洲 18 个国家以及欧洲、美洲和亚洲的主要金融中心，业务覆盖零售银行、公司与投资银行以及人寿保险等各个领域。收购完成后，双方可借助对方的机构网络和客户基础实现交叉销售。工商银行也因此拓宽了非洲新兴市场，提升了国际化经营水平。

（三）并购澳门诚兴银行

2008 年 1 月，工商银行以 46.83 亿澳门元收购诚兴银行 11.99 万股普通股，占发行总股本的 79.93%。2009 年 7 月，诚兴银行与工商银行澳门分行合并，工银澳门正式对外营业，工商银行持有工银澳门 89.331% 的股份。

（四）并购泰国 ACL 银行

2009 年 9 月，工商银行与泰国盘谷银行达成关于泰国 ACL 银行的股权交易协议。盘谷银行将所持 ACL 银行 19.26% 的股份全部以每股 11.5 泰铢的价格出售给工商银行。同时，工商银行以同样价格向 ACL 银行全部股东发起附条件的要约收购，若收集的股份达到 51% 以上，要约生效。最终，通过自愿要约收购，工商银行共收集到 ACL 银行约 97.24% 的股份。

（五）并购美国东亚银行

2011 年 1 月，工商银行与东亚银行达成协议，工商银行向东亚银行支付约 1.4 亿美元的对价，收购美国东亚银行 80% 的股权，东亚银行持有剩余 20% 的股权。同时，东亚银行还拥有卖出期权，可在交易完成后，按双方协议约定的条款和日期，将其剩余股份转让给工商银行。这次收购使工商银行获得了美国商业银行牌照，也是中资银行对美国商业银行的第一次控股权收购。

本章小结

1. 商业银行并购是实现规模增长、提高竞争力的有效途径。具体而言，商业银行并购的动机主要包括：增加规模，扩大市场份额；降低成本，实现规模经济；优势互补，实现协同效益；实现综合化与国际化经营；政府化解危机。

2. 银行并购的方式主要包括合并、现金购买式并购、股权式并购、混合证券式并购和杠杆收购。其中，合并是指本来独立的商业银行实现股权联合；现金购买式并购是指由并购银行通过购买资产或股票的方式取得被收购银行的所有权或控股权；股权式并购是指以新发行股票兑换目标银行的股票或资产；混合证券式并购是指以现金、股票、认股权证、可转换债券等多种出价方式进行收购；杠杆收购是指通过增加银行的财务杠杆完成并购。

3. 估算收购价格是银行并购定价的基础。常用的定价方法有：账面价值法、调整账面价值法、现金流量折现法、市场价值法、每股收益法和市盈率法。此外，具体的定价方案还依赖于并购双方的谈判实力和技巧。

4. 银行并购的监管手段主要包括监管、审批制度，通过权力、授权和一般责任的统一框架干预，总统报告和银行主管部门指令。商业银行并购使银行规模持续增大，银行经营向综合化和国际化方向发展，这些变化给金融监管带来新的挑战。

5. 20 世纪 90 年代，我国商业银行的并购在并购动机、并购方式、并购效果各方面与西方商业银行并购有巨大的差异，我国的银行并购主要是政府为挽救陷入危机的金融机构的行政安排，而非银行基于扩大规模、实现规模经济的考虑进行的自主性行为。但随着我国金融体制改革的不断深化和商业银行国际竞争力水平的不断提高，我国银行并购的自主性在不断加强。

本章主要概念

银行并购　合并　现金购买式并购　股权式并购　混合证券式并购　杠杆收购
账面价值法　调整账面价值法　现金流量折现法　市场价值法　每股收益法
市盈率法　要约收购　赫芬达尔—赫尔曼指数

本章思考题

1. 商业银行并购的动机有哪些？1990 年以来我国发生的银行并购活动与西方的银行并购有哪些差异？

2. 举例说明股权式并购的主要含义。

3. 与传统的并购方式相比，杠杆收购有什么特点？

4. 与账面价值法相比，银行并购的调整账面价值法有哪些优点？

5. 商业银行并购的监管手段有哪些？

6. 如何计算赫芬达尔—赫尔曼指数？赫芬达尔—赫尔曼指数理论上的最大值和最小值分别为多少？

7. 国际银行并购对金融监管产生了什么影响？

本章参考文献

［1］曹军：《银行并购问题研究》，北京，中国金融出版社，2005。

［2］吴韬：《银行并购与中国银行业发展》，北京，中国财政经济出版社，2003。

［3］Donald M. DePamphilis. Mergers, Acquisitions, and Other Restructuring Activities：an Integrated Approach to Process, Tools, Cases, and Solutions, Amsterdam：Academic, 2012.

［4］Patrick A.. Gaughan, Mergers, Acquisitions, and Corporate Restructurings, John Wiley & Sons, 2007.

［5］Peter J. Buckley, Pervez N. Ghauri. International Mergers and Acquisitions：a Reader, London：Thomson, 2002.

［6］William J. Gole, Joseph M. Morris. Mergers and Acquisitions：Business Strategies for Accountants, John Wiley & Sons, 2007.

扫描二维码可获取本章更多习题

第十七章
商业银行国际化经营

本章知识结构

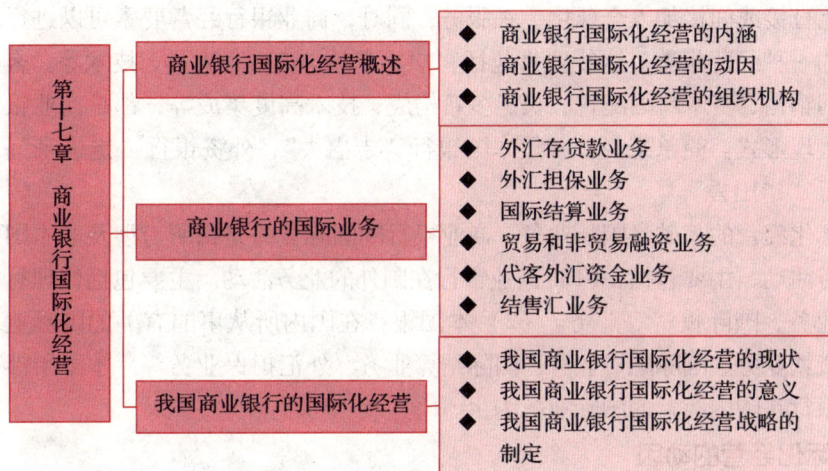

```
                    ┌─ 商业银行国际化经营概述 ─┬─◆ 商业银行国际化经营的内涵
                    │                          ├─◆ 商业银行国际化经营的动因
                    │                          └─◆ 商业银行国际化经营的组织机构
                    │
第十七章            │                          ┌─◆ 外汇存贷款业务
商业银行国际化经营 ├─ 商业银行的国际业务 ──────┼─◆ 外汇担保业务
                    │                          ├─◆ 国际结算业务
                    │                          ├─◆ 贸易和非贸易融资业务
                    │                          ├─◆ 代客外汇资金业务
                    │                          └─◆ 结售汇业务
                    │
                    │                          ┌─◆ 我国商业银行国际化经营的现状
                    └─ 我国商业银行的国际化经营 ┼─◆ 我国商业银行国际化经营的意义
                                               └─◆ 我国商业银行国际化经营战略的
                                                    制定
```

学习目标

- 了解商业银行国际化经营的内涵和动因
- 了解商业银行国际化经营的组织机构
- 掌握商业银行国际业务的内容和流程
- 了解我国商业银行国际化经营发展的现状
- 理解我国商业银行国际化经营的意义和战略

　　近年来，随着新一轮国际分工的深化，跨国公司的规模、经营方式、产业结构发生了前所未有的变革，国际金融市场迅猛发展，资金流量远远超过世界所有国家的实物经济生产的发展，外汇交易额也远远超过国际贸易的增长速度。这种国际经济、金融形势的变化，为各国商业银行拓展国际业务提供了广阔的空间和巨大的商机。越来越多的商业银行抓住机遇，扩大国际业务的范围与规模，到国外设立分支机构，提高金融服务的水平和质量，加入到跨国银行的行列中。

第一节 商业银行国际化经营概述

近年来，很多跨国银行的国际业务收入已超过了国内收入，部分跨国银行甚至依靠国际业务的收入来填补国内业务的亏损。银行国际化经营成为当前银行业发展的大趋势之一，而且这一趋势还将持续下去。

> 跨国银行是指在多个国家或地区设立分支机构并开展存贷款、投资及其他银行业务的国际性商业银行。跨国银行的特征有：拥有国际经营网络、从事国际业务、制定全球经营战略等。

一、商业银行国际化经营的内涵

商业银行国际化经营是指银行按照国际规则，在国际金融市场上直接或间接加入全球化金融服务；同时，商业银行经营要素可以进行国际流动和国际组合的一种经营状态。这些要素包括客户、产品、资本、人员、技术等。客户跨国选择、产品跨国销售、资本跨国配置、员工多籍构成、技术高度集成等，都是商业银行经营要素国际化的表现形式。简单来说，就是本国银行"走出去"，外资银行"走进来"。本章重点考察本国银行"走出去"。

商业银行实施国际化经营的基础是国际业务，商业银行的国际业务是指所有涉及非本国货币或外国客户的业务活动，主要包括：（1）商业银行在国外的业务活动。主要包括代理行业务、海外分支机构业务、国际投资等业务。（2）本国银行在国内所从事的有关的国际业务，主要包括外汇存贷款业务、国际融资业务、国际结算业务、外汇担保业务等。本章所涉及的国际业务以商业银行在国内经营的国际业务为主。

二、商业银行国际化经营的动因

商业银行不断开拓国际业务，走向国际市场，主要原因包括以下几点：一是经济全球化的结果。随着新技术革命的不断发展，国际分工规模进一步扩大，经济全球化已经成为当今世界经济发展的主流，生产与销售的全球化要求金融服务的国际化。在这种趋势下，银行业从封闭走向开放，纷纷到海外设立分支机构开展业务，同时在管理体制、方法、手段和技术上努力实现与国际惯例接轨。二是国际资本流动的必然结果。在经济全球化背景下，国际资本以对外直接投资、银行信贷和证券投资等形式在全球范围内流动，国际资本的流动与银行的经营密不可分，商业银行国际化在很大程度上是资本在全球范围内流动引起的，是资本在全球范围内追逐利润的结果。三是银行降低经营风险的需要。跨国银行为了实现利润最大化，必须采取各种措施来分散其经营风险，开展国际业务成为现代银行降低风险的一种途径。依据资产的风险管理规律，银行资产的国际化能够分散风险，使银行的经营更加稳健。此外，资产的国际化还可以起到促进银行资产结构的最优化组合、提高银行的盈利能力和经营能力的作用。四是各国金融市场的开放加快了银行国际化的进程。全球金融自由化浪潮推动了各国金融活动逐步自由化，各国纷纷开放金融市场，这为商业银行国际化的发展创造了良好的环境，加快了商业银行国际化的进程。五是信息科技发展促进了银行的跨国经营。现代信息技术的发展进一步推动了银行的国际化进程。科技进步改变了传统的金融市场的运作方式，使银行业成为集信息网络技术和金融服务于一体的综合性服务行业。通过信息技术，银行可以迅速了解国际金融市场动态、分支机构的财务状况、客户需求等信息，从而大规模地开展国际业务。

三、商业银行国际化经营的组织机构

商业银行国际化经营的载体是各类开展国际业务的组织机构。在我国，中小型银行直接通过总部的国际业务部进行有关业务，而大型银行乃至跨国银行则大多通过其国外分行和分支机构或国外代理行等来经营国际业务。由于各国对外开放程度及管制不一，各家银行的实力、信用及战略不同，各国的文化、历史、法律环境差异较大，因此，不同银行在国际组织机构的选择上存在较大的差异。我们仅对常见的几种组织机构进行介绍。

1. 国际业务部。国际业务部设在总行，它负责经营和管理银行所有国际业务，包括国际借贷、融资租赁和国际市场上的证券买卖等。行内其他国际业务机构的经营情况通过国际业务部上报总行。

2. 国外分行（Foreign Branch）。银行的国外分行从法律上讲是总行的一个组成部分，不是独立法人，但从属于总行的能独立经营业务的分行，其资产、负债等均为总行的一部分。国外分行受东道国法规的约束，可以在当地法律允许的范围内从事存款放款、国际结算、贸易融资、证券买卖业务以及各项咨询业务等。国外分行多设在国际金融中心，有广泛的市场，有机会迅速地得知信息并在银行间和货币市场上吸收更多的存款。国外分行的出现是银行业务国际化的产物，其数量的多少也是跨国银行规模大小的标志之一。跨国银行将国外分行作为其国际业务组织机构的首选。美国商业银行的国际业务约有60%是通过在国外的分行经营的。

3. 国外代表处（Representative Office）。通常，在不允许开设分行或认为有必要建立分行但尚没有条件建立的国家或地区，银行可先设立代表处。这是商业银行在国外设立分行、从事国际业务的第一步。它的主要作用是扩大总行在该地区的声誉和影响，为总行招揽生意，宣传和解释总行所在国政府的经济政策，调查和分析东道国的政治、经济信息以及东道国客户的信用状况和环境，为总行是否在该地开设分行以及今后在该地区采用的经营战略提供决策依据。国外代表处不对外经营，因此，各国对设置代表处的限制很少。国外代表处是跨国银行进入一个新的国家或地区的方便途径，往往也是国外分行设立前的必经之路。

4. 国外代理行。跨国银行的国际业务有着广泛的地区性，而跨国银行受成本因素影响，不可能在世界各地均开有国外分行，银行国际业务的广泛性与其国外分行数量的有限性往往形成矛盾。为拓展自身在海外的国际业务，银行必须在海外寻找代理行，建立代理关系，签订合约，相互委托业务。代理行按是否开有账户分成两类：一是互有账户关系的代理行，建立这种关系的代理行间可直接划拨头寸；二是无账户但有印押关系的代理行，这些代理行间的头寸须通过有账户关系的第三家银行来进行。代理行关系往往是双向的，互相提供服务，并为身处不同国家或不同货币金融中心的银行之间提供财务上的沟通便利，方便不同系统银行间资金划拨清算、代收、代付的处理。银行国际业务的处理在很大程度上依赖于国外代理行，它们是银行国际业务的重要组织机构，从这类机构的数量而言，它远远多于国外分行。

5. 国外子银行（Foreign Subsidiary）。商业银行国外子银行与国外分行不同，前者的财务独立于总行，其资产、负债和信用政策并非是总行（母行）的完整的组成部分。国外子银行

与其在国内的母行之间的关系是控股与被控股关系。国外子银行经营的国际业务以国际借贷为主，也包括融资租赁、提供信息咨询等。随着投资银行与商业银行的相互渗透，许多跨国银行在海外组建具有投资银行或商业银行的子银行，从事证券买卖业务等。

6. 国际联合银行。国际联合银行是指由几个跨国银行一起投资组建的银行，其中任何一家银行都不能持有国际联合银行50%以上的股权。该类银行的组建是跨国银行国际性贷款面广量大的特征对跨国银行组织形式提出的必然要求，其主要目的是利于经营辛迪加贷款。目前，该类银行主要以国际货币市场为依托从事欧洲货币贷款。

7. 银行俱乐部。与前面几种组织机构不同，银行俱乐部是一种松散的组织形式，俱乐部成员仅仅是一种国际合作关系。由于俱乐部成员大多来自欧洲，也被称为欧洲银行集团。这类集团已有一定的数量，比较有名的如欧洲银行国际公司、阿尔法集团、欧洲联营银行公司、欧洲联合合作金库等。俱乐部的组织形式以及成员的来源决定了此类俱乐部建立的目的是：为协调和促进各成员行间的国际业务，分散各自的经营风险，适应欧洲货币联盟的发展前景，与美、日等跨国银行抗衡。

国际业务组织机构的选择与跨国银行的组织体系、业务结构、市场布局、竞争策略、垄断方式等密切相关。跨国银行的经营环境在最近几十年中发生了巨大的变化，首先是资本的国际间流动随着金融自由化而大大增强，其次国际结算和资金融通的需求因国际贸易的迅速发展而提高。这些变化了的环境使跨国银行的经营策略发生改变，具体表现为：跨国银行的垄断和集中度大大加强；形成了全球化的国际银行网络，提高了银行国际化程度；银行业务因竞争需要呈多样化和全能化态势；更加注重对货币市场的利用，尤其是加强与欧洲货币市场和日渐成长的亚洲货币市场的联系；加强对第三世界国家和外国银行的资本渗透。为了与这些变化了的环境相适应，银行花大气力设计国际业务的组织机构，在国际业务组织机构的法律规范、利益定位、地理位置选择、组织形式选择及业务选择上做足文章。

第二节　商业银行的国际业务

国际业务是商业银行开展国际化经营的载体，也是国内银行对接国际金融市场的主要渠道。通过发展国际业务，本国的商业银行才能够更好地融入国际金融体系，参与国际银行业的竞争，提升本国银行业的综合实力。

一、外汇存贷款业务

（一）外汇存款业务

外汇存款业务主要包括对公外汇存款和结构性存款。对公外汇存款是指银行吸收境内依法设立的机构、驻华机构和境外机构外汇资金的业务，包括活期对公外汇存款、定期对公外汇存款。结构性存款是指客户在银行办理外汇存款时，可以与银行签订一项协议，将存款的最终收益与一个或多个金融产品的价格表现挂钩，以提高收益率。银行为客户提供高于一般定期存款的利率。协议挂钩的金融产品可以是汇率、利率、股票、指数、商品及债券等。

（二）　出口买方信贷

出口买方信贷是指在银行的客户拟向国外出口货物而国外进口商无法实现用现汇付款时，在出口商所在国的出口信用保险公司（如中国出口信用保险公司）提供信用保险的前提下，有出口商的银行向进口商或进口商银行以支付货款或技术、劳务费用的形式提供中长期外汇贷款。出口买方信贷有两种形式：一是出口商所在国银行直接贷款给进口商；二是出口商所在国银行先贷款给进口商银行，再由进口商银行贷款给进口商。出口买方信贷的一般原则包括：专款专用，即贷款只能用于借款国，不能用于第三国；贷款只能用于购买出口国货物；贷款只提供贸易合同的部分金额，其他金额有进口商付现汇；贷款采取分期付款方式偿还，一般每半年支付一次。

出口国银行直接给进口商提供贷款的程序如下：（1）进口商以进出口双方签订的合同为依据，与出口商的银行签订贷款协议；（2）出口商向保险公司投保出口信用保险；（3）进口商利用出口商银行提供的买方信贷，以现汇形式向出口商付款；（4）进口商在规定的时间内向贷款银行还本付息（如图17-1所示）。

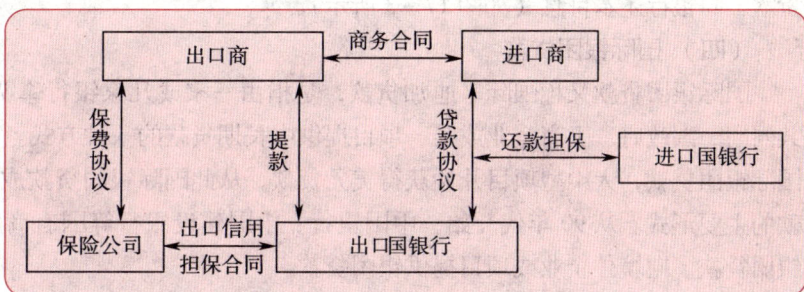

图 17-1　出口买方信贷关系图一

出口国银行先贷款给进口商银行，再由进口商银行贷款给进口商的程序如下：（1）进出口双方的银行签订贷款协议，明确贷款额度；（2）进口商向其往来银行提出贷款申请，其往来银行同意后向出口商的往来银行申请贷款，经审批后，向进口商往来银行提供贷款，由其发放给进口商；（3）进口商在规定的时间内向其往来银行还本付息，再由进口商银行将资金转给出口商的往来银行（如图17-2所示）。

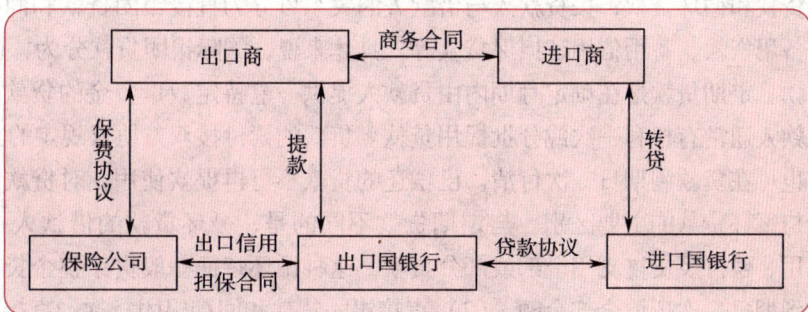

图 17-2　出口买方信贷关系图二

（三）　出口卖方信贷

出口卖方信贷是指出口商拟向国外出口货物，或国外进口商无法实现用现汇付款，需要出口商提供延期付款或需要较长期的优惠贷款来出售商品，由出口商所在国的银行对出口商提供的中长期贷款。卖方信贷的实施程序如下：（1）出口商先向保险公司投保，签订保险合同；（2）出口商将保单提供给贷款银行，并将保单的收益权转让给银行，银行得到保单

80%~90%的赔付，出口商自己承担其余风险；（3）出口商与银行签订与出口合同协调一致的出口买方信贷协议，以获得贷款，并且出口合同通常要求进口商或进口商的

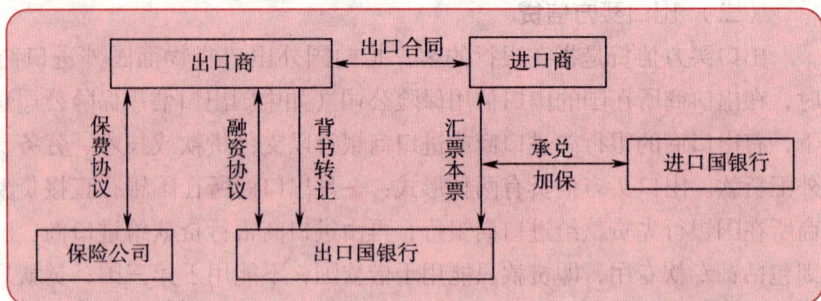

图 17-3　出口卖方信贷关系图

银行出具汇票或本票；（4）进口商分期偿还出口商货款，再由出口商利用进口商分期偿还的货款，向银行还本付息（如图 17-3 所示）。

（四）国际银团贷款

国际银团贷款又称国际辛迪加贷款，是指由一家或几家银行牵头，多家跨国银行参与，共同向一国政府、工商企业或某一项目提供中长期贷款的一种方式。1983 年，我国首次运用国际银团贷款，大中型项目开始获得美元贷款，从此国际银团贷款成为我国获得国际商业贷款的主要形式。从 90 年代开始，中国银行、中国建设银行等国有商业银行也开始参与国际银团贷款，向境外企业或项目提供银团贷款。

1. 国际银团贷款的种类。为了满足资金供求双方不断增长的需要，银团贷款创新出一系列金融工具。按照不同的标准，银团贷款有不同的分类形式。例如，按贷款期限可分为定期贷款和循环贷款；按贷款人与借款人的关系可分为直接银团贷款和间接银团贷款。此外还有备用贷款、备用信用证担保贷款等。具体来说，国际银团贷款分为：（1）定期贷款和循环贷款。定期贷款是在确定时期内由贷款人提供一笔特定数量资金的贷款。在贷款有效期内，借款人通常有权利一次或分批提用贷款。贷款的偿付按双方协议规定的方法进行（分期偿付），也可在贷款到期日一次付清。已偿还的贷款不可再提款使用。对贷款的这种限制是定期贷款与循环贷款的主要区别。与定期贷款不同的是，循环贷款的借款人可按自己的意愿灵活使用、偿付及反复支用全部或部分贷款。这种循环特征一般贯穿整个贷款过程中，贷款一般在到期日一次还清全部余额。（2）直接银团贷款和间接银团贷款。直接银团贷款是指银团内各参加贷款银行直接向某国家的借款人放贷，但必须与参贷银行协商，在贷款总协议中指定代理人办理具体贷款事宜。间接银团贷款是指由牵头银行先向借款人贷款，然后由该行再将总贷款权分割售给其他参与银行。放贷后的管理工作由牵头银行长期负责，直到贷款全部偿还。（3）备用贷款。备用贷款是辛迪加贷款市场上常用的工具之一，是循环贷款的变种。它与循环贷款的区别在于备用贷款只是留做备用，借款人通常依靠发行商业票据获得融资。如果所发票据不能满足借款人的需要，借款人就可以支用备用贷款。（4）以备用信用证提供担保的贷款。银行开立信用证作为担保，正常情况下受益人（卖方）只需出示备用信用证便可按信用证项下金额提款使用。这一工具常用来支持私募债券的发售、行业票据的融资、杠杆租赁和出口信贷项下的融资等交易。

2. 国际银团贷款的参与者。国际银团贷款的参与者主要包括借款人、打包人与贷款银

行，银团中的银行有不同的角色和分工。主要角色有牵头银行、管理行、代理行、一般参与行和安排行等。具体来说：（1）牵头银行。牵头行可以是一家，也可由多家组成管理小组。牵头行的主要职责是：辛迪加贷款的组织者和管理者；与借款人直接接触，商定贷款期限和贷款的其他条件；与其他参与贷款银行协商各自的贷款份额及各项收费标准；发挥牵头行的技术优势，为借款者和各银行提供金融信息，分析金融市场动向。为了对贷款全局有更好的控制，借款人通常选择与自己有良好关系的银行作为牵头行，有时一些资信非常好的国际大银行会主动向借款人提出充当牵头行。被确定为牵头行之后，牵头行就要立即着手向市场发布一份筹资备忘录，向各银行说明借款人的借款意向，介绍借款条件及借款人的经营状况、财务状况及资信状况，组织贷款招标或邀请其他银行参与这笔贷款。（2）管理行。若干管理行与牵头行组成管理小组，共同管理借贷中的一切事务。管理行在贷款中承担相对大的份额，管理行要协助牵头行做好全部贷款工作。在贷款中，如出现贷款总额低于借款要求时，管理行有责任补足缺额。它可以向借款人全部承贷，即担保补足贷款的不足部分，也可以向借款人表示承担部分缺额，即尽力而为。若确实不能补足缺额，借款人只好减少借款额。（3）代理行。代理行是牵头行中的一家银行，受借贷双方的委托，其职责是按各参与行在贷款中所占份额分配给有关银行，并收取借款人应负担的各项费用等开支。无论是直接贷款还是间接贷款，代理行都将发挥应有的作用。（4）一般参与行。一般参与行是指由牵头行组织招标或邀请而以本行资金参与贷款的银行。一般参与行可以是十几家、几十家，甚至是上百家银行。参与行也可以由借款人选择，采用招标制或密商制，即公开或不公开的方式选择产生，各自承诺其贷款份额。参与行一般都是分散在不同国家的大银行。（5）安排行。类似上述管理行的职能，但其作用越来越大。它不仅仅承担组织和协调，有时候还以包销团的方式对借款人作出承诺。借款人越来越喜欢选用安排行联合包销的形式组织银团贷款，银团安排行在银团贷款中越来越多地出现。

3. 国际银团贷款的操作。银团贷款一般先由借款人公开招标，各家银行提出报价后从中选出一家银行作为牵头行为其安排银团贷款。在收到借款人的委托书后，管理行就可以安排银团筹组工作。首先是测试市场反应，从而了解该贷款能否为市场所接受。然后编制信息备忘录分发给对此项贷款计划有兴趣的银行，作为邀请其参加银团贷款的一份重要法律文件。最后是银团金额分配和贷款文件的签署。具体程序如下：（1）接受安排银团贷款委托。（2）进行项目评估和现金流量分析，包括了解项目的基本情况；向有关部门和项目单位提供国际金融市场上有关汇率、利率和获得国际银团贷款的可能程度信息；进行项目的评估和现金流量分析等。（3）审阅项目的主要商务合同。（4）制定融资结构，帮助企业进行借款的成本分析。（5）制定项目融资备忘录。（6）经国家主管部门批准后，对外披露信息备忘录。（7）对外询价并比较报价。国内银行要向国外银行提交一系列问价，包括借款人的申请书、本国政府的批准文件、借款人的法律地位证明文件、律师意见书以及国外银行要求的其他文件。（8）选定主要贷款分工，邀请国外资信高的银行作为代理行，组成管理小组。（9）拟定贷款条件清单，国外贷款银行将对其提出反馈意见。（10）谈判贷款条件，签署贷款协议并刊登贷款通告，即在一流的国际报刊上刊登广告，以表明借款人的筹资能力及良好的信誉。

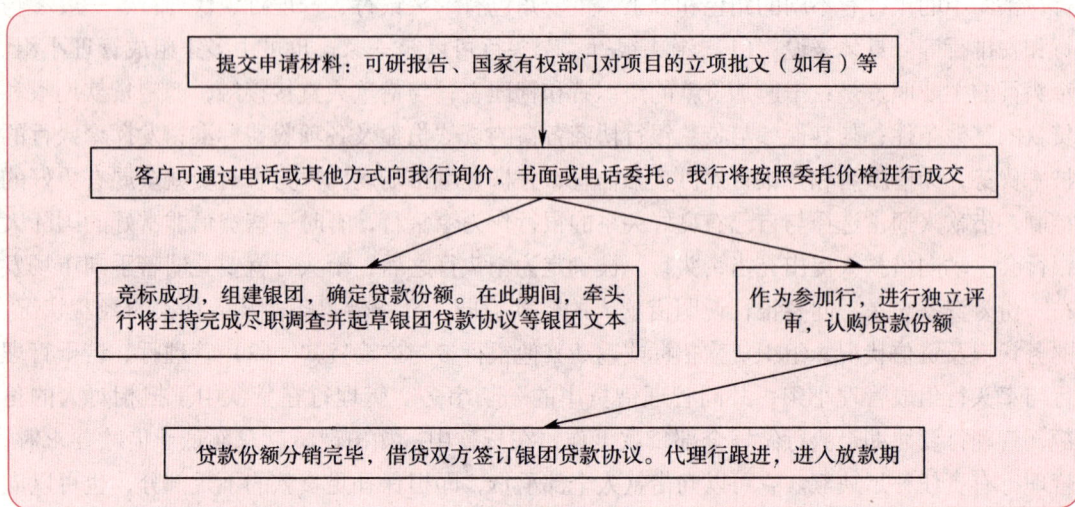

图 17-4　我国某银行银团贷款的办理流程

　　银团贷款协议是借贷双方按已同意的条款拟定的协议，详细列明贷款的执行细则。主要包括借款和还本付息的程序以及对借款人有约束力的条款以保障适当使用，并便于贷款人对借款人或借款项目的监督。贷款协议的另一个重要部分是违约事件，主要列明各种不同的违约情况，以便赋予贷款人中止贷款和要求提前还款的权利。通常一份贷款协议必须包括以下要点：（1）银团的法律地位及成员间的关系；（2）借款人在贷款前必须满足的先决条件；（3）借款人的陈述与保证；（4）关于法律变更引起的成本增加的条款；（5）税收和折扣条款，贷款人若取得借款国免征利息预扣税的证明，则借款国税务机构应视同已经纳税，以此来换取银团贷款降低利率的优惠；（6）消极保证条款，借款人对其他债权人的抵押保证问题所作的保证；（7）交叉违约，签约时必须严格确定交叉违约的范围，否则将招来许多法律纠纷；（8）提前偿还贷款，该条款必须是在有利于借款人的情况下才列入。

　　多数国际银团贷款通常包括外国出口信贷和国际商业信贷两大部分。外国出口信贷期限长，能够提供 10 年期以上的贷款，一般由借款国的大银行转贷，国外银行比较愿意提供大额贷款。但是借款人不仅在设备采购方面受到特定国家的限制，而且还要多支付出口信贷保险费和国内机构转贷费。外国出口信贷项下，借款人所需支付的成本包括：（1）OECD 国家不定期公布美元 CIRR 利率，这是 OECD 国家通行的出口信贷利率，而且大多采用固定利率形式；（2）一次性支付的贷款管理，一般为贷款金额的 0.1%~0.5%；（3）一次性支付的出口信贷保险费，一般为贷款金额的 1%~5%；（4）国内银行转贷费，一般在贷款金额的 0.5% 左右；（5）其他费用，如承诺费及其他杂费。

　　国际商业贷款提款前提条件少，比较灵活，借款人可以在全世界范围内采购设备，资金使用不受限制，但是较难在国际金融市场上以合理的成本筹措到长期资金，而且这类贷款一般采用浮动利率，借款人需要承受一定的汇率和利率风险。国际商业贷款的成本包括：贷款利率——LIBOR + 利差，利差在 0.5%~3%，具体数额随贷款期限和借款人的信用等级而变动；各种贷款费用（代理费、承诺费、安排费、车马费、律师费）在 1% 左右；国内银行转贷费在 0.5% 左右。

二、外汇担保业务

外汇担保业务属于商业银行的中间业务，是指担保人应被担保人的申请，以保函或备用信用证等书面形式，向担保受益人承诺，当被担保人未能按照其与担保受益人之间所签订的有关合同约定偿付债务或履行义务时，由担保人以外汇偿还债务的法律行为。目前国内商业银行应客户要求开立外汇保函、接受外汇保函进行通知、转让或贷款等。可以开办的外汇担保业务品种主要有借款担保、融资租赁担保、经营租赁担保、延期付款担保、补偿贸易担保、投标担保、履约担保、预付款担保、质量担保、维修担保、付款担保、海事担保、关税担保以及各类备用信用证等。从作用上看，银行保函以银行信用代替或补充商业信用，是一种备用性的银行信用。概括而言，从本质讲，其具有两大基本职能：一是作为合同价款的支付保证。这一点主要体现在付款类保函业务中，如付款保函、关税保付保函等。二是作为对合同当事人必须按期履行合同义务的制约手段，信用类保函即是如此，如投标保函、履约保函、质量保函、维修保函、保释金保函等。从形式上看，银行保函的主要形式有：无条件保函、有条件保函、备用信用证等。此外，备用信用证是开证行应开证申请人的要求向受益人开出的，以其自身的银行信用担保开证申请人履行债务的保证付款凭证。备用信用证是具有保函性质的特殊信用证。

三、国际结算业务

（一）信用证业务

信用证是最主要、最广泛的国际结算方式，是指开证行根据申请人（进口商）的申请和要求，对受益人（出口商）开出的授权出口商签发以开证行或进口商为付款人的汇票，并对提交符合条款规定的汇票和单据保证付款的一种银行保证文件。信用证是由开证银行向出口商签发的以开证银行为付款人的信用担保函。信用证结算具有以下三个特点：（1）开证行承担第一性付款责任。（2）信用证是一项独立文件，不受交易合同的约束。（3）信用证业务的处理以单据为准，而非货物。开证行只对信用证负责，认单不认货，只要出口商提供的单据符合信用证要求，即给予付款。从内容上看，信用证的基本内容有：信用证的性质、号码、开证日期和有效期；信用证开证申请人、受益人、开证银行的名称及签字；付款行、通知行的名称和地址；信用证规定的出票人、付款人、汇票期限、出票条款；信用证规定所提供的发票、提单、保险单及其他有关单据的名称等。根据性质、形式、付款期限和用途的不同，信用证有多种分类方式；根据是否附有货运单据，分为跟单信用证和光票信用证；根据开证行对信用证所承担的责任，分为可撤销信用证和不可撤销信用证；根据信用证有无开证行以外的其他银行保兑，分为保兑信用证和不保兑信用证；根据受益人使用信用证的权利是否转让，分为可转让信用证和不可转让信用证；其他还有即期和远期信用证、循环信用证、对开信用证和背对信用证。

1. 进口信用证。进口信用证业务是银行根据开证申请人的指示向受益人开出的，凭规定单据履行到期付款义务的保证性文件，是目前较为流行、使用频率较高的国际结算方式之一。

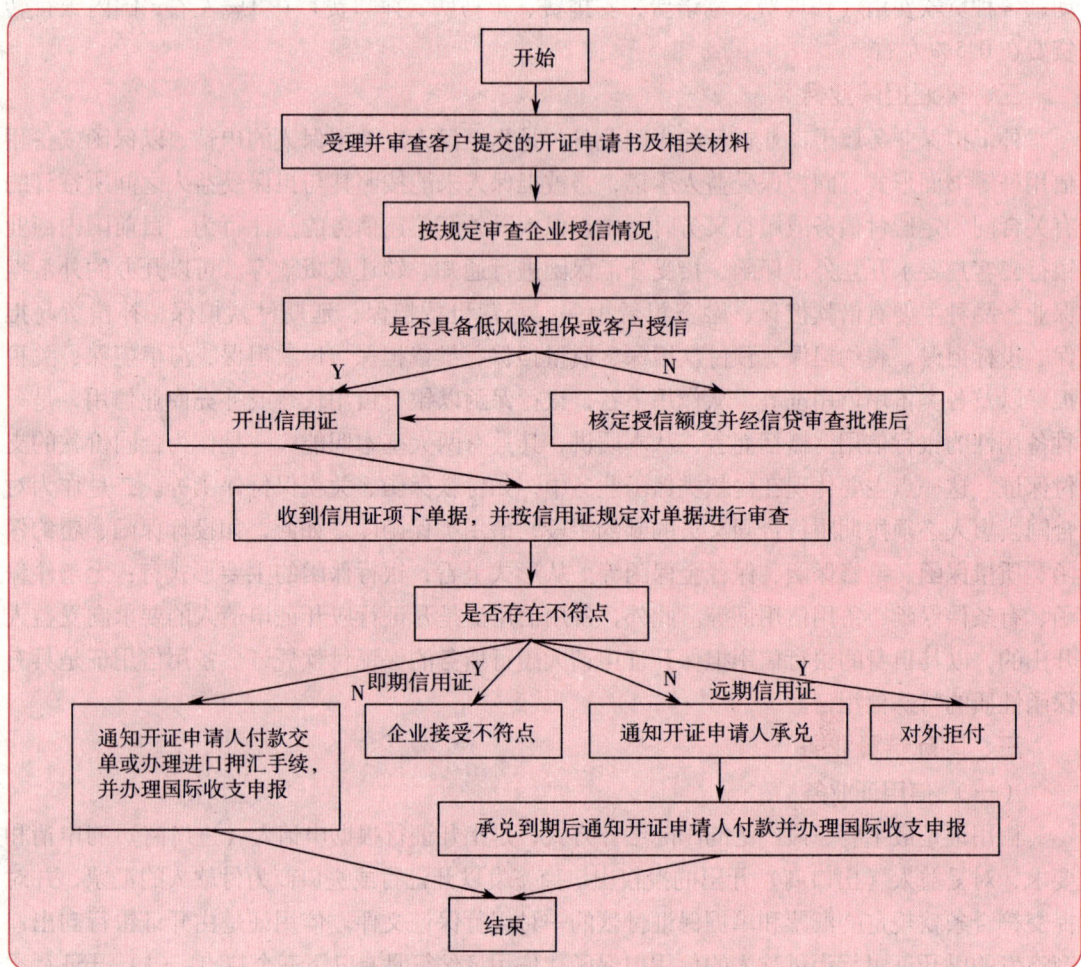

图 17 - 5　我国某银行进口信用证的办理流程图

2. 出口信用证。出口信用证涉及信用证通知、信用证保兑、审单索汇和信用证转让等业务。

（二）国际托收业务

托收是由收款人根据合同开立汇票或提供索汇凭证，委托银行向付款人收取款项的一种结算方式。托收的一个重要特点是不论付款交单还是承兑交单都是建立在商业信用的基础上，如果进口方拒付或拒绝承兑，与托收的有关银行无关，银行不承担任何责任。托收的当事人包括委托人、托收行、代收行、付款人。委托人即出票人，是开出汇票委托银行代为收取款项的债权人，如出口商；托收银行是接受委托人的委托，转托国外银行代为收款的银行，如出口方银行；代收银行是接受托收行的委托，向付款人收款的银行；付款人即受票人，如进口商。根据有无附属货运单据，托收分为光票托收和跟单托收。光票托收是指出口商仅开具汇票，委托银行收款，不随附任何货运单据。光票托收一般用于收取出口货款尾数、代垫费用、佣金、样品费等。跟单托收是指出口商在货物装船后，开具汇票，将全套货

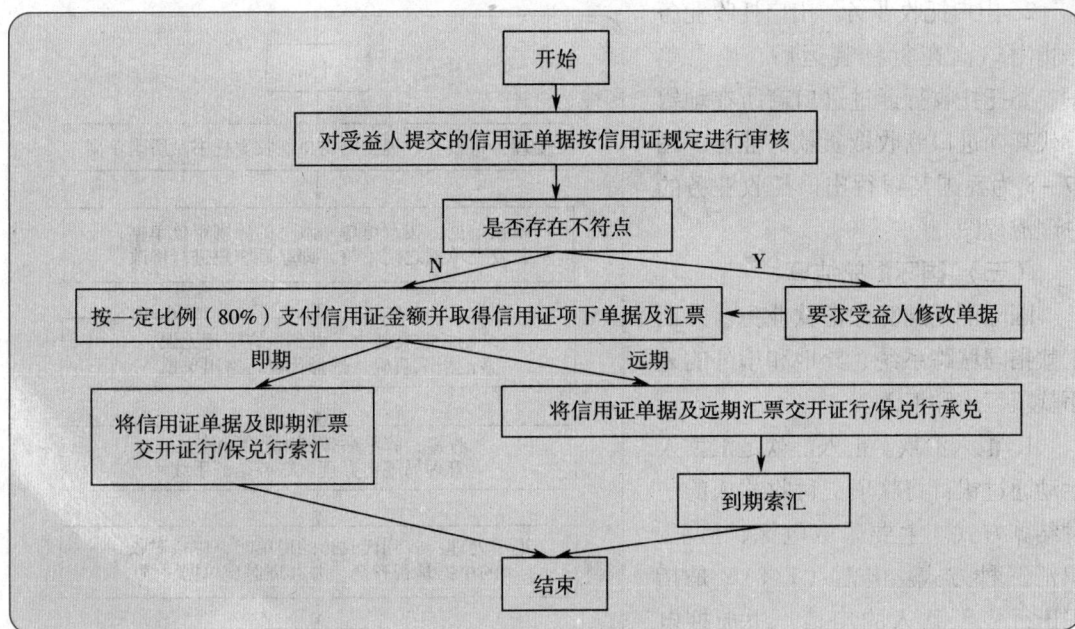

图 17 - 6　我国某银行出口信用证的办理流程图

运单据和汇票交给托收银行，而托收银行在进口商付款后，将货运单据交进口商。在国际贸易中，使用托收方式收取货款主要是采用跟单托收的办法。

1. 进口跟单托收业务。进口跟单托收业务是指代收行受到国外托收行寄交的托收单据后，向国内进口客户提示并要求其付款或承兑赎单的业务。

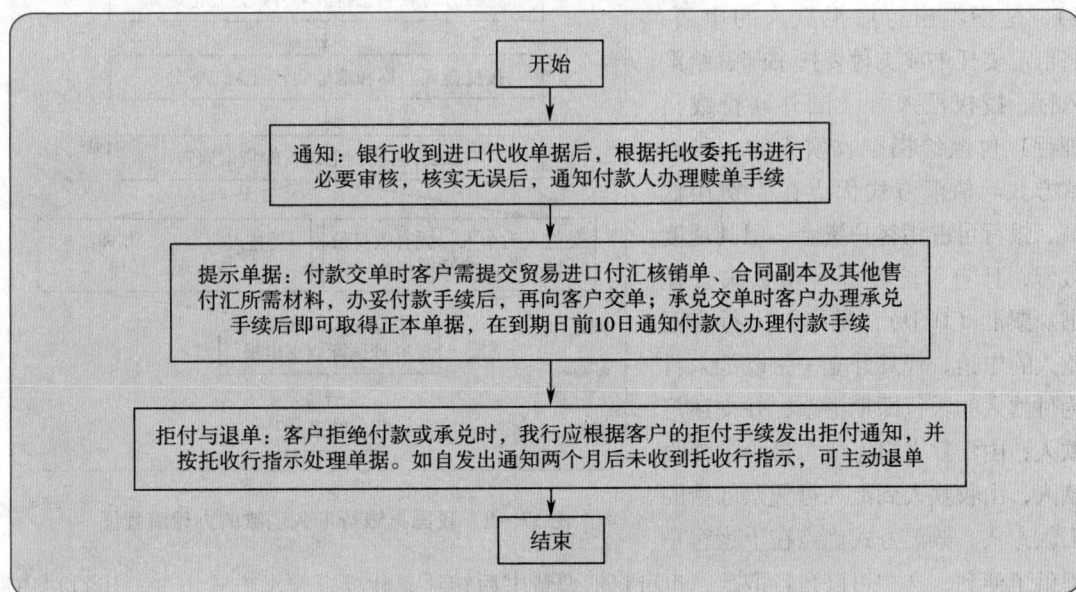

图 17 - 7　我国某银行进口跟单托收业务的办理流程图

2. 出口托收业务。出口托收业务是指出口商在货物装运后，出具单据，委托托收行通过进口商所在地银行代其向进口商收取货款的业务。图17-8为我国某银行出口托收业务的办理流程图。

（三）国际汇兑结算

国际汇兑结算即汇款业务。外汇汇款指同城跨系统、异地和境外的外币款项汇出和汇入。

1. 汇入汇款。汇入汇款是汇款人主动通过银行将款项交付收款人的一种结算方式。主要采取电汇、信汇、票汇三种方式。电汇（T/T），是指汇出行应汇款人的申请，用加押电报、电传和SWIFT形式指示汇入行（国外联行或代理行）付款给指定收款人的汇款方式。电汇方式优点在于安全、快捷，汇款人可充分利用资金，减少利息损失；缺点在于银行不能占用资金，成本较高。信汇（M/T），是指汇出行应汇款人的申请，将信汇委托书或支付委托书邮寄给汇入行，授权汇入行（国外联行或代理行）付款给指定收款人的一种汇款方式。信汇方式优点在于费用低廉、银行可占用客户资金，但其速度较慢，且有可能在邮寄中丢失委托书。票汇（D/D），是指汇出行应汇款人的申请，代其开立一张以汇入行为付款人的银行即期汇票，并交还汇款人，由汇款人自寄或自带给国外收款人，由收款人到汇入行凭票取款的汇款方式。票汇方式优点在于为客户

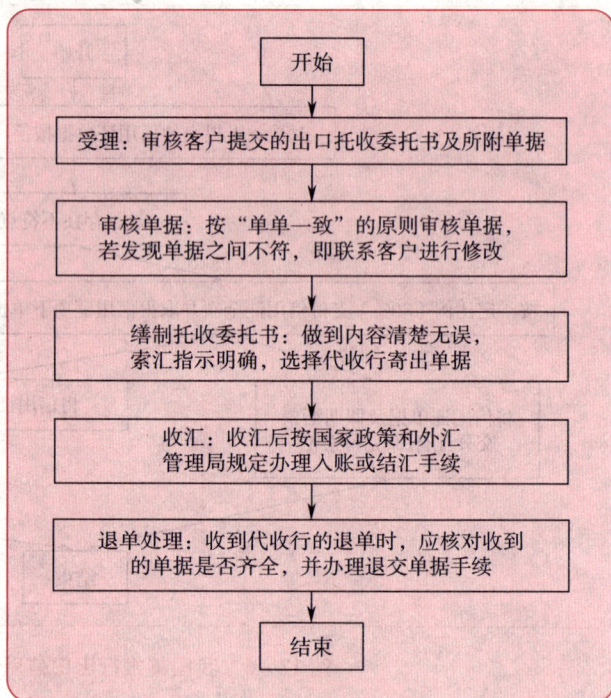

图17-8 我国某银行出口托收业务的办理流程图

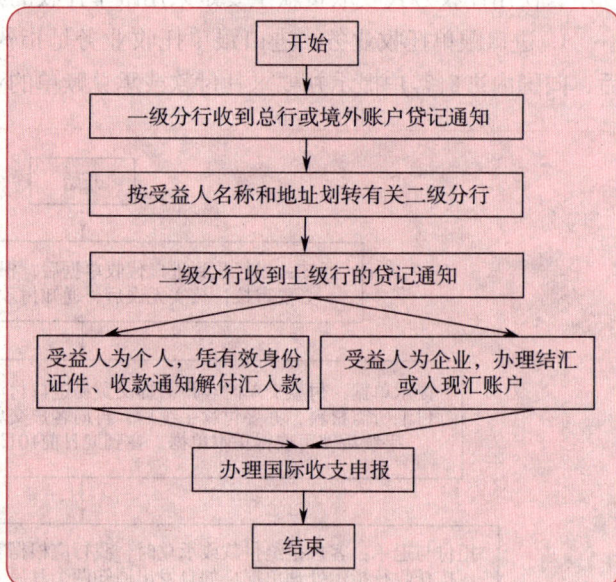

图17-9 我国某银行汇入汇款的办理流程图

提供了便利，客户可以自行取款，也可将汇票背书后转让。此外，票汇方式下，汇出行可占用客户资金，但也面临汇票可能丢失或被窃的问题。

2. 外汇汇款。汇出汇款银行接受客户的委托，通过其自身所建立的通汇网络，使用合适

的支付凭证,将款项交付给收款人的一种结算方式。主要采取电汇、信汇、票汇三种方式。

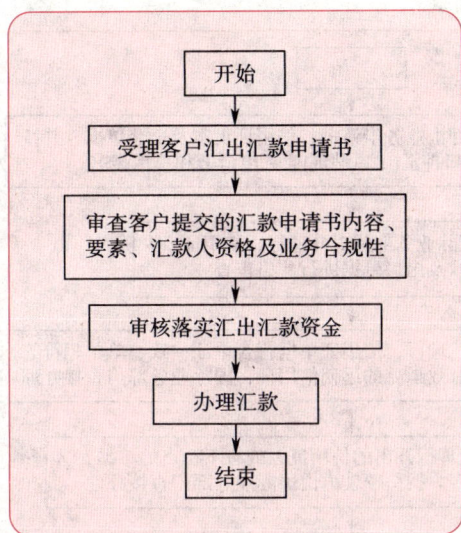

图 17 – 10　汇出汇款流程图

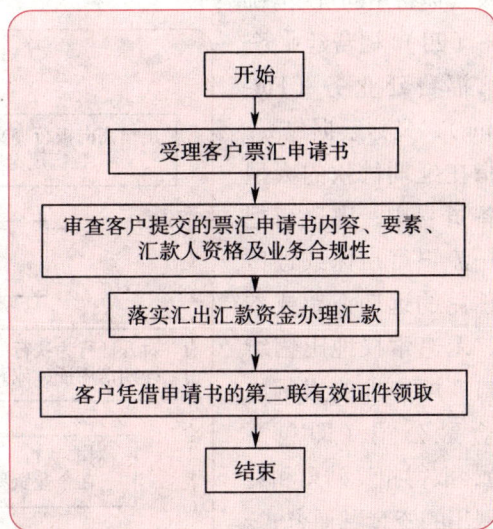

图 17 – 11　票汇业务流程图

四、贸易和非贸易融资业务

（一）进口押汇

进口押汇是指银行应开证申请人的要求,在与其达成信用证项下单据及货物所有权或质押权归银行所有的协议后,银行以信托收据方式向其释放单据并先行对外付款的融资行为。

（二）出口押汇

出口押汇（出口贴现）是指银行对出口商交来的信用证（托收）项下单据,经审核无误后,向出口商预先支付信用证款项并取得该信用证项下所有单据及所附汇票（如有）,待单据及汇票（如有）到期后向开证行索汇的一种出口融资行为。

（三）打包放款

打包放款是指出口商以收

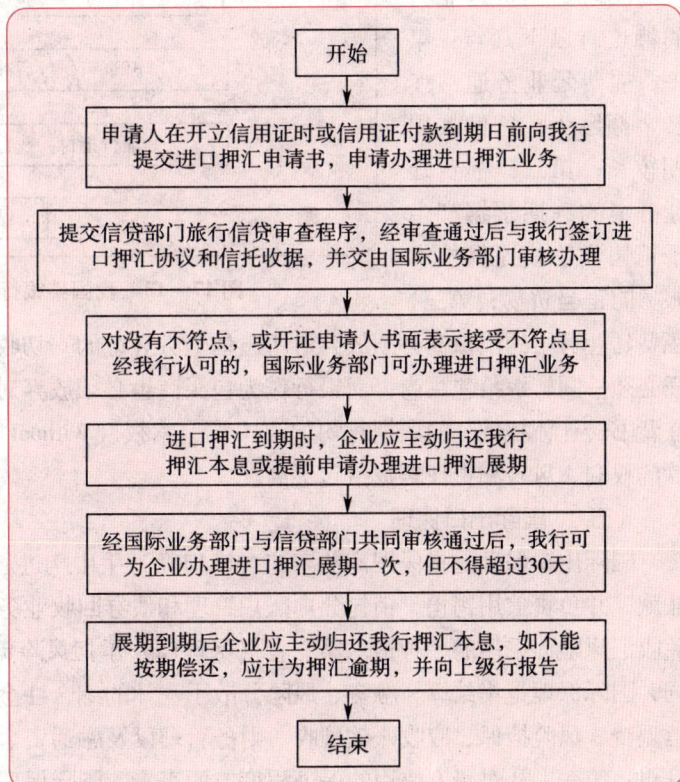

图 17 – 12　我国某银行办理进口押汇流程图

到的信用证正本作为还款凭据向银行申请的一种装船前融资，主要用于对生产或收购商品开支及其他费用的资金融通。

（四）福费廷业务

福费廷业务（Forfeiting），又称票据包买，是指在延期付款的大型设备贸易中，出口商把经一流银行担保或进口商承兑的远期汇票或本票，无追索权地出售给出口商所在地的银行或大金融公司（即包买商），取得扣除贴息和其他费用的资金融通方式。可见，福费廷实际上就是包买商对出口商持有的债权凭证进行无追索权的贴现。福费廷业务的特点有以下几点：第一，福费廷业务通常涉及金额巨大，且付款周期较长；第二，福费廷业务中的远期票据产生于销售货物或提供技术服务的正当贸易；第三，

```
┌─────────────────────────────────────┐
│              开始                     │
└─────────────────────────────────────┘
                  ↓
┌─────────────────────────────────────┐
│ 出口商向银行提交出口押汇业务申请书、信用证正本及全套单据，并按│
│ 我行规定填制出口押汇(出口贴现)业务申请书和总承诺书│
└─────────────────────────────────────┘
                  ↓
┌─────────────────────────────────────┐
│ 我行国际业务部门对开证行、信用证│
│ 条款及出口单据进行严格审查│
└─────────────────────────────────────┘
                  ↓
┌─────────────────────────────────────┐
│ 对开证行为我行一二类代理行，信用证单据符合单证一致、单单相符的│
│ 即期信用证，或开证行有效承兑的远期信用证，国际业务部门直接办理│
└─────────────────────────────────────┘
                  ↓
┌─────────────────────────────────────┐
│ 对非我行一二类代理行开出的信用证，或有不符点的单据，│
│ 在企业贸易融资客户授信额度内由国际业务部门直接办理│
└─────────────────────────────────────┘
                  ↓
┌─────────────────────────────────────┐
│ 上述情况下，如企业不具备贸易融资客户授信额度，│
│ 须交由信贷部门审核通过后转国际业务部门办理│
└─────────────────────────────────────┘
                  ↓
┌─────────────────────────────────────┐
│ 银行向出口商支付押汇款项取得信用证│
│ 单据，并持单到期后，向开证行索汇│
└─────────────────────────────────────┘
                  ↓
┌─────────────────────────────────────┐
│ 开证行付款后冲抵我行押汇款项│
└─────────────────────────────────────┘
                  ↓
┌─────────────────────────────────────┐
│ 开证行拒付，我行向出口商行使追索│
└─────────────────────────────────────┘
                  ↓
┌─────────────────────────────────────┐
│              结束                     │
└─────────────────────────────────────┘
```

图17－13　我国某银行办理出口押汇流程图

福费廷业务中的出口商必须放弃对所出售债券凭证的一切收益，收取债款的权利、风险和责任必须一同转嫁给包买商，而银行作为包买商也必须放弃对出口商的追索权；第四，出口商在背书转让债权凭证的票据时均加注"无追索权（Without Recourse）"字样，从而将收取债款的权利、风险和责任转嫁给包买商。

（五）国际出口保理

国际出口保理是指保理商从客户（出口商）手中购进通常以发票表示的对债务商的应收账款，并负责信用销售、销售分户账户管理和债券回收业务。它是国际贸易中出口商为了避免收汇风险而采用的一种请求第三者（保理商）承担风险责任的做法。与传统的结算方式不同，国际保理是集结算、融资、风险分散于一体的综合性金融服务，其服务项目包括买方资信调查、风险担保、应收账款催收、财务管理以及融通资金等。国际保理业务的特点有以下几点：第一，从对买方信用的保证程度方面来看，国际保理介于以银行信用为基础的信用证方式和以商业信用为基础的汇款、托收方式之间；第二，从对贸易商品的控制方面来看，国

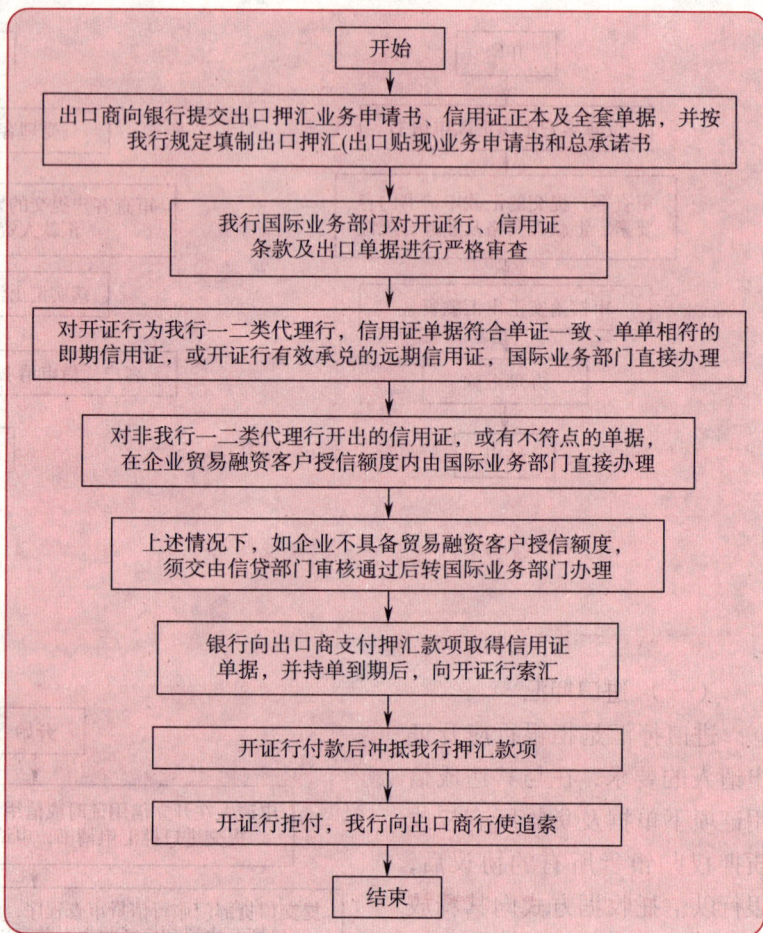

际保理项下有两种情况分别与汇款、托收方式相同；第三，从费用支出的角度来看，国际保理一般只向出口商收费；第四，从国际贸易市场竞争方面来看，国际保理比信用证方式更能增强出口商的市场竞争力。

（六）新型贸易融资产品

近年来，我国商业银行开发新型贸易融资产品，主要包括：（1）信用证项下代付，是指即期信用证项下单到后或远期信用证付款日前，开证申请人如有融资需求，即时提出申请，在开证申请人承担贴现利息的前提下，开证行指定或授权其代理行（偿付行）向受益人（或议付行）代为偿付。俟融资到期日，再由开证申请人偿付信用证项下款项、利息及相关银行费用。（2）进口 T/T 融资，是指银行在货到付款项下，应付款申请人的要求，在审核其汇款业务依法合规并落实合法有效的担保或抵押后，为其办理融资并代办对外付款的行为。用于缓解客户在对外支付活动中的短期资金需求。（3）出口发票融资，是指在汇款结算方式的国际贸易中，银行在未获得货权凭证时，凭出口商出具的列明贷款让渡条款的商业发票，以货物的应收账款为第一还款来源，向出口商提供的贸易融资业务。在进口商支付货款之前，凭出口商提交的商业单据向出口商提供资金融通，并可在融资时予以结汇。

（七）表外非贸易融资业务

表外非贸易融资业务主要包括：（1）提货担保，是指在信用证结算的进口

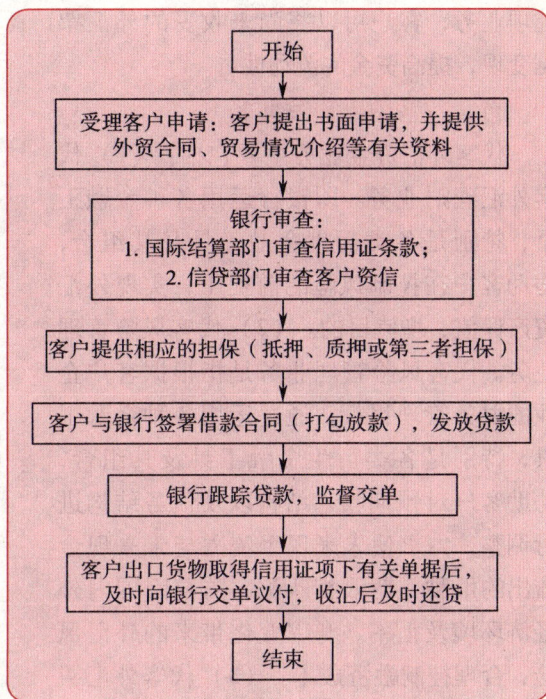

图 17－14　我国某银行办理打包放款流程图

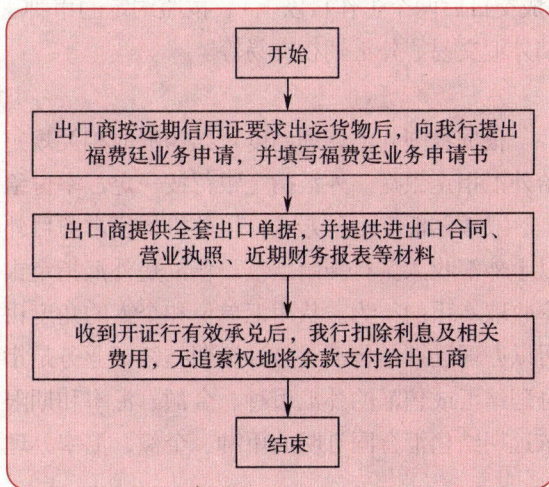

图 17－15　我国某银行办理福费廷业务流程图

贸易中，当货物先于货运单据到达时，开证行应进口商申请，为其向承运人开立的承担先行放货责任的保证性文件（如图 17－16 所示）。（2）出口退税账户托管贷款，是指银行为解决出口企业出口退税款未能及时到账而出现短期资金困难，在对企业出口退税账户进行托管的前提下，向企业提供的短期贷款。（3）买入外币票据。在该业务中客户只需提供经银行审查认可的即期银行汇票、本票、旅行支票等外汇票据，银行即可将资金先行垫付给客户。通过

此项业务，客户可以将尚未收妥的外汇票据变现，提高资金的流动性。

五、代客外汇资金业务

代客外汇资金业务主要包括：（1）代客外汇理财业务。即银行运用各种金融工具，特别是各类衍生金融工具及其组合，协助客户在控制风险的前提下，实现外汇资产保值、增值目的。（2）代客风险管理业务。代客风险管理业务是指根据客户企业的财务管理目标，通过运用各种金融工具，特别是各类衍生金融工具及其组合，协助客户对预期收入结构以及债务结构进行调整，力求使未来现金流入与未来现金流出的币种、期限相匹配，防范因国内外经济环境及汇率、利率变化带来的外汇风险，合理控制融资成本。（3）代客外汇买卖。为满足客户对不同币种即期或远期的支付需求，银行可接受其委托办理即期或远期外汇买卖。即期交易将于成交日后 2 个工作日内进行交割，远期交易将于约定的将来特定时间（成交日后两个工作日以上）、按照约定的币种、金额及汇率进行交割。部分银行还可办理掉期外汇交易、外汇期权交易等。

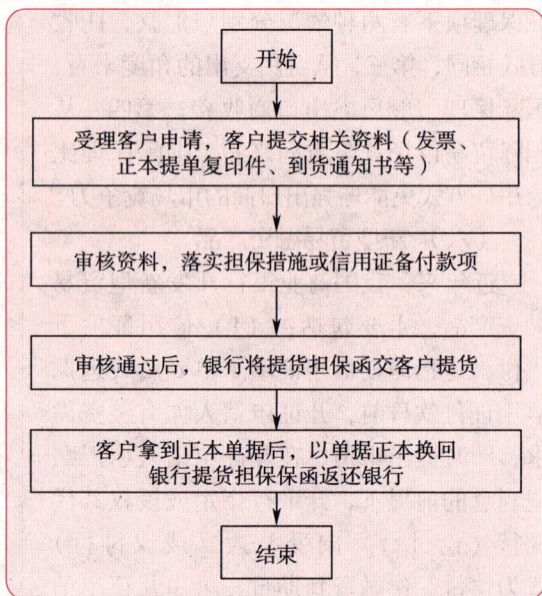

图 17 - 16 我国某银行办理提货担保流程图

六、结售汇业务

根据我国外汇管理制度对结售汇的相关规定，结汇是外汇收入所有者将其外汇收入出售给外汇指定银行，外汇指定银行按一定汇率付给等值本币的行为。结汇有强制结汇、意愿结汇、限额结汇等多种方式。境外机构经常项目外汇账户限额内外汇收入实行意愿结汇，限额以上外汇收入实行强制结汇。售汇是外汇指定银行将外汇卖给用汇单位和个人，按一定的汇率收取本币的行为。从用汇单位和个人的角度讲，售汇又称为购汇。此外，我国商业银行还可以办理远期结售汇业务，远期结售汇业务是指银行与客户签订远期结售汇合约，约定将来办理结汇或售汇的外汇币种、金额、汇率和期限，在到期日外汇收入或支出发生时，再按照该远期结售汇合同订明的币种、金额、汇率办理的结汇或售汇业务。

第三节　我国商业银行的国际化经营

一、我国商业银行国际化经营的现状

改革开放以来，随着我国现代银行体系的逐步建立，银行业国际化进程起步，特别是 2006 年我国银行业全面开放，为中资银行"走出去"创造了条件。随着我国经济整体实力的增强和对外经济金融交往的日益频繁，我国商业银行加快了国际化经营的步伐。2008

年国际金融危机后，欧美银行业遭受不同程度的重创，而我国银行业通过建立股份制改革建立现代企业制度，综合实力显著增强，银行业金融机构抓住机遇，积极拓展国际金融市场，有力地推动银行业"走出去"；同时，我国积极探索逐步放宽外资银行进入门槛，为外资银行创造公平的竞争环境，提高外资银行业的便利性，进一步加深了我国银行业开放程度。

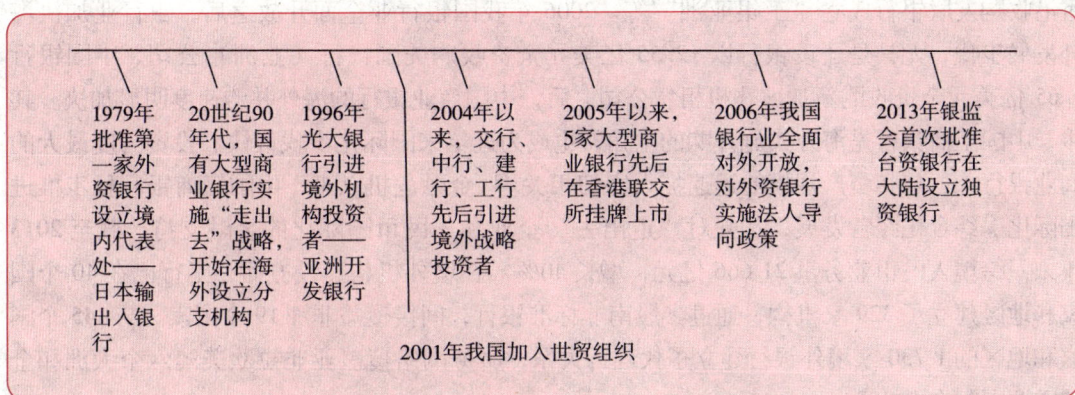

| 1979年批准第一家外资银行设立境内代表处——日本输出入银行 | 20世纪90年代，国有大型商业银行实施"走出去"战略，开始在海外设立分支机构 | 1996年光大银行引进境外机构投资者——亚洲开发银行 | 2004年以来，交行、中行、建行、工行先后引进境外战略投资者 | 2005年以来，5家大型商业银行先后在香港联交所挂牌上市 | 2006年我国银行业全面对外开放，对外资银行实施法人导向政策 | 2013年银监会首次批准台资银行在大陆设立独资银行 |

2001年我国加入世贸组织

图 17－17　我国银行业国际化经营的历程

（一）中资银行国际化取得成效

一是积极推进境外机构布局建设，构建与中国经济全球化相匹配的全球服务网络。在商业银行国际化的初期，由于海外经营经验不足，海外分支机构的组织形式主要以设立分行为主，业务范围通常是传统业务的延伸。20世纪90年代以来，随着我国商业银行规模的扩大和海外经营经验的丰富，商业银行以子行和附属公司等组织形式在海外设立的分支机构不断增多。截至2013年底，中国银行业的境外总资产已达到1.2万亿美元，共有18家中资银行通过自设、并购、参股等方式在境外设立了1 127家分支机构，覆盖了亚洲、欧洲、美洲、非洲和大洋洲的51个国家和地区。从区域看，中国银行业境外布局主要集中在中国香港、中国澳门和发达国家市场，近几年新设机构有向非洲、拉美等新兴市场国家发展的趋势。从机构主体看，工商银行、农业银行、中国银行、建设银行、交通银行五大行是境外机构建设的主力军，机构数量占比高达92%，其中中国银行620家，工商银行329家，占比84.2%。此外，2010年，中国银行、交通银行和招商银行获得台湾金融监管机构批准在台设立代表处，成为首批进入中国台湾地区的大陆银行。截至2013年底，大陆银行已在台设立3家分行和1家代表处。

二是通过引进境外战略投资者，推进海外上市，逐步实现治理结构的国际化。中资银行引进境外战略投资者，开展中外银行间的深度合作，不仅推动中资银行在公司治理能力、经营管理理念、资本约束和风险控制手段、业务水平和金融创新能力等方面迅速提高，综合竞争力明显提升，也促进了我国银行业的改革深化和可持续发展；同时，通过海外上市，增加资本补充渠道，加快了我国银行业与国际接轨的步伐。截至2013年底，5家大型商业银行已完成境外战略投资者的引进，股份制银行和部分中小商业银行业开始着手引入境外战略投资者。另外，截至 2013 年底，5 家大型商业银行、4 家股份制商业银行、2 家城市商业银行、1 家农村商业银行①在香港联交所公开上市。

三是并购是中国商业银行进入海外市场和提高市场份额的主要方式。2000 年以前及 21 世纪初期，我国商业银行国际化主要采用新设方式，只有个别银行采用并购。例如，1984 年中信银行收购香港振华财务公司、1994 年建设银行收购香港建新银行、2000 年工商银行在香港收购友联银行成立"工银亚洲"等。2006 年我国银行业全面开放之后，银行业加快海外发展步伐，尤其是建设银行以 12.55 亿美元全资收购美国银行（亚洲）公司、中国银行 9.65 亿美元全资收购新加坡飞机租赁公司之后，中国商业银行的海外并购速度明显加快。其中，中国工商银行是海外实施并购的主角，也成为近年来国际化步伐最快、投资力度最大的商业银行，这与其资产规模的迅速扩大密切相关。② 金融危机以来，中国工商银行稳步推进国际化、综合化经营发展，加强对"走出去"企业和人民币国际化的金融支持。截至 2013 年末，跨境人民币业务量 21 666 亿元，增长 40%。在境外机构建设方面，工行已在 40 个国家和地区建立了 329 家机构，通过参股南非标准银行，间接覆盖非洲 19 个国家。与 145 个国家和地区的 1 730 家境外银行建立了代理行关系，服务网络覆盖亚非拉欧美澳六个大洲和全球重要国际金融中心。

表 17 −1　2006 年以来中国商业银行海外收购情况

时间	收购方	被收购方	时间	收购方	被收购方
2006.12	工商银行	新加坡飞机租赁公司	2009.10	中信银行	中信国际金融控股
2006.12	建设银行	美国银行（亚洲）	2010.01	工商银行	东亚银行（加拿大）
2007.09	工商银行	印度尼西亚哈里姆银行	2010.04	工商银行	泰国 ACL 银行
2008.01	工商银行	澳门诚兴银行	2010.07	工商银行	美国 SCS 公司
2008.03	工商银行	南非标准银行	2010.10	工商银行	富通证券（北美）经纪部
2008.03	民生银行	美联银行	2012.07	工商银行	东亚银行（美国）
2008.05	招商银行	永隆银行	2012.11	工商银行	阿根廷标准银行
2009.08	建设银行	美国国际信贷（香港）	2014.01	工商银行	标银伦敦
2009.09	工商银行	泰国盘谷银行			

● 资料来源：李麟：《商业银行国家化的市场拉动与监管助推》，载《金融论坛》，2014（5）；各银行年报。

四是经营管理和人员队伍日趋国际化。在业务流程方面，加快了"以客户为中心、以风险控制为主线"的业务流程再造，运用信息管理系统引领、支持和保障银行业务发展。在经营管理方面，积极探索经济资本增加值、风险调整后的资本回报率等业绩考核方法，提高中间业务收入，优化业务发展模式和盈利模式。在风险管理方面，引入国际通行的资产五级分

---

① 4 家股份制商业银行分别是招商银行、中信银行、民生银行、中国光大银行；2 家城商行分别是重庆银行和徽商银行；1 家农商银行是重庆农商行。

② 李麟：《商业银行国际化的市场拉动与监管助推》，载《金融论坛》；2014（5）。

类标准，适应《巴塞尔新资本协议》监管标准，强调对信用风险、市场风险和操作风险的管控，逐步加强流动性风险、声誉风险、系统性风险管理，有效抵御国际金融危机的冲击。在人员队伍方面，中国银行业在与外资银行的交流合作中培养了一批高层次、国际化的管理人员和金融人才。

五是在国际市场上的竞争力和认可度不断增强。国际金融危机之后，全球银行业的市场格局和力量对比发生了明显变化。一方面，欧美银行业在危机中遭受重创，但危机后美国的银行业复苏很快，欧洲的银行业受金融危机和主权债务危机的接连冲击，复苏缓慢。另一方面，新兴市场国家的银行业受到的直接冲击比较小，近几年来表现较为稳健，总资产、资本的全球占比和盈利能力大幅提升，中国银行业尤其发展迅速。英国《银行家》杂志公布了2014 年"全球 1 000 家大银行"排名榜单，中国内地共有 105 家银行入围，比 2013 年增加 9家。其中，跻身前 100 名的国内银行 15 家。而工商银行、建设银行、农业银行、中国银行四大行资产规模和税前利润均位居世界前十大银行之列，工商银行资产规模全球第一、一级资本连续三年全球第一，蝉联全球最赚钱银行。2011 年以来，中国银行连续 3 年入选 29 家全球系统重要性银行名单，2013 年工商银行也入选该名单，表明了中国商业银行整体竞争力的显著增强，也表明了国际社会对中国银行业改革发展成就的高度认可；同时，证明了中国银行业对地区和全球金融业的重要性。

（二）外资银行在中国的发展情况

改革开放以后，外资银行在中国的发展经历了从试点到扩大开放、先发达地区后内地、先外币后本币、先外企外籍人士后境内企业居民的循序渐进的历程。经过三十多年的发展，外资银行在华服务网络稳步增加，业务规模逐步扩大，与中资银行的合作日益深化，已形成了以长江三角洲、珠江三角洲和环渤海经济圈为核心、向

表 17-2　在华外资银行业金融机构情况
单位：家

机构/类型	外国银行	独资银行	合资银行	独资财务公司	合计
法人机构总行		39	2	1	42
法人机构分行		282	3		285
外国银行分行	92				92
支行	9	509	10		528
总计	101	830	15	1	947

❶ 资料来源：中国银监会年报。

周边地区辐射的开放格局，开放的广度和深度发生了质的变化。①

在机构设置方面，截至 2013 年底，共有 51 个国家和地区的银行在华设立 42 家外资法人机构、92 家外国银行分行和 187 家代表处。

在市场布局方面，外资银行在华布局逐步由东南沿海和中心城市向全国辐射，机构设置继续向中西部和东北地区延伸。截至 2013 年底，外资银行在我国 27 个省（市、区）的 69个城市设立了机构，初步形成具有一定覆盖面和市场深度的总行、分行、支行服务网络，营业网点达 947 家。在业务品种方面，外资银行经营的业务品种超过 100 种，36 家外资法人银

①　杨丽平：《开放与监管并重：外资银行在华三十年回顾与展望》。

行、57 家外国银行分行获准经营人民币业务，30 家外资法人银行、27 家外国银行分行获准从事金融衍生品交易业务，6 家外资法人银行获准发行人民币金融债，3 家外资法人银行获准发行信用卡。在资产规模方面，在华外资银行营业机构的资产总额 2.56 万亿元（见表 17 - 3）；各项贷款 1.11 万亿元，不良贷款率 0.49%；各项存款 1.49 万亿元；流动性比例 72.42%；实现税后利润 140.34 亿元。

表 17 -3   在华外资银行营业机构资产情况 （2007—2013 年）

单位：亿元，%

项目 \ 年份	2007	2008	2009	2010	2011	2012	2013
资产	12 525	13 448	13 492	17 423	21 535	23 804	25 628
占银行业金融机构总资产比例	2.38	2.16	1.71	1.85	1.93	1.82	1.73

⬆ 资料来源：中国银监会年报。

二、我国商业银行国际化经营的意义

我国已加入世界贸易组织（WTO），中国的商业银行要适应市场经济发展的需要，必须顺应世界金融的潮流，全面开拓和发展国际业务。我国商业银行开展国际化经营的意义，主要体现在以下几个方面：

首先，国际化经营是贯彻我国对外开放政策的需要。国际化经营的银行能够为我国企业走向国际市场，参与国际竞争提供两种货币、两套结算服务。当前我国正在建立现代企业制度，大中型企业为集中优势、扩大势力正在纷纷组成集团公司，并积极迈向国际市场，成为跨国公司；为此更需要商业银行全面发展国际业务，以更好地为我国跨国公司提供本币和外币的配套金融服务，国际和国内的配套结算服务。

其次，银行国际化经营是利用多渠道、多种信用方式为我国现代化建设筹措外汇资金的需要。商业银行发展国际业务既是吸收世界银行等国际金融机构贷款和各国政府优惠贷款的必要条件，也是开通国际金融市场以各种国际借贷方式和在国际金融市场发行证券方式吸引投资的主要渠道。同时，为了能吸收更多的外商来华投资兴办三资企业，一个十分重要的投资环境就是要有一个能提供全面金融服务而又符合国际规范的商业银行体系。

再次，国际化经营对发挥银行的整体功能作用，提高外汇资金的使用效益和完善我国的市场体系有重要意义。具体来说，一是商业银行从事国际业务，能使国际金融和国内金融结合起来，使人民币资金和外汇资金紧密配合，从而有利于发挥银行的整体功能作用；二是商业银行集中经营外汇业务，能改变目前我国外汇资金使用的分散化和多元化、外汇收支缺乏统筹安排的弊病，将有利于管好用好外汇资金，有效提高外汇资金的经济效益；三是从事国际业务的商业银行积极参与国际金融市场的竞争，客观上又要求开放本国的货币市场和资本市场，发展本国的金融中心和离岸市场，这对规范和完善我国的金融体系无疑有着巨大的推动作用。

最后，国际化经营能够增加银行收益，提高银行资产的流动性，培养金融人才。（1）国际业务能增加银行收益。自 20 世纪 80 年代以来，一些大量从事国际业务的跨国银行，通过

国际业务所获取的收益已达到或超过利润总额的50%。（2）能提高银行资产的流动性。由于本币和多种外币的配套使用，银行能在本国的本币市场和外汇市场、欧洲美元市场和各开放国家的外汇市场灵活调度头寸，开辟了多渠道、多方式融通资金的大市场，从而大大提高了银行资产的流动性。（3）商业银行参与国际竞争，能更好地学习和借鉴国际商业银行的经营理论和经验技巧，有利于提高我国银行的经营管理水平，培养出一大批从事国际业务的高质量复合型金融人才。

三、我国商业银行国际化经营战略的制定

商业银行发展国际业务进入国际金融市场必须制定独特的战略，国际业务的发展战略应根据不同的历史发展阶段有所侧重，总体思路是从自身的实力和客观条件出发，制定出适合自己的经营目标和策略。由于国际业务所处的环境较为复杂，必须与国际政治经济形势相适应，因此在管理上应更加科学严谨，这样才能赢得竞争并推动国际业务的不断发展。商业银行国际业务经营管理战略的制定，一般要考虑以下几个方面：

1. 地区战略。首先根据国际业务全球布局的战略，区别主要阵地、战略侧翼和卫星据点，并选择和配置网点，然后根据其所属国家和城市的政治、经济、市场、社会、人口、交通等情况和特点，确定业务开展的先后顺序。

2. 顾客战略。加快调整客户结构，改善业务结构，突破业务瓶颈。一是将培育高质量客户放在显著位置。二是加快非贸易、资本项目结算业务及资金业务对国际业务的贡献率。随着外国投资者及资金的大量进入，非贸易、资本项目结算业务及资金业务潜在结算量将迅速上升。商业银行的国际业务应加快捕捉国际业务新的增长点，促进客户结构、业务结构的调整及完善。

3. 业务战略。根据所在国家及城市的货币、金融、外汇和财政政策、产业机构和企业分布情况，资源种类和储量、技术水平、投资环境等情况，确定提供金融产品的服务的种类，以及决定开发、推广的重点和顺序。

4. 竞争战略。根据所在国家和城市有关外资银行、合资银行管理及金融法规和税收法律等各项规定，东道国银行和外国银行的基本情况、经营特点、业务关系、经营范围和重点，特别是银行间竞争情况、市场结构及其控制力量等，确定业务竞争的战略。

5. 发展战略。国际银行业务领域中日益增加的竞争使许多商业银行更加注重成本问题，对于无利可图的产品、服务甚至分行，则可以放弃。商业银行应付复杂的国际市场的战略之一是网络方法，如美国最大的国际银行——花旗银行、美国银行、大通曼哈顿银行都采用了全球网络战略。这一战略要求银行为跨国公司提供世界范围的服务网络。

本章小结

1. 银行的国际业务包括两层含义：一是指商业银行在国外的业务活动；二是指本国银行在国内所从事的有关的国际业务。

2. 商业银行的国际业务必须通过一定的组织机构才能完成。中小型银行直接通过总部的国际业务部进行有关的业务，而大型银行乃至跨国银行则大多通过其国外

分行和分支机构或国外代理行等来经营国际业务。商业银行的国际业务主要包括进出口融资、国际银团贷款、外汇买卖和离岸金融业务等。

3. 我国商业银行的国际业务包括外汇存贷款业务、外汇担保业务、国际结算业务、贸易和非贸易融资业务。

4. 商业银行国际化经营是一种历史趋势。中国的商业银行要适应市场经济发展的需要，必须顺应世界金融的潮流，全面开拓和发展国际业务。

本章主要概念

国际业务　出口买方信贷　出口卖方信贷　国际银团贷款　信用证　进口押汇
出口押汇　打包放款　福费廷业务　国际出口保理　结售汇

本章思考题

1. 商业银行国际化的内涵和动因是什么？
2. 简述我国商业银行国际化发展的现状及未来发展的对策建议。
3. 商业银行国际业务的组织机构有哪些？
4. 商业银行国际业务包括哪些？
5. 国际银团贷款主要包括哪些参与者？
6. 简述我国商业银行经营国际业务的意义。
7. 简述商业银行国际业务发展战略。

本章参考文献

［1］［美］彼得·S. 罗斯：《商业银行经营管理》（中文版），北京，机械工业出版社，2001。

［2］宋玮：《商业银行管理》，北京，清华大学出版社，2012。

［3］Crawford, R. and Sihler, W.. Financial Service Organization – cases in Strategic Management, Harper Collins College Publishers, New York, 1994.

［4］Dufey, G. and Giddy, I.. Cases in International Finance, 2rd ed., Addison – Wesley Publishing Inc., Menlo Park, CA, 1993.

［5］Grabbe, J.. International Financial Markets, 3rd ed., Simon & Schuster Co., New Jersey, 1996.

扫描二维码可获取本章更多习题

第十八章
中国银行业改革与发展展望

本章知识结构

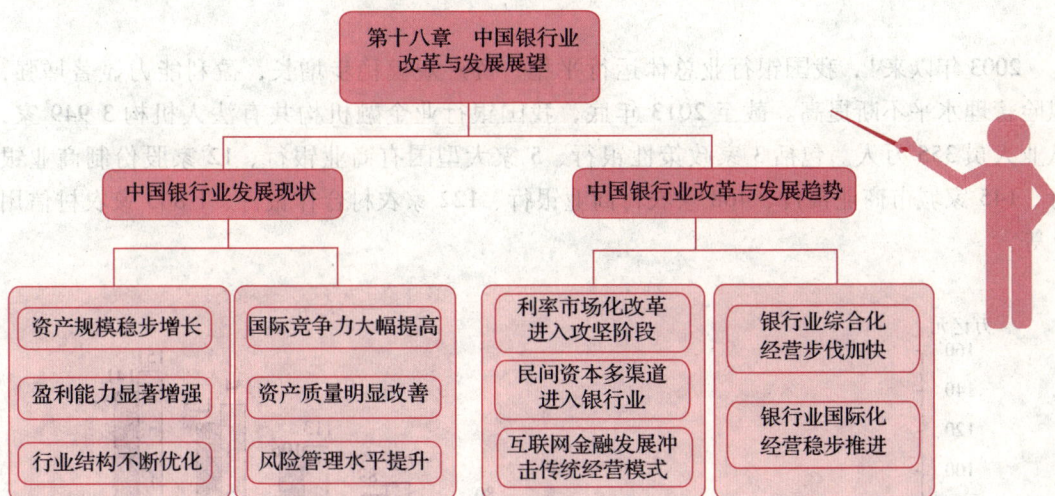

```
                    第十八章  中国银行业
                      改革与发展展望
          ┌───────────────────┴───────────────────┐
    中国银行业发展现状                    中国银行业改革与发展趋势
   ┌──────┬──────┐                  ┌──────────┬──────────┐
 资产规模稳步增长  国际竞争力大幅提高      利率市场化改革     银行业综合化
                                    进入攻坚阶段      经营步伐加快
 盈利能力显著增强  资产质量明显改善      民间资本多渠道     银行业国际化
                                    进入银行业       经营稳步推进
 行业结构不断优化  风险管理水平提升      互联网金融发展冲
                                    击传统经营模式
```

学习目标

- 了解中国银行业的发展概况
- 了解中国银行业改革的历史
- 了解中国银行业改革的趋势和方向

后危机时代，世界经济低速增长，全球金融体系深度调整，国际金融市场剧烈波动，金融监管改革有序推进。发达经济体和新兴市场经济体各自面临若干政策风险，经济增长和金融稳定仍面临严峻挑战。未来一段时期，世界经济复苏的过程仍将持续，但总体上看，发达国家经济复苏道路曲折，新兴经济体面临国际金融环境变动和本国经济结构调整的双重压力，因此，世界经济处于低速增长期是比较确定的。

当前我国处于大有可为的战略机遇期，从长期来看，经济稳中有进、稳中向好的基本面没有改变，但也应看到，经济下行压力依然存在，部分行业产能过剩严重，地方政府债务水平持续上升。经济金融的潜在风险值得关注，经济结构调整和转型升级的任务艰巨。2014 年底召开的中央经济工作会议上，习近平同志全面阐述了我国进入经济发展"新常态"的趋势性变化，深刻揭示了现阶段我国经济发展的本质特征和运行规律，为未来一段时期经济发展确定了总基调。在此背景下，我国商业银行要充分认识银行业新常态的特征，牢牢把握新常态下的市场机遇，积极应对新常态下的金融风险，实现银行业持续健康发展。

> 新常态：2014年以来，中国经济进入新常态。经济新常态的特点是：在经济增长速度上，从高速增长转为中高速增长；在经济结构上，经济结构不断优化升级；在经济增长动力上，从要素驱动、投资驱动转向创新驱动。

第一节　中国银行业发展现状

2003 年以来①，我国银行业总体运行平稳，资产规模稳步增长，盈利能力显著增强，风险管理水平不断提高。截至 2013 年底，我国银行业金融机构共有法人机构 3 949 家，从业人员 355 万人。包括 3 家政策性银行、5 家大型国有商业银行、12 家股份制商业银行、145 家城市商业银行、468 家农村商业银行、122 家农村合作银行、1 803 家农村信用社等。

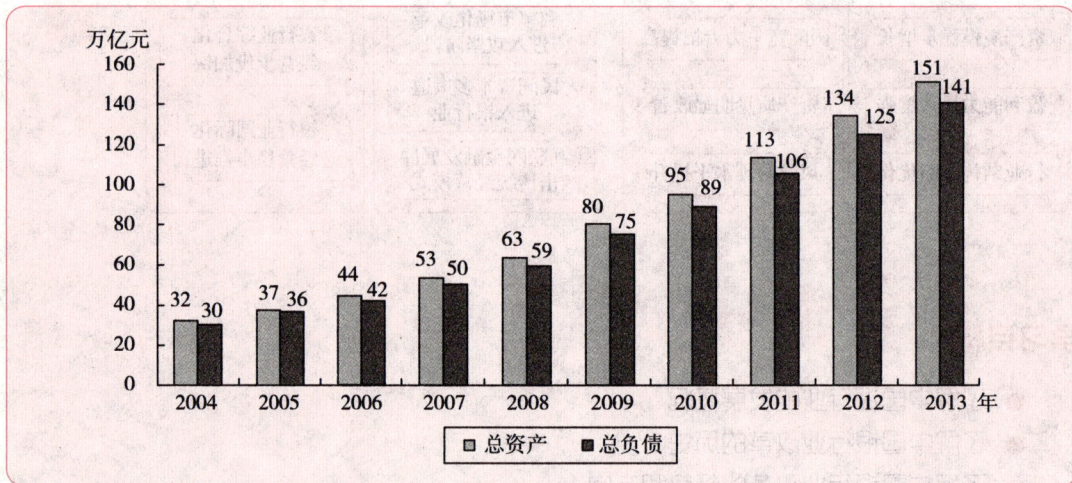

资料来源：中国银监会。

图 18－1　我国银行业金融机构资产规模

目前银行业在我国金融体系占据核心地位，间接融资是主要融资方式。近年来，随着多层次资本市场的建设和发展，我国金融结构不断优化，过度依赖间接融资的情况有所缓解，

---

① 本节以 2003 年中国银监会成立作为起始时间点。

直接融资得到迅速发展，但间接融资的主导地位没有发生实质性变化。从融资结构看，2013 年通过银行体系实现的融资（包括人民币贷款、外币贷款、委托贷款、信托贷款和银行承兑汇票）占比为 84.7%，其中直接由银行业金融机构完成的融资占社会融资总量的 70%。

从行业集中度看，5 家大型国有商业银行资产规模占全行业的比重保持在 40% 以上，垄断力很强，虽然呈现不断下降趋势，但最终仍会形成垄断竞争格局。国有大型商业银行在整个行业中占据主导地位具有一定的历史原因，而关于我国银行业垄断问题的探讨存在一定的争议，还有待进一步的研究。但可以确定的是，随着混合所有制改革加快以及各类资本逐步进入银行业，市场结构和产权结构在一定程度上将趋向合理。

我国商业银行的国际竞争力大幅增强，根据英国《银行家》杂志发布的全球前1 000 家银行排名（按一级资本），我国的银行在全球同业中表现突出。

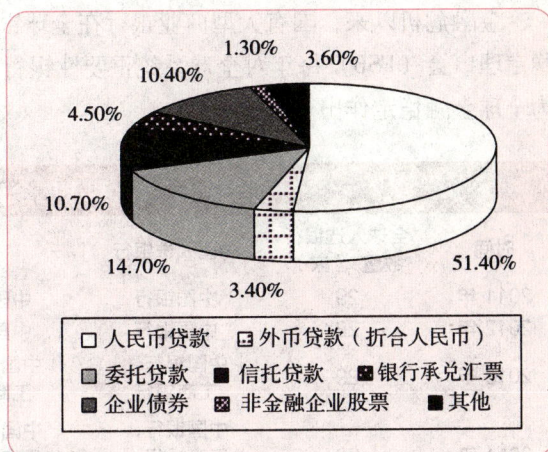

资料来源：中国人民银行。

图 18-2　2013 年我国社会融资总量的结构

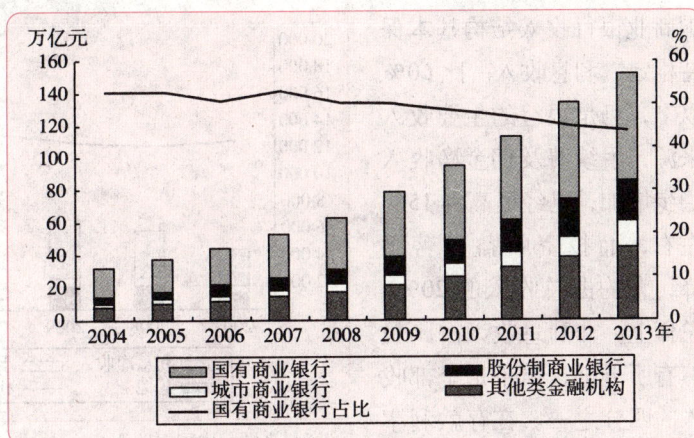

资料来源：中国银监会。

图 18-3　我国银行业市场结构

表 18-1　《银行家》杂志全球前 1 000 家银行排名（按一级资本）

2012 年 排名	银行名称	2013 年 排名	银行名称	2014 年 排名	银行名称
1	美国银行	1	中国工商银行	1	中国工商银行
2	JP 摩根大通	2	JP 摩根大通	2	中国建设银行
3	中国工商银行	3	美国银行	3	JP 摩根大通
4	汇丰银行	4	汇丰银行	4	美国银行
5	花旗集团	5	中国建设银行	5	汇丰银行
6	中国建设银行	6	花旗集团	6	花旗集团
7	三菱日联金融集团	7	三菱日联金融集团	7	中国银行
8	富国银行	8	富国银行	8	富国银行
9	中国银行	9	中国银行	9	中国农业银行
10	中国农业银行	10	中国农业银行	10	三菱日联金融集团

金融危机以来，国有大型商业银行在全球银行体系中的系统重要性显著提高。根据金融稳定理事会（FSB）每年对全球系统重要性银行（G-SIFIs）的评估结果，我国的商业银行为全球金融稳定作出了重要贡献。

表 18-2　我国的全球系统重要性银行

时间	全球入选银行数量（家）	中国入选银行	排名	注释
2011 年	29	中国银行	中国银行（第 1 组）	新兴经济体唯一入选银行
2012 年	28	中国银行	中国银行（第 1 组）	新兴经济体唯一入选银行
2013 年	29	中国银行、工商银行	中国银行（第 1 组）、工商银行（第 1 组）	工商银行首次入选
2014 年	30	中国银行、工商银行、农业银行	中国银行（第 1 组）、工商银行（第 1 组）、农业银行（第 1 组）	农业银行首次入选

国际金融危机以来，我国商业银行收入结构基本保持稳定，利息收入占比 60%以上，仍是银行的主要收入来源，手续费及佣金净收入稳步增加，已经提高到 15%左右，而投资收益显著下降，大约占总收入的 20%。总体上，非利息收入占比虽然有所上升，但不足全部收入的四分之一。在存款利率管制下，我国商业银行净息差仍有 2.5 个百分点以上，成为推动银行继续做大存贷款规模的主要动机。当前，利率市场化改革加快，银行业所面临的市场机制和经营环境正在发生显著变化，主要依靠利差和信贷增长的传统盈利模式将不可持续，亟待加快发展转型。

银监会成立以来，我国商业银行加大力度处置不良贷款，调整信贷结构，消化

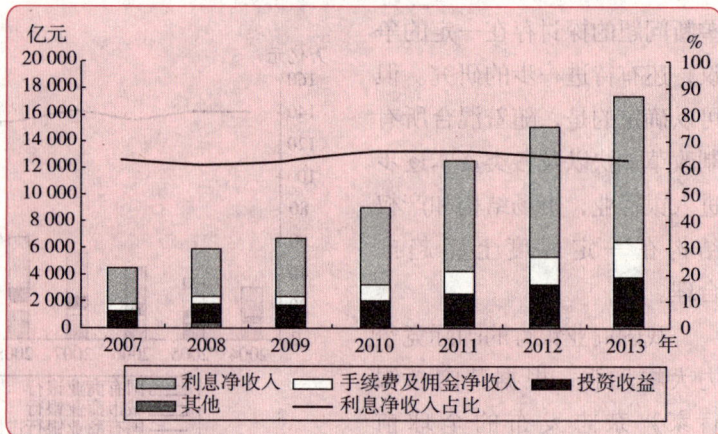

资料来源：中国银监会。

图 18-4　我国银行业金融机构收入结构

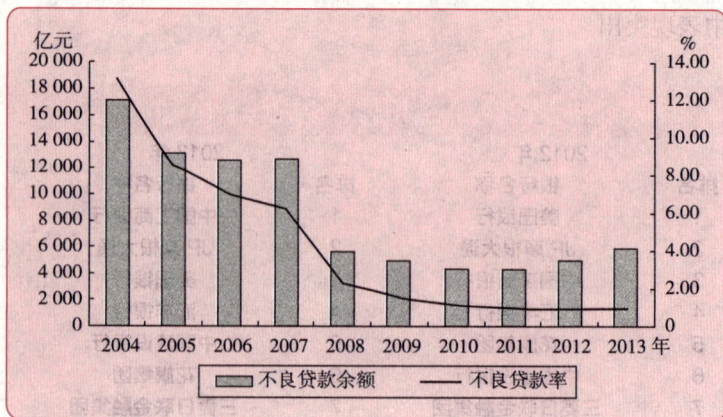

资料来源：中国银监会。

图 18-5　我国银行业不良贷款变化情况

历史包袱，取得了突出的成绩，资产质量明显改善，为加快银行业市场化改革奠定了坚实的基础。不良贷款率从 2004 年的 13.21% 下降到 2013 年的 1% 以下，不良贷款余额从 2004 年的 17176 亿元大幅减少到 2013 年的 5 921 亿元，考虑到在此期间，我国银行业资产规模增加了 5 倍，可以说，我国银行业在信用风险管理方面的改革是比较成功的。

　　一直以来，银监会稳步推进《巴塞尔协议》在我国的实施，推动商业银行增强风险管理能力，提升资本监管有效性。2007 年，银监会发布《中国银行业实施新资本协议指导意见》，要求"申请实施新资本协议的银行从 2010 年底起开始实施新资本协议"。这标志着《第二版巴塞尔协议》的实施工作正式开始。2012 年，银监会发布《商业银行资本管理办法（试行）》（以下简称《资本办法》），并于 2013 年 1 月 1 日起执行。《资本办法》在借鉴《第三版巴塞尔协议》的基础上，结合我国银行业的实际情况，对我国银行业资本监管框架进行补充和完善。

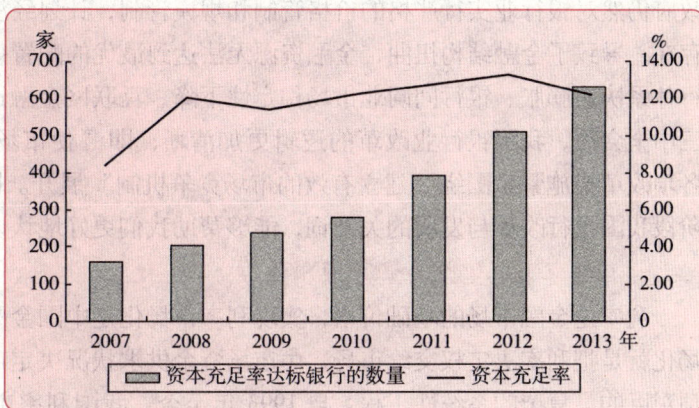

资料来源：中国银监会。

图 18-6　我国银行业资本充足率水平及达标银行数量

第二节　中国银行业改革与发展趋势

　　当前我国经济体制改革已经进入深水区，"摸着石头过河"策略的局限性凸显，顶层设计得到决策层的高度重视。金融改革是经济体制改革的重要内容，由于银行业在我国金融体系中发挥着主导作用，因而银行业改革是金融改革的重点和难点。2013 年 11 月，党的十八届三中全会对全面深化改革作出了明确的部署，与

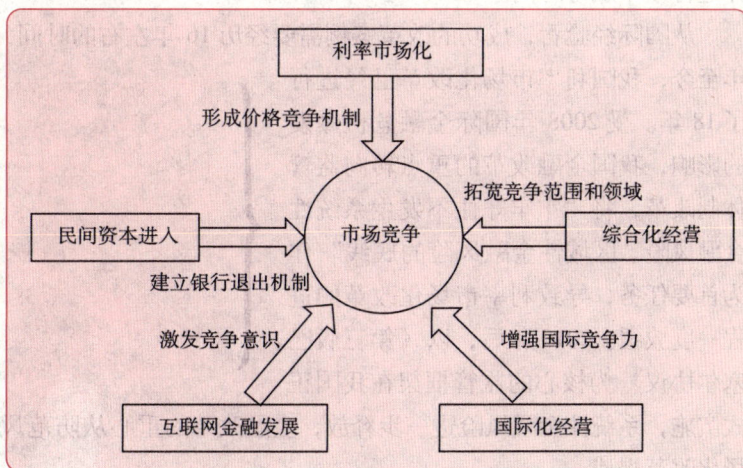

图 18-7　我国银行业改革与发展的基本逻辑

其他领域的改革方案相比，金融改革的内容并未超出市场预期，但对各项改革的推进进度，特别是利率市场化、资本项目开放等重大领域有了更为明确的表述，充分显示了改革的决心。在此背景下，深刻理解和准确把握我国银行业改革与发展趋势具有重要的现实意义。

现阶段，我国银行业改革的基本逻辑是由我国金融体制的固有特征所决定的。由于目前政府仍然对银行业实行严格的价格管制和规模管制，计划经济思维对银行业发展的影响始终存在，导致了金融结构扭曲，金融资源无法达到最优的配置效率，具体表现形式包括影子银行体系快速膨胀、银行间同业市场稳定性下降、互联网金融迅速兴起等。为此，中共十八届三中全会后，我国银行业改革的逻辑更加清晰，即"使市场在资源配置中起决定性作用"，各项改革措施紧紧围绕"建立有效的市场竞争机制"展开。因此，"市场竞争"将成为下一阶段我国银行改革与发展的关键词，能够帮助我们更好地认识所面临的机遇和挑战。

一、利率市场化改革进入攻坚阶段

利率是金融市场的基础价格，实现利率市场化是中国金融体制改革的关键环节。利率市场化就是把利率决定权交给市场，由市场资金供求状况决定市场利率。利率市场化改革是一项艰巨的、复杂的系统性工程。自 1993 年至今，我国利率市场化改革采取双轨制推进的方式，一方面，逐步放松商业银行存贷款利率的管制，实现了"贷款利率管下限、存款利率管上限"的阶段性改革目标；另一方面，建立和完善以 Shibor 为代表的市场基准利率体系。二十年多来，利率市场化改革在健全市场利率定价自律机制、提高金融机构自主定价能力、扩大金融机构负债产品市场化定价范围方面取得突出的成就。

在整个改革过程中，由国家控制的银行存贷利差经常会受到各界的质疑和诟病。事实上，这是一个必要的策略。在利率市场化改革前，我国金融部门长期受到抑制，造成了银行经营管理水平低、金融市场发展严重滞后等一系列问题，因此，发展中国家由金融抑制向金融自由化转变的过程中，需要由政府"有形的手"为银行业发展提供一个涵养期，通过价格和市场准入的管制，在一段时期内（2000 年至 2013 年）保持适度的存贷利差，使我国商业银行在有利的环境中，提升经营管理水平，消化不良贷款，为提高银行业竞争力和金融业整体运行效率赢得时间。

从国际经验看，成功的改革案例需要经历 16 年左右的时间（如表 18–3 所示）。自 1996 年至今，我国利率市场化改革已经进行了 18 年。受 2008 年国际金融危机爆发的影响，我国金融改革的重点转向监管体制改革，将"牢牢守住不发生系统性金融风险、区域性金融风险的底线"作为首要任务，导致利率市场化改革的进程一度放缓。2012 年后，以《第三版巴塞尔协议》为核心的监管框架在我国正

系统性金融风险（Systemic Risk）：到目前为止，学术界还未对这一范畴作出权威性的定义。从特征来看，系统性金融风险可能导致整个金融体系中的多家金融机构发生巨额损失或面临倒闭，进而对实体经济产生严重的负面影响。不同于系统风险（Systematic Risk），系统风险是指在市场风险中，无法通过分散化组合投资来化解的风险。

式实施，系统性金融风险进一步释放，金融改革的重心从防范风险向提高效率倾斜，利率市场化改革提速。

中国利率市场化改革

金融市场利率体系的建立

1983年，国务院授予人民银行在基准贷款利率基础上，上下各20%的利率浮动权。

1993年，党的十四届三中全会《关于建立社会主义市场经济体制若干问题的决定》提出了利率市场化改革的基本设想。

1996年6月，取消拆借利率上限管理，实现拆借利率完全市场化。

1997年，亚洲金融危机爆发，为提高银行给中小企业贷款的积极性，金融机构对小企业的贷款利率上浮幅度由10%扩大到20%，农村信用社贷款利率上浮幅度由40%扩大到50%，大中型企业贷款利率最高上浮幅度10%不变。

1999年10月，人民银行选择了风险相对可控的机构间批发市场进行存款利率市场化的初步尝试，允许商业银行对保险公司试办长期大额协议存款，利率水平由双方协商确定。

1997年6月，银行间同业市场开办债券回购业务，交易价格由双方协商确定。

1999年，财政部首次在银行间债券市场以利率招标的方式发行国债。至此，银行间市场全面实现利率市场化。

贷款利率市场化

2004年1月，商业银行、城市信用社的贷款利率浮动上限扩大到贷款基准利率的1.7倍，农村信用社贷款利率的浮动上限扩大到贷款基准利率的2倍，贷款利率浮动上限不再根据企业所有制性质、规模大小分别制定。2004年10月，基本取消了金融机构人民币贷款利率上限，仅对城乡信用社贷款利率实行基准利率2.3倍的上限管理，人民币贷款利率过渡到上限放开、实行下限管理的阶段。

2002年至2003年期间，协议存款试点的存款人范围逐步扩大，对零售存款利率形成了"管住上限，向下浮动"的市场化思路。2003年，小额外币存款利率下限放开。

2004年10月，与贷款利率下限管理同步实行了存款利率上限管理。

存款利率市场化

进程放缓

2012年6月，将金融机构贷款利率浮动区间的下限调整为基准利率的0.8倍。7月，下调至0.7倍。

2012年6月，金融机构存款利率浮动区间调整为基准利率的1.1倍。

2013年7月，全面放开金融机构贷款利率管制。

进程提速

今天

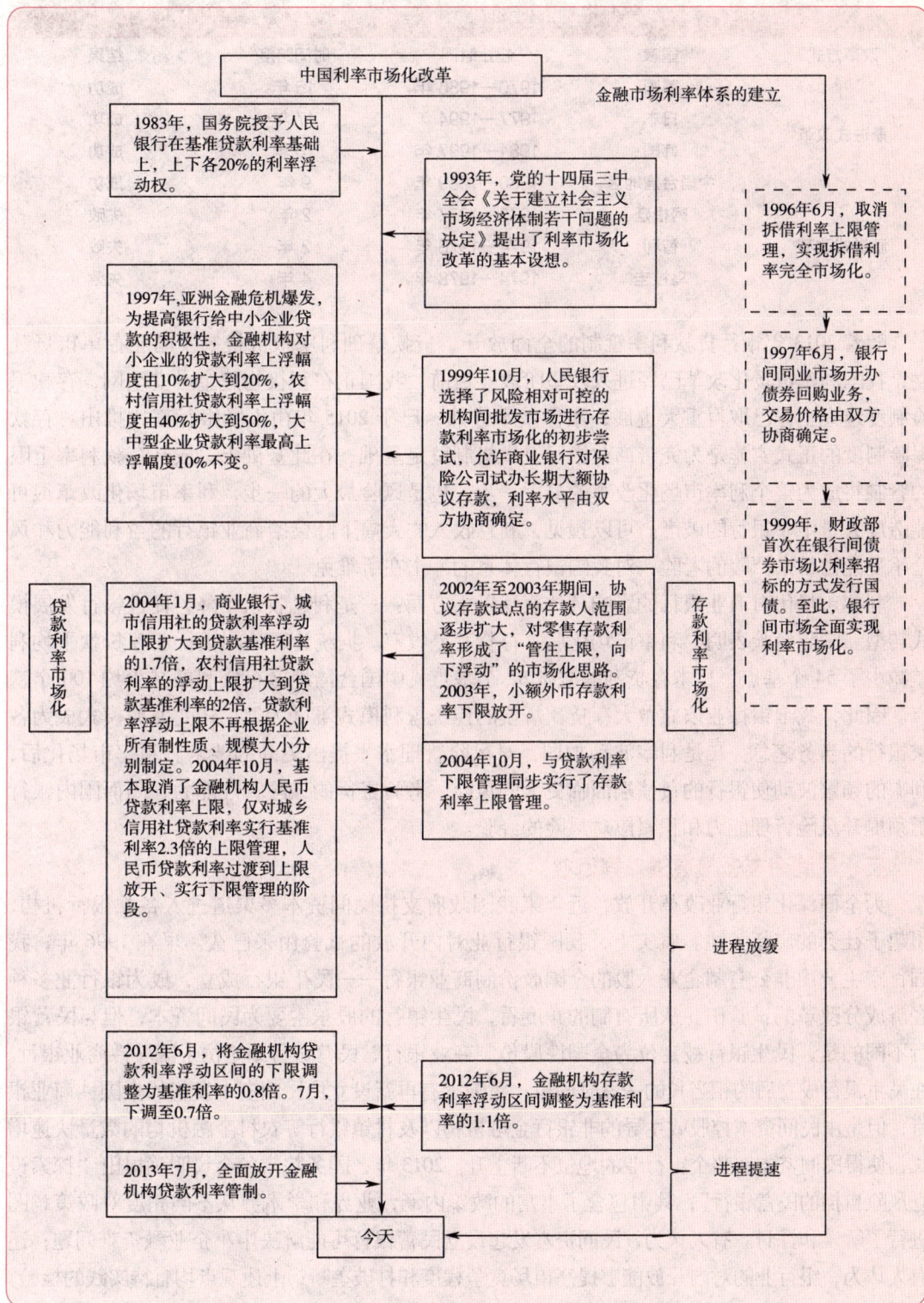

图18-8 中国利率市场化改革的历程

表 18 -3　主要国家或地区利率市场化改革历程

改革方式	国家	起止时间	时间跨度	结果
渐进式改革	美国	1970—1986 年	16 年	成功
	日本	1977—1994 年	17 年	成功
	韩国	1981—1997 年	16 年	成功
	中国台湾地区	1980—1989 年	9 年	成功
激进式改革	阿根廷	1975—1977 年	2 年	失败
	智利	1974—1976 年	2 年	失败
	乌拉圭	1974—1978 年	4 年	失败

随着 2013 年银行贷款利率管制的全面放开、贷款基础利率报价机制及同业存单市场建立，我国利率市场化改革已经进入攻坚阶段。目前，我国正在积极构建金融安全网，存款保险制度建立工作已取得重大进展，条件基本成熟，已于 2015 年由人民银行正式推出。存款保险制度的正式实施是为完善商业银行退出机制奠定基础，在此基础上，放开存款利率上限的管制将成为整个利率市场化改革的最后一步，也是风险最大的一步，利率市场化改革很可能造成大量中小银行的破产。可以预见，利息收入的大幅下降会给商业银行的盈利能力和风险承受能力带来严峻的考验，对我国银行体系的冲击在所难免。

利率市场化对商业银行的影响具体表现以下方面：一是利息收入下降，促进银行发展模式转型。国际经验表明，利率市场化后，存贷利差收窄。据统计，美国银行业存贷款平均利差减少了 54 个基点，日本存贷利差减少 82 个基点，中国台湾地区存贷利差减少约 100 个基点。因此，我国银行业依靠做大存贷款规模的传统盈利模式难以为继，转变发展模式成为各家银行的当务之急。二是利率波动加剧，对风险管理水平提出更高的要求。利率市场化后，利率的频繁波动使银行的负债端面临更大的风险，考验银行的风险管理能力，因而国内银行亟须提升风险管理能力和积累应对风险的经验。

二、民间资本多渠道进入银行业

为全面深化银行业改革开放，近年来我国政府支持民间资本多渠道进入各类银行机构，引起了社会的广泛关注。事实上，我国银行业对内开放的试验由来已久。早在 1996 年，我国首家主要由非公有制企业入股的全国股份制商业银行——民生银行成立，成为银行业多种经济成分改革的试验田。从所有制的角度看，民生银行的股东主要为民间资本，但与民营银行不同的是，民生银行被定位为全国性股份制商业银行，民营银行则定位于区域性商业银行。在民生银行成立后的相当长的一段时间里，我国没有再新设立由民间资本发起的全国性商业银行，但是由民间资本控股或主导的非银行金融机构以及村镇银行等农村金融机构的数量快速增长，使得民间资本在整个银行业的地位不断上升。2013 年，国务院常务会议明确提出"探索设立风险自担的民营银行"，其中包含了丰富的政策内涵，业界和学术界从不同角度对政策意图进行了解读和探讨。有人认为，民间资本发起设立民营银行可能解决中小企业融资难问题；还有人认为，银行业的对内开放能够提高市场竞争程度和打破垄断，上述观点均有待实践的检验。但可以确定的是，放宽对民间资本的准入符合我国银行业市场化改革的方向。

就目前我国银行业来说，垄断竞争的市场结构已经确立，民营银行对银行业总体格局的影响有限，但与其他进入银行业的渠道相比，民间资本直接控股的方式有着极大的区别。民营银行的设立更多的是在传递一种信号，预示着基于多种所有制的银行业市场竞争机制将逐步形成。民营银行的出现可能成为建立银行退出机制的突破口，打破没有银行倒闭的局面。因此，应充分理解"风险自担"的含义，民营银行对于民间资本（民营企业家）而言，既是机遇，也是挑战。未来，我国还将进一步扩大民营银行试点范围；扩大消费金融公司试点范围，广泛吸收符合条件的民间资本参与；扩大村镇银行民资股比范围，支持民间资本参与发起设立村镇银行，提高民间资本占比；扩大民间资本参与机构重组范围等。

表 18 -4 我国发展民营银行的时间表

时间	事件
2013 年 6 月	国务院召开常务会议，提出探索设立风险自担的民营银行
2013 年 7 月	国务院办公厅发布《关于金融支持经济结构调整和转型升级的指导意见》，明确尝试由民间资本发起设立自担风险的民营银行、金融租赁公司和消费金融公司等金融机构
2014 年 3 月	中国银监会确定首批民营银行试点方案
2014 年 7 月	中国银监会正式批准三家民营银行的筹建申请
2014 年 12 月	全国第一家民营银行——深圳前海微众银行成立

我国首批获准筹建的民营银行均为有限牌照经营，且根据每个地区的区域特色确定各自的业务重点。在三家民营银行中，天津金城银行是北方第一家民营银行。与其他两家获批的民营银行不同，天津金城银行只针对天津的企业法人，特别是中小企业开展"公存公贷"的对公业务，而不对个人开展零售银行业务。深圳前海微众银行[①]是一家互联网银行，践行普惠金融的理念，主要面向个人或小微企业。在风险管理方面，微众银行可能运用大数据等前沿技术进行业务风控。温州民商银行将依托温州市金融综合改革试验区的政策优势，为规范民间借贷市场、引导民间资金投向作出贡献。

表 18 -5 首批民营银行模式比较

	天津金城银行	深圳前海微众银行	温州民商银行
主发起人	华北、麦购	腾讯、百业源、立业	正泰、华峰
注册资本	50 亿元	30 亿元	20 亿元
股东	华北集团占 20% 的股份，麦购（天津）集团占 18% 股份，剩余 62% 的股份会由制造业、科技型企业等符合银监会规定的企业认购	腾讯、百业源投资和立业集团，分别持股 30%、20% 和 20%	正泰集团持股 29%，浙江华峰公司持股 20%，其他认购股份占总股本 10% 以下，由银监局审核
定位	重点发展天津地区的对公业务	以重点服务个人消费者和小微企业为特色	为温州区域的小微企业、个体工商户和小区居民、县域"三农"提供普惠金融服务
模式	公存公贷	个存个贷	—

① 微众银行（Webank）官网需要二维码扫描才能进入主页。

三、互联网金融发展冲击传统经营模式

2013 年被称为"互联网金融元年",以互联网支付、P2P 网络借贷、众筹融资等为代表的互联网金融得到迅猛发展(如表 18-6 所示),对传统金融业务模式产生了明显的冲击,引发了业界和学术界的极大反响。互联网金融是互联网与金融的结合,是借助互联网和移动通信技术实现资金融通、支付和信息中介功能的新兴金融模式。2014 年,"促进互联网金融健康发展"首次被写入政府工作报告,表明互联网金融进入决策层的视野。目前来看,决策层对互联网金融的态度是支持和鼓励的,一方面,体现出对金融创新的包容性;另一方面,看到互联网金融给市场带来的"鲇鱼效应",能够倒逼商业银行在经营模式上进行实质性的创新,减少监管套利式的"金融创新",强化竞争意识和激发危机感。

表 18-6 我国互联网金融的主要业态

业态	业务内容	典型案例	发展程度
互联网支付	通过计算机、手机等设备,依托互联网发起支付指令、转移资金的服务,其实质是新兴支付机构作为中介,利用互联网技术在付款人和收款人之间提供的资金划转服务	支付宝	截至 2013 年 8 月,在获得许可的 250 家第三方支付机构中,提供互联网支付服务的有 97 家。2013 年,支付机构共处理互联网支付业务 153.38 亿笔,金额总计达到 9.22 万亿元
P2P 网络借贷	个体和个体之间通过互联网平台实现的直接借贷。P2P 网络借贷平台为借贷双方提供信息流通交互、撮合、资信评估、投资咨询、法律手续办理等中介服务,有些平台还提供资金移转和结算、债务催收等服务	宜信、人人贷	截至 2013 年末,全国范围内活跃的 P2P 网贷平台已超过 350 家,累计交易额超过 600 亿元
非 P2P 的网络小额贷款	互联网企业通过其控制的小额贷款公司,向旗下电子商务平台客户提供的小额信用贷款	阿里金融旗下的小额贷款公司	截至 2013 年末,阿里金融旗下三家小额贷款公司累计发放贷款 1 500 亿元,累计客户数超过 65 万家,贷款余额超过 125 亿元
众筹融资	通过网络平台为项目发起人筹集从事某项创业或活动的小额资金,并由项目发起人向投资人提供一定回报的融资模式	天使汇、点名时间	截至 2013 年末,约有 21 家众筹融资平台。其中"天使汇"自创立以来累计有 8 000 个创业项目入驻,通过审核挂牌的企业超过 1 000 家,创业者会员超过 20 000 人,认证投资人达 840 人,融资总额超过 2.5 亿元
金融机构创新型互联网平台	传统金融机构为客户搭建的电子商务和金融服务综合平台,客户可以在平台上进行销售、转账、融资等活动	建设银行"善融商务"、交通银行"交博汇"等	
基于互联网的基金销售	基金销售机构借助其他互联网机构平台开展的基金销售行为,包括在第三方电子商务平台开设"网店"销售基金、基于第三方支付平台的基金销售等多种模式	余额宝、理财通	截至 2014 年 1 月 15 日,"余额宝"规模突破 2 500 亿元,用户数超过 4 900 万;"理财通"1 月 22 日登录微信平台,不到 10 天规模已突破 100 亿元

《2014 年中国金融稳定报告》以专题的形式,对互联网金融的发展及监管问题进行研

究，报告指出我国发展互联网金融的积极意义有：一是有助于发展普惠金融，弥补传统金融服务的不足；二是有利于发挥民间资本作用，引导民间金融走向规范化；三是满足电子商务需求，扩大社会消费；四是有助于降低成本，提升资金配置效率和金融服务质量；五是有助于促进金融产品创新，满足客户的多样化需求。

> 普惠金融是指能够有效、全方位地为社会所有阶层和群体提供服务的金融体系，主要任务就是让列于正规金融体系之外的农户、贫困人群及小微企业能及时有效地获取价格合理、便捷安全的金融服务。

本部分不对具体模式做理论上的研究，主要探讨互联网金融发展对银行业改革的意义。互联网金融对商业银行的冲击具体表现为：一是挤压中间业务。一方面，第三方支付对银行支付结算业务具有很强的替代性；另一方面，互联网平台推动代理销售保险、基金等金融产品的渠道趋向多元化。二是提高资金成本。"余额宝"等互联网理财产品大幅提高银行融资成本，迫使银行参与存款价格竞争。三是抢占信贷资源。网络小额贷款与商业银行在中小客户信贷资源上发生激烈竞争，互联网金融依托大数据的支撑和信息科技的便捷性，具备了很强的竞争力。

四、银行业综合化经营步伐加快

为提升我国金融业整体竞争力，满足综合金融服务需求，2006 年我国政府首次提出"稳步推进金融业综合经营试点"。试点以来，在政府主导和市场力量的共同作用下，我国不同组织形式的金融控股公司发展壮大，金融机构跨业投资的步伐不断加快，产融结合型集团日益增多。从组织形式看，金融综合经营的模式主要有两种：第一种是全能银行，即同一法人综合经营银行、证券、保险等多种业务。第二种是由具有股权关系的多家金融机构共同组成的金融集团。在我国的实践中表现为两种类型，一是金融控股公司，指母公司不从事具体金融业务，其职能部门以集团战略管理、股权管理、风险管理等为主要功能，根据金融集团的发展方向，在子公司之间合理配置人力、资本等资源。各个金融子公司按照金融集团的总体战略布局进行经营。二是以某项金融业务为主营业务的金融机构作为投资主体，投资控股其他金融子行业的金融机构。

在我国，银行业金融机构资本实力强，综合经营意愿更为强烈。自 2005 年国务院批准商业银行投资设立证券投资基金管理公司以来，工商银行、农业银行、中国银行、建设银行、交通银行等五家大型国有商业银行的证券、保险、基金、租赁牌照已全面布局，浦发银行、兴业银行、民生银行等全国性股份制商业银行加快跨业投资步伐，部分城市商业银行也开始探索综合经营模式。在金融控股公司发展方面，2006 年和 2008 年，国务院先后批准设立银河金融控股公司和光大金融控股公司。经过多年实践，中信集团、光大集团、平安集团等已逐步发展成为实质性的金融控股公司，而中信银行、光大银行、平安银行正是集团协同发展的重要平台。此外，四大金融资产管理公司在商业化转型发展过程中，也积极开展综合化经营。从附属金融机构的数量和规模看，商业银行是我国进行金融综合经营实践的主要力量。

银行业金融机构	证券/投资银行	基金管理	期货	股权投资/投资管理	信托	金融租赁	保险	资产管理
工商银行	工银国际控股（香港）	工银瑞信				工银租赁	工银安盛人寿	
农业银行	农银国际控股（香港）	农银汇理		农银国联无锡投资		农银金融租赁	农银人寿	
中国银行	中银国际控股（香港）、中银国际证券	中银基金	中银国际期货	中银国际控股（香港）、中银集团投资		中银航空租赁	中银保险、中银集团保险（香港）、中银集团人寿（香港）	中银国际资产管理（香港）、中银国际英国保诚
建设银行	建银国际（香港）	建信基金			建信信托	建信租赁	建信人寿	
交通银行	交银国际（香港）	交银施罗德		交银国际（上海）股权投资	交银国信	交银租赁	交银康联、交银保险（香港）	交银国际资产管理公司（香港）
浦发银行		浦银安盛				浦银租赁		
民生银行		民生加银				民生租赁		民生加银资管
兴业银行		兴业基金			兴业国际信托	兴业租赁		
国家开发银行	国开证券	国开泰富				国银租赁		
金融控股公司①								
中信银行	中信证券	华夏基金、信诚基金	中信新际期货	中信资本控股、中信国际资产管理（香港）	中信信托	中信富通融资租赁	信诚人寿	中信资产管理
光大银行	光大证券	光大保德信	光大期货			光大金融租赁	光大永明	光大金控资产管理
招商银行	招商证券、招银国际（香港）	招商基金、博时基金	招商期货			招银金融租赁	招商信诺人寿	
平安银行	平安证券	平安大华基金	平安期货		平安信托	平安国际融资租赁	平安人寿、平安产险、平安健康险、平安养老险	平安资产管理

表 18 -7　我国银行业金融机构综合经营概况

---

① 金融控股公司投资控股银行、证券、保险等两个或两个以上行业子公司，自身不经营具体金融业务。

续表

银行业金融机构	证券/投资银行	基金管理	期货	股权投资/投资管理	信托	金融租赁	保险	资产管理
金融资产管理公司								
长城资产管理公司				长城国融投资	长城新盛信托	长城国兴金融租赁、长城融资租赁	长生人寿保险	
信达资产管理公司	信达证券	信达澳银基金	信达期货	华建国际投资、信达投资	金谷国际信托	信达金融租赁	信达财险、幸福人寿	
华融资产管理公司	华融证券		华融期货	华融渝富股权投资、华融天泽投资	华融信托	华融租赁		华融融德资产管理
东方资产管理公司	东兴证券			东方邦信创业投资	大业信托	中国外贸金融租赁	中华联合保险	邦信资产管理

⬆ 注：表中信息截至 2013 年末。

　　商业银行开展综合化经营的意义在于通过业务合作、联合营销、信息共享等方式，充分发挥不同机构或业务之间的协同效应，增强银行提供综合金融服务的能力，全面提升银行的竞争力。本节以中信集团、光大集团和中国工商银行为例，说明商业银行与其他金融机构进行综合经营合作的具体方式。

　　（一）中信集团

　　中信集团是一家金融与实业并举的大型综合性跨国企业集团。该集团进行综合经营的模式主要包括：一是提供综合金融解决方案。中信银行和中信证券联合承销短期融资券、中期票据、非公开定向债务融资工具和资产支持票据和发行理财产品。二是广泛开展客户资源共享，如中信银行与中信证券开展第三方存管业务合作。三是开展交叉设计和交叉销售。中信银行与中信证券合作证券公司集合/定向资产管理项目，与中信信托合作的集合资金信托计划，与中信证券、中信信托联合开发年金业务，与信诚保险全面开展负债、结算、现金管理等业务合作。

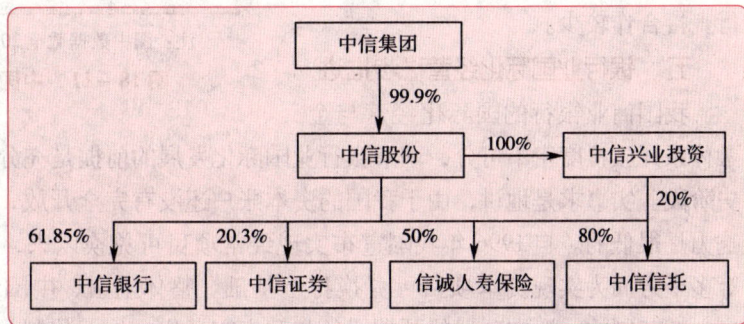

注：数值表示中信集团在金融子公司的持股比例，数据截至 2013 年。

图 18 - 9　中信集团综合经营情况

（二）光大集团

光大集团现已发展成为以经营银行、证券、保险、实业等业务为主的特大型企业集团，并主要通过关联交易实现综合经营。具体方式包括光大证券在光大银行存放资金以获取利息收入以及为银行提供顾问服务获取顾问费收入，光大证券支付给光大银行客户资金三方存管业务、代理销售计划理财产品的手续费，光大证券认购光大银行理财产品等。

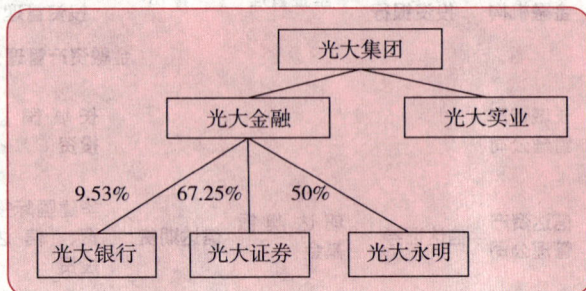

注：图中数值表示光大集团在金融子公司的持股比例，包括光大集团（总公司）和光大控股持有的全部股份。由于我国金融控股公司尚未在集团层面完成股权整合，持股比例为整个集团旗下的所有公司所持有金融子公司股权的总和占该子公司总本的比例，数据截至 2013 年。

图 18 – 10　光大集团综合经营情况

（三）中国工商银行

近年来，工商银行不断完善与子公司的业务联动机制，推进综合化子公司专业化、特色化发展，提升对客户的综合服务能力。工银瑞信充分发挥工商银行的资产管理平台优势，进行基金产品创新和销售。工银租赁依托工商银行的客户资源，扩大业务规模。工银安盛借助工商银行的渠道资源优势，大力拓展银保渠道，提升盈利能力。相比而言，工银国际作为工商银行在境外控股的投资银行，与母行直接合作较少。

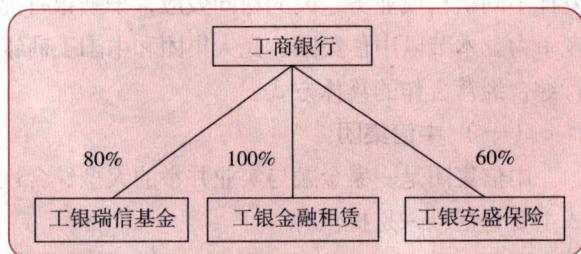

注：图中数据截至 2013 年。

图 18 – 11　中国工商银行综合经营情况

五、银行业国际化经营稳步推进

我国商业银行的国际化经营与金融体系开放程度密不可分，理解银行业国际化发展的前提是充分认识我国金融开放所处的历史阶段。实事求是地讲，由于我国的资本账户还没有完全开放，中国在全球金融体系中的影响力是很低的。自 1996 年我国宣布实现经常项目可兑换以来，已经在对外贸易、直接投资等多个方面为实现资本项目可兑换打下基础。整体上看，中国的金融开放是有条件、有顺序、有节制的，资本项目的开放必须与利率市场化、外汇体制改革统筹考虑，讲究推进各项改革之间的协调与配合。IMF 的研究报告发现，转轨国家和发展中国家从宣布经常项目可兑换到实现资本项目可兑换平均相距 7 年的时间。我国从 1996 年宣布经常项目可兑换至今已经过去了 18 年，在此期间，我国政府付出了巨大的努力，取得了积极的进展，具备了进一步推进的条件。

人民币可兑换改革

1993年，党的十四届三中全会通过了《中共中央关于建立社会主义市场经济体制若干问题的决定》，明确提出"逐步使人民币成为可兑换的货币"。

1993年12月国务院正式颁布的《关于进一步改革外汇管理体制的通知》。该通知明确提出，从1994年1月1日开始，实施人民币汇率形成机制改革，实现人民币官方汇率和外汇调剂价格并轨，建立以市场供求为基础的、单一的、有管理的浮动汇率制；取消外汇留成，实行结售汇制度；建立全国统一的外汇交易市场等。

1994年4月，中国外汇交易中心在上海成立，形成了全国统一的外汇市场。此前，我国实行官方汇率与市场调节汇率并存的双重汇率制度。

经常项目可兑换

1993年12月下旬，暂定"三资"企业不参加1994年汇率改革，汇率改革主要是针对国内企业和居民开展。

资本项目可兑换

1997年4月，亚洲金融危机爆发，人民币资本项目可兑换进程暂停。

2003年10月，党的十六届三中全会《中共中央关于完善社会主义市场经济体制若干问题的决定》明确提出"在有效防范风险前提下，有选择、分步骤地放宽对跨境资本交易活动的限制，逐步实现资本项目可兑换"。

1996年我国正式宣布实现经常项目可兑换。

2005年，在党的十六届五中全会通过的"十一五"规划建议中进一步明确了"逐步实现人民币资本项目可兑换"。

围绕资本项目可兑换开展试验

2009年，批准天津市中新天津生态城外商投资企业外汇资本金结汇管理改革试点。2014年，包括苏州工业园区在内的全国16个地区开展外商投资企业资本金意愿结汇试点。

条件不具备，进程放缓

2013年8月，上海自贸区设立，在自贸区内对人民币资本项目可兑换、金融市场利率市场化、人民币跨境使用等方面创造条件进行先行先试。

2014年4月，"沪港通"获批，11月正式开始交易。

今天

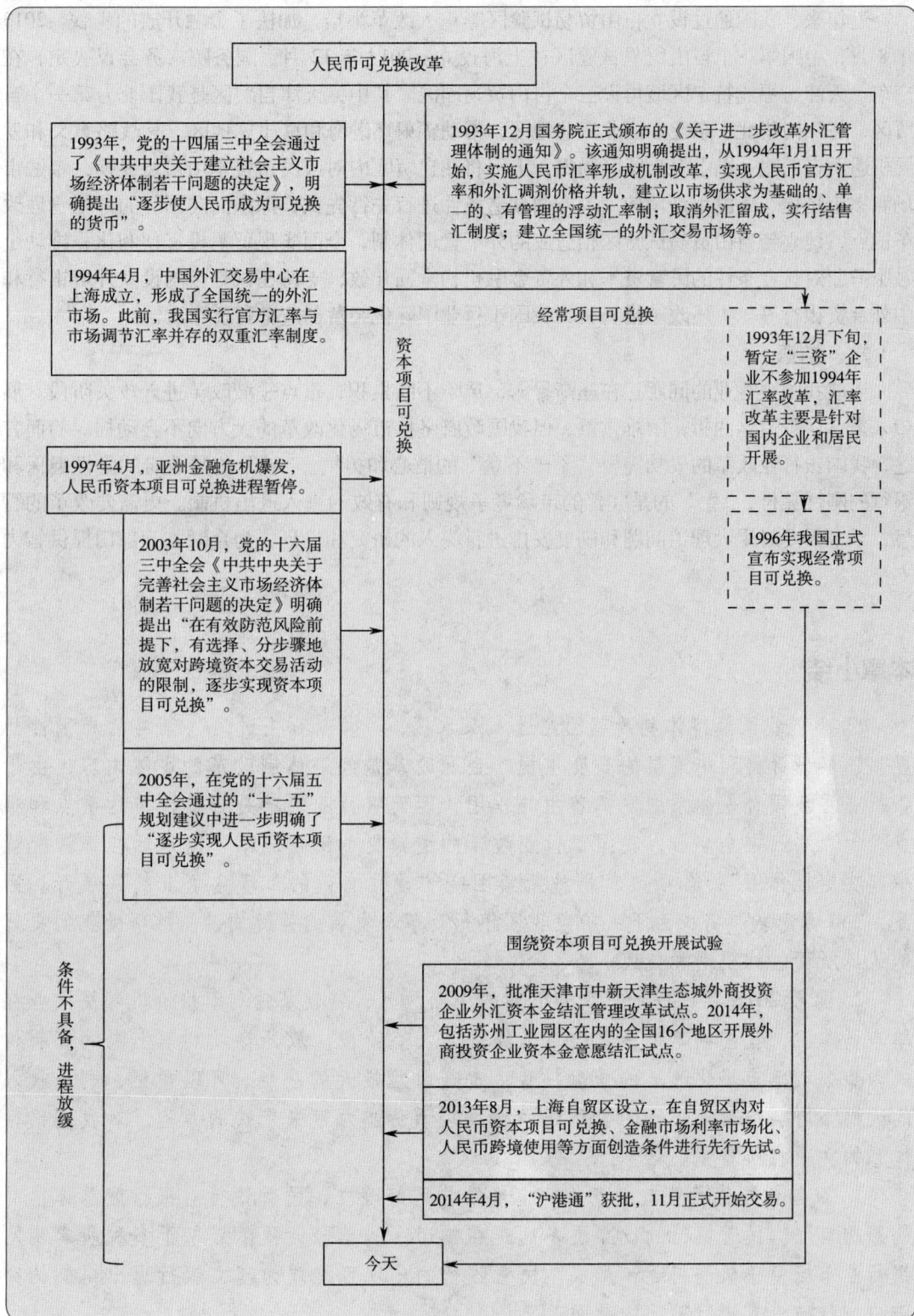

图 18－12　中国人民币可兑换改革历程

近年来，我国通过设立自由贸易试验区等重大改革举措，加快了金融开放的步伐。2013年8月，中国第一个自由贸易试验区在上海设立。2014年12月，国务院常务会议决定，在广东、天津、福建特定区域再设三个自由贸易园区。其中，天津自贸区是我国北方第一个自贸区，将面向华北、东北、西北三北地区，带动辐射环渤海和京津冀地区，其战略意义和发展机遇不言而喻。以上海自贸区为例，上海将在自贸区内对人民币资本项目可兑换、金融市场利率市场化、人民币跨境使用等方面创造条件进行先行先试；探索面向国际的外汇管理改革试点，建立与自由贸易试验区相适应的外汇管理体制，全面实现贸易投资便利化；推动金融服务业对符合条件的民营资本和外资金融机构全面开放，支持在试验区内设立外资银行和中外合资银行等。上述改革措施将为我国银行业国际化经营创造有利条件。

六、结语

当前我国银行业的问题正在逐渐暴露，风险不断累积，重点领域改革进入攻关阶段。展望未来，尽管道路曲折，困难重重，但我国政府坚持市场化改革的大方向不会动摇。简而言之，我国银行业改革的成功需要"不破不立"的信心和勇气。"破"的是政府的隐性担保和银行的刚性兑付，"立"的是完善的市场竞争规则和有效的进入退出机制。更需要改革的智慧，学术界要对重大理论问题和制度安排进行深入的研究和论证，为金融监管部门提供智力支持。

本章小结

1. 当前我国经济体制改革已经进入深水区，"摸着石头过河"策略的局限性凸显，顶层设计得到决策层的高度重视。金融改革是经济体制改革的重要内容，由于银行业在我国金融体系中发挥着主导作用，因而银行业改革是金融改革的重点和难点。十八届三中全会后，我国银行业改革的逻辑更加清晰，即"使市场在资源配置中起决定性作用"，各项改革措施紧紧围绕"建立有效的市场竞争机制"展开。因此，"市场竞争"将成为下一阶段我国银行改革与发展的关键词，能够帮助我们更好地认识所面临的机遇和挑战。

2. 随着2013年银行贷款利率管制的全面放开、贷款基础利率报价机制及同业存单市场建立，我国利率市场化改革已经进入攻坚阶段。放开存款利率上限的管制将成为整个利率市场化改革的最后一步，也是风险最大的一步。可以预见，利息收入的大幅下降会给商业银行的盈利能力和风险承受能力带来严峻的考验，对我国银行体系的冲击在所难免。

3. 目前我国银行业垄断竞争的市场结构已经确立，民营银行对银行业总体格局的影响有限。民营银行的设立更多的是在传递一种信号，预示着基于多种所有制的银行业市场竞争机制将逐步形成。民营银行的出现可能成为建立银行退出机制的突破口，打破没有银行倒闭的局面。

4. 互联网金融是互联网与金融的结合，是借助互联网和移动通信技术实现资金融通、支付和信息中介功能的新兴金融模式。互联网金融对商业银行的冲击具体表现为：一是挤压中间业务；二是提高资金成本；三是抢占信贷资源。

5. 为提升我国金融业整体竞争力，满足综合金融服务需求，2006 年我国政府首次提出"稳步推进金融业综合经营试点"。在我国，银行业金融机构资本实力强，综合经营意愿更为强烈。从附属金融机构的数量和规模看，商业银行是我国进行金融综合经营实践的主要力量。

6. 我国商业银行的国际化经营与金融体系开放程度密不可分，理解银行业国际化发展的前提是充分认识我国金融开放所处的历史阶段。实事求是地讲，由于我国的资本账户还没有完全开放，中国在全球金融体系中的影响力是很低的。近年来，我国通过设立自由贸易试验区等举措，金融开放步伐有所加快。

本章主要概念

银行业改革　利率市场化　民营银行　互联网金融　综合化经营　国际化经营
人民币可兑换

本章思考题

1. 中国银行业发展取得了哪些成绩？
2. 中国银行业改革的方向和趋势是什么？
3. 中国银行业改革的重点和难点是什么？

本章参考文献

[1] 中国人民银行：《中国金融稳定报告》，2014。

[2] 易纲：《中国改革开放三十年的利率市场化进程》，载《金融研究》，2009（1），1~14 页。

[3] 周小川：《人民币资本项目可兑换的前景和路径》，载《金融研究》，2012（1），1~19 页。

扫描二维码可获取本章更多习题

后　记

　　《商业银行管理学》从 2004 年发行第一版至今已过去十余年时间，可谓是"十年磨一剑"。本教材是在李志辉教授的主持下，由南开大学金融学系中青年学术骨干撰写完成，参与编写的有王志军、孟昊、张薄洋、夏昇君、范洪波、商国发、张绪立、黄祥忠、曾绮、李萌、刘胜会。梁琪教授、徐保满副教授参加了本教材大纲的讨论并提出了许多宝贵建议，我们再次表示衷心感谢。

　　时隔多年，李志辉教授启动了新一轮教材修订工作，一方面，商业银行管理理论和方法不断发展，教材内容需要与时俱进；另一方面，希望将自己多年来从事科研和教学工作的心得体会总结在教材之中，帮助学生更好地理解和掌握相关知识。在李志辉教授的组织下，本次修订工作历时半年，得到了南开大学金融学系师生的大力支持，参与修订的有：李源、黄璐、曾虎、王近、李璇、张瀚介、石广远、刘向晨、苏小瑜、张自维、王荻、郑星宇。

　　尽管编者在本书的撰写和修订过程中付出了很大的努力，但由于水平有限，经验不足，缺点和错误依然在所难免，我们诚恳地欢迎来自读者的批评和赐教。

　　最后，我们依然要感谢中国金融出版社在出版过程中的真诚帮助与支持。

编者

2015 年 6 月

21 世纪高等学校金融学系列教材

一、货币银行学子系列

★货币金融学（第四版）　　　　朱新蓉　　　　　主编　56.00 元　2015.08 出版
（普通高等教育"十一五"国家级规划教材/国家精品课程教材·2008）

货币金融学　　　　　　　　　张　强　乔海曙　主编　32.00 元　2007.05 出版
（国家精品课程教材·2006）

货币金融学（附课件）　　　　吴少新　　　　　主编　43.00 元　2011.08 出版

货币金融学（第二版）　　　　殷孟波　　　　　主编　48.00 元　2014.07 出版
（普通高等教育"十五"国家级规划教材）

货币银行学（第二版）　　　　夏德仁　李念斋　主编　27.50 元　2005.05 出版

货币银行学（第三版）　　　　周　骏　王学青　主编　42.00 元　2011.02 出版
（普通高等教育"十一五"国家级规划教材）

货币银行学原理（第六版）　　郑道平　张贵乐　主编　39.00 元　2009.07 出版

金融理论教程　　　　　　　　孔祥毅　　　　　主编　39.00 元　2003.02 出版

西方货币金融理论　　　　　　伍海华　　　　　编著　38.80 元　2002.06 出版

现代货币金融学　　　　　　　汪祖杰　　　　　主编　30.00 元　2003.08 出版

行为金融学教程　　　　　　　苏同华　　　　　主编　25.50 元　2006.06 出版

中央银行通论（第三版）　　　孔祥毅　　　　　主编　40.00 元　2009.02 出版

中央银行通论学习指导（修订版）　孔祥毅　　　主编　38.00 元　2009.02 出版

商业银行经营管理　　　　　　朱新蓉　宋清华　主编　46.00 元　2009.03 出版

商业银行管理学（第四版）　　彭建刚　　　　　主编　49.00 元　2014.07 出版
（普通高等教育"十一五"国家级规划教材/国家精品课程教材·2007/国家精品资源共享课配套教材）

商业银行管理学（第三版）　　李志辉　　　　　主编　48.00 元　2015.10 出版
（普通高等教育"十一五"国家级规划教材/国家精品课程教材·2009）

商业银行管理学习题集　　　　李志辉　　　　　主编　20.00 元　2006.12 出版
（普通高等教育"十一五"国家级规划教材辅助教材）

商业银行管理　　　　　　　　刘惠好　　　　　主编　27.00 元　2009.10 出版

现代商业银行管理学基础　　　王先玉　　　　　主编　41.00 元　2006.07 出版

金融市场学（第二版）　　　　杜金富　　　　　主编　48.00 元　2013.03 出版

现代金融市场学（第三版）　　张亦春　　　　　主编　56.00 元　2013.01 出版

中国金融简史（第二版）　　　袁远福　　　　　主编　25.00 元　2005.09 出版
（普通高等教育"十一五"国家级规划教材）

货币与金融统计学（第三版）　杜金富　　　　　主编　49.00 元　2013.05 出版

（普通高等教育"十一五"国家级规划教材/国家统计局优秀教材）

金融信托与租赁（第三版）	王淑敏	齐佩金	主编	36.50 元	2011.09 出版

（普通高等教育"十一五"国家级规划教材）

金融信托与租赁案例与习题	王淑敏	齐佩金	主编	25.00 元	2006.09 出版

（普通高等教育"十一五"国家级规划教材辅助教材）

金融营销学	万后芬		主编	31.00 元	2003.03 出版
金融风险管理	宋清华	李志辉	主编	33.50 元	2003.01 出版
网络银行（第二版）	孙 森		主编	36.00 元	2010.02 出版

（普通高等教育"十一五"国家级规划教材）

银行会计学	于希文	王允平	主编	30.00 元	2003.04 出版

二、国际金融子系列

国际金融学	潘英丽	马君潞	主编	31.50 元	2002.05 出版
★国际金融概论（第四版）	王爱俭		主编	39.00 元	2015.06 出版

（普通高等教育"十一五"国家级规划教材/国家精品课程教材·2009）

国际金融（第二版）	刘惠好		主编	40.00 元	2012.08 出版
国际金融管理学	张碧琼		编著	36.00 元	2007.09 出版
国际金融与结算（第二版）	徐荣贞		主编	40.00 元	2010.08 出版
（附课件）					
★国际结算（第六版）（附课件）	苏宗祥	徐 捷	著	66.00 元	2015.08 出版

（普通高等教育"十一五"国家级规划教材/2012~2013年度全行业优秀畅销书）

各国金融体制比较（第三版）	白钦先		等编著	43.00 元	2013.08 出版

三、投资学子系列

投资学（第二版）	张元萍		主编	53.00 元	2013.01 出版
证券投资学	吴晓求	季冬生	主编	24.00 元	2004.03 出版
证券投资学	杨丽萍	金 丹	主编	42.00 元	2012.05 出版
现代证券投资学	李国义		主编	39.00 元	2009.03 出版
投资银行学教程	郑 鸣	王 聪	著	33.00 元	2005.04 出版
证券投资分析（第二版）	赵锡军	李向科	主编	35.00 元	2015.08 出版
组合投资与投资基金管理	陈伟忠		主编	15.50 元	2004.07 出版
风险资本与风险投资					
投资项目评估	王瑶琪	李桂君	主编	38.00 元	2011.12 出版
项目融资（第三版）	蒋先玲		编著	36.00 元	2008.10 出版

四、金融工程子系列

金融经济学教程	陈伟忠		主编	35.00 元	2008.09 出版
金融工程学					
金融工程案例					
固定收益证券					

衍生金融工具（第二版）	叶永刚　张　培	主编	37.00 元	2014.08 出版
公司金融（第二版）	陈琦伟	主编	28.00 元	2003.06 出版
公司金融案例				
现代公司金融学	马亚明　田存志	主编	44.00 元	2009.06 出版
金融计量学	张宗新	主编	42.50 元	2008.09 出版
数理金融	张元萍	编著	29.80 元	2004.08 出版

五、金融法子系列

金融法	甘功仁　黄　欣	主编	34.50 元	2003.03 出版
金融法教程（第三版）	刘定华	主编	46.00 元	2010.07 出版
（普通高等教育"十一五"国家级规划教材/司法部优秀教材）				
保险法学（第二版）	魏华林	主编	31.50 元	2007.09 出版
（教育部法学专业主干课程推荐教材）				
证券法学	符启林	主编	31.00 元	2003.08 出版
票据法教程	刘定华	主编	30.00 元	2008.05 出版
信托法学	徐孟洲	主编	27.00 元	2004.01 出版
（北京市高等教育精品教材立项项目）				

六、金融英语子系列

金融英语阅读教程（第三版）	沈素萍	主编	42.00 元	2011.11 出版
（北京高等学校市级精品课程教材）				
金融英语阅读教程导读（第三版）	沈素萍	主编	18.00 元	2012.03 出版
（北京高等学校市级精品课程辅助教材）				
保险专业英语	张栓林	编著	22.00 元	2004.02 出版
保险应用口语	张栓林	编著	25.00 元	2008.04 出版

21 世纪高等学校保险学系列教材

保险学（第二版）	胡炳志　何小伟	主编	29.00 元	2013.05 出版
保险精算（第三版）	李秀芳　曾庆五	主编	36.00 元	2011.06 出版
（普通高等教育"十一五"国家级规划教材）				
人身保险（第二版）	陈朝先　陶存文	主编	20.00 元	2002.09 出版
财产保险（第五版）	许飞琼　郑功成	主编	43.00 元	2015.03 出版
（普通高等教育"十一五"国家级规划教材/普通高等教育精品教材奖）				
财产保险案例分析	许飞琼	编著	32.50 元	2004.08 出版
海上保险学	郭颂平　袁建华	编著	34.00 元	2009.10 出版
责任保险	许飞琼	编著	40.00 元	2007.11 出版
再保险（第二版）	胡炳志　陈之楚	主编	30.50 元	2006.02 出版
（普通高等教育"十一五"国家级规划教材）				
保险经营管理学（第二版）	邓大松　向运华	主编	42.00 元	2011.08 出版
（普通高等教育"十一五"国家级规划教材）				
保险营销学（第三版）	郭颂平　赵春梅	主编	35.00 元	2012.08 出版
（教育部经济类专业主干课程推荐教材）				
保险营销学（第二版）	刘子操　郭颂平	主编	25.00 元	2003.01 出版
★风险管理（第五版）	许谨良	主编	36.00 元	2015.08 出版
（普通高等教育"十一五"国家级规划教材）				
保险产品设计原理与实务	石　兴	著	24.50 元	2006.09 出版
社会保险（第三版）	林　义	主编	32.00 元	2010.08 出版
（普通高等教育"十一五"国家级规划教材）				
保险学教程（第二版）	张　虹　陈迪红	主编	36.00 元	2012.07 出版
利息理论与应用（第二版）	刘明亮	主编	32.00 元	2014.04 出版

注：加★的书为"十二五"普通高等教育本科国家级规划教材。